Otto Franke

Studien zur Geschichte des konfuzianischen Dogmas und der chinesischen Staatsreligion

Das Problem des Tsch'un-ts'iu und Tung Tschung-schu's Tsch'un-ts'iu fan lu

D1718349

Otto Franke

Studien zur Geschichte des konfuzianischen Dogmas und der chinesischen Staatsreligion

Das Problem des Tsch'un-ts'iu und Tung Tschung-schu's Tsch'un-ts'iu fan lu

ISBN/EAN: 9783959139380

Auflage: 1

Erscheinungsjahr: 2018

Erscheinungsort: Treuchtlingen, Deutschland

Literaricon Verlag UG (haftungsbeschränkt), Uhlbergstr. 18, 91757 Treuchtlingen. Geschäftsführer: Günther Reiter-Werdin, www.literaricon.de. Dieser Titel ist ein Nachdruck eines historischen Buches. Es musste auf alte Vorlagen zurückgegriffen werden; hieraus zwangsläufig resultierende Qualitätsverluste bitten wir zu entschuldigen.

Printed in Germany

Cover: Konfuzius, ca. 1770, Abb. gemeinfrei

Studien zur Geschichte des konfuzianischen Dogmas und der chinesischen Staatsreligion:

Das Problem des Tsch'un-ts'iu und Tung Tschung-schu's Tsch'un-ts'iu fan lu.

von

O. Franke, Dr. phil.,
Ord. Professor für Sprache und Kultur Chinas
an der Universität Hamburg

HAMBURG
L. FRIEDERICHSEN & CO.
1920

Die „Abhandlungen aus dem Gebiet der Auslandskunde" (Fortsetzung der Abhandlungen des Hamburgischen Kolonialinstituts) erscheinen in folgenden Reihen:

A. Rechts- und Staatswissenschaften (auch politische Geschichte umfassend),
B. Völkerkunde, Kulturgeschichte und Sprachen,
C. Naturwissenschaften,
D. Medizin und Veterinärmedizin.

Sämtliche Zuschriften und Sendungen, die den Druck und die Herausgabe der Abhandlungen betreffen, insbesondere sämtliche druckreifen Manuskripte bittet man zu adressieren:

An die Schriftleitung der Abhandlungen aus dem Gebiet der Auslandskunde

Hamburg 36
Universität

Druck von J. J. Augustin in Glückstadt und Hamburg.

Rudolf Tschudi

in herzlicher Freundschaft

gewidmet.

Vorwort.

Der erste Teil der vorliegenden Arbeit ist bereits in den „Mitteilungen des Seminars für orientalische Sprachen zu Berlin" Jahrgang XXI, Abteilung I, Ostasiatische Studien, veröffentlicht worden; der Druck des zweiten Teiles hat sich der Zeitverhältnisse wegen an der gleichen Stelle nicht ermöglichen lassen. Damit nun das Ganze nicht völlig auseinandergerissen wird, hat die philosophische Fakultät der Hamburgischen Universität beschlossen, den ersten Teil nochmals mit dem umfangreicheren zweiten in den von der Universität herausgegebenen „Abhandlungen aus dem Gebiet der Auslandskunde" zu veröffentlichen, nachdem die Direktion des Berliner Seminars bereitwillig ihr Einverständnis damit erklärt hat. Beiden Stellen spreche ich für ihr Entgegenkommen meinen verbindlichsten Dank aus.

Dieses Verfahren hat den Vorteil mit sich gebracht, daß Ergebnisse, die erst bei der Ausarbeitung des zweiten Teiles gefunden wurden, nunmehr im ersten mitverwertet werden konnten. Es wurden deshalb in diesem mehrere Zusätze und Veränderungen angebracht, die das Gesagte erhärten und ergänzen, zum Teil sogar von wesentlicher Bedeutung sind.

Ich denke, daß durch die jetzt abgeschlossenen langwierigen und mühevollen Untersuchungen die bisher so dunkle Tsch'un-ts'iu-Frage nunmehr ihre Aufhellung erhalten hat. Zugleich ist damit auf die konfuzianische Lehre in ihrer ältesten Gestalt ein neues Licht gefallen; schließlich wird auch der leitende Gedankengang der Reformbewegung vom Ende des vorigen Jahrhunderts gegen den nachkonfuzianischen Staat darin sichtbar und seine Beurteilung ermöglicht.

Hamburg, den 28. September 1920.

O. Franke.

Inhaltsverzeichnis.

Erster Teil.

Das Problem des Tschᶜun-tsᶜiu.

1.
Das Problem.

Zwischen dem überlieferten Texte des *Tsch'un-ts'iu*, dem einzigen Werke, dessen Verfasserschaft dem Konfuzius selbst zugeschrieben wird, und der Wertschätzung, die es nicht nur im ganzen späteren Geistesleben Chinas, sondern auch bei dem erleuchteten Verfasser persönlich, seinen Zeitgenossen und seinen unmittelbaren Nachfolgern erfahren hat, besteht, wie jeder Anfänger in der chinesischen Literaturgeschichte weiß, ein erstaunliches Mißverhältnis. „Wer mich versteht, wird mich nach dem Tsch'un-ts'iu verstehen; wer mich verdammt, wird mich nach dem Tsch'un-ts'iu verdammen", sagte Konfuzius nach dem Bericht Mêng tsě's[1], und der letztere preist das Werk als eine gewaltige Tat. „Einstmals", so sagt er, „hemmte Yü die ungeheure Wasserflut, und das Weltreich erlangte seine Ordnung; der Herzog von Tschou bedachte auch die Barbarenvölker in West und Nord, er vertrieb die wilden Tiere, und das Volk erhielt Frieden; Konfuzius schuf das Tsch'un-ts'iu, und aufrührerische Minister wie verbrecherische Söhne gerieten in Angst"[2]. Also ein Werk, vergleichbar der Staatsgründung des Yü und des Herzogs Tschou! Die chinesische Kulturordnung aber hat vom Beginn der Han-Zeit an das *Tsch'un-ts'iu* als das ureigene Geschöpf des Meisters in den Kanon der heiligen Schriften aufgenommen, und diesen Platz hat es behalten bis auf den heutigen Tag. Ein Lehrbuch der Fürsten und eine Sammlung von Urteilssprüchen über ihre Handlungen sollte es sein: „Das Tsch'un-ts'iu stellt die Gerechtsame des Zentralherrschers (des ‚Himmelssohnes') dar", sagt Mêng tsě[3], und Konfuzius erklärt: „Die Rechtsentscheidungen darin zu treffen, habe ich mich für berufen erachtet"[4]. Mêng tsě's Kommentator der Han-Zeit aber, Tschao K'i 趙岐 (2. Jahrh. n. Chr.), bemerkt zu diesen beiden Stellen, daß Konfuzius hier „die Gesetze des Königs ohne Thron aufstellte", daß er zwar nur „im Verhältnis eines Unter-

---

[1] *Mêng tsě* III, 2, IX, 8.

[2] Ebenda 11.

[3] Ebenda 8.

[4] Ebenda IV, 2, XXI, 3.

1*

tanen stand und keines Fürsten Auftrag dazu hatte, daß er aber als König
ohne Thron auf eigene Hand jene Entscheidungen traf"[1]. Und Sun Schi 孫
覺, der Erklärer der Sung-Zeit (10. u. 11. Jahrh.), führt deutlicher dazu aus:
„Indem (Konfuzius) im Tsch'un-ts'iu nach dem Rechte entscheidet, gibt er
ihm die Bedeutung (eines Buches) der Belohnungen und Strafen, darin besteht
die Gerechtsame des Zentralherrschers"[2]. Diese Anschauung aber, die im
Tsch'un-ts'iu einen für alle Zeiten gültigen Kanon der sittlichen Normen sieht,
der über die Handlungen der Fürsten und Großen das Gericht hält und durch
Lob oder Tadel, durch „Lohn oder Strafe" *(pao pien* 襃貶) die endgültigen
Werturteile über sie spricht, findet sich als eiserner Bestandteil in der ganzen
Literatur, von der Han-Zeit bis zu unseren Tagen, und selbst in dem bekanntesten
Schulbuche der chinesischen Kinder, dem *San tsě king*, hat sie ihren Ausdruck
gefunden in den Worten: „Als die (heiligen) Lieder verkamen, wurde das Tsch'un-
ts'iu verfaßt. Es deutete Lob und Tadel an und schied so das Gute vom Bösen"[3].

Und welches Bild bietet demgegenüber der Text! Kurze, trockene Sätzchen
sind nach Jahren, Monaten und zuweilen auch Tagen aneinandergereiht, in
dürftigster Form stellen sie nackte Tatsachen von ganz ungleichem Werte fest,
ja in vielen Fällen muten uns die Angaben als geradezu albern an. „Stern-
schnuppen fielen wie Regen", berichtet der Chronist, oder: „Es kamen Dohlen
und bauten Nester", oder: „Im Frühjahr besserte man die Ställe aus." Auf
der anderen Seite werden Dinge von weitreichender Bedeutung in derselben
dürren, wortkargen Art verzeichnet, z. B. „(Der Staat) Tschêng überfiel (den
Staat) Hü", oder: „Im Sommer im sechsten Monat vernichteten die Leute von
Ts'i (den Staat) Sui", oder: „Tschêng ließ sein Heer verkommen." Nirgends
also ein Ansatz von zusammenhängender Darstellung, nirgends der Versuch,
einen Vorgang oder einen Entschluß innerlich zu begründen, nirgends die Spur
eines sittlichen Werturteils, statt dessen überall nur die kahlen Verzeichnisse,
wie wir sie auf den Blättern eines Abreißkalenders finden, armselige Sätzchen,
die wir höchstens als Überschriften von Kapiteln gelten lassen würden. Und
dieses Werk soll den Taten eines Yü und eines Herzogs von Tschou, also den
größten Leistungen der größten Heroen der chinesischen Geschichte vergleichbar sein! Es soll nach Konfuzius' eigener Erklärung den Maßstab bilden, nach
dem die Nachwelt seine Größe messen wird! Hier besteht ein Mißverhältnis,
das zu grotesk ist, als daß wir an seine Wirklichkeit glauben könnten, der Gegensatz ist so stark, daß er die Vermutung aufzwingt, hier müsse irgendwo oder
irgendwie ein Faktor verborgen sein, der das Wesen von Konfuzius' Werk für

---

[1] (孔子)設素王之法 und 孔子自謂竊取之以爲素王也、孔子
人臣不受君命私作之.
[2] 蓋春秋以義斷之則賞罰之意於是乎、在是天子之事也.
[3] 詩旣亡、春秋作、寓襃貶、別善惡.

die Beurteilung vollkommen umgestaltet und so das Mißverhältnis ausgleicht. Gibt es einen solchen Faktor? Gegebenenfalls, wo ist er zu suchen, und wie ist er beschaffen? Das ist das Problem, dem wir uns gegenübergestellt sehen.

2.
Lösungsversuche.

Es liegt auf der Hand, daß dieses geschilderte Mißverhältnis des *T. t.* den Sinologen sofort in die Augen fallen mußte, sobald sie überhaupt anfingen, der kanonischen Literatur der Chinesen ihre Aufmerksamkeit zuzuwenden, und ebenso natürlich ist es, daß sie sich alsbald getrieben fühlten, nach einer befriedigenden Erklärung dafür zu suchen. Es sind denn in der Tat auch verschiedene Versuche einer Lösung des Problems unternommen worden, aber weit weniger, als man im Hinblick auf die Bedeutung der Frage für die Wirksamkeit des Konfuzius erwarten sollte. Nur zwei oder drei Gelehrte sind der Lösung wirklich ernsthaft nachgegangen, die übrigen haben sich begnügt, das Mißverhältnis festzustellen und ihre Verwunderung darüber zu äußern oder hinsichtlich der Erklärung ein *non liquet* auszusprechen. Zwei Wege boten sich, auf denen ein Schlüssel für das Rätsel zu erlangen war: entweder war das überlieferte *T. t.* überhaupt nicht das Werk des Konfuzius, oder der überlieferte Text mußte auf eine besondere Art erklärt werden, wodurch seine gerühmte tiefere Bedeutung erst zur Geltung kam. Beide Wege sind von den Sinologen beschritten worden, aber beide nur zögernd, unschlüssig, voreingenommen und darum erfolglos, das Ergebnis war fast immer das erwähnte *non liquet*. Die gelehrten Jesuiten des 18. Jahrhunderts, die ersten Vermittler der Kunde vom chinesischen Geistesleben, haben sich über das Problem lediglich berichtend ausgesprochen. In der Beschreibung der kanonischen Schriften in Du Halde's großem Sammelwerke heißt es vom *T. t.*: „Le *Tchun tsiou* n'a été mis au rang des *King*, que sous la famille des *Han*. C'est un livre compilé du tems de Confucius. Il est par conséquent fort inférieur aux trois autres, qui de tout tems ont été reconnus pour *King* véritables, sans qu'il y ait jamais eu sur cela deux sentimens: au lieu qu'il y a de grandes disputes touchant le *Tchun tsiou*. Les uns, et c'est le plus grand nombre, disent que c'est l'ouvrage de Confucius: les autres soutiennent que ce Philosophe n'en est pas l'auteur: plusieurs veulent que ce soit l'histoire du Royaume le *Lou*, qui étoit la patrie de Confucius, et qui est présentement la province de *Chan tong:* d'autres prétendent que c'est un abrégé de ce qui s'est passé dans les divers Royaumes qui partageoient la Chine, avant que *Tsin tchi hoang* les eût tous réunis sous une même Monarchie. C'est pourquoi *Vang ngan che* (s. unten) homme sçavant, grand politique, et Ministre d'État vouloit dégrader le *Tchun tsiou*, et le réduire aux *King* de la

seconde classe. Cependent les Chinois ont un goût particulier pour cet ouvrage,
et ils en font un cas extraordinaire. On y décrit les actions de plusieurs Princes,
et on expose comme dans un miroir leurs vices et leurs vertus, la punition des
uns et les récompenses des autres"[1]. Der letzte Satz, der auf die erwähnte
chinesische Anschauung hinweist, ist weiter ausgeführt in der Abhandlung *Sur
l'antiquité des Chinois* in den *Mémoires concernant* usw. *des Chinois*. Hier wird
das *T. t.* ganz in den glühenden Farben Mêng tsö's geschildert: „Le Tchun-tsieou
est un livre écrit de génie. Notre Socrate y manie l'Histoire en homme d'État,
en Citoyen, en Philosophe, en Sçavant, et en Moraliste. Son laconisme naïf et
sublime le force à serrer sa narration, pour présenter les faits tout nouds et
détachés, pour ainsi dire, de la chaine des événements, mais ils sont dessinés,
colorés, ombrés et peints avec tant de force et de feu, qu'on sent d'abord pourquoi et jusqu'où ils sont dignes de louanges ou de blâme. Nous ne connaissons
point de livre en Europe, où l'on voit si bien le commencement, le progrès, le
dénouement et le remede des révolutions dans l'État et dans les moeurs usw.....
Le Tchun-tsieou, envisagé sous ce point de vue, est le modele de toutes les Hisstoires. Confucius a un style qui ne va qu'à lui. Il semble que chaque caractere
ait été fait pour l'endroit où il le place. Plus il est avare de mots, plus ceux
qu'il emploie sont clairs et expressifs"[2]. Legge, der sich in den *Prolegomena*
zu seiner Ausgabe des *T. t.* und *Tso tschuan*[3] natürlich sehr eingehend mit dem
Wesen und der Bedeutung des Werkes auseinandersetzt, führt die Stelle aus den
Mémoires an und nennt ihre Darstellung „belustigend" im Hinblick auf die
Kümmerlichkeit des Textes. Es scheint ihm dabei entgangen zu sein, daß der
Verfasser der Abhandlung ein Chinese war (der Jesuit Ko)[4]; hätte er das im Auge
behalten, so würde ihm die Schilderung weit weniger aufgefallen sein, denn sie
sagt nichts anderes als was jeder orthodoxe Literat in China — und die einheimischen Jesuitenzöglinge waren und sind in wohlverstandenem Interesse der
Mission durchaus orthodoxe Literaten —vom *T. t.* bisher zu sagen sich verpflichtet
fühlte und auch heutigen Tags noch sagt, selbst wenn er in Europa oder Amerika
auf seine einheimische Bildung noch eine abendländische Schicht hat aufsetzen
lassen. Lehrreicher wäre es natürlich gewesen, wenn der französisch schreibende
Literat statt seiner verzückten Phrasen eine Anweisung gegeben hätte, wie die
„naive und erhabene Wortkargheit" auszudeuten wäre, damit auch dem Auge
des gewöhnlichen Sterblichen etwas von dem erkennbar würde, was er so begeistert schildert. Statt dessen setzt er diese Deutung gewissermaßen schon
als bekannt voraus, während bei Du Halde die Darstellung an dem Problem
überhaupt vorübergeht und nur die Tatsache verzeichnet, daß die Echtheit

---

[1] *Description* usw. II, 380f.

[2] Bd. I S. 47f.

[3] *The Chinese Classics* Bd. V, Teil 1 und 2.

[4] Näheres über ihn s. T'oung Pao 1917 S. 295 ff.

des *T. t.* mehrfach in Zweifel gezogen würde, was sich damals natürlich nur auf
Chinesen beziehen konnte. Bei den Jesuiten finden wir also keinen Versuch
einer Lösung. In späterer Zeit hat auch Wells Williams der Möglichkeit
Raum gegeben, daß das *T. t.* dem Konfuzius mit Unrecht zugeschrieben sein
könne, indem er bei seiner Erörterung des Werkes in *The Middle Kingdom*
bemerkt: „Whether we have in the *Record*, as it now exists, a genuine compilation
of the sage, does not appear to be beyond doubt"[1]. Hinsichtlich der so schwer
zu erklärenden Äußerungen des Mêng tsĕ aber kommt ihm die Vermutung,
daß dieser den Text des *T. t.* und das dazugehörige *Tso tschuan*, den großen
Sach„kommentar", zusammen als ein einheitliches Werk im Auge gehabt habe[2].
Waren diese Zweifel und Vermutungen bisher nur recht schüchterner Art, so
sprach C. de Harlez sie sehr viel entschiedener aus. In einer Anmerkung
zu seiner Abhandlung *La religion chinoise dans le Tchün-tsiu de Kong-tze et
dans le Tso-tchuen*[3] erklärt er, daß „die Vaterschaft des Konfuzius sich nur auf
das Wort Mêng tsĕ's gründe". Sicherlich könne sich aber dessen begeisterte
Redeweise nicht auf „die farblosen und dürftigen Annalen beziehen, die heute
und seit 20 Jahrhunderten den Namen Tch'un-ts'iu tragen". „Il y a là un pro-
blème historique qui n'a point encore été élucidé. A mes yeux il ne peut guère
y avoir d'autre solution que celle-ci: Kong-tze écrivit réellement un ouvrage
répondant à la description qu'en fait Meng-tze. Mais ce livre est perdu pour
nous, et celui que l'on découvrit sous les Han et qui portait ce même nom, a
une toute autre provenance. Il a été pris bien à tort pour l'oeuvre du 'Précepteur
des Rois' et non pour un simple *Liber Regum*, comme il l'était." Während aber
de Harlez für sein summarisches Urteil auch nicht den Schatten eines Beweises
beibringt, unternahm es als erster W. Grube in seiner *Geschichte der chinesischen
Literatur* (S. 68ff.), das Problem einmal methodisch zu behandeln und zu lösen,
indem er aus den chinesischen Angaben selbst heraus nachzuweisen versuchte,
daß nicht dem *T. t.*, sondern dem *Tso tschuan* die Ehre zukomme, den Konfuzius als Verfasser zu haben. Grube geht zunächst der Entstehungsgeschichte
des *T. t.* im einzelnen nach, wie sie von Ssĕ-ma Ts'ien im *Schi ki* (s. unten)
berichtet wird, und gelangt dann zu folgenden Schlüssen: Tso K'iu-ming, dem
die Überlieferung die Verfasserschaft des *Tso tschuan* zuschreibt, habe angeblich auf Grund von „historischen Aufzeichnungen" des Konfuzius gearbeitet;
diese Aufzeichnungen „ohne weiteres mit dem dem Konfuzius zugeschriebenen
T. t. zu identifizieren liegt aber keineswegs ein unbedingt zwingender Grund
vor". Über die Persönlichkeit des Tso K'iu-ming sei außer dem Namen nichts
Sicheres bekannt, und doch müsse der Verfasser des *Tso tschuan* wegen Inhalt
und Form dieses Werkes „nicht bloß ein bedeutender Schriftsteller gewesen

---

[1] Bd. I S. 647.
[2] Ebenda S. 649.
[3] T'oung Pao 1892 S. 211.

sein, sondern auch ein ungewöhnlich hohes persönliches Ansehen genossen
haben, um, wie er es tat, über Menschen und Dinge zu Gericht sitzen zu dürfen";
es sei also höchst auffallend, daß „wir über seine Person und seine Schicksale
so gänzlich im dunkeln gelassen würden." Indessen „liege auch kein absolut
zwingender Grund vor", das *Tso* von *Tso tschuan* für einen Eigennamen zu
halten, vielmehr könne man das Wort in seiner eigentlichen Bedeutung, nämlich „links", nehmen und dann den Titel übersetzen durch „der linke Kommentar" oder „der Kommentar links vom Texte". Da nun aber der Verfasser
wegen seiner ganzen Stellung dem Texte des *T. t.* gegenüber „unmöglich ein
Schüler oder Nachfolger des Konfuzius gewesen sein könne, so bliebe wohl nur
die Möglichkeit übrig, daß jener Kommentar dem Meister selbst zuzuschreiben sei". „Höchstwahrscheinlich sei der Text des *T. t.* nichts anderes
als eine von Konfuzius angefertigte Abschrift oder vielleicht auch nur ein Auszug
aus der Staatschronik von Lu, und wir dürften daher wohl annehmen, daß
Konfuzius sich der kurzen Sätze des *T. t.* gleichsam nur als eines Fadens bedienen
wollte, um an ihm die Begebenheiten, die den Inhalt des *Tso tschuan* bilden,
aufzureihen." Diese Annahme würde noch berechtigter angesichts der Mitteilung des *Schi ki*, daß „Konfuzius das *T. t.* aus den ihm zugänglichen Quellen
zusammengestellt habe, woraus wir noch keineswegs zu schließen brauchten,
daß er es auch verfaßt habe". Grube nimmt also an, daß wir im *T. t.* nur eine
Materialsammlung für das eigentliche Werk des Konfuzius zu sehen haben,
daß dieses letztere aber das später „von fremder Hand durch Nachträge fort-
geführte und ergänzte" *Tso tschuan* sei. So erschienen auch Mêng tsĕ's Äußerungen, auf das *Tso tschuan* bezogen, „ebenso begreiflich wie berechtigt". Diese
ebenso geistvollen wie kühnen Darlegungen Grubes hat vielleicht Giles im
Auge, wenn er in seinem Buche *Confucianism and its Rivals* (S. 43) erklärt:
„This commentary *(Tso tschuan)* is supposed to have been written by a disciple,
named Tso-ch'iu Ming[1], some say under the guidance of Confucius, if even
not actually by Confucius himself." Allerdings beeilt er sich hinzuzu-
fügen: „It would be impossible, in anything short of a whole lecture, to deal
with the literary question here involved." Auch in seiner Literaturgeschichte
kommt Giles dem gleichen Gedanken zum mindesten sehr nahe, indem er nach
einer Schilderung des *T. t.* fortfährt: „Such is the Ch'un Ch'iu; and if that
were all, it is difficult to say how the boast of Confucius could ever have been
fulfilled. But it is not all; there is a saving clause. For bound up, so to speak,
with the Spring and Autumn, and forming as it were an integral part of the
work, is a commentary known as the Tso Chuan or Tso's Commentary"[2].

---

[1] Ob der Familienname als Tso oder als Tso-k'iu zu lesen ist, scheint nach gewissen
Angaben bei Ssĕ-ma Ts'ien nicht sicher. S. Chavannes, *Les Mémoires historiques de
Se-ma Ts'ien* Bd. I, S. CXLVIIf.

[2] *A History of Chinese Literature* S. 26.

Ganz anders als Grube sucht Chavannes das Problem des *T. t.* zu erklären. In der Einleitung zu seiner Übersetzung des *Schi ki* kann er an der Tatsache nicht vorübergehen, daß Ssĕ-ma Ts'ien das *T. t.* vielfach herangezogen („beaucoup pratiqué") und, „wie alle seine Landsleute, eine sehr hohe Achtung vor ihm gehabt hat". Auf der anderen Seite aber sieht er auch keine Veranlassung, die Verfasserschaft des Konfuzius in Zweifel zu ziehen. Der Enthusiasmus der Chinesen wird für ihn vielmehr dadurch verständlich, daß „die Kunst der Geschichtschreibung sich bei ihnen sehr langsam entwickelt habe". Daher „sei ihnen das *T. t.* als etwas so Wunderbares erschienen, weil es ihnen zum ersten Male ein klares Bild von zweihundertundzweiundvierzig Jahren geschichtlichen Geschehens geboten habe"[1]. Schon Grube (a. a. O. S. 69) hat diese Erklärung mit Recht als „nicht recht überzeugend" abgelehnt, denn eine noch größere Kümmerlichkeit als die Brocken des *T. t.* ist in der Tat nicht denkbar, und es ist zum mindesten nicht unwahrscheinlich, daß den Chinesen bei oder vor seiner Entstehung schon erheblich bessere Geschichtsdarstellungen vorlagen: abgesehen von den Annalen der Lehenstaaten, die sämtlich verloren sind, besaßen sie jedenfalls das *Schu king*, von dem ja das *T. t.* angeblich sogar eine Fortsetzung sein sollte. Also da, wo Chavannes ihn sucht, kann der Grund für die Bewunderung der Chinesen zur Han-Zeit — von Mêng tsĕ ganz zu schweigen — unmöglich gelegen haben. Sehr merkwürdig, fast wie die mißverstandene Erklärung eines chinesischen Literaten mutet uns an, was der Jesuitenpater L. Wieger vom *T. t.* zu sagen weiß. „Confucius," so bemerkt er in seinen *Textes historiques* von 1902 (S. 182), „composa la chronique *Tch'oŭnn-ts'iou*, à cause de laquelle on l'a souvent accusé de mensonge délibéré. De fait, bien des événements y sont travestis, faussés; mais ce ne sont pas là des mensonges; ce sont les euphémismes conventionnels usités en ce temps-là. Personne ne prenait à la lettre l'histoire officielle, les titres posthumes, etc. Le principe étant que certaines choses choquantes ne doivent pas être écrites, on écrivait autre chose, et dans les gloses orales, on disait la vérité. Pudeur littéraire dont il faut tenir compte dans l'interprétation des tous les documents anciens. Ainsi, pour la période dite du *Tch'oŭnn-ts'iou*, 8e au 5e siècle, *la Chronique de Confucius* est le conte officiel conventionnel, tandis que les *Récits de Tsouo* (Tso tschuan), oeuvre privée, sont la vérité vécue." Wer daraufhin das *T. t.* auch nur flüchtig einmal ansieht, wird sehr bald merken, daß der hier erwähnte Grundsatz, selbst wenn er im allgemeinen sonst richtig wäre, bei diesem Werke vollständig versagt und seine Erklärung nicht um einen Schritt weiter bringt.

Nur der Seltsamkeit wegen möge hier erwähnt werden, wie man sich sonst noch in Europa mit der Frage abzufinden versucht hat. Schott meint in seinem *Entwurf einer Beschreibung der chinesischen Literatur* (S. 16): „Bei aller Trockenheit des Inhalts ist es (das *T. t.*) ein Muster für die spätere streng chro-

---

[1] *Mémoires historiques* I, CXLVI.

nologische Geschichtschreibung geworden, und jeder wiederholt die Worte
des Lobes oder Tadels, womit K'ong-tsfè in demselben die Handlungen der
Fürsten begleitet." Das sind Redewendungen, die auf eine sehr geringe
Anschauung vom Wesen des Textes schließen lassen. D v o ř á k, *Chinas Reli-
gionen* (I, 81), sucht dem Problem von der psychologischen Seite beizukommen.
„Bei dem trockenen Charakter des Čün-tschieu," schreibt er, „das sich mit
bloßem Aufzählen von Begebenheiten begnügt, ohne ein einheitliches Bild der
Zeit zu entwerfen, wäre das (d. h. die Lobpreisungen des Měng tsě) schwer zu
begreifen, wenn der Inhalt des Erzählten nicht danach wäre, das menschliche
Herz in seinem Innern tief zu erschüttern. Denn anderswo erfahren wir, daß
diese nicht mehr als 242 Jahre umfassende Chronik von 52 zugrunde gegangenen
Reichen und 36 getöteten Fürsten, 36 Kriegen und 213 Angriffen erzählt, feind-
liche Einfälle, Einnahmen von Orten, Überfälle, Verfolgungen und Vertei-
digungen nicht mitgerechnet." Es ist nicht wahrscheinlich, daß ein Leser des
T. t. von dem Texte eine stärkere Wirkung empfangen wird als von dieser nackten
Aufzählung. D o u g l a s endlich, in seinem Werke *Confucianism and Taoism*
(S. 60), tut die Frage mit der trockenen Bemerkung ab, daß die hohe Einschätzung
des *T. t.* durch Konfuzius „eins von den zahlreichen Beispielen dafür bilde,
daß die Verfasser den Wert ihrer Werke völlig falsch beurteilt hätten".

Wie hat sich nun aber zu dem Problem und seiner Lösung der Gelehrte gestellt,
dem das Abendland eine genauere und zuverlässigere Kenntnis der kanonischen
Bücher der Chinesen in erster Linie verdankt, und der den Text des *T. t.* und
des *Tso tschuan* in derselben musterhaften Weise herausgegeben und übersetzt
hat wie die übrigen Teile des Kanons, J a m e s L e g g e ? In den *Prolegomena*
zu seiner Ausgabe der beiden Werke in den *Chinese Classics* hat er sich mit der
Geschichte, dem Wesen und der Bedeutung des *T. t.* in der ihm eigenen gründ-
lichen und gewissenhaften Weise auseinandergesetzt und ist dem Problem, das
dem Leser gleich auf den ersten Seiten seiner Darlegungen entgegentritt, mit
allen Mitteln der sinologischen Forschung zu Leibe gegangen. Leider sind die
Ergebnisse ebenso enttäuschend, wie es der Text des *T. t.* für ihn selbst war.
Legge hat nicht bloß das Problem auf demselben Punkt belassen, wo es vor ihm
war, sondern er hat sogar, dank seiner Voreingenommenheit als christlicher
Sittenrichter, den Weg zu seiner Lösung in verhängnisvoller Weise verbaut.
Verzweifelt ruft er aus: „Das ganze Buch ist eine Sammlung von Rätseln, für
die es ebenso viele Antworten gibt wie Leute, die sie lösen wollen" (S. 5f.).
Und: „Diese Schwierigkeit ist ein gordischer Knoten, den aufzulösen ich keine
Möglichkeit sehe, und ich habe oft gewünscht, daß ich ihn zerhauen könnte,
indem ich die Echtheit des uns vorliegenden Ch'un Ts'ëw einfach in Abrede
stelle" (S. 4). Leider kann er dies aber als ehrlicher Kritiker nicht, und so weiß
er nur den schwachen Trost: „Die einfachste Art, die Frage zu erledigen, ist,
das Zeugnis des Mencius auf sich beruhen zu lassen, obwohl dieses Verfahren
aus kritischen Rücksichten kaum zu rechtfertigen ist" (S. 4f.). Von den beiden

obenerwähnten Wegen, zu einer Lösung zu kommen (s. oben S. 5), erschien ihm also nur der eine als gangbar, und da die Tatsachen sein Beschreiten verboten, so sah er keine Möglichkeit, das Ziel zu erreichen, und gab das Suchen auf. Und doch war Legge der Lösung viel näher, als er glaubte; leider hat er sich aber bei seinen Untersuchungen weniger von dem Streben beherrschen lassen, einfach den Sachverhalt festzustellen und ihn aus der Eigenart des chinesischen Geistes heraus ohne Rücksicht auf seinen sittlichen oder verstandesmäßigen Wert zu erklären, als vielmehr von seinen Anschauungen als englischer Missionar, der alles mit dem Maßstabe der christlichen Ethik bemessen zu sollen glaubt und danach die Unterscheidungen zwischen Richtigem und Falschem, zwischen Bedeutendem und Unbedeutendem vornimmt. So hat er die ganze *T.-t.*-Frage auf ein falsches Gleis geschoben, und bei seiner überragenden Autorität ist es nicht zu verwundern, daß fast alle Späteren, die über das *T. t.* zu urteilen hatten und die Verfasserschaft des Konfuzius nicht rundweg abstritten, Legge unbedenklich auf seinem Wege folgten und so in der gleichen Ratlosigkeit endeten wie er selbst. Wenn Legge der Überzeugung war, daß die Echtheit des *T. t.* nicht mit Erfolg bestritten werden konnte, so blieb ihm, sofern er nicht zu einer Gewalttat schreiten und Mêng tsö's Angaben einfach als nicht vorhanden ansehen wollte, nur noch die erwähnte zweite Möglichkeit, den Schlüssel zur Lösung des Rätsels zu finden, nämlich eine besondere Art der Auslegung des Textes. Von Anbeginn an wurde er bei seinen Untersuchungen durch die chinesische Überlieferung darauf hingewiesen, und er sah auch, daß die einheimische Anschauung durch dieses Mittel die „Rechtsentscheidungen" fand, die Konfuzius im *T. t.* getroffen haben wollte, aber mit einem kaum verständlichen Eigensinne weigerte er sich, diesen Weg der chinesischen Auslegung zu gehen. Er hielt die letztere lediglich für ein Erzeugnis des „machtvollen und verderblichen Einflusses", den Mêng tsö's Äußerung von den „Rechtsentscheidungen" ausgeübt habe (S. 5), versteifte sich darauf, daß „eine solche Methode uns zu Absurditäten führe" (S. 5), und erklärte daß sie „inadmissible" sei (S. 40). „Von einem Geschichtschreiber müsse man eine wahrheitsgetreue Darstellung der Tatsachen erwarten" (S. 3), Konfuzius aber scheue im *T. t.* nicht davor zurück, Tatsachen „zu übergehen, zu verschleiern und zu entstellen" (S. 40), er sei also unwahr, parteiisch und ungerecht, verdiene nicht die Verehrung seines Volkes, führe es in die Irre und hindere es, sich den Lehren des Christentums zuzuwenden (S. 50ff.).

Es ist in der Tat erstaunlich, wie der große Gelehrte sich hier durch seinen Missionareifer aus der Bahn der wissenschaftlichen Untersuchung hat hinausdrängen lassen. Das Ziel der letzteren durfte nur sein, eine Antwort auf die Frage zu finden: wenn Konfuzius das *T. t.* verfaßt hat, welche Absichten hat er dabei verfolgt, und welcher Mittel hat er sich bedient, um sie zu erreichen? Ob diese Absichten edel oder unedel, die Mittel geschickt oder ungeschickt sind, ist dabei vollkommen belanglos, ebenso wie es belanglos ist, ob die Aufhellung dieser Absichten und Mittel uns zu Anschauungen und Grundsätzen führt, die für abendländisches Denken unsinnig, für christliches Fühlen verdammenswert sind. Die orientalische Seele ist anders geartet als die abendländische, und ihre verstandesmäßige wie sittliche Wertmessung stimmt deshalb nicht immer mit der unsrigen überein. Der Wissenschaft liegt es ob, jene Seele zu erforschen und sie darzustellen, wie sie ist, nicht aber, sie „zu bessern und zu bekehren", und danach ihre Arbeitsart einzurichten. Legge war zu sehr Missionar, um sich dieser Aufgabe immer bewußt bleiben zu können. Als Europäer sah er „Absurditäten", wo das chinesische Auge keine sieht, aber „Absurditäten" sehen wir auch im *Yi king*, im *Tschou li*, im *Li ki* und in zahllosen anderen Werken die Fülle, ohne daß wir uns deshalb in unserem Urteil über ihre Bedeutung im chinesischen Geistesleben beirren lassen dürfen.

Leider hat nun Legges summarische Verwerfung der überlieferten Auslegungsart des *T. t.* bewirkt, daß sich niemand wieder mit ihr beschäftigt hat, und so ist eine richtige Würdigung des *T. t.* in der Sinologie, wie schon oben bemerkt war, durch Legges Einfluß geradezu verhindert worden. Die allgemeine Auffassung ist etwa so, wie sich A. Forke ausgesprochen hat: „Das Ch'un-ch'iu besteht nur aus sehr dünnen chronologischen Tabellen, aber die Chinesen legen sie, ihren vorgefaßten Anschauungen entsprechend, in einer so künstlichen Art aus, daß sie die tiefsten Bedeutungen in den einfachsten Worten entdecken, wo ein unvoreingenommener Leser nichts sieht als die Feststellung einfacher Tatsachen"[1]. Als ob es darauf ankäme, was der „unvoreingenommene", d. h. der abendländische Leser sieht, und nicht vielmehr darauf, welcher Art die „vorgefaßten Anschauungen" der Chinesen sind! Nur wer diese kennt und berücksichtigt, kann hoffen, zu einem Verständnis des *T. t.* zu gelangen und eine Lösung des Problems zu finden, das Legge in seinem Ärger durch einen Fußtritt in den Abgrund schleudern wollte.

3.
Die chinesische Kritik und das Problem.

Die chinesische Kritik hat sich mit dem *T. t.* wegen seines hohen Anspruches hinsichtlich der Verfasserschaft natürlich zu allen Zeiten sehr eingehend beschäftigt, und die Literatur darüber ist ins Riesenhafte angeschwollen. Aber diese Beschäftigung gilt in der älteren Zeit lediglich der Natur und der ethischpolitischen Zielsetzung des *T. t.* Ein Bedürfnis, zwischen seiner dürftigen Form und den Worten Mêng tsê's einen Ausgleich zu finden, mag sich allmählich eingestellt haben, aber ausgesprochen wird es noch nicht.

---

[1] *Lun-Hêng* II, 295 Anm. 3.

Im 8. und 9. Jahrhundert, also zur T'ang-Zeit, erheben Tan Tschu 啖助 und seine Schüler Tschao K'uang 趙匡 und Lu Tsch'un 陸淳 starke Einwände gegen die willkürliche und einseitige Auslegung des Werkes, wie sie ihrer Ansicht nach in den drei Kommentaren betrieben wird[1], die allesamt „den Grundgedanken des *T. t.* nicht erfaßt hätten"[2]. Dieser Grundgedanke sei: „Rettung zu bringen von den Mißständen der Zeit und die Nichtachtung der Riten zu beseitigen"[3]; die Kommentare aber hätten teils einen ungeheuren geschichtlichen Tatsachenstoff, teils ein willkürliches System der Wortdeutung darüber gehäuft, so daß der ursprüngliche Sinn verdunkelt worden sei. Dieser müsse dem Texte selbst, ohne Rücksicht auf die Kommentare entnommen werden. Also auch hier noch die Überzeugung von der tieferen Bedeutung des *T. t.* als etwas Selbstverständlichem. Erst in der Sung-Zeit, und zwar, soweit sich die Literatur bis heute übersehen läßt, nicht vor dem 11. Jahrhundert, tauchen Bedenken und Zweifel an dieser Bedeutung selbst auf, und damit tritt auch das Problem äußerlich in die Erscheinung und verlangt eine Lösung auf dem einen oder anderen Wege. Bis dahin hatte man, allgemein und ohne Schwanken, den überlieferten Text für das genommen, was nach Mêng tsĕ das *T. t.* sein sollte, und in Ehrfurcht vor der Autorität des letzteren den Schlüssel zur rechten Würdigung in der richtigen Erfassung seines Grundgedankens und seiner Darstellungsmittel gesucht. In dem im 15. Jahrhundert zur Zeit Yung-lo von Hu Kuang 胡廣 (s. Giles, *Biographical Dictionary* Nr. 820) und Anderen zusammengestellten Sammelwerke *Tsch'un-ts'iu tsi tschuan ta ts'üan* 春秋集傳大全 nennen die Verfasser sieben große Autoritäten, die den leitenden Grundgedanken *(kang ling* 綱領) des *T. t.* klargelegt hätten: Mêng tsĕ, Tschuang tsĕ, Tung Tschung-schu 董仲舒 (2. Jahrh. v. Chr.), Wang T'ung 王通 (583—616, Giles Nr. 2239), Schao Yung 邵雍 (1011—1077, Giles Nr. 1683), Tschang Tsai 張載 (1020—1076, Giles Nr. 117) und Tsch'êng I 程頤 (1033—1107, Giles Nr. 280). Tschuang tsĕ sagt darüber: „Das *T. t.* gibt eine Darstellung der Staatskunst nach Maßgabe der früheren

---

[1] Tan Tschu hatte seine Auffassungen in einem Werke niedergelegt, das den Titel *Tsch'un-ts'iu t'ung li* 春秋統例 führte. Sein Freund Tschao K'uang erweiterte und berichtigte es, und sein Schüler Lu Tsch'un verarbeitete das Ganze unter Hinzufügung eigener Gedanken zu einem neuen Werke mit dem Titel *T. t. tsi tschuan tsuan li* 集傳纂例. Das letztere ist uns erhalten und in der im Jahre 1874 gedruckten Sammlung *Ku king kie hui han* 古經解彙函 (lithographierte Ausgabe von 1888) wieder zugänglich gemacht. Vgl. Kaiserlicher Katalog *(Ssĕ k'u ts'üan schu tsung mu)* Kap. 26, fol. 14 v°ff.

[2] *T. t. tsi tschuan tsuan li* Kap. 1, fol. 1 r°: 吾觀三家之說誠未達乎春秋大宗.

[3] Ebenda: 予以爲春秋者救時之弊革禮之薄.

Herrscher. Der Heilige entscheidet hier, ohne zu erörtern"[1]. Und an einer

---

[1] *Tschuangtsĕ,* 齊物論篇 (Kap. 1, fol. 10 r⁰ in den *Tsĕ schu ör schi san tschung,* Schanghai-Ausg. von 1897): 春秋經世先王之志也、聖人議而不辯. Weder Legge noch Wilhelm sind in ihren Übersetzungen dieser, wie wir später sehen werden, sehr wichtigen Stelle gerecht geworden. Legge (*Sacred Books of the East* Bd. XXXIX, S. 189) übersetzt: „In the *Khun Khiû,* which embraces the history of the former kings, the sage indicates his judgements, but does not argue (in vindication of them)." Und Wilhelm (*Dschuang Dsi* S. 17): „Im Verlauf der Geschichte (gibt es Taten, die) der Berufene beurteilt, ohne beweisen zu wollen." Beiden Übersetzern ist die Bedeutung des Ausdruckes 經世 nicht klar geworden, wie denn Legge (*Prolegomena* S. 146) ihn auch für „hardly translatable" erklärt. Er dürfte an jener Stelle zum ersten Male vorkommen, häufig gebraucht in seiner ganz feststehenden Bedeutung wird er aber erst in der neueren Literatur. Die Wörter-bücher, und zwar die europäischen wie die einheimischen, versagen merkwürdigerweise für seine Erklärung. Giles gibt für den Ausdruck 經世者 die Bedeutung „Staats-mann", und Palladius verzeichnet unter *king schi:* „die Welt einrichten, sie in Ordnung bringen." Aber das ist alles. Im Jahre 1826 erschien eine Sammlung von Abhandlungen verschiedener Verfasser über staatliche Einrichtungen und Vorschläge zu ihrer Verbesse-rung; sie führte den Titel *Huang tsch'ao king schi wên pien* 皇朝經世文編, der dem Inhalte entsprechend zu übersetzen ist mit „Sammlung von Schriftstücken zur Staats-wissenschaft der regierenden Dynastie". Die Reformatoren vom Ende des 19. Jahrhunderts gaben im Jahr 1898 im Anschluß hieran eine umfangreiche Sammlung von Arbeiten über Neuordnung des Staatswesens, von Untersuchungen über Wesen und Aufgaben des Staates u. ä. unter dem Titel *Huang tsch'ao king schi wên sin* 新 *pien,* „Neue Sammlung usw." heraus, und hier wird auch der Ausdruck *king schi* besonders erklärt. In einer Abhandlung über politische und moralische Erziehung sagt K'ang You-weï 康有為: „*King schi* bedeutet die Angelegenheiten der Staatsregierung" 經世卽政事也 (Kap. 19, fol. 20 r⁰ u. 22 v⁰) und Liang K'i-tsch'ao 梁啟超 in einem ähnlichen Schriftstücke geht dem Begriffe tiefer nach, indem er ausführt: „Allerdings ist das, was man heute unter *king schi* versteht, von dem, was man seit der T'ang- und Sung-Zeit darunter verstanden hat, ein wenig verschieden. Man muß die Grundanschauungen in den Bestimmungen der sechs kanonischen Werke gründlich erfassen und dabei das Zeugnis der Autoritäten der Tschou- und Ts'in-Zeit, sowie die europäischen Schriften über die allgemeinen ethischen und recht-lichen Begriffe heranziehen, dann erhält man die leitenden Fäden, um die Grundsätze für die Regierung irdischer Reiche zu erkennen. Man muß ferner Beharrung und Wandel, Gewinn und Verlust in den Einrichtungen der verschiedenen Dynastien mit umfassendem Blicke betrachten und dabei das Zeugnis der alten griechischen und römischen Geschicht-schreiber heranziehen, dann erhält man die Hilfsfäden, um das System der Alten bei der Regierung der Welt zu erkennen. Man muß endlich die Vorzüge und Schäden der ver-schiedenen Staaten der Welt eingehend prüfen und die Ursachen ihres Verfalls wie die Mittel ihrer Erstarkung erkennen, dabei die neueren Geschichtschreiber, die Verfassungsurkunden und die Zeitungen der europäischen Länder zum Zeugnis heranziehen, dann erhält man das

anderen Stelle: „Das *T. t.* soll die Unterschiede in den Bezeichnungen dar-
legen"[1]. Mit Tung Tschung-schu werden wir uns noch eingehender zu beschäftigen haben. Wang T'ung erklärt: „Das Verhältnis des *T. t.* zu dem

praktisch verwertbare, um die Erfordernisse für die Regierung der heutigen Staaten der
Welt zu erkennen. Dann erst kann man von *king schi* (d. h. also ‚Staatskunst' oder ‚Staats-
wissenschaft') reden." 居今日而言經世與唐宋以夾之言經世者又
稍異、必深通六經制作之精意、證以周秦諸子及西人公理公
法之書以爲之經以求治天下之理、必博觀歷朝掌故沿革得
失、證以泰西希臘羅馬諸古吏以爲之緯以求古人治天下之
法、必細察今日天下郡國利病知其積弱之由及其可以圖强
之道、證以西國近史憲法章程之書及各國報章以爲之用以
求治今日之天下所當有事夫然後可以言經世. (Ebenda fol. 41 v⁰.)
Hiernach ergibt sich also klar die Bedeutung „Staatskunst", die sich auch unschwer aus
den beiden Wörtern herleiten läßt, wenn man 經 mit Kang-hi in dem Sinne von 法
nimmt: „regeln die (politische) Welt". K'ang You-weï und Liang K'i-tsch'ao gehen
übrigens beide bei ihrer Erklärung auch auf die Stelle bei Tschuang tsĕ zurück, deren
grundlegende Bedeutung bei Legge und bei Wilhelm vollständig verlorengegangen ist. —
Auch die Bedeutung des zweiten Satzes wird weder bei Legge noch bei Wilhelm klar.
Kuo Siang 郭象 (um 300 n. Chr.), der Kommentator Tschuang tsĕ's, erklärt dazu:
„Er (der Heilige) hält sich lediglich an die Tatsachen und entscheidet dadurch schon über
die Grenzen des Rechten; er betont nicht (mit Worten) die Wahrheit, um so die (Meinung
der) Masse zu widerlegen." 順其成迹而擬乎至當之極、不執其所是
以非眾人也. Deutlicher noch spricht Tsch'êng I 程頤 (s. oben) den gleichen
Gedanken aus: „Während die anderen kanonischen Schriften sich mit Worten über das
Rechte verbreiten, hält das *T. t.* sich an die Handlungen, wodurch das Richtige und
Falsche des Falles offenbar wird." 他經論其義春秋因其行、事是非較著
(*Tsch'un-ts'iu tsi tschuan ta ts'üan* im *T'u schu tsi tsch'êng* 經籍典 Kap. 192, fol. 8 v⁰.)
Der Sinn des Ganzen ist also: Das *T. t.* legt die Grundsätze und einzelnen Regeln für die
kanonisch richtige Staatsregierung dar, aber nicht durch belehrende Ausführungen, sondern
lediglich dadurch, daß es Handlungen der Fürsten aufzählt und bei jeder einzelnen nach
einer bestimmten Methode feststellt, ob sie als recht oder unrecht, als gut oder böse, als
kanonisch oder kanonwidrig anzusehen ist.

Diese Klarstellung war nötig wegen der Wichtigkeit, die Tschuang tsĕ's Urteil für unsere
Untersuchung hat.

[1] 天下篇 (Kap. 10, fol. 19 v⁰): 春秋以道名分. (Bei Legge, *S. B. E.* XL, 216
wieder ungenau: „The *Khun Khiû* is intended to display names and the duties belonging
to them.") Die richtige Bezeichnung, d. h. Bewertung der sittlichen und politischen
Faktoren, bildet in der alten Philosophie die Grundlage der staatlichen Ordnung. Ausführ-
liches hierüber findet man in meiner Abhandlung *Über die chinesische Lehre von den
Bezeichnungen* in T'oung Pao 1906, S. 315 ff.

Verhalten des Herrschers ist das der Wage, die das Leichte und das Schwere wiegt, das der Richtschnur, die das Krumme und das Gerade bestimmt. Ohne seine Hilfe gibt es nichts, woraus man das Rechtsempfinden schöpfen könnte"[1]. Ähnlich Schao Yung: „Das *T. t.* ist das Gesetzbuch des Konfuzius; Verdienste wie Vergehungen werden darin nicht verheimlicht"[2]. Tschang Tsai urteilt folgendermaßen: „Die Aufzeichnungen des *T. t.* waren im Altertum nicht vorhanden, vielmehr sind sie von Konfuzius selbst gemacht. Schon Mêng tsĕ vermag das erkennen zu lassen. Wenn nun aber das Wesentliche des Sinnes nicht deutlich dargestellt wird, dann wird man ihn kaum erfassen. Frühere Gelehrte sind bei ihrer Behandlung (des *T. t.*) dessen nicht bewußt gewesen und haben deshalb bei ihren Erklärungen zahlreiche falsche Auslegungen herausgezwungen"[3]. Tsch'êng I endlich, ebenso wie Schao Yung und Tschang Tsai eines der Häupter der berühmten Philosophenschule der Sung-Zeit, äußert sich wie folgt: „Die fünf kanonischen Bücher bilden den Text, der die Lehre enthält; das *T. t.* aber stellt ihre Anwendung durch den Heiligen dar. Das *T. t.* bedeutet für die fünf kanonischen Bücher dasselbe, was für eine Gesetzsammlung die danach gefällten Urteile bedeuten"[4]. Ähnlich an einer anderen Stelle: „Die fünf kanonischen Bücher sind wie ein medizinisches Rezept, das *T. t.* aber stellt gleichsam die Heilung einer Krankheit durch die Medizin dar. Die Anwendung (der Lehre) durch den Heiligen zeigt sich vollständig in diesem Werke"[5]. Der Gleichnisse entkleidet, bedeutet dies dann: „Im *T. t.* enthält jeder Satz eine Tatsache, an der man das Recht und das Unrecht leicht ersehen kann. Es stellt die wichtige Unterweisung über die restlose Anwendung der Rechtsnorm dar. Man braucht nur das *T. t.* zu betrachten, dann kann man auch die Lehre vollkommen ersehöpfen"[6].

---

[1] 春秋之於王道是輕重之權衡曲直之繩墨也、舍則無所取衷矣.

[2] 春秋孔子之刑書也、功過不相揜.

[3] 春秋之書在古無有乃仲尼所自作、惟孟子為 (fehlt nach einer anderen Lesart) 能知之、非理明義精殆夫可學、先儒夫及此而治之故其說多鑿.

[4] 五經載道之文、春秋聖人之用、五經之有春秋猶法律之有斷例也.

[5] 五經如藥方、春秋猶用藥治病、聖人之用全在此書.

[6] 春秋一句即一事、是非便見於此、乃窮理之要學者、只觀春秋亦可以盡道矣. Das betr. Kapitel des *T. t. tsi tschuan ta ts'üan* ist *T. s. t. t.* 經籍典 Kap. 192, fol. 1 r°f. wiedergegeben. Hu An-kuo (s. unten) fügt in seinem Kommentar den sieben Autoritäten noch Tsch'êng Hao 程顥 (1032—1085, Giles Nr. 278) hinzu.

Nach der Auffassung dieser sieben Autoritäten vom 4. Jahrhundert v. Chr. bis zum 11. Jahrhundert n. Chr. zeigt also das *T. t.* die praktische Anwendung der überlieferten Gesetze über die rechte Art, den Staat zu regieren, es ist eine Sammlung von geschichtlichen Belegen für das kanonische Staatsrecht, das natürlich lediglich ein System von sittlichen Normen und Einzelvorschriften in ihrer Anwendung auf fürstliche Pflichten und Rechte ist. Die Frage ist nur, wie die Anwendung der Gesetze, selbst wenn diese bekannt sind, an den Beispielen sichtbar wird, und, wenn sogar Urteile gefällt werden, woran diese kenntlich werden. Daß hierfür bestimmte Grundregeln des Verfassers bei der Aufstellung seiner Sätze angenommen werden mußten, und daß auf der Erkenntnis dieser Grundregeln die richtige Deutung des Textes beruhte, darüber ist man bis zum 11. Jahrhundert offenbar niemals im Zweifel gewesen; Meinungsverschiedenheiten bestanden nur über Einzelheiten der Auslegung, über die Frage, ob schon die mitgeteilte Tatsache an sich ein Urteil sei, oder ob die gewählten Bezeichnungen noch eine besondere Auslegung verlangten. Auf solche Meinungsverschiedenheiten deutete schon die Äußerung Tschang Tsai's, und deutlicher noch spricht sich Tschêng Ts'iao 鄭樵, der berühmte Verfasser des *T'ung tschi* (1108—1166), in seiner Bibliographie des *T. t.* darüber aus: „Der kanonische Text des *T. t.* ist eine Geschichte von Lu. Im Anfang gab es darin keine mehrdeutigen Lesarten und keine widerstreitenden Meinungen, erst aus den Kommentarwerken der drei Erklärer sind die Mehrdeutigkeiten entstanden, woraus dann die verschiedenen Ansichten vom Richtigen und Falschen hervorgegangen sind. So habe ich das *Tsch'un-ts'iu k'ao* verfaßt, um den richtigen kanonischen Text festzustellen. Alles, was an Mehrdeutigkeiten vorhanden ist, ist eine Verfälschung des Alten. Die Bearbeitungen sind wohl von erdrückender Menge, aber die Lehre selbst ist nur spärlich (von dem Verfasser) eigenhändig schriftlich niedergelegt, vielmehr mündlich (von Geschlecht zu Geschlecht) weiter überliefert"[1]. Diese Bemerkungen sind zwar noch recht vorsichtig gehalten, aber sie zeigen doch offensichtlich, daß es auch dem einheimischen Gelehrtentume immer schwieriger geworden war, den vorliegenden Text des *T. t.* mit der hohen Meinung des Altertums davon in Einklang zu bringen. Gegen diese Meinung aufzutreten wagte man nicht; es war also eine tiefere Deutung unerläßlich, aber den ganz verschiedenen Auslegungsmethoden der Kommentare mochte man sich nicht allenthalben fügen, und so standen denn die Gelehrten

---

[1] *T'ung tschi* Kap. 63, fol. 5 v⁰ (Schanghai-Ausg. von 1901): 春秋之經則魯史記也、初無同異之文亦無彼此之說、使由三家所傳之書有異同故是非從此起、臣作春秋考所以是正經文、以凡有異同者皆是訛誤古者、簡編艱繁學者希見親書惟以口相授. Ein *Tsch'un-ts'iu k'ao* des *Tschêng Ts'iao*, nach *T. s. t. t.* a. a. O., Kap. 170, fol. 1 v⁰ aus einem Kapitel bestehend, kennt der Kais. Katalog nicht, sondern nur ein solches von *Ye Mêng-tê* 葉夢得, das ebenfalls dem 12. Jahrhundert angehört (Kap. 27, fol. 8 r⁰).

der Sung-Zeit dem Problem mit mehr und mehr geteilten Ansichten, aber durchweg im Banne der Überlieferung und daher mit gebundenen Händen gegenüber. So gut es ging, versuchte man, sich mit allgemeinen Betrachtungen und Redewendungen darüber hinwegzutäuschen, man steckte sich, wie schon zur Han- und T'ang-Zeit, hinter eine angeblich ungleichmäßige Überlieferung des Textes — obwohl die Abweichungen nach unseren Auffassungen in der Tat ganz unwesentlich sind —, man kritisierte die Kommentare und stritt sich um ihren Wert, aber einer wirklichen Lösung gingen die meisten ängstlich aus dem Wege. Nur einige wenige große Geister haben den Mut gefunden, den Stier bei den Hörnern zu fassen und sich mit der für die konfuzianische Dogmatik so ungeheuer wichtigen Frage entscheidend auseinanderzusetzen. Der erste von ihnen war Wang An-schi 王安石, der große Geistesrevolutionär des 11. Jahrhunderts, der für die sozialen, wirtschaftlichen und geschichtskritischen Anschauungen seines Landes um gut acht Jahrhunderte zu früh geboren war. Als er unter dem Kaiser Schên Tsung (1067—1084) als leitender Staatsmann auf der Höhe seiner Macht stand und seine grundstürzenden Reformen ins Werk setzte, wurde auch der konfuzianische Kanon einer Neuordnung unterzogen. Durch ein im Jahre 1075 erlassenes Edikt wurde bestimmt, daß Wang's Auslegung des *Schi king, Schu king* und *Tschou li*, die er selbst in Kommentaren niedergelegt hatte, bei den staatlich anerkannten Studien als Richtschnur zu dienen habe[1]; dadurch wurden, wie die Geschichtschreiber der Sung sagen, „die sämtlichen Kommentare der früheren Gelehrten hinfällig und unbrauchbar"[2]. Des weiteren aber „strich Wang An-schi die Texte des *T. t.* aus dem Kanon und nahm sie nicht mehr auf in die staatlichen Studienpläne, so daß man ihn scherzhaft *tuan lan tsch'ao pao* (d. h. „der die Kaiserlichen Botschaften zerhackt und kocht"?) nannte"[3]. Über die Gründe, die Wang zu seinem Ver-

---

[1] *Sung schi* Kap. 15, fol. 13 v⁰ (Schanghai-Ausg. von 1884). Weitere Angaben über die Neuordnung Wang An-schi's bei Biot, *Essai sur l'histoire de l'instruction publique en Chine* S. 344ff. Erhalten ist von den Kommentaren nur der des *Tschou li*. Näheres s. Bull. Éc. fr. d'Extr. Or. IX, 427 Anm.

[2] *Sung schi* Kap. 327, fol. 11 r⁰: 先儒傳註一切廢不用·

[3] *Sung schi* Kap. 327, fol. 11 r⁰: 黜春秋之書不使列於學官至戲目為斷爛朝報. In dem Literaturverzeichnis der Sung-Annalen (Kap. 202, fol. 18 r⁰) wird auch ein Werk des Wang An-schi über das *Tso tschuan* mit dem Titel *Tso schi kie* 左氏解 in 1 Kapitel aufgeführt, in dem behauptet wird, der Verfasser des *Tso tschuan* habe zur Zeit der „sechs Staaten" (221—589 n. Chr.) gelebt. Nach einer Bemerkung im *T. s. t. t.* a. a. O. Kap. 180, fol. 15 r⁰ wird indessen Wang's Verfasserschaft bestritten. Anscheinend ist dieses Werk dasselbe wie das im Kais. Katalog Kap. 26, fol. 1 r⁰ f. mit dem Titel *Tsch'un-ts'iu kie* erwähnte, ebenfalls aus 1 Kapitel bestehende und Wang An-schi zugeschriebene. Vgl. auch Legge, *Prolegomena* S. 34. Über Wang An-schi's gesammelte Werke s. Bull. Éc. fr. d'Extr. Or. a. a. O. S. 452f.

fahren bestimmten, sprechen sich die Quellen nicht unmittelbar aus, aber sie lassen sich aus verschiedenen Angaben mit hinreichender Sicherheit erschließen. Angeblich soll ein zeitgenössisches Werk, das *Tsch'un-ts'iu king kie* 春秋經解 des Sun Kio 孫覺 (2. Hälfte des 11. Jahrhunderts), das uns in den Sammlungen *Wu ying tien tsŭ tschên pan schu* 武英殿聚珍版書 und *Tschêng yi tschai ts'ung schu* 正誼齋叢書 (Periode Kia-k'ing) erhalten ist[1], für Wang-An-schi's Stellungnahme ausschlaggebend geworden sein. Sowohl der Kaiserliche Katalog wie das *T. s. t. t.* führen aus den Vor- und Nachworten des Werkes längere Stellen an, und aus ihnen läßt sich das Verhältnis Wang's zu Sun Kio entnehmen. In einem Nachworte von Tschou Lin 周麟 heißt es: „Wang An-schi beabsichtigte zuerst, das *T. t.* zu erläutern, um es so im Reiche zu verbreiten. Als aber Sin-lao's (Sun Kio's Beiname) Kommentar erschien, war er gekränkt in seinem Herzen, denn er erkannte, daß er sich dem nicht an die Seite stellen konnte. Daher verlästerte er das kanonische Werk des Heiligen und beseitigte es"[2]. Ein Vorwort von Schao Tsi 邵輯 aber meint: „Wenn man sagt, Wang An-schi habe wegen dieses Werkes das *T. t.* beseitigt, so glaube ich nicht, daß das ganz richtig ist. Aber man kann daraus ersehen, daß dem Werke zu seiner Zeit eine große Wichtigkeit beigelegt wurde, woraus dann jene Behauptung entstand"[3]. Sowohl Tschou Lin's Nachwort wie Schao Tsi's Vorwort sind offenbar einer späteren Ausgabe des Werkes gewidmet, und beide Verfasser gehören einer Zeit an, in der das ganze Reformwerk des gestürzten Wang An-schi bereits den leidenschaftlichen Haß des orthodoxen Literatentums auf sich gezogen hatte, denn die Verdächtigung, daß Wang nur aus gekränkter Eitelkeit das *T. t.* aus dem Kanon gestrichen habe, ist zu abgeschmackt, als daß sie eine andere Ursache haben könnte als eben jenen blinden Haß, wenn auch daneben vielleicht, wie Schao Tsi meint, die Bedeutung von Sun Kio's Werk im Gegensatz zu der damals verbreiteten Nichtachtung des *T. t.* sie mitveranlaßt haben mag. Viel einleuchtender sind die Angaben eines Zeitgenossen von Sun Kio

---

[1] Kais. Katalog Kap. 26, fol. 29 v⁰ ff. Den Verfassern des Katalogs hat das Werk in 13 Kapiteln vorgelegen, die Ausgaben in den beiden Sammlungen haben 15 Kapitel, ebenso nennen das *Schu lu kie t'i* 書錄解題 des Tsch'ên Tschên-sun 陳振孫 (13. Jahrhundert) und die Bibliographie der Sung-Annalen 15 Kapitel, das *T. s. t. t.* (a. a. O. Kap. 169, fol. 1 v⁰), wohl infolge eines Druckfehlers, nur 5. Auch über den Titel bestehen Unklarheiten. Ein anderes *T. t. king kie* von Ts'ui Tsě-fang 崔子方 (um 1125) war im *Yung-lo ta tien* enthalten (Kais. Katal. Kap. 27, fol. 1 r⁰ff.).

[2] Kais. Katalog a. a. O., fol. 30 r⁰: 初王安石欲釋春秋以行於天下而莽老之傳已出、一見而有恚心、自知不能出其右、遂詆聖經而廢之·

[3] Ebenda: 謂王安石因此廢春秋似未必盡然、然亦可見當時甚重其書、故有此說也·

2*

und besonders erbitterten Gegners von Wang An-schi, Yang Schi 楊時
(1053—1135)[1], der ebenfalls ein Vorwort für den ersteren geschrieben hat. Aus
ihnen werden die starken Zweifel ersichtlich, die man zur Sung-Zeit über die
Bedeutung des *T. t.* hegte. „Im Anfang der Periode *Hi-ning*" (1068—1077),
sagt Yang Schi, „gab es zahlreiche Gelehrte, die die orthodoxe Lehre hoch-
hielten, den Kanon ehrten und den rechten Weg verkündeten, die aber meinten,
man könne bei den Abweichungen in den drei Kommentaren (des *T. t.*) das
Richtige nicht mehr feststellen, und das *T. t.* sei deshalb noch schwerer zu verstehen als die sechs kanonischen Bücher. So wurde das *T. t.* nicht mehr in
die staatlichen Studienpläne aufgenommen, es wurde zwar nicht beseitigt, aber
nicht mehr benutzt. Da nun aber die Studierenden nur bedacht waren auf
das für die Prüfungen nötige Wissen, so ließen sie das *T. t.* beiseite und studierten
es nicht. Wie bedauerlich war das doch! Der Gouverneur Herr Sun (Kio) aus
Kao-you (in Kiangsu) ward dessen überdrüssig und legte die gesammelte Weisheit des Heiligen vollständig dar"[2]. Nach den Angaben des Kaiserlichen Katalogs hatte Sun Kio seiner Auffassung im wesentlichen die Kommentare des
Kung-yang und des Ku-liang zugrunde gelegt, in erster Linie den letzteren,
den er für den gründlichsten und schärfsten hielt, während er dem *Tso tschuan*
vorwarf, daß es zuviel Tatsachenstoff aufgehäuft habe. So sah er auch die Bedeutung des *T. t.* in seiner Verhängung von „Lohn und Strafe für Recht und
Unrecht" und zog zum Nachweise hierfür alle drei Kommentare nebst den
früheren Auslegungen heran. Daß er damit in einen Gegensatz zu der herrschenden Anschauung seiner Zeit trat, geht aus den Bemerkungen von Yang
Schi hervor, wie er denn, ebenso wie der letztere, seiner Lebensbeschreibung
zufolge auch ein ausgesprochener Gegner von Wang An-schi's anderen Reformen
war[3]. Deshalb braucht man aber dem letzteren für seine Stellung dem *T. t.*
gegenüber nicht persönliche Gründe niederer Art unterzuschieben. Wang erging es nicht anders als später den europäischen Kritikern: er sah keine Möglichkeit, zwischen dem Texte des *T. t.* und den Aussprüchen des Mêng tsĕ eine
Brücke zu schlagen; die zwiespältigen Deutungen der Kommentare befriedigten
ihn nicht, der Text blieb also unverständlich oder jedenfalls anfechtbar, und
da ihm der widerspruchslose Autoritätsglaube gegenüber dem Altertume fehlte,
so wies er, mit mancher anderen Reliquie der Überlieferung, das Werk des Konfuzius als unzeitgemäß aus dem Tempel der nationalen Erziehung hinaus. Das
war seine Lösung des Problems.

---

[1] Giles, *Biogr. Dict.* Nr. 2405.

[2] *T. s. t. t.* a. a. O. Kap. 169, fol. 1 v°: 熙寧之初崇儒尊經訓迪多士
以謂三傳異同無所考正於六經尤爲難知、故春秋不列
於學官非廢而不用也、而士方急於科舉之習、遂闕而不
講、可勝惜哉、高郵中丞孫先生乃以其餘盡發聖人之蘊·

[3] *Sung schi* Kap. 344, fol. 2 r°ff.

Wang An-schi's Ächtung des *T. t.* hat seine sonstigen Reformen um ein erhebliches überdauert. Noch im Jahre 1097 verfügte der Kaiser Tschê Tsung auf Betreiben seiner beiden allmächtigen Minister Tschang Tun 章惇 und Ts'ai Pien 蔡卞[1], die beide Günstlinge und Anhänger des längst gestürzten und gestorbenen Wang An-schi waren, aufs neue die Entfernung des Werkes aus dem Kanon[2], eine Tatsache, die den gelehrten Hung Mai 洪邁 (2. Hälfte des 12. Jahrhunderts) im 2. Teile seiner Sammlung literarisch-kritischer Aufsätze zu der erbitterten Bemerkung veranlaßt, daß jene beiden, ebenso wie Wang An-schi, dadurch „den Fluch von zehntausend Generationen auf sich geladen hätten"[3]. Ohne Widerspruch ist freilich, wie wir sahen, die Unterdrückung des *T. t.* durch die unter Wang's Einfluß stehende Gelehrtenschule des 11. Jahrhunderts nicht erfolgt, aber die Rettung wird doch von den einheimischen Geschichtschreibern erst Hu An-kuo 胡安國[4] im 12. Jahrhundert zugeschrieben. Er machte das *T. t.* zum besonderen Gegenstande seines Studiums und hielt dem Kaiser Kao Tsung gegenüber mit der schärfsten Verurteilung der staatlichen Haltung nicht zurück. „Wenn das, was einst der Heilige mit eigener Hand niedergeschrieben und gestrichen hat," so klagte er, „der Herrscher nicht mehr erklärt haben will, so können die Minister es auch nicht mehr durch die Lehre verbreiten. Die Verwirrung der Sittengesetze und die Vernichtung der vernünftigen Ordnung, nach der man mit der Kultur Chinas die Barbaren zivilisieren soll, hat nur hier ihre Ursache"[5]. Die immer aussichtsloser werdenden Kämpfe mit den Kin-Tartaren, der schmachvolle Vertrag von 1126 und die Verlegung der Hauptstadt waren für ihn nur die Folge dieser kanonischen Tempelschändung. Hu's Auftreten ist von weitreichendem Erfolge gewesen. Im Jahre 1138, kurz vor seinem Tode, überreichte er dem

---

[1] Giles, *Biogr. Dict.* Nr. 123 und 1978.

[2] *Sung schi* Kap. 18, fol. 7 v⁰.

[3] *T. s. t. t.* a. a. O. Kap.167, fol. 15 r⁰: 王安石欲廢春秋、紹聖中章于厚作相蔡卞執政遂明下詔罷此經、誠萬世之罪人也. Hung Mai's (*Biogr. Dict.* Nr. 894) großes Werk besteht aus fünf Teilen, der erste führt den Titel *Jung-tschai sui pi* 容齋隨筆 (Jung-tschai ist der Beiname des Verfassers), der zweite heißt *Jung-tschai sü* (續) *pi*, der dritte, vierte und fünfte *Jung-tschai san* (三), *ssĕ* (四) und *wu* (五) *pi*. Jeder Teil hat 16 Kapitel, mit Ausnahme des letzten, der unvollendet geblieben ist und nur 10 Kapitel zählt. Wylie, *Notes on Chinese Literature* S. 128 gibt als Erscheinungsjahr für den 2. Teil 1192, nach dem Kais. Katalog Kap. 118, fol. 23 r⁰ trägt das Vorwort des Verfassers das Datum *Lung-hing* 3. Jahr = 1165. Das Werk selbst ist mir nicht zugänglich.

[4] *Biogr. Dict.* Nr. 812.

[5] *Sung schi* Kap. 435, fol. 12 v⁰: 先聖手所筆削之書乃使人主不得聞講說、學士不得相傳習、亂倫滅理用夏變夷殆由乎此.

Kaiser seinen längst vollendeten Kommentar zum *T. t.*[1], damit war das Werk in seine alte Stellung im Kanon wiedereingesetzt und wurde seitdem in Hu's Auffassung als der maßgebenden erklärt. Tatsächlich ist Hu An-kuo's Kommentar noch die ganze Ming-Zeit hindurch das Leitwerk für die staatlichen Prüfungen geblieben und dann auch in einer Reihe mit den drei klassischen Kommentaren von Tso, Kung-yang und Ku-liang, allerdings nicht ohne Kritik, in die große *T.-t.*-Ausgabe der Mandschu-Dynastie mit aufgenommen worden, die im Jahre 1721 erschien[2]. Der Wert von Hu's Kommentar besteht nicht darin, durch neue Erklärungen über seine Vorgänger hinausgekommen zu sein, man hat vielmehr, und mit Recht, sein Verdienst darin gesehen, daß er die Auslegung des *Tso tschuan* mit der der beiden anderen nach Kräften verbunden und somit ein Kompromiß geschaffen hat, das am ehesten geeignet war, den chinesischen Zweifeln Beschwichtigung zu schaffen. „Hinsichtlich der Tatsachen", heißt es im *Yü hai* 玉海 (2. Hälfte des 13. Jahrhunderts), „schloß er sich dem *Tso tschuan* an, in bezug auf die Deutung aber wählte er das Beste aus Kung-yang und Ku-liang aus. Für den großen Grundgedanken ging er auf Mêng tsǒ zurück, und bei den tiefgründigen Darlegungen berief er sich meistens auf das Zeugnis von Tsch'êng I's (s. oben S. 16) Erklärungen"[3]. Unbedingte Anerkennung hat aber Hu An-kuo mit seinem Kompromiß bei den Gelehrten der Sung-Zeit auch nicht gefunden, und gerade der gebieterischste von ihnen allen, der Schöpfer des orthodoxen Dogmas, der große Tschu Hi, hat seine

---

[1] Der Titel dieses Werkes ist *Tsch'un-ts'iu tschuan* 春秋傳, es besteht aus 30 Kapiteln. Näheres darüber Kais. Katalog Kap. 27, fol. 11 v°ff. Vgl. auch Legge, *Prolegomena* S. 137. Die Überreichung ist verzeichnet *Sung schi* Kap. 29, fol. 1 v°. Das *Yü hai* 玉海 Kap. 40, fol. 40r° nennt irrigerweise das Jahr 1140.

[2] Dieses Datum trägt die kaiserliche Vorrede. Die *T.-t.*-Ausgabe führt den Titel *K'in ting Tsch'un-ts'iu tschuan schuo hui tsuan* 欽定春秋傳說彙纂 und bildet einen Teil der großen Sammlung kaiserlicher Ausgaben der sieben kanonischen Werke *Yi king, Schu king, Schi king, T. t., Li ki, I li* und *Tschou li*, die den Titel *Yü tsuan ts'i king* 御纂七經 hat. Das Chinesische Seminar in Hamburg besitzt einen von 1867 ab in Hang-tschou hergestellten Faksimiledruck der Palastausgabe dieser Sammlung in 142 Bänden. Die kaiserliche *T.-t.*-Ausgabe enthält in ihrem einleitenden Kapitel eine wertvolle Zusammenstellung der Urteile der hauptsächlichsten Autoritäten über Ursprung und Wesen des *T. t.* von Mêng tsě und der Han-Zeit an.

[3] *Yü hai* (Große Hang-tschou-Ausgabe von 1883) Kap. 40, fol. 40 r°: 事按左氏義 采公穀之精者、大綱本孟子而微詞多以程氏之說爲證. Über das *Yü hai* s. Wylie, *Notes* S. 148 und Bull. Éc. fr. d'Extr. Or. II, 336 Anm. 3. Der Verfasser, Wang Ying-lin 王應麟, starb 1296, sein Werk blieb lange Manuskript und wurde erst im Jahre 1337, dem Vorwort zufolge, zum ersten Male gedruckt. Die Angabe bei Wylie, daß es „in the early part of the 12th century" entstanden sei, ist also nicht zutreffend.

Auslegungsmethode grundsätzlich abgelehnt. „Hu Wên-ting's (Ehrenname Hu An-kuo's) Tsch'un-ts'iu", so sagt er in seinen *Gesprächen*, „ist keineswegs schlecht, aber sicherlich nicht angemessen. Welches bei dieser Frage die Ansicht des Heiligen gewesen sei, das soll in einem Schriftzeichen niedergelegt sein, und welches bei jener Frage seine Ansicht gewesen sei, wieder in einem Schriftzeichen. Will man den Heiligen verstehen, so kann nur sein unmittelbarer Ausdruck dafür in Betracht kommen, und man muß sich an das halten, was geschrieben vor Augen steht, wie kann man sich da so vielen grübelnden Gedanken hingeben? Der Kommentar Hu's zum *T. t.* enthält an den Haaren herbeigezogene Willkürlichkeiten, aber seine Darlegungen sind doch durchweg voll Geist"[1]. Tschu Hi will also hiernach von der ganzen Auslegungsmethode des Kung-yang und Ku-liang nichts wissen, und dieser Standpunkt wird durch seine sonstigen Äußerungen über das *T. t.* vollauf bestätigt. In sein großes Kommentarwerk des Kanons hat der konfuzianische Thomas von Aquino das *T. t.* nicht mit einbezogen, er hätte auch bei seinen Anschauungen von der Bedeutung des Werkes einer Gewissensnot kaum entgehen können, wenigstens verraten seine Bemerkungen trotz aller üblichen Huldigungen vor der Überlieferung eine Skepsis, von der sich nicht leicht eine Brücke zu Mêng tsĕ hinüberschlagen läßt.

---

[1] *T. s. t. t.* a. a. O. Kap. 177, fol. 5 v⁰: 胡文定春秋非不好却不合、這件事聖人意是如何下字、那件事聖人意又如何下字、要知聖人只是直筆據見在以書、豈有許多忉怚、胡春秋傳有牽强處然議論有開合精神. Die „Gespräche" *(Yü lu* 語錄*)* Tschu Hi's sind von seinen Schülern niedergeschrieben und später in mehreren Sammlungen im Laufe des 13. Jahrhunderts veröffentlicht worden. Im Jahre 1270 wurden die sämtlichen Sammlungen von Li Tsing-tê 黎靖德 zu einem einheitlichen Werke in 140 Kapiteln unter dem Titel *Tschu tsĕ yü lei* 朱子語類 zusammengefaßt. Dieses Werk bildete dann die Grundlage für die auf Befehl des Kaisers K'ang-hi von 1713 ab nach Inhaltskategorien zusammengestellte Sammlung von Gesprächen Tschu Hi's, die den Titel *Yü tsuan Tschu tsĕ ts'üan schu* 御纂朱子全書 führt und aus 66 Kapiteln besteht. (Die gewöhnlich gegebene Übersetzung dieses Titels: „Sämtliche Werke usw." ist also nicht zutreffend.) Dabei wurde aber eine kritische Auswahl aus dem umfangreichen Stoffe getroffen, weil vieles davon mehr die Ansichten der Schüler als des Meisters wiedergab, von dem nur der Name entliehen war. Vgl. Wylie, *Notes* S. 68; Kais. Katal. Kap. 92, fol. 26 v⁰ff. u. Kap. 94, fol. 10 r⁰ff. Das *Yü leï* ist heute schwer zu erlangen, mir jedenfalls nicht zugänglich, doch dürfte das meiste davon, soweit es nicht in die *Ts'üan schu* aufgenommen ist, im *T. s. t. t.* erhalten sein. Tschu Hi's Bemerkungen über das *T. t.* sind im 36. Kapitel der *Ts'üan schu* zusammengestellt, doch findet sich auch in den anderen Kapiteln noch manches zerstreut. Das Urteil über Hu An-kuo ist in dem 36. Kapitel nicht enthalten, indessen ist nicht daran zu zweifeln, daß es von Tschu Hi stammt, da es ganz mit seinen sonst geäußerten Ansichten über das *T. t.* übereinstimmt.

Anscheinend vermeidet er es, soweit wie irgend möglich, sich mit diesem auseinanderzusetzen. Wo er aber einen Anlauf dazu nimmt, wie gleich im Eingang
der Gespräche über das *T. t.*, fällt er höchst schwächlich aus. „Das *T. t.*",
so erklärt er dort, „gibt lediglich eine unmittelbare Darstellung der Ereignisse
der damaligen Zeit. Es will Ordnung und Wirrnis, Blühen und Verfall, Recht
und Unrecht der damaligen Zeit dartun, und in einem einzigen Schriftzeichen
bestimmt es Lohn und Strafe. Zunächst ist die Regierung des Zentralherrschers
nicht wirksam, infolgedessen herrscht keine einheitliche Unterordnung im
Weltreiche, so treten die fünf Präsidialfürsten auf zur Stützung (einer zentralen
Gewalt), und damit wird eine einheitliche Unterordnung bewirkt. (Die Regelung der) Riten und Musik, sowie strafendes Einschreiten der höheren Staatsgewalt gegen die niedere (d. h. ein Einschreiten, wie es nur dem Zentralherrscher
gegen die Lehensfürsten zusteht) gehen von den Lehensfürsten aus. Später,
als auch die fünf Präsidialfürsten in Verfall geraten, geht die Regierung von
den Großwürdenträgern aus. So schleifte zu Konfuzius' Zeiten das Gesetz,
daß der Kaiser die Präsidialfürsten beherrschen soll, am Boden, darum verfaßte Konfuzius das *T. t.* Fußend auf der Tatsächlichkeit anderer Vorgänge,
schrieb er darin (das Geschehene) nieder, um die Menschen zu lehren, die Vorgänge ihrer Zeit als die gleichen zu erkennen. Wie kann man unter solchen Umständen wissen, wann er die alten Geschichtschreiber benutzt hat und wann
nicht? Und wenn jemand hartnäckig behaupten will, dieses Schriftzeichen rühre
von Konfuzius her, jenes aber von den alten Geschichtschreibern, wie will er
das denn feststellen? Und ferner: bei dem, was der Heilige niedergeschrieben
hat, ist das Gute wie das Böse von sich aus leicht zu erkennen. So sind z. B.
das Zusammentreffen in K'ueï-k'iu, die Parade von Tschao-ling und das Bündnis
von Tsien-t'u[1] in sich etwas Gutes, hier hat alles seine richtige Ordnung. Dagegen wird später, nachdem die fünf Präsidialfürsten in Verfall geraten sind,
das Bündnis von Tsch'ou-liang geschlossen, bei dem auch die Großwürdenträger

---

[1] Über das Zusammentreffen von K'ueï-k'iu s. *T. t. Hi kung* 9. Jahr. Es handelt sich um
ein Zusammentreffen des Herzogs von Lu mit mehreren anderen Lehensfürsten, das dem
guten Einvernehmen unter ihnen dienen sollte. Verhandlungen und Bündnisse mit solchem
Zwecke finden immer den Beifall des Verfassers des *T. t.*

Über die Parade von Tschao-ling s. *Hi kung* 4. Jahr. Der Staat Tsch'u stand vor einer
Fehde mit dem Staate Ts'i und seinen Verbündeten, die ihre Heere in Tschao-ling lagern
ließen. Einem Abgesandten von Tsch'u wurden die Truppen in Paradestellung gezeigt,
und der Herzog von Ts'i legte ihm nahe, daß sein Fürst zu ihm in dasselbe freundschaftliche Verhältnis treten möge wie die anderen Fürsten, die diese Truppen entsandt hätten.
Die Folge war in der Tat der Abschluß eines Übereinkommens, das den Frieden sicherte.

Über das Bündnis von Tsien-t'u s. *Hi kung* 28. Jahr. Nach der Besiegung von Tsch'u
durch Tsin wurde in Tsien-t'u ein Bündnis der Lehensfürsten geschlossen, in dem sie sich
verpflichteten, das Kaiserliche Haus zu schützen und einander nicht zu schädigen.

in dem Zusammentreffen der Lehensfürsten hervortreten[1]. Dies ist etwas durchaus Verschiedenes und nichts Gutes. Wenn man aber darangeht, in einem oder zwei Schriftzeichen einen bestimmten Sinn zu suchen, dann kommt man schließlich dahin, daß man in (die Bezeichnung oder Nichtbezeichnung von) Tag und Monat, von Rang und Familie, von Namen und Beinamen (den Ausdruck von) Lohn und Strafe legt. So z. B. bei der Angabe: ‚Der Mann des Zentralherrschers, Tsĕ-tu, wollte Weï erretten‘[2]. Weï mußte von Rechts wegen errettet werden, und zu jener Zeit gab es einen gewissen Tsĕ-tu, und weil nun Konfuzius seinen Namen aufbewahrt hat, so erklären die Gelehrten, das Gesetz, wonach bei einem Manne des Zentralherrschers eigentlich der Name nicht verzeichnet werden darf, sei hier durchbrochen worden: weil der Genannte Weï habe erretten wollen, darum sei sein Name doch verzeichnet worden. Das Wort Mêng tsĕ's: ‚Es kam vor, daß Minister ihre Fürsten und daß Söhne ihre Väter ermordeten; Konfuzius geriet in Furcht und verfaßte das T. t.[3]‘ trifft vollkommen das Richtige‘‘[4]. Ein europäisches Gehirn wird sich vergeblich ab-

---

[1] S. *Siang kung* 16. Jahr. In Tsch'ou-liang wurde zwischen mehreren Lehenstaaten ein Bündnis abgeschlossen, aber nicht von den Fürsten, sondern von ihren Großwürdenträgern. Nach der Erklärung des *Kung-yang tschuan* ist darin ein Beweis für die Anmaßungen der Großwürdenträger zu erblicken. Auch Tschu Hi teilt offenbar diese Auffassung.

[2] *Tschuang kung* 6. Jahr. Schuo, der Fürst von Weï, hatte den Thron dort nach zahlreichen Mordtaten bestiegen. Die Gegenpartei vertrieb ihn einige Jahre später und setzte mit kaiserlicher Genehmigung seinen Halbbruder an seine Stelle. Schuo, der nach Ts'i entflohen war, wurde aber acht Jahre später durch die Lehensfürsten nach Weï zurückgeführt. Der Kaiser bemühte sich vergeblich, Schuo zur Rechenschaft zu ziehen, da ihm jede Macht dazu fehlte. Sein Abgesandter Tsĕ-tu, der von einer kleinen Streitmacht begleitet war, konnte gegen Schuo nichts ausrichten. Kung-yang sieht in der Bezeichnung „Mann des Zentralherrschers" (d. h. des Kaisers) eine Herabsetzung („Strafe"), und zwar soll, nach der Erklärung Ho Hiu's 何 休 (2. Jahrh. n. Chr.), der Kaiser herabgesetzt werden, weil er sich durch sein verfehltes Unternehmen lächerlich gemacht habe; in der Nennung des Namens Tsĕ-tu aber, die gegen den Brauch verstößt, erblickt Kung-yang eine Ehrung („Lohn"), weil er dem Befehle des Kaisers nachkam, während die Lehensfürsten dadurch gerügt („gestraft") werden, weil sie dem Befehle trotzten. — Tschu Hi schließt sich dieser Auslegung nicht an.

[3] Mêng tsĕ III, 2 IX, 7–8.

[4] *Tschu tsĕ ts'üan schu* Kap. 36, fol. 1 r°ff.: 春秋只是直載當時之事、要見當時治亂與衰非是於一字上定褒貶、初開王政不行天下都無統屬及五伯出來扶持方有統屬、禮樂征伐自諸侯出、到後來五伯又衰政自大夫出、到孔子時皇帝王伯之道掃地、故孔子作春秋、據他事實寫在那裏教人見得當時事是如此、安知用舊史與不用舊史、今硬說那簡

mühen, hier einen Nachweis der Berechtigung von Mêng tsĕ's Urteil zu entdecken. Tschu Hi meint — und hier berührt er sich mit seinem Geistesverwandten Tsch'êng I (s. S. 16) —, die im *T. t.* aufgezählten Tatsachen sprächen
für sich selbst und verkündeten unmittelbar das sittliche Werturteil des Konfuzius, ohne daß es dabei einer künstlichen Auslegung des Textes und seiner
Ausdrucksformen bedürfe. Das trifft aber selbst für den, dem der geschichtliche Zusammenhang bei jeder Tatsache klar vor Augen steht, durchaus nicht
immer zu. Die Fälle liegen nicht immer so einfach wie in den angeführten Beispielen, und bei zahlreichen, vielleicht den meisten Angaben des *T. t.* muß man,
wenn man überhaupt ein Urteil darin finden will, es eben in der Ausdrucksform
suchen. Z. B. *Tsch'êng kung* 3. Jahr heißt es: „Tschêng überfiel (den Staat)
Hü", ebenda 4. Jahr: „Kien, der Graf von Tschêng, starb", und ebenda: „der
Graf von Tschêng überfiel Hü". An der ersten Stelle wird der Überfall verurteilt, weil er gegen ein im Jahre vorher geschlossenes Abkommen der Lehensfürsten verstieß, daher bezeichnet der Text den Fürsten von Tschêng einfach
als „Tschêng", wie es bei Barbarenfürsten üblich war. An der dritten Stelle
heißt es, „der Graf von Tschêng", obwohl hier hätte gesagt werden müssen,
„der Sohn von Tschêng", denn kurz vorher war, wie die zweite Stelle zeigt,
der Vater des nunmehr regierenden Fürsten, Kien, gestorben, und die Trauervorschriften verlangten, daß der Fürst in solchem Falle drei Jahre hindurch
nur die Bezeichnung „Sohn" statt des Fürstentitels führte. Der persönlich
unternommene kriegerische Akt in dieser Zeit war ein grober Verstoß gegen die
Pietät und wird von Konfuzius als solcher gerügt, indem er dem Fürsten die
Bezeichnung „Sohn" verweigert. Eben deshalb wird auch *Tsch'êng kung* 6. Jahr
zwar der Tod jenes Fürsten von Tschêng verzeichnet, aber nicht, wie es sonst
üblich ist, seine Bestattung. Man sieht, hier wie in zahllosen anderen Fällen
kommt man ohne Zuhilfenahme einer festen Terminologie nicht aus, hier ist
„das Gute wie das Böse nicht von sich aus zu erkennen", und für den, der auf
diesem Standpunkte Tschu Hi's steht, führt kein Weg zu Mêng tsĕ. Sehr häufig
hat sich der große Meister noch über das *T. t.* ausgesprochen, aber immer in
dem gleichen Sinne: das *T. t.* ist ihm „das Buch der Ordnungen und Gesetze
für zehntausend Generationen" (萬世典刑之書), aber die vielen Bedeu-

字是孔子文那箇于是舊史文、如何驗得、更聖人所書好
惡自易見、如葵丘之會召陵之師踐土之盟、自是好、本末
自是別、及後來五伯既衰、溴梁之盟大夫亦出與諸侯之
會、這箇自是差異不好、今要去一字兩字上討意思甚至
以日月爵氏名字上皆寓褒貶、如王人子突救衛、自是衛
當救、當時是有箇子突孔子因存他名字、今諸公解却道
王人本不書字、緣其救衛故書字、孟子說臣弒其君者有
之子、弒其父者有之、孔子懼作春秋、說得極是了

tungen, die die Nachwelt hineingelegt hat, sind „dem Heiligen" fremd gewesen; „sein großer Grundgedanke, wie er sich dem sehenden Auge darstellt, ist: aufrührerische Minister werden gestraft, verbrecherische Söhne gezüchtigt, das Mittelreich bildet den inneren Teil (des Weltreiches), das Barbarenland den äußeren, der Zentralherrscher wird hochgestellt, die Präsidialfürsten werden erniedrigt. Es ist durchaus nicht notwendig, daß, wie die Erklärungen früherer Gelehrter wollen, jedes einzelne Schriftzeichen seine besondere Bedeutung habe"[1]. Man sieht also: eine überragende Bedeutung will auch Tschu Hi dem *T. t.* zusprechen, weil es Mêng tsě und die Überlieferung so verlangen, aber worin das Überragende besteht, vermag er nicht zu sagen; daß es die einfache Wucht der aufgezählten Tatsachen ist, die den Leser erschüttert und ihm die Lehre von Gut und Böse vor Augen stellt, wird ihm schwerlich jemand glauben, der sich die Freiheit des Urteils bewahrt hat, wenn gleich ja, wie wir oben gesehen (s. S. 10) auch ein europäischer Gelehrter sich eine solche Empfindung eingeredet hat. Wo bliebe dann das *T. t.* einem Werke wie das *Schi ki* gegenüber?[2]

Sehr viel verständlicher ist uns demgegenüber der Standpunkt des großen Enzyklopädisten vom Ausgange der Sung-Zeit, Ma Tuan-lin 馬端臨, der ähnlich wie Wang An-schi radikal, aber voll Mut und Ehrlichkeit das ganze *T. t.* nebst den drei Kommentaren als eine spätere Fälschung verwirft. Ma hat in dem kritischen Kataloge der kanonischen Literatur in seinem großen Werke Gelegenheit genommen, sich ausführlich über seine Auffassung vom *T. t.* auszusprechen[3]. Der größte Teil seiner Darlegungen ist von Legge ins Englische übersetzt worden[4], es wird deshalb genügen, hier kurz seinen Gedankengang wiederzugeben. Das, was heute als der alte Text des *T. t.* ausgegeben wird, so führt er aus, ist in Wirklichkeit gar nicht das von Konfuzius zusammengestellte *T. t.* Das Originalwerk ist verloren und niemals gefunden worden, der heute vorhandene Text aber ist nichts anderes als eine Zusammenstellung, die man zur Han-Zeit und später nach den drei Kommentaren gemacht hat. Da nun aber die Texte in den Kommentaren von einander abweichen, so ist auch der Text des *T. t.* ganz unsicher geworden. Die Verfasser der Kommentare haben niedergeschrieben, was zu ihrer Zeit mündliche Überlieferung war, und sie haben

---

[1] Zitiert im *Tsch'un-ts'iu pên yi* 本義 von Tsch'ông Tuan-hio 程端學 (erste Hälfte des 14. Jahrh.) Kap. *Tsch'un-ts'iu kang ling* 綱領 (T. s. t. t. a. a. O. Kap. 191, fol. 8 v⁰): 春秋大旨其可見者、誅亂臣討賊于內中國外夷狄貴王賤霸而已、未必如先儒所言字字有義也·

[2] Aus der Auffassung Tschu Hi's erklärt sich auch das oben (S. 6) wiedergegebene Eulogium des chinesischen Jesuiten Ko in den *Mémoires* usw., der damit nur, wie schon erwähnt, der orthodoxen Lehrvorschrift folgt.

[3] *Wên hien t'ung k'ao* Kap. 182, fol. 2 v⁰f

[4] *Prolegomena* S. 18f.

dabei nach eigenem Gutdünken das eine hinzugefügt und das andere weggelassen. Spätere Gelehrte haben sich dann angeeignet, was sie in den Kommentaren fanden, wobei der eine diese, der andere jene Auslegung unternahm, „daß sie aber dabei erfaßt haben sollten, was der Heilige ein Jahrtausend vor ihnen niedergeschrieben oder unterdrückt hat, das vermag ich nicht zu glauben". Im einzelnen belegt Ma dann seine Zweifel noch durch folgende Erwägungen, die sich an die von Legge übersetzte Stelle anschließen. Ebenso wie beim *Yi king* die *T'uan* und *Siang* (die angeblich von Wên wang und Tschou kung her-rührenden Deutungen der Hexagramme) mit den *Kua* und *Yao* (Trigramme und Hexagramme), beim *Schi king* und *Schu king* der Text mit den Vorreden, die natürlich ursprünglich getrennt waren, von ihren Bearbeitern im 2. und 3. Jahr-hundert n. Chr. zu Einheiten gemacht wurden, ebenso haben es die Bearbeiter (welche, wird leider nicht gesagt) mit dem *T. t.* und den drei Kommentaren gemacht. Die späteren Gelehrten haben dann die Einheit wieder zerteilt, in-dem sie die Texte der Kommentare wieder ausschieden; was übrigblieb, nannten sie „den alten Text". Während aber beim *Yi king, Schi king* und *Schu king* die Bearbeiter des 2. und 3. Jahrhunderts zwar die Texte vereinigten, aber doch nicht ihre eigenen Gedanken hinzufügten, sind beim *T. t.* die Darlegungen der drei Kommentare völlig mit dem Texte des Werkes vermischt worden, so daß nun auch der letztere die Verschiedenheiten aufweist, die die Kommentare enthielten. Und nicht bloß Verschiedenheiten, sondern auch Zusätze finden sich, wie z. B. „Konfuzius wurde geboren" *(Siang kung* 21. Jahr im Texte von Kung-yang und Ku-liang) oder „Konfuzius starb" (*Ai kung* 16. Jahr im Texte von Tso K'iu-ming). „Diesen aus den drei Kommentaren wieder herausgenommenen Text, der solche Verschiedenheiten und Zusätze aufweist, soll man dann ohne weiteres als das von dem Meister zusammengestellte *T. t.* ansehen dürfen? Und wenn man aus den Verschiedenheiten das heraussuchen soll, dem man am meisten vertrauen kann, soll man da das *Tso tschuan* für das beste erklären? In den Kommentaren von Kung-yang und Ku-liang haben allerdings die Ver-fasser Textstellen ihres Kommentars in das eigentliche Werk selbst hineinge-schoben, ohne sie besonders zu kennzeichnen (wie z. B. die Angabe von Kon-fuzius' Geburt), bei Tso aber rührt gar der kommentierte Text zum Teil von ihm selbst ebenso her wie der des Kommentars (d. h. in dem Nachtrage von *Ai kung* 14. Jahr ab). Und ferner: Tu Yuan-k'ai (Tu Yü, 3. Jahrhundert n. Chr., Yuan-k'ai ist Beiname) sagt in der Vorrede zu seiner Erklärung des *Tso tschuan*, daß er die abgeteilten jährlichen Aufzeichnungen des eigentlichen Werkes mit denen des *(Tso) tschuan* verbunden habe. Daraus ersieht man, daß zu der Zeit, als Tso seinen Kommentar verfaßte, der Text des eigentlichen Werkes noch ein für sich bestehendes Buch bildete, und daß erst Tu Yü den Kommentar Tso's hinter jedes einzelne Jahr des eigentlichen Werkes einfügte Den im *Tso tschuan* befindlichen Text des eigentlichen Werkes soll man dann als den alten Text bezeichnen. Und weiter: die Fortsetzung des Werkes vom ‚Fang des Einhorns' an (*Ai kung* 14. Jahr, Ende des *T. t.*) bis zu der Angabe: ‚Konfuzius starb‘ (d. h. der Nachtrag bei Tso) ist deutlich als solche gekennzeichnet und trotzdem in Tu Yü's Kommentarwerk mit aufgenommen, als sei sie ein Teil des *T. t.* selbst. Ursprünglich endete das letztere mit dem ‚Fang des Einhorns‘, die Schüler wollten aber noch den Tod des Meisters verzeichnen, und so suchten sie aus den Geschichtsbüchern von Lu das Nötige aus, setzten das Werk des Meisters fort und schlossen es erst mit jener Angabe ab. Wenn nun aber nach dem ‚Fang des Einhorns‘ eine solche Fortsetzung möglich war, wer will dann dafür Bürgschaft leisten, daß nicht auch vor dem ‚Fange‘ Zusätze gemacht wurden, wie z. B. die bei Kung-yang und Ku-liang verzeichnete Angabe über die Geburt des Konfuzius? Auch hier kann ich kein volles Vertrauen haben.“[1]

Ma Tuan-lin's Standpunkt — und der von Wang An-schi wird der nämliche gewesen sein, obwohl wir einzelnes darüber nicht wissen —, man mag ihn sachlich für richtig halten oder nicht, hat jedenfalls den Vorzug, daß er eine restlose Lösung des Problems gibt: das *T. t.*, das Mêng tsě preist, ist nicht mehr vorhanden, wir kennen es nicht und haben deshalb kein Urteil darüber; der heutige Text des *T. t.* ist in willkürlicher Weise später zusammengestellt worden und daher samt seinen verschiedenen Auslegungen den Angaben des Altertums gegenüber bedeutungslos. Das erledigt unzweifelhaft die gesamte Frage und ist mehr wert als das ganze gewundene Gerede Tschu Hi's und seines Anhangs. Wir haben ja oben (S. 7) gesehen, daß auch europäische Sinologen auf diese Weise das Problem zu erklären versucht haben. Wie steht es nun aber mit Ma's Beweisen gegen die Echtheit des *T. t.*? Eine gewisse Bedeutung ist ihnen

---

[1] *Wên hien t'ung k'ao* a. a. O. Der erste Teil dieser Ausführungen ist der Raumersparnis wegen nur im Auszuge gegeben. Ma führt hier für die Verschiedenheiten der Kommentare dieselben Beispiele nochmals an, die er schon in den von Legge übersetzten Darlegungen aufgezählt hatte (s. das Nähere dort). 然則自三傳中所取出之經文 既有乖異又有增益遽指以爲夫子所修之春秋可乎、然 擇其差可信者而言之則左氏爲優何也、蓋公羊穀梁直 以其所以作傳文擾入正經不曾別出、而左氏則經自經 而傳自傳、又杜元凱經傳集解序 (*Schi san king tschu su*, Schanghai-Ausgabe von 1887, *T. t. Tso schuan, sü* fol. 6 r°) 文以爲分經之年與傳之 年相附、則是左氏作傳之時經文本自爲一書、至元凱始 以左氏傳附之經文各年之後、是左氏傳中之經文可以 言古經矣、然獲麟而後引經以至仲尼卒則分明增入杜 注亦自以爲春秋、本終於獲麟、弟子欲記聖師之卒故探 魯史記以續夫子之經而終於此、然則既續之於獲麟之 後、窵保其不增益之於獲麟之前如公穀所書孔子生之 類乎、是亦未可盡信也.

sicherlich nicht abzusprechen, aber um die ganze Wucht der hier vollkommen
einheitlichen Zeugnisse der Überlieferung aufzuheben, dazu sind sie unzweifelhaft nicht ausreichend. Schon Legge, so gern er Ma's Beweisführung beige-
pflichtet hätte, um aus seinem eigenen Zwiespalt herauszukommen, hat ehrlicher-
weise erklären müssen, daß sein Standpunkt nicht haltbar sei, und ich kann mich
seinen Erwägungen nur durchaus anschließen. Was die Abweichungen im Text
bei Tso einerseits, bei Kung-yang und Ku-liang anderseits betrifft, denen Ma
ein großes Gewicht beilegt, so sind sie für unsere kritischen Auffassungen vollkommen bedeutungslos. Wenn bei Tso der Name eines Ortes 蔑 *Mie*, bei
Kung-yang und Ku-liang 眛 *Mei*, ein anderer bei Tso 郿 *Mei*, bei Kung-yang
und Ku-liang 微 *Mei* oder *Wei*, ein dritter bei Tso *Küe-yin* 厥憖, bei Kung-
yang und Ku-liang *K'ü-yin* 屈銀 u. ä. geschrieben wird, oder wenn es bei Tso
(Yin kung 3. Jahr) heißt: „die Fürstin (君氏 *Kün schi)* starb", bei Kung-
yang und Ku-liang aber: „der Minister Yin (尹氏 *Yin schi)* starb", so können
wir derartigen Abweichungen kein solches Gewicht beilegen, wie Ma es tut:
hier handelt es sich lediglich um Irrtümer, die auf Schreibfehlern oder — was
noch wahrscheinlicher ist — auf Hörfehlern, vielleicht auch auf verschiedenen
Schreibweisen beruhten; wenn ihnen überhaupt eine Bedeutung zukommt, so
ist es die, daß sie redende Zeugnisse sind für die Mündlichkeit der Überlieferung
des *T. t.*, über die später noch mehr zu sagen sein wird. Gewichtiger scheinen
die Einwände, die auf den Angaben von Konfuzius' Geburt und Tod beruhen.
Daß diese nicht von dem Meister stammen, ist selbstverständlich, aber sie
dürften sich ebenfalls unschwer aus der Art der Überlieferung erklären: pietätvolle Schüler mögen in ihrem Gedächtnis dem 21 Jahre *Siang kung* das denk-
würdige Datum beigefügt haben, und so fand es der, der die Erklärungen des
Kung-yang und des Ku-liang niederschrieb, als Teil des überkommenen Textes
vor. Ob Konfuzius sein Werk bis zu seinem Todesjahre fortgeführt hat, wie
man nach Tso annehmen müßte, ist eine offene Frage, an sich unmöglich ist es
nicht, wenngleich er seinen Tod sicherlich nicht mit verzeichnet hat; jedenfalls
könnten sich die letzten losen Anmerkungen des Meisters im Gedächtnis einiger
seiner Getreuen vielleicht zu einer festen Form verdichtet haben, wenn sie nicht
— und das ist mir das Wahrscheinlichere — durch einen mehr oder weniger
„frommen" Betrug dem Werke beigefügt worden sind. Kung-yang und Ku-
liang lehnen die drei Jahre bekanntlich vollkommen ab. Gar keine Beweiskraft
für Ma's Zweifel hat sein Hinweis auf Tu Yü. Im Gegenteil, dessen Angabe
zeigt, wie Ma selbst sagt, daß zu seiner Zeit, im 3. Jahrhundert, das *T. t* auch
noch als ein für sich bestehendes, vom *Tso tschuan* unabhängiges Werk vorhanden
war, und daß es keineswegs etwa bloß einen Teil von Tso's Werk bildete, eine
Feststellung, die nicht ohne Bedeutung ist für das Verhältnis des Textes zu
seinen Kommentaren. Und was bedeuten schließlich Ma's sämtliche Einwände
gegenüber der Geschlossenheit und Einhelligkeit der Überlieferung? Soviel
auch zur Zeit der Han, d. h. der ältesten Zeit, mit der wir für die literarische

Forschung rechnen können, über das *T. t.* geschrieben ist, nirgends findet sich die Spur eines Zweifels an der Echtheit oder Zuverlässigkeit des Textes, und das früheste exegetische Werk, das wir besitzen, das *Tsch'un-ts'iu fan lu* des Tung Tschung-schu, behandelt denselben Text, den wir heute besitzen, und macht nicht die leiseste Andeutung von der Möglichkeit, daß Mêng tsĕ ein anderer vorgelegen haben könnte. Dasselbe beobachten wir bei den Gelehrten der folgenden Perioden, und über ein Jahrtausend später erst tauchen Bedenken und Zweifel auf, weil die Auslegungsmethode der alten Zeit inzwischen dem Verständnis fremd geworden war. Also vor dem Richterstuhle abendländischer Kritik können Ma's Einwände nicht bestehen: mögen hier und da auch Unsicherheiten, Lücken oder dergleichen vorhanden sein, wie sie durch verschiedene Niederschrift oder verschiedenes Hören verursacht werden, an der Echtheit des *T.-t.*-Textes im Ganzen ist nicht zu rütteln.

Trotzdem ist Ma Tuan-lin mit seiner Auffassung nicht allein geblieben, und Legge spricht sogar von „vielen Gelehrten", die zu ihm halten (vergl. auch die Angaben der Jesuiten, oben S. 5). Mit einem besonders ausgesprochenen Gegner der Überlieferung macht der Herausgeber der *Chinese Classics* uns bekannt in der Person eines gewissen Yüan Meï 袁枚 vom Ende des 18. Jahrhunderts, der in einem Briefe mit ähnlichen Gründen wie Ma auf das entschiedenste bestreitet, daß Konfuzius jemals ein *T. t.* verfaßt habe, jedenfalls, so meint er, sei er nicht der Verfasser des uns heute vorliegenden Textes[1]. In der Literatur stark hervorgetreten sind indessen diese Auffassungen nicht weiter; nach der Begründung der Orthodoxie vom Ende der Sung-Zeit an hatten sie auch keine rechten Entfaltungsmöglichkeiten mehr. Im allgemeinen glaubte man bis zum Ende der Ming-Zeit dem *T. t.* seine richtige Stellung im Kanon zu geben, wenn man Hu An-kuo's Lehren folgte, d. h. also Tatsachenstoff und geschichtlichen Zusammenhang dem *Tso tschuan* entnahm, hinsichtlich der Deutung des Textes aber sich an Kung-yang und Ku-liang anlehnte. Mit dem Ende des 17. Jahrhunderts wird indessen dieser Standpunkt wieder verlassen. Namentlich ist es Mao K'i-ling 毛奇齡, der scharfe Kritiker, der in seinem neuen Kommentare zum *T. t.*[2] den bis dahin maßgebenden Hu An-kuo in Bausch und Bogen verdammt, indem er ihm vorwirft, daß „bei seiner Erklärung die Lehre des Konfuzius vollständig zur Ruhe eingegangen sei, so daß man dreihundert Jahre hindurch während der Ming-Zeit in dem amtlichen Studienwesen wohl gewußt habe, daß es einen Kommentar von Hu gäbe, aber nicht, daß auch von Konfuzius ein kanonisches Werk vorhanden sei. Darum könne man, indem

---

[1] Siehe *Prolegomena* S. 81 ff.

[2] Mao K'i-ling lebte von 1623 bis 1707. Sein Kommentar hat den Titel *Tsch'un-ts'iu Mao schi tschuan* 毛氏傳 und findet sich in der Sammlung *Huang Ts'ing king kie* Kap. 120 bis 155.

man Hu bekämpfe, vielleicht die Rettung des Konfuzius erreichen"[1]. Die
große Kaiserliche *T. t.*-Ausgabe der Mandschu-Dynastie hat zwar, wie oben
bemerkt wurde (S. 22), den Kommentar Hu's neben die drei klassischen Kommentare gestellt, aber dem Vorwort des Kaisers K'ang-hi zufolge scheint dies
nur eine Art Notbehelf zu sein, weil ein Kommentator der höchsten Autorität,
Tschu Hi's, nicht vorhanden war. „Die vier Kommentare", so heißt es dort,
„haben viele gewaltsame Auslegungen und gekünstelte Eigenmächtigkeiten
begangen und sich so von dem wirklichen Sinne des Werkes weit entfernt. Ich
lasse beim *T. t.* allein das Urteil Tschu tsö's gelten, der sagt: ‚das *T. t.* erläutert
die rechte Lehre und stellt die Gerechtigkeit auf. Auf die Wirklichkeit gestützt,
verzeichnet es Tatsachen und veranlaßt die Menschen, sie zu betrachten, damit
sie ihnen zur Warnung dienen. Aber das Verzeichnen von Namen oder Rangstellungen (Titeln) hat keine beabsichtigte Bedeutung'. Diese Worte treffen
das Richtige, aber leider hat Tschu tsö kein Werk über den Gegenstand verfaßt"[2].
Daß es mit Tschu Hi's Auffassung unmöglich ist, eine Auslegung des *T.-t.*-Textes
durchzuführen, wie er sie selbst als die richtige verkündet, haben wir oben gesehen, aber sein unverkennbares Bestreben, hier aus bloßer Ehrfurcht vor dem
Altertume durch volltönende Phrasen das zu ersetzen, was an Beweiskraft und
Folgerichtigkeit fehlt, ist leider zum Grundsatze der ganzen offiziellen Scholastik der Mandschu-Zeit geworden. So hat man sich auch im 18. und 19. Jahrhundert über die ganze *T.-t.*-Frage mit einer Anzahl festgefügter Redewendungen
hinweggeholfen, ohne sich des darin steckenden Problems überhaupt noch recht
bewußt zu werden. Man hielt sich im allgemeinen an das *Tso tschuan* mit seinem
reichen Inhalt an Tatsachen und kümmerte sich wenig um die Deutung des
Textes selbst, Mêng tsö's Aussprüche wurden zu einer hochheiligen, aber völlig
vermoderten Reliquie. So traten die Kommentare von Kung-yang und Ku-
liang mehr und mehr in den Hintergrund, das *Tso tschuan* allein galt als das
in Wahrheit kanonische Geschichtswerk und drückte sogar das *T. t.* selbst zur
Bedeutungslosigkeit herab; alle dogmatischen Lobpreisungen konnten daran
nichts ändern[3]. Das chinesische Gelehrtentum befand sich somit in völliger

---

[1] A. a. O. Kap. 120, fol. 8 r°: 胡氏傳出而孔子道息甚至有明三百年設科立學但知有胡氏一傳而不知孔子之有經、則辨胡氏抑所以救孔子也.

[2] Vorwort zum *Tsch'un-ts'iu tschuan schuo hui tsuan* fol. 2 v° f.: (四傳)率多穿鑿附會去經義逾遠、朕於春秋獨服膺朱子論、朱子曰春秋明道正誼、據實書事使人觀之以爲鑑戒、書名書爵亦無意義、此言直有得者、而惜乎朱子未有成書也.

[3] Man vergleiche dazu das Urteil des Jesuitenpaters Zottoli (*Cursus litteraturae Sinicae* IV, 1) über die drei Kommentare: „At longe inter tria eminet primum (*Tso tschuan*), cujus expolitissima elocutio ingeniosioribus eruditis facile auctorem accenset: adeoque plura ex ipso perlegere solent scholares, ceteris vix ad specimen delibatis."

Übereinstimmung mit der Auffassung des Abendlandes. Das Problem des *T. t.* war vergessen, vereinzelte Stimmen, die daran erinnerten, blieben ohne Bedeutung.

Erst in der jüngsten Zeit, am Ende des 19. Jahrhunderts, brachten die damals einsetzenden politischen Reformbestrebungen eine Umwertung der Kommentare und zugleich damit natürlich eine neue Stellungnahme gegenüber dem Sinne des *T. t.* mit sich. Der erste Führer jener Bewegung der achtziger und neunziger Jahre, die auf das gesamte chinesische Staatswesen von so umgestaltender Wirkung sein sollte, der kantonesische Literat K'ang You-weï 康有爲, ging in dem Bestreben, seine politischen Umformungspläne durch die Lehren des Konfuzius zu rechtfertigen, den geschichtlichen Spuren der Überlieferung der kanonischen Texte nach. Das Ergebnis, zu dem er auf Grund eines genauen Studiums der ältesten Literatur der Han-Zeit kommen zu müssen meinte, und das er in einem größeren Werke, *Sin hüe weï king k'ao* 新學僞經考[1], niedergelegt hat, war für den Glauben an die Zuverlässigkeit der Überlieferung nichts weniger als ermutigend. Er erklärte in der Einleitung, daß die Auffassungen und Lehren des Altertums, so wie Konfuzius sie verstanden wissen wollte und in den kanonischen Büchern dargestellt hatte, aus Anlaß der großen Staatsintrigen, die den Übergang von der früheren zur späteren Han-Dynastie kennzeichnen, zuerst von Liu Hin 劉歆, dem Neuordner des Kanons am Ende der vorchristlichen Zeit, zu politischen Zwecken verändert und gefälscht worden seien. Er habe die Texte und Kommentare in höchst willkürlicher Weise behandelt, vieles beseitigt, was ihm unbequem gewesen, anderes hinzugefügt und manche Kommentarwerke ganz im Dunkel verschwinden lassen. Die Folgezeit habe dann auf diesen Fälschungen weiter gebaut und so die konfuzianische Lehre immer ärger entstellt: „Was die späteren Geschlechter als Wissenschaft der Han bezeichneten, das sei in Wahrheit die ‚neue Wissenschaft' Liu Hin's und seiner Nachfolger Kia K'ueï 賈逵, Ma Jung 馬融, Hü Schên 許愼 und Tschêng Hüan 鄭玄 (1. und 2. Jahrhundert n. Chr.), und die kanonischen Werke, an denen die Gelehrten der Sung-Zeit in Ehrfurcht gearbeitet

---

[1] D. h. „Untersuchungen über die Fälschung der kanonischen Schriften in der neuen Wissenschaft oder in d. W. der Sin- (neuen) Dynastie (durch Liu Hin)." Der Ausdruck „neue Wissenschaft" hat eine doppelte Bedeutung: einmal hatte der Usurpator Wang Mang der von ihm zu begründenden Dynastie den Namen *Sin*, „die Neue" gegeben, und ferner liegt darin eine spöttische Anspielung auf die Art, wie Liu Hin beim Thronwechsel zur Zeit Wang Mang's den Mantel nach dem Winde drehte, und die ihm die Bezeichnung *sin tsch'ên*, „der neue Minister" oder „Minister der Sin-Dynastie", eingebracht hat (Weiteres s. unten in Abschn. 5). K'ang's Werk umfaßt 14 Kapitel in 8 Bänden und ist 1891 erschienen. — Neben dem vielen Richtigen, das es unzweifelhaft enthält, finden sich auch dieselben Maßlosigkeiten, die später die politischen Schriften des Verfassers kennzeichnen und die auf sein ganzes so verheißungsvoll begonnenes Reformwerk so vernichtend gewirkt haben.

hätten, seien meistens gefälschte Werke, nicht aber die Werke des Konfuzius.‟
Die Folge sei zunehmende Verderbnis im ganzen Staatsorganismus gewesen,
„Eunuchen- und Weiberwirtschaft, Maßlosigkeit der Regierenden, Verwahr-
losung des Beamtentums, Empörungen und Aufstände‟, was alles „im Altertum nicht vorhanden gewesen sei und erst mit Liu Hin seinen Anfang genommen
habe‟. „So sei nach oben hin jene Vergewaltigung der heiligen Schriften,
nach unten hin jene Vergiftung des Staatskörpers eingetreten‟, unter denen China
seitdem habe leiden müssen. Die Entwicklungsgesetze, die Konfuzius gelehrt
habe, seien „hinweggefegt‟ worden, und gegen das, was dem Volke auf dem
Wege der Fälschung als „Gesetz des Heiligen‟ dargestellt sei, habe schließlich
niemand mehr Widerspruch oder Zweifel zu äußern gewagt.

Es ist nicht unsere Aufgabe, K'ang You-weï's Gesamtuntersuchungen, die
sich hauptsächlich auf die Angaben des *Schi ki* und der Han-Annalen erstrecken,
weiter nachzugehen oder zu seinen Ergebnissen im allgemeinen Stellung zu
nehmen. Daß das *T. t.* bei seiner starken Bedeutung für die politischen Anschauungen und Lehren des Konfuzius für K'ang von besonderer Wichtigkeit
sein muß, liegt auf der Hand, und die Frage seiner Auslegung wird für ihn und
seinen politischen Standpunkt geradezu entscheidend. Tatsächlich ist denn
auch das *T. t.* die Grundlage geworden, auf der die Reformatoren ihre gesamte
neue Theorie vom Staate aufgebaut, die Quelle, aus der sie ihre Rechtfertigung
durch das Altertum und durch Konfuzius hergeleitet haben, und zahllos sind
ihre Schriften, die sich mit dem *T. t.* und seinen staatsrechtlichen Lehren im
einzelnen beschäftigen[1]. K'ang unternimmt es, die überragende Stellung, die
das *Tso tschuan* erhalten hat, als durchaus unberechtigt darzutun und dafür
dem Kommentare des Kung-yang (und des Ku-liang) die Bedeutung zurückzugeben, die er während der früheren Han-Zeit unbestritten besaß, und die ihm
erst durch Liu Hin, der dem Werke Tso's einen ganz neuen Charakter zuge-
schoben hat, entrissen worden ist. K'ang You-weï berührt sich in seinen Gedankengängen und seiner Beweisführung vielfach mit einem um 100 Jahre
früheren Gelehrten, Liu Fêng-lu 劉逢祿, der in seinen *Untersuchungen über
das Tsch'un-ts'iu des Tso*[2] zu gleichen Ergebnissen gelangt, ohne natürlich die weit-

---

[1] Einige davon sind in meiner Abhandlung *Die wichtigsten chinesischen Reformschriften
vom Ende des 19. Jahrhunderts* (Bulletin der Kais. Akademie der Wissenschaften in St.
Petersburg 1902, Bd. XVII, Nr. 3) aufgeführt.

[2] Der chinesische Titel des aus 1 Kapitel bestehenden Werkes ist *Tso schi Tschun-ts'iu k'ao
tschéng* 左氏春秋考證, es findet sich im *Huang Ts'ing king kie* Kap. 1294/95.
Der Verfasser, Liu Fêng-lu, ist eine vom orthodoxen Standpunkte sehr abwegige und
daher wohl auch wenig bekannte Persönlichkeit. Nach dem *Sü Peï tschuan tsi* 續碑傳
集, Kap. 72, fol. 10 v°ff., stammte er aus Tsch'ang-tschou in Kiangsu und lebte von 1775
bis 1829. Im Jahre 1814 wurde er Tsin-schi und Han-lin. Danach bekleidete er 12 Jahre
lang das Amt eines Hilfssekretärs *(tschu schi* 主事) im Ministerium des Kultus; er nennt

gehenden politischen Folgerungen daraus zu ziehen wie K'ang. Wir werden später auf die Darlegungen beider noch weiter einzugehen haben, nur soviel sei hier vor-

sich deshalb auch mit dem Schriftstellernamen Liu Li-pu 劉禮部. Angeregt durch das Studium von Tung Tschung-schu's *Tsch'un-ts'iu fan lu*, in dem er die unmittelbare Fortsetzung der lebendigen Überlieferung der siebzig Schüler des Konfuzius sah, wandte er seine gelehrten Forschungen in erster Linie der Geschichte des *T. t.* zu; deren Ergebnis aber war die Wiedereinsetzung der Kommentare des Kung-yang und Ku-liang in die ihnen zukommende überragende Stellung. Trotz ihres dogmenwidrigen Inhalts hat man seine Arbeiten auf diesem Gebiete der Aufnahme in das *Huang Ts'ing king kie* für würdig gehalten. Es handelt sich außer dem eben genannten Werke um die folgenden: 1. *Tsch'un-ts'iu Kung-yang king Ho schi schi li* 春秋公羊經何氏釋例, „Darstellung der sittlichen Gesetze bei Ho Hiu (dem Erklärer des *Kung-yang tschuan*) in Kung yang's System des T. t." 10 Kapitel. Vorrede von 1805. *H. T. k. k.* Kap. 1280—89. 2. *Kung-yang Tsch'un-ts'iu Ho schi kie ku tsien* 公羊春秋何氏解詁箋, d. h. „Bemerkungen zu Ho Hiu's Kommentar zu Kung-yang's T. t." 1 Kapitel. Vorrede von 1809. Ebenda Kap. 1290. 3. *Fa Mo schou p'ing* 發墨守評, d. h. „Würdigung des *Fa Mo schou*." 1 Kapitel. Ebenda Kap. 1291. *Fa Mo schou* ist der Titel einer Gegenschrift Tschêng Hüan's (s. oben S. 33) gegen seinen Zeitgenossen Ho Hiu 何休, den Erklärer von Kung-yang. Nach einer Angabe in der Lebensbeschreibung Tschêng Hüan's *(Hou Han schu* Kap. 65, fol. 12 v°) verfaßte Ho Hiu drei Schriften zu den drei Kommentaren des *T. t.*, die den Titel haben: *Kung-yang Mo schou* 公羊墨守, d.h. „Verteidigung des Kung-yang nach der Art von Mo Ti". (So erklärt wenigstens der Kommentator der Han-Annalen: „Bei der Tiefe von Kung-yang's Gedankengängen darf man die Schwierigkeiten nicht zur Seite schieben, [es muß dabei verfahren werden] wie bei Mo Ti's Städteverteidigung." Mo Ti behandelt die Fragen der Städteverteidigung sehr häufig in seinem Werke. Ich weiß nicht, ob sich der Titel nicht einfacher aus den Schlußworten der Vorrede Ho Hiu's zu seinem Kommentar erklärt: 遂隱栝使就繩墨焉 „Indem man seinen [Kung-yang's] tiefen Gedanken nachgeht und den Verkünder [des Konfuzius] erfaßt, erhält man die Tuschschnur", d. h. den mit Tusche gefärbten Richtfaden des Tischlers, die Richtschnur. Dann würde *Kung-yang mo schou* bedeuten: „das Festhalten an der Richtschnur des Kung-yang"); *Tso schi kao huang* 左氏膏肓 „Die tödliche Krankheit Tso (K'iu-ming's)" und *Kuliang feï tsi* 穀梁廢疾 „Das schleichende Leiden des Ku-liang". Diese drei, leider verlorenen Schriften bekämpfte Tschêng Hüan mit drei Gegenschriften unter den Titeln: *Fa Mo schou* „Das Aufheben der Verteidigung", *Tschên* 鍼 *kao huang* „Das Aufstechen der tödlichen Krankheit" und *K'i* 起 *feï tsi* „Die Behebung des schleichenden Leidens". Diese drei Gegenschriften sind sämtlich erhalten (Kais. Katalog, Kap. 26, fol. 9 r°ff.). Ihrer kritischen Beleuchtung widmet sich Liu Fêng-lu in drei neuen Schriften, deren erste die eben genannte ist. Die beiden anderen sind die folgenden: 4. *Ku-liang feï tsi schên Ho* 申何 „Darlegung Ho Hiu's in dem Ku-liang feï tsi". 2 Kapitel. Vorrede von 1796. *H. T. k. k.* Kap. 1292/93. 5. *Tschên kao huang p'ing* 評 „Würdigung des Tschên kao huang". 1 Kapitel. Ebenda Kap. 1296. Außer diesen nennt das *Peï tschuan tsi* noch

weggenommen, daß sie die grundlegende Tatsache feststellen, daß das Werk des Tso K'iu-ming überhaupt kein Kommentar des *T. t.* ist und auch niemals sein wollte, sondern daß erst Liu Hin ihm in bewußt fälschender Weise die Bezeichnung *tschuan* beigelegt hat, um ihm dadurch einen Platz im Kanon und womöglich den Vorrang vor den wirklichen „Kommentaren" des Kung-yang und des Ku-liang zu sichern. Die Gründe, die ihn dazu veranlaßten, können hier zunächst unerörtert bleiben. Liu wie K'ang haben sich natürlich durch ihre Auffassungen in einen scharfen Gegensatz zu der Orthodoxie Tschu Hi's gesetzt, aber aus naheliegenden Rücksichten vermeiden beide darauf hinzudeuten[1].

Das Problem des *T. t.* ist damit auf eine völlig veränderte Grundlage gestellt worden, und wenn auch weder K'ang noch Liu ihre Untersuchungen um der Lösung jenes Problemes willen unternommen haben, so haben sie doch der abendländischen Forschung, der es vor allem um die geschichtliche Wahrheit über Konfuzius und seine Lehren zu tun ist, den rechten Weg dazu gezeigt. In das Bewußtsein der Chinesen haben offenbar auch sie das Problem nicht wieder zurückgerufen, die Zeit stellte doch zu viele andere Forderungen; die Sinologie aber hat die Gelegenheit erhalten, die viel erörterte Frage zu klären.

4.
Die Lösung.

Nachdem wir nunmehr die abendländischen wie die chinesischen Anschauungen vom Wesen des *T. t.*, die Erörterungen seiner Bedeutung und die Beurteilungen seines Wertes kennen gelernt haben, ohne dabei eine Lösung des Problems zu finden, die uns befriedigen könnte, wollen wir unsererseits versuchen, durch eine unbefangene Würdigung der geschichtlichen Tatsachen, soweit sie nach zuverlässigen Quellen festzustellen sind, das Rätsel zu entschleiern, über das sich die abendländische Sinologie so seltsame Gedanken gemacht hat. Dabei werden wir achtzugeben haben, daß wir uns nicht in Nebenfragen verlieren,

---

eine ganze Reihe anderer Arbeiten des gedankenreichen Verfassers. Wie Legge die Untersuchungen Liu's über das Werk Tso's einfach als „quite inconclusive and unsatisfactory" abtun kann, namentlich wenn er sie, wie er hervorhebt, „sorgfältig gelesen hat" *(Prolegomena* S. 26, Anm. 21), ist mir unverständlich.

[1] In europäischem Gewande sind die Auffassungen K'ang's und ein Teil von den Ergebnissen seiner Untersuchungen dargestellt in dem englisch geschriebenen Werke seines Schülers Chen Huan-Chang, *The Economic Principles of Confucius and His School* (New York 1911), namentlich auf S. 26, 32, 35. 115. Die Ausführungen dort sind auch lehrreich für das richtige Verständnis des *T. t.*

denen abendländische und chinesische Gelehrte mit großem Eifer nachgegangen sind, die aber mit dem Probleme selbst nichts zu schaffen haben. Vieles, was für den chinesischen Literaten eine überragende Wichtigkeit besitzt, ist für die Erreichung unseres Zieles belanglos, und weit stärker bestimmend als abstrakte Theorien oder ethische Konstruktionen ist für uns die einfache Logik der Tatsachen, für die ja der orientalische Geist so sehr viel weniger empfänglich ist als der unsere. Wir werden, wenn wir dies beobachten, sehr rasch erkennen, daß die ganze *T.-t.*-Frage viel einfacher ist, als es den Anschein hat, und wenn die abendländischen Sinologen ihr bisher nicht haben beikommen können, so lag dies vor allem an der Nebelhülle, die von der chinesischen Scholastik herumgelegt worden ist.

Stellen wir zunächst einmal fest, was uns über die Entstehung des *T. t.* und über die Geschichte der *San tschuan,* der sogenannten „drei Kommentare", bekannt ist. Grundlegend dafür ist zunächst die bereits von Chavannes und von Grube[1] übersetzte und erörterte Stelle aus dem 14. Kapitel des *Schi ki.* Ihre Wichtigkeit verlangt eine nochmalige Übersetzung: „Ts'i, Tsin, Ts'in und Tsch'u waren zu der Zeit, da die Tschou-Dynastie begründet wurde, sehr unbedeutend; ihre Lehensgebiete umfaßten 100 Li oder 50 Li. Aber Tsin lag hinter der Deckung der drei Ströme, Ts'i stützte sich auf das Ostmeer, Tsch'u hatte seinen Grenzschutz in dem Kiang- und dem Huai-Fluß, und Ts'in machte sich die feste Lage von Yung tschou zunutze. So blühten die vier Staaten nacheinander auf, und abwechselnd stellten sie die Präsidialfürsten. Auch die von den Kaisern Wên und Wu mit großen Lehensgebieten belohnten Fürsten gerieten in Furcht vor ihnen und unterwarfen sich. So wandte sich Konfuzius, um die rechte Stellung des Zentralherrschers deutlich zu machen, an mehr als siebzig Fürsten, aber keiner von ihnen konnte ihn verwenden. Da wandte er den Blick nach Westen zum Hause der Tschou und legte die alten Überlieferungen der geschichtlichen Aufzeichnungen dar, und indem er dies auf Lu anwendete, reihte er ein Tsch'un-ts'iu auf. Oben begann er mit den Aufzeichnungen vom Herzog Yin, unten kam er bis zum Fang des Einhorns zur Zeit des Herzogs Ai. Er schränkte die sprachliche Darstellungsform ein und beseitigte die Fülle der Erzählung. Indem er die Rechtsentscheidungen festsetzte, formte er das Muster für die rechte Stellung des Zentralherrschers und förderte alle Fragen der Menschheit. Seine siebzig Schüler erhielten mündlich die Anweisungen darüber, welche Ausdrücke des Textes brandmarken, tadeln, loben, verhüllen, beseitigen, mildern sollen, denn den geschriebenen Worten kann man dies nicht ansehen. Ein Edler aus Lu, Tso K'iu-ming, fürchtete, daß von den Schülern, die alle verschiedene Auslegungen hatten, jeder auf seiner Ansicht beharren würde, und daß so die wirkliche Bedeutung verlorengehen könnte; er legte deshalb im Anschluß an die geschichtlichen Aufzeich-

---

[1] *Mém. hist.* I, CXLVII und III, 18ff. *Geschichte der chinesischen Literatur* S. 70f.

nungen des Konfuzius deren Sätze dar und verfaßte ‚das Tsch'un-ts'iu des Tso‘ *(Tso schi Tsch'un-ts'iu)*. To Tsiao war der Lehrer des Königs Weï von Tsch'u (4. Jahrhundert v. Chr.). Da der König das Tsch'un-ts'iu (seines Landes) nicht ganz zu lesen vermochte, so wählte er eine Gruppe von 40 Abschnitten aus, die Erfolge und Mißerfolge schilderten, und dies Werk bildete ‚die Feinheiten des To‘ *(To schi weï)*. Zur Zeit des Königs Hiao-tsch'êng von Tschao (3. Jahrhundert v. Chr,) verfaßte dessen Minister Yü K'ing, indem er nach oben hin aus den Tsch'un-ts'iu-Texten auswählte, nach unten hin die Neuzeit betrachtete, ebenfalls ein aus acht Teilen bestehendes Werk, das das ‚Tsch'un-ts'iu des Yü‘ *(Yü schi Tsch'un-ts'iu)* bildet. Lü Pu-weï, der Minister des Königs Tschuang-siang von Ts'in (3. Jahrhundert v. Chr.), betrachtete gleichfalls nach oben hin das hohe Altertum, brachte in abgekürzter Form die Tsch'un-ts'iu-Texte zusammen und sammelte den Stoff aus der Zeit der sechs Reiche; so entstanden die acht Betrachtungen, die zehn Darlegungen und die zwölf Perioden, sie bildeten ‚das Tsch'un-ts'iu des Lü‘ *(Lü schi Tsch'un-ts'iu)*. Was dann die Personen anlangt, die, wie Sün K'ing, Mêng tsě, Kung-sun Ku und Han Feï, wieder und wieder die Tsch'un-ts'iu-Texte auszogen, um Bücher abzufassen, so ist es unmöglich, sie alle aufzuzählen. Der Minister der Han, Tschang Ts'ang, stellte eine Tabelle der fünf Wirksamkeiten zusammen. Der Großwürdenträger Tung Tschung-schu legte den Sinn des *T. t.* dar und machte seinen Text durchaus deutlich“[1].

Nicht weniger bedeutungsvoll ist die Stelle aus der Lebensbeschreibung des Konfuzius im 47. Kapitel des *Schi ki*, die bereits von Legge und später von

---

[1] *Schi ki* Kap. 14, fol. 2 r⁰f.: 齊晉秦楚其在成周微甚、封或百里或五十里、晉阻三河、齊負東海、楚介江淮、秦因雍州之固、四國迭興更爲伯主、文武所襃大封皆威而服焉、是以孔子明王道于七十餘君莫能用、故西觀周室論史記舊聞興於魯而次春秋、上記隱下至哀之獲麟、約其辭文去其煩重以制義法王道備人事浹、七十子之徒口受其傳指爲有所刺譏襃諱挹損之文辭不可以書見也、魯君子左丘明懼弟子人人異端各安其意失其眞、故因孔子史記具論其語成左氏春秋、鐸椒爲楚威王傅、爲王不能盡觀春秋采取成敗卒四十章爲鐸氏微、趙孝成王時其相虞卿上釆春秋下觀近世亦著八篇爲虞氏春秋、呂不韋者秦莊襄王相亦上觀尚古、刪拾春秋集六國時事以爲八覽六論十二紀爲呂氏春秋、及如荀卿孟子公孫固韓非之徒各往往捃摭春秋之文以著書不可勝紀、漢相張蒼歷譜五德、上大夫董仲舒推春秋義頗著文焉.

Chavannes übersetzt und erörtert worden ist[1]. Auch sie verlangt eine nochmalige Wiedergabe in Text und Übersetzung: „Der Meister sprach: Ach nein!
Ach nein! Der Edle ist bekümmert, wenn nach seinem Tode sein Name nicht
genannt werden soll. Meine Lehre ist nicht durch die Tat verwirklicht, wie
soll ich da den späteren Geschlechtern vor Augen stehen? Darauf machte er,
indem er den geschichtlichen Aufzeichnungen folgte, das Tsch'un-ts'iu. Nach
oben hin umfaßte es die Zeit bis zum Herzog Yin, nach unten hin reichte es bis
zum 14. Jahre des Herzogs Ai, so daß es zwölf Herzöge behandelte. Er hielt
sich an Lu, betrachtete Tschou als (zeitlich) nahestehend und Yin als alt, so
regelte er die Stellungsfolge der drei Dynastien[2]. Er schränkte die sprachliche
Darstellungsform ein, gab aber viele Anweisungen (über den Sinn). So werden
die Fürsten von Wu und Tsch'u, die sich selbst als Kaiser (Zentralherrscher)
bezeichnen, im Tsch'un-ts'iu gerügt und Freiherrn genannt. Bei der Zusammenkunft von Tsien-t'u wurde in Wirklichkeit der Himmelssohn der Tschou-Dynastie
vorgeladen; das Tsch'un-ts'iu aber verschleiert dies und sagt, der Zentralherrscher
jagte in Ho-yang[3]. Daraus ergibt sich das System, das die Richtlinien angibt
für den Sinn des Rügens und Milderns der in Betracht kommenden Zeit. Wenn
spätere Kaiser diese Grundsätze hochhalten und ihnen Raum verschaffen, so
daß die Rechtsentscheidungen des Tsch'un-ts'iu durch die Tat verwirklicht
werden, dann werden aufrührerische Minister und verbrecherische Söhne in
Angst geraten. Als Konfuzius im Amte war und gerichtliche Streitigkeiten
anhörte, war seine Ausdrucksweise der anderer Menschen gleich und nicht
einzig in ihrer Art; als er aber das Tsch'un-ts'iu machte, da schrieb er nieder,
was niederzuschreiben war, und strich, was zu streichen war, so daß Leute wie
Tsĕ-hia nicht einen Ausdruck daran verbessern konnten. Als seine Schüler
das Tsch'un-ts'iu empfingen, sagte Konfuzius: Wer von den künftigen Geschlechtern mich versteht, wird es gemäß dem Tsch'un-ts'iu tun, und wer mich
verdammt, wird es auch gemäß dem Tsch'un-ts'iu tun" (vgl. oben S. 3)[4].

---

[1] *Prolegomena* S. 14 und *Mém. hist.* V, 419ff.

[2] Eine eingehende Erklärung dieser bisher völlig dunklen und mißverstandenen Stelle
wird in Teil II, Abschnitt 4 gegeben.

[3] Siehe *T. t. Hi kung* 28. Jahr.

[4] *Schi ki* Kap. 47, fol. 26 v° f.: 子曰弗乎弗乎、君子病歿世而名
不稱焉、吾道不行矣吾何以自見於後世哉、乃因史記作
春秋、上至隱公下訖哀公十四年十二公、據魯親周故殷
運之三代、約其文辭而指博、故吳楚之君自稱王而春秋
貶之曰子、踐土之會實召周天子而春秋諱之曰天王狩
於河陽、推此類以繩當世貶損之義、後有王者舉而開之、
春秋之義行則天下亂臣賊子懼焉、孔子在位聽訟文辭
有可與人共者弗獨有也、至於為春秋筆則筆削則削、子

Diese beiden Stellen des *Schi ki* enthalten die einzigen greifbaren Angaben
über die Entstehung des *T. t.*, die sich in der chinesischen Literatur finden,
und die wegen des Alters und der Bedeutung der Quelle ernsthafte Beachtung
beanspruchen können. Alles andere ist spätere mehr oder weniger pietätvolle
Erfindung, jedenfalls entbehrt es jeglicher zuverlässiger Beglaubigung[1]. Was
uns aber Ssĕ-ma Ts'ien berichtet, das werden wir, wenn wir ihm gerecht werden
wollen, frei von den später in China und dem Abendlande üblich gewordenen
Anschauungen über *T. t.* und *Tso tschuan* zu betrachten haben. Wir werden
dann, wie schon unsere Übersetzung zeigt, zu wesentlich anderen Auffassungen
kommen als unsere Vorgänger.

Stellen wir den ersten Bericht zunächst einmal in den Zusammenhang des
ganzen 14. Kapitels. In diesem Kapitel werden auf eine damals neue Art Tabellen der Fürstenhäuser des Tschou-Staates gegeben, in denen die einzelnen
Regierungsjahre der verschiedenen Fürsten synoptisch nebeneinandergestellt,
und hier und da auch wichtige Ereignisse vermerkt werden. In einer Einleitung
dazu wird dieses Verfahren gerechtfertigt. Zunächst hatte der Verfasser nicht
die Absicht, das Kapitel überhaupt zu schreiben, aber das Studium der chronologischen und genealogischen Tabellen der verschiedenen Tsch'un-ts'iu- (d. h.
Annalen-)Werke[2] brachte ihn auf den Gedanken. Diese Werke „waren in ihrer
Ausdrucksweise derartig gedrängt, daß es schwer war, mit einem Blicke die

---

夏之徒不能贊一辭、弟子受春秋孔子曰後世知丘者以
春秋而罪丘者亦以春秋.

[1] Dahin gehört auch die von Sü Yen 徐彦, dem Bearbeiter von Ho Hiu's Kommentar
zum *Kung-yang tschuan*, in seiner Einleitung mitgeteilte Erzählung eines gewissen Min
Yin 閔因, wonach „Konfuzius vor alters, als er den Auftrag vom Himmel (?) erhielt,
die Rechtsentscheidungen des Tsch'un-ts'iu zu treffen, Tsĕ-hia und dreizehn andere seiner
Schüler aussandte, um die geschichtlichen Aufzeichnungen des Tschou-Staates zu erbitten.
Sie erhielten die kostbaren Werke von 120 Staaten. Im Laufe von neun Monaten wurden
die Kennzeichen der feinsten Gefühlsregungen festgestellt, abweichende und irrige Reden
untersucht und die Ausdrucksweisen erörtert; war ein geeigneter Text vorhanden, so wurde
der Gedanke dadurch ausgesprochen." (昔孔子受端門之命制春秋之義、
使子夏等十四人求周史記、得百二十國寶書、九月經立
感精符、考異郵說、題辭具、有其文以此言之.) Wer Min Yin, der
anscheinend der Han-Zeit angehörte, war, wissen wir nicht, und selbst über Sü Yen ist uns
nichts weiter bekannt, als daß er zur T'ang-Zeit lebte, und zwar, wenn die Angabe des Kaiserlichen Katalogs (Kap. 26, fol. 6 v°) richtig ist, nach 824. Die schon an sich höchst unwahrscheinliche Mitteilung — Legge (*Prolegomena* S. 9) schreibt übrigens das Zitat mit
Unrecht dem Ho Hiu zu — ist also für uns wertlos.

[2] Ich glaube nicht, daß die Übersetzung von Chavannes (*Mém. hist.* III, 15): „Die
chronologischen Tabellen usw. des Tsch'un-ts'iu" das Richtige trifft.

wichtigen Dinge zu erfassen"[1]. Immerhin hatte man bis zur Regierung des Kaisers Li (878—826 v. Chr.) nebenher noch andere Literaturwerke, aus denen man eine Kenntnis des Zeitalters schöpfen konnte, so daß der Verfasser bis dahin nicht an eine neue tabellarische Übersicht dachte. Dann aber änderten sich die Dinge. Während nämlich bis zu jener Zeit die Möglichkeit bestanden hatte, eine Kritik der staatlichen Zustände schriftlich zu äußern, untersagte der Kaiser Li jedes derartige Unterfangen bei strengen Strafen. Und doch forderte der von da ab rasch zunehmende Verfall des Tschou-Staates die heimliche Erbitterung und Kritik überall heraus.· So entstanden denn während der folgenden Jahrhunderte, veranlaßt durch die schlimmen Zustände im Reiche, verschiedene neue Tsch'un-ts'iu- und ähnliche Werke mit besonderer Form und Tendenz, wie z. B. das *T. t.* des Konfuzius, das *T. t.* des Tso, „die Feinheiten des To", das *T. t.* des Yü, das *T. t.* des Lü u. a.[2]. Aber alle diese Werke schienen dem Verfasser des *Schi ki* nicht geeignet, ein wirkliches Bild von der Geschichte jener Zeit zu geben: „die Literaten (wie z. B. Konfuzius) entscheiden über den Sinn[3], die den Worten nachjagen (d. h. die Erklärer der Texte?), stürzen sich dann auf die einzelnen Ausdrücke, aber sie legen kein Gewicht auf die zusammenhängende Darstellung vom Anfang bis zum Ende; die Chronologen führen nur ihre Jahre und Monate auf, die Astrologen sind nur groß in der Einwirkung der überirdischen Kräfte, und die Genealogen verzeichnen nur die einzelnen Geschlechter und die posthumen Beinamen"[4]. Er entschloß sich infolgedessen zu seinen knappen, aber doch zusammenfassenden Tabellen, die die Zeit von 841 bis 477 v. Chr., d. h. bis zu Konfuzius, umfassen, und in denen „das sichtbar wird, was in den Lehren der Tsch'un-ts'iu- und Kuo-yü-Werke (an den staatlichen Zuständen) getadelt wird, und die allgemeinen Hinweise auf Blühen und Verfall hervortreten"[5].

In diesen Darlegungen zeigt sich überall die bekannte, aber viel zu wenig beachtete und für das richtige Verständnis des *T. t.* so außerordentlich wichtige Tatsache, daß die Aufzeichnungen des amtlichen Chronisten, die in jedem Staate, den Zentralstaat eingeschlossen, fortlaufend gemacht werden mußten, nicht nur, ja vermutlich nicht einmal in erster Linie, die Begebenheiten einfach als geschichtliche Tatsachen vermerken sollten, sondern auch eine Kritik der Handlungen des Fürsten und seiner Regierung darstellten. Diese Kritik brauchte gar nicht

---

[1] *Schi ki* Kap. 14, fol. 3 r°: 其辭略、欲一觀諸要難·

[2] In diesem Sinne wird auch die bekannte Stelle bei Mêng tsě IV, 2, XXI zu deuten sein.

[3] Auch hier kann ich mich der Übersetzung von Chavannes (a. a. O. S. 20): „sie kürzen ihre Meinungen ab" (斷其義) nicht anschließen.

[4] *Schi ki* Kap. 14, fol. 3 r°: 儒者斷其義、馳說者騁其辭不務綜其終始、歷人取其年月、數家隆於神運、譜諜獨記世謚·

[5] Ebenda: 表見春秋國語學者所譏盛衰大指著于篇·

einmal besonders ausgesprochen zu werden, sie konnte schon darin liegen, daß das Gute wie das Böse der Wahrheit gemäß niedergeschrieben und so der Nachwelt überliefert wurde. Die sittlichen Gesetze für den Herrscher waren damals schon klar und fest geformt, und jede Abweichung davon, die der Griffel des Chronisten in der einfachen Verzeichnung der schlechten Handlung festhielt, wurde zu einer ewigen Anklage gegen den Namen des Übeltäters nach seinem Tode. Dazu kam die dem Chinesen bis in die neueste Zeit eigentümliche Ehrfurcht vor dem geschriebenen Worte, das ihm erschien wie der geheiligte Träger göttlicher Weisheit und Gerechtigkeit. Diese Ehrfurcht aber muß in der alten Zeit um so größer gewesen sein, je schwieriger die Kunst des Schreibens war, und je kürzer und wuchtiger die Sätze wegen des ungefügen Materials (Holz, Knochen, Bambus und Seide) gehalten werden mußten. Überdies waren die Fürsten offenbar auch verpflichtet, wenn die Angaben des *Tschou li* (Biot II, 119) zutreffen, ihre Annalen an den kaiserlichen Hof zur weiteren Bearbeitung zu übersenden, wodurch dem letzteren natürlich auch die Kenntnis der Vorgänge in den Lehenstaaten vermittelt wurde. Unsere Einzelkenntnisse von den tatsächlichen inneren Einrichtungen des Tschou-Staates sind zu gering, als daß wir uns ein genaues Bild von jenem kritisch-geschichtlichen Annalenwesen zu machen vermöchten. Sicher ist aber, daß die Chronisten nicht bloß sehr ehrenfeste, sondern auch sehr mutige Männer sein mußten, wenn sie ihre Aufgabe richtig erledigen wollten[1]. Unter solchen Umständen ist es erklärlich, wenn die Kaiser und die Fürsten sich die wahrheitsgetreue Führung der Annalen um so weniger angelegen sein ließen, als ihr Wandel immer zügelloser, ihre Regierung schlechter, die Unzufriedenheit lauter, die Kritik schärfer wurde. Kaiser Li verbot schließlich, wie wir sahen, jede Kritik, und er wird sicherlich nicht der einzige gewesen sein. So verfiel das staatliche Archivwesen mehr und mehr, und Mêng tsö mußte auf eine Frage nach gewissen Einrichtungen im Staate der Tschou antworten, daß „sich darüber nichts Genaues mehr feststellen ließe, weil die Lehensfürsten die Archive, da sie ihnen abträglich seien, beseitigt hätten"[2]. Ebenso bemerkt Konfuzius, daß die Aufzeichnungen in gewissen Staaten ungenügend seien und keinen Schluß auf das Ritualsystem mehr zuließen[3]. Wie sehr auch in späterer Zeit jede Kritik, ja jede schriftliche Mitteilung von Regierungshandlungen gefürchtet wurde, zeigt das Schicksal von Ssě-ma Ts'ien's eigenem Werke. Seine zwei Exemplare, die er in der kaiserlichen Hauptstadt hinterlassen hatte, wurden beide hier zurückgehalten, und noch im Jahre 28 v. Chr.

---

[1] Ich zweifle nicht, daß die Stelle im *Lun yü* XV, 25: „Ich habe es noch erlebt, daß ein Chronist eine Lücke in seinem Texte ließ — aber heute gibt es das nicht mehr" von Legge richtig erklärt ist, wenn er sagt, daß ein Chronist der alten Zeit lieber die Stelle in seinen Annalen leer ließ, als daß er etwas Unwahres schrieb.

[2] Mêng tsö V, 2, II.

[3] *Lun yü* III, 9.

lehnte die Regierung eine Bitte um Freigabe ab, weil das Werk Erörterungen über Bündnisse, Kriege usw. zur Zeit der „Kampfstaaten" (5. bis 3. Jahrhundert v. Chr.), über Pläne und Absichten von Ministern der Han-Zeit, über wichtige Plätze des Reiches u. a. enthielte und daher „nicht in den Besitz der Fürsten und Prinzen gelangen dürfe"[1].

Bezeichnet wurden die Annalen mit verschiedenen Namen: am häufigsten scheinen *schi ki* 史記 „geschichtliche Aufzeichnungen" und *tsch'un ts'iu* „Frühling und Herbst" d. h. „Annalen" im eigentlichen Sinne des Wortes[2], gewesen zu sein, indessen haben einzelne Staaten auch noch besondere Namen für ihre Annalen gehabt, wie wir aus der bekannten Stelle bei Mêng tsě (IV, 2, XXI, 2) erfahren, so Tsin *Schêng* 乘, Tsch'u *T'ao-wu* 檮杌. Die Bedeutung dieser Bezeichnungen festzustellen, ist heute nicht mehr möglich. An allgemeinen Namen finden sich auch noch *tschi* 志 „Chronik" (bei Mêng tsě III, 1, II, 3 u. III, 2, I, 1) und *tschuan* 傳 „Überlieferung" (ebenda III, 2, III, 1), indessen ist nicht zu erkennen, welche Art von Schriftwerken damit gemeint ist. Vielleicht ist auch der Ausdruck *kuo yü* 國語 „Politische Reden", jetzt der Titel des bekannten, dem Tso K'iu-ming zugeschriebenen Werkes, eine allgemeine Bezeichnung für die staatlichen Chroniken, wenigstens kann man auf diesen Gedanken kommen angesichts der Tatsache, daß in den Han-Annalen mehrfach Stellen aus dem *Schi ki* zitiert werden, die sich nicht in dem Werke Ssě-ma Ts'ien's, sondern im *Kuo yü* finden[3]. Ob etwa die verschiedenen Namen Chroniken und Annalen verschiedener Methode und verschiedenen Inhalts bezeichneten, wissen wir nicht; die drei Tsch'un-ts'iu, deren Titel der Bericht im *Schi ki* erwähnt und die uns erhalten sind, das *T. t.* des Konfuzius, des Tso und des Lü, können ihrer Form und Methode nach unmöglich als Werke einer einheitlichen Gattung angesehen werden, allerdings ist es keineswegs sicher, daß die beiden letzteren dieselben sind, die Ssě-ma Ts'ien gekannt hat. Die Frage, ob die Angabe der Han-Annalen, daß „die Chronisten der linken Hand die Reden, die der rechten Hand die Geschehnisse aufzeichneten"[4], auf Wahrheit beruht oder, wie so manches andere, eine Erfindung der Han-Gelehrten ist, kann auf sich beruhen bleiben. Sicher ist jedenfalls, daß die Namen *schi ki* und *tsch'un-ts'iu*, die jetzt als Titel zweier klassischer Werke so berühmt geworden sind, lange vor dem Entstehen der letzteren allgemein üblich waren, und daß sie sogar, wie die oben übersetzte Stelle aus dem 14. Kapitel Ssě-ma Ts'ien's zeigt, unterschiedslos gebraucht wurden. Die Annalen des Staates Lu hießen, wie wir durch Mêng tsě (IV, 2, XXI, 2) wissen, *tsch'un-ts'iu* und waren ein *schi ki*.

---

[1] *Mém. hist.* I, CXCIX f.

[2] Auf die oft erörterte Entstehung und Bedeutung des Namens braucht hier nicht näher eingegangen zu werden. Siehe Legge, *Prolegomena* S. 7 f.; Chavannes, *Mém. hist.* V, 420, Anm. 4; Grube, *Geschichte der chinesischen Literatur* S. 68; Forke, *Lun hêng* I, 457.

[3] Siehe *Mém. hist.* V, 420, Anm. 2.

[4] Siehe Legge, *Prolegomena* S. 10.

Neben den völlig verfallenen staatlichen Chroniken nun — so werden wir den Bericht Ssĕ-ma Ts'ien's verstehen müssen — entstanden zum Ersatz oder als Ergänzung eine Anzahl „privater" Annalenwerke, die die alten Tsch'un-ts'iu-Werke als Quellen benutzten, aber „nach unten hin auch die Neuzeit betrachteten". Zu diesen nicht berufsmäßigen Beobachtern der Geschichte gehörte auch Konfuzius. Ein Verehrer des ethisch-formalistischen Weltstaatsystems des Tschou kung mit seinem Zentralherrscher, seinen Lehensfürsten und seinem bis ins kleinste geregelten Ritualwesen als Ausdruck der göttlichen Weltordnung, von Schmerz erfüllt über den gänzlichen Verfall dieses Systems, erbittert gegen die Fürsten, die für seine Weisheit kein Verständnis, für seine angebotenen Dienste keine Verwendung hatten, und voll Kummer, daß „nach seinem Tode sein Name nicht genannt werden soll" (eine Empfindung, die auch der Chinese der Neuzeit mit ihm teilt), beschließt er am Abend seines Lebens, seine unbeirrbaren und sorgenvollen Gedanken in einem Tsch'un-ts'iu der Nachwelt zu hinterlassen. Ähnlich wie die vorgeschriebenen alten amtlichen Annalen sollte es die Regierungshandlungen verzeichnen, in viel höherem Maße als jene aber sollte es deren Kritik darstellen, es sollte „die Rechtsentscheidungen treffen", es sollte, das Ritual und den Idealstaat des Altertums als Maßstab benutzend, dem Zentralherrscher, den Lehensfürsten und den Würdenträgern zeigen, wie oft und wie schwer sie gegen deren Gesetze verstoßen hätten, und es sollte unerbittlich ihre offenen und geheimen Sünden brandmarken, wie es anderseits die verborgenen oder im Urteil der Welt zweifelhaft gebliebenen guten Taten an das Licht ziehen und loben sollte. Ob sich Konfuzius in der Tat bei diesem Plane als Weltenrichter, als „König ohne Thron" gefühlt hat wie die Han-Kommentatoren in ihrer Verzücktheit meinen (s. oben S. 3f.), mag dahingestellt bleiben. Zu einem solchen Richteramte gehörte aber jedenfalls nicht bloß eine genaue Kenntnis des Rituals und der Begebenheiten, sondern auch, wie schon angedeutet, ein starker Mut, ein sehr viel stärkerer, als Konfuzius ihn besaß. Kenntnis des Rituals war von jeher seine Besonderheit gewesen, die Kenntnis der Begebenheiten erlangte er teils aus den „geschichtlichen Aufzeichnungen", d. h. aus den amtlichen Chroniken, vor allem seines Heimatstaates, teils durch Erkundigungen nach mündlich überkommenen Nachrichten, teils besaß er sie durch sein eigenes Erleben[1], den Mut aber ersetzte er durch einen Schild, den er vor sich hielt

---

[1] Kung-yang zu *Yin kung* 1. Jahr und *Ai kung* 14. Jahr teilt den Stoff des *T. t.* in drei Teile: „Selbsterlebtes (所見), unmittelbar (von Zeugen der Vergangenheit) Gehörtes (所聞) und durch Überlieferung Gehörtes (所傳聞)", und im *Tsch'un-ts'iu fan lu* Abschn. 1 fol. 3 v⁰ heißt es ausführlicher: „Das Tsch'un-ts'iu teilt sich in 12 (Fürsten-) Generationen, die wieder 3 Abschnitte bilden, nämlich: den Abschnitt des eigenen Erlebens (d. h. von Seiten des Verfassers), den Abschnitt der unmittelbaren Kunde und den Abschnitt der überlieferten Kunde (vergl. Ho Hiu zu Kung-yang, *Yin kung* 1. Jahr — Kap. 1 fol. 6 v⁰, Schanghai-Ausgabe der *Schi san king tschu schu* von 1887: die Ereig-

und der ihn vor dem Zorne der Fürsten und Großen schützen sollte[1]. Zugrunde
gelegt, gewissermaßen als Tatbestand benutzt wurden bei diesem großen poli-

nisse, die Konfuzius selbst und mit seinem Vater erlebte; die sich zur Zeit seines Vaters
zutrugen [und die ihm von diesem erzählt wurden]; die sich zur Zeit seiner Großeltern
usw. zugetragen hatten). Der Abschnitt des eigenen Erlebens umfaßt 3 Generationen,
der der unmittelbaren Kunde 4 Generationen, und der der überlieferten Kunde 5 Generationen; d. h. (die Zeiten der Fürsten) Ai, Ting und Tschao (468 bis 541 v. Chr.) bilden
den Abschnitt des eigenen Erlebens des Weisen (Konfuzius wurde i. J. 551 v. Chr. geboren und starb 479), (die Zeit der Fürsten) Siang, Tsch'êng, Süan und Wên (542 bis
626 v. Chr.) den Abschnitt der unmittelbaren Kunde des Weisen und (die Zeit der
Fürsten) Hi, Min, Tschuang, Huan und Yin (627—722 v. Chr.) den Abschnitt der überlieferten Kunde des Weisen. Der Abschnitt des eigenen Erlebens zählt 61 Jahre, der der
unmittelbaren Kunde 85 Jahre, und der der überlieferten Kunde 96 Jahre. In dem Abschnitte des eigenen Erlebens ist die Ausdrucksweise verschleiernd, im Abschnitte der
unmittelbaren Kunde zeigt sich der Kummer über das Unglück, und im Abschnitte der
überlieferten Kunde erscheint das Mitleid verringert, alles den Empfindungen entsprechend".

春秋分十二世以爲三等、有見有聞有傳聞、有見三世有
聞四世有傳聞五世、故哀定昭君子之所見也、襄成宣
文君子之所聞也、僖閔莊桓隱君子之所傳聞也、所見
六十一年、所聞八十五年、所傳聞九十六年、於所見微
其辭、於所聞痛其禍、於所傳聞殺其恩、與情俱也·

Im allgemeinen dürfte die amtliche Chronik von Lu den Text geliefert haben, der dann
den gewollten Zwecken gemäß zurechtgeschnitten wurde. Das geht schon aus den beiden
Berichten Ssĕ-ma Ts'ien's deutlich hervor, wie denn auch die Ausdrücke für den Begriff
des Verfassens entsprechend gewählt sind. Neben *tso* 作 „machen" im zweiten Berichte
finden wir *ts'ĕ* 次 „aufreihen" im ersten, häufig aber auch *siu* 修 „zurechtmachen", z. B.
bei Kung-yang zu *Tschuang kung* 7. Jahr, einer Stelle, die auch sonst lehrreich ist für das
Verhältnis von Konfuzius zu seiner „Quelle". Das *T. t.* sagt hier: „Um Mitternacht fielen
die Sterne wie Regen", und Kung-yang erklärt dazu: „Das nicht zurechtgemachte T. t.
不修春秋 sagt: Es regnete Sterne; bevor sie bis zu einem Fuß weit von der Erde gekommen waren, kehrten sie wieder zurück. Als der Weise es zurechtmachte *(siu)*, sagte
er: Die Sterne fielen wie Regen" (vgl. Legges Anmerkung zu der Stelle). Dazu bemerkt
Ho Hiu: „Das nicht zurechtgemachte T. t. heißen die schriftlichen Aufzeichnungen *(schi
ki)*." Wang Tsch'ung sagt sogar einmal *(Lun hêng* Kap. 12, fol. 10 v° der Wu-tsch'ang-
Ausgabe von 1875): „Konfuzius schrieb das *schi ki* ab, um das T. t. zu machen" und fügt
hinzu: „War Tsch'un-ts'iu der ursprüngliche Name des *schi ki*? (Konfuzius) bearbeitete
es so, daß es zu einem kanonischen Lehrbuche wurde, und formte es so zum T. t." 孔子
錄史記以作春秋、史記本名春秋乎、制作以爲經乃歸
春秋也·

[1] Im *T. t. fan lu* Abschn. 1 fol. 4 r°f. heißt es darüber: „Was die gerechte Beurteilung

tischen Gericht die Geschichte von Lu und ihre Berührungen mit den Vorgängen
in den anderen Staaten, und zwar vom 1. Jahre des Herzogs Yin, 722 v. Chr., ab,
d. h. von jener Zeit an, wo das „östliche Tschou" sich in seiner ganzen Macht-
losigkeit zu zeigen begann, nachdem der Kaiser P'ing im Jahre 770 vor dem
Andrängen der Hunnen die Reichshauptstadt ostwärts nach Ho-nan verlegt
hatte. Daß dieses Preisgeben der altheiligen Gebiete am Wēi-Fluß, wo einst
Wên wang, Wu wang und Tschou kung die Kaisermacht geschaffen hatten,
für Konfuzius einen unverantwortlichen Riß in der Überlieferung bedeutete,
dürfen wir als selbstverständlich annehmen. Vielleicht haben wir in der Angabe,
daß „er den Blick nach Westen zum Hause der Tschou wandte", als er „die
alten Überlieferungen darlegte", eine Hindeutung hierauf zu sehen, ebenso wie
in jener Stelle des *Lun yü*, wo er von dem „Schaffen eines (wirklichen) östlichen Tschou" spricht (vgl. unten Teil II, Abschn. 4). Dazu kam, daß der Beginn
der Regierung des Herzogs Yin mit der letzten Zeit der Regierung des Kaisers
P'ing (er starb 720) zusammenfiel. Immerhin, eine sichere Erklärung dafür,
daß gerade dieses Jahr als Ausgangspunkt genommen wurde, haben wir hierin
auch noch nicht, da die Verlegung der Hauptstadt bereits ein halbes Jahrhundert
früher unter dem vorletzten Vorgänger des Herzogs erfolgt war[1]. Beendet

---

anlangt, so schmäht (Konfuzius) die an der Spitze Befindlichen nicht, und er folgt der
Klugheit, indem er seine Person nicht in Gefahr bringt. Das (zeitlich) Fernstehende verschleiert er deshalb bei seinem Gerechtigkeitsstandpunkt, das (zeitlich) Nahestehende
fürchtet er bei seinem Klugheitsstandpunkt. Furcht und gerechtes Urteil sind vereinigt,
und je näher die Zeit liegt, um so vorsichtiger ist er in seinen Reden." 義不訕上、
智不危身、故遠者以義諱、近者以智畏、畏與義兼、則世
迩近而言逾謹矣·

[1] Auch die Chinesen haben die Frage natürlich oft erörtert, ohne indessen zu einer einheitlichen Erklärung zu kommen. Kung-yang zu *Ai kung* 14. Jahr lehrt: „Warum beginnt das *T. t.* bei dem Herzog Yin? Weil bis dahin die von den Ahnen erhaltene Kunde
reichte" (d. h. bis dahin hatte Konfuzius durch Erkundigungen bei den älteren Generationen
die diesen überkommenen Nachrichten feststellen können). Ho Hiu will die Zahl Zwölf
der behandelten Herzöge mit der astronomischen Zahl Zwölf in Verbindung setzen. Ku-
liang meint in seiner Einleitung: „In der Zeit schließt (das *T. t.*) sich bei dem Herzog Yin
an, daher verlegt es den Anfang nach dort," und Yang Schi-hün 楊士勛 (1. Hälfte
des 7. Jahrhunderts n. Chr.), der Kommentator Ku-liang's, erklärt zu diesem Satze: „Das
49. Jahr des Kaisers P'ing war das 1. Jahr des Herzogs Yin, daher heißt es, es schließt
sich hier an. Der Herzog Yin schließt sich seinerseits an den Herzog Hui (seinen Vorgänger),
aber (das *T. t.*) verlegt den Anfang trotzdem nicht in die Zeit des Herzogs Hui, weil zu Anfang sich der Kaiser P'ing noch auf Tsin und Tschêng stützen konnte, in den letzten Jahren
er aber immer machtloser wurde. (Die Zeit des) Herzogs Hui war noch nicht der Beginn
dieser Schwäche, daher verlegt es den Anfang nicht in seine Zeit. Der Herzog Yin schließt

wurde die Arbeit mit dem drittletzten Lebensjahre des Weisen, 481 v. Chr.,
wo ein „Einhorn" gefangen wurde, ein so bedeutungschweres Ereignis, daß
Konfuzius, der Überlieferung zufolge, den Griffel niederlegte[1].

Worin bestand nun aber der Schild, mit dem der „Weltrichter" seine unbe-
stechliche Urteilsprechung deckte? „Er schränkte die sprachliche Darstellungsform, d. h. der schriftlichen Überlieferung, ein, gab aber viele Anweisungen",
heißt es in dem zweiten Bericht, und ausführlicher im ersten: „Seine siebzig
Schüler erhielten mündlich die Anweisungen darüber, welche Ausdrücke
des Textes brandmarken, tadeln, loben, verhüllen, beseitigen, mildern sollen,
denn den geschriebenen Worten kann man dies nicht ansehen"[2]. Mit
anderen Worten: Konfuzius gab seinen neuen „Annalen" eine gänzlich unan-
greifbare Form, die lediglich Tatsachen meldete, und zwar nicht alle, sondern
nur manche, die oft schwieg, wo sie hätte reden können, anderseits wieder Begebenheiten angab, die gar nicht stattgefunden hatten, in allen Fällen aber
nur die Begebenheiten an sich gab, ohne ihre Entwicklung, und vor allem:
ohne eine Spur der Kritik. Dafür waren aber die gemeldeten Begebenheiten
nach ganz bestimmten Gesichtspunkten ausgesucht, die Tatsache ihrer Meldung
hatte ebenso ihre Bedeutung wie die ihrer Verschweigung oder die ihrer ganzen

---

sich auch an den Kaiser P'ing, und darum verlegt es den Anfang nach hier." Ähnlich
äußert sich Tan Tschu (s. oben S. 13) nach *T'ang schu* Kap. 200 fol. 19 v[0]: „Wenn
auch die Grausamkeiten des Kaisers You (Vorgänger von P'ing) die Feinheit der Kultur
vernichteten, so erreichte doch der sittliche Zustand nicht die Flucht des Kaisers P'ing
nach Osten. Die Gewohnheiten der Leute waren noch immer sehr zivilisiert, und wenn
jemand das Schlechte liebte, so konnte dies nach den Gesetzen der Tschou richtig gestellt werden. Darum wurde der Herzog Yin aus der letzten Zeit des Kaisers P'ing als
Anfang genommen, damit das Zarte gerettet, und das Gute ermuntert würde. So
wurde dem Verderben der Tschou Einhalt getan und der Verlust der Riten verhindert."
Das ist jedenfalls die einleuchtendste Erklärung. Legges Annahme *(Prolegomena* S. 29),
daß die staatlichen Annalen aus der Zeit vor dem Herzog Yin verlorengegangen oder „in
such a miserable state of dilapidation and disarrangement" gewesen seien, daß „nothing
could be made of them", ist, obwohl er sie für „die einzig vernünftige" erklärt, ganz
willkürlich und durch nichts begründet.

[1] Vgl. über die verschiedenen Überlieferungen Legges Anmerkungen zu *Ai kung* 14. Jahr.

[2] Chavannes wie Grube haben diesen wichtigen Satz mißverstanden. Beide haben gemeint, es handele sich um Texte (Chavannes) oder um Ausdrücke (Grube), die „zu tadeln,
zu loben oder auszumerzen waren" — „qu'il fallait blâmer, critiquer, louer, passer sous
silence, transporter d'une place à une autre et retrancher" —, tatsächlich sind die Zeit-
wörter nicht als Passiva, sondern als Aktiva aufzufassen, es handelt sich nicht um Texte,
die so behandelt werden sollen, sondern um den neuen, von Konfuzius festgestellten Text
und um den lobenden, tadelnden usw. Sinn, den die einzelnen Ausdrücke darin haben
sollen, ohne daß man ihnen dies ansehen kann.

oder halben Erfindung. Die gewählten Ausdrücke bildeten eine feste Terminologie, und jeder von ihnen verfolgte eine Absicht. Das Ganze ergab eine
Zusammenstellung der wichtigen Regierungshandlungen der Fürsten und son-
stiger Begebenheiten innerhalb des begrenzten Zeitraumes und die Beurteilung
des sittlichen Wertes jeder einzelnen mit Hilfe der angegebenen Mittel. Das
T. t. bestand also aus zwei Teilen: den kurzen schriftlichen Formeln und der daran geknüpften mündlichen Geheimlehre. Diese
Geheimlehre wurde den Schülern von Konfuzius mitgeteilt, für die Welt blieben
nur die Formeln sichtbar, sie waren der Schild, der den „Richter" deckte. Beispiele für das System werden nachher noch anzuführen sein, nur soviel sei hier
gesagt, daß es keineswegs so schwer erforschlich war und auch nicht so geheim-
gehalten wurde, daß es nach Konfuzius' bald erfolgtem Tode nicht hätte weiteren
Kreisen bekannt werden können. Die „siebzig Schüler" haben offenbar das
Geheimnis nicht mit besonderer Ängstlichkeit gehütet und sollten es auch vermutlich nach dem Willen ihres Meisters gar nicht, sobald dessen Person allen Fähr-
lichkeiten entrückt war; wollte er sich doch ausgesprochenermaßen damit ohne
Unbequemlichkeiten ein Denkmal für die Zukunft setzen! Die große und un-
geteilte Bewunderung, die das Werk gerade in den ersten Jahrhunderten nach dem
Tode seines Urhebers gefunden hat, und von der uns unzweideutige Spuren in den
Resten der Literatur jener Zeit erhalten sind (s. unten S. 49), bezeugt zur Genüge, daß
Konfuzius seinen Zweck erreicht hatte. Das Wort: „Wer mich versteht, wird
mich nach dem *T. t.* verstehen, und wer mich verdammt, wird mich nach dem
T. t. verdammen" hat für die alte Zeit sicherlich seine Berechtigung gehabt.
Auch das andere, meist völlig mißverstandene und erst im Zusammenhange
von Ssĕ-ma Ts'ien's zweitem Bericht verständlich werdende Wort von der
„Angst aufrührerischer Minister und verbrecherischer Söhne" entbehrt, richtig
aufgefaßt, nicht der Wahrheit; es ist natürlich auf die Zukunft zu beziehen
und will sagen, daß, wenn die aus dem *T. t.* sich ergebenden sittlichen Gesetze
unerbittlich angewandt werden, aufrührerische Minister und verbrecherische
Söhne, soweit sie überhaupt noch möglich sind, unzweifelhaft ihre verdiente
Strafe finden werden. Nach dem, was oben gesagt war (s. S. 41f.), brauchen
wir auch nicht zu bezweifeln, daß Fürsten und Würdenträger diese neu erwachte,
und zwar viel schärfere Kritik mit sehr geteilten Empfindungen begrüßt haben
werden. Konfuzius' großer Irrtum bestand nur darin, daß er seine Sittengesetze,
die zum Teil höchst wunderlicher Art waren, für ewig und unwandelbar, den
Wert seines *T. t.* deshalb für alle Zeit gesichert hielt. Aber kann das wundernehmen bei einem Manne, der jeglichen geschichtlichen Sinnes so völlig bar
war wie dieser engbrüstige Sittenprediger?

Somit sind wir nunmehr zu der ebenso natürlichen wie überzeugenden Lösung
des *T.-t.*-Problems gelangt, der zweite der obenerwähnten beiden Wege (s. S. 5)
hat uns sehr rasch zum Ziele geführt: das *T. t.* besteht aus zwei Teilen:
den kurzen, die Lehre tragenden Formeln, die von Konfuzius

schriftlich aufgezeichnet sind, und der mündlich von ihm überlieferten Erklärung, der eigentlichen Lehre, für die jene Formeln
zugleich Beispiele darstellen. Dieses System, vom Standpunkte seiner
Zeit aus gesehen, mußte sowohl durch die Anschaulichkeit seiner Form wie
durch seine scharfe Herausarbeitung des ethisch-politischen Maßstabes vom
klassischen Altertum die Bewunderung der Nachwelt finden; erschien es doch
wie ein Leuchtturm in dem brandenden Meere der schlimmen Zeit, in der alle
Formen und alle Begriffe der Ahnen sich aufzulösen und zu versinken drohten.
Dabei kann es nicht überraschen, daß diese Bewunderung um so einheitlicher
und um so ehrlicher erscheint, je geringer die Entfernung des Zeitraumes von
der Entstehung des *T. t.* ist. Mêng tsě's und Tschuang tsě's Urteile sind
bereits erwähnt (s. S. 3f. u. 13ff.), ein dritter Philosoph des 3. Jahrhunderts
v. Chr., Sün tsě, reiht das Werk schon als vollberechtigtes Glied in den Kreis
der „kanonischen" Schriften ein. „Das *Li (ki)* ist das Buch der Ehrfurcht",
sagt er, „das *Yo (ki)* lehrt Gleichmäßigkeit und Harmonie, dem *Schi (king)*
und *Schu (king)* ist das Umfassende eigen, dem *Tsch'un-ts'iu* die Feinheit"[1].
Und an einer anderen Stelle: „Das *Li* und das *Yo* schreiben vor, aber erörtern
nicht, das *Schi* und das *Schu* legen dar, aber entscheiden nicht, das *Tsch'un-ts'iu*
ist knapp, aber übereilt nichts"[2]. Diese drei Männer sind Vertreter ganz verschiedener Gedankenrichtungen, und zwei von ihnen stehen in einem scharfen
Gegensatze zu gewissen konfuzianischen Grundlehren, aber in der hohen Bewertung des *T. t.* sind sie einig. Diese Bewertung aber war natürlich nur möglich, wenn ihnen das ganze *T. t.*, die Formeln und ihre Bedeutung, bekannt
war. Auch während der älteren Han-Zeit bleibt diese Einhelligkeit der Auffassung bestehen, und keine Zweifel, keine Bedenken trüben die Überzeugung
von dem Wesen und dem tiefen Zweck des *T. t.* als etwas ganz Selbstverständlichem. Nur zwei Männer jener Zeit seien hier genannt, die beide durchaus
nicht auf die Schulmeinungen der Konfuzianer eingeschworen waren und dennoch dem *T. t.* eine überragende, über jeden Angriff erhabene Stellung zu-
billigen. Der eine ist Ssě-ma Ts'ien selbst, der von Pan Piao 班彪, dem
Nachfolger an seinem Werke im 1. Jahrhundert n. Chr.[3], der Mißachtung der
kanonischen Schriften und einer Hinneigung zum Taoismus angeklagt wird[4];
der andere ist Wang Tsch'ung 王充 (1. Jahrhundert n. Chr.), vielleicht
der schärfste, vorurteilsfreieste und unerbittlichste Kritiker, den das ältere
China hervorgebracht hat. Ssě-ma Ts'ien hat sich über das *T. t.* in einer Unter-

---

[1] 勸學篇 fol. 2 v° (Wu-tsch'ang-Ausgabe von 1875): 禮之敬文也、樂之
中和也、詩書之博也、春秋之微也.
[2] Ebenda: 禮樂法而不說、詩書故而不切、春秋約而不速.
[3] Siehe Giles, *Biogr. Dict.* Nr. 1601.
[4] Sein Urteil findet sich im 40. Kapitel der Annalen der Späteren Han und ist übersetzt
von Chavannes in Appendix II der Einleitung zu den *Mémoires historiques*.

redung ausgesprochen, die er mit einem gewissen Hu Sui 壺遂, seinem astronomischen Mitarbeiter, hatte, und über die er im 130. Kapitel seines Werkes
berichtet. Hu Sui fragt nach der Veranlassung und dem Zweck des *T. t.*, „bei
dessen Abfassung Konfuzius bloße Formeln überliefert habe, um damit über
Sittengesetze und Gerechtigkeit zu entscheiden" (作春秋垂空文以斷
禮義). Ssĕ-ma Ts'ien antwortet in längeren Ausführungen, die kennzeichnend
sind für seine Wertschätzung der konfuzianischen Leistung. Er schildert den
Verfall im Tschou-Staate und sagt dann: „Konfuzius wußte, daß Reden hier
nutzlos, ein Zurückführen auf den rechten Weg aber unmöglich sein würde.
Er bekundete deshalb, was an den Vorgängen von 242 Jahren zu billigen, was
zu verurteilen war, und gab so den Maßstab des Rechten für das Weltreich."
Ähnlich wie Sün tsĕ stellt er das so entstandene *T. t.* in eine Reihe mit dem *Yi
king*, dem *Li king*, dem *Schu*, dem *Schi* und dem *Yo*, nennt Wesen und Zweck
jedes dieser kanonischen Bücher und sagt dabei vom *T. t.*: „Es erklärt das
Rechte und das Falsche und ist deshalb wichtig für die Regierung der Menschheit." „Das Auseinanderstreben der Dinge in der Welt findet wieder seinen
gemeinsamen Mittelpunkt im *T. t.*" Und: „Wer das Reich regiert, der muß
das *T. t.* kennen, denn sonst entsteht zunächst die Verleumdung, ohne daß er
sie bemerkt, und danach das Verbrechen, ohne daß er davon Kenntnis hat.
Wer als Minister wirkt, der muß das *T. t.* kennen, denn bei der Wahrung der
Ordnung begreift er sonst deren rechte Notwendigkeit nicht, beim Eintreten
wandelnder Entwicklung versteht er deren Gewichtigkeit nicht. Wer als Fürst
oder als Vater wirkt und die Rechtsentscheidungen des *T. t.* nicht erfaßt hat,
der wird unzweifelhaft einen über alles verhaßten Namen erlangen; wer als
Minister oder als Sohn wirkt und die Rechtsentscheidungen des *T. t.* nicht
erfaßt hat, der wird unzweifelhaft der Strafe für Empörung und Fürsten- oder
Vatermord verfallen und den Namen eines todeswürdigen Verbrechers erlangen"[1].
Wang Tsch'ung, der oft mit den Konfuzianern scharf ins Gericht geht und mit
seiner Kritik auch vor Konfuzius selbst nicht haltmacht, ist zwar schon von
dem in der späteren Han-Zeit aufkommenden Streite über das *T. t.* beeinflußt,
aber hinsichtlich der tieferen Deutung gibt es auch für ihn noch keinen Zweifel.

---

[1] *Schi ki* Kap. 130, fol. 9 r°f.: 孔子知言之不用、道之不行也、
是非二百四十二年之中以爲天下儀表.
春秋辯是非故長於治人.
萬物之散聚皆在春秋.
故有國者不可以不知春秋、前有讒而弗見、後有賊而不
知、爲人臣者不可以不知春秋、守經事而不知其宜、遭變
事而不知其權、爲人君父而不通於春秋之義者、必蒙首
惡之名、爲人臣子而不通於春秋之義者、必陷篡弒之誅
死罪之名.

„Konfuzius," so sagt er, „ohne ein Herrscher zu sein, verfaßte das *T. t.*, um seine Gedanken zu verkünden. Das *T. t.* besteht zwar nur aus leeren Formeln, aber seine Lehren sind so, daß man daran die Fähigkeiten des Konfuzius erkennen kann, ein Herrscher sein zu können. Konfuzius war ein Heiliger"[1]. Und: „Als Konfuzius das *T. t.* verfaßte, rühmte er das Gute auch in seiner feinsten Form und rügte das Schlechte auch in seiner zartesten Gestalt. Aber wenn er das Gute rühmte, übertrieb er seine Schönheit nicht, und wenn er das Schlechte rügte, vergrößerte er sein Unrecht nicht"[2] — ein Gedanke, der im *Lun hêng* wiederholt ausgesprochen wird[3].

Aber je mehr sich der Abstand der lebenden Geschlechter von dem Schauplatze des *T. t.* vergrößert, je fremder die Ereignisse und Zustände im Tschou-Staate den Nachkommen werden, und je schwerer deshalb der Geist jener fernen Zeit und seine Wirkung auf das Empfinden des Konfuzius zu erfassen ist, um so mehr schießen die Zweifel und Meinungsverschiedenheiten über Wesen und Aufgabe des *T. t.* empor. Wir haben oben gesehen, wie man zur T'ang-Zeit sich abmüht, von dem Zwange der Kommentare freizukommen und den ursprünglichen Sinn im Texte selbst zu finden, bis man dann im 11. Jahrhundert an seinem Werte überhaupt irre wird und es zeitweilig aus dem Kanon streicht, während später Andere, wie Ma Tuan-lin und auch neuere Gelehrte, es für eine Fälschung erklären[4]. Zwar an lauter Verehrung vor dem Werke des Konfuzius läßt es das Literatentum aller Zeiten pflichtmäßig niemals fehlen, aber diese Verehrung macht meistens weit mehr den Eindruck des Angelernten, Konventionellen als den der ehrlichen Überzeugung. Selbst Tschu Hi weiß seine Verlegenheit nur schlecht durch allgemeine Redewendungen zu verbergen, und zahllose seiner Schüler preisen das *T. t.*, weil es üblich ist, es zu preisen, nicht aber weil sie von seiner Weisheit ergriffen sind. Das Werk, das nach der Meinung seines Verfassers vor allem der Träger seines Ruhmes sein sollte, war zur Mumie geworden, weil die Gesetze, die es predigte, keine Ewigkeitswerte darstellten, wie der Weise geglaubt hatte, sondern Anschauungen einer schon für ihn vergangenen Zeit, Sittlichkeitsbegriffe, die in den Entwicklungen seiner eigenen Tage schon keine Geltung mehr erlangen konnten, den Geschlechtern späterer Jahrhunderte aber kaum noch verständlich waren. Dazu kam, daß auch die tragenden Formeln im Laufe der Zeit ihre Brauchbarkeit verloren, weil der geschichtliche Zusammenhang nicht mehr gegenwärtig war, weil man

---

[1] *Lun hêng* Kap. 27, fol. 9 v⁰: 孔子不王作春秋以明意、案春秋 虛文、業以知孔子能王之德、孔子聖人也.

[2] Ebenda Kap. 18, fol. 11 r⁰: 孔子作春秋采毫毛之善、貶纖介之 惡、采善不踰其美、貶惡不溢其過.

[3] Vgl. Forke, *Lun-hêng* I, 83, 400. 468. II, 254.

[4] Siehe oben Abschnitt 3.

4*

die Tatsachen nicht mehr vor Augen hatte, an die sie anknüpften, weil die Personen und Handlungen, die von ihnen gerichtet werden sollten, im Gedächtnis der Lebenden längst verblaßt oder ausgelöscht waren.

Unter solchen Umständen kann es nicht wundernehmen, wenn der Abendländer, dem die geschichtlichen Vorgänge und die sittlichen Anschauungen im Tschou-Staate noch weit fremder waren als den Chinesen der späteren Zeit, dem *T. t.* als einem Rätsel gegenüberstand, solange er sich nicht mit der Geschichte seiner Entstehung vertraut gemacht hatte. Er konnte sich zunächst nur an den Text, d. h. an die Formeln halten, während ihm die mündlich überlieferte Erklärung verborgen blieb. Infolgedessen hielt er die Formeln für das ganze Werk, obwohl sie doch nur den einen Teil davon darstellten, und nahm als Zweck des Konfuzius die Aufzeichnung der Geschichte seines Heimatstaates an. Als Geschichtswerk angesehen, mußte das *T. t.* natürlich, zumal wenn man einen europäischen Maßstab anlegte, als ein klägliches Machwerk erscheinen, und wir haben gesehen, auf welche wunderlichen Gedanken die europäischen Sinologen verfallen sind, um die hohe Meinung der Chinesen von diesem „Geschichtswerke" zu erklären. Wir wissen jetzt, daß Konfuzius niemals die Absicht hatte, ein Geschichtswerk zu schreiben, sondern ein Lehrbuch der Staatsethik zu schaffen, das er äußerlich in die Form einer Chronik von Tatsachen kleidete, und dessen wesentlichen Inhalt er mündlich überlieferte. Es ist interessant, zu beobachten, wie auch die Chinesen der späteren Zeit gegen die aufkommende falsche Auffassung haben ankämpfen müssen. In einem wenig bekannten Werke der Sung-Zeit, dem *Tsch'un-ts'iu kie* 春秋解 von Sü Têts'ao 徐德操[1], findet sich ein Vorwort des durch seine Kämpfe gegen die Kin-Tartaren berühmt gewordenen Staatsmannes Ye Schi 葉適 (1150—1223, s. Giles, *Biogr. Dict.* Nr. 2459), in dem dem *T. t.* ein Doppelcharakter zugeschrieben wird. „In der Lehre von den geschichtlichen Dokumenten", so meint er, „ist nur das *T. t.* schwierig einzuordnen. Ein Geschichtswerk behandelt Tatsachen. Nun ist das *T. t.* zwar dem Namen nach ein kanonisches Lehrbuch, der Sache nach aber ein Geschichtswerk. Betrachtet man es lediglich als ein kanonisches Lehrbuch, so erscheint sein Gedankengang hohl und ohne Beweise; betrachtet man es lediglich als ein Geschichtswerk, so erscheinen die Tatsachen als eingeengt und ohne Zusammenhang, das ist die Schwierigkeit"[2]. Klarer spricht sich ein anderer Gelehrter vom Ende des 13. Jahrhunderts, Kia Hüanwêng 家鉉翁, im Vorworte zu seinem *Tsch'un-ts'iu siang schuo* 春秋詳說[3]

---

[1] Das Werk wird auch im Kais. Kataloge nicht erwähnt.

[2] *T. s. t. t.* Kap. 170, fol. 2 r°: 賤傳之學惟春秋爲難工經理也、史事也、春秋名經而實史也、專於經則理虛而無證、專於史則事礙而不通、所以難也.

[3] So lautet der Titel des aus 30 Kapiteln bestehenden Werkes im Kais. Katalog Kap. 27, fol. 34 v° ff., doch scheint es nach einer Bemerkung in Kia's gesammelten Schriften ursprünglich *T. t. tsi tschuan* 集傳 geheißen zu haben. Es wurde im Jahre 1284 vollendet.

aus: „Das *T. t.* ist kein Geschichtswerk. Die da behaupten, es sei ein Geschichtswerk, sind nur spätere Gelehrte, die keine tiefere Einsicht besitzen und das *T. t.* nicht verstehen. Als Konfuzius einst im Anschluß an die Geschichte von Lu das *T. t.* zurechtmachte, da übermittelte er die Gesetze für die Herrscher, um sie den späteren Geschlechtern kundzutun. Die Geschichte von Lu war ein Geschichtswerk, aber das *T. t.* ist das Gesetz der Herrscher, wie kann da von einem Geschichtswerke die Rede sein? Verständnislose Gelehrte legen unter Verdrehung der Wissenschaft den Maßstab eines Geschichtswerkes an das *T. t.* und erklären: das eine sei darin verzeichnet, das andere nicht; das eine sei ausführlich verzeichnet, das andere nur allgemein; unbedeutende Ereignisse seien darin verzeichnet, bedeutende aber ausgelassen. Mit solchen Reden ziehen sie den Wert des *T. t.* in Zweifel. Wahrlich diese Leute haben vor nichts mehr Scheu! Auf diese Weise hat auch der *Tuan-lan-tsch'ao-pao* (d. h. Wang An-schi, s. oben S. 18) die Welt über das *T. t.* getäuscht; späteren Geschlechtern erscheint keine Strafe zu hart für seine Schuld. Solche Leute haben kein Verständnis für die Absicht, die der Heilige beim Verfassen seines kanonischen Lehrbuches hatte. Fälschlicherweise glauben sie, das *T. t.* sei ein Buch, in dem die Ereignisse einer bestimmten Zeitperiode aufgezeichnet werden sollten. Oder sie sagen auch wohl, das *T. t.* sei ebenso wie das *Schêng* von Tsin oder das *T'ao-wu* von Tsch'u (s. oben S. 43) oder wie die sonstigen Chroniken ein gewöhnliches Geschichtswerk. Wenn man nun fragt: woher weißt du denn, daß es kein Geschichtswerk ist, sondern die Verkündigung der Wahrheit gibt? dann ist zu erwidern: ein Geschichtswerk verzeichnet sämtliche Ereignisse seiner Zeitperiode, das *T. t.* aber sieht seine Aufgabe in der Übermittlung des Gesetzes, nicht aber in der Aufzeichnung von Ereignissen"[1].

Nach diesen Darlegungen muß es, wie schon früher ausgesprochen war (s. oben S. 10ff.), geradezu unfaßlich erscheinen, daß ein Mann wie Legge, der sich um die Entstehungsgeschichte, das Wesen und die chinesische Kritik des *T. t.*

---

[1] *T. s. t. t.* Kap. 169, fol. 10 v°f.: 春秋非史也、謂春秋爲史者、後儒淺見不明乎春秋者也、昔夫子因魯史修春秋垂王法以示後世、魯史史也、春秋則一王法也、而豈史之謂哉、陋儒曲學以史而觀春秋、謂其間或書或不書或書之詳或書之略或小事得書或大事缺書、遂以此疑春秋、其尤無忌憚者、至目春秋爲斷爛朝報以此誤天下、後世有不可勝誅之罪、由其不明聖人作經之意、妄以春秋爲一時記事之書也、或曰春秋與晋乘楚檮杌並傳皆史也、于何以知其非史而爲是言乎、曰史者備記當時事者也、春秋主乎垂法不主乎記事. Dazu vergleiche man die oben (S. 17) mitgeteilte Ansicht Tschêng Ts'iao's.

mit allen Mitteln seines umfassenden Wissens bemüht hat, so gänzlich bei seiner Erklärung Schiffbruch leiden konnte. Mit einem durchaus unwissenschaftlichen Eigensinn verharrte er darauf, daß das *T. t.* ein bloßes Geschichtswerk sei, daß „ein Geschichtschreiber eine wahrheitsgetreue Darstellung der Tatsachen geben müsse", und daß Konfuzius gegen dieses Gesetz verstoßen habe, indem er nicht davor zurückgeschreckt sei, „Tatsachen zu übergehen, zu verschleiern und zu entstellen". Also eine vollkommene Verständnislosigkeit gegenüber dem Zwecke, den Konfuzius verfolgte! Diese Verständnislosigkeit ging so weit, daß er jede tiefere Auslegung des *T. t.*, wie sie doch, abgesehen von allen sonstigen Nachrichten, die wir darüber haben, schon nach den Aussprüchen des Mêng tsĕ mit Notwendigkeit angenommen werden muß, grundsätzlich abwies, weil „solche Methode uns zu hundert Absurditäten führe" *(Proleg. S. 5)*[1]. Er übersah dabei, daß diese „Absurditäten" zum Teil nur dem Europäer als solche erscheinen, zum Teil aber erst durch die Afterweisheit späterer Scholastiker herbeigetragen sind. Wir haben eben die Lehren des *T. t.*, wenn wir sie begreifen wollen, nicht mit den Augen des christlichen Abendländers zu betrachten, sondern mit denen des Chinesen, und zwar, wie die Mißverständnisse im späteren China zeigen, des Chinesen des Altertums. Wir finden z. B. bei der unter *Siang kung* 30. Jahr verzeichneten Tatsache, daß „Schu Kung (von Lu) nach Sung ging zur Bestattung der Fürstin Kung Ki von Sung", die Erklärung, daß, um diese Fürstin zu ehren, hier die Bestattung ausdrücklich verzeichnet wird, was sonst in solchem Falle nicht geschieht, und die Fürstin außerdem ungewöhnlicherweise den posthumen Namen (Kung) ihres Gemahls erhält. Diese Ehrung hat ihren Grund in der Art, wie die Fürstin zu Tode kam. Im Palaste von Sung war nachts Feuer ausgebrochen, die etwa sechzigjährige Fürstin aber wollte ohne Erlaubnis der Zeremoniendame den Palast nicht verlassen, da dies während der Nacht unschicklich sei, und kam deshalb in den Flammen um. Wir sehen in diesem Verhalten und in seiner Ehrung lediglich eine zum Fanatismus gesteigerte Pedanterie, der Chinese denkt aber eben anders darüber. Legge ereifert sich über die Art, wie Konfuzius mit den geschichtlichen Tatsachen umgeht, und kommt dabei natürlich zu ganz schiefen Urteilen, weil er die Absicht dabei nicht versteht. *Süan kung* 2. Jahr wird z. B. verzeichnet: „Tschao Tun von Tsin ermordete seinen Fürsten Yi-kao". Tatsächlich war dieser Fürst ein ausschweifender und heimtückischer Tyrann. Er hatte seinem vortrefflichen Minister Tschao Tun wiederholt nach dem Leben getrachtet; dieser entfloh

---

[1] Und dabei kommt Legge selbst zuweilen schlechterdings nicht aus, ohne der Ausdrucksweise des Textes eine tiefere Bedeutung zu geben. Man vergleiche z. B. seine Bemerkungen *Chin. Cl.* V, 694 zu dem Ausdruck Wang Mêng 王 猛. Ebenda V, 59 Abschn. 8 fällt auch ihm die Wiederholung des Tages auf, aber er steht ihr ratlos gegenüber. Die Verschweigung des Tages würde eben hier einen Sinn in die Angabe gelegt haben, den sie nicht haben sollte.

schließlich, und sein Halbbruder Tschao Tsch'uan ermordete aus Rache den
blutdürstigen Herrscher. Tschao Tun kehrte darauf zurück, übernahm wieder
das Amt des ersten Ministers und ließ seinen Bruder unbestraft und unbehelligt.
Selbstverständlich war es nicht die Absicht des Konfuzius, was Legge von dem
„Geschichtschreiber" annimmt (s. *Proleg.* S. 45), die Welt glauben zu machen,
der Mörder des Fürsten von Tsin sei in Wahrheit Tschao Tun gewesen, dazu
war der Hergang — er trug sich im Jahre 607 v. Chr. zu — noch nicht weit
genug entfernt von der lebenden Generation, überdies war er auch in mehr als
einer Chronik aufgezeichnet (auch Ssë-ma Ts'ien berichtet ihn der Wahrheit
gemäß[1]). Was Konfuzius beabsichtigte, war, seine Verurteilung des Verhaltens
Tschao Tun's auszusprechen, der in sein Amt zurückkehrte und den Mörder
nicht zur Verantwortung zog, was er trotz aller mildernden Umstände hätte tun
müssen; der „Richter" schiebt deshalb die Verantwortung für den Mord unmittelbar Tschao Tun zu. Die Form, die er für seine Verurteilung wählte, entnahm
er, wie alle drei Kommentare (Tso, Kung-yang und Ku-liang) gleichmäßig berichten, der amtlichen Chronik von Tsin, in die der Chronist trotz des Wider-
spruches von Tschao Tun mit der eben erwähnten Begründung eingetragen hatte:
„Tschao Tun ermordete seinen Fürsten Yi-kao." Daß die Schuld aber von
Konfuzius nicht allzu schwer genommen wird, findet seinen Ausdruck in der
unter *Süan kung* 6. Jahr eingetragenen Angabe: „Tschao Tun von Tsin und
Sun Mien von Wei fielen in Tsch'ên ein." Es ist nämlich ein Grundsatz im
System des *T. t.*, daß ein Verbrecher, der seine Schuld nicht gesühnt hat, im
Texte nicht wieder erwähnt werden darf, womit angedeutet werden soll, daß
er von Rechts wegen hätte beseitigt werden müssen. Tschao Tun aber erscheint
hier, wie Kung-yang hervorhebt, vier Jahre nach der Tat wieder, seine Schuld
ist also verziehen. Konfuzius will somit auf seine Weise aussprechen: Tschao
Tun's Verhalten war bis zu einem gewissen Grade entschuldbar, aber ganz zu
billigen ist es nicht. Alle diese Dinge lagen auch Legge klar vor Augen, wie
aus seinen Anmerkungen zu den betreffenden Stellen hervorgeht, trotzdem
erhebt er ernste Vorwürfe gegen Konfuzius, daß er die Eintragung der Chronik
von Tsin nicht geändert und nicht die Wahrheit festgestellt habe! Man sieht,
Legge kommt von dem Gedanken nicht los, daß das *T. t.* ein ganz gewöhnliches
Geschichtswerk sei. Es ist ein Glück für ihn, daß Kia Hüan-wêng seine *T.-t.*-Aus-
gabe nicht gekannt hat; der chinesische Gelehrte würde sonst ebenso unbarm-
herzig mit ihm ins Gericht gegangen sein wie mit Wang An-schi! Ebenso wie
hier lassen sich alle die anderen Fälle von „Übergehung, Verschleierung und
Entstellung" erklären, die Legge so entrüstet haben. Nur muß man das gemeinsame System, auf das sie sich sämtlich zurückführen lassen, nicht von vornherein als „unzulässig" abweisen, weil einmal die Technik dieses Systems uns
unzulänglich und grotesk anmutet und außerdem die sittlichen Grundbegriffe

---

[1] *Mém. hist.* IV. 313 ff.

darin uns vielfach als bedenklich erscheinen. Diese Fragen haben mit einer
wissenschaftlichen Erklärung des T. t. nichts zu tun, so wichtig sie für die Beurteilung des intellektuellen und sittlichen Zustandes der Tschou-Zeit im allgemeinen und der Persönlichkeit des Konfuzius im besonderen auch sein mögen.
Ebenso wie der späteren chinesischen Scholastik bei allen ihren haarspaltenden
Untersuchungen die wahre Bedeutung des T. t. immer fremder wurde, so ist
auch der abendländischen Wissenschaft zum Teil hierdurch, zum Teil durch die
Verirrung Legges, der sich viel zu sehr von jener Scholastik hat beeinflussen
lassen, der Weg zur Erkenntnis des T. t. geradezu verbaut worden. Natürlich
können wir nicht die Richtigkeit jedes einzelnen Gedankens feststellen, den die
spätere Auslegung aus dem T. t. herauslesen will, und brauchen es auch nicht;
es genügt, wenn wir das Vorhandensein eines mündlich überlieferten Systems
der Deutung der Textformeln im T. t. kennen, die Grundsätze dieses Systems
im allgemeinen verstehen und uns dadurch Kenntnis verschaffen von den
ethischen Gesetzen, wie sie Konfuzius im T. t. für Fürsten und Minister auf Grund
der Lehren des Altertums aufgestellt, sowie von den „Rechtsentscheidungen",
die er daraufhin getroffen hat. Damit löst sich das Problem, das der europäischen Sinologie bisher so rätselvoll gegenüberstand: die Wertschätzung, die
das T. t. sowohl bei Konfuzius selbst wie bei Mêng tsĕ und bei zahllosen Generationen nach ihm in China gefunden hat, wird verständlich; der Faktor, der
das scheinbare Mißverhältnis zwischen Form und Bedeutung des Werkes ausgleicht, ist gefunden.

5.
Die „drei Kommentare" *(San tschuan)*.

Die Unsicherheit in der Auffassung des T. t., die wir in China beobachten
konnten, hat ihren Grund, wie wir sahen, vornehmlich in dem wachsenden
zeitlichen Abstande von seiner Entstehung, mit dem naturgemäß der geschichtliche Zusammenhang und das Verständnis für den Zeitgeist verloren gingen.
Daneben aber hat noch ein anderer Umstand verwirrend gewirkt und trotz
der pflichtmäßigen Ehrfurcht vor dem Werke die Meinungen über seine Bedeutung geteilt, nämlich die Verschiedenartigkeit der überlieferten drei großen
Kommentare. Sie ist einer klaren Erkenntnis vom Wesen des T. t. in China
fast ebenso hinderlich gewesen wie die Verirrung Legges im Abendlande. Auch
den Chinesen ist, wie wir sahen (s. S. 17f.), diese Quelle der Zweifel und Irrtümer
nicht verborgen geblieben. Von den „drei Kommentaren", den *San tschuan*
des Kanons, d. h. dem *Tso tschuan*, dem *Kung-yang tschuan* und dem *Ku-liang
tschuan*, hat der zuerst genannte seit Jahrhunderten nicht bloß die beiden anderen,
sondern sogar das T. t. selbst, wie bereits erwähnt wurde (S. 32), zur Be-

deutungslosigkeit heruntergedrückt. Ein Blick auf die drei Werke macht diese Entwicklung begreiflich. Das *Tso tschuan* ist ein wirkliches geschlossenes Geschichtswerk mit zusammenhängender, oft sogar sehr lebhafter Darstellung der Ereignisse und ihrer Entwicklung. Es scheint sich im allgemeinen an die Eintragungen des *T. t.* unter den einzelnen Jahren anzuschließen und vermittelt durch seinen ausführlichen Bericht in der Tat erst die Kenntnis des geschichtlichen Zusammenhanges, die für das Verständnis der Formeln des *T. t.* unentbehrlich ist und von diesem als vorhanden vorausgesetzt wird. Aber die Fülle seiner Nachrichten geht weit über das Maß des hierfür Nötigen hinaus, seine Schilderungen bringen zahllose Einzelheiten, die für jenes Verständnis unwesentlich sind, und viele Berichte betreffen Ereignisse, die mit den Eintragungen des *T. t.* überhaupt nichts zu tun haben. Dadurch ist das *Tso tschuan* für uns, wie für die Chinesen zu einer Geschichtsquelle ersten Ranges geworden, ja wir können getrost behaupten, daß unsere Kenntnis der späteren Tschou-Zeit zum weitaus größten Teile ausschließlich auf ihm beruht. Ganz andere Werke sind die von Kung-yang und Ku-liang. Beide befassen sich lediglich mit der Erklärung der Formeln, geben bei jeder den Zweck an, den Konfuzius bei der Eintragung verfolgte, und stellen so die „Rechtsentscheidungen" fest, die der Neueingeweihte allein nicht finden könnte. An geschichtlichen Nachrichten wird nur das gegeben, was für das sachliche Verständnis der eingetragenen Tatsache unbedingt nötig ist, und oft selbst das nicht. Und während im *Tso tschuan* der Stil fließend, lebhaft, schildernd ist, sind Kung-yang und Ku-liang fast ebenso abgerissen, nüchtern, wortkarg wie das *T. t.* selbst. Die Form ist bei beiden die von Frage und Antwort: auf ganz kurze Fragen, wie: was bedeutet dies, was jenes? warum ist dies so, jenes so? wird knapp, sachlich, bestimmt die Antwort erteilt. Dabei ist Kung-yang meist noch knapper und schärfer, aber trotzdem erschöpfender als Ku-liang. Es ist selbstverständlich, daß je mehr das *T. t.* als ein bloßes Geschichtswerk aufgefaßt wird, das *Tso tschuan* um so wertvoller, die Erklärung der beiden anderen um so unwichtiger erscheinen muß. Legge kommt denn auch, was bei seinem Standpunkte nicht wundernehmen kann, zu der Überzeugung, daß es nicht der Mühe lohnt, sich mit der Geschichte der beiden näher zu befassen: „There is really nothing in them to entitle them to serious attention" *(Prolegomena S. 36)!* Die europäische Sinologie aber hat sich diesem Urteil stillschweigend gefügt, und ich wüßte von keinem einzigen ihrer Vertreter, der sich mit den beiden Kommentaren einmal beschäftigt hätte, es sei denn, daß er die Meinung seines Vorgängers wiederholt: „sie seien viel unwichtiger als das *Tso tschuan*".[1] Nicht sehr viel anders haben sich die Dinge, wie bereits erwähnt wurde, bei dem orthodoxen Literatentum der späteren Zeit in China entwickelt.

---

[1] Man vergleiche z. B. die Bemerkung Pelliots Bull. Ec. fr. d'Extr. Or. II, 318.

Und doch sieht man sofort die Unhaltbarkeit dieser Wertschätzung, sobald man sich darüber klar ist, was das *T. t.* wirklich ist und sein will. Dann zwingt auch hier wieder die einfache Logik der Tatsachen, ohne Rücksicht darauf, was uns an geschichtlichen Nachrichten vorliegt, zu der Überzeugung, daß das *Tso tschuan* überhaupt kein Kommentar des *T. t.* ist und sein kann, weil es uns dem Verständnis seines wahren Wesens um keinen Schritt näher bringt, daß als Kommentare vielmehr nur die Werke von Kung-yang und Ku-liang zu gelten haben, weil nur in ihnen das mündlich überlieferte System der Erklärung der Formeln, also die eigentliche Lehre des *T. t.* enthalten ist.[1] Ganz ähnlich wie bei dem Lehrsystem des *T. t.*, das man nach dem Inhalt der Lehren unter Zugrundelegung von Begriffen der abendländischen Sittlichkeit hat beurteilen wollen, hat man auch an die „drei Kommentare" einen falschen Wertmesser gelegt: an sich und als Geschichtswerk betrachtet, ist das *Tso tschuan* gewiß für uns wertvoller als das *T. t.* samt der ganzen dazu gehörigen Literatur, aber für die richtige Erklärung des *T. t.* ist es nahezu unbrauchbar, jedenfalls mit den Kommentaren des Kung-yang und Ku-liang an Bedeutung nicht zu vergleichen. Und wie stellt sich die geschichtliche Überlieferung zu dieser unserer scheinbaren Umwertung der drei Werke? Läßt sie sich vereinigen mit dem Ergebnis, zu dem man auf dem Wege der abstrakten Logik kommt?

Zunächst muß bemerkt werden, daß sich die Entstehungsgeschichte der drei Werke vollkommen im Dunkel verliert, und daß wir auch über die Persönlichkeiten ihrer Verfasser nichts wissen, ja daß man sogar offenbar schon zur Han-

---

[1] In einer vor kurzem in Leipzig erschienenen Arbeit, *Das Priestertum im alten China* von Bruno Schindler wird auf S. 48ff. auch die *T.-t.*-Frage ausführlich behandelt. Der Verfasser macht sich die oben auf S. 7f. erwähnte Hypothese von Grube zu eigen, nach der Konfuzius als der Verfasser des *Tso tschuan* anzusehen sei, und erklärt (S. 56 Anm. 2), daß „es sich nach seinen Darlegungen erübrige, noch gegen die meisten meiner Thesen (in den Mittlg. d. Sem. f. Or. Spr.) zu polemisieren." Wie tief er in meine Untersuchungen eingedrungen ist, beweisen die folgenden Sätze (a. a. O.): „Interessant sind Frankes Folgerungen, die er namentlich aus Sze-ma Ts'iens *Shi-ki* 47, 26aff. zieht, und worauf er zum ersten Male nachdrücklich aufmerksam macht, wonach das Ch'un-ts'iu aus zwei Teilen bestand: den kurzen schriftlichen Formeln, die von Konfuzius schriftlich aufgezeichnet sind, und der daran mündlich von ihm überlieferten Erklärung der eigentlichen Lehre, für die jene Formeln zugleich Beispiele darstellen (vergl. oben S. 48f. oder S. 46f. der Mittlg. d. Sem. f. Or. Spr.). Man kann dieser unbewiesenen These Frankes kaum zustimmen. Fraglich und durch nichts bestätigt bleibt es aber, ob und warum gerade das *Tso-chuan* die *mündlichen* Anweisungen enthält, welche Ausdrücke des Ch'un-ts'iu-Textes getadelt oder gelobt werden sollen (so! s. oben S. 37 oder S. 35 und S. 56 in den Mittlg. d. Sem. f. Or. Spr.), da man den geschriebenen Worten dies nicht ansehen könne." — Der Verfasser hätte besser getan, meine Arbeit erst einmal aufmerksam und im Zusammenhange zu lesen, ehe er sich ein Urteil darüber zutraute.

Zeit nichts Sicheres darüber gewußt hat. Der erste Bericht bei Ssĕ-ma Ts'ien scheint uns ja allerdings durchaus befriedigend über die Fragen aufzuklären. Wir lasen dort (s. oben S. 37f.): „Ein Edler aus Lu, Tso K'iu-ming, fürchtete, daß von den Schülern, die alle verschiedene Auslegungen (des *T. t.*) hatten, jeder auf seiner Ansicht beharren würde, und daß so die wirkliche Bedeutung verlorengehen könnte; er legte deshalb, gestützt auf die geschichtlichen Aufzeichnungen des Konfuzius, deren Sätze dar und verfaßte ,das Tsch'un-ts'iu des Tso'." Das ist eine höchst sonderbare Nachricht. Gerade Tso K'iu-ming soll „die wirkliche Bedeutung" des *T. t.* im Gegensatz zu anderen „Ansichten" dargelegt haben? Aber sein Werk, das *Tso tschuan*, enthält ja überhaupt keine Angabe über die Bedeutung des *T. t.* und keine Ansicht über die Auslegung, sondern nur geschichtliche Darstellungen. Überdies heißt sein Werk hiernach gar nicht *Tso tschuan* „Kommentar des *Tso*", sondern *Tso schi sch'un-ts'iu* „Tsch'un-ts'iu des Tso" — eine Tatsache, über die die beiden Übersetzer Chavannes und Grube merkwürdigerweise mit Stillschweigen hinweggehen! Hier zeigen sich also Widersprüche, die in hohem Maße stutzig machen müssen. Untersuchen wir einmal die Zuverlässigkeit des Berichtes etwas genauer.

Wir wissen aus der Einleitung zu den Literaturverzeichnissen der Han-Annalen[1], daß die literarischen Erzeugnisse Chinas sich infolge der beständigen Kriege während der letzten Jahrhunderte der Tschou-Dynastie und der Zerstörungen unter Ts'in Schi huang-ti bei Beginn des 2. Jahrhunderts v. Chr. in einem chaotischen Zustande befanden und vielfach wohl nur noch als auseinandergerissene Bruchstücke vorhanden waren. Die Han-Kaiser ließen dann nach allem irgendwie Auffindbarem suchen und die gefundenen Texte so gut wie möglich ordnen und neu zusammenstellen. Mit dieser Arbeit waren in der zweiten Hälfte des 1. Jahrhunderts v. Chr. Liu Hiang 劉向, ein Mitglied der regierenden kaiserlichen Familie der Han, und sein Sohn Liu Hin 劉歆 betraut. Der letztere, nach dem Tode seines Vaters dessen Nachfolger, überreichte am Anfang der christlichen Zeitrechnung das Ergebnis ihrer Arbeiten in Form eines aus sieben Abteilungen bestehenden Kataloges, des sogenannten *Ts'i lüe pie lu* 七畧別錄. Der Katalog als solcher ist uns zwar nicht erhalten, aber er bildet unzweifelhaft das Kapitel mit dem Literaturbericht in den Han-Annalen. Liu Hin's Tätigkeit war natürlich eine sehr bedeutungsvolle. Er konnte und wollte sich nicht darauf beschränken, die Titel der aufgefundenen Schriften zusammenzustellen und ihren Zustand zu beschreiben, sondern er ordnete auch die Texte selbst neu und gab ihnen die Form, in der sie der Nachwelt überliefert worden sind. Leider war nun Liu Hin nicht die lautere Persönlichkeit, die für eine solche Aufgabe erforderlich gewesen wäre, sondern infolge seiner engen Beziehungen zu dem Usurpator Wang Mang (er wurde bei dessen Thronbesteigung einer der

---

[1] *Ts'ien Han schu* Kap. 30, fol. 1 r°ff. Eine Übersetzung der Einleitung hat Legge in den *Prolegomena* zum 1. Bande seiner *Chinese Classics* S. 3f. gegeben.

vier Großminister und erhielt den Titel *Kuo schi* 國師 „Lehrer des Reiches"),
der „die literarischen Formeln liebte und den Vorbildern des Altertums nach-
trachtete, und der nach dem Texte der ‚Ämter der Tschou' (Kapitel des *Schu
king*) und nach dem der ‚Kaiserlichen Ordnungen' (Kapitel des *Li ki*) das Reich
der Lehenstaaten wiederaufrichten wollte"[1], wurde seine Tätigkeit von politischen Rücksichten stark beeinflußt. Die Teile des Kanons, die zu der rebelli-
schen und blutbefleckten Herkunft von Wang Mang's Herrschaft und der von
ihm zu begründenden „Neuen" Dynastie[2] in einem allzu starken Gegensatze
standen, mußten sich mehr oder weniger die berichtigenden Eingriffe von Liu
Hin gefallen lassen, der so Gelegenheit erhielt, sich dem Gönner dankbar zu
erweisen. Daß dabei gerade das *T. t.* die besondere Aufmerksamkeit des „Re-
daktors" auf sich ziehen mußte, ist bei der Art seiner „Rechtsentscheidungen"
selbstverständlich: Usurpatoren auf dem Throne finden dort keine milde Beurteilung, und vielleicht haben wir hier ein Beispiel dafür, wie „aufrührerische
Minister darob in Angst gerieten". Das Ziel, das Liu Hin bei seiner Behandlung
des *T. t.* vor Augen stehen mußte, war natürlich, die mündlich überlieferte
Auslegung der Formeln möglichst an der Verbreitung zu hindern, soweit ihre
Unterdrückung nicht zu erreichen war; das konnte aber nur geschehen, indem
das Gefäß dieser Auslegung, die Kommentare des Kung-yang und des Ku-liang,
aus ihrer Stellung im Kanon entfernt wurden. Die Lebensbeschreibung Liu
Hin's in den Han-Annalen gibt uns eine recht vielsagende Schilderung davon.
„Zur Zeit des Kaisers Süan ti (73—47 v. Chr.)", so heißt es, „hatte Liu Hiang
den Auftrag erhalten, sich des *T. t.* nach Ku-liang's (Lehre) anzunehmen. Über
zehn Jahre hatte er es bis zur völligen Klarheit studiert. Da stieß Liu Hin,
als er die geheimen Schriften durcharbeitete, auf einen Kommentar des Tso
zum *T. t.* in alter Schrift. Er faßte eine große Zuneigung dazu, und der
Hofchronist Yin Hien, um Tso's Werk ordnen zu können, arbeitete mit Liu
Hin zusammen den Text (des *T. t.*) und den Kommentar gemeinsam durch.
Liu Hin entwarf die Arbeit nach den Feststellungen Yin Hien's und des Ministers
Tsê Fang-tsin und erfragte bei ihnen die leitenden Gedanken. Zu Anfang war
der Kommentar des Tso nur eine Anhäufung von alten Schriftzeichen und altertümlichen Redewendungen, sein Inhalt bestand aus chronistischen Aufzeichnungen und Erklärungen. Liu Hin aber ordnete das Werk Tso's in der Weise,
daß er den Text der chronologischen Aufzeichnungen heranzog zur Erklärung
des *T. t.;* er wendete ihn so, daß er das letztere verdeutlichte. So wurden die
einzelnen Abschnitte und Sätze nach ihrer Bedeutung geordnet. Liu Hin
besaß ebenfalls die Gabe tief eindringender, klarer Überlegung; Vater und Sohn
liebten beide das Altertum, und ihr umfassendes Wissen wie ihr fester Sinn

---

[1] Vgl. Wieger, *Textes historiques* S. 721.

[2] Wang Mang nannte sich der „Neue Kaiser" 新皇帝 und seine Dynastie ebenfalls
Sin, „die Neue". *Ts'ien Han schu* Kap. 99b, fol. 11 v°ff. Vgl. oben S. 33 Anm.

überstiegen weit das Gewöhnliche. Liu Hin nun war der Meinung, daß Tso
K'iu-ming, da er in seinen Neigungen und Abneigungen mit dem Heiligen eines
Sinnes gewesen sei[1], Konfuzius persönlich gekannt haben müsse, während Kung-
yang und Ku-liang erst nach den siebzig Schülern lebten; ein nur mittelbares
Vernehmen durch Überlieferung sei aber mit persönlicher Bekanntschaft nicht
gleichbedeutend, ebensowenig wie die Genauigkeit der einen mit dem Ungefähr
des anderen. Liu Hin geriet darüber wiederholt in Schwierigkeiten mit Liu
Hiang, und dieser konnte nicht verhindern, daß darüber eine Spaltung zwischen
ihnen eintrat. Liu Hiang beharrte jedenfalls seinerseits bei der Auffassung
von Ku-liang. Liu Hin aber in seinen Neigungen bestrebte sich, das *Tsch'un-
ts'iu* des Tso, das *Schi* des Mao (Hêng), das verlorene *Li* und das *Schang schu*
des alten Textes in den staatlichen Kanon einzufügen. Der Kaiser Ai ti (6—1
v. Chr.) befahl deshalb, daß Liu Hin mit den Studiendirektoren *(wu king po
schi)* seine Auffassungen erörterte. Die Studiendirektoren aber lehnten es ab,
seinen Ansichten beizutreten"[2].

Auch wenn wir nicht wüßten, daß Wang Mang für sein „neues" Tschou-Reich
nach Kräften die Schriften des Altertums dienstbar zu machen suchte, und
daß Liu Hin in bedenklicher Weise den Helfer dabei machte, würde uns diese
Schilderung mit dem größten Mißtrauen erfüllen. Sie hat auch Liu Fêng-lu
und K'ang You-weï reichen Stoff für ihre Kritik an Liu Hin's archivalischer
Tätigkeit gegeben. Der erstere setzt sich mit ihr in seinem *Tso schi Tsch'un-*

---

[1] Es bezieht sich dies auf die Stelle *Lun yü* V, 24: „Der Meister sprach: Glatte Worte,
einschmeichelnde Mienen, übertriebene Höflichkeit — solcher Dinge schämte sich Tso
K'iu-ming, ich schäme mich ihrer auch. Seinen Ärger verhehlen und mit seinem Feinde
freundlich tun — dessen schämte sich Tso K'iu-ming, ich schäme mich dessen auch"
(Wilhelm).

[2] *Ts'ien Han schu* Kap. 36, fol. 34 r°f.: 宣帝時詔向受穀梁春秋、十
餘年大明習、及歆校祕書見古文春秋左氏傳、歆大好之、
時丞相史尹咸以能治左氏與歆共校經傳、歆略從咸及
丞相翟方進受質問大義、初左氏傳多古字古言學者傳
訓故而己、及歆治左氏引傳文以解經轉相發明、由是章
句義理備焉、歆亦湛靖有謀、父子俱好古博見彊志過絕
於人、歆以為左丘明好惡與聖人同親見夫子、而公羊穀
梁在七十子後、傳聞之與親見之其詳畧不同、歆數以難
向、向不能非間也、然猶自持其穀梁義、及歆親近欲建立
左氏春秋及毛詩逸禮古文尚書皆列於學官、袁帝令歆
與五經博士講論其義、諸博士或不肯置對. Eine freie und
durch viele Irrtümer entstellte Übersetzung dieses Textes hat E. J. Eitel unter dem
Titel *The History of Chinese Literature* in China Review XV, 90 ff. gegeben.

ts'iu k'ao tsch'êng (s. oben S. 34) fol. 4 v⁰ff auseinander, der letztere hat ihr eine besondere Betrachtung im 6. Kapitel seines *Sin hüe wei king k'ao* (s. oben S. 33) gewidmet[1]. Wir können uns im allgemeinen der Beweisführung dort anschließen, soweit sie das *Tso tschuan* betrifft, ohne uns die zum Teil über das Ziel hinausschießenden Schlußfolgerungen K'ang's alle zu eigen zu machen. Zunächst macht K'ang darauf aufmerksam, daß Pan Ku, der Verfasser der Han-Annalen, der wohl in seiner Jugend noch ein Zeitgenosse von Liu Hin gewesen sein mag, ohne eigenes literarisches Urteil gewesen sei und daher völlig im Banne von Liu's Lehren gestanden habe[2]. Die Lebensbeschreibung des letzteren sei deshalb

[1] K'ang hat seine Ausführungen hier zu einem beträchtlichen Teile ohne Quellenangabe von Liu Fêng-lu abgeschrieben.

[2] Dieses Urteil würde vollauf bestätigt werden, wenn die Angaben auf Wahrheit beruhen, die sich in einer Zusatzbemerkung am Schlusse des *Si king tsa ki* 西京雜記 finden, allerdings nur in der Ausgabe der Sammlung *Pai hai* 稗海, nicht in der der *Han Wei ts'ung schu*. Sie lauten folgendermaßen: „Zu der Zeit Ko Hung's (des angeblichen Verfassers des *Si king tsa ki* im 4. Jahrh.) gab es ein hervorragendes Annalenwerk über die Han-Zeit von Liu (Hin), das aus 100 Kapiteln bestand. Es hatte aber weder Anfang noch Ende und als Überschriften nur die zyklischen Zeichen *Kia*, *Yi*, *Ping*, *Ting* usw., die die Kapitelzahlen angaben. Das *Sien kung tschuan* (?) sagt: (Liu) Hin beabsichtigte, eine Geschichte der Han zu schreiben, und hatte die Ereignisse der Han-Zeit dafür aufgezeichnet. Ehe er aber noch den verbindenden Zusammenhang hergestellt hatte, starb er. Daher hatte das Werk noch keine feste Form, sondern bestand nur aus einzelnen verschiedenen Aufzeichnungen. Eine richtige Zeitfolge war nicht vorhanden, auch keine sinngemäße Anordnung des Stoffes. Personen, die an den Dingen ein Interesse nahmen, ordneten später das Ganze so, daß es zehn Teile nach den zyklischen Zeichen *Kia* bis *Kuei* bildete. Jeder Teil hatte 10 Kapitel, zusammen waren also 100 Kapitel vorhanden. (Ko) Hung besaß dieses Werk, und als er die Aufzeichnungen prüfte, konnte er feststellen, daß das von Pan Ku verfaßte Geschichtswerk fast ganz und nur mit kleinen Abweichungen aus Liu (Hin) entnommen war. Das, was nicht entnommen war, zählte nur etwas über 20000 Wörter. Man hat nun zwei Kapitel davon abgeschrieben und diesen den Namen ‚Verschiedene Aufzeichnungen aus der westlichen Hauptstadt' gegeben, zu dem Zwecke, daß sie die Lücken der Han-Annalen ausfüllen." 洪家世有劉于駿漢書一百卷、無首尾題目但以甲乙丙丁紀其卷數、先公傳云、歆欲撰漢書編錄漢事、未得締構而亡、故書無宗本止雜記而已、失前後之次無事類之辨、後好事者以意次第之、始甲終癸爲十秩、秩十卷合爲百卷、洪家具有其書、試以此記考校、班固所作殆是全取劉氏、有小異同耳、并固所不取不過二萬許言、今抄出爲二卷名曰西京雜記以補漢書之闕. Die Sicherheit dieses Zeugnisses aus unbekanntem Munde ist allerdings keine unbedingte, immerhin gibt es zu denken, und überdies hat die geistige Abhängigkeit Pan Ku's von Liu Hin an sich viel Wahrscheinliches.

zum größten Teile als von ihm selbst herrührend anzusehen. Und nun der
Bericht selbst! Bei seinen Arbeiten an den literarischen Schätzen des Palastes
stößt Liu auf ein durcheinandergeworfenes altes Schriftwerk, das er als *Tsch'un-
ts'iu Tso schi tschuan* bezeichnet. Dieses Werk muß also bis dahin unbekannt
gewesen sein, und sein Name taucht, nach allem, was folgt, auch für die Zeitgenossen zum ersten Male auf. Liu ordnet nun den Text in der Weise, daß er
zur Verdeutlichung der einzelnen Jahreseintragungen im *T. t.* dienen kann,
und erhält auf diese Weise ein völlig neues *T. t.*, zu dem er „eine große Zuneigung faßt". Wenn man sich nun erinnert, daß Tu Yü im 3. Jahrhundert n. Chr.
das *Tso tschuan* noch als ein für sich bestehendes Werk vorfand und die jährlichen Aufzeichnungen des *T. t.* erst mit denen des *Tso tschuan* verband (s. oben
S. 28), so drängt sich die Vermutung auf, daß Liu Hin sein Angliederungsver-
fahren noch nicht einmal vollständig durchgeführt hatte. Der Titel dieses aufgefundenen Schriftwerkes mag gewesen sein, welcher er wolle, jedenfalls geht aus
der eigenen Darstellung Liu's hervor, daß er mit dem *T. t.* des Konfuzius organisch nichts zu tun hatte, vielmehr erst von Liu damit verbunden und danach
zurechtgeschnitten wurde. K'ang meint, daß er in Wahrheit „bei dem Bearbeiten
der Schriftwerke das *Kuo yü* von Tso fand, und daß er dies für geeignet hielt,
ihm zur Erklärung des Textes (des *T. t.*) zu dienen. Um aber seinen Betrug
an den Mann zu bringen, mußte er die ‚alten Schriftzeichen und altertümlichen
Redewendungen' erfinden, denn sonst wäre es ihm schwer gefallen, die Gelehrten
des Reiches zu täuschen. So täuschte er denn die alte Schrift vor, und dies
ist der Anfang seiner Fälschungen der kanonischen Bücher vermittels der alten
Schrift, wie er damit das *Tso tschuan* fälschte"[1]. Wir mögen diesen sehr weit
gehenden Schluß auf sich beruhen lassen, für uns genügt die Feststellung, daß
das sogenannte *Tso tschuan* kein Kommentar des *T. t.* war noch sein wollte.
In dem Verfasser Tso des neu entdeckten Werkes sieht nun Liu den Tso K'iu-
ming, dem bekanntlich auf eine Stelle bei Ssĕ-ma Ts'ien hin auch die Verfasserschaft des *Kuo yü* zugeschrieben wird[2], und identifiziert ihn mit einer unerhörten
Kühnheit nicht bloß mit der im *Lun yü* erwähnten Persönlichkeit gleichen
Namens, sondern erklärt ihn auch ohne weiteres für einen Zeitgenossen des
Konfuzius. Tatsächlich kann dieser Mann dem Texte des *Lun yü* nach ebensogut
ein Zeitgenosse des Konfuzius gewesen sein wie Jahrhunderte vor ihm gelebt
haben; daß er „mit dem Heiligen eines Sinnes gewesen" sei, beweist dabei gar
nichts. Das von Liu Hin ihm zugeschriebene *Tso tschuan* aber geht weit über
den Zeitraum des *T. t.* hinaus und muß, wie aus der Nennung der posthumen

---

[1] *Sin hüe wei king k'ao* Kap. 6, fol. 7 r°f.: 校書得左氏國語以爲可借
之釋經、以售其奸不作古字古言則天下士難欺、故託
之古文、此歆以古文僞經之始也、既已僞左傳矣·
[2] S. Chavannes, *Mém. hist.* I, CXLVIII.

Namen des Herzogs Tao von Lu und des Fürsten von Tschao hervorgeht, nach
429 bezw. nach 424 v. Chr., also wenigstens 54 Jahre nach dem Tode des
Konfuzius abgeschlossen worden sein[1]. Von einer Zeitgenossenschaft des Verfassers mit Konfuzius kann somit keine Rede sein. Man braucht dabei gar
nicht einmal so weit wie K'ang You-weï zu gehen, der die Stelle des *Lun yü*
als von Liu Hin eingeschoben ansieht, weil sein Tso dadurch zu einem persönlichen Bekannten des Konfuzius wurde und eine große Überlegenheit über
Kung-yang und Ku-liang erhielt (a. a. O. fol. 7 r⁰)[2]. Was sonst in dem Literaturbericht der Han-Annalen über Tso K'iu-ming erzählt wird, daß Konfuzius mit
ihm die geschichtlichen Aufzeichnungen durchsah, daß dieser aber seine Lehren
nicht aufzeichnete, sondern sie seinen Schülern mündlich mitteilte, und daß
Tso sie dann, aus Furcht, daß „die wirkliche Bedeutung verlorengehen könnte",
niederschrieb und erklärte, das alles richtet sich hiernach selbst als völlig un-
glaubwürdig. Es ist nichts anderes, als Liu Hin's eigene, von Pan Ku über-
nommene Darstellung, denn der ganze Literaturbericht ist ja eben Liu's Werk.
Ganz ebenso zu bewerten ist natürlich die gleichfalls auf Liu zurückgehende
Bemerkung von Pan Piao 班彪 (1. Hälfte des 1. Jahrh.) im ersten Teile des
70. Kapitels der *Hou Han schu*, wonach Tso zwischen 509 und 467 v. Chr. gelebt
haben soll[3]. Tso K'iu-ming als Verfasser des aufgefundenen Werkes und Zeitgenosse des Konfuzius ist also lediglich eine Erfindung Liu Hin's. Es kann nicht
überraschen, daß der Vater und Mitarbeiter des findigen Gelehrten, Liu Hiang,
der eine Autorität in der Lehre des Ku-liang war, so wenig von diesen „Entdeckungen" des Sohnes wissen wollte, daß es darüber zu einer ernsten Ent-
zweiung zwischen beiden kam, und daß auch die Studiendirektoren „es ab-
lehnten, seinen Ansichten beizutreten". Dagegen scheint Liu Hin zwei andere
Mitarbeiter, den Hofchronisten Yin Hien[4] und den Minister Tsê Fang-tsin, für
seine Anschauungen gewonnen zu haben, obwohl Liu Fêng-lu die Richtigkeit
des Berichtes hinsichtlich des letzteren bezweifelt. Die Unterstützung dieses
Mannes müßte jedenfalls für Liu Hin von großem Werte gewesen sein und seiner
Sache ein bedeutendes Gewicht verliehen haben. In seiner Lebensbeschreibung
heißt es nämlich: „Er beschäftigte sich mit dem *T. t.* über zehn Jahre hindurch,
und die kanonische Lehre kannte er gründlich. Die Zahl seiner Schüler wurde
von Tag zu Tag größer, und alle Gelehrten der konfuzianischen Schule rühmten

---

[1] Vgl. Legge, *Prolegomena* S. 24.

[2] Ku Hung-ming, der im Abendlande so bekannt gewordene Verteidiger des Chinesentums, gibt in seiner englischen Übersetzung des *Lun yü (The Discourses and Sayings of
Confucius* S. 36) bei der betreffenden Stelle den Namen Tso K'iu-ming kurzer Hand durch
„a friend of mine" wieder!

[3] S. Chavannes, *Mém. hist.* I, cxlviii u. ccxl. (Dort ist irrigerweise das 40. Kap.
der *Hou Han schu* als Quelle angegeben.)

[4] S. Giles, *Biogr. Dict.* Nr. 2491.

ihn"[1]. Und an einer anderen Stelle: „Obwohl Tsê Fang-tsin die Lehre Ku-
liang's studiert hatte, liebte er doch das *tschuan* des Tso und die Sternkunde.
Für Tso war der Staatsrat (*kuo schi*) Liu Hin Meister, für die Sternkunde der
Präfekt von Tsch'ang-an, T'ien Tschung-schu"[2]. Liu Fêng-lu und K'ang You-
weï sind beide der Meinung, daß hier der Name Tsê Fang-tsin's mißbraucht
sei, und daß seine Neigung sicher nicht dem von Liu Hin „entdeckten" Werke
des Tso gegolten habe.

Was besagen nun aber diese Feststellungen für die Angaben in dem ersten
Berichte Ssě-ma Ts'ien's über die Entstehung von Tso's Werk, der doch über
ein Jahrhundert älter ist als Liu Hin's Wirksamkeit? Wir sahen, daß der Bericht
schon ohnehin bedenkliche Widersprüche zu offenkundigen Tatsachen aufwies,
und diese Widersprüche werden nun noch erheblich bedeutungsvoller. Und
das um so mehr, wenn wir die überraschende Erscheinung beobachten, daß
sich die dortige Erzählung von dem „Edlen aus Lu" wörtlich auch in dem Literaturbericht der Han-Annalen, d. h. in Liu Hin's Katalog findet, nur mit der
Abweichung, daß hier das *Tsch'un-ts'iu* des Tso als *tschuan* „Kommentar" bezeichnet wird![3] Hätte Liu die Stelle von Ssě-ma Ts'ien übernommen, so würde
er dies unzweifelhaft zur Stütze seiner Entdeckungen angegeben haben; es ist
aber auch ganz unmöglich, daß Ssě-ma Ts'ien die Geschichte von Tso K'iu-ming
überhaupt erzählt haben kann, das zeigt schon eine Betrachtung von anderen
Teilen des *Schi ki*. In seinem Berichte über die Entwicklung der konfuzianischen
Schule nach dem Tode des Konfuzius und über das Schicksal der siebzig Schüler
ist zwar wiederholt von dem Lehrsystem des *T. t.* und seinen ältesten Trägern
die Rede, d. h. von Hu-wu Schêng und Tung Tschung-schu für das System
des Kung-yang und von Kiang Schêng für das System des Ku-liang (s. unten),
aber von einem Tso K'iu-ming und seiner Niederschrift findet sich nirgends
eine Spur[4]. Auch hat das *Schi ki* mehrfach Stellen aus dem *Tso tschuan* entnommen oder, richtiger gesagt, es stimmt mit ihm an mehreren Stellen überein[5], aber an keiner von ihnen steht ein Hinweis darauf, daß hier Tso K'iu-ming

---

[1] *Ts'ien Han schu* Kap. 84, fol. 1 v⁰: 方進…士受春秋積十餘年、經
學明習、徒眾曠、諸儒稱之.

[2] Ebenda fol. 9 r⁰: 方進雖受穀梁然好左氏傳天文星歷、其左
氏則國師劉歆、星歷則長安令田終術師也.

[3] *Ts'ien Han schu* Kap. 30, fol. 11 r⁰: 丘明恐弟子各安其意以失其
眞、故論本事而作傳明.

[4] *Schi ki* Kap. 121.

[5] Wenn Chavannes, *Mém. hist.* I, CXLVII, Anm. 3 auf Grund des in Rede stehenden
Berichtes von Ssě-ma Ts'ien annehmen zu müssen glaubt, daß der letztere das *Tso tschuan*
gekannt habe, zumal er sich seiner ja auch bediene, so beurteilt sich dies nach den obigen
Darlegungen. Daß das *Schi ki* Stellen enthält, die sich auch in dem uns als *Tso tschuan*

als unmittelbarster Erbe des Konfuzius redet. Bei der hohen Verehrung, die das *T. t.* in der vorchristlichen Zeit genoß, hätte die Niederschrift des Tso, der

---

bekannten Werke finden, beweist nichts: sie mögen einer gemeinsamen dritten Quelle entstammen oder auch dem Werke entnommen sein, das von Liu Hin zum *Tso tschuan* umgearbeitet worden ist. *Schi ki* Kap. 26 fol. 3 v⁰ f (Chavannes, *Mém. hist.* III, 327) wird das *T. t.* zitiert, das die Einfügung eines dritten Schaltmonats tadelt. Tatsächlich hat das *T. t.* weder die angeführten Worte, noch ihren Sinn, sie finden sich vielmehr im *Tso tschuan* zu *Wên kung* 1. Jahr. Das macht die ganze Stelle im *Schi ki* verdächtig.

Von weit größerer Bedeutung würde es aber sein, wenn es richtig sein sollte, was Schindler in seinem Buche *Das Priestertum im alten China* auf S. 50 angibt, daß nämlich Sün tsĕ im 3. Jahrh. v. Chr. (Schindler macht ihn mit Unrecht zu einem Zeitgenossen des Mêng tsĕ), sein Schüler Han Feï tsĕ, das *Tschan kuo ts'ĕ*, wohl ebenfalls der Zeit vor der Han-Dynastie angehörend, „und andere Werke" das *Tso tschuan* zitieren, und zwar sogar unter dem Namen *Tsch'un-ts'iu*. Träfe das zu, dann würden allerdings unsere ganzen Darlegungen einen starken Stoß erhalten, denn dann wäre es erwiesen, daß das *Tso tschuan* lange vor Liu Hin als Kommentar, ja sogar als ein wesentlicher Bestandteil des *T. t.* vorhanden gewesen sei. Sehen wir uns also die von Schindler beigebrachten Zitate etwas genauer an. „Sün-tsze 19, 22 a heißt es z. B.", so lesen wir dort, „故春秋善胥命而詩非屢盟其必一也. Der Kommentar verweist mit Recht nicht auf das Ch'un-ts'iu selbst, sondern auf das Tso-chuan 3. Jahr des Herzogs Yin (anscheinend verschrieben für Huan, wie es in meiner Ausgabe des Sün tsĕ auch richtig steht!) und auf das Kung-yang-chuan". An sich würde es völlig gleichgiltig sein, worauf der der T'ang-Zeit angehörende Kommentar verweist, tatsächlich deutet er aber auf das *Tso tschuan* mit keinem Worte hin, sondern er führt lediglich die Stelle aus dem Text des *T. t.*, *Huan kung* 3. Jahr an und dazu die Erklärung Kung-yang's über das Verwerfliche des Blutbundes (s. unten Teil II. Abschnitt 5). Ohne diese Erklärung würde Sün tsĕ's Zitat überhaupt unverständlich sein, da das *T. t.* seine Lehre in der Formel versteckt hat. Das *Tso tschuan* wiederholt hier lediglich den Text ohne die Lehre, Sün tsĕ braucht aber gerade die letztere, weil er dartun will, daß nur Mangel an Vertrauen besondere Versicherungen verlangt (Kap. 19 fol. 22 r⁰ Ausgabe der *Tsĕ schu ör schi san tschung*). Daraus folgt, daß er bei seinem Zitat nicht das *Tso tschuan*, sondern die Erklärung der Kung-yang-Schule im Sinne gehabt hat, wie er denn auch den Text des *T. t.* selbst gar nicht anführt. Ebenso verhält es sich mit dem Zitat Sün tsĕ's Kap. 19 fol. 20 r⁰, wo lediglich auf die Lehre des *T. t.* hingewiesen wird, die sich aus Kung-yang's Erklärung zu *Wên kung* 12. Jahr ergibt; ohne diese ist das Zitat nicht verständlich. Ferner heißt es, wie Schindler erwähnt, bei Han Feï tsĕ Kap. 4 fol. 25 r⁰ (Ausgabe der *Tsĕ schu*...): 春秋記之曰 „Das T. t. verzeichnet es und sagt:" es folgt dann die im *Tso tschuan* zu *Tschao kung* 1. Jahr berichtete Erzählung von dem Prinzen von Tsch'u, der den kranken Fürsten erdrosselte und statt seiner den Thron bestieg, aber nicht, wie Schindler sagt, „meist wörtlich", sondern in erheblich abweichender Form, und zwar ohne daß vom *Tso tschuan* irgendwie die Rede ist. Das *T. t.* vermerkt die Mordtat nur durch die Angabe, daß „der Graf von Tsch'u starb",

dadurch die mündliche Lehre vor Verzweigungen und Mißdeutungen gerettet hat,
als eine Tat von überragender Bedeutung erscheinen müssen, und Ssë-ma Tsʻien

Han Feï tsë aber beruft sich darauf zum Beweise seines Satzes, daß „den Tüchtigen und
Älteren töten und den Jüngeren und Schwachen an seine Stelle setzen heißt das Recht beseitigen und die Ungerechtigkeit an ihre Stelle bringen". Es liegt nicht die geringste Veranlassung zu der Annahme vor, daß Han Feï tsë das *Tso tschuan* vor Augen gehabt habe,
er wird den Tatbestand eben aus der mündlich oder schriftlich überlieferten Geschichte entnommen haben, deren Kenntnis natürlich jeder haben mußte, der die Formeln des *T. t.*
benutzen wollte, oder er hat, ebenso wie später das *Schi ki*, aus einer Quelle geschöpft, die
auch dem Verfasser des *Tso tschuan* gedient hat. Für ihn war das Wichtige die Tatsache,
daß das *T. t.* die Tat vermerkt hatte; was das bedeutete, wußten er und seine Zeit. Diese
ganze Stelle aus Han Feï tsë findet sich auch im *Tschan kuo tsʻê* Kap. 5 fol. 38 vᵒ, nur daß
dieses bei der Berufung auf das *T. t.* statt 記 das Zeichen 戒 „warnt" hat; des *Tso tschuan*
wird aber auch hier mit keinem Worte gedacht. In beiden Werken schließt sich dann
hieran die Erzählung von der Ermordung des Herzogs Tschuang von Tsʻi durch seinen Minister Tsʻui Tschu, auf die sich die Angabe in *T. t. Siang kung* 25. Jahr bezieht. Es ist
mir unverständlich, wie Schindler hier eine „wörtliche Angabe aus dem *Tso tschuan*"
wiedererkennen will. Die Erzählung findet sich auch im *Schi ki* (*Mém. hist.* IV, 70f.),
und alle vier Texte haben verschiedenen Wortlaut; möglicherweise gehen alle auf eine
gemeinsame Quelle zurück, aber für Alter und Stellung des *Tso tschuan* wird dadurch
gar nichts bewiesen. Endlich zitiert Han Feï tsë noch, wie Schindler hervorhebt, Kap. 9
fol. 21 vᵒ den Text des *T. t.* aus *Ting kung* 1. Jahr, aber — und das ist wieder bezeichnend
— nicht in der Form des *Tso tschuan*, sondern des *Kung-yang*. Letzteres liest nämlich: 賈霜殺菽, während Tso 隕 für das erste Zeichen hat. Han Feï tsë aber hat
ebenfalls 賈. Aus dem Gesagten geht also hervor, daß Siin tsë, Han Feï tsë und das *Tschan
kuo tsʻê* nirgends eine Kenntnis des *Tso tschuan* verraten, sondern das *T. t.* nur in der zu
ihrer Zeit allein geltenden Auslegung Kung-yang's oder ihm verwandter Erklärer kannten.
(Vgl. auch unten die Stellung Sün tsë's in der Überlieferung des *Ku-liang tschuan* und des
Tso tschuan.) Ebensowenig wie Ssë-ma Tsʻien konnten sie etwas von dem *Tso tschuan* wissen,
weil es eben zu ihrer Zeit noch nicht vorhanden war. Völlig unbegreiflich wird nun aber
Schindler, wenn er auf S. 55 von der Stelle bei Han Feï tsë Kap. 11 fol. 6 vᵒ sagt, sie „scheine
auf Konfuzius als Verfasser des Tso-chuan anzuspielen"! Han Feï erzählt hier die nämliche
Geschichte von dem Herzog Wên von Tsin, die sich auch im *Tso tschuan* zu *Hi kung* 25. Jahr,
aber in ganz anderer Form und mit erheblichen sachlichen Verschiedenheiten findet. Wên
greift die Stadt Yuan an und erklärt, wenn sie sich nicht in zehn Tagen ergebe (bei Tso in
drei Tagen), würde er abziehen. Nach Verlauf von zehn Tagen kommen Leute aus der Stadt
und erklären ihm, in drei Tagen würde sich die Stadt ergeben. Aber Wên weist sie ab
und erklärt, lieber die Stadt verlieren als sein gegebenes Wort brechen zu wollen. Als
die Bewohner von Yuan dies hören, unterwerfen sie sich freiwillig dem Fürsten, der
durch solche Treue ausgezeichnet ist. Dasselbe tun die Bewohner des Staates Weï als

würde sie sicherlich geradezu in den Mittelpunkt seiner literarischen Betrachtungen gestellt haben, wenn er sie gekannt hätte. Auch würde der weiter folgende

---

sie davon hören (Tso weiß hiervon nichts!). Han Feï schließt die Erzählung mit den Worten: „Als Konfuzius davon hörte, verzeichnete er es, indem er sagte: Yuan angreifen und Weï erlangen, das macht die Treue". Wenn also aus diesem Tatbestande etwas entnommen werden kann, so ist es wieder die Sicherheit, daß Han Feï das *Tso tschuan* nicht gekannt haben kann, denn in diesem ist von Weï überhaupt nicht die Rede, Konfuzius' Vermerk würde also gar nicht dazu passen. Schindler muß zwar anerkennen, daß sich „die Erzählung, welche Han Feï folgen läßt (in Wirklichkeit geht die Erzählung den in Rede stehenden Worten des Konfuzius voran!), nicht wörtlich im Tso-chuan findet", aber er verweist dafür auf das *Lü schi tsch'un-ts'iu*, (3. Jahrh. v. Chr.), das die Geschichte „wörtlich mit Tso-chuan übereinstimmend bringe". Abgesehen davon, daß es für Han Feï tsě nichts beweist, wenn etwas im *Lü schi tsch'un-ts'iu* steht, ist aber auch hier weder eine wörtliche, noch auch nur eine sachliche Übereinstimmung vorhanden. Die Erzählung findet sich Kap. 19 fol. 42 v⁰f. (Ausgabe der *Tsě schu*....), nennt — außer anderen Abweichungen — eine Frist von sieben Tagen und führt ebenfalls die Bewohner von Weï mit auf, um dann zu schließen: „Daher sagt man: Yuan angreifen und Weï erlangen. Darauf bezieht sich dies Wort". Übrigens findet sich die Erzählung auch bei Huai-nan tsě (2. Jahrh. v. Chr.) Kap. 12 fol. 6 r⁰ (Ausgabe der *Tsě schu*...), der statt der Bewohner von Weï die der Stadt Wên nennt und mit dem Schlusse endigt: „Daher sagte Lao tsě: O wie tief! o wie geheimnisvoll! Darin liegt eine geistige Kraft, die wahrhaftig ist, darin liegt die Treue." Und schließlich ist sie auch, in nahezu wörtlicher Übereinstimmung hiermit, in Liu Hiang's *Sin sü* 新序 (1. Jahrh. v. Chr.) Kap. 4 fol. 4 r⁰f. (Ausgabe des *Han Weï ts'ung schu*) enthalten, wo sie mit den Worten schließt: „Daher sagt man: Yuan bekämpfen, so daß sich Wên unterwirft. Darauf bezieht sich dies Wort." Man braucht hiernach Han Feï tsě's Ausdruck, daß Konfuzius es verzeichnete, nicht allzu viel Bedeutung beizulegen, und Schindler hat offenbar den Zusammenhang in dem chinesischen Texte entweder nicht beachtet, oder nicht verstanden. Von „anderen Werken", die das *Tso tschuan* zitieren, nennt Schindler das *Schuo wên* und das *Pai hu t'ung*. Hier muß im Voraus bemerkt werden, daß sich aus Werken, die nach der Zeit Liu Hin's entstanden sind, für das *Tso tschuan* gar nichts beweisen läßt, denn in ihnen mag das Werk des genialen Fälschers bereits seine Wirkung getan haben, und ob die Verfasser Mitschuldige oder Irregeführte sind, ändert daran nichts: was sie über das *Tso tschuan* sagen, hat nicht mehr Wert als was Liu Hin selbst darüber sagt. Aus dem *Schuo wên* führt Schindler keine Belegstellen an, aber wir brauchen uns nur zu vergegenwärtigen, daß sein Verfasser Hü Schên ein Schüler von Kia K'ueï, und dieser einer der vertrauten Anhänger von Liu Hin war (vergl. oben S. 33), um zu wissen, was wir bei ihm zu erwarten haben. Wir werden später noch auf seine Erzählungen zurückkommen (s. unten S. 75). Und mit dem *Pai hu t'ung* verhält es sich genau ebenso. Sein Verfasser war Pan Ku, der Genosse von Kia K'ueï (vergl. Giles, *Biogr. Dict.* Nr. 323) und, nach dem, was wir oben sahen, ebenso wie dieser ganz im Banne von Liu Hin stehend. Können also Äußerungen über das *Tso tschuan*

Satz in dem Berichte über die *T.-t.*-Werke, daß „Tung Tschung-schu den Sinn des *T. t.* darlegte und seinen Text (d. h. die Formeln) durchaus deutlich machte" (s. oben S. 38), mit dem Vorhergehenden gar nicht zu vereinbaren sein, da Tung nur das *Kung-yang tschuan* als Kommentar gelten läßt. Überdies waren es nach dem ersten Berichte des *Schi ki* die siebzig Schüler, die „mündlich die Anweisungen (über die Auslegung des *T. t.*) erhielten". „Der Name Tso K'iu-ming aber findet sich", wie K'ang You-weï mit Recht bemerkt, „weder in den Zeichnungen des Konfuzius-Tempels von Wên Wêng[1], noch in den Lebensbeschreibungen der Schüler des Konfuzius im *Schi ki*"[2], noch auch, wie man hinzufügen sollte, unter den 72 Schülern, die das *Kia yü* 家語 im 10. Kapitel aufführt[3]. Wie soll also dieser „Edle aus Lu" zu einer Kenntnis der den Schülern mündlich überlieferten Lehre des *T. t.* gelangt sein, und zwar zu einer so sicheren Kenntnis, daß er im Gegensatz zu „den Schülern, die alle verschiedene Auslegungen hatten", allein „die wirkliche Bedeutung" niederschreiben konnte, eine „Bedeutung", die in Wahrheit die Lehre des *T. t.* so gut wie gar nicht be-

---

aus der Zeit nach Liu Hin schon überhaupt nicht als beweiskräftig gelten, so sind diese beiden Werke als Quellen in dieser Hinsicht gänzlich unbrauchbar. —

Ich habe auf die Schindlerschen Angaben ausführlich eingehen müssen, weil es notwendig war, jedes Bemühen, in der Zeit vor Liu Hin eine Kenntnis des *Tso tschuan* aufspüren zu wollen, als vergeblich nachzuweisen. Was Schindler sonst noch über das *T. t.* und seine Bedeutung schreibt, ist belanglos.

[1] Wên Wêng machte sich im 2. Jahrh. v. Chr. als Gouverneur in Ssĕ-tsch'uan besonders um die Verbreitung der konfuzianischen Lehren dort verdient. Er hatte in seiner „Steinkammer" eine Statue des Konfuzius, und zu deren beiden Seiten befanden sich Darstellungen der Persönlichkeiten, die sich ruhmvoll hervorgetan hatten, sowie der 72 Schüler des Konfuzius. Die Anlage der Statuenreihen in den Tempeln des Konfuzius soll auf diese Einrichtung des Wên Wêng zurückgehen. Vgl. Chavannes, *Mission archéologique dans la Chine septentrionale* I, 8 und 26f., sowie die Bemerkungen von Pelliot, Journal Asiatique 1914, I, S. 210f., ferner Chavannes, *La sculpture sur pierre en Chine* S. XXIVf. — Ob K'ang You-weï mit dem *Wên Wêng K'ung miao t'u* ein besonderes Werk im Auge hat, weiß ich nicht. Mir ist kein solches bekannt. — Wie Chavannes, *Le T'ai Chan* S. 158 Anm. 3 mitteilt, hat Wên Wêng sogar den Lin Fang 林放, der *Lun yü* III, 4 u. 6 einmal erwähnt wird, mit unter die Schüler des Konfuzius aufgenommen, obwohl ihn weder das *Schi ki* noch das *Kia yü* kennt. Demgegenüber ist die Weglassung des Tso K'iu-ming doppelt bezeichnend.

[2] A. a. O. Kap. 2, fol. 30 v⁰: 考文翁孔廟圖史記仲尼弟子傳無左邱明名. Die Lebensbeschreibungen finden sich im 121. Kapitel des *Schi ki.*

[3] Demgegenüber bedeutet es nichts, wenn spätere Listen (wie z. B. das *K'üe li tschi* 闕里志 von K'ung Yen-meï 孔衍瑈 vom Jahre 1694, nach *T. s. t. t. 學行典* Kap. 152, fol. 14 v⁰) den Tso K'iu-ming mit aufführen; es ist dies erst eine Folge der „Entdeckungen" Liu Hin's, die Zeit vor diesen kennt den Mann als Schüler des Konfuzius nicht.

rührt? Man sieht, von welcher Seite man auch die Erzählung von dem „Edlen aus Lu" betrachtet, man stößt immer auf Unmöglichkeiten, und es ist, wie gesagt, schlechterdings ausgeschlossen, daß sie von Ssŏ-ma Ts'ien herrührt. Ihre Übereinstimmung mit dem Wortlaute in dem Kataloge Liu Hin's aber findet keine andere Erklärung, als daß sie von Liu Hin in das *Schi ki* zur Bekräftigung seiner Angaben hineingeschmuggelt ist. Wir wissen aus den Untersuchungen Chavannes'[1], daß sich das *Schi ki*, abgesehen von den umfangreichen Ergänzungen durch Tsch'u Schao-sun 褚少孫, auch sonst manche kleinere Zusätze hat fallen lassen müssen, die man vermutlich nicht mehr in jedem Falle wird feststellen können. Noch im Jahre 28 v. Chr. aber war, wie wir oben (S. 42f.) sahen, das Werk im wesentlichen auf die beiden Exemplare beschränkt, die Ssŏ-ma Ts'ien in der Hauptstadt hinterlassen hatte; wie und inwieweit es in den folgenden Jahrhunderten verbreitet wurde, wissen wir nicht. Liu Hin hatte bei seinen Arbeiten an den Büchersammlungen des Palastes natürlich Zutritt zu dem Manuskript und konnte es ohne Schwierigkeit seinen Zwecken dienstbar machen. Wir mögen uns den Vorgang etwa so denken, daß das *Schi ki* bei seiner Angabe über die Entstehung der verschiedenen T.-t.-Werke vielleicht auch eine kurze Bemerkung dahingehend enthielt, daß „Tso K'iu-ming, ein Edler aus Lu, für die Formeln von Konfuzius' *T. t.* den geschichtlichen Zusammenhang darlegte und so das ‚T. t. des Tso' verfaßte, in dem der sachliche Hintergrund von Konfuzius' Eintragungen deutlich wurde", und daß Liu Hin dann diese Bemerkung dahin erweiterte, daß Tso K'iu-ming die richtige Auslegung von Konfuzius' *T. t.* feststellte. Zu diesem Zwecke verwandelte er das *Tso schi Tsch'un-ts'iu*, das noch im *Schi ki* erhalten ist, in ein *Tsch'un-ts'iu Tso schi tschuan* und fügte den Satz von den verschiedenen Auslegungen hinzu. Die Ausdrucksweise in seinem Kataloge: „er (Tso) legte die zugrunde liegenden Ereignisse dar und machte so einen Kommentar[2], der den Jnhalt verdeutlichte", ist eine äußerst geschickte und gibt vielleicht einen Fingerzeig für die ursprüngliche Lesart des *Schi ki*[3].

---

[1] *Mém. hist.* I, cxcviiff.

[2] Es kam Liu Hin bei seiner Fälschung zustatten, daß das Wort *tschuan* 傳 sowohl einen „Kommentar" in unserem Sinne bedeutet wie eine geschichtliche Abhandlung, eine „Monographie", und in diesem Sinne könnte man das Werk Tso's gewiß auch als selbständiges *tschuan* bezeichnen. Liu Hin aber stellte es neben das *Kung-yang tschuan* und das *Ku-liang tschuan* und gab ihm so auch die Bedeutung „Kommentar". — Schwer begreiflich bleibt es nur, daß die europäische Sinologie bisher diesen höchst bedeutsamen Wortwandel Liu Hin's nicht bemerkt hat. Allerdings ist er ja auch von der chinesischen Kritik Jahrhunderte hindurch unbeachtet geblieben.

[3] Liu Fêng-lu *(Tso schi Tsch'un-ts'iu k'ao tsch'êng* fol. 1 r⁰f.) beschränkt sich auf den Nachweis von Liu Hin's falschen Folgerungen aus den Angaben im *Schi ki*: Tso sei kein

Wir haben somit in dem seither als *Tso tschuan* bezeichneten Werke keinen Kommentar des *T. t.* zu sehen, sondern ein selbständiges *T.-t.*-Werk, das auch den Zeitraum einschließt, auf dessen Geschichte sich die Formeln des konfuzianischen *T. t.* beziehen, und das deshalb sehr wohl geeignet ist, die notwendige Kenntnis des geschichtlichen Zusammenhanges zu vermitteln. Ob dieses Werk denselben Verfasser hatte wie das *Kuo yü*, und vor allem, in welchem Verhältnisse beide Werke inhaltlich zueinander stehen, ist eine Frage, die außerhalb unserer Betrachtungen fällt, deren Beantwortung aber von Bedeutung für die Geschichte des sogenannten *Tso tschuan* sein würde. Die in der chinesischen Literatur häufig anzutreffende Bezeichnung beider als „innerer Kommentar (*nei tschuan*) des *T. t.*" (für das *Tso tschuan*) und als „äußerer Kommentar (*wai tschuan*) des *T. t.*" (für das *Kuo yü*) ist gänzlich haltlos: das eine hat sowenig mit dem *T. t.* als Lehrbuch zu tun wie das andere. Zuerst taucht die Bezeichnung für das *Kuo yü* in den *Ts'ien Han schu* (z. B. Kap. 21b fol. 21 r⁰ = *Kuo yü* Kap. 3 fol. 17 r⁰, Wu-tsch'ang-Ausgabe von 1869) auf, es kann deshalb kaum einem Zweifel unterliegen, daß Liu Hin ihr Erfinder ist, der dadurch dem *Tso tschuan* die Stellung des „inneren Kommentars", d. h. des Kommentars der eigentlichen Lehre, verschaffen wollte, während das *Kuo yü* nur den geschichtlichen Zusammenhang für die Formeln geben sollte.

Ob nun, oder inwieweit unser *Tso tschuan* mit einem von Ssö-ma Ts'ien vielleicht erwähnten *Tso schi Tsch'un-ts'iu* identisch ist, wer sein Verfasser war und in welcher Zeit es entstand, ist noch eine offene Frage, die sich vielleicht einmal durch eine sehr gründliche Untersuchung des Werkes nach Inhalt und Ausdrucksform in Einzelheiten teilweise wird beantworten lassen[1]. Auch die spätere chinesische Kritik ist hier mehrfach eigene Wege gegangen und hat an der Stellung des *Tso tschuan* zum *T. t.* starken Anstoß genommen. Schon zur Zeit der Tsin-Dynastie (3. und 4. Jahrhundert) erklärte ein solcher unabhängiger Denker namens Wang Tsie 王接, daß das *Tso tschuan* „ein Werk für sich sei und es nicht als Hauptzweck ansehe, das Lehrbuch (*T. t.*) deutlich zu machen". In der Sung-Zeit, wo ja besonders viel über das *T. t.* und seine Kommentare gestritten wurde, wiederholen sich solche Stimmen[2], und Wang An-schi, der,

---

Schüler des Konfuzius gewesen und habe auch erst beträchtliche Zeit nach diesem gelebt, könne also von der mündlich überlieferten Lehre keine Kenntnis gehabt haben. In der Tat habe er ja auch keinen Kommentar verfaßt, sondern ein eigenes *T. t.* K'ang You-weï (a. a. O. Kap. 2, fol. 31 r⁰) nimmt dagegen, ebenso wie wir, Textfälschung durch Liu an.

[1] Die Annahme von K'ang You-weï (Kap. 6, fol. 7 r⁰), daß das *Tso tschuan* von Liu Hin selbst unter Benutzung des *Kuo yü* verfaßt worden sei, würde erst noch zu beweisen sein. K'ang's Schüler Tschên Huan-tschang, der die Lehren seines Meisters in englischem Gewande dargestellt hat (s. oben S. 36 Anm. 1), wiederholt diese Behauptung (auf S. 35 seines Werkes), ohne aber den Versuch einer Begründung zu unternehmen.

[2] Siehe Legge, *Proleg.* S. 30.

wie wir oben sahen (S. 18ff.), in der *T.-t.*-Frage besonders radikal vorging, erklärte auf Grund bestimmter Eigenheiten des Textes zum Teil sprachlicher Art (leider kennen wir sie im einzelnen nicht), daß das *Tso tschuan* ein Erzeugnis der Zeit der „sechs Staaten", also frühestens des 3. Jahrhunderts n. Chr. sei[1]. Unter solchen Umständen wäre es interessant zu wissen, wie Wang An-schi sich das Verhältnis des Werkes zu Liu Hin und seiner Erzählung gedacht hat. Daß mit dem Texte erhebliche Veränderungen vorgenommen sind, und zwar „wahrscheinlich während der Dynastie der Früheren Han", muß auch Legge (*Proleg.* S. 34f.) zugeben, aber das erklärt natürlich in keiner Weise das ganz unmögliche Verhältnis dieses „Kommentars" zu dem „kommentierten" Texte, den der erstere oftmals als gar nicht vorhanden ansieht, und mit dem er an vielen Stellen auch nicht das geringste zu schaffen hat. Als sicher nehmen viele chinesische Kritiker an, auch wenn sie sonst an die Echtheit des *Tso tschuan* glauben, daß die zahlreichen moralischen Betrachtungen, die sich in dem Werke eingestreut finden und die mit den Worten 君子曰, „der Edle wird hier sagen" eingeleitet werden, von Liu Hin herrühren, während Tschu Hi, der sehr absprechend über sie urteilt, sie für „Betrachtungen irgend welcher Gelehrter" erklärt (Legge, *Proleg.* S. 35). Man könnte fast auf den Gedanken kommen, als habe Liu Hin sie als Ersatz für die beseitigten „Rechtsentscheidungen" eingeführt, eine Vermutung, die selbst bei dem vorsichtigen Tschu Hi durchzuschimmern scheint[2]. Alle jene Schwierigkeiten und Widersprüche nun, die den chinesischen und europäischen Gelehrten so viel Kopfzerbrechen verursacht haben, verschwinden natürlich, sobald man das *Tso tschuan* als das erkannt hat, was es ursprünglich war, ein *T. t.* für sich. Ssë-ma Ts'ien selbst verhält sich, was schon vorhin erwähnt wurde, hinsichtlich des in seinem ersten Berichte erwähnten *Tso schi Tsch'un-ts'iu* im übrigen vollkommen schweigsam, was unter den obwaltenden Umständen ein laut redendes Zeugnis ist. Dieses Zeugnis veranlaßt uns, eine weitere Geschichte mit starken Zweifeln aufzunehmen, die uns Pan Ku, d. h. also Liu Hin, glauben machen will. Sie wird in den Han-Annalen mit folgenden Worten erzählt: „Der König Hien von Ho-kien (in

---

[1] Ebenda S. 34 und oben S. 18 Anm. 3. Ein im Bull. Éc. fr. d'Extr. Or. Bd. XII, Nr. 9, S. 124 besprochenes, mir leider nicht zugängliches japanisches Werk von Iijima Tadao, 飯島忠夫, *Kandai no rekiho yori mitaru Sa-den (Tso tschuan) no gisaku* (Tōyo gakuhō 東洋學報 Bd. II) sucht auf Grund astronomischer Kalenderangaben den Nachweis zu führen, daß das *Tso tschuan* eine Fälschung aus der Zeit der Früheren Han ist.

[2] Übrigens finden sich auch bei Tso Fälle, in denen er aus der Ausdrucksweise des *T. t.* nach der Art von Kung-yang bestimmte Urteile herleitet, z. B. *Wên kung* 16. Jahr am Schluß. Legge (*Chin. Cl.* V, 275f.) weist solche Deutungen auch bei Tso energisch zurück und beruft sich auf die Erklärungen der K'ang-hi-Kommentatoren, die tatsächlich aus der Luft gegriffen sind.

Tschi-li), namens Tê, bestieg den Thron zwei Jahre vor Kaiser King (d. h. 158 v. Chr.). Er förderte die Wissenschaft, liebte die wirklichen Begebenheiten des Altertums und suchte die Wahrheit darüber. Aus dem Volke erwarb er treffliche Schriftstücke; er ließ sie sorgfältig abschreiben, gab den Eigentümern die Abschriften und behielt die Originale. Er schenkte den Leuten auch Gold und Seide, um sie anzuspornen. So kamen die Leute mit literarischen Interessen aus allen Gegenden herbei und ließen sich durch die weitesten Entfernungen nicht abhalten. Sie brachten wohl auch zahlreiche alte Schriften ihrer Vorfahren und überreichten sie dem König Hien. So erlangte dieser viele Schriften und übergab sie dann den Sammlungen am Hofe der Han. Auch der König An von Huai-nan (als Huai-nan tsŏ bekannt) war zu jener Zeit ein Bücherfreund, aber die Schriften, zu deren Ablieferung er aufforderte, bildeten meistens nur den Stoff flüchtiger Unterhaltungen. Die Bücher, die der König Hien erwarb, waren alle in alter Schrift geschrieben und alte Schriftwerke aus der Zeit vor der Ts'in-Dynastie. Es waren darunter: das *Tschou kuan*, das *Schang schu*, das *Li king* und *Li ki*, ferner die Texte und Kommentare von Mêng tsĕ und Lao tsĕ, sowie die Abhandlungen der Anhänger der siebzig Schüler. Diese ganze Wissenschaft bildete die sechs kanonischen Abteilungen. Für das *Schi king* des Mao Hêng und das *Tsch'un-ts'iu* des Tso wurden besondere Akademiker ernannt, die die Riten und die Musik ordneten. Er saß beständig über den konfuzianischen Wissenschaften, und für all sein Denken und Tun suchte er das Vorbild in der konfuzianischen Lehre. Die konfuzianischen Gelehrten aus Schan-tung kamen denn auch in großer Zahl herbeigewandert"[1]. Die Stelle ist offenbar dem *Schi ki* entnommen, doch hat sie dort die folgende sehr viel kürzere Form: „Der König Hien von Ho-kien, namens Tê, wurde zwei Jahre vor Kaiser King als Kaisersohn (er war ein Sohn des Kaisers Wên) König von Ho-kien. Er liebte die konfuzianische Wissenschaft, saß beständig darüber, und für all sein Denken und Tun suchte er das Vorbild in der konfuzianischen Lehre. Die konfuzianischen Gelehrten aus Schan-tung kamen denn auch in großer Zahl zu ihm herbeigewandert. Nach 26 Jahren starb er"[2]. Hiernach

---

[1] *Ts'ien Han schu* Kap. 53, fol. 1 v⁰ f.: 河間獻王德以孝景前二年立、脩學好古實事求是、從民得善書、必爲好寫與之、留其眞、加金帛賜以招之、繇是四方道術之人不遠千里、或有先祖舊書多奉以奏獻王者、故得書多與漢朝等、是時淮南王安亦好書所招致、率多浮辯、獻王所得書皆古文先秦舊書、周官尙書禮禮記孟子老子之屬皆經傳說記、七十子之徒所論、其學舉六藝、立毛氏詩左氏春秋博士脩禮樂、被服儒術造次必於儒者、山東諸儒多從而遊.

[2] *Schi ki* Kap. 59, fol. 1 v⁰: 河間獻王德以孝景帝前二年用皇子爲河間王、好儒學被服造次必於儒者、山東諸儒多從之游、二十六年卒.

regierte also der König Hien von 158 bis 132 v. Chr.; Ssĕ-ma Ts'ien beendete
sein Geschichtswerk im Jahre 99 v. Chr., sein Vater und Vorgänger an dem
Werke, Ssĕ-ma T'an, war im Jahre 110 gestorben, beide waren also (Ssĕ-ma
Ts'ien als Knabe) in der Hauptstadt Augenzeugen von der berühmt gewordenen
Sammeltätigkeit des Königs gewesen. Wenn man nun bedenkt, daß beide Ver-
fasser des *Schi ki*, wie schon aus dem Nachwort dazu hervorgeht, das stärkste
Interesse an der Wiederherstellung der verstreuten Literatur nahmen, daß
Ssĕ-ma Ts'ien selbst ausgedehnte Reisen unternahm, um die alten Schriften in
Augenschein zu nehmen, daß er „die Hauptstädte von Ts'i und Lu zu seiner Belehrung aufsuchte, um die hinterlassenen Nachrichten von Konfuzius zu prüfen",
und daß er „für sein *Schi ki* alle Schriftwerke der kaiserlichen Schatzkammern
durchforschte"[1]: dann muß es sehr auffallen, daß er über die von König Hien
erworbenen alten kanonischen Texte von allererster Wichtigkeit kein Wort zu
sagen hat. Ganz undenkbar aber ist es, daß er auch in seinem schon erwähnten
(s. oben S. 65) Literaturberichte des 121. Kapitels diese bedeutungsvollen,
fast unter seinen Augen gemachten Funde gänzlich unbeachtet läßt. Das
Tso schi Tsch'un-ts'iu (auch hier ist noch von keinem *Tso tschuan* die Rede!)
insbesondere, wenn es wirklich die Entstehung gehabt haben sollte, deren Schilderung Ssĕ-ma Ts'ien selbst in den Mund gelegt wird, müßte er unter allen
Umständen erwähnt haben, zumal er ja gerade in dem Nachworte auch den
Tso in Verbindung mit dem Entstehen des *Kuo yü* erwähnt[2] und er sich hier
wie in dem Literaturberichte über das *T. t.* besonders ausführlich verbreitet.
Man sieht, Ssĕ-ma Ts'ien's und Ssĕ-ma T'an's Schweigen ist schlechterdings
unvereinbar mit Pan Ku's, d. h. Liu Hin's Angaben: mag der König Hien noch
so wertvolle alte Schriften gesammelt haben, ein Kommentar des Tso K'iu-ming
zum *T. t.* ist ganz bestimmt nicht darunter gewesen. Noch weit schärfer in die
Augen fällt im Hinblick auf das Schweigen Ssĕ-ma Ts'ien's und auf alles, was
wir sonst noch gesehen haben, die Unglaubwürdigkeit der Erzählung von dem
Auffinden des *T. t.* und sogar des *Tso tschuan* beim Abbruch des Hauses des
Konfuzius, selbst wenn diese Erzählung nicht ohnehin schon durch die phantastische Ausschmückung hoffnungslos bloßgestellt wäre. Sie taucht wieder
zuerst bei Pan Ku auf, der sie sowohl in der Lebensbeschreibung des Königs
Kung von Lu wie in Liu Hin's Literaturbericht vorträgt. In der ersteren heißt
es noch sehr kurz: „Der König Kung (Mitte des 2. Jahrhunderts v. Chr.) liebte
zunächst die staatlichen Gebäude instand zu setzen. Er brach das alte Wohn-
haus des Konfuzius ab, um die Hallen dort zu erweitern. Da vernahm er Glockenklang und die Töne von Lauten und Harfen, so daß er nicht wagte, mit dem
Abbruch fortzufahren. In den Wänden aber fand man die Lehrtexte mit ihren

---

[1] Ebenda Kap. 130, fol. 7 r⁰ u. 8 v⁰.

[2] Ebenda fol. 12 r⁰.

Kommentaren in alten Schriftzeichen"[1]. Im Literaturbericht wird dann ausführlicher mitgeteilt, daß die gefundenen Schriftwerke das *Schang schu*, das *Li ki*, das *Lun yü* und das *Hiao king* waren, der Glockenklang und die Lauten und Harfen fehlen auch hier nicht[2]. Hü Schên, ein eifriger Verehrer von Liu Hin (s. o. S. 33 und 68 Anm.) und Verfasser des *Schuo wên* (1. und 2. Jahrhundert n. Chr.), hat dann in der Vorrede zu seinem Werke dieser Bücherliste noch das *T. t.* hinzugefügt[3], und Wang Tsch'ung, der sonst so scharfsinnige, kühle Kritiker, macht sogar, ohne seine Quelle anzugeben, das *Tsch'un-ts'iu* mit dem *Tso tschuan* daraus, wobei er bemerkt, daß „nur das *Tso tschuan* (dem Konfuzius) zeitlich nahe steht und den wahren Sinn erfaßt hat"[4]. Ganz unmöglich erscheint nach allem, was vorhergegangen, die weitere Angabe von Hü Sehên[5], daß bereits der Fürst von Peï-p'ing (in Tsehi-li), Tschang Ts'ang, der zu Beginn der Han-Dynastie, also im Anfang des 2. Jahrhunderts v. Chr. tätig war, ein *Tsch'un-ts'iu Tso schi tschuan* dem Kaiser überreicht habe[6]. Sie geht vermutlich zurück auf eine Stelle in der Lebensbeschreibung des Fang Fêng 房鳳, eines Mitarbeiters Liu Hin's bei seiner archivalischen Tätigkeit, in den Han-Annalen, wo berichtet wird, daß der Fürst von Peï-p'ing, Tschang Ts'ang, ebenso wie Kia Yi 賈誼 (2. Jahrhundert v. Chr., s. Giles, *Biogr. Dict.* Nr. 321), Tschang Tsch'ang 張敞 (1. Jahrhundert v. Chr., a. a. O. Nr. 21) und Liu „an der Ordnung des Kommentars des Tso zum *T. t.* gearbeitet hätten"[7]. Nun ist uns Tschang Ts'ang aus dem *Schi ki* bekannt als eine Autorität in Astronomie und Tonkunde[8], aber von seinem Verhältnis zum *Tso tschuan* weiß nicht einmal seine eigene Lebensbeschreibung[9] irgend etwas zu melden,

---

[1] *Ts'ien Han schu* Kap. 53, fol. 4 r⁰: 恭王初好治宮室、壞孔子舊宅以廣其宮、聞鐘磬琴瑟之聲、遂不敢復壞、於其壁中得古文經傳.

[2] Ebenda Kap. 30, fol. 4 v⁰.

[3] In der von Kueï Fu 桂馥 bearbeiteten und in Wu-tsch'ang im Jahre 1870 neu herausgegebenen Ausgabe des *Schuo wên* bildet die Vorrede Hü Schên's einen Teil des 49. Kapitels. Die Erzählung findet sich dort fol. 12 v⁰ff.

[4] *Lun hêng* Kap. 29, fol. 1 r⁰f. Forke, *Lun-hêng* I, 462. Unverständlich ist demgegenüber, wenn Wang Tsch'ung Kap. 11, fol. 13 v⁰ (s. Forke I, 277) aus dem *Tsch'un-ts'iu tschuan* zitiert und damit den Kommentar des Kung-yang meint.

[5] *Schuo wên* Kap. 49, fol. 14 r⁰.

[6] Vgl. Legge, *Proleg.* S. 24.

[7] *Ts'ien Han schu* Kap. 88, fol. 26 v⁰.

[8] Chavannes, *Mém. hist.* II, 470, III, 20 u. 456. Die Bemerkung von Chavannes I, cxlix, daß Tschang Ts'ang in der ersten Hälfte des 2. Jahrh. v. Chr. „den Kommentar des Tso veröffentlicht" habe, findet natürlich im *Schi ki* keine Stütze.

[9] *Ts'ien Han schu* Kap. 42, fol. 1 r⁰f.

obwohl sie, wie auch Liu Fêng-lu besonders hervorhebt[1], wiederholt seine literarische Belesenheit rühmt. Auch für diese beiden Legenden, die Auffindung
der alten Schriftwerke im Hause des Konfuzius mit Musikbegleitung und die
Überreichung des *Tso tschuan* durch Tschang Ts'ang, ist also Ssĕ-ma Ts'ien's
Schweigen ein beredtes Zeugnis. Wie ist es außerdem miteinander zu vereinigen, daß bereits der König Hien im 2. Jahrhundert v. Chr. ein *Tso schi
Tsch'un-ts'iu* besaß, daß der Fürst von Peï-p'ing um 200 v. Chr., also etwa
50 Jahre vor dem Funde im Hause des Konfuzius, ein *Tsch'un-ts'iu Tso schi
tschuan* dem Kaiser überreichte, an dem dann mehrere Gelehrte im 2. und 1. Jahrhundert v. Chr. arbeiteten, und daß Liu Hin am Ende des 1. Jahrhunderts
v. Chr. das Werk auffindet und es dem *T. t.* anpaßt?

Liu Hin's Neuschaffung oder Umschaffung des *Tso tschuan* aus dem *Tso
schi Tsch'un-ts'iu* ist für die ganze *T.-t.*-Frage von sehr tiefgreifender, verhängnisvoller Wirkung gewesen. Seinen Zweck, dem neuen „Kommentare" eine überragende Geltung vor den beiden des Kung-yang und des Ku-liang zu verschaffen,
hat der gelehrte Fälscher vollkommen erreicht. Zwar er selbst hat, wie wir
sahen, den Triumph seines Werkes nicht mehr erlebt, und die Aufnahme in den
Kanon hat er nicht durchsetzen können, aber nach ihm stieg die Beliebtheit
und damit das Ansehen des *Tso tschuan* unaufhaltsam. Gegenstimmen sind
wiederholt und zuerst auch nicht ohne Erfolg laut geworden, aber allmählich
verstummten sie oder wurden unwirksam. Am Ende des 1. Jahrhunderts n. Chr.
wurde das Werk in den amtlichen Kanon aufgenommen, während die beiden
anderen *tschuan* mehr und mehr im Ansehen zu sinken begannen. Das Märchen
von Tso K'iu-ming, dessen Name nicht einmal feststand, und von seiner Tätigkeit gemeinsam mit Konfuzius wurde ein fester Bestandteil der chinesischen
Wissenschaft und gab dem *Tso tschuan* nicht bloß den Glorienschein des hohen
Alters, sondern auch den der unmittelbaren Inspiration durch den Meister selbst.
Der Hauptförderer des *Tso tschuan* nach Liu Hin war Tschêng Hüan im 2. Jahrhundert n. Chr., der in drei Schriften den Kommentator Kung-yang's, Ho Hiu,
in so wirksamer Weise bekämpfte, daß von da ab der Niedergang der beiden
Kommentare unaufhaltsam wurde (vgl. oben S. 35 Anm.). Der Stand der
Dinge zeigt sich deutlich in der Übersicht über die kanonische Literatur in den
im 7. Jahrhundert entstandenen Annalen der Sui-Dynastie; es ist dies die erste
literaturgeschichtliche Abhandlung, die uns seit der Han-Zeit erhalten ist.
Wörtlich wie der gefälschte Bericht im *Schi ki* erzählt sie die Geschichte von
Tso K'iu-ming, wie er aus Besorgnis, der wahre Sinn des *T. t.* könne verloren-
gehen, seinen „Kommentar" verfaßt habe, und fährt dann fort: (Die drei Kom-
mentare mit den Erklärungen von Fan Ning [der Erklärer Ku-liang's], Ho Hiu, Fu
K'ien und Tu Yü) „gehören zwar alle dem staatlichen Studienplane an, aber von
Kung-yang und Ku-liang wird nur der Text übungsweise gelesen, nicht jedoch

---

[1] *Tso schi Tsch'un-ts'iu k'ao tsch'êng* fol. 8 r⁰f.

kann der Sinn gründlich durchgearbeitet werden[1]. In der späteren Wissenschaft werden zwar die drei Kommentare gründlich erklärt, aber nur Tso vermittelt die Anpassung an den Sinn (des *T. t.*). Bis zur Sui-Zeit förderte Tu Yü (der Erklärer des *Tso tschuan*) diese Anpassung an den Sinn am meisten, und Kung-yang und Ku-liang sanken zur Bedeutungslosigkeit herab. Heute haben sie kaum noch einen Vertreter, der darüber lehrt"[2]. Gelehrte der T'ang- und Sung-Zeit haben zwar, wie wir früher gesehen (s. oben S. 17ff.), wiederholt Einspruch erhoben gegen eine Überschätzung des *Tso tschuan* mit seiner erdrückenden Stofffülle. Tan Tschu und Tschao K'uang (s. oben S. 13) unter der T'ang-Dynastie bemühten sich, die Legende von Tso K'iu-ming zu zerstören, und Sun Kio (s. oben S. 19) und Hu An-kuo (s. oben S. 21ff.) unter den Sung versuchten, die Kommentare von Kung-yang und Ku-liang wieder zu Ehren zu bringen, aber im Ganzen sind die Dinge geblieben, wie sie in den Sui-Annalen geschildert waren. Die Ursachen dieser Entwicklung sind bereits wiederholt angedeutet worden: es war einmal das vermeintliche Alter des *Tso tschuan* und dann vor allem die Fülle seines Inhalts. Die Formeln des *T. t.* setzten eine Kenntnis der Geschichte voraus, die in demselben Maße schwand, wie die Entfernung von ihrem Zeitalter sich vergrößerte. Das *Tso tschuan* lieferte diese Kenntnis in der angenehmsten Form, während den ethischen Gesetzen und den danach getroffenen „Entscheidungen" bei Kung-yang und Ku-liang die Nachwelt fremd gegenüberstand und stehen mußte. „Confucius", so schreibt der schon erwähnte chinesische Jesuit Ko (s. oben S. 6), „écrivoit pour son siècle. Le souvenir récent des faits qu'il raconte, les histoires publiques, les moeurs géné-rales du temps expliquoient à tout le monde son Tchun-tsieou, et y montroient les leçons de Morale, de Politique et de Philosophie qu'il avait prétendu y mettre"[3]. In dem Maße aber, wie jene Erinnerung verblaßte, schwand auch das Verständnis für das *T. t.*, und so hielt man sich an Tso, der, wie Ko weiter sagt, „a le plus d'autorité à cause de son ancienneté"[4].

Aber das Werk Liu Hin's ist auch ein verhängnisvolles insofern gewesen, als es die vollkommene Verwirrung der Anschauungen vom Wesen des *T. t.* hervorgerufen hat, die sich durch die ganze chinesische Literaturgeschichte von der Han-Zeit an hindurchzieht und die wir in unserem 3. Abschnitt kennen gelernt haben, eine Verwirrung, die dann die europäische Sinologie übernommen hat und unter deren Einfluß sie auf die seltsamsten Abwege geraten ist. Bis zum

---

[1] Vgl. dazu oben S. 32 Anm. 3.

[2] *Sui schu* Kap. 32, fol. 26 r°: (穀梁范甯注⋯)俱立國學、然公羊穀梁但試讀文而不能通其義、後學三傳通講而左氏唯傳服義、至隋杜氏盛行服義、及公羊穀梁浸微、今殆無師說.

[3] *Mémoires concernant* usw. *des Chinois* I, 49.

[4] *Ebenda* S. 50.

Auftreten von Liu Hin war die Auffassung vom *T. t.* eine durchaus einheitliche: man wußte, daß hinter den geschichtlichen Formeln eine mündlich überlieferte „Geheimlehre" stand, und daß diese dann in den Erklärungen von Kung-yang und Ku-liang ihre schriftliche Aufzeichnung erhalten hatte. Noch Ssĕ-ma Ts'ien wußte nichts von einem *Tso tschuan*[1], Liu Hin's Vater und sein Zeitgenosse Tsê Fang-tsin kannten nur die Erklärung von Ku-liang und hielten sich daran (s. S. 60 u. 64f.), und Wang Tsch'ung meint mit dem „Kommentar des *T. t.*" das *Kung-yang tschuan* (s. oben S. 75 Anm. 4). Diese Einheitlichkeit ist durch Liu Hin zerrissen worden. Verleitet durch die Erzählungen des *Tso tschuan*, fing man an, in dem *T. t.* ein Geschichtswerk zu sehen, und hatte nun Mühe, seine Bedeutung als solches mit den Aussprüchen Mêng tsĕ's zu vereinigen; dadurch geriet die ganze Überlieferung in Zweifel und Verlegenheit, und alle bombastischen Redewendungen waren nicht imstande, darüber hinwegzuhelfen. So hatte Tschêng Ts'iao im 12. Jahrhundert nicht unrecht, wenn er den Kommentaren vorwarf, daß sie erst den Widerstreit der Meinungen hervorgerufen hätten (s. oben S. 17). Die eigene Bedeutung des *Tso tschuan* als eines selbständigen Werkes zu würdigen, ist hier ebensowenig unsere Aufgabe, wie die Geschichte seines Textes und seiner Erklärungen weiterzuverfolgen; es lag uns lediglich ob, sein Verhältnis zum *T. t.* festzustellen.

Weit einfacher als beim *Tso tschuan* liegen nun die Dinge bei den Werken von Kung-yang und Ku-liang, die wir, wie erwähnt, als die eigentlichen und einzigen uns erhaltenen Kommentare des *T. t.* anzusehen haben. Ihre Entstehungsgeschichte verliert sich allerdings ebenso im Dunkel wie die des *Tso tschuan*, aber die Überlieferung, so kärglich sie ist, hat wenigstens nichts Unwahrscheinliches oder gar Übernatürliches. Ssĕ-ma Ts'ien kennt bereits beide Werke; in dem Kapitel über die konfuzianischen Gelehrten heißt es: „Was das *T. t.* angeht, so wird es in Ts'i und Lu von Hu-wu Schêng, in Tschao von Tung Tschung-schu gelehrt"[2]. Beide Gelehrte waren Träger der Überlieferung des Kung-yang. Etwas weiter, in der Lebensbeschreibung von Kiang Schêng, heißt es dann, daß er „für das *T. t.* nach der Auffassung des Ku-liang von Kung-sun Hung (2. Jahrhundert v. Chr., Giles, *Biogr. Dict.* Nr. 1030) verwendet wurde"[3]. Über

---

[1] Chavannes, *Mém. hist.* I, CXLVII, Anm. 3 meint, Eitel sei im Irrtum, wenn er in China Review XV, 90 sage, „es schiene, daß man zur Zeit Ssĕ-ma Ts'ien's nur den Kommentar des Ku-liang zum *T. t.* gekannt habe". Ich weiß nicht, wo Eitel dies gesagt haben soll, an der angegebenen Stelle der China Review jedenfalls nicht, aber seine Vermutung ist nur insofern nicht ganz zutreffend, als man damals auch von Kung-yang bereits Kunde gehabt hat.

[2] *Schi ki* Kap. 121, fol. 3 v⁰: 言春秋於齊魯自胡毋生、於趙自董仲舒. Das Zeichen 毋 ist nach einer Glosse wie 無 *wu* zu sprechen und gehört zum Familiennamen. Der Beiname Hu-wu Schêng's war nach derselben Glosse Tsĕ-tu 于都.

[3] Ebenda, fol. 11 r⁰: 瑕丘江生爲穀梁春秋自公孫弘得用 (vgl. unten).

die Entstehung weiß Pan Ku das Folgende zu berichten: „Die Rügen, die im
T. t. ausgesprochen werden, verletzten die hochgestellten Persönlichkeiten. Die
Fürsten und Minister jener Zeit aber übten ihre Macht mit furchtgebietender
Gewalt aus, und ihre Geschichte erhielt erst in dem Kommentar ihre wirkliche
Gestalt. Darum verbarg man das Buch und machte es nicht bekannt, so ver-
mied man die Gefahren der Zeit. Am Ende verbreiteten sich jedoch die Er-
klärungen auf mündlichem Wege, und so entstanden die Kommentare des
Kung-yang, des Ku-liang, des Tsou und des Kia. Von diesen vier wurden Kung-
yang und Ku-liang in den staatlichen Kanon aufgenommen; Tsou hat keine
Schule gebildet, von Kia gibt es keine schriftliche Aufzeichnung"[1]. Dieses
Zeugnis hat insofern einen besonderen Wert, als es sich in dem Kataloge Liu
Hin's findet, und zwar unmittelbar hinter seiner Erzählung von der Entstehung
des „Kommentars" von Tso K'iu-ming. Also selbst dieser ausgesprochene
Gegner der beiden Kommentare leugnet nicht, daß sie schriftliche Aufzeichnungen der mündlich überlieferten „Geheimlehre" sind, und das ist für uns
zunächst das wichtigste. Denn tatsächlich enthalten die uns überlieferten
Texte der beiden Kommentare die „Rügen" und „Rechtsentscheidungen", und
zwar beide nach gleichem System und in gleicher Form, während das *Tso tschuan*
davon so gut wie ganz frei ist. Einige Schwierigkeit macht in dem Texte wieder
das Wort *tschuan*. Es ist zwar oben mit „Kommentar" wiedergegeben, aber
von einem schriftlichen Kommentare kann in jener frühen Zeit keine Rede
sein, es müßte deshalb unter dem Buche, das verborgen wurde, das *T. t.*
selbst verstanden werden; aber dann könnte mit *tschuan* auch nur das *T. t.*
gemeint sein, was vielleicht möglich wäre, wenn man den Ausdruck hier als
„geschichtliche Abhandlung" (s. oben S. 70 Anm. 2) auffaßte. An dem Tatbestande wird indessen hierdurch nichts geändert: die Deutung der Formeln,
die Konfuzius mündlich mitgeteilt hatte, fand ihren festen Ausdruck in vier
tschuan oder Kommentaren. Davon sind die des Tsou und des Kia unbekannt
geblieben, vielleicht haben beide niemals eine schriftliche Form erhalten, jedenfalls scheiden sie für alle weiteren Betrachtungen aus. Die beiden anderen sind
uns unverkürzt und seit ihrer Niederschrift wohl auch unverändert erhalten.

Über den Weg, den die mündliche Überlieferung genommen hat, bis sie in
den beiden Werken ihre schriftliche Form fand, läßt uns Liu Hin oder Pan Ku,
wohl nicht ohne Absicht, im dunkeln. Eine auf ihre Richtigkeit nicht zu prüfende
Nachricht, die auf Tai Hung[2] (2. Jahrh. n. Chr.) zurückgeführt wird und die

---

[1] *Ts'ien Han schu* Kap. 30, fol. 11 v°: 春秋所貶損大人、當世君臣有
威權勢力、其事實皆形於傳、是以隱其書而不宣、所以免
時難也、及末世口說流行、故有公羊穀梁鄒夾之傳、四家
之中公羊穀梁立於學官、鄒氏無師、夾氏未有書.

[2] Tai Hung 戴宏 war nach *Hou Han schu* Kap. 94, fol. 2 r°f. ein jüngerer Zeitgenosse von Wu You 吳祐 (Giles, *Biogr. Dict.* Nr. 2356) und stammte aus Tsi-ning tschou

sich unter anderem in dem Nachwort zu Ho Hiu's Bearbeitung des *Kung-yang
tschuan* findet, besagt darüber: „Tsĕ-hia (der bekannte Schüler des Konfuzius)
überlieferte (die Lehre des *T. t.*) an Kung-yang Kao, dieser an seinen Sohn P'ing,
dieser an seinen Sohn Ti, dieser an seinen Sohn Kan, dieser an seinen Sohn
Schou, und dieser schrieb sie mit seinem Schüler Hu-wu Tsĕ-tu auf Bambus
und Seide"[1]. Das *Yü hai* fügt dem noch, unter Berufung auf denselben Gewährsmann, hinzu, daß die Niederschrift zur Zeit des Kaisers King ti von der Han-
Dynastie (156—141 v. Chr.) erfolgte, daß Hu-wu Tsĕ-tu aus Ts'i war und daß er,
„zusammen mit Tung Tschung-schu Erfahrung in den Wahrsagungsfiguren
besaß"[2]. Ferner zitiert es das *Wu King schu mu*, wonach „Kung-yang Kao
ein Schüler von Tsĕ-hia gewesen sei"[3], und der Kommentar zu Fan Ning's
Bearbeitung des *Ku-liang tschuan* bemerkt in der Vorrede, daß Kung-yang aus
Ts'i stammte. Über den Verfasser des *Ku-liang tschuan* macht derselbe Kommentar in der Vorrede folgende Angaben: „Ku-liang's Vorname war Schu, sein
Beiname Yuan-schi. Er stammte aus Lu (Schan-tung). Sein Vorname wird
auch als Tsch'i gegeben"[4]. Yen Schi-ku bemerkt indessen in einer Glosse zu
Ts'ien Han schu Kap. 30, fol. 9 r⁰, der Vorname laute Hi 喜. Auf Yen wird
dann auch im *Yü hai* noch die folgende weitere Überlieferung zurückgeführt:
„(Ku-liang Hi) empfing das Lehrbuch von Tsĕ-hia und machte einen Kommentar dazu. Diesen überlieferte er an Sun K'ing, dieser weiter an Schên kung,
dieser an Kiang Wêng"[5]. Pan Ku führt die Reihe dann noch etwas weiter fort:
„Kiang kung (d. h. Kiang Wêng) aus Hia-k'iu (Tsĕ-yang hien 滋 陽 in Schan-
tung,) erhielt das *T. t.* des Ku-liang und das *Schi* von Schên kung aus Lu, und
von ihm kam es weiter an seine Söhne und Enkel, die Akademiker dafür waren....
Danach erhielten es Jung Kuang aus Lu und der kaiserliche Enkel Hao Sing
kung.... Ts'ai Ts'ien-ts'iu aus P'eï (in Anhui) mit dem Beinamen Schao-kün,
Tschou K'ing aus Liang mit dem Beinamen You-kün und Ting Sing mit dem

---

in Schan-tung. Er scheint ein kleiner Beamter gewesen zu sein. Von seinen gelehrten
Leistungen ist weiteres nicht bekannt..

[1] 戴宏序稱、子夏傳與公羊高、高傳其子平、平傳其子地、
地傳其子敢、敢傳其子壽、壽與弟子胡母子都著於竹帛
是也.

[2] *Yü hai* Kap. 40, fol. 5 v⁰: 至漢景帝時壽乃共弟子齊人胡母子
都著於竹帛、與董仲舒皆見於圖讖.

[3] 吳兢書目公羊高乃子夏弟子. Wu King lebte in der ersten Hälfte
des 8. Jahrhunderts, war Zensor und Minister und einer der Verfasser der T'ang-Annalen
(Giles, *Biogr. Dict.* Nr. 2327 und Wylie, *Notes* usw. S. 17).

[4] 穀梁子名俶、字元始、魯人、一名赤.

[5] *Yü hai* a. a. O., fol. 6 v⁰: 顏師古曰名喜、受經于子夏爲經作傳、
傳孫卿、卿傳申公、申公傳江翁.

Beinamen Tsĕ-sun sämtlich von Kuang"[1]. Dazu hat das *Yü hai* noch zwei Zitate aus dem *Fêng su t'ung yi*, wonach „Ku-liang den Vornamen Tsch'i hatte und ein Schüler von Tsĕ-hia war"[2], und aus dem *Wu King schu mu*, wonach er „zur Zeit des Herzogs Hiao von Ts'in (360 bis 335 v. Chr.) gelebt hat"[3].

Aus diesen Verzeichnissen von Namen, über deren Träger uns nichts bekannt ist, läßt sich wenig entnehmen. Für beide Kommentare knüpft danach die Überlieferung an bei Tsĕ-hia, einem der hervorragendsten und im *Lun yü* oft genannten Schüler des Konfuzius, der wegen seiner Gelehrsamkeit berühmt war und ein hohes Alter erreicht haben soll[4]. Sowohl Kung-yang Kao wie Ku-liang Tsch'i (oder Hi) wären danach von ihm in die geheimgehaltene Auslegung der Formeln des *T. t.* eingeweiht worden. Die Kenntnis wäre dann durch fünf Generationen in der Familie Kung-yang vererbt worden, bis sie um die Mitte des 2. Jahrhunderts v. Chr. von dem letzten des Namens auf seinen Schüler Hu-wu Tsĕ-tu übergegangen sei. Tsĕ-hia soll 44 Jahre jünger als Konfuzius gewesen sein[5], und da er ein hohes Alter von vielleicht 80 bis 90 Jahren erreicht haben soll, so mag sein Tod zwischen 420 und 410 v. Chr. anzunehmen sein oder, wenn die Angabe bei Plath, *Die Schüler des Confucius* (Abhandlg. d. Königl. Bayr. Akad. d. W. 1873) S. 62 richtig ist, wonach Tsĕ-hia noch i. J. 406 am Hofe von Wên kung von Wei gewesen sein soll, noch einige Jahre später. Dann würden die fünf Generationen die Zeit bis um 150 v. Chr. unter günstigen Umständen ausfüllen können. Auffallend ist aber, daß, während Tsĕ-hia nach dem Tode des Meisters in Si ho 西河, d. h. im westlichen Teile von Schan-si, gelebt haben soll[6], seine beiden Schüler aus Ts'i und aus Lu, d. h. aus Schan-tung oder Süd-Tschi-li stammten. Auch für die Überlieferung des *Ku-liang tschuan* werden von Ku-liang Tsch'i bis Jung Kuang fünf Generationen genannt, aber über die Niederschrift erfahren wir nichts. Schên kung lebte nach seiner Biographie im *Schi ki* (Kap. 121 fol. 5 r°) unter dem Kaiser Kao Tsu und der Kaiserin Lü, also im Anfang des 2. Jahrhunderts v. Chr., und Kiang kung hatte unter Kaiser Wu ti (140—87 v. Chr.) seine berühmte Auseinandersetzung mit Tung Tschung-schu (s. unten), der seinerseits schon unter dem Kaiser King ti

---

[1] *Ts'ien Han schu* Kap. 88, fol. 24 v°: 瑕丘江公授穀梁春秋及詩於魯申公、傳子至孫為博士 … 唯魯榮廣王孫唔星公二人受焉 … 沛蔡千秋少君梁周慶幼君丁姓子孫皆從廣受.

[2] A. a. O.: 風俗通穀梁名赤、于夏弟子. Das *Fêng su t'ung yi* von Ying Schao 應劭 entstammt dem 2. Jahrhundert n. Chr., ist aber nur in Bruchstücken erhalten (s. Wylie, *Notes* usw. S. 131).

[3] 吳兢書目秦孝公時人.

[4] Siehe Legge zu *Lun yü* I, 7.

[5] Chavannes, *Mém. hist.* V, 141, Anm. 1.

[6] Chavannes a. a. O.

(156—141) Akademiker geworden war. Danach würde Kiang als gleichaltrig mit
Tung Tschung-schu anzunehmen sein. Hier würde derselbe Zeitraum also gar von
vier Generationen ausgefüllt werden müssen, was kaum angängig ist. Wir müssen
somit die Frage der Überlieferung des *Ku-liang tschuan* auf sich beruhen lassen,
und hinsichtlich der Niederschrift können wir nur Vermutungen hegen. Als sicher
dürfte sich annehmen lassen, daß einer der eingeweihten Schüler des Konfuzius,
vielleicht Tsö-hia, die Auslegung der Formeln des *T. t.* einem oder mehreren
seiner Schüler mündlich mitteilte, die Kung-yang Kao und Ku-liang Tsch'i geheißen haben mögen, obwohl dem die merkwürdige Tatsache gegenübersteht,
daß beide Namen weder vorher noch nachher in der chinesischen Geschichte
erscheinen. Da Kung-yang aus Ts'i, Ku-liang aus Lu stammte, so spricht
man später öfter von einer *T.-t.*-Schule von Ts'i und einer von Lu, dagegen
nimmt Ssö-ma Ts'ien beide noch zusammen und stellt sie der von Tschao gegenüber (s. oben S. 78). Schon hieraus geht hervor, daß irgend welche wesentliche
Unterschiede zwischen den Schulen von Ts'i und Lu nicht bestanden haben
können, und die von Tschao bildet überhaupt keine Schule für sich, denn Tung
Tschung-schu gehört zu der von Ts'i, d. h. von Kung-yang[1]. Der Text des *T. t.*
selbst stand ja außerdem fest, denn daß er von Konfuzius schriftlich niedergelegt worden ist, haben wir keinen Anlaß zu bezweifeln, und die Abweichungen,
die er in den „drei Kommentaren" hier und da bietet, sind, wie schon früher
(S. 30) bemerkt wurde, bedeutungslos. Die mündlich überkommene Auslegung
ist dann durch mehrere Generationen, sei es in der Familie, sei es in der Reihe
der Schüler, ohne Text fortgeerbt, und hierbei mögen sich allerdings mehrfach
allmählich Veränderungen und Abweichungen eingestellt haben, obwohl in der
schreibarmen Zeit das Gedächtnis, wie wir auch von anderen alten Kultur-
völkern wissen (es sei hier nur an die Inder erinnert), zu ganz anderen Leistungen
befähigt war als später. Inwieweit die Abweichungen wirklich von Bedeutung
sind, könnte nur durch eine eingehende Vergleichung der beiden Kommentare
festgestellt werden. In der Mitte des 2. Jahrhunderts v. Chr., d. h. nachdem
die Gefahren der Ts'in-Dynastie für die konfuzianische Überlieferung beseitigt
und die Unruhen, an denen die ersten Jahrzehnte der Han-Zeit keinen Mangel
hatten, überstanden waren, schien es den Trägern des geheimgehaltenen Auslegungsystems angezeigt, den Lehren des *T. t.* nunmehr die schriftliche Form
zu geben. Für die Schule des Kung-yang Kao besorgte dies Hu-wu Tsö-tu,
nach seiner Lebensbeschreibung in den Han-Annalen[2] ein Landsmann Kung-

---

[1] Tung Tschung-schu stammte aus Kuang tsch'uan 廣川 (*Ts'ien Han schu* Kap. 56,
fol. 1 r°, nicht aus Kuang-tschou, wie Giles, *Biogr. Dict.* Nr. 2092 irrtümlich schreibt),
Kuang tsch'uan lag in dem Gebiete des heutigen King tschou 景州 in Süd-Tschi-li, und
dieses gehörte noch zu dem alten Staate Tschao 趙, der um 450 v. Chr. aus den
Trümmern von Tsin gebildet war (vgl. unten S. 91 Anm. 3).

[2] *Ts'ien Han schu* Kap. 88, fol. 22 v°.

yang's aus Ts'i und Studiengenosse von Tung Tschung-schu. Von wem und wann
für die Schule Ku-liang Tsch'i's die Niederschrift erfolgt ist, wissen wir nicht.
Annehmen sollte man, daß es um dieselbe Zeit geschehen sein müßte wie für
die von Kung-yang oder etwas später d. h. in der 2. Hälfte des 2. Jahrhunderts
v. Chr.; dann aber läge es nahe, an Kiang kung als den Verfasser zu denken,
der nach den Han-Annalen „zur Zeit des Kaisers Wu ti mit Tung Tschung-schu
um den Vorrang stritt"[1]. Offenbar lagen doch um diese Zeit beide Kommentare
geschrieben vor, hatten beide ihre Anhänger und stritten beide um Anerkennung.
Da grundsätzliche Unterschiede der Lehre zwischen ihnen nicht bestanden, so
kann sich der Streit nur um die Form der beiden Schriftwerke gedreht haben,
und auch das macht ihr eben erfolgtes Erscheinen wahrscheinlich. Über den
Verlauf des Wettstreites berichtet die Lebensbeschreibung Kiang kung's in den
Han-Annalen: „Tung Tschung-schu war in den fünf kanonischen Schriften
gründlich bewandert. Er vermochte es, in schönen, wohlzusammengefügten
Sätzen zu reden, Kiang kung aber hatte eine schwere Zunge. Der Kaiser befahl
ihm, mit Tung Tschung-schu eine Disputation abzuhalten, er war aber dem
letzteren nicht gewachsen. Der Minister Kung-sun Hung, der für die Lehre
Kung-yang's die Bedeutung in Übereinstimmung brachte, bediente sich dazu
Tung's. Weil damals Kung-yang beim Throne in Ehren stand, erhielt der Thronfolger den Auftrag, das *T. t.* nach Kung-yang zu studieren. Seitdem wurde
das Ansehen Kung-yang's sehr groß. Der Thronfolger ließ sich aber auf eigene
Hand über Ku-liang unterweisen und rühmte ihn sehr. Darauf schwand seine
(wessen ?) Bedeutung allmählich"[2].

War somit zur Zeit der Kaiser King ti und Wu ti, also im 2. und im Anfang
des 1. Jahrhunderts v. Chr., die Stellung des *Kung-yang tschuan* eine überragende,
so erscheint unter dem Kaiser Süan ti (73—47 v. Chr.) Ku-liang als der Bevor-
zugte, wie wir ja früher zu sehen Gelegenheit hatten, daß Liu Hiang und Tsê
Fang-tsin, der Gönner Liu Hin's, vor allem dem Studium dieses Kommentars
obzuliegen hatten (s. oben S. 60 u. 65). Von grundsätzlicher Bedeutung kann
dieser Unterschied in der Stellung beider nicht gewesen sein, dazu war ihre
Wesensart zu gleichmäßig; ausschlaggebend ist für uns die Tatsache, daß zu
jener Zeit überhaupt nur die Auslegungsmethode des Kung-yang und des Ku-
liang das Verständnis für das *T. t.* vermittelte, von einem *Tso tschuan* mit seiner
rein geschichtlichen Darstellung ist bis zu den „Entdeckungen" Liu Hin's keine
Rede. Vielleicht wird Kung-yang's Fassung, was die Niederschrift anlangt,

---

[1] Ebenda fol. 24 v⁰: 武帝時江公與董仲舒並·

[2] Ebenda: 仲舒通五經能持論善屬文、江公吶於口、上使與
仲舒議、不如仲舒、而丞相公孫弘本爲公羊學比輯其議
卒用董生、於是上因尊公羊家詔太子受公羊春秋、由是公
羊大興、太子既通復私問穀梁而善之、其後浸微·

6*

als die ältere und vollständigere zu gelten haben, aber das System von Frage
und Antwort wird bei beiden die mündlich überlieferte alte Form wiedergeben,
in der man sich die Deutung der Formeln Generationen hindurch dem Gedächtnis
eingeprägt hatte. Im Hinblick auf die Ähnlichkeit der beiden Kommentare ist
man zur Sung-Zeit auf den Gedanken gekommen, daß Kung-yang und Ku-liang
nur zwei verschiedene Aussprachen eines Namens, etwa Kiang 姜, seien, beide
Werke also auf eine Persönlichkeit zurückgingen (vgl. Legge, *Proleg.* S. 38).
Beweise hierfür sind zwar nicht beizubringen, und die Annahme hat auch keine
weitere Unterstützung in der chinesischen Literatur erhalten, trotzdem ist nicht
zu bezweifeln, daß sie vieles für sich hat. Wenn es in einem (mir nicht zugänglichen) Kommentar zu dem oben erwähnten (s. S. 76) Literaturbericht der Sui-
Annalen unter Berufung auf Hü Schên, den Verfasser des *Schuo wên*, heißt:
„Die Lehre Tso's nannte man zur Han-Zeit die alte Lehre, die des Kung-yang
aber blühte zur Han-Zeit, man nannte sie deshalb die heutige Lehre"[1], so kann
sich dies, wenn es überhaupt richtig ist, nur auf eine Zeit beziehen, wo Liu Hin's
Fälschungen bereits wirksam waren. Noch verdächtiger ist der Stammbaum
für die Herkunft des *Tso tschuan*, der sich zuerst bei K'ung Ying-ta (6. und
7. Jahrhundert n. Chr.) in seiner Erklärung zu der Vorrede von Tu Yü's Bearbeitung des *Tso tschuan* findet und von ihm auf das *Pie lu* des Lu Hiang zurückgeführt wird. Es heißt dort: „Tso K'iu-ming überlieferte seine Lehre an Tsêng
Schên, dieser an Wu K'i, dieser an seinen Sohn K'i, dieser an To Tsiao aus
Tsch'u; dieser machte eine Abschrift davon, faßte sie in acht Abteilungen und
überlieferte sie an Yü K'ing; dieser machte eine Abschrift in neun Abteilungen
und überlieferte sie an Sün K'ing, dieser überlieferte sie an Tschang Ts'ang"[2].
Tsêng Schên ist nach Legge (*Proleg.* S. 27) der bei Mêng tsĕ (II, 1, I, 3) erwähnte
Tsêng Si 曾西, der nach den Kommentatoren ein Enkel des oft erwähnten
Schülers des Konfuzius, Tsêng Ts'an 參, war; Sün K'ing, anscheinend derselbe,
der auch in der Patriarchenreihe des *Ku-liang tschuan* unter seinem anderen
Namen Sun K'ing (vgl. Giles, *Biogr. Dict.* Nr. 807) erscheint, lebte in der Mitte
des 3. Jahrhunderts v. Chr., Tschang Ts'ang war, wie wir sahen (s. S. 75), im
Anfang des 2. Jahrhunderts v. Chr. Fürst von Peï-p'ing. Wir würden also für
die Zeit von etwa 400 bis 250 v. Chr. fünf oder sechs Generationen haben, eine
an sich nicht unwahrscheinliche Zahl; dagegen ist es ganz undenkbar, daß dieselbe Persönlichkeit zugleich ein Überlieferer des *Ku-liang tschuan* und des *Tso
tschuan* gewesen sein sollte. To Tsiao und Yü K'ing werden in dem ersten Be-

---

[1] Zitiert *Yü hai* Kap. 40, fol. 6 v°: 左氏漢時謂之古學、公羊漢世乃
興、故謂之今學.

[2] A. a. O. fol. 1 r°: 劉向別錄云、左丘明授曾申、申授吳起、起授
其子期、期授楚人鐸椒、鐸椒作抄撮八卷授虞卿、虞卿作
抄撮九卷授荀卿、荀卿授張蒼.

richte Ssö-ma Ts'ien's als Verfasser von Tsch'un-ts'iu-Werken erwähnt (s. S. 38), hier erscheinen sie plötzlich als Überlieferer des *Tso tschuan*, eine Tatsache, von der selbst Liu Hin noch nichts weiß! Die ganze abenteuerliche Aufzählung, deren Herkunft wir nicht nachprüfen können, macht den Eindruck einer Nachahmung der Überlieferungsgeschichte von Kung-yang und Ku-liang, die zu dem Zwecke hergestellt wurde, dem *Tso tschuan* die Verbindung mit einem weniger anfechtbaren Schüler des Konfuzius zu verschaffen als Tso K'iu-ming war.

Die weiteren Schicksale der beiden Kommentare sind aus dem früher Gesagten bekannt. So oft auch in der Folgezeit Zweifel an der Echtheit der behaupteten Herkunft des *Tso tschuan* oder Bedenken gegen seinen Wert als Kommentar aufstiegen, sein bunter, fesselnder Inhalt war immer wirksamer als die spitzfindigen Erklärungen des ethischen Inhalts der Formeln; mehr und mehr drängte es die beiden eigentlichen Kommentare zur Seite, zugleich damit aber auch die Möglichkeit für das richtige Verständnis des *T. t.* Wie die mündliche Überlieferung das Werk des Konfuzius angesehen wissen will und was sie ihm entnimmt, das wird uns der Mann lehren, der bereits wiederholt als einer der stärksten Träger dieser Überlieferung genannt worden ist, und mit dem wir uns im folgenden eingehender beschäftigen wollen, Tung Tschung-schu, der Verfasser des *Tsch'un-ts'iu fan lu.*

Die Ergebnisse, zu denen uns unsere bisherigen Untersuchungen geführt haben, lassen sich in folgende Sätze zusammenfassen:

Das *T. t.* ist kein Geschichtswerk, sondern ein Lehrbuch der Staatsethik.

Es besteht aus den kurzen tragenden Formeln, die Konfuzius schriftlich niedergelegt, und dem zunächst geheimgehaltenen Auslegungsystem, das er mündlich seinen Schülern mitgeteilt hat.

Dieses Auslegungsystem hat sich in zwei Trägerreihen oder Schulen mündlich fortgepflanzt, bis es um die Mitte des 2. Jahrhunderts v. Chr. schriftlich niedergelegt wurde in den beiden Kommentaren *Kung-yang tschuan* und *Ku-liang tschuan.*

Das uns als *Tso tschuan* überlieferte Werk ist kein Kommentar des *T. t.*, sondern ein davon ganz unabhängiges, selbständiges Werk, vielleicht eins von den zahlreichen Tsch'un-ts'iu-Werken vom Ausgange der Tschou-Zeit; es ist erst durch die systematischen Fälschungen Liu Hin's am Ende der vorchristlichen Zeit mit dem *T. t.* verbunden und als ein Kommentar dazu ausgegeben worden.

Das *Tso tschuan* hat allmählich die beiden wirklichen Kommentare des *T. t.* zur Seite gedrückt und damit auch den Weg zum Verständnis des *T. t.* mehr und mehr verdunkelt.

Liest man das *T. t.* mit Hilfe des mündlich gegebenen Auslegungsystems, so wird die hohe Wertschätzung des Altertums, von der vor allen Mêng tsĕ Zeugnis ablegt, durchaus verständlich[1].

---

[1] Während des Druckes dieser Arbeit kommt die Abhandlung von A. von Rosthorn, *Das Tsch'un-tsch'iu und seine Verfasser* (Sitzungsberichte d. Akad. d. Wissensch. in Wien. Philos.-histor. Kl. 189. Band 5. Abhdlg.) in meine Hände. Rosthorn hat das Problem des *T. t.* ebenfalls neu angefaßt und kommt dabei zu annähernd gleichen Ergebnissen wie ich, namentlich was das Wesen des *T. t.* und die Stellung des *Kung-yang tschuan* und *Ku-liang tschuan* betrifft. Dagegen hat er sich von den durch Liu Hin und seinen Anhang erfundenen Fabeln über die Entstehung und Auffindung des *Tso tschuan* nicht freizumachen gewußt. Auch will er in den Formeln des *T. t.*, ähnlich wie Grube, nur ein „aide-mémoire" sehen. Das ist an sich schon höchst unwahrscheinlich und widerspricht außerdem den überlieferten Nachrichten (vergl. oben S. 37 ff.).

Zweiter Teil.

Tung Tschung-schu's
Tsch῾un-ts῾iu fan lu.

1.

Die Persönlichkeit Tung Tschung-schu's.

Die Schule der Konfuzianer, in deren Lehrsystem der gottgewollte Lehenstaat der Tschou das Mittelstück bildete, hatte, eben wegen dieses Mittelstückes, die Hand des großen Einheitsherrschers Schi Huang-ti besonders schwer zu fühlen. Ihr Schrifttum wurde zerstört, die Erörterung ihrer Lehre bei Todesstrafe verboten. Aber der Bannfluch währte nicht allzu lange. Im Jahre 213 v. Chr. erlassen, wurde das Gesetz i. J. 191 vom Kaiser Hui ti von der Han-Dynastie auch formell zurückgenommen, und daß es in der Zwischenzeit ununterbrochen wirksam gewesen sein sollte, ist schon deshalb ausgeschlossen, weil inzwischen der Sturz der Ts'in - Dynastie erfolgt war, und Kao ti, der Gründer der Han-Dynastie, i. J. 195 am Grabe des Konfuzius selbst ein Opfer dargebracht hatte. Die Zerstörung der mit literarischen Schätzen angefüllten Hauptstadt der Ts'in i. J. 207 mag unter den alten Schriften der Chinesen mehr Schaden angerichtet haben als das berühmte Verbrennungs-Edikt vom Jahre 213. Immerhin, als die Han die Herrschaft antraten, waren mit den meisten anderen Schriften auch die der Konfuzianer zum Teil zu Grunde gegangen, die übrig gebliebenen verstreut, vom Staube der Vergessenheit bedeckt. Kao ti selbst war ein rauher Krieger, von niederer Herkunft, ohne Bildung, ein Feind alles Literatentums, und auch seine nächsten Nachfolger schenkten anderen Philosophen-Schulen mehr Aufmerksamkeit als den Konfuzianern. Als aber Ordnung und Ruhe im Reiche sich festigten, da begannen auch die Kaiser die Fäden der Vergangenheit wieder aufzunehmen und die Neubelebung der alten Literatur zu fördern. Man erinnerte sich der halbvergessenen Weisheit, die der große Meister überliefert hatte, und stellte in der neuen, unter Schi Huang-ti erfundenen Schrift, dem *li schu*, mit wachsendem Eifer zusammen, was davon erhalten war. Eins nach dem andern kam von den alten Büchern wieder zu Tage, und neben der schriftlichen Überlieferung ging eine mündliche einher: im Gedächtnis bestimmter Gelehrten-Geschlechter hatten sich vollständige Texte fortgeerbt, indem sie der Vater dem Sohn, oder der Lehrer dem Schüler mündlich übermittelte, teils infolge der kaiserlichen Ächtung, teils wegen der Unzulänglichkeit des Schreibmaterials. So entstand vom Anfang des 2. Jahrhunderts v. Chr. an, teilweise durch Aufsuchung und Umschreibung der noch vorhandenen alten

Bücher, teilweise durch Niederschrift der mündlich überlieferten Texte, eine neue Wiedergabe der auf Konfuzius' Wirksamkeit zurückgeführten Literatur, die von den Mitgliedern seiner Schule als ihr kanonisches Erbgut in Anspruch genommen wurde. Jedes der großen Werke, das *Schi* und das *Schu*, das *Li* und das *Yi*, sowie das von des Meisters eigener Hand stammende *Tsch'un-ts'iu*, hatte besondere Schulen von Bearbeitern. Ssö-ma Ts'ien, für den ja einige von diesen noch Zeitgenossen waren, hat uns die Namen und die Herkunft ihrer ersten Begründer überliefert[1]: es sind ihrer acht, und sie entstammten sämtlich dem Heimatboden der konfuzianischen Weisheit, dem heutigen Schantung und Süd-Tschi-li. Ihre Wirksamkeit fällt schon in die Zeit der Kaiser Wên ti (179—157) und King ti (156—141), erfuhr aber von ihnen nur geringe Förderung, bis dann unter Wu ti (140—87) die eigentliche Erweckung der konfuzianischen Studien und die Gründung ihrer gelehrten Anstalten begann.

Unter diesen Patriarchen des konfuzianischen Schrifttums erscheinen Hu-wu Schêng 胡母生, oder wie er mit vollem Namen heißt, Hu-wu Tsö-tu 子都 und Tung Tschung-schu 董仲舒 als die Träger der Überlieferung des *Tsch'un-ts'iu*, und zwar in der Auslegung der Schule Kung-yang's, während Kiang Schêng 江生 die Schule Ku-liang's vertritt[2]. Hu-wu Schêng lebte unter dem Kaiser King ti und war ein Zeit- und Studiengenosse Tung Tschung-schu's. Spätere Nachrichten melden noch, daß er ein Schüler des letzten Abkömmlings der Familie Kung-yang gewesen sei und gemeinsam mit diesem den bis dahin mündlich überlieferten Text von Kung-yang's Kommentar schriftlich niedergelegt habe[3]. Das ist im wesentlichen alles, was wir über ihn wissen. Ausführlicher sind die Nachrichten des *Schi ki* und der Han-Annalen über Tung Tschung-schu. Er ist in der Tat der erste unter den Patriarchen des *Tsch'un-ts'iu*, der aus dem Dämmerlichte einer kargen Überlieferung heraustritt und als greifbare Persönlichkeit uns menschlich näher gebracht wird. Nicht zum wenigsten ist das dem Umstande zu danken, daß uns gesicherte schriftliche Aufzeichnungen von ihm selbst vorliegen, aus denen wir nicht nur sein abstraktes Lehrsystem, sondern auch seine persönlichen Anschauungen von Staat und Religion, sowie von dem Verhältnis beider zueinander entnehmen können. Auch die Nachrichten über seine äußeren Lebensschicksale sind bei aller Kürze doch hinreichend, um uns ein abgeschlossenes Bild von seinem Leben und seinem Wirken zu liefern. **Tung Tschung-schu ist der älteste für uns erreichbare Träger der Überlieferung, an den sich die systematische Erklärung der Formeln des *Tsch'un-ts'iu* anknüpft.**

Die Lebensbeschreibung, die das *Schi ki* (Kap. 121 fol. 10 r° ff.) und das *Ts'ien Han schu* (Kap. 56 fol. 1 r° ff.) von ihm geben, stimmt in beiden Werken großen-

---

[1] *Schi ki* Kap. 121 fol. 3 r° f.

[2] S. oben S. 78.

[3] S. oben S. 80.

teils wörtlich überein, indessen ist die der Han-Annalen beträchtlich erweitert. Auffallend ist, daß dieses Werk Tung Tschung-schu nicht in den *Ju lin tschuan* 儒林傳 (Kap. 88) behandelt, wo sich die Lebensbeschreibungen aller anderen konfuzianischen Patriarchen, auch die von Hu-wu Schêng und Kiang Schêng finden, sondern unter den sonstigen Persönlichkeiten der *lie tschuan* 列傳, auffallend um so mehr, als in dem Literatur-Verzeichnis der Han-Annalen die Werke Tung's unter denen der Schule *Ju kia* 儒家 aufgeführt sind (a. a. O. Kap. 30 fol. 18 v⁰). In folgendem wird eine Übersetzung des Textes beider Werke[1] gegeben, dabei sind die Stellen, die sich in wörtlicher Übereinstimmung in beiden finden, kursiv gedruckt[2]. Im *Schi ki* heißt es:

„*Tung Tschung-schu stammte aus Kuang-tsch'uan*[3]. *Da*[4] *er das T. t. bearbeitet hatte, wurde er zur Zeit des Kaisers King ti Studienrat dafür. Er lebte in völliger Zurückgezogenheit nur der Lehre und dem Studium. Seine Schüler verbreiteten sein Wissen, indem sie es immer der Reihe nach einander mitteilten, ohne daß sie ihn persönlich zu sehen bekamen. Drei Jahre hindurch hatte er keinen Blick für seinen Garten, so war seine geistige Kraft. Bei allen seinen Unternehmungen handelte er genau nach der vorgeschriebenen Form. Alle Gelehrten nahmen ihn als Vorbild und verehrten ihn.*

Als Seine Majestät der heutige Kaiser den Thron bestieg (Wu ti i. J. 140 v. Chr.), wurde Tung zum Ratgeber von Kiang-tu[5] ernannt. *Die im Tsch'un-ts'iu*

---

[1] Die chinesischen Texte s. auf Tafel I—III.

[2] Die Lebensbeschreibung Tungs in den Han-Annalen ist übersetzt von Pfizmaier unter dem Titel *Die Antworten Tung-tschung-schü's auf die Umfragen des Himmelssohnes*, in den Sitzungsberichten der phil.-hist. Klasse der Kais. Akademie der Wissenschaften zu Wien Bd. XXXIX S. 345ff. Den Titel hat der Übersetzer gewählt um der drei Denkschriften willen, die Tung auf eine an die Gelehrten des Landes gerichtete Aufforderung des Kaisers Wu ti nacheinander dem Throne vorlegte, und die den größten Teil der Lebensbeschreibung ausmachen (s. unten). Die Übersetzung Pfizmaiers zeigt die Eigenart aller Arbeiten dieses ebenso eifrigen wie unerschrockenen Gelehrten: sie wimmelt von den grotteskesten Mißverständnissen, wie sie freilich bei dem damaligen Stande der sinologischen Kenntnisse erklärlich sind, und bedient sich einer so wunderlichen Ausdrucksweise, daß sie ohne den chinesischen Text überhaupt nicht, mit ihm aber auch nur schwer verständlich ist.

[3] Nach dem *Li tai ti li tschi yün pien kin schi* 歷代地理志韻編今釋 Kap. 6 fol. 14 v⁰ lag das alte Kuang-tsch'uan 30 Li östlich der heutigen Stadt Tsao-k'iang hien 棗強 in Süd-Tschi-li, dicht an der Grenze von Schan-tung, also wohl innerhalb des Gebietes der heutigen Unterpräfektur King tschou. Vergl. die Angabe im Kais. Katalog Kap. 174 fol. 1 r⁰ (棗州爲仲舒故里).

[4] Der Text der Han-Annalen liest 少 statt 以, so daß die Worte „in der Jugend" hinzuzusetzen sein würden.

[5] Das heutige Yang-tschou fu (Kiang-tu hien) in Kiang-su. Solche Ratgeber wurden

erwähnten ungewöhnlichen Ereignisse von übler Bedeutung erklärte er durch das Gegeneinanderwirken von Yin und Yang. Daher versperrte er bei der Bitte um Regen alle Erscheinungen des Yang und ließ die Erscheinungen des Yin frei. Beim Aufhörenmachen des Regens war es umgekehrt. Durch dieses Verfahren erhielt das ganze Land immer was es wünschte[1]. Inzwischen wurde er seiner Stellung entsetzt und zu einem Palastbeamten mittleren Grades[2] ernannt. Er hielt sich daheim auf und verfaßte ein Werk über die ungewöhnlichen Ereignisse von übler Bedeutung. Zu jener Zeit war der kaiserliche Ahnentempel in Liao-tung abgebrannt[3], und Tschu-fu Yen[4], der Tung haßte, nahm die Schrift an sich und überreichte sie dem Kaiser. Der Kaiser ließ die Gelehrten zusammenkommen und legte ihnen das Werk vor, damit sie darüber urteilten. *Ein Schüler Tung Tschung-schu's namens Lü Pu-schu, der nicht wußte, daß sein Lehrer die Schrift verfaßt hatte, erklärte den Verfasser für einen großen Narren. Darauf erging das Urteil, daß Tung Tschung-schu eingekerkert werde und des Todes schuldig sei; er wurde jedoch begnadigt. Tung Tschung-schu wagte aber nicht mehr, über ungewöhnliche Ereignisse von übler Bedeutung zu reden.*

Tung Tschung-schu war ein Mann von reinen Sitten und aufrechtem Wesen. Zu jener Zeit wurden außerhalb der Grenzen die Barbarenvölker zurückgetrieben. Kung-sun Hung[5] erreichte in der Beherrschung des Tsch'un-ts'iu zwar Tung Tschung-

---

den noch vorhandenen Landfürsten tatsächlich zur Überwachung beigegeben, um alle Selbständigkeitsgelüste zu verhindern. Nach *Ts'ien Han schu* Kap. 19a fol. 15 v⁰f. war eine solche Anordnung bereits unter dem Kaiser King ti i. J. 152 v. Chr. getroffen worden, doch scheint sie erst unter Wu ti ihre volle Wirkung erhalten zu haben.

[1] Vergl. unten Abschnitt 4.

[2] Die *Tschung ta fu* unterstanden dem *Lang tschung ling* 郎中令, dem obersten Verwalter des Palastes. Die Bezeichnung wurde bald danach in *Kuang lu ta fu* 光祿大夫 umgewandelt und scheint schon damals wie in der späteren Zeit lediglich ein Ehrentitel gewesen zu sein. Vergl. Chavannes, *Mém. hist.* II, 515f. und Mayers, *The Chinese Government* (3. Aufl.) S. 70.

[3] Nach einer Angabe im *Ts'ien Han schu* Kap. 27a fol. 12 v⁰ fand dieses Ereignis i. J. 135 v. Chr. statt.

[4] Tschu-fu Yen war einer der Hauptförderer der kaiserlichen Politik zur Beseitigung der Reste des Lehenswesens und setzte i. J. 127 v. Chr. das Gesetz durch, daß das Land der fürstlichen Familien beim Ableben des Lehensinhabers unter alle seine Söhne geteilt werden mußte, um es auf diese Weise mehr und mehr zu zerstückeln. Er fiel bald danach als Opfer seiner eigenen Politik und, wie es scheint, durch eine Intrige Kung-sun Hung's: als überwachender Ratgeber des Fürsten von Ts'i hatte er gegen diesen eine schwere persönliche Anklage erhoben, wofür er samt seiner Familie die Todesstrafe erlitt. *Schi ki* Kap. 112 fol. 12 v⁰.

[5] Kung-sun Hung gehörte zu den Gelehrten aus dem Volke, die der Kaiser Wu ti gleich nach seiner Thronbesteigung in seine Nähe zog. Er war in seiner Jugend ein Gefängnis-

schu nicht, aber er war ein Beamter, wie es selten einen gab. *Seine Laufbahn hatte ihn bis zur Stellung eines Staatsrates geführt. Tung Tschung-schu hielt Kung-sun Hung für einen Schmeichler, und dieser war eifersüchtig auf ihn. Er sagte dem Kaiser, daß nur Tung Tschung-schu als Ratgeber bei dem Könige von Kiao-si[1] verwandt werden könnte. Der König von Kiao-si hatte schon immer von Tung Tschung-schu's edler Lebensführung gehört und behandelte ihn deshalb sehr freundlich. Tung aber war in Furcht wegen seines vor langer Zeit begangenen Vergehens, er zog sich unter Krankheitsvorwänden zurück und lebte daheim[2]. Bis an sein Lebensende kümmerte er sich nicht um Besitz, sondern sein Lebensberuf war, die Wissenschaft zu pflegen und Bücher zu schreiben.* Während der Blüte der Han-Dynastie in der fünften Generation[3] leuchtete Tung Tschung-schu's Ruhm beim *Tsch'un-ts'iu* und bei seinem Erklärer Kung-yang."

Die Lebensbeschreibung im *Ts'ien Han schu* lautet folgendermaßen:

(Der Anfang wie im Schi ki). „Nachdem Wu ti den Thron bestiegen hatte, forderte er im Laufe der Zeit mehr als hundert tugendreiche Gelehrte auf (zu Vorschlägen über die Regierung). Tung Tschung-schu als einer der Tugendreichen antwortete darauf mit einer Denkschrift. Das kaiserliche Edikt lautete: (Folgt der Text des Ediktes, in dem die Weisen des Landes aufgefordert werden, anzugeben, wie die Regierung zu einer glücklichen und segenspendenden gemacht werden kann[4].)

---

aufseher und dann Schweinehirt gewesen. Auch seine Darlegungen auf die allgemeine Aufforderung des Kaisers hin (s. oben S. 91 Anm. 2) waren besonders hervorragend und trugen zu seinem Einflusse bei. Kung-sun Hung war 60 Jahre alt, als er vom Kaiser wegen seiner Kenntnis des *Tsch'un-ts'iu* zu seinem Berater erwählt wurde. Bald danach wurde er mit einer Gesandtschaft an die Hiung-nu betraut; vielleicht deutet hierauf der im Texte zusammenhangslos erscheinende Satz von den Barbarenvölkern. Während Tung Staatsrat von Kiang-tu war, war Kung-sun Hung Gouverneur des hauptstädtischen Bezirkes (s. unten Abschn. 4). Er starb im J. 121 v. Chr., 80 Jahre alt. Vergl. zu seiner Lebensbeschreibung *Schi ki* Kap. 112 fol. 1 r°ff. und Giles, *Biogr. Dict.* Nr. 1030.

[1] Entspricht dem Gebiet des heutigen Kiao-tschou u. Kao-mi in Schan-tung.

[2] Die Angabe bei Faber, *A Systematical Digest of the Doctrines of Confucius* S. 9, daß Tung „sich auf den Berg Kueï-yen 佳嚴 zurückgezogen und dort sein Buch verfaßt habe", ist nirgends beglaubigt. Auch die Beinamen Kueï-yen tsĕ bei Faber oder Kueï-yen bei Giles, *Biogr. Dict.* Nr. 2092 werden in der Literatur nicht für Tung Tschung-schu angewendet.

[3] Wenn man von der Kaiserin Lü absieht, so war Wu ti allerdings der fünfte Kaiser der Han, gehörte aber nach unserer Rechnung zur vierten Generation, da Hui ti und Wên ti beide Söhne von Kao tsu waren.

[4] Die umfangreichen Texte dieser Erlasse und Denkschriften konnten hier nicht mit übersetzt werden, da dies weit über den Rahmen der vorliegenden Arbeit hinausgehen würde. Es wird sich unten noch wiederholt Gelegenheit finden, auf den Inhalt der Schriftstücke

Darauf antwortete Tung Tschung-schu: (Folgt die erste Denkschrift, in der
er darlegt, daß er im *Tsch'un-ts'iu* den Handlungen und Schicksalen früherer
Geschlechter nachgegangen sei und die Gründe für den Untergang der Tschou
und der Ts'in gefunden habe. Wenn die Han trotz ihres besten Willens bisher
keinen vollen Erfolg gehabt hätten, so liege der Grund darin, daß die Mißstände
der Ts'in noch nicht völlig ausgetilgt seien; das Staatswesen müsse umgestaltet
werden im Sinne der Alten. Die Herrscher des Altertums aber hätten Belehrung und Bildung zu ihrer wichtigsten Regierungstätigkeit gemacht und zu dem
Zwecke Studien- und Unterrichtsanstalten errichtet).

Als der Kaiser die Antwort gelesen hatte, erstaunte er. Dann erließ er abermals ein Edikt, das folgendermaßen lautete: (Folgt das zweite Edikt, in dem
den Gelehrten erklärt wird, daß sich aus ihren bisherigen Darlegungen eine einheitliche Richtschnur noch nicht entnehmen lasse, und in dem sie aufgefordert
werden, ohne Furcht vor gesetzlicher Beschränkung ihre Ansichten zu sagen).

Darauf antwortete Tung Tschung-schu das Folgende:

(Folgt die zweite Denkschrift. Darin wird auf die Notwendigkeit hingewiesen,
tüchtige und tugendhafte Beamte heranzubilden; es sollten nicht wie bisher,
die Ämter den Söhnen der Großen des Reiches ohne Rücksicht auf ihre Fähigkeiten gegeben, sondern die besten im Volke dafür ausgewählt werden.
Jeder Lehensbesitz und jeder Verwaltungsbezirk sollte jährlich zwei besonders
tüchtige Männer dem Throne zur Verwendung empfehlen. In der Hauptstadt
müßte eine Studien- und Prüfungsanstalt errichtet werden (*hing t'ai hio* 興太學),
aus der hervorragende Gelehrte hervorgehen sollen, und die somit eine Quelle
der allgemeinen Bildung würde. So würde man die nötige Zahl tüchtiger Kräfte
für den Staat erhalten, und die Regierung von den bisherigen Schäden befreit
werden.)

---

zurückzukommen. Sie sind es gewesen, um derentwillen Pfizmaier seinen Titel für die
Lebensbeschreibung Tung's gewählt hat (s. oben S. 91 Anm. 2). Eine französische Übersetzung
des ersten Erlasses und Auszüge aus den drei Denkschriften Tung's, von dem Missionar
Herviou stammend, finden sich auch bei Du Halde, *Description* usw. *de l'Empire de la
Chine* Bd. II S. 474f. und 524ff.

Die Edikte und Denkschriften sind berühmte Dokumente in der chinesischen Literatur
geworden und außer in den Han-Annalen auch mehrfach gesondert veröffentlicht, so z. B.
in der Sammlung von Schriftstücken der Han-Zeit *Ts'üan Han wên* 全漢文, Kap. 23
fol. 2 r°ff. (Das aus 63 Kapiteln bestehende *Ts'üan Han wên* ist nur ein Teil der großen
von Yen K'o-kün 嚴可均 zusammengestellten Sammlung von Schriftstücken der älteren
Dynastien mit dem Titel *Ts'üan schang ku san tai Ts'in Han San kuo Tsin Nan pei tsch'ao
wên* 全上古三代秦漢三國晉南北朝文, die etwas später, in den Jahren
1887 bis 1894, von Wang Yü-tsao 王毓藻 gedruckt worden ist.) Auch in das *T'u schu
tsi tsch'êng* sind sie, und zwar gleich an mehreren Stellen — ein Zeichen für die ungeheure
Papierverschwendung dieses Werkes — aufgenommen worden, so in der Abteilung 皇極
典 Kap. 245 fol. 1 r°ff., Abt. 經籍典 Kap. 328 fol. 5 v°ff. und vielleicht noch anderswo.

Darauf erließ der Kaiser nochmals ein Edikt, das folgendermaßen lautete: (Folgt das dritte Edikt, in dem noch weitere Vervollständigung, Vertiefung und Wiederholung der Darlegungen verlangt wird.)

Tung Tschung-schu gab darauf folgende Antwort:

(Folgt die dritte Denkschrift. Sie weist darauf hin, daß Konfuzius im *Tsch'un-ts'iu* das ganze Gesetz angegeben habe, nach dem sich in Vergangenheit und Gegenwart alles vollzieht; das Altertum zeigt den Zustand der Vollkommenheit in der Regierung des Reiches, darum muß das Altertum als alleinige Richtschnur dienen, und das *Tsch'un-ts'iu* tadelt jede Veränderung des Alten. Jetzt aber besteht keine Einheitlichkeit der Lehre mehr, zahlreiche Schulen lehren verschiedene Systeme, und das Volk weiß nicht mehr, woran es sich halten soll. Es wird beantragt, alles, was nicht in dem Lehrsysteme des Konfuzius enthalten ist, auszumerzen und die Verbreitung abweichender und falscher Lehren zu verbieten, damit die Richtschnur des Lebens einheitlich und allen deutlich wird.)

Als die Antworten alle vorlagen, ernannte der Kaiser Tung Tschung-schu zum Ratgeber von Kiang-tu, damit er dem König Yi diente. Der König Yi war ein älterer Bruder des Kaisers, er war von unverhülltem Stolz und liebte kühne Taten. Tung Tschung-schu beeinflußte ihn durch Recht und Gerechtigkeit, der König aber ehrte und achtete ihn. Nach einiger Zeit fragte der König Tung[1]: ,der König Kou-tsien von Yüe faßte mit seinen Ministern Sie-yung, (Wên) Tschung und (Fan) Li den Plan, Wu anzugreifen, und vernichtete es dann[2]. Konfuzius sagt: (die) Yin(-Dynastie) hatte drei von Güte erfüllte Männer[3], ich meine, auch Yüe hatte drei von Güte erfüllte Männer. Der Herzog Huan[4] ließ seine Zweifel durch Kuan Tschung[5] entscheiden, ich lasse meine Zweifel

---

[1] Die folgende Unterredung bildet mit nur unwesentlichen textlichen Abweichungen im *Tsch'un-ts'iu fan lu* den 32. Abschnitt; doch erscheint dort als der Fragende nicht der König von Kiang-tu, sondern der von Kiao-si.

[2] Dieser Angriff des Fürsten Kou-tsien gegen Wu, der mit der völligen Vernichtung des letzteren endete, fand in den Jahren 476 bis 473 v. Chr. statt. S. *Mém. hist.* IV, 32 und 429ff. Sie-yung wird bei Ssĕ-ma Ts'ien nicht erwähnt; Tschung hieß mit vollem Namen Wên 文 Tschung (a. a. O. IV, 422 Anm. 1) und Li Fan 范 Li (a. a. O. S. 428). Im *Tsch'un-ts'iu fan lu* werden außerdem noch zwei wenig bekannte Minister genannt: Yi Kao 睪 臯 oder Kao-ju 臯 如 und Tsch'ê Tsch'êng 車 成 oder K'u Tsch'êng 苦 成. Diese Fünfzahl hat aber Angesichts der folgenden Bemerkung über die drei von Güte erfüllten Männer wenig Wahrscheinlichkeit.

[3] *Lun yü* XVIII, 1. Die drei waren: der Freiherr von Wei 微, der Freiherr von Ki 箕 und Pi-kan 比 干. Näheres siehe in der Anmerkung von Legge zu der Stelle (*Chin. Cl.* I, 195).

[4] Herzog von Ts'i 685 bis 643 v. Chr.

[5] Der bekannte Philosoph und Minister, dem Ts'i nicht zum wenigsten seine Größe verdankte.

durch Euch entscheiden'. Tung Tschung-schu erwiderte: ‚Ich bin ein törichter Mensch und nicht fähig, auf Eure große Frage eine Antwort zu geben. Ich habe gehört daß einst der Fürst von Lu an Hui von Liu-hia[1] die Frage richtete: ich beabsichtige, Ts'i anzugreifen, was meint Ihr dazu? Hui entgegnete: das geht nicht an. Dann kehrte er zurück und sprach mit sorgenvoller Miene: ich habe gehört, daß, wenn man einen Staat angreifen will, man nicht einen rechtlichen Mann darüber befragt. Was hat also diese Rede mit mir zu tun? So schämte er sich gleichsam schon, als nur die Frage an ihn gerichtet wurde. Wie viel schlimmer ist es noch, wenn es sich um eine List handelt, um Wu anzugreifen! Betrachtet man die Dinge von diesem Standpunkte aus, so hatte Yüe eigentlich nicht einen von Güte erfüllten Minister. Denn der von Güte erfüllte Mensch nimmt die Gerechtigkeit zur Richtschnur, aber strebt nicht nach Vorteil, er läßt das sittliche Gesetz leuchten, aber plant nicht glänzende Taten. Darum sprechen unter den Anhängern des Konfuzius selbst fünfzehnjährige Knaben[2] nur mit Scham von den fünf Präsidialfürsten, weil diese List und Gewalt voranstellten, Menschengüte und Gerechtigkeit aber nachsetzten[3]. Wessen Handeln sich aber in der List erschöpft, von dem kann man nicht sagen, daß er zu den Anhängern des großen Weisen gehört. Die fünf Präsidialfürsten sind wohl vortrefflich im Vergleich mit den anderen Lehensfürsten, aber im Vergleich mit den drei Zentralherrschern[4] sind sie wie ein Wu-fu-Stein[5] gegenüber einem köstlichen Nephrit.‘ Der Fürst war damit einverstanden.

In der Regierungskunst erklärte Tung Tschung-schu die im *Tsch'un-ts'iu* erwähnten ungewöhnlichen Ereignisse usw. (wie im *Schi ki* s. oben S. 92). Nun war vorher die Halle Kao yuan tien von dem Grabe Tsch'ang ling des kaiserlichen Ahnentempels in Liao-tung abgebrannt. Tung Tschung-schu lebte daheim und erörterte die Bedeutung dieses Ereignisses. Er hatte die Niederschrift (des Werkes) noch nicht dem Throne überreicht, als Tschu-fu Yen ihn besuchte. Dieser nahm heimlich Kenntnis davon, und da er eifersüchtig (auf Tung) war, entwendete er das Werk und legte es dem Throne vor. Der Kaiser ließ die konfuzianischen Gelehrten kommen und zeigte es ihnen. Ein Schüler Tung Tschung-schu's usw. (wie im *Schi ki*, s. oben S. 92).

---

[1] Hui ist der posthume Name des Ministers Tschan K'in 展禽 od. Tschan Huo 獲 (6. u. 7. Jahrh. v. Chr.). Liu-hia hieß der kleine Lehensbesitz, den er innehatte. Vergl. Giles, *Biogr. Dict.* Nr. 18. Er wird wiederholt von Konfuzius rühmend erwähnt (*Lun yü* XV, 13 und XVIII, 2 u. 8) und öfter noch von Mêng tsĕ (II, 1, IX, 2; V, 2, I, 3 u. a.).

[2] Eigentlich: „ein Knabe von fünf Fuß". Der Ausdruck findet sich auch bei Mêng tsĕ, III, 1, IV, 17. Vergl. auch *Lun yü* VIII, 6 六尺之孤 „eine Waise von sechs Fuß". Es handelt sich um einen halbwüchsigen Jungen.

[3] S. unten in Abschn. 4.

[4] D. h. die Gründer der drei Dynastien der Hia, Schang und Tschou.

[5] Wu-fu, auch 玟夫 geschrieben, ist nach K'ang-hi ein dem Nephrit ähnlich sehender weißlicher Stein.

Der König von Kiao-si war ebenfalls ein älterer Bruder des Kaisers. Er war besonders zügellos und hatte mehrfach hohe Beamte[1] zu Schaden gebracht. Kung-sun Hung sagte dem Kaiser usw. (wie im *Schi ki*, s. oben S. 93).

Während er in den beiden (Lehen-)Staaten als Ratgeber tätig war, hielt er sich auch im Dienst hochmütiger Könige selbst aufrecht, so daß er die Unteren leitete und die Oberen zurechtwies. Er erhob Widerspruch (bei den Regierenden) und trat ein für die Befolgung der Gesetze. Der Staat, in dem er sich aufhielt, wurde auch richtig gelenkt. Schließlich verzichtete er auf sein Amt und kehrte nach Hause zurück. Bis an sein Lebensende fragte er nicht nach Familienbesitz usw. (wie im *Schi ki*, s. oben S. 93).

Als Tung Tschung-schu daheim war, sandte der Hof, so oft große Entscheidungen zu treffen waren, Boten zu ihm. Auch der Justizminister Tschang T'ang[2] kam in sein Heim und befragte ihn. Seine Antworten gaben ein klares Verfahren an.

Seitdem Wu ti zuerst die Fürsten von Weï-k'i und Wu-an zu Beratern des Thrones gemacht[3], wurde die Förderung des (konfuzianischen) Gelehrtentums betrieben; und nachdem Tung Tschung-schu durch seine Denkschriften auf die kaiserlichen Erlasse die Kenntnis des Konfuzius verbreitet hate, schaltete man die verschiedenen Philosophen-Schulen aus und schuf Amtsstellen für Unterrichtswesen, ebenso empfahlen die Provinzen und Bezirke „große Talente"

---

[1] Eigentlich: „Beamte mit 2000 Picul" (Reis Einkommen im Monat); eine zur Han-Zeit übliche Bezeichnung für Beamte der obersten Klasse. Näheres bei Chavannes, *Mém. hist.* II, 526f. Kung-sun Hung hoffte, daß auch Tung dort Schiffbruch leiden würde.

[2] Er war der Vater des bekannteren Tschang, An-schi 張安世 (Giles, *Biogr. Dict.* Nr. 19). Infolge kaiserlicher Ungnade endete er durch Selbstmord. Seine Lebensbeschreibung findet sich *Ts'ien Han schu* Kap. 59 fol. 1 r°ff.

[3] Zum Fürsten von Weï-k'i wurde nach *Ts'ien Han schu* Kap. 18 fol. 7 v° i. J. 154 v. Chr. der General Tou Ying 竇嬰 ernannt wegen seiner Verdienste um die Niederschlagung des großen Fürstenaufstandes unter dem Kaiser King ti. Tou Ying war ein Neffe der Kaiserin-Mutter, Gemahlin des Kaisers Wên ti. Er wurde i. J. 131 v. Chr. durch Wu ti hingerichtet. Fürst von Wu-an wurde nach *Ts'ien Han schu* Kap. 18 fol. 8 r° i. J. 141 v. Chr. T'ien-fên 田蚡, ein Bruder der Kaiserin-Mutter. Er starb zehn Jahre später. Von 131 bis 126 v. Chr. hatte sein Sohn T'ien 恬 die Würde inne, danach wurde sie eingezogen. Ssě-ma Ts'ien (*Schi ki* Kap. 121 fol. 3r°f.) berichtet uns, daß „Wên ti den Lehren der Schulen der Strafgesetze und des rechten Bezeichnungssystems (s. unten im Abschn. 2) seine Neigung schenkte und bis zu King ti die Konfuzianer nicht in Ämter brachte. Die Kaiserin-Mutter Tou (Mutter von King ti) liebte wiederum die Künste vom Gelben Kaiser und von Lao tsě". „Als dann aber die Kaiserin-Mutter Tou gestorben war, wurde T'ien-fên, der Fürst von Wu-an, der Berater des Thrones. Er schob die Lehren der verschiedenen Schulen vom Gelben Kaiser und Lao tsě, von den Strafgesetzen und

und „pietätvolle und sittenreine Männer"[1] (für den Staatsdienst), alles das wurde auf Tung Tschung-schu's Betreiben eingerichtet.

Hoch an Jahren starb Tung daheim den Tod des Alters. Seine Familie siedelte über nach Mou ling[2]. Seine Söhne und Enkel gelangten durch Gelehrsamkeit in die Stellungen hoher Beamter.

Die von Tung Tschung-schu verfaßten Schriften haben alle die Erläuterung der Lehren des Kanons zum Gegenstande. Die Abhandlungen über die (kanonische) Lehre, die er dem Throne überreichte, zählten 123 Abschnitte; ferner das, was zu der Gattung von Schriften wie das *Tê schi, Wên kü, Yü pei, Fan lu.* *Ts'ing ming* und *Tschu lin*[3] gehört, in denen er Fragen des *Tsch'un-ts'iu* erörtert, ebenfalls mehrere Zehner von Abschnitten und über 100 000 Worte. Alles dies ist der Nachwelt überliefert worden; das Hauptsächliche ist gesammelt, seiner Zeit bei Hofe niedergelegt (?) und in Packen zusammengefügt"[4].

Die Angaben dieser beiden Lebensbeschreibungen ermöglichen es, uns von der Persönlichkeit und dem Wirken Tung's ein leidlich genaues Bild zu machen. Bestimmte zeitliche Daten für sein Leben finden wir allerdings nicht darin. Das vorbereitende Studium Tung's fällt in die Zeit der Regierung des Kaisers King ti, die i. J. 156 v. Chr. ihren Anfang nahm. Kaiser Wu ti bestieg den Thron i. J. 140 v. Chr. und unmittelbar danach erließ er sein Edikt, das die Gelehrten zu Vorschlägen über die Regierung aufforderte. Tung, der sich mit Erfolg an dieser Volksberatung beteiligte, mag damals noch ein junger Mann gewesen sein, aber mehr als sechzehn Jahre muß er natürlich gezählt haben, zumal er unter King ti bereits Studienrat für das *Tsch'un-ts'iu* war, Schüler und Verehrer hatte und als große Autorität auf seinem Arbeitsgebiete galt. Wir müssen also seine Geburt ein gut Stück in die Zeit des Kaisers Wên ti hinaufrücken, etwa gegen das Jahr 170 v. Chr., wenn wir annehmen wollen,

---

rechten Bezeichnungen bei Seite und zog mehrere hundert gelehrte Konfuzianer heran."

孝文帝本好刑名之言、及至孝景不任儒者、而竇太后又好黄老之術…竇太后崩武安侯田蚡爲丞相絀黄老刑名百家之言延文學儒者數百人.

[1] *Mou ts'ai* und *hiao lien* sind in der späteren Zeit die literarischen Bezeichnungen für die beiden Grade des *siu ts'ai* 秀才 und *kü jen* 舉人. Anscheinend sind die Ausdrücke auch hier schon im technischen Sinne gebraucht, ob sie aber von Tung Tschung-schu eingeführt sind, läßt sich hiernach nicht feststellen. Biot, *Essai sur l'histoire de l'instruction publique en Chine* S. 139 führt diesen Satz der Han-Annalen irrtümlich als einen solchen aus Tung's Denkschriften an; in den letzteren kommen die Bezeichnungen tatsächlich noch nicht vor.

[2] Mou-ling lag nordöstlich des heutigen Hing-p'ing hien 興平 unweit westlich von Si-an fu.

[3] Zu dieser Stelle vergl. unten Abschn. 3.

[4] Vergl. hierzu unten die Erklärung in Abschn. 3.

daß er zur Zeit der Abfassung seiner Denkschriften 30 Jahre alt war. Einen
anderen Anhaltspunkt erhalten wir durch die Tatsache, daß sein Werk über
Ereignisse von übler Vorbedeutung in ursächlicher Verbindung stand mit der
Feuersbrunst im kaiserlichen Ahnentempel, die im Jahre 135 v. Chr. stattgefunden
haben soll (s. oben S. 92 Anm. 3). Zwischen den Jahren 140 und 135 lag Tung's
Tätigkeit als Ratgeber in Kiang-tu und ein sich daran schließender Aufenthalt
in der Heimat. Geraume Zeit danach — das verhängnisvolle Schicksal seiner
Arbeit infolge der Heimtücke des Tschu-fu Yen hatte ihn wohl für längere
Zeit bei Hofe unmöglich gemacht — ist seine anscheinend auch nur kurze Wirksamkeit in Kiao-si[1] anzusetzen. Sein Widersacher Kung-sun Hung, dem er
diese Abschiebung auf einen gefährlichen Posten verdankte, kehrte i. J. 130
v. Chr. aus dem Schatten der kaiserlichen Ungnade zurück, stieg dann rasch bis
zu den höchsten Würden im Staate und starb im Jahre 121 v. Chr. Da Tung ihn
gerade um dieses Emporkommens willen für einen Schmeichler ansah, so muß
die Entsendung des ersteren nach Kiao-si in die spätere Zeit Kung-sun Hung's,
also wohl um 125 v. Chr. gefallen sein. Das Todesjahr Tung's ist ebenfalls
nicht festzustellen, doch sind einige Anhaltspunkte auch dafür vorhanden.
Ssě-ma Ts'ien, der im Anfang der Regierung des Kaisers Tschao ti starb[2], also
bald nach dem Jahre 86 v. Chr., erwähnt Tung's Tod, und zwar in einem Kapitel,
das noch unter Wu ti's Regierung verfaßt sein muß, weil darin von „Seiner
Majestät dem heutigen Kaiser" die Rede ist (s. oben S. 91) und damit nur Wu ti
gemeint sein kann. Tung Tschung-schu's Tod muß also bestimmt vor dem Jahre
87 v. Chr., dem Todesjahre Wu ti's, stattgefunden haben, und da die Han-Annalen berichten, daß er „hoch an Jahren" gestorben sei, so kann dies, wenn
wir annehmen, daß er um 170 v. Chr. geboren wurde, nur kurze Zeit vorher
gewesen sein, also vielleicht um das Jahr 90 v. Chr. Tung Tschung-schu wäre
dann achtzig Jahre alt geworden.

Das Bild, das wir uns nach den Berichten der Geschichtschreiber von der
Persönlichkeit Tung's machen müssen, ist das eines ernsten, nüchternen, von
keinem Ehrgeiz getriebenen, durch keinen äußeren Glanz geblendeten Gelehrten,
der mit allen seinen Gedanken in der Welt- und Staatsauffassung des Altertums
wurzelt und alle Mißstände der Gegenwart als die natürliche Folge davon erklärt, daß man noch nicht wieder zu den vom Himmel selbst gesteckten Wegen der
fernen Vergangenheit zurückgekehrt sei. Die Lehre des Konfuzius, deren Studium er sein Leben geweiht hatte, war ihm in dem Ideal-Staate des Tschou
kung verwirklicht gewesen oder — vielleicht richtiger — von diesem hergeleitet
worden, und alle die glänzenden Erfolge der großen Herrscher der Han konnten
ihn nicht darüber beruhigen, daß die Zerstörung des gottgesetzten Rechtes
durch die Ts'in in ihrem Verderben noch fortwirke, und das Han-Reich sich von

---

[1] Er wird deswegen in der Literatur auch zuweilen Tung Kiao-si genannt.
[2] S. *Mém. hist.* I, XLIV f.

7*

dem überkommenen Gifte noch nicht völlig frei gemacht habe. Die Han-Kaiser,
und Wu ti ganz besonders, waren kluge Staatslenker: sie hatten aus der Geschichte gelernt, und bei aller Ehrfurcht, die sie dem neu erschlossenen konfuzianischen Kanon darzubringen schienen, waren sie entschlossen, nicht wieder
in die gefährlichen Bahnen des Lehenstaates einzulenken, sondern den Einheits-
bau des großen Schi Huang-ti weiter zu führen, nur langsamer, vorsichtiger als
der geniale Gewaltmensch. Ein Hauptmittel dazu war die allmähliche Demo-
kratisierung des Staatsdienstes durch Heranziehung der Fähigsten aus den
breiten Schichten des Volkes zur Verwaltung. Dadurch setzte sich einerseits
die Dynastie bei dem Gelehrtentume in ein günstiges Licht — wurde doch auf
diese Weise seinem Einflusse ein breiter Weg geöffnet — und anderseits wurden
den Einrichtungen des Lehenswesens die Wurzeln abgegraben. Es ist klar,
daß für Tung Tschung-schu, so begierig er den Gedanken einer Auslese der Besten
im Volke aufgriff, die sonstige Politik der neuen Zeit wenig befriedigend war.
So erklärt sich der geringe Erfolg, der ihm im Staatsdienste beschieden war.
Zweimal wurde er einem Lehensherrn als überwachender Vertreter der Zentrale
zur Seite gestellt, und beide Male erwies er sich als ungeeignet für seine Aufgabe. Das erste Mal wurde er nach kurzer Zeit entlassen, das zweite Mal zog
er es vor, selbst zu gehen; war doch der Posten in Kiao-si nur eine Falle, durch
die ihn der rachsüchtige Kung-sun Hung ebenso beseitigen wollte, wie er zur
gleichen Zeit Tung's Gegner Tschu-fu Yen beseitigt hatte (s. oben S. 92 Anm. 4).
Die beiden ehrgeizigen Fürsten, denen er zu „dienen" berufen war, mögen auch
seinen gelehrten Hinweisen auf das Altertum wenig Verständnis entgegenge-
bracht haben. Dabei schwebte beständig wie ein finstrer Schatten über ihm
die Erinnerung an die schlimmen Erfahrungen, die er mit seiner Deutung
der Feuersbrunst im kaiserlichen Ahnentempel gemacht hatte. Aus seiner
ersten Denkschrift, wie aus seinem Hauptwerke kennen wir die Auslegung,
die er auf Grund des *Tsch'un-ts'iu* solchen „ungewöhnlichen Ereignissen von
übler Bedeutung" gab[1]. Es waren Warnungen des Himmels an eine Regierung, die vom richtigen Wege abgekommen war und die, wenn sie ihr Verhalten nicht änderte, unrettbar dem Untergange verfiel. Diese Bedeutung
hat er auch dem Unglück im Ahnentempel in seiner Schrift gegeben, wenigstens
lassen darauf seine Äußerungen schließen die im *Ts'ien Han schu* Kap. 27a
fol. 12 v°ff. aufbewahrt sind. Er weist hier auf ähnliche Vorgänge im *T. t.*
hin, erklärt, daß die Han-Dynastie mit den Schäden ihrer beiden untergegangenen
Vorgängerinnen belastet sei und sie noch nicht behoben habe. In dem Unglück
komme die Meinung des Himmels darüber zum Ausdruck[2]. Als aber Kaiser

---

[1] Näheres darüber s. unten in Abschn. 4.

[2] Wang Tsch'ung 王充, der in seinem *Lun hêng* die Geschichte von Tschu-fu
Yen's hinterlistigem Streiche und seinen Folgen ebenfalls erzählt, bezeichnet die Schrift
als „eine Schrift über Lehren vom *tao*" 道術之書 (*Lun hêng* Kap. 29 fol. 5 r°), was

Wu ti durch einen groben Vertrauensbruch von den Aufzeichnungen Kenntnis
erhielt, mag er von der Weisheit wenig erbaut gewesen sein. Es würde kaum
noch des erstaunlichen Verhaltens von Tung's eigenem Schüler bedurft haben,
um den Herrscher zu einer harten Bestrafung zu veranlassen. Auf dem Gebiete
der praktischen Staatskunst lag Tung's Stärke offenbar nicht, sondern mehr
auf dem des Kultus und der theoretischen Lehre vom Staat in der Auffassung
des Konfuzius. So hat er denn auch sein Leben mit nur kurzen Unterbrechungen
daheim über seinen Studien zugebracht. Daß er dabei zum einsamen Sonder-
ling wurde, geht aus seinem Verhältnis zu seinen Schülern hervor. Es erscheint
uns kaum begreiflich, wie einer der letzteren so wenig von den Anschauungen
seines Meisters wissen konnte, daß er eine Arbeit von ihm für die eines „großen
Narren" erklärte. Man würde die Wahrheit der Geschichte bezweifeln, wenn
sie nicht von Ssö-ma Ts'ien selbst berichtet würde. Aber vielleicht wird der
Vorfall erklärlicher, wenn man erfährt, daß die Schüler den Lehrer persönlich
überhaupt nicht zu sehen bekamen, sondern seine Lehren einander überlieferten.
Daß Tung aber trotz seines Hanges zur Einsiedelei kein ungewandter Dialektiker
war, scheint aus der Erzählung der Han-Annalen von seinem Wettstreit mit
Kiang Seheng, dem Vertreter der Schule Ku-liang's[1], hervorzugehen. Danach
„vermochte er, in schönen, wohlzusammengefügten Sätzen zu reden", während
sein Gegner „eine schwere Zunge hatte", so daß dieser den Angriffen Tung's,
der das *Kung-yang tschuan* vertrat, nicht gewachsen war.

Bei all seiner Zurückhaltung hat denn auch Tung Tschung-schu in der Entwicklungsgeschichte der chinesischen Staatseinrichtungen tiefe, unauslöschliche
Spuren hinterlassen. Die Schaffung eines staatlichen Unterrichtswesens und
die Auswahl fähiger junger Leute in den einzelnen Provinzen, „alles das wurde
auf Tung's Betreiben eingerichtet". Mit anderen Worten: das staatliche Prüfungsystem, das fast zwei Jahrtausende hindurch das Rückgrat des chinesischen
Beamtenstandes gebildet hat, geht in seinen ersten Anfängen auf ihn zurück.
Nachdem er bereits in der ersten Denkschrift auf die hohe Bedeutung hingewiesen, die im Altertum dem Unterricht des Volkes beigemessen sei, und die
in der Errichtung von Studienanstalten ihren Ausdruck gefunden habe, bezeichnet er in der zweiten Denkschrift als eine Hauptquelle der beklagten
Mißstände die alte Übung, den Söhnen der Fürsten und hohen Beamten, den
kuo tsĕ 國子, die Ämter und Ehren der Väter wieder zu übertragen, ohne
auf die Frage ihrer Befähigung Bedacht zu nehmen. Statt dessen will er, natürlich in Anlehnung an vermeintliche ähnliche Einrichtungen unter Yao und
Schun, daß die Verwaltungsbezirke einige besonders begabte junge Männer

---

Forke *(Lun-hêng* I, 84) nicht ganz zutreffend durch „a book on magical arts" wiedergibt.
Aber Wang Tsch'ung nimmt Tung Tschung-schu überhaupt für einen halben Taoisten.
Vergl. unten in Abschn. 2.

[1] S. darüber oben S. 81 u. 83.

aussuchen und nach der Hauptstadt entsenden, wo sie in einer Studienanstalt[1] (?) in den Wissenschaften ausgebildet und geprüft werden sollen, denn ein solches System „ist Wurzel und Quelle aller Lehre und aller Zivilisation".

---

[1] Tung nennt diese Einrichtung in seiner Denkschrift *hing t'ai hio* 興太學, d. h. „das *t'ai hio* fördern". Der Name *t'ai hio* kommt wiederholt im *Li ki* vor und ist offenbar alt. (Vergl. auch die Bemerkungen Legge's, *Chin. Cl.* I, 219 dazu). „Die kleine Studienanstalt, *siao hio*, war im Süden des Palastes auf der linken Seite, die große, *ta hio*, in der Stadtflur. Beim Himmelssohn hieß sie *pi yung* 辟雍, bei den Lehensfürsten *p'an kung* 頖宮", so heißt es im *Li ki* (Couvreur I, 281). Aber dieses ältere *ta* oder *t'ai hio* war sicherlich nicht das, was Tung im Auge hatte, und Quistorp *(Männergesellschaft und Altersklassen im alten China S. 22)* wird der Entwicklung nicht gerecht, wenn er meint, das *pi yung* „sei in eine königliche Lehranstalt für künftige Beamte umgewandelt worden". Eine solche Umwandlung hat nie stattgefunden, und das *pi yung* muß von dem *t'ai hio* Tung's oder dem, was in Wirklichkeit daraus geworden ist, getrennt gehalten werden. Was unter dem *ta hio* des *Li ki* zu verstehen ist, läßt sich schwer sagen, aber eine Lehranstalt für künftige Beamte war es sicherlich nicht, denn eine solche Beamtenausbildung war zur Tschou-Zeit noch unbekannt. Tschu Hi meint zu der erwähnten Stelle des *Li ki*, „das *pi yung* sei eine Stätte für das Bogenschießen und die Ausübung des Kultus gewesen" 辟雍大射行禮之處. Tung aber sagt in seiner Denkschrift (a. a. O. fol. 13r°): „Was den großen Gedanken eines Unterhaltes der Studierenden betrifft, so gibt es keinen größeren Gedanken als eine Studienanstalt(?). Denn eine Studienanstalt(?) ist der Ursprungsort tüchtiger Gelehrter, die Wurzel und Quelle aller Lehre und aller Zivilisation." 養士之大者莫大乎太學、太學者賢士所關也、教化之本原也. Wenn Tung bei diesem Namen (die Bezeichnung *pi yung* vermeidet auch er) an das *Li ki* gedacht hat, so mag er ihn gewählt haben, weil er seine Anträge damit durch das Altertum zu rechtfertigen glaubte, aber sachlich gemeint war etwas Neues: die Auswahl junger Leute aus dem Volke und ihre Ausbildung und Prüfung für den Staatsdienst. Das wird noch klarer durch das, was darauf erfolgte. Im Jahre 124 v. Chr. wurde, wie Ssë-ma Ts'ien *(Schi ki* Kap. 121 fol. 4 r°) berichtet, auf den Antrag Kung-sun Hung's, der damals erster Minister war (s. oben S. 99) bestimmt, daß fünfzig junge Leute von wenigstens 18 Jahren durch das Ministerium des Kultus (*t'ai tsch'ang* 太常) ausgesucht, unterrichtet und nach einem Jahre geprüft werden sollten. Sie hatten die Bezeichnung *ti tsë* 弟子 und wurden dann *po schi ti tsë* 博士. Von einem *t'ai hio* oder *pi yung* ist hier nirgends die Rede, vielmehr weisen die Studienräte in ihrem Bericht auf die Lehranstalten der früheren Dynastien hin, die unter den Hia *hiao* 校 geheißen hätten, unter den Schang *sü* 序 und unter den Tschou *siang* 庠. In der ersten Denkschrift Tung's heißt es (a. a. O. fol. 7 r°): „Die Herrscher des Altertums machten stets Belehrung und Bildung zur wichtigsten Angelegenheit. Sie errichteten eine Studienanstalt für die Belehrung im Staate und schufen Schulen für die Bildung in den Dörfern." 古之王者莫不以教化爲大務、立太學以教於國設庠序以化於邑. Und Yen Schi-ku weist dabei auf die Stelle im *Li ki* (Couvreur II, 30) hin: „Im Lehrsystem des Altertums hatte eine Familie eine *schu*

Diese Männer, die Auslese des Volkes, sollen dann das hohe Beamtentum des Staates bilden. Die im Jahre 124 beschlossene Verwirklichung des Planes, der den erwähnten Demokratisierungsbestrebungen des Kaisers und den Interessen des Literatentums in gleichem Maße förderlich war, hat Tung noch erlebt; in kaum noch unterbrochener Entwicklung ist dann im Laufe der Zeit das großartige, in der Welt sonst unerreichte Prüfungsystem daraus erwachsen, das erst im Jahre 1905 unter dem Drucke der abendländischen Kultur sein Ende gefunden hat.

Nicht viel weniger bedeutungsvoll ist Tung's Wirken für die Entwicklung

---

genannte Schule, ein Dorf ein *siang*, ein Bezirk von Dörfern ein *sü*, ein Staat ein *hio*." 古之教者家有塾黨有庠術有序國有學. Ob freilich diese Angabe des *Li ki* eine sehr alte ist, scheint zum mindesten zweifelhaft. Es mag auch dahingestellt bleiben, ob die Anstalten wirkliche Schulen waren, immerhin schienen sie den Bericht-erstattern, die sie jedenfalls für Schulen hielten, näher liegend für den Vergleich als das *pi yung*. Völlige Klarheit läßt sich nun aber über das, was Tung mit einem *t'ai hio* meinte, leider ebensowenig erlangen wie darüber, ob i. J. 124 in der Hauptstadt überhaupt eine Studienanstalt errichtet wurde, welcher Art sie war, und welche Bezeichnung sie hatte. (Die Darstellung, die Biot, *Histoire de l'instruction publique* S. 103 ff. von den Dingen gibt, ist willkürlich und beruht ebenfalls auf Mißverständnissen.) Ma Tuan-lin *(Wên hien t'ung k'ao* Kap. 40 fol. 4 v°) schildert die Berufung und Prüfung der *ti tsĕ*, wie sie zuerst von Tung Tschung-schu angeregt war, und sagt dann am Schluß: „das ist es, was unter Wu ti *hing t'ai hio* genannt wurde" 卽武帝所謂興太學也. Danach könnte *hing t'ai hio* auch ebenso gut bedeuten: „die hohe Wissenschaft fördern", ohne daß dabei durch-aus an die Errichtung einer Studienanstalt gedacht werden muß. Auch die Chinesen sind über die Frage zu keiner Klarheit gelangt. Die Verfasser des großen Werkes *Li tai tschi kuan piao* 歷代職官表 erörtern bei der Geschichte der konfuzianischen „Akademie" *kuo tsĕ kien* 國子監 (Kap. 34 fol. 13 v°ff.), die auch den Namen *t'ai hio* führt, die Be-deutung des letzteren zur Han-Zeit. Sie bemerken dabei, daß der Kaiser Wu ti wohl die drei *yung*-Paläste errichtet habe, nämlich das *ming t'ang*, das *pi yung* und das *ling t'ai*, daß diese aber nur zu Opferzwecken für den Kultus des *Schang ti* gedient hätten, nicht aber zum Unterhalt der Studierenden. Wenn aber Ma Tuan-lin die Frage für unentschieden erkläre, so sei darauf hinzuweisen, daß, wenn es auch ein *t'ai hio* unter den westlichen Han nicht gegeben habe, doch ein staatlicher Versammlungs- und Vortragsort für die Studie-renden vorhanden gewesen sei. Zu Zeit des Kaisers Tsch'êng ti (32 bis 7 v. Chr.) habe man eine Kultus-Stätte, wo die *po schi* die Wein-Libation, Bogenschießen und andere Zeremonien geübt hätten, *t'ai hio* genannt, und zur Zeit von Kuang-wu (25 bis 57 n. Chr.) sei unter dem Namen *t'ai hio* eine Anstalt errichtet, wo die *po schi* gewohnt und den Stu-dierenden Unterricht erteilt hätten, hier habe also zum ersten Male eine Vereinigung des Unterrichts mit dem, was bisher *hio* genannt worden sei, stattgefunden. Man sieht aus alledem, daß es keineswegs sicher ist, ob Tung Tschung-schu mit seinem *t'ai hio* wirklich eine Studienanstalt, und nicht bloß ein System staatlicher Prüfungen gemeint hat. Seine Bedeutung für die Sache wird dadurch natürlich nicht berührt.

des Staatskultus gewesen, und zwar auch hier zum Vorteil der kaiserlichen
Politik, insbesondere der Festigung der neuen kaiserlichen Machtstellung. Die
auf Tschou kung zurückgehende Verknüpfung des kaiserlichen Ahnendienstes
mit dem Himmelskultus, die Auffassung des Himmels als des höchsten Ahnen
des Zentralherrschers und die dadurch bedingte Vergöttlichung des „Himmelssohnes" als eines Vermittlers zwischen Gott und der Menschheit, die sich während
der langen Verfallszeit der Tschou und der abtrünnigen Ts'in-Dynastie stark
verflüchtigt hatten, sind von Tung neu gestaltet und mit der Autorität der
konfuzianischen Lehre gestützt worden. Der sichtbare Ausdruck dieses Ver-
hältnisses war das von Tung neu belebte „Stadtflur"- oder Himmelsopfer
(kiao 郊), das, wenn es rechtmäßig sein sollte, allein vom Zentralherrscher
dargebracht werden konnte. Wieder und wieder betont er im T. t. fan lu die
Bedeutung und überragende Wichtigkeit dieses Opfers[1], und es ist nicht unwahrscheinlich, daß er es in erster Linie mitgewesen ist, der die im Jahre 110 v. Chr.
von Wu ti zum ersten Male wieder vollzogenen großen Opferfeiern fêng und schan
für das Elternpaar Himmel und Erde veranlaßt hat[2]. Sie gehörten auch zu
seiner ganzen auf das T. t. gegründeten Lehre vom Staat als organischer Bestandteil hinzu. Es kann keinem Zweifel unterliegen, daß Tung den kaiserlichen
Kultus nach seiner Auslegung des Altertums nicht bloß neu geordnet, sondern
auch über den Rahmen der Tschou-Dynastie hinaus entwickelt hat. Damit
ist der Machtstellung des Zentralherrschers ihr stärkster Tragpfeiler gegeben
worden, der sie allen Stürmen zum Trotz und durch den Wechsel zahlloser
Herrscher und Dynastien hindurch als das Mittelstück des universalistischen
Kirchenstaates bis in unsere Tage hat sichern können.

Eine andere, zwar weniger bedeutungsvolle und auch nur kurzlebige, aber
kulturgeschichtlich ebenfalls interessante Schöpfung Tung's im Staatskultus
war das zeitweilig zu großer Berühmtheit gelangte Regen-Opfer. Es bestand
aus einer groß angelegten Kultushandlung zur Beschwörung von Dürre und
Überschwemmungen, oder, wie er selbst es nennt, aus der „Regenbitte" und
dem „Aufhörenmachen des Regens". Auch hier knüpft er natürlich an das
Altertum an und glaubt, das im T. t. öfters erwähnte „große Regenopfer" ta yü
大雩 der älteren Tschou-Zeit, über dessen Wesen von dem späteren Gelehrtentum viel gestritten worden ist, und das wohl schon zur Han-Zeit längst vergessen
war, wieder neu zu beleben. Das Regen-Opfer hing unzweifelhaft zusammen
mit dem uralten Kultus des Gottes des Erdbodens, und auch Tung hat diesen
zum Mittelpunkte seiner Neuschöpfung gemacht, indem er alte Volksbräuche,
die ursprünglich vielleicht nur einen lokalen Geltungsbereich hatten, mit heranzog und erweiterte. Er hat dann aber den Sinn seiner Kultushandlung ein-
gebaut in seine Lehre vom *yin* und *yang*, die er in einem Maße entwickelt und

---

[1] Vergl. auch unten S. 111.

[2] Näheres hierüber s. unten in Abschn. 4.

erweitert hat, wie kein Zweiter vor ihm oder nach ihm. Dürre und Überschwemmung entstehen nach ihm durch eine Störung des Gleichgewichtes der beiden kosmischen Urkräfte, und auf eine Beseitigung dieser Störung ist sein Regenopfer eingestellt. Viel Erfolg hat Tung allerdings mit seinem neuen Kultus nicht erzielt. Eingeführt zu der Zeit, da er Ratgeber in Kiang-tu war, hat sich das Regenopfer anscheinend nicht viel länger als bis zum Ende der Früheren Han-Dynastie zu halten vermocht; Liu Hiang 劉 向 hat in seinem *Schuo yuan* 說 苑 (1. Jahrh. v. Chr.) noch die Beschreibung des Regenopfers von Tung wörtlich abgeschrieben, aber schon im 1. Jahrhundert n. Chr. bemerkt ein Kultwerk der Späteren Han spöttisch, daß nach der Vollziehung von Tung Tschung-schu's Regenopfer „Nässe und Trockenheit oftmals nicht der Ordnung entsprachen"[1]. Unter den folgenden Dynastien verschwindet der Kultus dann völlig.

Grundlegend, richtunggebend wie Tung's Wirksamkeit für den Aufbau und Ausbau des neuen Weltstaates der Han hiernach gewesen ist, seine eigentliche Bedeutung liegt doch in der Wiederherstellung der konfuzianischen Lehre und ihrer Übermittelung an die Nachwelt. Er hat diese Lehre da gesucht, wo die Quellen am stärksten und unmittelbarsten flossen, d. h. in dem von dem Meister selbst, und nicht von seinen Schülern herrührenden Werke, dem *Tsch'un-ts'iu*.

Von dem Wesen und der Bedeutung dieser später so arg verkannten Aufzeichnungen ist früher ausführlich die Rede gewesen, so daß wir hier auf die Frage der *T.-t.*-Auslegung nicht zurückzugreifen brauchen. Ein grundsätzlicher Zweifel über diese Auslegung bestand zur Han-Zeit noch nicht, da die „Entdeckung" des *Tso tschuan* durch Liu Hin noch nicht die Verwirrung der Geister hervorgerufen hatte; es gab nur die beiden Überlieferungsreihen von Ku-liang und Kung-yang, zwischen denen Auffassungsunterschiede nur in meist unwesentlichen Einzelheiten vorhanden waren. Der mündlich überlieferte, bislang geheime Sinn der Formeln stand fest; Ku-liang war kürzer und weniger tief, Kung-yang ausführlicher, gründlicher und in der frühen Han-Zeit auch maßgebender. Die erste schriftliche Festlegung des Textes vom *Kung-yang tschuan* muß, wenn Tung nicht selbst daran beteiligt war — was allerdings nirgends berichtet wird —, zu seinen Lebzeiten erfolgt sein, sofern wirklich Hu-wu Tsĕ-tu, sein Studiengenosse, die Niederschrift besorgt hat. Schon in der Jugend hat er sich jedenfalls dem Studium des *T. t.* hingegeben, denn bereits unter King ti war er staatlicher *po schi* dafür, und bis zu seinem Lebensende bildete das Werk den Mittelpunkt seiner Lehre, seiner Arbeiten, seiner politischen Auffassungen, ja seiner gesamten Weltanschauung. Es war die Grundlage, von der er jedesmal ausging, wenn er sich über eine Frage des Kultus, der Ethik, der Rechtsgrundsätze, der Verfassung und der kosmischen Philosophie zu äußern hatte; auf seine Lehren griff er immer wieder als auf die letzte

---

[1] Näheres hierüber in Abschn. 4.

Quelle aller Weisheit zurück; es gab für ihn keinen Gegenstand, der nicht im
T. t. seine Behandlung, keinen Zweifel, der dort nicht seine Entscheidung gefunden hätte.   In seinen Denkschriften begründet er seine Urteile und Anträge
mit den Lehren des *T. t.*, seine bedeutungsvolle und für ihn so folgenschwere
Erklärung ungewöhnlicher Ereignisse stützt er auf das *T. t.* und seine Neu-
schöpfungen im Kultus knüpft er an Einrichtungen, die dort erwähnt werden.
„Wer das *T. t.* nicht ergründen kann, für den ist es dunkel und so gut wie nicht
vorhanden; wer es aber ergründen kann, für den gibt es nichts, was nicht darin
enthalten wäre", sagt er im *T. t. fan lu.* Daß auf diese Weise manches in die
Formeln des *T. t.* hineingelesen wird, was auch Konfuzius in seinen mündlichen
Erläuterungen nicht gesagt hat, ist zum mindesten wahrscheinlich, wenigstens
gehen Kung-yang und Ku-liang und noch mehr ihre Erklärer zuweilen mit
einer Kasuistik zuwege, bei der wir kaum ernst bleiben können.   So völlig
war Tung von dem Geiste der konfuzianischen Lehren beherrscht, daß bereits
die ganze daraus erwachsene Unduldsamkeit des Literatentums bei ihm zu Tage
tritt, die für die Entwicklung des chinesischen Geisteslebens später so ver-
hängnisvoll geworden ist.   Seine dritte Denkschrift schließt er mit folgenden
oben bereits angedeuteten (s. S. 95) bezeichnenden Worten: „Das *T. t.* zeigt
die Größe der Bedeutung der alles erfassenden Einheitlichkeit, es ist die ewige
Richtlinie für das Weltall, das alldurchdringende Recht für Altertum und Gegenwart.   Heute aber haben die Lehrer ihre verschiedenen Systeme, und die Leute
ihre verschiedenen Erklärungen; hundert Schulen gibt es, deren Lehrvorschriften
verschiedenartig, deren Zwecke und Ziele nicht gleich sind, so daß oben (bei
der Regierung) keine Möglichkeit besteht, einen einheitlichen Plan durchzuführen, und die Satzungen beständig verändert werden, unten aber (im Volke)
man nicht weiß, woran man sich halten soll.   Ich meine: alles, was nicht in den
Studiengängen der sechs Wissenschaften[1] und in dem Kanon des Konfuzius
enthalten ist, sollte unterbunden, und seine Lehre an der Ausbreitung verhindert
werden; dadurch würden die falschen und verkehrten Reden zum Schweigen
gebracht werden und aufhören.   Dann kann die allgemeine Leitung einheitlich,
das System der Regierung deutlich werden; das Volk aber wird wissen, wonach
es sich zu richten hat"[2].   An eifervoller Rechtgläubigkeit steht also Tung dem
Mêng tsĕ nicht nach, und die spätere Orthodoxie könnte in dem einen so gut

---

[1] Unter den sechs Wissenschaften sind hier zu verstehen: *Schi king, Schu king, Li ki,
Yo ki, Yi king* und *Tsch'un-ts'iu.* Vergl. *T. t. fan lu* Abschn. 2 fol. 4 r⁰.

[2] *Ts'ien Han schu* Kap. 56 fol. 20 v⁰f.: 春秋大一統者、天地之常經、
古今之通誼也、今師異道人異論、百家殊方指意不同、是
以上亡以持一統、法制數變、下不知所守、臣愚以爲諸不
在六藝之科孔子之術者皆絶、其道勿使並進、邪辟之說滅
息、然後統紀可一而法度可明、民知所從矣．

wie in dem andern ihr Vorbild verehren. Das eine aber ist zweifellos: die Deutung der Formeln des *T. t.* und damit höchst wichtige Bestandteile der konfuzianischen Lehre würden vermutlich unter dem Staube der Vergessenheit begraben sein, wenn nicht Tung Tschung-schu's Wirken sie für die Nachwelt gerettet hätte. Auch so zwar sind Kung-yang's und Ku-liang's Überlieferungen unter dem Einflusse des *Tso tschuan* viele Jahrhunderte hindurch der Nichtbeachtung anheimgefallen, aber die tiefsinnigen Darlegungen Tung's haben es doch vermocht, schließlich wieder die Aufmerksamkeit auf sie und damit auf die Ansichten der alten Zeit über die Lehren des Konfuzius hinzulenken. Diese Darlegungen erhielten ein besonderes, für ihre Anerkennung wohl geradezu bestimmendes Gewicht durch die Tatsache, daß sie sich zur Han-Zeit der größten Bewunderung seitens der ersten Geister erfreuten, und daß, offenbar infolge ihrer Wirkung, das *Kung-yang tschuan* im 2. und 1. Jahrhundert v. Chr. die überragende Stellung hatte, um sie dann an das *Ku-liang tschuan* abzugeben. „Tung Tschung-schu's Ruhm leuchtete beim *T. t.* und bei seinem Erklärer Kung-yang", sagt Ssë-ma Ts'ien in Würdigung von Tung's gesamter Tätigkeit. An diesen Tatsachen kann schließlich eine ernste Untersuchung der kanonischen Lehre nicht vorübergehen.

Es ist kein Kommentar zu Kung-yang, den Tung geschrieben hat, sondern es sind eine Reihe von Abhandlungen, die die Lehre des Meisters unter Zugrundelegung von Kung-yang's Text darstellen und erläutern, Abhandlungen, die eine lückenlose Beherrschung des gesamten Stoffes, vor allem auch des als Rahmen dienenden geschichtlichen erkennen lassen. Nach den nicht ganz klaren Angaben der Han-Annalen muß die Zahl dieser Abhandlungen an 150 betragen haben, wie denn auch Wang Tsch'ung in seiner Selbstbiographie am Schlusse des *Lun hêng* zur Entschuldigung für den Umfang seines Werkes sagt: „In neuerer Zeit hat Tung Tschung-schu Schriften verfaßt, die mehr als hundert Abschnitte zählen"[1]. Ein großer Teil von diesen „Abschnitten" — über achtzig — ist zu dem Hauptwerke *Tsch'un-ts'iu fan lu* 春 秋 繁 露 zusammengefaßt worden, allerdings nicht schon von Tung selbst, da die Lebensbeschreibung der Han-Annalen mehrere von den Abschnitten, die heute Teile des *T. t. fan lu* bilden, als selbständige Werke aufführt und überdies auch ein *Fan lu* als zu diesen Werken gehörig kennt. Die Bibliographie der Han-Annalen (Kap. 30 fol. 18 v°) gibt als das Werk Tung's in Übereinstimmung mit der Lebensbeschreibung nur „die 123 Abschnitte" (*p'ien* 篇) an, jeglicher Titel fehlt; das *T. t. fan lu* ist also erst später zusammengestellt worden[2]. Aber ebensowenig wie die 123 Abschnitte sämtlich in dem heutigen *T. t. fan lu* enthalten sind, ebensowenig können die ersteren alle Schriften Tung's umfaßt haben. Das geht einmal schon aus den Angaben der Lebensbeschreibung in den Han-Annalen

---

[1] *Lun hêng* Kap. 30 fol. 7 r°: 近 董 仲 舒 傳 作 書 篇 百 有 餘.
[2] Näheres hierüber s. unten in Abschnitt 3.

hervor (s. oben S. 98) — das *Schi ki* schweigt ja leider ganz über die Frage —, dann aber führt auch schon die Bibliographie der Han-Annalen (a. a. O. fol. 9 v⁰) noch ein anderes Werk von ihm auf, nämlich das *Kung-yang Tung Tschung-schu tschi yü* 治獄 in 16 Abschnitten *(p'ien)*. Das Werk ist bis auf ein paar kümmerliche Reste, von denen sogleich die Rede sein wird, seit langem verloren, und selbst über seinen Titel scheint schon frühzeitig Unsicherheit geherrscht zu haben. Das *Sui schu* (Kap. 32 fol. 23 v⁰) führt ein *Tsch'un-ts'iu küe schi* 決事 in 10 Kapiteln *(küan)* von Tung Tschung-schu auf, ebenso noch das *Tsch'ung wên tsung mu* 崇文總目 (11. Jahrhundert), das daneben aber auch noch den Titel *T. t. küe i* 決疑 kennt (auch *küe schi pi* 比 kommt vor); das *T'ang schu* (Kap. 59 fol. 14 v⁰) nennt ein *Tung Tschung-schu tsch'un-ts'iu küe yü* 決獄 ebenfalls in 10 Kapiteln. Dagegen zitiert das *Yü hai* 玉海, eine Bibliographie des 13. Jahrhunderts, Kap. 40 fol. 13 r⁰f. ein im *Schi ki tschêng i ts'i lu* 史記正義七錄 erwähntes *Tsch'un ts'iu tuan yü* 斷獄 in 5 Kapiteln sowie eine Angabe Ying Schao's 應劭, des Verfassers des *Fêng su t'ung yi* 風俗通義, (2. Hälfte des 2. Jahrhunderts n. Chr.), wonach Tung infolge seiner Tätigkeit als Ratgeber in Rechtsfragen (s. oben S. 97) das *Tsch'un-ts'iu küe yü* verfaßt habe, in dem 232 Fälle behandelt seien. „Er wandte dabei eine genaue Prüfung der entsprechenden Sätze in dem kanonischen Buche (dem *T. t.*) an"[1]. Während nach einer Bemerkung des *Tsch'ung wên tsung mu* im 11. Jahrhundert noch 78 der behandelten Fälle vorhanden waren, scheint im 13. Jahrhundert das Werk endgiltig verloren gewesen zu sein. Der Titel ist vermutlich auch erst nach des Verfassers Tode den losen Aufzeichnungen hinzugefügt. Dabei mögen die Zeichen 治 und 決 leicht miteinander vertauscht worden sein. Die heute noch vorhandenen spärlichen Reste des *Kung-yang tschi yü* — es sind im Ganzen 539 Schriftzeichen — verdanken wir einem modernen Sammler, Huang Schi 黃奭, der sie aus verschiedenen Werken, wo sie sich als Zitate fanden, zusammengetragen und seinem *Han hio t'ang ts'ung schu* 漢學堂叢書 einverleibt hat. Dort befinden sie sich zusammen mit einem offenbar gefälschten *Fa king* 法經 von Li K'uei 李悝 (5. und 4. Jahrh. v. Chr. S. darüber Pelliot im Bull. Ec. fr. Extr. Or. IX, 124) in einem Bande. Ein *T. t. küe schi* von Tung Tschung-schu befindet sich nach *Hui k'o schu mu* Heft 18 fol. 2 v⁰ in der Sammlung *Han Wei yi schu tsch'ao* 漢魏遺書鈔, die in der Zeit Kia-k'ing (1796—1820) von Wang Mo-jen 王謨仁 zusammengestellt ist. Sie ist mir leider nicht zugänglich. Das Werk war offenbar eine Sammlung von „Rechtsentscheidungen" des *T. t.* nach dem *Kung-yang tschuan*, soweit sie strafrechtlicher Natur waren. Die einzelnen geschichtlichen Fälle in den *T.-t.*-Formeln waren in der Weise verwertet, daß praktische Strafrechtsfälle aus dem Leben des Volkes vorgeführt wurden, und die Entscheidung dann auf Grund der Formeln in der Auslegung Kung-yang's

---

[1] 動以經對言之詳矣.

gefällt und entsprechend begründet wurde. Solcher Art sind wenigstens die
erhaltenen Bruchstücke. Ein Beispiel daraus ist unten in Abschnitt 4 angeführt. Auf diese Weise war ein System des Strafrechts entstanden, das
sich auf Konfuzius selbst als seinen Urheber beruft und jedenfalls zu den ältesten
Bestandteilen der juristischen Literatur der Chinesen zu zählen ist.

Aber auch sonst sind uns noch Teile von Tung's umfangreicher schriftstelle-
rischer Tätigkeit erhalten geblieben. Eine Sammlung von Einzelschriften verschiedener Art ist später zusammengestellt worden unter dem Titel *Tung Tschung-
schu tsi* 集 oder auch *Tung Kiao-si tsi* (vergl. oben S. 99 Anm. 1). Sie hat Aufnahme
in die Sammelwerke *Han Weï leo tsch'ao nien yi ming kia tsi* 漢魏六朝廿
一名家集 von Wang Schi-hien 汪士賢 (um 1600) und *Han Weï leo tsch'ao
yi pai san ming kia tsi* 一百三名家集 von Tschang P'u 張溥 (etwas
später als das vorige)[1] gefunden. Nach dem Kataloge *Hui k'o schu mu* besteht
sie aus einem Kapitel, dagegen gibt die japanische Bibliographie *Kanseki kaidai*,
deren Verfassern Exemplare aus beiden Sammlungen vorlagen, für das der
älteren Sammlung zwei Kapitel an. Der Inhalt besteht aus Entwürfen, Oden,
Liedern, Abhandlungen, Antworten auf Fragen u. a. (策, 賦, 頌, 書, 對, 章).
Besonders aufgeführt wird in dem Exemplar der späteren Sammlung eine Arbeit
über „das *yin* und *yang* im Tsch'un-ts'iu". Danach scheint also das *Tung
Tschung-schu tsi* in beiden Sammelwerken nicht genau das gleiche zu sein[2]. Eine

---

[1] Wang's Sammlung entstammt der Zeit Wan-li (1573—1619). Ich habe ihren Titel
nach *Hui k'o schu mu* Heft 15 fol. 3 r⁰ gegeben, nach *Schu mu ta wên* 集部 fol. 24 r⁰
lautet er *Han Weï leo tsch'ao ör schi ming kia tsi*, ebenso nach der japanischen Bibliographie
Kanseki kaidai 漢籍解題 S. 319. Die Sammlung von Tschang hat die ältere und
kleinere überholt, sie ist nach *Hui k'o schu mu* a. a. O. fol. 5 r⁰ wiederholt, auch in neuerer
Zeit, gedruckt worden. Mir sind leider beide Sammlungen nicht zugänglich.

[2] Um eine dritte Sammlung handelt es sich anscheinend bei der im Kais. Katalog
Kap. 174 fol. 1 r⁰ unter den „nur mit dem Titel vermerkten" Schriften aufgeführten, die
den Titel *Tung tsĕ wên tsi* 董子文集 führt und aus einem Kapitel besteht. Der Katalog
macht dazu noch folgende Angaben: „Die Bibliographie der Sui-Annalen (Kap. 35
fol. 2 r⁰) enthält eine Sammlung Tung Tschung-schu's in einem Kapitel *(Tschung-schu
tsi;* in Wirklichkeit lautet der Titel dort *Kiao si siang* 相 *Tung Tschung-schu tsi)*, und
der Kommentar fügt hinzu: in (den Sammlungen der) Liang (-Dynastie 502 bis 556; die
Bibliographie der Sui-Annalen zieht auch die Bücher-Sammlungen der Teilstaaten Sung,
Ts'i, Liang usw. mit heran) hat sie zwei Kapitel, das Werk ist verloren. (Das ist ein
Irrtum der Verfasser des Katalogs, die letzte Bemerkung bezieht sich nicht auf die
Sammlung Tung, sondern auf ein anderes dort aufgeführtes Werk.) Die Bibliographie
der älteren T'ang-Annalen (Kap. 47 fol. 24 v⁰) sowohl, wie die der neueren (Kap. 60
fol. 1 v⁰) geben beide das Werk zu zwei Kapiteln an, dagegen hat es in der Bibliographie
der Sung-Annalen (Kap. 208 fol. 1 v⁰) wieder nur ein Kapitel. Jedenfalls sind beide
Ausgaben in der Folgezeit verloren gegangen. Im Jahre *ki-hai* 己亥 der Periode *Tschêng-tĕ*

weitere Anzahl kleinerer Schriften ist in der von einem unbekannten Gelehrten
in der T'ang-Zeit zusammengestellten und in einem buddhistischen Kloster
aufgefundenen Sammlung *Ku wên yuan* 古文苑[1] erhalten. Wir finden hier
(Kap. 3 fol. 2 v⁰ff.) eine „Elegie des Gelehrten, der zu seiner Zeit nicht paßte",
Schi pu yü fu 士不遇賦, die Tung Tschung-schu dichtete, als er die Eifersucht des allmächtigen Kung-sun Hung auf sich gezogen hatte (s. oben S. 93);
ferner (Kap. 10 fol. 3 v⁰ff.) ein Schreiben an Kung-sun Hung aus der Zeit, wo
Tung Ratgeber in Kiang-tu war, die Not im Volke betreffend *(Yi tsch'êng siang
Kung-sun Hung ki schi schu* 詣丞相公孫宏記室書); die Antwort

正德 der Ming-Dynastie (die Periode *Tschêng-tê* reichte von 1506 bis 1521, ein Jahr
ki-hai gibt es darin nicht, vielleicht ist das Jahr *yi-hai* 乙亥 = 1515 gemeint) kam
dann der inspizierende Zensor Lu Yung 盧雍 nach King-tschou, wo der alte Heimatsort
Tung Tschung-schu's war. (Vergl. oben S. 91 Anm. 3). Aus Anlaß der Wiederherstellung
der Studienanstalt *Kuang-tsch'uan schu yuan* brachte er Tung Tschung-schu ein Totenopfer
dar und sammelte gleichzeitig dessen verlorene Schriften, um sie dann zu dieser (in dem
Kataloge verzeichneten neuen) Sammlung zusammenzustellen. Es gab indessen außer
den in der Lebensbeschreibung erwähnten nur noch einige Abschnitte, die im *Si king tsa
ki* (?) und im *Ku wên yuan* (s. unten) enthalten waren. Sie erreichten aber nicht die Voll-
ständigkeit der Sammlung in Tschang P'u's *Pai san kia* (s. oben), von dem Werke ist
deshalb hier auch nur der Titel vermerkt worden".

Hiernach ist also ein *Tung Tschung-schu tsi* bereits im 6. Jahrh. und nachweislich noch
in der Sung-Zeit vorhanden gewesen, aber seit langem verloren. Ob es sich dabei etwa
wegen der schwankenden Kapitelzahl um zwei verschiedene Werke gehandelt hat, läßt
sich nicht feststellen. Anscheinend ist uns von dieser alten Sammlung aber wenigstens
die Vorrede erhalten worden, jedenfalls findet sich im *Ku wên yuan* (s. unten) Kap. 17
fol. 1 r⁰f. eine „Vorrede zum *Tung Tschung-schu tsi* 董仲舒集敘 ohne Angabe
eines Verfassers. Etwas neues lernen wir aber nicht daraus, denn ihre Sätze stimmen
wörtlich mit den entsprechenden Stellen der Lebensbeschreibung in den Han-Annalen
überein, dem sie der Urheber der Sammlungen ohne Quellenangabe entnommen hat. Ts'ien
Hi-tsu 錢熙祚, der Herausgeber des *Schou schan ko ts'ung schu* 守山閣叢書,
der die Vorrede wieder herausgegeben hat, macht zu dem Titel die Bemerkung, daß die
123 Abschnitte, von denen die Han-Annalen sprechen, sicherlich in dieser Sammlung
enthalten sein müßten. 凡百二十三篇此必集中所載也. Das ist in
Anbetracht des geringen Umfanges der Sammlung sehr unwahrscheinlich.

Getrennt zu halten von dem alten *tsi* sind nun aber die zur Ming-Zeit zusammengestellten
Sammlungen von Schriften Tung's, und zwar nicht bloß die des Lu Yung, sondern, wenn
man dem Katalog glauben kann, auch die des Wang Schi-hien und des Tschang P'u, obwohl sich, ohne diese beiden vor Augen zu haben, eine Entscheidung darüber nicht treffen
läßt, zumal ja über ihre Kapitelzahl auch Unsicherheit herrscht.

[1] Näheres bei *Wylie, Notes* etc. S. 193. Das *Ku wên yuan* ist in dem Sammelwerke *Schou
schan ko ts'ung schu* enthalten, wo es den Anfang der Abteilung *tsi pu* 集部 bildet.

Tung's auf eine Anfrage des Ministers Tschang T'ang (s. oben S. 97) über die
großen „Stadtflur-Opfer" an Himmel und Erde *(Kiao ssĕ tui* 郊祀對 Kap. 11
fol. 1 r⁰ff.), die heute den 71. Absehnitt im *T. t. fan lu* bildet; die Antwort auf
eine Anfrage über Wesen und Bedeutung eines Hagelschlages, der im Jahre 134
auf die Hauptstadt niederging *(Yü pao tui* 雨雹對 Kap. 11 fol. 2 v⁰ff.),
und der als „eine Pressung des *yang* durch das *yin*" erklärt wird; eine „Ode
über Berg und Fluß" *(Schan tsch'uan sung* 山川頌, Kap. 12 fol. 1 r⁰ff.), die
anscheinend an die Stelle *Tschung yung* XXVI, 9 über die Schätze der Berge
und Gewässer anknüpft, sie bildet jetzt den 73. Absehnitt des *T. t. fan lu.* Einige
weitere Reste von Tung's Schriften sind uns gelegentlich in den Darstellungen
der Han-Annalen erhalten geblieben, allerdings wohl nur als ganz kurze Auszüge.
Von den Angaben über seine Betrachtungen bei dem Brande des kaiserlichen
Ahnentempels, die sich in einem der Kapitel über die „fünf Elemente", *wu*
hing 五行, der Annalen finden, war schon früher die Rede (s. oben S. 100). Eins
der volkswirtschaftlichen Kapitel, *schi huo* 食貨 *(Ts'ien Han schu* Kap. 24a
fol. 14 v⁰ff.), enthält zwei kurze Berichte Tung's an den Thron über Maßnahmen
zur Erhöhung der Getreideerzeugung — auch hier wird von der Stellung des
T. t. zu der Frage ausgegangen — und über Steuerfragen; in dem literarischen
Epilog zu den Kapiteln über die Hiung-nu (Kap. 94b fol. 28 v⁰f.) finden sich
einige Sätze von ihm über die den Barbaren gegenüber zu befolgende Politik,
in denen er darlegt, daß „der Edle durch Gerechtigkeit, der Gierige aber durch
Vorteile gewonnen wird", ganz, wie der Chronist bemerkt, im Sinne des Fest-
haltens am Alten. Ein sonst nicht bekanntes Werk Tung's erwähnt Ko Hung
葛洪[1] (4. Jahrh.) in seinem *Pao p'o tsĕ nei p'ien* 抱朴子內篇 Kap. 1 (Abschnitt 2) fol. 7 r⁰. Der Titel lautet *Li Schao-kün kia lu* 李少君家錄. Die
wenigen Sätze, die daraus angeführt werden, lassen von dem Inhalt nicht mehr
erkennen als der Titel: es handelt sich um die Tätigkeit eines berühmten taoistischen Quacksalbers und Unsterblichkeitsdoktors namens Li Schao-kün[2],
der durch seine Reden auch das Vertrauen des Kaisers Wu ti zu erwerben
wußte. Vermutlich sollte die Schrift eine Entlarvung des Magiers herbeiführen.
Endlich wird anscheinend noch von Wang Tsch'ung im *Lun hêng* Kap. 3
(Abschn. 本性) fol. 12 v⁰[3] (Forke, *Lun-hêng* I, 388f.) ein besonderes Werk

---

[1] Näheres über diesen bekannten taoistischen Magier, der i. J. 330 starb, bei Giles,
Biogr. Dict. Nr. 978 und bei Pelliot im Journal Asiatique 1912[11], S. 145. Das *Pao p'o*
tsĕ (Ko Hung's Beiname) *nei p'ien* und *wai p'ien* ist sein Hauptwerk über Geheimkünste
u. ä. Beide Teile bestehen aus je 4 Büchern, der erste mit 20 Abschnitten, der zweite mit
52 Abschnitten. Das Ganze ist unter anderem in der Sammlung *Tsĕ schu po tschung* 子
書百種 enthalten, nach der hier zitiert wird.

[2] Näheres über ihn bei Giles, *Biogr. Dict.* Nr. 1189. Über legendarische Beziehungen
Li Schao-kün's zu Tung s. unten in Abschnitt 2.

[3] Nach der Ausgabe in den *Tsĕ schu po tschung.*

Tung's erwähnt, wenn es dort heißt: „Als Tung Tschung-schu Sun's (Sün K'ing's) und Mêng tsĕ's Schriften gelesen hatte, verfaßte er eine Abhandlung über das Begehren und die natürliche Anlage"[1]. Aber hier handelt es sich offenbar um nichts anderes als um eine von den zahlreichen kleineren Arbeiten, die in der Lebensbeschreibung als die 123 Abschnitte bezeichnet sind, darauf deutet schon der Ausdruck *schuo* 說 im Text. Die Abhandlung legt Tung's Auffassung in der berühmten Streitfrage über das Wesen der menschlichen Natur dar, in der er eine Mittelstellung zwischen den beiden Gegnern einnimmt. Im *T. t. fan lu* wird der Gegenstand wiederholt behandelt, ganz besonders in den Abschnitten 35 und 36 深察名號 und 實性[2], und zweifellos wird auch hier die erwähnte Abhandlung zu suchen sein; die von Wang Tsch'ung daraus angeführten Sätze finden sich allerdings in ihrem Wortlaute dort nicht, aber bei der Art, wie uns der Text des *T. t. fan lu* überliefert ist[3], kann das nicht weiter auffallen.

Tung Tschung-schu's Werke sind hiernach anscheinend in zwei Abteilungen zu gliedern: eine große Anzahl kleinerer Abhandlungen, Denkschriften, Berichte u. ä., die aus besonderen Anlässen entstanden waren, aber durchweg von den allgemein und zeitlos für ihn gültigen Lehren des Altertums, insbesondere den von Konfuzius im *T. t.* niedergelegten, ausgingen, und ferner systematische Darlegungen der durch Kung-yang übermittelten mündlichen Geheimlehren des *T. t.* Ein Teil der Abhandlungen usw. ist dann später mit den auch lückenhaft gewordenen Darlegungen zu dem heutigen *T. t. fan lu* zusammengestellt worden, einige weitere Denkschriften u. a. sind, meist nur in Bruchstücken, gesondert erhalten, der Rest ist verloren. Das noch Vorhandene genügt aber, um uns ein gutes Bild von Tung's besonders kennzeichnenden Einzelheiten zu geben: seinem scharfen, aber dem Paradoxen zugeneigten Verstande und seiner orthodox konfuzianischen Denkweise. Da er aber zeitlich dem großen Meister und den ältesten Übermittlern seiner Lehren verhältnismäßig nahe stand, so ist diese Orthodoxie für uns von besonderem Werte: sie gibt uns das getreueste Abbild des ursprünglichen Konfuzianismus, das für uns überhaupt erreichbar ist, ohne seine Darlegungen würden wir den letzteren nur in der abgewandelten Form kennen, die er durch Liu Hin's Wirksamkeit und dann durch die gelehrte Dogmatik der Sung-Zeit erhalten hat. Hierin vor allem liegt für uns die Bedeutung Tung Tschung-schu's, und darum ist er uns wichtiger als irgend ein anderer von den großen Patriarchen der konfuzianischen Renaissance im Zeitalter der früheren Han-Dynastie. Sie haben zwar auch die Texte wiederhergestellt, er aber hat uns auch die Auslegung hinterlassen.

---

[1] 董仲舒覽孫孟之書作情性之說·
[2] S. darüber Näheres unten in Abschnitt 4.
[3] S. unten Abschn. 3.

2.

Tung Tschung-schu's Stellung
in der Geschichte der konfuzianischen Lehre.

Tung Tschung-schu wurzelt mit seinen philosophischen Grundbegriffen natürlich ganz in den Anschauungen seiner Zeit, die ihrerseits wieder bestimmt werden
durch die Lehren der Philosophen-Schulen der nachkonfuzianischen Tschou-
Zeit, vornehmlich des 4. und 3. Jahrhunderts v. Chr. Ssĕ-ma T'an, der Vater
Ssĕ-ma Ts'ien's und eigentliche Schöpfer des *Schi ki*, gibt in seinen Aufzeichnungen[1] Zahl, Namen und Kennzeichnung dieser Schulen an: es sind danach
sechs, nämlich: die Yin- und Yang-Schule (陰陽家), die Entstehung und
Leben des Alls auf das Wirken der beiden kosmischen Urkräfte zurückführt;
die Literaten-Schule (儒家), die die Lehren der kanonischen Schriften in der
von Konfuzius bestimmten Fassung, insbesondere die bekannten fünf sozial-
ethischen Beziehungen zur Grundlage nimmt und deshalb als die Schule der
Konfuzianer bezeichnet werden kann; die Schule des Mo Ti (墨家), die allgemeine Menschenfreundlichkeit, Rücksichtnahme und einfachste Lebensweise
lehrt; die Schule der Rechtstheorien (法家), die durch „Strenge und wenig
Güte", d. h. durch harte Strafgesetze die Menschheit in Ordnung und Zucht
halten will; die Schule des rechten Bezeichnungsystems (名家), die in der
Anwendung der richtigen Bezeichnungen, d. h. in der genauen Anpassung an
den in der einzelnen Bezeichnung enthaltenen Wirklichkeitsgehalt das Wesen
der sozialen Ordnung sieht; und die Schule des Tao (道家), die verlangt, daß „die
gesamten seelischen Kräfte des Menschen sich dem Laufe des gestaltlosen Weltgesetzes *(tao)* hingeben und so die Welt der Materie überwinden", d. h. völlige
Passivität gegenüber dem Gange der Weltentwicklung[2]. Wer sich etwas genauer

---

[1] *Schi ki* Kap. 130 fol. 3 v⁰f.

[2] Liu Hiang hat in dem Literaturbericht der Han-Annalen (s. oben S. 59) neun Schulen
aufgezählt, indem er zu den oben genannten noch eine Schule der praktischen Politik
(從橫家) hinzufügt, die die wirkliche Handlungsfähigkeit des Staatsdieners gegenüber
der bloßen literarischen Kenntnis betont; ferner die „gemischte Schule" (雜家), die aus
einer Verschmelzung von Elementen der Schulen der Konfuzianer, des Mo Ti, der Rechtstheorien und des rechten Bezeichnungsystems hervorgegangen ist, und die Schule des
Landbaus (農家), die in Ackerbau und Seidengewinnung die Grundlage des völkischen
Daseins sieht. *(Ts'ien Han schu* Kap. 100b fol. 7 v⁰ und Kap. 30 fol. 26 v⁰fi.).
Nähere Angaben über einzelne Schulen findet man bei Chavannes, *Mém. hist.* I,
XIIIff; Faber, *Die Grundgedanken des alten chinesischen Socialismus oder die Lehre des
Philosophen Micius*; Edkins, *Notices of the Character and Writings of Meh Tsi* in Journal
of the North-China Branch of the R. A. S. 1859 S. 165 ff.; Legge, Chin. Cl. II, *Prolego-*

in das Studium der Werke Tung Tschung-schu's vertieft, wird bald finden, daß in seinen Lehren Elemente sämtlicher Schulen enthalten sind, natürlich alle gestützt und verbunden durch das Evangelium des *T. t.* Daß er selbst sich zur Schule der *Ju kia* bekannt habe — nur diese kann für ihn in Frage kommen —, ist uns denn auch nirgends bezeugt, die Han-Annalen bringen, wie wir sahen (s. oben S. 91), seine Lebensbeschreibung nicht in der Abteilung *Ju lin tschuan*, was eher auf das Gegenteil schließen lassen könnte. In Wahrheit gab es natürlich keinen leidenschaftlicheren und wohl auch keinen unduldsameren Vertreter der konfuzianischen Lehrmeinung als ihn, wie schon aus seiner dritten Denkschrift zur Genüge hervorgeht (s. oben S. 106), aber es ist zweifelhaft, ob er, der ergebenste Anhänger Kung-yang's mit seinen Anschauungen in den Rahmen der Schule hineinpaßte. Liu Hin und der ganz unter seinem Einfluß stehende Pan Ku waren jedenfalls dieser Meinung nicht. Indessen kennen wir von den Dogmen der *Ju kia* jener frühen Zeit zu wenig, um hier mit Sicherheit urteilen zu können. Soviel aber können wir jedenfalls aus dem eklektischen Wesen, das trotz des ausgesprochensten Konfuzianismus den Werken Tung's eigen ist, mit Bestimmtheit ersehen, daß die Grenzen der übrigen Schulen gegen die der Konfuzianer keineswegs so scharf gezogen waren, wie man nach der Haltung der letzteren in der Folgezeit annehmen sollte. Denn ebenso wie bei den meisten anderen chinesischen Philosophen wird man bei Tung ein geschlossenes System vergeblich suchen: seine Werke, und ganz besonders das *T. t. fan lu*, sind lediglich eine bunte Sammlung von Darstellungen staatsrechtlichen, volkswirtschaftlichen, ethischen, rituellen, religiösen und metaphysischen Inhalts. Alles aber ist in letzter Linie hergeleitet aus den Formeln des *T. t.* und ihrer mündlich überlieferten Auslegung im *Kung-yang tschuan*, der Tung selbst wieder die breiteste Deutung gegeben hat.

Hier aber haben wir auch schon den Schlüssel zu dem allmählich immer tiefer werdenden Gegensatze zwischen Tung und der späteren konfuzianischen Orthodoxie. Für diese ist die wichtigste Quelle der Lehre das *Lun yü* in der Form, die es von Liu Hin, und in der Auslegung, die es von Ma Jung 馬融 und Tschêng

---

mena S. 103ff.: *The Opinions of Mih Teih*; Alexandra David, *Le philosophe Meh-Ti et l'idée de solidarité*; Forke, *The Chinese Sophists* in Journ. China Br. R. A. S. XXXIV, 1ff. behandelt die Schule des rechten Bezeichnungsystems *(Ming kia)*. Er läßt nur fünf Schulen gelten: die *Yin yang kia* und *Fa kia* übergeht er und nennt statt dessen eine Schule des Yang Tschu, des „Epikuräers und Pessimisten". Es ist mir zweifelhaft, ob die Lehren dieses radikalen Sonderlings wirklich eine „Schule" begründet haben. Vergl. auch meine Abhandlung, *Über die chinesische Lehre von den Bezeichnungen* (in T'oung Pao 1906) S. 324ff. Die Literatur über die *Ju kia* und *Tao kia* ist umfangreich und bekannt. Im übrigen ist unsere Kenntnis der einzelnen Philosophen noch sehr unzulänglich. Was E. Faber in seiner Abhandlung *The Historical Characteristics of Taoism* in China Review XIII, 231 ff. über die verschiedenen Schulen mitteilt, bedarf sehr der Berichtigung.

Hüan 鄭玄 im 2. Jahrhundert, von den ungezählten Kommentatoren der folgenden Jahrhunderte und schließlich von den großen Dogmenschöpfern der Sung-Zeit erhalten hat, für Tung aber strömt diese Quelle im *T. t.* oder vielmehr in dessen mündlich überlieferter Auslegung, wie sie im *Kung-yang tschuan* verzeichnet steht. Wenn man bedenkt, daß die Herkunft des *T. t.* von Konfuzius eigener Hand nicht angezweifelt werden kann[1], daß sich die Entstehung des *Lun yü* dagegen ganz im Dunkel des Unbekannten verliert, so wird man behaupten dürfen, daß Tung's Quelle die unmittelbarere und reinere ist. Freilich frei von allen Bedenklichkeiten ist vom Standpunkte der abendländischen Kritik auch sie nicht, und zwar eben wegen der breiten Deutung, die Tung und noch mehr seine Nachfolger den Formeln des *T. t.* gegeben haben. Der Text des *Kung-yang tschuan* ist für Tung ebenso unanfechtbar, ebenso jenseits jeglicher Kritik stehend wie der des *T. t.*, bezeichnet er ihn doch zuweilen genau wie den letzteren als *king* d. h. Kanon und führt er doch seine Worte gelegentlich als die des *T. t.* an[2]. Auf diese Weise gelangt Kung-yang für Tung auf die gleiche Höhe wie Konfuzius selbst, und jeder Ausspruch von ihm gilt seinem Erklärer ebenso als Quelle der absoluten Wahrheit wie ein Wort des Meisters. Das hat natürlich bei dem flüssigen Wesen der mündlichen Überlieferung immerhin seine Bedenken, besonders wenn man mit dem bekannten Reformator des 19. Jahrhunderts, K'ang You-wei (s. unten), annimmt, daß die schriftliche Formung dieser Überlieferung auch im *Kung-yang tschuan* noch nicht ganz zum Abschluß gekommen war und erst von Tung Tschung-schu selbst vervollständigt worden ist[3]. Schließlich macht dann der Unfehlbarkeitsanspruch der schriftlichen Fassung auch noch nicht einmal bei Tung Tschung-schu Halt, sondern geht auch noch auf Ho Hiu 何休 (129 bis 183 n. Chr.), den Kommentator Kung-yang's, über, der wieder drei Jahrhunderte von Tung getrennt ist und nicht selten eine Auslegung für eine Formel des *T. t.* hinzufügt, wo Kung-yang und Ku-liang schweigen[4]. Hier liegt in der Tat die größte Schwäche von Tung's Lehre, soweit sie nicht etwas Selbständiges, sondern nur die Wiedergabe der Gedanken des Konfuzius sein will. Aber wenn man auch von alle dem absieht, was erst nach Tung aus dem *Kung-yang tschuan* herausgelesen worden ist, so bleibt noch immer genug übrig, was völlig einzigartig ist: wir erblicken hier

---

[1] Vergl. oben S. 30f.

[2] Beispiele s. unten in Abschn. 5.

[3] Näheres darüber s. unten in Abschn. 5.

[4] Beispiele s. unten in Abschn. 5. Es ist kaum nötig, hier nochmals darauf hinzuweisen, daß die Frage, ob Tung und Ho, ja selbst Kung-yang sich bei ihren Angaben immer in Übereinstimmung mit Konfuzius befinden, das Auslegungssystem an sich und das Vorhandensein der mündlichen Überlieferung in keiner Weise berührt: die beiden letzteren sind nicht anfechtbar, zweifelhaft kann nur zuweilen die Richtigkeit mancher Folgerungen sein, die aus der Auslegung gezogen werden. Vergl. oben S. 55f.

8*

Bestandteile im konfuzianischen Lehrsystem, die in der späteren Zeit vollkommen
aus ihm verschwunden sind, ja die teilweise zu den Anschauungen der orthodoxen
Dogmatik in scharfem Gegensatze stehen. Es braucht hier nur auf die viel-
besprochene „Rechtsentscheidung" hingewiesen zu werden, die die Tschou-
Dynastie des Thrones für verlustig und den Staat Lu zum Zentralstaat, den
geheimnisvollen Wên wang aber — angeblich Konfuzius selbst! — zum neuen
Zentralherrscher erklärt[1]. Damit hätte also der Weise selbst, den man sonst
als ehernen Pfeiler der Loyalität zu betrachten gewohnt ist, das Recht auf Umsturz der staatlichen Ordnung, und zwar zu Gunsten der eigenen Person, als
Gesetz verkündet. Es ist klar, daß die spätere Orthodoxie eine solche Entwicklung ihres „Heiligen" mit Empörung zurückweisen mußte. Wie seltsam mußte
auch dem Literaten der späteren Zeit die Anschauung des *T. t.* erscheinen,
daß gegenüber dem eigenen Heimatstaate das sonstige chinesische Gebiet,
also auch der Zentralstaat, als „Ausland" gilt![2] Oder der Grundsatz, daß ein
chinesischer Staat, der wider die sittlichen Gesetze handelt, als Barbarenland
anzusehen sei, ein Barbarenstaat aber, der diese Gesetze beobachtet, als „Mittelreich"![3] Auch Vorschriften der konfuzianischen Ethik finden wir hier, die
später, in solcher Schärfe wenigstens, nicht mehr angetroffen werden; so die
unverjährbare Rachepflicht in der Staatsmoral, oder die Pflicht zum Selbstmord, wenn unvermeidbare Schande droht;[4] die Ebenbürtigkeit in den fürstlichen Familien u. a.[5]. Alles das verleiht der konfuzianischen Lehre, ja dem Cha-
rakterbilde des Meisters selbst bedeutungsvolle Züge, die in der festgesetzten
Auslegung des *Lun yü* fehlen und die deshalb von der Orthodoxie geleugnet
und gemißbilligt wurden. Die letztere hat infolgedessen den Verfasser des *T. t.*
fan lu auch nicht oder jedenfalls nicht immer als einen der ihrigen anerkannt,
um so weniger, als sie zu Kung-yang, ja sogar zum *T. t.* selbst niemals ein festes
und ehrliches Verhältnis hat gewinnen können[6]. Mit der Einschätzung Kung-
yang's und seines Auslegungsystems aber ist diejenige Tung Tschung-schu's
natürlich untrennbar verbunden: wo man bei Kung-yang die eigentliche Bedeutung der Formeln des *T. t.* sucht, muß auch Tung als Klassiker und stärkster
Träger der Überlieferung gelten; wo man im *Tso tschuan* den eigentlichen Kommentar zum *T. t.* sieht, muß er als unklassisch zurücktreten. Danach allein bestimmt sich Tung's Stellung in der konfuzianischen Dogmatik der verschiedenen
Zeitalter. Während der Früheren Han-Dynastie ist die Auffassung vom *T. t.* und
seiner Geheimlehre noch eine durchaus einheitliche, am Ende des 1. Jahrhunderts

---

[1] S. unten in Abschn. 4 und 5.

[2] S. in Abschn. 4.

[3] S. in Abschn. 5.

[4] S. in Abschn. 5.

[5] S. in Abschn. 4.

[6] Vergl. oben S. 51.

n. Chr. wird das *Tso tschuan* in den amtlichen Kanon aufgenommen, und Kung-
yang und Ku-liang beginnen im Ansehen zu sinken; im 7. Jahrhundert wird das
Werk des angeblichen Tso K'iu-ming von den Literaten fast ausschließlich studiert,
in der Sung-Zeit kommt der Streit zum Ende: die Gegenstimmen, die noch während
der T'ang-Dynastie und bis in das 12. Jahrhundert hinein laut geworden waren,
verstummen, man beginnt sogar an dem Wert und der Echtheit des *T. t.* selbst
zweifelhaft zu werden, und damit sinken Kung-yang und Ku-liang in das Dunkel
völliger Nichtbeachtung, bis sie im 19. Jahrhundert zu neuem Leben erweckt
werden[1]. Genau dieser Entwicklung entsprechend steigt und fällt die Bedeutung
Tung's für die Wissenschaft seines Landes, zeigt sich die · Würdigung seines
Werkes in den Urteilen der führenden Geister.

Sein großer Zeitgenosse Ssë-ma Ts'ien sah in ihm die unbestrittene und un-
bestreitbare Autorität für die Lehren des *T. t.* Ob er wirklich auch in persönlichen Beziehungen zu ihm gestanden hat, wie mehrfach angenommen ist, mag
dahingestellt bleiben. Eine Bemerkung, die darauf hindeuten könnte, findet
sich in der Unterredung des Geschichtschreibers mit dem Astronomen Hu Sui
壺遂[2], die im 130. Kapitel des *Schi ki* wiedergegeben ist. Auf die Frage des
Hu Sui, warum Konfuzius das *T. t.* verfaßt habe, antwortet Ssë-ma Ts'ien mit
einer längeren Darlegung, die mit den Worten beginnt: „Ich habe den Meister
Tung sagen hören usw."[3]. Hieraus schließen zu wollen, daß Ssë-ma Ts'ien
„selbst von Tung habe das *T. t.* erklären hören", wie dies z. B. der Tsch'un-ts'iu-
Forscher des 19. Jahrhunderts, Liu Fêng-lu 劉逢祿[4], tut, scheint freilich
etwas weit zu gehen, wenngleich die Möglichkeit dazu natürlich nicht von der
Hand zu weisen ist. Daß aber der Verfasser des *Schi ki* den Patriarchen des
T. t. in hohen Ehren hielt, geht aus seinen Aussprüchen über ihn unzweideutig
hervor. „Tung Tschung-schu legte den Sinn des *T. t.* dar und machte seinen
Text durchaus deutlich" heißt es im 14. Kapitel, wo die Entstehung des *T. t.*
und seiner geheimnisvollen Fassung geschildert wird[5]. Und die Lebensbeschreibung, die den Eindruck strenger Sachlichkeit macht, schließt mit den Worten:
„Tung Tschung-schu's Ruhm leuchtete beim Tsch'un-ts'iu und bei seinem Erklärer Kung-yang"[6], nachdem sie vorher bemerkt hat, daß „alle Gelehrte ihn als
Vorbild nahmen und ihn verehrten".

---

[1] S. das Nähere in Teil I.

[2] Vergl. darüber oben S. 50.

[3] fol. 9 r⁰: 余聞董生曰·

[4] *Schu sü schu wên* 書序述聞 (im *Huang Ts'ing king kie sü pien* Kap. 321) fol. 3 v⁰:
太史公聞春秋于董生. Auch Chavannes (*Mém. hist.* I, cvi und cli) neigt
dazu, sich Liu Fêng-lu's Auffassung anzuschließen. Über Liu Fêng-lu s. oben S. 34f.
Vergl. über die Stelle auch unten in Abschn. 4.

[5] S. oben S. 38.

[6] S. oben S. 93.

Eine sehr große und ehrenvolle Rolle spielt Tung auch bei einem anderen
hervorragenden Polyhistor der Han-Zeit, dem im 1. Jahrh. n. Chr. schreibenden
Wang Tsch'ung, dem Verfasser des *Lun hêng*, vielleicht dem unabhängigsten
Denker und unerbittlichsten Kritiker des chinesischen Mittelalters. Zwar ist
auch er von Liu Hin's neuer „Entdeckung" so angetan, daß er im *Tso tschuan*
den Kommentar zum *T. t.* sieht, der „allein Konfuzius zeitlich nahe steht und
dessen wahren Sinn erfaßt hat"[1], aber das beweist nur, wie selbst die klügsten
Köpfe von dem genialen Fälscher und seinem schillernden Werke geblendet
wurden. Es hindert ihn denn auch seine damals eben „modern" werdende
Ansicht nicht, vom *Kung-yang tschuan* als dem Kommentar des *T. t.* zu sprechen
und dessen Herold Tung geradezu für den geistigen Erben des Konfuzius zu
erklären. „Konfuzius sagt", so heißt es im *Lun hêng*, „seitdem Wên wang nicht
mehr ist, ruht da nicht das *wên* (die Lehre) in mir? Die Lehre Wên wang's
ruhte also in Konfuzius, und die Lehre des Konfuzius in Tung Tschung-schu"[2].
Er stellt den Verkünder von Kung-yang's Lehren neben Ssö-ma Ts'ien und Yang
Hiung 楊雄 (53 v. Chr. bis 18 n. Chr.) und nennt diese „die drei Größten des
Nordens"[3]. Immer wieder kommt er in seinen kritischen und suchenden Betrachtungen auf Tung und seine Lehren zurück, und wenn er auch nicht immer
mit ihnen übereinstimmt — z. B. verhält er sich dem berühmten Regenopfer-
Kultus gegenüber durchaus ablehnend[4] —, so legt er seinen Anschauungen
doch immer das größte Gewicht bei und stellt ihn hoch über die Masse der oft
übel von ihm behandelten konfuzianischen Literaten. Sehr lehrreich in mehr
als einer Hinsicht ist die Verteidigung Tung's durch Wang Tsch'ung gegen einen
versteckten Angriff auf seine Lehren. „Als Konfuzius im Sterben lag", so erzählt er, „hinterließ er eine schriftliche Weissagung", in der er verkündete, daß
Ts'in schi Huang-ti dereinst in sein Heim kommen, auf seinem Lager sitzen und
danach sterben würde, und in der ferner gesagt war: „Tung Tschung-schu
wird einst meine Schriften in Verwirrung bringen"[5]. Wang Tsch'ung, mißtrauisch gegen alles Übernatürliche, erklärt das Ganze für „leeres Gerede",
das entweder durch Aufbauschung ganz natürlicher Angaben bei Konfuzius
entstanden, oder von der Nachwelt einfach erfunden sei. An einer anderen
Stelle aber kommt er auf die Frage zurück und gibt der Weissagung folgende
Deutung: „Wer das liest, der wird entweder meinen, meine Schriften in Verwirrung bringen *(luan)* heißt: des Konfuzius Schriften durch Verwirrung entstellen; oder aber er wird meinen: *luan* bedeutet hier ordnen *(li)*, also des Kon-

---

[1] S. oben S. 75.
[2] Kap. 13 fol. 13 v⁰: 孔子曰文王既沒文不在兹乎、文王之文
在孔子孔子之文在仲舒. Vergl. zu der Stelle auch Abschn. 5.
[3] Kap. 29 fol. 3 r⁰: 北方三家尚矣.
[4] Näheres s. in Abschn. 4
[5] Kap. 26 fol. 1 r⁰: 孔子將死遺讖書···· 曰董仲舒亂我書.

fuzius Schriften ordnen. Die beiden Bedeutungen ordnen und verwirren, die hier demselben Schriftzeichen *luan* beigelegt werden, sind aber weit von einander verschieden, und da die Leser nicht in gleichem Maße sorgfältig sind und der Sache nicht auf den Grund gehen, so entstehen irrige Angaben. (Es wird dann dargelegt, daß sowohl das Verwirren wie das Ordnen der konfuzianischen Schriften ungewöhnliche Fähigkeiten voraussetze, und daß es bezeichnend für die Oberflächlichkeit der Zeit sei, wenn die Ansichten zwischen solchen Gegensätzen schwanken könnten. Darauf heißt es weiter:) Tung Tschung-schu's Schriften laufen der Literaten-Schule nicht zuwider, kommen aber auch Konfuzius nicht gleich, daher ist das Wort, er entstelle des Konfuzius Schriften durch Verwirrung, unrichtig. Da aber ferner des Konfuzius Schriften gar nicht in Verwirrung waren, so ist auch das Wort, er ordne des Konfuzius Schriften, ebenfalls unrichtig. Konfuzius sagte: Als der Musikmeister Tschi sein Amt antrat, da war der Schlußgesang *(luan)* des *kuan-tsü* herrlich; wie erfüllte er das Ohr![1] Dieses *luan* ist mit Bezug auf die Worte des Konfuzius gemeint. Konfuzius lebte zur Tschou-Zeit und legte den Grund, Tung Tschung-schu lebte zur Han-Zeit und baute aus und vollendete"[2]. Auf Wang Tsch'ung's Deutung der „Weissagung" brauchen wir hier nicht einzugehen; ob *luan* in der Tat zu jener Zeit auch die Bedeutung „abschließen", „vollenden" haben konnte, entzieht sich unserer Beurteilung, ist es der Fall, dann ließ allerdings die Orakelhaftigkeit jener Weissagung nichts zu wünschen übrig. Wir können aber auf die ganze verzwickte Erklärung verzichten, denn die seltsamen „Weissagungen" des Konfuzius, über die uns sonst nichts bekannt ist, erklären sich sehr viel einfacher durch die auch von Wang Tsch'ung schon vermutete Tatsache, daß sie von späteren „Propheten" erfunden und dem Konfuzius zugeschrieben sind; allzuviel Glauben haben sie offenbar schon damals nicht gefunden. Was ihnen jedoch für uns eine besondere Wichtigkeit verleiht, ist, daß wir dadurch von Angriffen gegen die Lehren Tung's als gegen den Geist des Konfuzianismus verstoßend erfahren. Offenbar hat sich also schon zur Han-Zeit Widerspruch gegen Tung's Deutung des *T. t.* oder wenigstens gegen seine weiteren Folgerungen daraus geltend gemacht, und es ist keineswegs unmöglich, daß dieser in eine gefälschte Prophezeiung gekleidete Widerspruch von Liu Hin

---

[1] Vergl. Wilhelm zu *Lun yü* VIII, 15. Er übersetzt das Wort durch „Versschluß".

[2] Kap. 29 fol. 3 r⁰: 讀之者、或爲亂我書者、煩亂孔子之書也、或以爲亂者理也、理孔子之書也、共一亂字理之與亂相去甚遠、然而讀者用心不同不省本實故說誤也……案仲舒之書不違儒家不及孔子、其言煩亂孔子之書者非也、孔子之書不亂、其言理孔子之書者亦非也、孔子曰師摯之始關雎之亂洋洋乎盈耳哉、亂者於孔子言也、孔子生周始其本、仲舒在漢終其末盡也. Vergl. Forke I, 466.

oder einem seiner Anhänger ausgegangen war. Wang Tsch'ung verteidigt
Tung hiergegen unter Zuhilfenahme einer philologischen Spitzfindigkeit und erklärt ihn im Gegenteil für den Vollender der konfuzianischen Lehre, ein Zeugnis,
das in solchem Munde ein bedeutendes Gewicht hat.

Die Einwendungen, die man, auch späterhin, gegen Tung's System erhoben
hat, sind denn auch weniger damit begründet worden, daß er die Klassizität
Kung-yang's als bedingungslos ansah, als vielmehr — von seinen Mißerfolgen
auf dem Gebiete des Kultus abgesehen — mit seiner Hinneigung zu den Anschauungen des Taoismus[1], die den Konfuzianern anstößig erschien. Sagt doch
selbst Wang Tsch'ung von ihm: „Tung Tschung-schu's Erörterungen über die
Lehren vom *tao* sind sehr seltsam"[2]. In der Tat sind bei ihm — ein beredtes
Zeugnis dafür, wie damals noch die Grenzgebiete von Konfuzianertum und
Taoismus in einander übergingen — die taoistischen Vorstellungen so unver-
kennbar und so zahlreich, daß ihn während der folgenden Jahrhunderte die
Taoisten geradezu als einen der ihrigen in Anspruch genommen haben. Ist es
schon auffallend, wenn in dem gewöhnlich Pan Ku, dem Verfasser der Han-
Annalen, mit größerem Rechte aber dem taoistischen Magier Ko Hung (4. Jahrh.)
zugeschriebenen *Si king tsa ki* 西京雜記[3] von Tung ganz im Stile der phan-
tasierenden Mystik erzählt wird: „Tung Tschung-schu träumte, ein Drache
kröche in seinen Busen; darauf verfaßte er die Darlegungen des *Tsch'un-ts'iu fan
lu*"[4], so wird in einem anderen taoistischen Werke seine Einschätzung von
dieser Seite noch sehr viel deutlicher. Das *Han Wu ti nei tschuan* 漢武帝內
傳, ein apokryphes Werk, das ebenfalls fälschlich Pan Ku zugeschrieben wird,
in Wahrheit aber einer erheblich späteren Zeit, sicher allerdings einer Periode
vor der Sui-Dynastie entstammt, und das dann dem taoistischen Kanon einverleibt ist[5], enthält (fol. 1 v⁰ff.) die phantastische Schilderung eines Besuches

---

[1] Näheres darüber in Abschn. 4.

[2] Kap. 29 fol. 3 v⁰: 仲舒說道術奇矣. Vergl. auch oben S. 100 Anm. 2.

[3] S. über ihn und das *Si king tsa ki* oben S. 111 und 62 Anm. 2.

[4] Kap. 2 fol. 5 r⁰ (Ausgabe in den *Han Wei ts'ung schu*): 董仲舒夢蛟龍入
懷、乃作春秋繁露詞.

[5] *Wylie, Notes* usw. S. 153 meint, das *Han Wu ti nei tschuan* „schiene etwa im 3. Jahrhundert geschrieben zu sein". Er sagt nicht, worauf er diese Vermutung gründet; mit
Sicherheit wird sich kaum mehr behaupten lassen, als daß in der 2. Hälfte des 6. Jahrhunderts
ein Werk dieses Namens vorhanden war, und auch dabei ist noch zweifelhaft, ob es sich
um das uns erhaltene handelt. Die Bibliographie der Sui-Annalen *(Sui schu* Kap. 33
fol. 19 v⁰) nennt ein *Han Wu nei tschuan* in 3 Kapiteln, das heute vorhandene hat nur ein
kurzes Kapitel. Immerhin wird der Inhalt vermutlich der gleiche gewesen sein. Vergl.
Bull. Ec. fr. Extr. Or. IX, 243f.; Chavannes, *Le T'ai Chan* S. 421 Anm. 2 und Journ.
Asiat. 1912[II] S. 149. Das *Han Wu(ti) nei tschuan* ist neu herausgegeben in der Sammlung
Schou schan ko ts'ung schu Abt. 于.

der beiden Fcen Si wang mu 西王母 und Schang yuan fu jen 上元夫人
bei dem Kaiser Wu ti. Dieser Besuch soll dem Kaiser in der Nacht des Tages
wu-tsch'ên 戊辰 des 4. Monats[1] im 1. Jahre *Yuan-fêng* 元封 (110 v. Chr.)
durch eine himmlische Botin der Si wang mu angekündigt sein, während Tung-
fang So 東方朔, der legendengeschmückte Magier des 2. Jahrhunderts) v. Chr.,
und Tung Tschung-schu bei ihm weilten. Am 7. Tage des 7. Monats (30. Juli) habe
dann der Besuch wirklich stattgefunden. Und zwar sei zunächst die Si wang
mu erschienen; sie habe mit dem Kaiser eine lange Unterhaltung gehabt und
mit ihm gespeist, schließlich habe sie eine Botin zur Schang yuan fu jen[2] gesandt und diese gebeten, an dem Mahle teilzunehmen, worauf auch diese erschienen sei. Beide hätten dann dem Kaiser mehrere heilige Schriften geschenkt,
darunter auch das *Wu yo tschên hing t'u* 五嶽眞形圖 d. h. „Die Zeichnung
der wahrhaften Form der fünf heiligen Berge" und das *Wu ti leo kia ling fei
king* 五帝六甲靈飛經[3]. Beide Werke seien später in einer Feuersbrunst
verloren gegangen, indessen habe der Kaiser früher bereits auf Weisung der
Si wang mu das erstere durch Tung Tschung-schu, das zweite auf Weisung
der Schang yuan fu jen durch Li Schao-kün[4] niederschreiben lassen. Auf diese
Weise hätten beide Werke doch noch in der Welt verbreitet werden können.
Also hier wird Tung in engste Verbindung mit zwei der bekanntesten taoistischen
Wundermännern, dem Tung-fang So und Li Schao-kün gebracht, und zwar in
einer Weise, als habe er ganz zu dem Kreise von Gauklern und Magiern gehört,
mit dem sich der abergläubische Wu ti umgeben hatte. Und dieses Schicksal
mußte dem Manne widerfahren, der beim Kaiser hatte durchsetzen wollen, daß
„alles, was nicht in dem Kanon des Konfuzius enthalten sei, unterbunden,
und seine Lehre an der Ausbreitung verhindert würde" (s. oben S. 106). Ying

---

[1] Nach P. Hoang, *Concordance des Chronologies néoméniques* hatte im 1. Jahre *Yuan-
fêng* der 1. Tag des 4. Monats die zyklischen Zeichen 丁酉, die Zeichen *wu-tsch'ên*
konnten also in diesem Monat gar nicht mehr erscheinen, da der letzte Tag, der 30., erst
die Zeichen 丙寅 hatte.

[2] Die Schang yuan fu jen wird a. a. O. Nachtrag fol. 13 v° als eine Schülerin des *Tao
kün* 道君 (ein Name für mehrere taoistische Gottheiten) bezeichnet; sie hat ihre Heimat
da, wo „die goldene Mutter von der Schildkröten-Terrasse herabgestiegen ist."

[3] Das *Wu yo tschên hing t'u* ist eine Zeichnung von fünf magischen Figuren, die die fünf
heiligen Berge der Taoisten darstellen sollen, mit dazwischen geschriebenem erklärenden
Text. Das Ganze, zuweilen auch als Metallplatte hergestellt, dient vielfach, bis in die
neueste Zeit hinein, als Talisman gegen böse Einflüsse. Eine genaue Beschreibung mit
Abbildungen hat Chavannes in *Le T'ai Chan* S. 415ff. gegeben. Über das *Wu ti leo
kia ling fei king*, auch *Wu ti leo kia ling fei schi ör schi* 十二事 genannt, ist mir näheres
nicht bekannt. Die *leo kia* sind die Genien der sechs Reihen (je zehn Zeichen) des Sech-
ziger-Zyklus.

[4] Vergl. oben S. 111.

Schao (vergl. oben S. 108), der Verfasser des *Fêng su t'ung yi*, hat denn auch dem verkannten Konfuzianer in einer anderen Legende eine Ehrenrettung zu Teil werden lassen. „Zur Zeit des Kaisers Wu ti", so erzählt er, „herrschten abergläubische Vorstellungen von Dämonen, und besonders glaubte man an die Zauberer aus Yüe[1]. Tung Tschung-schu tadelte dies und erklärte (die Zauberei) für bloßes Gerede. Wu ti wollte seine Anschauungen auf die Probe stellen und befahl einem Zauberer, Tschung-schu zu behexen. Tschung-schu war in feierliche Amtstracht gekleidet, blickte mit dem Gesicht nach Süden und murmelte kanonische Sprüche. So war es nicht möglich, ihm ein Leid anzutun, der Zauberer aber starb plötzlich"[2]. Offenbar haben Tung's stark ins Mystische gehende, überspannte Lehre vom *yin* und *yang*, seine Schilderungen des gesegneten Altertums in taoistischem Stile u. a. in der Zeit zwischen der Späteren Han- und der T'ang-Dynastie seinen konfuzianischen Eifer so weit vergessen oder wenigstens verblassen machen, daß die Taoisten ein Anrecht auf ihn geltend machten, das die Konfuzianer bei dem wachsenden Einflusse des *Tso tschuan* anscheinend nicht eben lebhaft vertraten. Aber seinem Wesen gerecht wird diese Einreihung Tung's in den taoistischen Vorstellungskreis, wie sie in jenen Legenden zum Ausdruck kommt, sicherlich nicht, und sie hat auch über den erwähnten Zeitraum nicht hinausgereicht. Erklären doch die Verfasser der am Anfang der T'ang-Zeit vollendeten Annalen der Tsin-Dynastie in ihrer Einleitung zu dem Kapitel über die „fünf Elemente", daß „Tung Tschung-schu, als er zur Zeit der Kaiser King und Wu das *T. t.* des Kung-yang bearbeitete, zuerst die Lehre vom *yin* und *yang* erweiterte und sie zu einem Hauptartikel der Schule der Konfuzianer machte"[3]. Liu Hiang habe dann bei seiner Bearbeitung des Ku-liang-Textes eine von Tung stark abweichende Berechnung der glücklichen und unglücklichen Vorzeichen gefunden, und Liu Hin sei auf Grund des *Tso tschuan* wiederum zu anderen Ergebnissen gelangt. Pan Ku aber habe das Kapitel über die Elemente in den Han-Annalen aus den Systemen aller drei zusammengestellt. Von dem berühmten Buddhistenbekämpfer der T'ang-Zeit, Han Yü 韓愈, der in seiner strengen Orthodoxie sicherlich ein Geistesverwandter Tung's war, heißt es in seiner Lebensbeschreibung, daß in seiner Jugend (er war 768 geboren) „während der Periode *T'a-li* bis *Tschêng-yuan* (766 bis 804) in der Literatur meist die alte Wissenschaft am höchsten gestellt, und die Darstellungsart Yang Hiung's und Tung Tschung-schu's nach-

---

[1] Etwa das heutige Tschê-kiang.

[2] *Fêng su t'ung yi* Kap. 9 fol. 10 r°: 武帝時迷於鬼神、尤信越巫、董仲舒數以爲言、武帝欲驗其道、令巫詛仲舒、仲舒朝服南面誦詠經論、不能傷害而巫者忽死.

[3] *Tsin schu* Kap. 27 fol. 1 v°: 景武之際董仲舒治公羊春秋始推陰陽爲儒者之宗.

geahmt wurde"[1]. Han Yü selbst aber billigt Tung nicht die gleiche Geltung zu wie Yang Hiung, ja nicht einmal wie Sün K'ing 荀鄉; diese beiden sind ihm die Einzigen, die nach der Tschou-Zeit noch als Vertreter der Klassizität in Betracht kommen, und wenn er auch die unmittelbare Überlieferung der wahren Lehre als mit Mêng tsö abgeschlossen ansieht, so könnte nach seiner Auffassung eine Fortsetzung höchstens in Yang und Sün gesucht werden, nicht aber, wie Wang Tsch'ung es tut (s. oben S. 118), in Tung. „Von Yao", so schreibt er in einer kleinen Schrift über „die ursprüngliche Lehre", „ging die Überlieferung an Schun, von Schun an Yü, von Yü an T'ang, von T'ang an Wên, Wu und Tschou kung, von Wên, Wu und Tschou kung an Konfuzius, von Konfuzius an Mêng tsě; als Mêng tsě gestorben war, ging die Überlieferung nicht weiter. Sün und Yang wählten wohl aus der Lehre aus, aber gewannen nicht den Kern davon, sie legten sie wohl dar, aber waren nicht genau genug"[2]. Und dabei sind ihm „Sün und Yang die große Reinheit mit nur kleinen Flecken"[3].

In der Sung-Zeit, wo nicht bloß Kung-yang ganz in den Hintergrund gedrängt wird, sondern der kritische Zweifel auch vor dem *T. t.* selbst nicht mehr Halt macht[4], ist Tung fast zu einer vergessenen Größe geworden. Wang An-schi 王安石, der im 11. Jahrhundert die Streichung des *T. t.* aus dem Kanon durchsetzte, und der über die Bedeutung der klassischen Bücher für die Zeitfragen der Gegenwart seine eigene höchst unorthodoxe Meinung hatte, scheint Tung überhaupt nicht gekannt zu haben, wenigstens erwähnt er ihn niemals in seinen zahlreichen Schriften über Konfuzius und die Träger der Überlieferung[5]. Selbst da, wo er sich in einem besonderen Aufsatze mit der Lehre von der Rache-

---

[1] *Kiu T'ang schu* Kap. 160 fol. 1 r°: 大曆貞元之間文字多尚古學 勁楊雄董仲舒之述作.

[2] In der Sammlung *K'in ting ts'üan T'ang wên* 欽定全唐文 (Große Palast-Ausgabe von 1814) Kap. 558 fol. 13 v°: 堯以是傳之舜、舜以是傳之禹、禹以是傳之湯、湯以是傳之文武周公、文武周公傳之孔子、孔子傳之孟軻、孟軻之死不得其傳焉、荀與楊也擇焉而不精、語焉而不詳.

[3] A. a. O. Kap. 559 fol. 7 v°: 荀與楊大醇而小疵.

[4] S. oben S. 13 u. 17 ff.

[5] Diese Schriften, teils kleinere oder größere Aufsätze, teils umfangreiche Thronberichte, finden sich besonders in den Kapiteln 9, 16 und 17 der neuen Ausgabe von 1911 der gesammelten Werke Wang An-schi's, die den Titel *Wang Lin-tsch'uan ts'üan tsi* 王臨川全集 führt (Lin-tsch'uan in Kiang-si war die Heimat Wang's). Eine solche Sammlung unter dem Titel *Lin-tsch'uan wên tsi* 臨川文集 war bereits i. J. 1140 erschienen, und selbst diese hatte, nach den Vorworten zu schließen, schon eine, vermutlich handschriftliche, Vorgängerin aus der Zeit von 1111 bis 1117 gehabt. Neue, vervollständigte Ausgaben wurden um das Jahr 1300 (mit einem Vorwort von Wu Tschêng 吳澄 s. Giles,

pflicht auseinandersetzt, wie sie „im Kommentar des *T. t.*"[1] und im *Li ki* enthalten ist, deutet er mit keinem Worte auf Tung's Ausführungen im *T. t. fan
lu* hierzu[2]. Das findet aber eben seine natürliche Erklärung darin, daß Tung
bis gegen die Mitte des 12. Jahrhunderts tatsächlich nahezu vergessen, sein
Fan lu so gut wie verschollen war, so daß wir also mit Sicherheit annehmen können,
daß Wang An-schi außer seinem Namen kaum etwas von ihm gewußt haben wird.
Im Jahre 1175 erschien von dem bekannten Staatsmann und Gelehrten Tsch'êng
Ta-tsch'ang 程大昌 (1122 bis 1195) ein umfangreiches Werk mit dem Titel
Yen fan lu 演繁露, das veranlaßt war, wie er selbst sagt, durch die während
der Periode *Schao-hing* 紹興 (1131 bis 1162) erfolgte Einreichung des *T. t. fan
lu* seitens eines gewissen Tung 董. Zugleich schrieb er zu dem letzteren ein Nachwort, in dem er das neu entdeckte Werk im Hinblick auf seine offenbare Unvoll-
ständigkeit und sonstige Eigenheiten für eine Fälschung erklärte, da Zitate aus
dem wirklichen *T. t. fan lu*, die sich im *T'ung tien* und im *T'ai p'ing huan yü ki*
fänden, in ihm nicht vorhanden seien. Er bemühte sich dann, in seinem eigenen
Werke das wirkliche System Tung Tschung-schu's nach seinen eigenen Auffassungen wiederaufzubauen, das echte *T. t. fan lu* hielt er für verloren[3]. Mit
großem Eifer aber nahm sich der ebenfalls berühmt gewordene Großsekretär

---

Biogr. Dict. Nr. 2316), i. J. 1546 und i. J. 1560 herausgegeben und umfaßten 100 Kapitel.
Auf die letzteren gehen die neuen Ausgaben von 1883 und 1911 zurück; die von 1911
hat den Stoff in 24 Kapitel geteilt. Vergl. Bull. Ec. fr. d'Extr. Or. IX, 427 Anm.
und 452.

Daß Wang An-schi von dem *T. t. fan lu* keine Kenntnis hatte, könnte auffallend erscheinen, weil das Werk, wie wir bestimmt wissen, zu seiner Zeit vorhanden und zugänglich war. Aber man erkennt eben auch hieran, wie wenig beachtet das Werk Tung's bei
dem Gelehrtentume damals war.

[1] A. a. O. Kap. 17 fol. 19 v°. Es ist nicht ohne Interesse, daß auch Wang An-schi
unter dem „Kommentar des *T. t.*" anscheinend selbstverständlicherweise wie früher
Wang Tsch'ung das *Kung-yang tschuan* (zu *Tschuang kung* 4. Jahr) verstanden wissen
wollte, da ja im *Tso tschuan* nichts von der Rache steht. (Vergl. oben S. 75 Anm. 4
u. S. 78.)

[2] S. unten in Abschn. 5.

[3] Das *Yen fan lu*, etwa „Vorführung des *Fan' lu*" ist mir leider nicht zugänglich, ich bin
deshalb auf die Angaben seines Nachwortes angewiesen. S. Näheres darüber unten in Abschn. 3.
Vergl. auch Wylie, *Notes* usw. S. 129. Das aus 16 Kapiteln und einem Nachtrage *(Sü
Yen fan lu)* von 6 Kapiteln bestehende Werk ist in der Sammlung *T'ang Sung ts'ung schu*
唐宋叢書 und in dem *Hüe tsing t'ao yuan* 學津討原 enthalten. Von der
ersteren befindet sich ein Exemplar auf der Staatsbibliothek (früher Königlichen) in Berlin;
doch ist, wie mir die Verwaltung mitteilt, das *Yen fan lu* nicht darin. — Näheres über
Tsch'êng Ta-tsch'ang's Beweisführung und seine Widerlegung durch Lou Yo s. unten
in Abschn. 3.

Lou Yo 樓鑰[1] (1136 bis 1213) des verdächtigten Werkes an und stellte seine
Echtheit bei aller zuzugebenden Lückenhaftigkeit über jeden Zweifel fest.
Diese „Wiederauffindung" des *T. t. fan lu* ist aber kennzeichnend für das Schwin-
den von Tung's Bedeutung in der konfuzianischen Welt seit der Zeit Han Yü's
im 8. Jahrhundert. Die unruhigen, kriegerischen Zeiten nach dem Sturze der
T'ang-Dynastie mit ihrem beständigen Entstehen und Vergehen kurzlebiger
Teilstaaten gewährten für wissenschaftliche Muße keinen Raum, und in dem Ge-
tümmel ging auch der Sinn für Tung's tiefbohrende Darlegungen verloren. Von
seinen Arbeiten mögen schon in der späteren T'ang-Zeit nur wenige Exemplare
in handschriftlicher Form vorhanden gewesen sein. Als dann im Jahre 1138,
also eben in der Periode *Schao-hing*, Hu An-kuo 胡安國 die Wiedereinsetzung
des von Wang An-schi geächteten *T. t.* in seine kanonische Stellung erwirkte,
und zwar in einer Form, bei der auch die Auslegung Kung-yang's doch eine gewisse Bedeutung erlangte[2], da hat man sich offenbar auch auf Tung wieder be-
sonnen und das *T. t. fan lu* wurde wieder ans Licht gezogen und studiert. Es
ist eine belangreiche, aber heute nicht mehr beantwortbare Frage, ob Wang
An-schi dem *T. t.* gegenüber eine andere Stellung eingenommen haben würde,
wenn er Tung's Herleitungen daraus gekannt hätte, und ob er, der schon damals,
wie acht und einhalb Jahrhunderte später die kantonesischen Reformatoren,
seiner Zeit vorwarf, sie suche ihr Vorbild nur in unwesentlichen Formen des
Altertums, nicht aber im Geiste der früheren Herrscher, dann aus dem *T. t.*
und aus Tung's Lehren die nämlichen Folgerungen gezogen haben würde wie
jene.

Indessen durch das zeitweilige Verschwinden des *T. t. fan lu* allein — wie wir
unten sehen werden, war immerhin eine ganze Reihe von Exemplaren davon,
wenn auch in sehr schlechtem Zustande, vorhanden — erklärt sich der Rückgang
von Tung's Bedeutung auch nicht. Denn auch nach dem Wiedererscheinen
des Werkes wird an dem Zustande nichts Wesentliches geändert, jedenfalls
nicht für die Dauer. Die Ursachen hierfür liegen tiefer. Gerade das 12. Jahrhundert war die Zeit, wo die konfuzianische Staatsphilosophie und Ethik von
den Gelehrten der Sung-Zeit, namentlich von Tschu Hi (1130 bis 1200) und
seiner Schule ihre feste dogmatische Form erhielten, wie sie sich aus den
neuen, oft recht willkürlichen Kommentaren des letzteren zu den kanonischen
Büchern ergab. In diesen Rahmen aber paßte, wie oben (S. 116f.) dargelegt
worden ist, Tung's Lehre nicht mehr hinein, und zwar um so weniger, als ihre
Quelle, das *Kung-yang tschuan*, als Grundlage der maßgebenden Auslegung
des *T. t.* von Tschu Hi grundsätzlich abgelehnt wurde[3]. Die Art, wie der große
Dogmenschöpfer sich über Tung Tschung-schu ausgesprochen hat, war denn

---

[1] Vergl. über seine Tätigkeit auch mein *Kêng tschi t'u* S. 71 Anm. 2.

[2] S. oben S. 21f.

[3] S. oben S. 22ff.

auch keineswegs besonders rühmlich und ging an seiner eigentlichen Bedeutung, wohl kaum ohne Absicht, schweigend vorüber. In einem Vergleiche zwischen Tung und Lu Tschi 陸贄[1], einem Gelehrten der T'ang-Zeit (754 bis 805), äußert Tschu Hi sich folgendermaßen: „Tschung-schu hatte den letzten Urgrund erkannt, wenn er z. B. sagt: ‚Man mache seine Gesinnung aufrecht und pflege die Persönlichkeit, dann kann man einen Staat regieren und das Weltreich befrieden‘; oder wenn er sagt: ‚Herzensgüte, Rechtlichkeit, rechte Form und Musik sind sämtlich die Werkzeuge hierbei‘[2]. Alles dies sind vortreffliche Reden. Was nun Lu Süan's[3] Erörterungen angeht, so sind sie sicherlich scharfsinnig und gründlich, aber ich meine, hinsichtlich des Urgrundes der Dinge kommt er Tschung-schu nicht gleich. Was dagegen das Ziehen der sachlichen Folgerungen betrifft, so meine ich, daß Tschung-schu sicherlich Süan nicht gleichkommt."[4] Und ähnlich bei einem Vergleiche mit Wang T'ung 王通 (583 bis 616)[5]: „Tschung-schu's Fähigkeiten waren Reinheit und Geradheit. Wenn er sagt: ‚Mache deine Gesinnung aufrecht, wenn du die Herrschaft des Thrones aufrecht machen willst‘; oder: ‚das Schicksal ist des Himmels Befehl‘, so sind alle solche Aussprüche vortrefflich, und wenn Pan Ku (Tung) einen reinen Konfuzianer nennt, so trifft das durchaus zu. Was aber die Fragen des Weltreiches und der Staatsverwaltung betrifft, so hat er bei ihrer Darlegung nicht die großartige Klarheit der Einsicht Wang T'ung's..... In seinen Erörterungen über die Beherrschung des Wesens der Dinge gleicht Wên-tschung[6] wohl an Großartigkeit dem Tschung-schu, aber an Fähigkeiten erreicht er ihn nicht; an Scharfsinn gleicht er ihm, aber an Reinheit erreicht er ihn nicht"[7].

---

[1] S. Giles, *Biogr. Dict.* Nr. 1406.

[2] Das erste ber beiden Zitate ist ein banal gewordener Gemeinplatz, der sich schon im *Li ki* (Couvreur II, 615f. und 622f.) mehrfach findet. Tung spricht sich im *T. t. fan lu* ebenfalls öfters in dem Sinne und mit den nämlichen Ausdrücken aus; woher Tschu Hi den Satz genommen hat, vermag ich im Augenblick nicht anzugeben. Das zweite Zitat ist in dieser Form kaum verständlich. Es bildet den Teil eines Satzes in der ersten Denkschrift *(Ts'ien Han schu* Kap. 56 fol. 3 v°): „Das *tao* ist das, wodurch man auf den Weg des Regierens gelangt. Herzensgüte, Rechtlichkeit, rechte Form und Musik sind sämtlich die Werkzeuge hierbei."

[3] Süan ist der kanonische Beiname von Lu Tschi.

[4] *Tschu tsě ts'üan schu* (vergl. über das Werk oben S. 23 Anm. 1) Kap. 58 fol. 18 r°: 仲舒識得本原、如云、正心脩身可以治國平天下、如云、仁義禮樂皆其具、此等說話皆好、若陸宣公之論事却精密、第恐本原處不如仲舒、然仲舒施之臨事又却恐不如宣公也·

[5] S. Giles, *Biogr. Dict.* Nr. 2239.

[6] Wên-tschung ist der kanonische Beiname von Wang T'ung.

[7] A. a. O. fol. 30 v°f.: 仲舒本領純正、如說正心以正朝廷、與命者天之令也、以下諸語皆善、班固所謂純儒極是、至於天

Yang Hiung, den Wang Tsch'ung mit Tung auf gleiche Stufe gestellt hatte (s. oben S. 118), kommt bei Tschu Hi schon wegen seiner Verbindung mit dem Usurpator Wang Mang erheblich schlechter in dem Vergleiche fort. „Tung Tschung-schu war ein ausgezeichneter Mensch," so heißt es, „Yang Tsö-yün[1] aber fehlte gegen das Sittengesetz; diese beiden kann man also nicht vergleichen"[2]. Bei den Erörterungen der großen philosophischen Fragen wie die ursprüngliche Beschaffenheit der menschlichen Natur (Kap. 42 des *Tschu tsě ts'üan schu*), das Wirken des *yin* und *yang* (Kap. 49), ja selbst bei einer kritischen Betrachtung des *T. t.* (Kap. 36) wird Tung, der gerade für diese Dinge doch eine der ältesten und wichtigsten Autoritäten darstellte, mit keinem Worte erwähnt. Hieraus und aus den angeführten allgemeinen Wendungen, die Tung's eigentliches Wesen gar nicht berühren, geht mit Deutlichkeit hervor, daß Tschu Hi in Tung einen vortrefflichen Menschen und einen „reinen Konfuzianer" sah, daß aber sein auf das *T. t.* gegründetes Lehrsystem für den Vater des neuen Dogmas als abgetan, sein Standpunkt als überwunden galt.

Und dieses unausgesprochene, aber durch ein beredtes Schweigen dargetane Urteil ist bestimmend geblieben für alle Generationen der orthodoxen Gelehrtenschaft während der folgenden Jahrhunderte. Huang Tschên 黄震, einer der frühesten und entschiedensten Anhänger Tschu Hi's, der am Ende der Sung-Zeit lebte, hat in seinem *Ji tsch'ao*[3] das ausgesprochen, was Tschu Hi nur durch Verschweigen andeutet. Seine Bemerkungen über Tung Tschung-schu sind deshalb besonders beachtenswert, weil sie knapp und klar die Punkte in Tung's Lehre aufzählen, an denen das Konfuzianertum Anstoß nahm. Sie sind daher auch dem hervorragendsten Bearbeiter des *Fan lu* während der Ts'ing-Zeit so wichtig erschienen, daß er sie seiner Neuausgabe am Ende des 18. Jahrhunderts (s. unten in Abschn. 3) vorangestellt hat. Nachdem Huang Tschên im Anschluß an Tsch'êng Ta-tsch'ang dargelegt, daß „das *Fan lu*, das zu Beginn der Sui- und T'ang-Dynastie vorhanden war, schon nicht mehr das alte Werk Tung Tschung-schu's gewesen sein, und dasjenige, das nach der Periode

---

下國家事業、恐施展未必得王通見識高明……要之文中
論治體處、高似仲舒而本領不及、爽似仲舒而純不及.

[1] Tsě-yün ist der Beiname Yang Hiung's.

[2] A. a. O. fol. 32 r°: 董仲舒自是好人、楊子雲不足道、這兩人
不須説.

[3] Das Werk führt gewöhnlich den Titel *Huang schi ji tsch'ao* 黄氏日鈔. Es ist eine Sammlung von kritischen Betrachtungen über die Werke der kanonischen Literatur, sowie über die Schriften der verschiedenen Philosophen und Geschichtschreiber, ferner von Berichten an den Thron, von Gedanken und Aufsätzen über Fragen mannigfacher Art u. a. Es hatte nach dem Kais. Katalog Kap. 92, fol. 48 r⁰ ursprünglich 97, nach *Sung schi* Kap. 438 fol. 20 r⁰ 100 Kapitel. Davon sind noch 95 erhalten, das 81. und 89. seit langem verloren. Huang Tschên wurde 1256 Tsin-schi, sein Beiname war Tung-fa 東發.

Tschung-hing (958) aufgetaucht sei, nicht mehr das vom Beginn der Sui- und
T'ang-Zeit sein könne", und nachdem er Lou Yo's Entdeckungen und seinen
Beweis der Echtheit erwähnt hat, fährt er fort: „Was das Lehrsystem (Tung's)
anlangt, so befindet sich darin manches, was sich (der wahren Lehre) nicht fügt.
Wenn er z. B. sagt: ‚der Herzog Siang von Sung folgte der Lehre und wurde
besiegt, daher preist ihn das *Tsch'un-ts'iu*¹, (so muß man fragen:) wieso folgte
der Herzog Siang der Lehre? — Oder wenn er sagt: ‚die Tschou folgten der
rechten Lehre nicht mehr, daher stürzten die Ts'in sie‘, und dies auf gleiche Stufe
stellt mit dem Sturz der Yin durch die Tschou², so muß demgegenüber festgehalten werden, daß der durch die Ts'in erfolgte Sturz durchaus nicht der rechten
Lehre entsprach. Oder wenn er sagt: ‚der Wille ist wie ein Sterben zu Staub‘,
oder: ‚indem ich nicht Fragen stelle, jener nicht Antworten gibt‘³, so meine ich,
daß das nicht die Ausdrucksweise eines konfuzianischen Gelehrten ist. Odor,
wenn er *wang* in dem Ausdrucke (des *T. t.*) *wang tschêng yüe* auffaßt als Wên wang⁴
so meine ich, daß dieser Sinn vom *T. t.* nicht gewollt ist. Odor wenn es heißt:
‚der vorherige posthume Titel des Huang ti und die nachherigen posthumen
Titel der vier *ti*‘⁵, so meine ich, daß es im ehrwürdigen Altertume noch gar keine
posthumen Titel gab. Oder wenn es heißt: ‚Schun machte das Vorbild des
Himmels zum bestimmenden Moment, Yi vom Hause Schang das Vorbild der
Erde; T'ang vom Hause Hia machte den Stoff vom Vorbilde des Himmels
zum bestimmenden Moment, Wên wang die Form vom Vorbild der Erde‘⁶,
so findet das alles in der Lehre keine Stütze. Oder wenn es heißt: ‚der König
Tschuang von Tsch'u erfuhr vom Himmel keine Heimsuchung, daher betete

---

¹ *T. t. fan lu* (Hang-tschou-Ausgabe, s. unten in Abschn. 3) Abschn. 17 fol. 4 v⁰. Der
Herzog Siang folgte der Lehre, daß „man nicht die Menschen in eine schwierige Lage bringen
soll"; in seinem Kampfe gegen Tsch'u beobachtete er die Formen des Rituals bis zum äußer-
sten, dadurch hinderte er sein Heer am rechtzeitigen Angriff und wurde besiegt. Das
T. t. aber rühmt sein Verhalten. Es gehört dazu die Stelle Abschn. 6 fol. 7 r⁰. Über den
Sachverhalt s. Näheres *T. t. Hi kung* 22. Jahr bei Kung-yang und im *Tso tschuan* (Legge,
Chin. Cl. V, 183). Huang Tschên's Frage soll offenbar andeuten, daß der Herzog der
rechten Lehre nicht gefolgt sei.

² A. a. O. Abschn. 25 fol. 15 r⁰.

³ Abschn. 19 fol. 6 v⁰ u. 9 v⁰.

⁴ Über diesen viel erörterten Anfang des *T. t.* s. Näheres unten im Abschn. 4 und 5.
Übrigens ist es Kung-yang, der in dem *wang* den Wên wang sieht, nicht Tung Tschung-
schu.

⁵ Abschn. 23 fol. 7 r⁰. Über Tung's Lehre von den Titeln der „drei *wang*", der „fünf
ti" und der „neun huang" s. unten in Abschn. 4.

⁶ Abschn. 23 fol. 10 r⁰. Die hier nur angedeuteten mystischen Phantasien Tung's kennzeichnet Huang Tschên mit Recht als solche. Die „alten Herrscher" sind bei Tung völlig
zu naturphilosophischen Symbolen geworden.

er zu den Bergen und Strömen'[1], so muß man sagen: wenn man keine Heimsuchung erfährt und darob in Furcht gerät, so mag das sein; aber zu den Bergen und Strömen beten, um so eine Heimsuchung vom Himmel zu erflehen, wie sollte das der menschlichen Natur entsprechen? Oder wenn er sagt: ‚die (menschliche) Anlage hat den Stoff[2] zum Guten, aber sie kann nicht das Gute selbst sein‘, und: ‚erst, wenn die Belehrung erfolgt ist, kann sie danach das Gute hervorbringen‘, und ferner: ‚wenn man sagt, die Anlage ist an sich sittlich gut, so bedeutet das fast, daß das Gute ohne Belehrung da ist‘, weiter: ‚Konfuzius sagt nur ‚der gute Mensch‘ (nicht: ‚die gute Anlage‘), wie sollte ich das nicht verstehen?‘, endlich: ‚Mêng tsě meint, die Anlage aller Menschen sei gut, das ist übertrieben‘[3], so meine ich, daß mit alledem auch kein Licht auf die ursprüngliche Anlage fällt. Unter den Konfuzianern der Han-Zeit waren nur bei Tung Tschung-schu Herzensgüte und Rechtlichkeit der erste und letzte Gedanke[4], sie erstrahlen durch zehntausend Geschlechter hindurch. Man hat immer gesagt, Tung Tschung-schu's *Fan lu* enthalte die Wahrheit, aber Ouyang (Siu) sagte nach dem Studium des *Fan lu* zwar nicht, daß es unecht sei, aber er tadelte es und konnte von seinen Darlegungen nicht rühmen, daß sie die Lehre des Heiligen aufhellten. Wie tief muß man das beklagen! Indessen Tung Tschung-schu war ‚ein reiner Konfuzianer‘, und Ou-yang (Siu) ein Mann der Wissenschaft, das müssen die Gelehrten bedenken‘‘[5]. Man sieht hieran, wie richtig Huang Tschên die schwächsten Punkte in Tung's Lehren erkannt hat:

---

[1] Abschn. 30 fol. 14 r⁰.

[2] Statt des wenig passenden Zeichens 姿 liest die Hang-tschou-Ausgabe besser 質.

[3] Abschn. 36 fol. 7 v⁰f. Über Tung's Standpunkt in dem Streit um das Wesen der natürlichen Anlage des Menschen s. Näheres unten in Abschn. 4.

[4] Der Ausdruck 三策, „die drei Pläne“, bedeutete dem *P'ien tsě leï pien* zufolge zur Sung-Zeit eigentlich drei politische Systeme, das des friedlichen Ausgleichs, das des Beharrens auf seinem Standpunkt und das der bewaffneten Gewalt. Die Wendung wird dann auch in übertragenem Sinne für ein gesamtes Gedankensystem gebraucht. — Über Tung's Lehre von der Herzensgüte und Rechtlichkeit s. das Nähere unten in Abschn. 4.

[5] 至於理不馴者有之、如云、宋襄公由其道而敗春秋貴之、襄公豈由其道者耶、如云、周無道而秦伐之以與殷周之伐併言、秦果伐無道者耶、如云、志如死灰、以不間間以不對對、恐非儒者之言、如以王正月之王爲文王、恐春秋無此意、如謂黃帝之先諡四帝之後諡、恐隆古未有諡、如謂舜主天法商禹主地法、夏湯主天法質文王主地法文、於理皆未見其有當、如謂楚莊王以天不見災而禱之于山川不見災而懼可矣、禱于山川以求天災、豈人情乎、若其謂性有善姿而未能爲善、惟待教訓而後能爲善、謂性已善幾於無教、孔子言善人、吾不得而見之、而孟子言人性

seinen stark in's Taoistische hinüberspielenden Mystizismus, seine nicht nach-
prüfbare Streckung der mündlichen Überlieferung und seine Überspannung der
Lehre vom *yin* und *yang*, von den Heimsuchungen und ungewöhnlichen Ereignissen. Gegen die Grundgesetze des Dogmas aber verstieß er durch seine
Lehre vom Wesen der ursprünglichen Anlage, durch abweichende Deutung der
kanonischen Texte, durch seine Auffassung von der Gesetzmäßigkeit der Dynastien u. a. m.

Das Urteil Tschu Hi's und seiner Schule ist für eine lange Folgezeit wirksam
gewesen: das *T. t. fan lu* blieb ein halbvergessenes Werk und wurde wahrscheinlich weniger gelesen als die drei Denkschriften, denen schon durch ihren
Platz in den Han-Annalen die Möglichkeit größerer Beachtung gesichert war.
Unter der mongolischen Yuan-Dynastie, im Jahre 1330 wurde zwar die Namentafel
Tung's in die Reihe der „alten Weisen" im Tempel des Konfuzius aufgenommen,
aber eine Bedeutung für seine Stellung hat diese Ehrung nicht gehabt. Einmal
allerdings ist Tung von dem Literatentum der neueren Zeit als Eideshelfer
herangezogen worden, aber das geschah nicht um seiner Lehre willen, sondern
weil man in ihm einen Apostel der Unduldsamkeit sah, auf den man sich mit
Erfolg berufen konnte. In einer im Jahre 1681 von Liang Yen-nien 梁延年
herausgegebenen illustrierten Erklärung von K'ang-hi's berühmtem „Heiligen
Edikt" werden als Zeugnis für die berüchtigte siebente Vorschrift über die
ketzerischen Lehren jene Schlußsätze der dritten Denkschrift herangezogen,
in denen „die Unterbindung und Verhinderung alles dessen gefordert wird,
was nicht in dem Kanon des Konfuzius enthalten ist" (s. oben S. 106)[1]. Aber
schließlich genügte auch diese Rechtgläubigkeit den Ansprüchen des staatlichen
Konfuzianertums der Mandschu-Zeit nicht mehr, und es hat später Tung und
sein Werk aus dem engeren Kreise der dogmatisch einwandfreien Weisheit mit
unverhüllten Worten ausgeschlossen. In seiner Vorrede zu der großen Ausgabe
von Tschu Hi's Gesprächen, die Kaiser K'ang-hi von 1713 ab zusammenstellen
ließ, sagt der erlauchte Verfasser: „Wenn auch Tung tsĕ zur Han-Zeit und Han
tsĕ (Han Yü) zur T'ang-Zeit das Verhältnis zwischen Gott und der Menschheit
ebenfalls erfaßt haben, so sind sie doch nicht bis zu den letzten Quellen von

---

皆善、過矣、是又未明乎本然之性也、漢世之儒惟仲舒仁
義三策炳炳萬世、曾謂仲舒之繁露而有是乎、歐陽公讀
繁露不言其非眞、而譏其不能高其論以明聖人之道、且
有惜哉惜哉之歎、夫仲舒純儒、歐陽公文人、此又學者所
宜審也.

[1] Vergl. Legge, *The Religions of China* S. 231. Näheres über das Werk von Liang Yen-
nien s. China Review VI, 148 und Polliot, *À propos du Keng tche t'ou* (Mémoires concernant l'Asie Orientale 1913) S. 107 Anm.

Konfuzius und Mêng tsĕ vorgedrungen"[1]. „Ich lasse beim *T. t.* allein das Urteil Tschu tsĕ's gelten" heißt es weiter bei dem kaiserlichen Schiedsrichter[2], und nach diesem Spruche war für Tung und seine Überlieferung im Rahmen des Dogmas kein Raum mehr.

Von der T'ang Zeit an also war Tung Tschung-schu mehr und mehr zu einer pflichtmäßig verehrten, aber im übrigen nicht mehr beachteten Größe geworden, seine Darstellung der konfuzianischen Lehre war verstaubt und vergessen, die Entwicklung des Dogmas war über sie hinweggegangen, sicherlich nicht zum Vorteil der geschichtlichen Wahrheit. Aber auch dem eingesargten Patriarchen der Han-Zeit sollte schließlich die Stunde der Auferstehung schlagen. Um die Wende des 18. Jahrhunderts erstand ihm der Wiedererwecker in der Person eines einsamen Forschers, der abseits von den Wegen der Orthodoxie wandelte und der es wohl deshalb auch nicht sehr weit auf der hierarchischen Stufenleiter seines Landes gebracht hat. Es war der Hilfsekretär im Ministerium des Kultus Liu Fêng-lu 劉逢祿 (1775 bis 1829)[3]. Über den Gang seiner Erkenntnis berichtet er selbst in den Vorreden zu seinen Werken. Eine kritische Durchforschung der Geschichte des Dogmas und ein Vergleich der verschiedenen Stadien der Überlieferung hatte ihm gezeigt, daß seit den Zeiten der Han in der Darstellung der konfuzianischen Lehre starke Wandlungen und Verdunkelungen vor sich gegangen waren. „Die Staatsgesetze und die Lehre der kanonischen Bücher", so sagt er, „waren unter den Han wirklich von großer Feinheit. Der dem Altertum (zeitlich) nahestehende Meister Tung hatte in dem Studium des *T. t.* die Führung. Meister Hu-wu legte zwar die Regeln und Bestimmungen dar, aber der Schüler, die ihm nachfolgten, waren nur sehr wenige, so daß sein Ruhm nicht den des Meisters Tung, und die Offenbarungen seiner Schriften auch nicht die des *Fan lu* erreicht". Zur Zeit der östlichen Han richteten dann die Anhänger von Tschêng Tschung 鄭衆 und Kia K'uei 賈逵[4] Verwirrung in der Lehre an, „das Gift von A-schi-schan (?) und Tschunglei"[5], die Zauberkünste des Taoismus und andere abergläubische Vorstellungen überwucherten die Wahrheit. Ho Hiu stellte die rechte Lehre noch einmal her, aber die Kämpfe in der Übergangszeit von der Han- zur Tsin-Herrschaft machten

---

[1] *Tschu tsĕ ts'üan schu* Vorrede fol. 4 v°f.: 雖漢之董子唐之韓子亦得天人之理未及孔孟之淵源.

[2] S. oben S. 32.

[3] Näheres über ihn und seine Werke s. oben S. 34 Anm. 2.

[4] Beide waren Anhänger von Liu Hin's „neuer Lehre" und Förderer des *Tso tschuan.* Ihre Lebensbeschreibung s. *Hou Han schu* Kap. 66 fol. 5 v°ff. u. 14 r°ff.

[5] Was mit *A-schi-schan* 阿世扇 gemeint ist, weiß ich nicht. *Tschung-lei* 中壘 dürfte sich auf Liu Hin beziehen, der nach *Ts'ien Han schu* Kap. 36 fol. 34 r° ebenso wie sein Vater Liu Hiang das Amt eines *Tschung-lei hiao weï* 中壘校尉 (vergl. Chavannes, *Mém. hist.* II, 525) bekleidete.

allen gelehrten Studien ein Ende. Zur T'ang-Zeit setzten die Schulen von Lu Tsch'un 陸淳 und Tan Tschu 啖助[1] entweder die Lehren ihrer Meister bei Seite, oder sie gelangten auf Nebenwege, bis schließlich „der erhabene Sinn der tiefen Worte des Heiligen völlig verdunkelt war. Hundert Jahre, nachdem die erhabene Ts'ing-Dynastie die Regierung übernommen hatte, führte man das System der Einreichung der Literaturwerke (aus dem Reiche) an den Thron ein und berief in der Literatur bewanderte Gelehrte; dabei wurde Beleuchtung der sechs kanonischen Bücher durch Abhandlungen die Hauptsache. Dann aber begann man sich zu schämen, mit dem Gesicht gegen die Wand zu sitzen und inhaltlose Sätze zu bauen. Man bemühte sich, die Grundsätze der Meister der Han-Zeit zu erfassen, wie es z. B. Hui Tung aus Yuan-ho (Su-tschou) mit dem *Yi king* und Kin Pang aus Schê (Hui-tschou in An-hui)[2] mit dem *Li* machte. Sie waren eng vertraut mit der Lehre. Als ich mit aufgebundenem Haar (d. h. als Kind?) die kanonischen Bücher in mich aufnahm, wurde ich vertraut mit den Schriften des Meisters Tung und des Meisters Ho, die wie ein Paar zueinander gehörige Hälften waren. Sie wurden meine Wissenschaft. Ich strebte nur danach, den Heiligen kennen zu lernen; des Heiligen Lehre aber ist eingeschlossen in den fünf kanonischen Büchern, und das *Tsch'un-ts'iu* ist der Schlüssel zu diesen Büchern. Die gelehrten Darlegungen der Meister der früheren Han-Zeit sind alle unvollständig erhalten, aber über das *Schi king* gibt es von Mao (Tsch'ang), über das *Li* von Tschêng (Hüan) und über das *Yi king* von Yü (Fan) noch die erklärende Darstellung des Sinnes, so daß man die Wirrnis vertreiben und das Richtige wiederherstellen kann. Dem *T. t.* jedoch steht nichts so nahe wie die Ausführungen von Tung und Ho, die die Offenbarung davon empfangen haben, als seien sie das Echo. Wenn man also Einblick zu erhalten strebt in die Gedanken des Heiligen und das, was seine siebzig Schüler überliefert haben[3], wie sollte man dies ohne jene erreichen können?"[4] Und an einer

---

[1] Über beide vergl. oben S. 13.

[2] Hui Tung ist der Verfasser mehrerer Werke über das *Yi king*; er lebte nach *Peï tschuan tsi* Kap. 133 fol. 11 r⁰ von 1696 bis 1758. Vergl. Kais. Katalog Kap. 6 fol. 45 r⁰ff. Über Kin Pang s. Giles, *Biogr. Dict.* Nr. 383, wo der Name 旁 geschrieben ist. Er war ein Zeitgenosse von Liu Fêng-lu.

[3] Vergl. oben S. 37.

[4] *Tsch'un-ts'iu Kung-yang king Ho schi schi li* 春秋公羊經何氏釋例 Vorrede fol. 2 r⁰ff.: 漢之吏治經術彬彬乎、近古者董生治春秋倡之也、胡母生雖著條例而弟子遂者絕少、故其名不及董生而其書之顯亦不及繁露……聖人之微言大義蓋盡晦矣、大淸之有天下百年開獻書之路招文學之士以表章六經爲首、于是人恥鄉壁虛造、競守漢師家法、若元和惠棟氏之于易、歙金榜氏之于禮、其善學者也、祿束髮受經

anderen Stelle: „Will man die verschiedenen Kategorien (in der kanonischen Lehre)erkennen, ihre innerste Bedeutung durchdringen und das Dunkle aufhellen, dann ist für das *Kung-yang tschuan* während der Früheren Han-Dynastie Tung Tschung-schu da, während der Späteren Han-Dynastie Ho Schao-kung[1], für das *Tsĕ-hia tschuan* Tschêng K'ang-tsch'êng[2]. Die Wissenschaft der früheren Han-Dynastie legte das Hauptgewicht auf die großen Hauptsätze, daher sind die von Meister Tung herrührenden Erklärungen keine Wissenschaft, die Satz für Satz kommentiert. Während der Späteren Han-Dynastie ordnete man die wichtigen Einzelheiten und Feinheiten, dafür haben Ho Schao-kung und Tschêng K'ang-tsch'êng ihre Schulen gebildet..... Ich habe von Jugend auf die Schriften der beiden Meister (Tung und Ho) mit Leidenschaft verschlungen, sie sind, als kämen sie Satz für Satz und Wort für Wort aus der Natur der Dinge selbst heraus. Wer mit ihren Feinheiten nicht vertraut ist und ihre verschiedenen Kategorien nicht durchdringt, für den ist es nicht leicht, in ihre aufgehäuften Geheimnisse Einblicke zu erhalten"[3].

Liu Fêng-lu war also zu der Erkenntnis gekommen, daß, wenn man zu dem gelangen wolle, was Konfuzius wirklich gelehrt habe, man zunächst mit den bewußten Fälschungen und der gutgläubigen Afterweisheit aufräumen müsse, die von den Epigonen im Laufe von anderthalb Jahrtausenden darüber gehäuft seien, und daß man sich deshalb in erster Linie an „die Meister der Han-Zeit" halten müsse, weil diese dem Altertume zeitlich am nächsten ständen, und außerdem ihre Darstellungen am eindringlichsten und natürlichsten seien. Weiter aber hatte Liu gefunden, daß die Lehrsätze des Konfuzius am unmittel-

---

善董生何氏之書若合符節則嘗以爲學者、莫不求知聖人、聖人之道備乎五經而春秋者五經之筦錀也、先漢師儒畧皆亡闕、惟詩毛氏禮鄭氏易虞氏有義例可說而撥亂反正、莫近春秋董何之言受命如嚮然、則求觀聖人之志七十于之所傳、舍是奚適焉.

[1] Schao-kung ist der Beiname Ho Hiu's.

[2] Diese Behauptung ist sehr auffallend. Das durch Tsĕ-hia überlieferte *tschuan* soll das *Kung-yang tschuan* gewesen sein (s. oben S. 80), Tschêng K'ang-tsch'êng (Tschêng Hüan) aber war nach Liu Hin der Hauptförderer des *Tso tschuan* (ebenda S. 33 und 76).

[3] *Kung-yang Tsch'un-ts'iu Ho schi kie ku tsien* 公羊春秋何氏解詁箋 Vorrede fol. 1 r°f: 求其知類通達微顯闡幽、則公羊傳在先漢有董仲舒氏、後漢有何邵公氏、子夏傳有鄭康成氏而已、先漢之學務乎大體、故董生所傳非章句訓詁之學也、後漢係理精密要以何邵公鄭康成二氏爲宗‥‥‥余自童子時癖嗜二君之書、若出天性以爲一話一言、非精微眇通倫類未易窺其蘊奧.

barsten zum Ausdruck kämen im *T. t.*, aber nicht in der Fassung der von Liu Hin geschaffenen homunculus-Figur des Tso K'iu-ming, sondern in der mündlich überlieferten Auslegung Kung-yang's. Und dabei war der gelehrte Forscher naturgemäß schließlich auf den ältesten für uns erreichbaren Systematiker dieser Auslegung gestoßen, auf Tung Tschung-schu, dessen Schriften er „mit Leidenschaft verschlungen" hatte. So war das *T. t. fan lu* für ihn die höchste Autorität über „die Lehre des Heiligen" geworden, und damit hatte er sich zu dem staatlich anerkannten Dogma Tschu Hi's in einen Gegensatz gestellt. Er hat diesen Gegensatz niemals auszusprechen gewagt, wie er denn auch Tschu Hi und die Philosophen der Sung-Zeit mit keinem Worte erwähnt, aber bewußt muß er sich seiner natürlich gewesen sein. Die Zeiten waren nicht dazu angetan, daß Liu das Dogma hätte stürzen oder auch nur wankend machen können; seine Schriften haben vorerst kein Echo geweckt, und Tung Tschung-schu wäre wohl aufs neue in die Vergessenheit versunken, wenn nicht bald danach die Weltgeschichte zu seinen Gunsten gewaltsam eingegriffen hätte.

Durch den Zusammenstoß mit der abendländischen Kulturwelt war China in eine Entwicklung hineingetrieben worden, die seinen gesamten politischen, wirtschaftlichen und sozialen Aufbau umzustürzen drohte. Unter ihrem Drucke hatte sich Ende der achtziger Jahre des vorigen Jahrhunderts in Kanton unter Führung des bekannten Literaten K'ang You-weï 康有爲 jene konfuzianische Reformschule gebildet, die den letzten Ursachen des offensichtlichen Niederganges nachging und dabei auch den chinesischen Staatsorganismus, sowie die ihm zu Grunde liegende kanonische Lehre einer geschichtlich-kritischen Prüfung unterzog. Sie war dabei, ebenso wie hundert Jahre früher Liu Fêng-lu, zu dem Ergebnis gekommen, daß diese Lehre ihre gegenwärtige Form nur durch unerhörte Fälschungen erlangt habe, die von Liu Hin ihren Ausgang genommen hätten und bis zur Sung-Zeit fortentwickelt wären. Befreie man die Lehre von diesen Fälschungen und stelle man die von Konfuzius verkündete Weisheit in ihrer ursprünglichen Fassung wieder her, wie die frühere Han-Zeit sie noch gekannt habe, so würde man alle die Elemente darin finden, die eine gesunde Weiterbildung der staatlichen Einrichtungen nicht bloß zuließen, sondern sogar forderten. Wäre man jenen Richtlinien des Meisters gefolgt, so würde man statt des in hohlen Formen erstarrten, längst lebensunfähig gewordenen ein den Erfordernissen der Zeit angepaßtes Staatswesen haben, das sich den vom Abendlande herandrängenden Fluten gegenüber ganz anders hätte behaupten können. An diese Erwägungen schloß sich dann das große Reform-Programm K'ang You-weï's, das den altertümlichen chinesischen Staat über Nacht in einen völlig modernen nach abendländischem Muster umwandeln wollte, ein Unternehmen, das kaum einen anderen Ausgang nehmen konnte als den katastrophalen, mit dem es im Jahre 1898 endete[1].

---

[1] Vergl. die Abhandlung *Die wichtigsten chinesischen Reformschriften vom Ende des neun-*

Daß K'ang zu seiner Erkenntnis durch das Studium der Schriften Liu Fêng-lu's und der ihm geistesverwandten Forscher des 18. Jahrhunderts angeregt worden ist, läßt sich vermuten. Er erwähnt zwar Liu nur gelegentlich in Anmerkungen seines Hauptwerkes, hat aber manche Ausführungen wörtlich von ihm entnommen[1] und steht im Ganzen durchaus auf seinen Schultern. Ebenso wie Liu hält auch K'ang das *T. t.* für den Schlüssel zur Lehre des Konfuzius und Kung-yang für den allein richtigen Übermittler. In seinem Hauptwerke *Sin hüe wei king k'ao* (s. oben S. 33) widmet er der Bedeutung des *Tso tschuan* und des *Kung-yang tschuan* sehr eingehende Untersuchungen, und für die ganze politische Schule K'ang's bilden seitdem das *T. t.* und Kung-yang die Hauptstütze, um ihre Reformpläne vor dem Altertum und durch die konfuzianische Lehre zu rechtfertigen[2]. Ganz wie für Liu wird dabei auch für K'ang und seine Schule Tung Tschung-schu zum stärksten Pfeiler ihrer Gedankenverbindungen, und das *T. t. fan lu* zur wichtigsten Quelle ihrer staatsphilosophischen und staatsrechtlichen Herleitungen, die ihren neuen Staat als die organische Fortentwicklung des Altertums begründen sollen. Wie diese Herleitungen im einzelnen vor sich gehen, werden wir später zu beobachten Gelegenheit haben (vergl. unten Abschn. 4 und 5); dabei werden wir erkennen, daß die Folgerungen, die von den Reformatoren aus dem wiederhergestellten alten Konfuzianismus zur Begründung eines modernen Verfassungsstaates gezogen werden, sich vom Standpunkte abendländischer Kritik aus nicht halten lassen, da sie das Wesen des chinesischen Staatsgedankens ebenso verkennen wie das des europäischen.

K'ang You-weï hat nun aber Tung und sein *T. t. fan lu* in viel wirksamerer Weise als Liu wieder zur allgemeinen Geltung gebracht, indem er das Werk systematisch bearbeitete und es dabei in enge Beziehung zu den großen politischen Gegenwartsfragen setzte. Auf diese Weise ist das *T. t. fan lu* zum eigentlichen kanonischen Lehrbuche der Reformatoren geworden. Im Jahre 1897[3] veröffentlichte K'ang seine „Systematische Darstellung von Tung's Lehre vom Tsch'un-ts'iu" unter dem Titel *Tsch'un-ts'iu Tung schi hüe* 春秋董氏學. Es ist ein aus acht Kapiteln bestehendes Werk mit einer Einleitung, den Lebensbeschreibungen Tung's aus dem *Schi ki* und den Han-Annalen und einem Nach-

---

zehnten Jahrhunderts (Bulletin de l'Académie Impériale des Sciences de St. Pétersbourg, Bd. XVII Nr. 3) S. 47f. und oben S. 33f.

[1] Vergl. oben S. 62 Anm. 1.

[2] Vergl. die eben erwähnte Abhandlung S. 50ff.

[3] Oder, wie K'ang schreibt, „i. J. 2448 nach Konfuzius' Geburt". Diese dem abendländischen Vorbilde nachahmende Jahresbezeichnung findet sich oft in den Schriften der Reformatoren. Sie hängt zusammen mit dem in neuester Zeit immer stärker werdenden Bestreben, Konfuzius dem abendländischen Christus und seine Lehre der christlichen Religion gegenüberzustellen. Vergl. unten. Über einen vermutlichen Vorläufer K'ang's auf dem Gebiete systematischer Darstellung s. unten in Abschn. 3.

wort von Lin Hü 林旭, einem Schüler K'ang's, mit dem Datum von 1898.
Unter einer großen Zahl von Begriffskategorien hat K'ang aus dem *T. t. fan lu*
die verschiedenen Stellen ausgezogen und geordnet, meist ohne weitere Zusätze,
zuweilen aber auch mit solchen; eigentliche Erläuterungen des oft schwierigen und
unklaren oder verstümmelten Textes fehlen ganz, die wenigen Zusätze geben nur
Erweiterungen der in Rede stehenden Frage durch den Verfasser oder Parallelstellen
aus der sonstigen Literatur, einschließlich der buddhistischen. Das Ganze ermangelt
für abendländische Anschauung jeglicher Methode und verzichtet außerdem auf
jede Art von Kritik, sowohl dem Inhalt wie oft dem sehr zweifelhaften Texte
gegenüber, so daß das Werk ein Hilfsmittel zum Verständnis der *T. t. fan lu*
höchstens insofern ist, als es die Rolle eines Index spielen kann; auf die Gedankengänge der Reformatoren fällt dabei allerdings manches Licht. Da K'ang's
Auffassung von der Bedeutung Tung's für die reine Lehre maßgebend geblieben
ist für seine zahlreichen und keineswegs einflußlosen Schüler und Nachfolger,
so möge sie hier wiedergegeben werden, wie er sie in der Einleitung darstellt.
„Der Groß-Astrologe (Ssě-ma Ts'ien, s. oben S. 93) sagt: ‚Während der Blüte
der Han-Dynastie leuchtete Meister Tung beim Tsch'un-ts'iu.' Die beiden
Studienräte der Han-Zeit und Gelehrten der Kung-yang-Schule, Yen P'êng-tsu
und Yen An-lo[1], vertraten die Wissenschaft nach ihm. Liu Hiang sagte: ‚Tung
Tschung-schu war ein Helfer für den Weltherrscher, wie selbst I und Lü[2] es
nicht hätten besser sein können'[3]. Liu Hin, der doch mit seinen Fälschungen
Kung-yang auf das heftigste angriff, sagte trotzdem von Tung, daß er das Haupt
der konfuzianischen Gelehrtenschar war. Tschu tsě, der die größten Geister
des Altertums bespricht, schließt nur Tung darin ein und nennt ihn einen reinen
Konfuzianer[4]. Die Art, wie dieser die Reden des Meisters (Konfuzius) überliefert,
ist äußerst genau, und seine Entfernung von der Zeit vor der Ts'in-Dynastie

---

[1] Sie waren die beiden Lieblingschüler von Sui (oder Kueï) Mêng 眭孟 und Studienräte
unter Kaiser Süan ti (73 bis 49 v. Chr.). „Ihr Lehrer sagte selbst zu ihnen: Der Sinn des
T. t. ruht bei Euch; und nach dem Tode Sui Mêng's war Kung-yang's *T. t.* eine Wissenschaft von Yen An-lo und Yen P'êng-tsu" (*Ts'ien Han schu* Kap. 88 fol. 23 r⁰.)

[2] I Yin 伊尹 war Minister unter dem ersten Kaiser der Schang-Dynastie, Lü Schang
呂尚 unter Wên wang von der Tschou-Dynastie.

[3] Mit diesen Worten beginnt der Preishymnus von Tung's Lebensbeschreibung, *Ts'ien
Han schu* Kap. 56 fol. 23 r⁰.

[4] Vergl. oben S. 126f. Tung ist übrigens, wie wir oben gesehen haben, keineswegs
der einzige Gelehrte der alten Zeit, den Tschu Hi einer Besprechung würdigt. Mit
dem Ausdruck 三代 dürfte K'ang die alte Zeit im weiteren Sinne meinen. — Es ist
bezeichnend, daß selbst die so „modern" gesinnten Reformatoren es nicht für angezeigt
halten, den unüberbrückbaren Gegensatz zwischen Tschu Hi und der Überlieferung Kung-
yang's einzugestehen; an dem allmächtigen Dogma haben auch sie nicht offen zu rütteln
gewagt. Vergl. oben S. 36.

nicht groß: wenn man also Kung-yang studieren will, wie sollte man da ohne Tung zum Ziele kommen? Bei den Kung-yang-Forschern gibt es freilich viele ungewöhnlich seltsame Auffassungen, über die man erstaunen muß, und Darstellungen, deren Seltsamkeit alsbald mit Mißtrauen erfüllt; auch ich habe früher Mißtrauen und Erstaunen dabei empfunden, bis ich das *T. t. fan lu* gelesen habe. Hier erfuhr ich, daß Konfuzius die Staatseinrichtungen abänderte und den Tschou eine andere Stellung anwies, damit im *T. t.* der neue Zentralherrscher zur Geltung gebracht würde, daß er Lu die Würde eines Zentralherrschers gab und K'i erniedrigte und so die Hia-, Yin- und Tschou-Dynastie zu den drei geschlossenen Gesamtherrschaften machte[1]. Es war, wie wenn man in der Familien-Truhe (nach irgend etwas) suchte und dabei die Rastlosigkeit der Sonnenbahn fand[2]. Wie sollte nun aber Tung tsĕ mit dem, woran er Freude empfand, die Wahrheit betrügen? Und wie sollte Tung tsĕ so töricht sein, daß er die Wahrheit nicht zu erklären vermöchte? Ist dem aber so, und unternimmt Tung tsĕ es, der Welt zu verkünden, was die Wahrheit ist, wie sollte man da nicht aufmerken? Wenn ich die Wissenschaft Tung-tsĕ's in erweitertem Sinne nehme, so stimmt sie mit den Meinungen der Gelehrten der heutigen Wissenschaft durchaus überein; und wenn ich Tung tsĕ's Meinungen in erweitertem Sinne nehme, so stimmen sie auf der anderen Seite mit den Schriften der Tschou- und Ts'in-Zeit durchaus überein. Wenn er also z. B. die Uranfänge des göttlichen Wirkens ergründet, oder das Verhältnis des *yin* und des *yang* klarstellt, oder den Beginn der Lebenserzeugung der Kreaturen deutlich macht, oder die Quelle der Wirksamkeit der Heiligen betrachtet, oder die bestimmten Grundgesetze darlegt, oder die natürliche Anlage (des Menschen) und die Bestimmung (des Himmels) erklärt, oder der Herzensgüte und dem Rechte auf den Grund geht, oder die Beziehungen von Gott und Mensch feststellt, oder die feinsten Größenverhältnisse berechnet, stets vereint er weitreichende Gedanken mit Zuverlässigkeit[3]. Seine leuchtende Weisheit beim Tsch'un-ts'iu aber macht ihn zum Meister der konfuzianischen Gelehrtenschar. Große Weise wie Mêng tsĕ und Sün (K'ing) waren die Löwen[4] der konfuzianischen Schule, sie bestrebten

---

[1] S. Näheres hierüber unten in Abschn. 4.

[2] K'ang You-weï liebt derartige gesuchte Wendungen. Er will offenbar sagen, daß er ohne besondere Erwartungen an das Buch heranging und dann zu seinem Staunen großartige Enthüllungen darin fand. Vergl. zu dem Ausdruck Giles' Wörterbuch unter 筐.

[3] Bei der gesucht unklaren Ausdrucksweise K'ang's bin ich nicht sicher, ob ich seine Gedanken immer ganz genau erfaßt habe. Über die hier berührten Fragen selbst s. näheres in Abschn. 4.

[4] *Lung siang* wörtlich „Drachen-Elefant". Der Ausdruck gehört der buddhistischen Literatur an und findet sich dort öfter. Er ist offenbar dem Sanskrit entlehnt und stellt die Übersetzung des doppelsinnigen *nāga* dar, das sowohl „Schlange" *(lung)*, als auch „Elefant" *(siang)* bedeutet und nach dem Petersburger Wörterbuch am Ende eines Kom-

sich, den Urgrund der von Konfuzius aufgestellten Gesetze zu erfassen, und die
feinen Wendungen und der geheime Sinn eines Werkes wie das *Fan lu* sollten
dies nicht vermögen? Wenn die Lehre des Meisters Tung nicht so erhaben
wäre, wie Mêng tsö und Sün K'ing, wie hätte er es dann vermögen sollen?
Alles, was Tung tsö überliefert, ist von Konfuzius mündlich gegebene Erklärung,
nicht aber rührt es von ihm selbst her. Sehr gut tritt Wang Tsch'ung hierfür
ein, wenn er sagt: ‚Von Wên wang ging die Lehre über auf Konfuzius, von Konfuzius ging sie über auf Tung Tschung-schu'[1]. Daher geht er in seinen Erklärungen auch Sün (K'ing) vor und überragt Mêng tsö; sicherlich ist sein Werk
ein solches, daß ihm unter allen Schriften der konfuzianischen Lehre keines
gleichkommt. Wie sollte man hiernach ohne die Hilfe des Meisters Tung wieder
zu der großen Lehre des Konfuzius gelangen"[2]?

---

positums einen besonders ausgezeichneten Vertreter der vorher erwähnten Gattung bezeichnet. So sagt auch das japanische *Bon-go jiden* 梵語字典 unter 那伽:
„*Nāga* bedeutet *lung* oder *siang*. Es gilt als Symbol der großen Kraft" 那伽此云
龍或云象也、言其大力故以喩焉. *Lung siang wird* deshalb oft ein
großer buddhistischer Gelehrter genannt; nach dem erwähnten japanischen Wörterbuche
ist es auch zuweilen ein Name Buddhas. Der Ausdruck nimmt sich in dieser konfuzianischen Umgebung seltsam aus und würde wenig nach Tung Tschung-schu's Geschmack sein.

[1] Vergl. oben S. 118.

[2] A. a. O. Vorrede fol. 1 v°f.: 太史公曰、漢興唯董生明於春秋、兩
漢博士公羊家嚴彭祖顏安樂皆其後學、劉向稱、董仲舒
爲王者之佐、雖伊呂無以加、即劉歆作僞力攻公羊、亦稱
爲羣儒首、朱子通論三代人物獨推董生爲醇儒、其傳師
說最詳、其去先秦不遠、然則欲學公羊者舍董生安歸、雖
然公羊家多非常異義可怪之說輙疑異之、吾昔亦疑怪
之、及讀繁露、則孔子改制、變周以春秋當新王、王魯絀杞
以夏殷周爲三統、如探家人筐篋日道不休、董子何所樂
而誕謾是、董子豈愚而不知辯是、然而董子舉以告天下
則是、豈不可用心哉、吾以董子學推之今學家說而莫不
同、以董子說推之周秦之事而無不同、若其探本天元、著
達陰陽、明人物生生之始、推聖人制作之源、揚綱紀、白性
命、本仁誼、貫天人、本數未度、莫不兼運信乎、明於春秋
爲羣儒宗也、然大賢如孟荀爲孔門龍象求得孔子立制
之本、如繁露之微言奧義不可得焉、董生道不高於孟荀、
何以得此、然則是皆孔子口說之所傳而非董子之爲之
也、善乎王充任之言曰、文王之文傳於孔子、孔子之文傳
於仲舒、故所發言軼苟超孟、實爲儒學羣書之所無若、微
董生安從復窺孔子之大道哉·

Die beherrschende Stellung, die Tung und dem *T. t. fan lu* durch K'ang You-weï in den geistigen Strömungen des neuen China gegeben worden ist, haben sie bis heute nicht wieder verloren. K'ang selbst, der im Jahre 1898 vor dem Zorn der Kaiserin-Mutter hatte in's Ausland flüchten müssen, ist merkwürdigerweise in der späteren politischen Entwicklung vollkommen untergetaucht und heute ein vergessener Mann, aber seine Schüler und Anhänger haben sein Werk fortgesetzt, und in dem wirren Durcheinander der Republik sind sie es vor allen, die das Banner des „gereinigten" Konfuzianismus hochhalten. Nachdem ihnen der amerikanische Radikalismus eine größere Fülle von „modernen" Verfassungs-Einrichtungen beschert hat, als ihr kantonesischer Meister sich jemals hat träumen lassen, bemühen sie sich nunmehr, die konfuzianische Lehre zu einer wirklichen Religion im abendländischen Sinne mit allem äußeren Zubehör zu machen und ihr außerdem, ganz im Sinne Tung's, die Stellung der allein anerkannten Staatsreligion zu erwirken, nicht zum wenigsten, um dem landfremden Christentum damit das Wasser abzugraben[1]. Für die Träger dieser Bewegung aber bilden das *T. t.*, Kung-yang und Tung Tschung-schu die letzte erreichbare Quelle der wahren Lehre, die heilige Dreiheit, in der die gesamte Lebensweisheit beschlossen liegt, und zwar nicht bloß insoweit als die letztere religiöse Formen annimmt, sondern auch als Sammlung der bestimmenden Grundsätze des politischen, sozialen und selbst wirtschaftlichen Lebens. Einer der eifrigsten Schüler K'ang's, der Kantonese Tsch'ên Huan-tschang 陳煥章, der auf der Columbia-Universität in New-York Volkswirtschaftslehre studiert hat und dann zum Vorkämpfer der neuen religiösen Bewegung geworden ist, führt in seinem großen englisch geschriebenen Werke *The Economic Principles of Confucius and His School*[2] Tung häufig als Gewährsmann auf. Er nennt ihn „den größten Konfuzianer der Han-Dynastie" (S. 43) und K'ang You-weï „den größten Verkündiger des Konfuzius in der heutigen Zeit" (S. 46). Weitreichende wirtschaftliche und soziale Gedanken führt er auf Tung zurück, so die Beseitigung der Sklaverei (S. 376), die Notwendigkeit eines wirtschaftlichen Ausgleichs zwischen den verschiedenen Schichten der Bevölkerung (S. 463f.)[3], die Beschränkung des Grundbesitzes (S. 507) u. a. Ein anderer Bekenner der gleichen Schule, ebenfalls ein Zögling der Columbia-Universität, der sich Hawkling L. Yen nennt, wandelt in seinem Buche *A Survey of Constitutional Development in China*[4] in den nämlichen Bahnen. Die Grundlage für seine verfassungsrechtlichen und verfassungsgeschichtlichen Untersuchungen bilden das *T. t.*, das er geradezu als „The book on Public Law" bezeichnet (S. 72 Anm. 1), und

---

[1] Näheres hierüber s. in meiner Abhandlung *Das religiöse Problem in China*, Archiv für Religionswissenschaft Bd. XVII S. 165ff.

[2] New York 1911. Vergl. oben S. 36 Anm. 1.

[3] Vergl. unten in Abschn. 4.

[4] New York 1911.

das *Kung-yang tschuan*. Seine juristischen Herleitungen sind ganz im Sinne
Tung Tschung-schu's[1], und wenn er den letzteren nicht besonders heranzieht,
so mag dies an der für ihn schweren Zugänglichkeit des Textes gelegen haben.
Natürlich hat es auch an Widersprüchen nicht gefehlt, und die Gegner der
kantonesischen Reformatoren haben mehrfach versucht, die Stütze, die diese
im *T. t. fan lu* für ihre Verbindung mit dem Altertume gefunden zu haben
glaubten, als brüchig zu erweisen. Tschang Tschi-tung, der anfangs K'ang
You-wei's Bestrebungen durchaus wohlwollend gegenübergestanden, dann aber
sich noch rechtzeitig vor der Katastrophe von ihnen losgesagt hatte, weist in
seinem bekannten Buche *K'üan hüe p'ien* 勸學篇 das Bemühen der Reformatoren, aus dem *T. t.* ein Handbuch des Staatsrechts und aus der daraus hergeleiteten Lehre eine Religion entsprechend dem Christentume zu machen,
grundsätzlich ab. Er tadelt die Auffassung, daß abendländische und chinesische „Lehre" im wesentlichen eins seien, und „wenn ihre Anhänger z. B.
meinen, das *T. t.* sei das Staatsrecht, und die Lehre des Konfuzius stimme mit
der von Jesus überein, so heißt das das eigene Selbst in Verwirrung stürzen.
Wer das eigene Selbst in Verwirrung stürzt, der macht Andere benommen,
schwankend, zügellos, leichtfertig und veranlaßt sie, zu verlieren, was sie besaßen"[2]. Über Tung spricht Tschang zwar rühmend, aber doch mit starkem
Sarkasmus. Er stellt ihn neben Kia I 賈誼[3] und Liu Hiang und nennt die
drei „die großen Gelehrten der konfuzianischen Schule unter der westlichen
Han-Dynastie", sagt dann aber vom *T. t. fan lu*: „Das *T. t. fan lu* ist reich an
scharfsinnigen Darlegungen, aber in der Behandlung Kung-yang's durch Tung
finden sich schon viele Erklärungen des nach ihm kommenden Meisters vom
Mo schou[4] und Dinge, die man dem fast in die Falle gegangenen ‚Großen Narren'
zum Vorwurf gemacht hatte[5]. Man muß hier bei der Betrachtung wohl unterscheiden"[6]. Diese bissigen Bemerkungen, mögen sie vom chinesischen Standpunkte noch so geistreich sein, werden der Sache nicht gerecht, denn an der
großen Frage der Fälschung des Konfuzianismus und der Möglichkeit seiner
Wiederherstellung durch die Erklärungen Kung-yang's und Tung's geht Tschang

---

[1] S. oben S. 108f.

[2] *Wai p'ien* fol. 46 v°f.: 如謂春秋卽是公法、孔教合於耶穌、是
自擾也、自擾者令人眩惑狂易喪其所守.

[3] S. Giles, *Biogr. Dict.* Nr. 321.

[4] D. h. Ho Hiu, der Kommentator Kung-yang's und Verfasser des *Kung-yang Mo schou*.
S. oben S. 35 Anm.

[5] Das bezieht sich auf das Urteil des Lü Pu-schu über seinen Lehrer Tung und die Lehre
des letzteren über die Bedeutung ungewöhnlicher Ereignisse. S. oben S. 92 und 100.

[6] *Nei p'ien* fol. 19 v°: 春秋繁露精義頗多、惟董治公羊多墨守
後師之說、幾陷大愚之誅.

Tschi-tung vorsichtig vorüber. Völlig willkürlich und von sehr geringem geschichtlichen Wissen zeugend ist das Urteil eines Anonymus, der sich als Sekretär des General-Gouverneurs Tschang Tschi-tung bezeichnet und im Jahre 1910 seine Erinnerungen aufgezeichnet hat. Er scheint ein Amtsgenosse des bekannten Ku Hung-ming gewesen zu sein und steht ganz auf dem Boden von dessen originellen, aber höchst unsachlichen Anschauungen[1]. Er meint, die Gelehrten der Han-Zeit, die die Reste der alten Schriften neu sammelten, seien meist alte Herren gewesen, und die wahre Bedeutung der verstümmelten Schriften wäre in vielen Fällen verloren gegangen. Dann heißt es wörtlich weiter: „Außerdem aber ist es nicht unwahrscheinlich, daß bigotte Reaktionäre jener Zeit wie Tung Tschung-schu, die ihre selbstsüchtigen reaktionären Gedanken in Umlauf zu setzen wünschten, Änderungen in den ursprünglichen Texten vorgenommen haben" (S. 102). Es scheint sehr zweifelhaft, ob der Verfasser jemals das *T. t. fan lu* gesehen oder sich um die Kenntnis der Geschichte der kanonischen Texte bemüht hat. —

Überblickt man nunmehr vom Standpunkte der heutigen Erkenntnis aus die Entwicklungsgeschichte des konfuzianischen Lehrsystems seit seinem Wiederaufbau im 2. Jahrhundert v. Chr., so muß es auffallen, daß Tung Tschung-schu dabei nicht die Rolle gespielt hat, die ihm als einem der ältesten und stärksten Träger der Überlieferung hätte zukommen sollen. Hoch geehrt in den ersten Jahrhunderten nach seinem Wirken, taucht er allmählich unter in die Vergessenheit. Seine Schriften entschwinden den Blicken der konfuzianischen Weisheitskünder, und als sie wieder an's Licht kommen, zweifelt man an ihrer Echtheit. Aber auch nachdem diese Zweifel behoben sind, bleiben sie eine litterarische Besonderheit ohne bestimmenden Einfluß auf die Lehrmeinungen der Schulen. So wird Tung ein vergessener Mann, bis ihn im 19. Jahrhundert die Geschichte selbst dem Konfuzianertum wieder in die Erinnerung ruft und ihm von neuem eine wichtige Stellung im Geistesleben seines Volkes anweist. Die Ursachen für dieses wechselnde Schicksal liegen, wie schon früher angedeutet, auf der Hand. Die Fälschungen der Texte in der späteren Han-Zeit nahmen allmählich das ganze zünftige Gelehrtentum gefangen, und mit ihren Tendenzen waren Tung's Lehren vielfach nicht zu vereinigen. Tschu Hi und die anderen großen Dogmatiker der Sung-Zeit waren schon viel zu fest in den seitherigen Gedankengängen verstrickt, als daß sie den durch ein Jahrtausend gewirkten Vorhang von der alten Lehre hätten zur Seite schieben können; sie verwarfen

---

[1] Das Werk führt den Titel *Tschang Wên-siang kung fu ki wên* 張文襄公府紀聞. Mir liegt indessen nur eine englische, sehr stark verkürzte Übersetzung vor mit dem Titel *Reminiscences of a Chinese Viceroy's Secretary. Being the Opinions and Recollections of a Secretary on the Staff of the late Viceroy Chang Chih-tung for over twenty years.* Der Übersetzer nennt sich „Ardsheal", seine Arbeit ist erschienen im Journal of the North-China Branch of the Royal Asiatic Society Bd. XLV S. 91ff.

Tung als abwegig, und damit war sein Urteil gesprochen. Endlich aber — und
das ist kaum von geringerem Gewicht gewesen — war der Text seiner Schriften
in einem Zustande überliefert worden, der ihre volle Auswertung zur Unmöglichkeit machte. Hätte man statt des Trümmerhaufens, den sie darstellen,
ein lückenloses großes Werk vor sich gehabt, so wäre ihr Einfluß doch vielleicht
nicht so leicht zu unterbinden gewesen. Es hat einer starken Aufrüttelung
der Geister bedurft, um alle diese Hindernisse zu überwinden und Tung wieder
zu dem zu machen, was er unzweifelhaft ist, zu dem verläßlichsten Führer
auf dem Wege zum alten Konfuzianismus. Als solcher hat er bereits in dem
modernen und politisch sehr tätigen Literatentum nachhaltig gewirkt, und es
ist nicht anzunehmen, daß er seinen Einfluß bei der zunehmenden Umbildung
des Dogmas wieder verlieren wird.

3.
Das Tsch{c}un-ts{c}iu fan lu und seine Geschichte.

In der Lebensbeschreibung Tung Tschung-schu's in den Han-Annalen heißt
es: „Die von Tung Tschung-schu verfaßten Schriften haben alle die Erläuterung der Lehren des Kanons zum Gegenstande. Die Abhandlungen über die
Lehre, die er dem Throne überreichte, zählten 123 Abschnitte; ferner das, was
zu der Gattung von Schriften wie das *Tê schi*, (?) *Wên kü* (?), *Yü pei*, *Fan lu*,
Ts'ing ming und *Tschu lin* gehört, in denen er Fragen des *Tsch'un-ts'iu* erörtert,
ebenfalls mehrere Zehner von Abschnitten und über hunderttausend Worte.
Alles dies ist der Nachwelt überliefert worden; das Hauptsächliche ist gesammelt,
seiner Zeit bei Hofe niedergelegt und in Packen zusammengefügt"[1] (s. oben
S. 98). Diese Angaben leiden an einer großen Unklarheit. Zunächst ist der
Text wenig gesichert. Das *Yü hai* (13. Jahrh.) führt die Stelle an und liest dabei
statt „123 Abschnitte" (篇) „123 Werke" (? 家) und statt *Wên kü* 聞舉
kien 間 *kü*. Dadurch wird textlich nichts gewonnen, aber man sieht daraus,
daß die Stelle vermutlich seit langem verderbt ist, wie denn auch die anderen
chinesischen Kataloge sie entweder nur dem Inhalte nach, oder in starker Ab-
kürzung wiedergeben. Das ist um so bedauerlicher, als diese Angaben der Han-
Annalen, sowie die kurze Aufführung der „123 Abschnitte" und des *Kung-yang*

---

[1] Das Zeichen 篇 bedeutet ursprünglich einen mit einem Stück Seide oder einem Leder-
riemen zusammengebundenen Packen von Bambusstäbchen, auf denen der Text geschrieben
war. Da man sich bei dem Zusammenbinden der Stäbchen natürlich möglichst der Einteilung des Werkes anzupassen suchte, so erhielt das Zeichen auch die Bedeutung „Abschnitt", „Kapitel". Das Wort muß hier, wenn es überhaupt einen Sinn geben soll, in
der ursprünglichen Bedeutung genommen werden.

Tung Tschung-schu tschi yü in 16 Abschnitten[1] das einzige sind, was wir über die gesamten Werke Tung's aus der alten Zeit wissen. Jede Spur von ihnen verschwindet in der Literatur der nächsten sechshundert Jahre, und erst in den im 7. Jahrhundert entstandenen Sui-Annalen tauchen sie unter veränderten Namen wieder auf: es erscheint dort ein *Tsch'un-ts'iu fan lu* in 17 Kapiteln *(küan)*, ein *T. t. küe schi* in 10 Kapiteln[2] und ein *Tung Tschung-schu tsi* in 1 Kapitel[3]. Wie bereits früher dargelegt wurde[4], ist ein großer Teil, vielleicht der größere, von dem ursprünglichen Bestande verloren, das übrig gebliebene, von dem *Tschi yü* abgesehen, das mit dem *Küe schi* gleichbedeutend ist, in der Hauptsache zu dem *T. t. fan lu* zusammengefaßt. Darin finden sich die Titel der Schriften *Yü pei* und *Tschu lin* als Bezeichnungen zweier Abschnitte (des zweiten und dritten) wieder, *Fan lu* ist zum Titel der ganzen Sammlung geworden, *Tê schi* und *Wên kü*, sofern diese beiden überhaupt Titel sein sollen, was bei der Unklarheit des Textes nicht sicher ist, sowie *Ts'ing ming* erscheinen nicht mehr. Unklar bleibt ferner, ob von den 123 Abschnitten und den mehreren Zehnern von Abschnitten der übrigen Schriften nur das Hauptsächliche gesammelt und bei Hofe niedergelegt worden ist, oder ob die genannten Abschnitte eben das Hauptsächliche darstellen. Im ersteren Falle würde das von der Sammlung ausgeschlossene wahrscheinlich den Verfasser oder wenigstens die Veröffentlichung der Han-Annalen nicht lange überlebt haben, die heutige Sammlung also auch nur das Hauptsächliche oder einen Teil davon einschließen können. Wenn der Verfasser der Lebensbeschreibung sagt, alles sei der Nachwelt überliefert worden, so mag das auf seine Zeit, d. h. spätestens das 1. Jahrhundert n. Chr., noch zugetroffen haben, aber gegen die Stürme der Zukunft gaben auch die kaiserlichen Bibliotheken den hinterlegten Bücherschätzen keine hinreichende Sicherheit.

Was also in der Zwischenzeit bis zur Sui-Dynastie mit Tung's Schriften vorgegangen ist, wissen wir nicht, können es uns aber, wenn wir uns die Geschichte jener Zeit vergegenwärtigen, unschwer vorstellen; der Literaturbericht der Sui-Annalen (Kap. 32) selbst gibt uns in seiner Einleitung dafür die Hinweise. Nachdem der Usurpator Wang Mang im Jahre 23 n. Chr. von den Mitgliedern der entthronten kaiserlichen Familie der Han unter den Mauern von Tsch'ang-an besiegt war, wurde die Stadt eingenommen und der Palast niedergebrannt. Dabei ging ein großer Teil der unter den Kaisern der Früheren Han zusammengebrachten Bibliotheken verloren. Die Hauptstadt wurde nach Lo-yang verlegt, und der Schaden durch die Sammeltätigkeit der Literaten des Reichs, die zahllose Bücher einlieferten, nach Möglichkeit wieder gutgemacht. Im Jahre 190 hatte

---

[1] *Ts'ien Han schu* Kap. 30 fol. 9 v⁰ und 18 v⁰. Vergl. oben S. 108.

[2] *Sui schu* Kap. 32 fol. 23 v⁰. Vergl. oben S. 108.

[3] Ebenda Kap. 35 fol. 2 r⁰ Vergl. oben S. 109.

[4] S. oben S. 112.

der Statthalter von Liang-tschou, Tung Tscho 東卓, die Gewalt in der Hauptstadt vollends an sich gebracht. Um mehr Sicherheit vor seinen Feinden zu
haben, zwang er den von ihm eingesetzten Kaiser, seine Residenz wieder in
Tsch'ang-an aufzuschlagen. Bei der Übersiedelung dorthin „benutzten die
Soldaten die Seidenrollen der Literaturwerke als Vorhänge und Transportsäcke".
Was danach noch gerettet wurde, geriet in die über siebzig Jahre währenden
kriegerischen Wirren, die in beiden Hauptstädten „den Boden rein fegten",
und in denen die Han-Dynastie endgiltig vom Schauplatze verschwand. Die
verschiedenen Teilstaaten, die im Laufe der Jahrhunderte entstanden und wieder
beseitigt wurden, haben zwar wiederholt Versuche gemacht, die noch vorhandenen
Bücher zu sammeln, aber die Erfolge waren verhältnismäßig bescheiden, und
in der Hauptsache scheint ihre Tätigkeit in der Zusammenstellung von Bücher-
verzeichnissen bestanden zu haben, Werke, die uns sicherlich heute von großem
Werte sein würden, wenn sie nur erhalten geblieben wären. Die nördliche
Tschou-Dynastie hatte um 565 8000 Rollen zusammengebracht, die sie allmählich auf 10 000 vermehrte; die nördliche Ts'i-Dynastie besaß um die gleiche
Zeit 5000 Rollen gegenüber den 33 000 Rollen, die einst die Han-Kaiser gesammelt.
Erst die Sui-Dynastie, die das Reich wieder in einer Hand vereinigte, war in
der Lage, die gesamte Literatur wieder zusammenzuziehen. Vom Jahre 583
an hat sie damit planmäßig begonnen, und von ihrem Erfolge legt das Verzeichnis der Annalen Zeugnis ab, das im Ganzen 6520 Werke mit 56 881 Kapiteln
(Rollen) aufweist, allerdings einschließlich einer beträchtlichen Anzahl nicht
mehr auffindbarer Werke.

Das *T. t. fan lu*, das in diesem Verzeichnis mit aufgeführt wird, war — das
kann nach den heutigen Nachrichten über das Schicksal der Han-Bibliotheken als
sicher gelten — nicht mehr das im 1. Jahrhundert v. Chr. „bei Hofe niedergelegte"
Exemplar der Schriften Tung's, oder auch nur ein Teil davon. Es kann sich
nur um eine Abschrift gehandelt haben, die sich irgendwo in Privatbesitz befand. Der Präsident der Akademie, Niu Hung 牛弘[1], so berichten die Sui-
Annalen, beantragte im Jahre 583, daß Leute überallhin ausgesandt würden, die
die verschiedenen Bücher ausfindig machen sollten; für jede eingelieferte Rolle
sollte ein Stück Seide gegeben werden[2]. Unter den auf diese Weise eingesam-
melten Schriftwerken werden sich auch die Abhandlungen Tung's befunden
haben[3]. In welchem Zustande sie waren, in welchem Verhältnis sie zu den
Exemplaren der ehemaligen kaiserlichen Bibliothek in Tsch'ang-an standen,

---

[1] Vergl. Giles, *Biogr. Dict.* Nr. 1573.

[2] S. *Sui schu* Kap. 32 fol. 6 r°.

[3] Es wäre an sich auch möglich, daß das *Fan lu* in einer der Bibliotheken der Teilstaaten
vorhanden gewesen wäre, die in dem Verzeichnis der Sui-Annalen mit verwertet worden
sind, indessen wird in solchem Falle bei dem betreffenden Werke ein entsprechender Vermerk gemacht, und bei dem *Fan lu* fehlt ein solcher.

wer sie zu dem siebzehn Kapitel zählenden Werke T. t. *fan lu* zusammengestellt
hat, das zu beurteilen fehlt uns jeglicher Anhaltspunkt. Das Einzige, was sich
eben in Anbetracht der Tatsache, daß die Sui-Annalen noch das kurze *Tung
Tschung-schu tsi* aufführen, vermuten läßt, ist, daß das Wesentliche von den
erhaltenen Teilen der alten Han-Sammlung im *Fan lu* Aufnahme gefunden hat.
Im übrigen können wir heute nur noch das Schicksal des neugestalteten Werkes
seit den Zeiten der Sui-Dynastie in allgemeinen Umrissen verfolgen.

In der T'ang-Zeit, zu deren Beginn, wie wir sahen (s. oben S. 122), Tung
eifrig studiert wurde, scheint mit dem Texte keine weitere Veränderung vorgenommen zu sein. Die T'ang-Annalen, und zwar die älteren wie die neueren,
führen das *T. t. fan lu* in 17 Kapiteln ohne weiteren Zusatz auf[1]. Dagegen
haben die ununterbrochenen Wirren und Kämpfe, die nach dem Untergang
des T'ang-Reiches um die Wende des 9. Jahrhunderts hinüberleiteten zur Sung-
Dynastie, dem Bestande des Werkes weiteren Abbruch getan. Das geht zur
Genüge aus den Schilderungen hervor, die uns die Katalogwerke der Sung-
Dynastie von dem Zustande des Textes entwerfen. Das i. J. 1041 vollendete
Tsch'ung wên tsung mu 崇文總目, der Katalog der Kaiserlichen Bibliotheken[2],
sagt darüber: „Das Werk zählt 82 Abschnitte. Sein Inhalt ist erhabener und
umfassender Art und entstammt keiner uns nahen Zeitperiode. Aber dabei
ist die Reihe seiner Abschnitte derartig verstümmelt und zusammenhangslos,
daß man keine Möglichkeit hat, das Richtige wiederherzustellen. Wenn ferner
ein Abschnitt mit der Überschrift *Yü pei* (oder *Tschu lin*) versehen ist, so ist
zu argwöhnen, daß dies erst von späteren Händen hinzugefügt ist"[3]. Das
um etwa 125 Jahre jüngere *Kün tschai tu schu tschi* 郡齋讀書志 meint
ähnlich, nachdem es auf die Angaben in der Bibliographie der Han-Annalen
hingewiesen hat: „Heute ist das Werk angewachsen auf 82 Abschnitte (während
die Han-Annalen nur von „mehreren Zehnern von Abschnitten" gesprochen
hatten), und sein Gesamttitel ist *Fan lu* (auch im Widerspruch zu den Annalen),
alles das ist nicht genau entsprechend. Die Kapitelzahl unter den Sui und
T'ang stimmt mit der heutigen überein, aber vieles ist verderbt und unzusammen-
hängend"[4]. In dem um weitere hundert Jahre späteren *Tschi tschai schu lu*

---

[1] *Kiu T'ang schu* Kap. 46 fol. 17 r⁰ und *T'ang schu* Kap. 57 fol. 10 v⁰.

[2] Das Werk, ursprünglich aus 66 Kapiteln bestehend, ist größtenteils verloren, die Reste,
im *Yung-lo ta tien* aufbewahrt, sind wieder abgedruckt im *Hou tschi pu tsu tschai ts'ung
schu* 後知不足齋叢書 und im *Yüe ya ts'ung schu* 粵雅叢書. Näheres
s. T'oung pao 1895 S. 426ff. und Bull. Ec. fr. d'Extr. Or. II, 330 Anm. 2.

[3] Nach *Wên hien t'ung k'ao* Kap. 182 fol. 5 r⁰ (Neuausgabe von 1901): 其書盡八十
二篇、義或宏博非出近世、然其間篇第亡舛無以是正、又
卽用玉杯(竹林 nach einem anderen Text)題篇、疑後人取而附著云.

[4] Ebenda: 今溢而爲八十二篇、又通名繁露皆未詳、隋唐卷
目與今同、但多訛舛.

kie t'i 直齋書錄解題 endlich heißt es: „In den Verzeichnissen der Sui,
der T'ang und unserer Dynastie ist die Kapitelzahl auf siebzehn angegeben,
und das *Tsch'ung wên tsung mu* nennt 82 Abschnitte; dagegen kennt das *Kuan
ko schu mu*[1] nur 10 Kapitel, und die in P'ing-hiang gedruckte Ausgabe (s. unten)
auch nur 37 Abschnitte. In dem Exemplar hinwiederum, das Lou Kung-k'ueï[2]
von P'an King-hien erhalten hat (s. unten), stimmt Kapitel- und Abschnittszahl
mit der der genannten Verzeichnisse überein. Aber das ursprüngliche Werk
der Entstehungszeit ist dies auch nicht. Schon die früheren Gelehrten haben
hier ihre Zweifel gehabt und genau unterschieden, auch jetzt ist das größte Mißtrauen angebracht"[3].

Aus diesen Mitteilungen ersehen wir, daß das *T. t. fan lu* nunmehr aus 82 Abschnitten bestand, die zu 17 Kapiteln zusammengefaßt waren. Wie alt diese
Abschnittsteilung war, ob sie schon zur Sui-Zeit vorhanden war, und inwieweit diese Abschnitte sich mit ursprünglichen Abschnitten oder Abhandlungen
decken, die einst „bei Hofe niedergelegt" wurden, wissen wir wieder nicht.
Wenn in einzelnen der vorhandenen Exemplare eine kleinere Zahl von Kapiteln und Abschnitten enthalten war, so hat dies keine weitere Bedeutung, als daß
auch daraus ersichtlich ist, wie lückenhaft die Schriften Tung's überhaupt erhalten waren. Waren doch, wie wir früher sahen (s. oben S. 108), von seinem *T. t. küe
yü*, das 232 Fälle behandelt hatte, im 11. Jahrhundert nur noch 78 vorhanden, und
auch diese scheinen sich bis zum 13. Jahrhundert verflüchtigt zu haben. Auch
den vielfach bis zur Unkenntlichkeit entstellten und verstümmelten Zustand
des Textes heben die Kataloge schon im 11. Jahrhundert hervor. Nicht nur
fehlten offenbar ganze Stellen, sondern der erhaltene Text war auch wieder in
sich lückenhaft, verderbt und zusammenhangslos[4]. Vorgelegen haben müssen

---

[1] Das *Kuan ko schu mu* war der Katalog der bei der Kaiserlichen Bibliothek zwischen
den Jahren 1190 und 1220 eingegangenen Werke, während das *Tschung hing kuan ko schu
mu* 中興館閣書目 die seit der Periode *Tschung-hing* des südl. T'ang-Staates
d. h. 958 bis 59, also vom Anfang der Sung-Dynastie bis zum Jahre 1178 eingegangenen
beschrieb (*Wên hien t'ung k'ao* Kap. 207 fol. 4 v°). *Kuan ko* war zur Sung-Zeit ein Name
für die Han-lin-Akademie.

[2] Kung-k'ueï ist ein Beiname von Lou Yo (s. unten).

[3] Kap. 3 fol. 5 v° der Palast-Ausgabe: 案隋唐及國史志卷皆十七、
崇文總目凡八十二篇、館閣書目止十卷、萍鄉所刻亦財
三十七篇、今乃樓攻媿得潘景憲本卷篇皆與前志合、然
亦非當時本書也、先儒疑辨詳矣、其最可疑者·

[4] Eine Illustration hierzu ist unten in Abschn. 5 gegeben, wo eine in Liu Hiang's
Schuo yuan zitierte Stelle aus dem *Fan lu* den vollständigen Text zeigt gegenüber dem
verstümmelten des letzteren. Vergl. auch die Bemerkungen Huang Tschên's hierüber
oben auf S. 127 f.

den Verfassern der Kataloge wenigstens zwei Exemplare, eins von 82 Abschnitten vermutlich in 17 Kapiteln (obwohl dies nicht vermerkt wird) und eins in 10 Kapiteln mit vermutlich 37 Abschnitten (obwohl auch das nicht gesagt wird). Über die Ausgabe in 10 Kapiteln wissen wir Näheres. Sie enthielt ein Vorwort von Lou Yü 樓郁[1], das vom Jahre 1047 datiert und uns erhalten ist. Es ist fast allen späteren Ausgaben vorangesetzt und wird auch, ebenso wie das Nachwort Tsch'êng Ta-tsch'ang's, mitgeteilt von Lu Sin-yuan 陸心源 in seinem 1882 erschienenen *Pi Sung lou ts'ang schu tschi* 皕宋樓藏書志, dem Kataloge seiner großen Sammlung von alten Drucken und Handschriften (allein zweihundert aus der Sung-Zeit)[2]. Darin heißt es: „Dieses Buch hat zehn Kapitel, und sein Gesamttitel ist *Fan lu*. Über das Richtige und Falsche hierbei mögen die Berufenen ihr Urteil abgeben. Das Werk ist aufbewahrt worden in der Familie des Herrn Wang in T'ai-yuan. Er hat oft gesagt, die Lehre Tung Tschung-schu's sei seit langem in Vergessenheit geraten und nicht an's Licht gekommen, er wolle deshalb (seine Schriften) durch den Druck vervielfältigen, um sie in der Welt zu verbreiten"[3]. Woher die größere Ausgabe von 17 Kapiteln stammte, die schon dem *Tsch'ung wên tsung mu* bekannt war, läßt sich nicht feststellen, aber lückenhaft und bruchstückartig war auch sie. Keine besondere Ausgabe haben wir in einem Exemplar zu sehen, das im *Tschi tschai schu lu kie t'i* beschrieben wird. „Es gibt auch ein handschriftliches Exemplar", heißt es dort, „das aus 18 Kapiteln besteht, aber nur 79 Abschnitte zählt. Prüft man aber die Anordnung dieser Abschnitte, so findet man, daß sie (mit denen der anderen Exemplare) übereinstimmen, nur bildet in den letzteren der Abschnitt *Tsch'u Tschuang wang* den ersten des ersten Kapitels, während er in dem erwähnten Exemplare am Ende des Kapitels steht und ein Kapitel für sich bildet. Ferner

---

[1] Nach einer Angabe im *T'ien lu lin lang sü pien,* 天祿琳琅續編, dem i. J. 1797 erschienenen Nachtrage zu dem auf Kaiser K'ien-lung's Anordnung von 1775 zusammengestellten Kataloge *T'ien lu lin lang schu mu* (beide beschreiben die in der Halle *Tschao jen tien* 昭仁殿 des Palastes untergebrachte Sammlung ausgewählter Druckwerke usw. der Sung-, Kin-, Yuan- und Ming-Zeit; vergl. darüber Bull. Ec. fr. d'Extr. Or. VI, 415), Kap. 3 fol. 12 v° (Faksimile-Ausgabe von 1884) wurde Lou Yü in der Periode *K'ing-li* (1041 bis 1048) Tsin-schi und war dann Sekretär im *Ta li ssè* 大理司. Er war ein Vorfahr von Lou Yo in der fünften Generation, könnte also danach identisch sein mit dem unten genannten Tschêng-yi.

[2] Lu Sin-yuan und seine Bibliothek sind eingehend behandelt worden von Pelliot im Bull. Ec. fr. d'Extr. Or. IX, 211ff. Die ganze Sammlung ist von Lu Sin-yuan's Sohn i. J. 1908, angeblich für 100000 Yen, nach Japan verkauft worden (ebenda S. 467).

[3] Kap. 9 fol. 19 v°: 今其書十卷、又總名繁露、其是非請俟賢者辨之、太原王君家藏此書、常謂仲舒之學久鬱不發、將摹印以廣之於天下.

10*

haben die anderen Exemplare zwar 82 Abschnitte, aber davon ist bei dreien der Text nicht mehr vorhanden, so daß also in Wirklichkeit auch nur 79 bleiben"[1]. Die letzte Bemerkung beweist uns, daß die auch heute noch fehlenden drei Abschnitte — es sind der 39., der 40. und der 54. — bereits zur Sung-Zeit verloren waren. Über ein noch zu erwähnendes im Besitze von Ou-yang Siu befindliches Exemplar von angeblich 40 Abschnitten (s. unten) wissen wir nichts Näheres. Vermutlich ist aber damit ein solches von 37 Abschnitten gemeint, bei dem die als verloren angegebenen 3 Abschnitte mitgezählt worden sind, so daß es sich auch hier um keine besondere Ausgabe handelt. Der schlimme Zustand des Textes nun, auf den alle Kataloge hinweisen, hatte, wie aus den Bemerkungen des *Tschi tschai schu lu kie t'i* hervorgeht, vielfach den Verdacht hervorgerufen, daß dieses *Fan lu* überhaupt kein Werk Tung Tschung-schu's, sondern eine spätere Fälschung sei. Diese Zweifel an der Echtheit fanden ihren Hauptvertreter in dem früher erwähnten Tsch'êng Ta-tsch'ang, der sich in seinem im Jahre 1175 aus Anlaß des Auftauchens eines neuen Exemplars von 17 Kapiteln erschienenen *Yen fan lu* (S. oben S. 124) eingehend mit Tung und seinem Werke beschäftigte. Er schrieb außerdem zu dem eben wiedergefundenen *T. t. fan lu* ein Nachwort[2], in dem er zu folgendem Urteil kam: „Was das vorliegende aus 17 Kapiteln bestehende *Fan lu* betrifft, das in der Periode *Schao-hing* (1131 bis 1162) von einem gewissen Tung eingereicht worden ist, so sind nach meiner Beobachtung die Darlegungen und Gedanken dieses Buches seicht und fade. Sie sind hier und da aus den Schriften Tung Tschung-schu's herausgenommen und wirr durcheinander hingestellt; eine Ordnung oder ein Zusammenhang unter ihnen ist nicht vorhanden. Ich habe die stärksten Zweifel daran, daß dies das ursprüngliche Werk des Meisters Tung sein sollte"[3]. Tsch'êng Ta-tsch'ang begründete seine Zweifel außerdem mit folgenden äußeren Tatsachen:

---

[1] Kap. 3 fol. 6 rº: 又有寫本作十八卷、而但有七十九篇、考其篇次皆合、但前本楚莊王在第一卷首、而此本乃在卷末別爲一卷、前本雖八十二篇而闕文者三、實七十九篇也. In der Ausgabe von Ling Schu (s. unten S. 164) macht der Herausgeber vor dem ersten Abschnitt, der den Titel *Tsch'u Tschuang wang* hat, folgende Bemerkung: „Lou Ssĕ-ming (Yo) sagt: ,In dem Exemplar von P'an (King-hien, s. unten S. 151) bildet das *Tsch'u Tschuang wang* den ersten Abschnitt, die anderen Exemplare haben ihn nicht.' Daraus ersieht man, daß P'an ihn hinzugefügt hat, darüber ist kein Zweifel". 樓四明云、潘氏本楚莊王篇爲第一、他本皆無之、然則爲潘氏附著無疑. Das oben Gesagte zeigt, daß diese Bemerkung irrig ist.

[2] Dieses Nachwort ist den späteren Ausgaben in der Regel beigegeben.

[3] 右繁露十七卷紹興間董某所進、臣觀其書辭意淺薄、間掇取董仲舒策語雜置、其中帙不相倫比、臣固疑非董氏本書矣.

die Han-Annalen sprechen von mehreren Zehnern von Abschnitten (oder Abhandlungen), die die Überschriften *Yü pei, Fan lu* u. a. hatten, es handelte sich also hierbei offenbar nicht um ein einheitliches Werk. Bei der eingereichten Schrift aber deckt der Ausdruck *Fan lu* das ganze Werk, und die übrigen Bezeichnungen stehen über einzelnen Abschnitten darin. Ferner finden sich im *T'ai p'ing huan yü ki* und im *T'ung tien* Zitate aus dem *Fan lu*, die in dem eingereichten Werke nicht enthalten sind[1], ja die ganze Form des letzteren ist derartig, daß sie zu diesen Zitaten überhaupt nicht paßt. Auch das *T'ai p'ing yü lan* (983 vollendet) zitiert Tung Tschung-schu und das *T. t. fan lu* oftmals, aber diese Zitate gehören, wie ihre Eigenart verrät, einem alten Werke an[2]. Tsch'êng schließt dann seine Beweisführung mit folgendem Ergebnis: „Das *Yü lan* wurde in den Perioden *T'ai-p'ing* und *Hing-kuo* (976 bis 983) zusammengestellt; damals waren die Schriften des *Fan lu* noch vorhanden, heute aber sind sie verloren, und es ist beklagenswert, daß sie uns nicht überliefert sind"[3].

In ein wesentlich anderes Licht gerückt wurde nun aber die Frage durch die gelehrten Forschungen von Tsch'êng Ta-tsch'ang's Zeitgenossen Lou Yo (s. oben S. 124f.). Er hat sich um die Wiederherstellung des Textes des *T. t. fan lu* und den Nachweis seiner Echtheit die größten Verdienste erworben, und ihm ist es vor allen zu danken, daß wir das Werk heute in einer brauchbaren Form besitzen. Lou Yo ist es gelungen, noch im Jahre 1211, also kurze Zeit vor seinem im Jahre 1213 erfolgten Tode, aber erst nach dem Ableben Tsch'êng's (1195) eine Neuausgabe des gesamten *Fan lu* zu veranstalten und damit, soweit dies möglich war, einen Text herzustellen, der in sich zusammenhängend und verständlich war, zwei Eigenschaften, die den bisherigen Exemplaren offenbar größtenteils fehlten. In dem uns erhaltenen von 1210 datierten Nachworte dieser Neuausgabe macht Lou Yo mehrere für die Geschichte des Werkes während der Sung-Zeit wichtige Angaben[4]. Es heißt darin: „Von dem *Fan lu* besitze ich vier Exemplare; sie enthalten alle ein Vorwort meines Ur-Urgroßvaters Tschêng-yi (Lou

---

[1] Das *T'ung tien* ist um 800 entstanden, das *T'ai p'ing huan yü ki* in der Zeit von 976 bis 983. Das in Frage stehende Zitat im *T'ung tien* findet sich dort in einer Anmerkung zu Kap. 63 fol. 1 v⁰. Auch der dem 10. Jahrhundert angehörende Kommentator der *Hou Han schu*, Liu Tschao 劉昭, zitiert in Kap. 40 fol. 10 r⁰ denselben Satz aus dem *Fan lu*. Das Zitat im *Huan yü ki* vermag ich im Augenblick nicht festzustellen. Vergl. übrigens zu der Behauptung Tsch'êng Ta-tsch'ang's das weiter unten Gesagte.

[2] Die Zitate des *Yü lan* (z. B. Kap. 839 fol. 18 r⁰. Kap. 919 fol. 19 v⁰ u. a. im Neudruck von 1894) stimmen auch mit dem heute erhaltenen Wortlaute des *Fan lu* nicht durchweg überein. Auch unter den benutzten Werken führt das *Yü lan* das *T. t. fan lu* mit auf.

[3] *Pi Sung lou ts'ang schu tschi* Kap. 9 fol. 21 v⁰: 御覽太平與國間編輯、此時繁露尚存、今遂逸不傳可嘆也已.

[4] Das Nachwort ist den meisten späteren Ausgaben des *Fan lu* beigegeben.

Yü ?)[1]. Das erste Exemplar, das handschriftlich ist, entstammt meiner Heimat. Ich habe es oftmals durchstudiert, fand aber, daß es sehr viele Verstümmelungen und Textfehler enthielt. Unglücklicherweise hatte ich kein anderes Exemplar, nach dem ich hätte Berichtigungen vornehmen können. Ferner besitze ich ein gedrucktes Exemplar aus der Hauptstadt, das für sehr schön gelten mußte, aber von dem ersten auch nicht sehr stark abwich. Ich war mißtrauisch wegen der Titel *Tschu lin* und *Yü peï*, die zu dem Werke in keiner Beziehung standen. Später sah ich dann die textkritischen Darlegungen des Ministerialpräsidenten Herrn Tsch'êng (Ta-tsch'ang), der ebenfalls wegen der Titel der Abschnitte Bedenken hatte. Auch erwähnt er, daß Sätze aus dem *Fan lu* im *T'ung tien*, im *T'ai p'ing yü lan* und im *T'ai p'ing huan yü ki* angeführt würden, die in dem heutigen Werke nicht vorhanden seien, und er schließt daraus, daß dieses nicht das ursprüngliche Werk Tung Tschung-schu's sei; vielmehr müsse man es nach seinem Titel in die Klasse der belletristischen Schriften einreihen. Herr Tsch'êng hat dann später selbst eine Sammlung verschiedenartiger Dinge zusammengestellt und sie unter dem Titel *Yen fan lu* veröffentlicht. Im 3. Jahre *K'ai-hi* (1207) nun erhielt der jetzige Sekretär der Akademie Herr Hu Kü[2], als er den Bezirk P'ing-hiang[3] verwaltete, von Herrn Lo Lan-t'ai (?)[4] ein Exemplar, von dem er Platten schneiden ließ. Als dann der Text in der Studienanstalt des Bezirks durchgesehen und sorgfältig hergerichtet wurde, ergab sich, daß die Zitate in den früher von Herrn Tsch'êng angeführten drei Werken sämtlich darin enthalten waren[5]. Daraus kann man ersehen, daß Herrn Tsch'êng's Blick doch nicht weit genug war, und wenn er meint, das Werk gehöre zu den belletristischen Schriften, so ist das nicht zutreffend. Aber dieser Text enthielt nur 37 Abschnitte, die Zahl stimmte also mit der

---

[1] Die Familie Lou war in Yin hien (Ningpo) daheim und hatte seit langem literarische Interessen. Lou Yo's Oheim war Lou Schou 樓璹, der Verfasser des *Kêng tschi t'u* 耕織圖, der um 1145 schrieb; Tschêng-yi war vermutlich der posthume Name von Lou Yü, dem Urgroßvater des letzteren.

[2] Hu Kü war nach *Sung schi* Kap. 374 fol. 13 v° ein Enkel des Großsekretärs Hu Ts'üan 胡銓, der i. J. 1128 Tsin-schi wurde und Kommentare zum *Yi king*, *Tsch'un-ts'iu*, *Tschou li* und *Li ki* geschrieben hat. Hu Ts'üan hatte seine Aufmerksamkeit besonders dem Studium des *Tsch'un-ts'iu* zugewandt. Eine Sammlung seiner Schriften war unter dem Titel *Tan an tsi* 澹菴集 erschienen; sie zählte 100 Kapitel, davon sind aber nur noch sechs erhalten. S. Kais. Katalog Kap. 158 fol. 7 v°ff. Hu Kü stieg später bis zum Ministerialpräsidenten empor.

[3] Das heutige P'ing-hiang hien im Westen der Provinz Kiang-si.

[4] Lan-t'ai ist entweder Beiname oder der Name einer Buchhandlung.

[5] Das Zitat des *T'ung tien* findet sich in der Tat im *T. t. fan lu* Abschnitt 14 fol. 1 r° der großen Hang-tschou-Ausgabe (s. unten S. 163), nicht dagegen das aus dem *Huan yü ki*. Über die Zitate des *Yü lan* s. oben S. 149 Anm. 2.

vom *Tsch'ung wên tsung mu* angegebenen und mit der des von Herrn Ou-yang Wên-tschung[1] aufbewahrten Exemplars, die beide 82 Abschnitte nennen, nicht überein. Schon lange war es nun mein Bestreben, einmal ein gutes Exemplar zu erhalten, als ich hörte, daß ein Genosse meines Prüfungsjahrganges, P'an King-hien mit dem Beinamen Schu-tu aus Wu-nü[2], viele merkwürdige Bücher besäße. Ich forderte seine Schüler auf, sich einmal danach zu erkundigen, und erlangte so das vorliegende Exemplar, das tatsächlich 82 Abschnitte enthielt, so daß also das Exemplar von P'ing-hiang noch nicht einmal die Hälfte hiervon umfaßte. Meine Freude war unaussprechlich. Indem ich das gedruckte Exemplar zum Vergleich heranzog, entnahm ich alles das, was mehr da war, und fügte es hinzu, änderte und stellte den Sinn fest. Was beiden gemeinsam war, behielt ich bei, schrieb es um und faßte immer die Irrtümer in's Auge"[3]. Lou Yo stellt

---

[1] Wên-tschung ist der kanonische Name von Ou-yang Siu (1007 bis 1072, s. Giles, *Biogr. Dict.* Nr. 1592). Hier ist also noch von einem weiteren Exemplar des *Fan lu* die Rede. In der Hang-tschou-Ausgabe des *Fan lu* findet sich im Eingang die folgende Aufzeichnung Ou-yang Siu's vom Jahre 1037, die sich vielleicht auf noch andere Exemplare bezieht: „Dieses Werk enthält nur 40 Abschnitte, und sein Gesamttitel ist *Fan lu*, es ist also nicht echt. Als ich in der Akademie *(Han lin yuan)* eine Anzahl Schriften bearbeitete, sah ich ein Exemplar von über 80 Abschnitten, das aber zahlreiche Fehler, Entstellungen und Wiederholungen aufwies. Aus dem Volke sind ferner auf eine Aufforderung zur Hergabe von Büchern über 30 Abschnitte eingereicht worden, diese in der Zählung nicht zusammenhängenden Abschnitte sind außer den 80 vorhanden. Man sieht hieraus, daß das Werk des Meisters Tung verstreut und nicht mehr vollständig ist." 今其書纔四十篇又總名繁露失其眞也予在舘中校勘羣書見有八十餘篇、然多錯亂重複、又有民間應募獻書者獻三十餘篇、其數篇在八十篇外、乃知董生之書流散而不全. (Vergl. auch oben S. 123 Anm. 5.)

[2] Wu-nü oder Wu hieß schon zur Han-Zeit der Teil des alten Staates Yüe (Tschê-kiang), der an den Staat Wu (Süd-Kiang-su) angrenzte. Gemeint ist hier wohl die Gegend des heutigen Kin-hua fu in Tschê-kiang, die zur Sung-Zeit auch den Namen Wu hatte.

[3] 繁露一書凡得四本、皆有余高祖正議先生序文、始得寫本於里中、亟傳而讀之、舛誤至多、恨無他本可校已、而得京師印本以爲必佳而相去殊不遠、又竊疑竹林玉杯等名與其書不相關、後見尚書程公跋語亦以篇名爲疑、又以通典太平御覽太平寰宇記所引繁露之言今書皆無之、遂以爲非董氏本書、且以其名謂必類小說家、後自爲一編記襍事、名演繁露行於世、開禧三年今編修胡君仲方矩宰萍鄉得羅氏蘭臺本、刊之縣庠考證頗備、先程公所引三書之言皆在書中、則知程公所見者未廣、遂謂爲小說者

dann im Einzelnen fest, daß eine große Zahl von Zitaten aus dem *Fan lu* in anderen Werken sich sämtlich in den vorhandenen Texten wiederfindet. So allein dreizehn Zitate des *Tsch'un-ts'iu hui kie* 春秋會解[1] und eins des *Schuo wên*, ferner die in den Han-Annalen erwähnten Auskünfte an den Minister Tschang T'ang (s. oben S. 97 u. 108) und anderes. Auf Grund dieser Nachweise kommt Lou zu dem Schluß: „Das Werk ist mithin in der Tat von Tung Tschung-schu verfaßt, darüber kann kein Zweifel sein. Überdies ist auch die Ausdrucksweise darin derartig, daß spätere Geschlechter sie nicht hätten erreichen können. Das *Tso tschuan* war damals noch nicht veröffentlicht, die Erklärungen Tung Tschung-schu's zum *Tsch'un-ts'iu* benutzen deshalb meistens die Darlegungen Kung-yang's"[2]. (Die letztere Bemerkung ist ungemein kennzeichnend für die amtliche Auffassung von der Bedeutung der beiden Kommentare zur Sung-Zeit.) Auch der erwähnte Hu Kü hat zu Lou Yo's Ausgabe ein Nachwort beigesteuert, das vom Jahre 1211 datiert ist und einige weitere Angaben über ihre Herstellung enthält[3]. „Vor einigen Jahren", so sagt er, „ließ ich in P'ing-hiang das *Tsch'un-ts'iu fan lu* auf Holzplatten zum Druck schneiden. Es bestand aus zehn Kapiteln mit 37 Abschnitten. Obwohl es also nicht das vollständige Werk war, war es doch für die Menschen eine neue Erscheinung, und ich hatte mit der Schar meiner Freunde gemeinsame Freude daran. Fünf Jahre danach wurde ich auf einen Posten in der Hauptstadt versetzt, und damals hatte der Großrat Herr Lou Kung-k'ueï ein schönes Exemplar erhalten, das 82 Abschnitte in 17 Kapiteln zählte. Die von den Sui- und den T'ang-Annalen, sowie vom *Tsch'ung wên tsung mu* angegebene Abschnitt- und Kapitelzahl war die gleiche, nur waren dreï Abschnitte (in Lou's Exemplar) verloren. Herr Lou hat nun persönlich den Text durchgearbeitet und die Fehler und verderbten Stellen berichtigt. So lag nunmehr das vollständige Werk vor. Dann erhielten die Beamten der Kaiserlichen Bibliothek den Auftrag, das niedergeschriebene Exemplar in Ki t'ai in Kiang-you (Kiang-si)[4] drucken zu

---

非也、然止於三十七篇終不合崇文總目及歐陽文忠公
所藏八十二篇之數、余老矣猶欲得一善本、聞婺女潘同
年叔度景憲多收異書、屬其子弟訪之、始得此本、果有八
十二篇、是萍鄉本猶未及其半也、喜不可言、以校印本各
取所長悉加攺定、義通者兩存之、轉寫相訛.

[1] Über dieses Werk ist heute nichts Näheres mehr bekannt.

[2] 則其(書)爲仲舒所著無疑、且其文詞亦非後世所能到
也、左氏傳猶未行於世、仲舒之言春秋多用公羊之說.

[3] Auch dieses Nachwort ist in der Hang-tschou-Ausgabe am Schluß wieder abgedruckt.

[4] Ki t'ai ist anscheinend der Name einer Studienanstalt oder Druckerei. Tung Kin-kien schreibt in der Einleitung zu seiner Ausgabe des *Fan lu* (s. unten S. 165) statt Kiang you Kiang tung 江東, wohl versehentlich. Derselbe Gelehrte bemerkt auch, daß von dieser

lassen zum Segen der künftigen Wissenschaft"[1]. Daß Lou Yo's Darlegungen allerdings nicht durchweg überzeugend gewirkt hatten, geht aus den Bemerkungen des *Tschi tschai schu lu kie t'i* hervor, das, wie wir sahen, Lou's Beweisführung ablehnt und zu folgendem Schlußurteil kommt: „An alten Schriften sind in unserer Zeit nur wenige erhalten, und man wird sich dahin aussprechen müssen, daß die Erhaltung (des *T. t. fan lu*) bezweifelt werden muß"[2].

Wir werden, wenn wir die vorliegenden Nachrichten zusammenfassen, bei aller kritischen Vorsicht doch zu einem weniger skeptischen Ergebnis kommen. Die folgenden Exemplare des *Fan lu* lassen sich danach zur Sung-Zeit nachweisen: 1 Exemplar in der Kaiserlichen Bibliothek (beschrieben im *Tsch'ung wên tsung mu*), vermutlich dasselbe, das Ou-yang Siu erwähnt; 1 Exemplar im Besitz jenes Kaiserlichen Verwandten, dessen Büchersammlungen das *Kün tschai tu schu tschi* beschreibt; 1 Exemplar in der Familien-Bibliothek von Tsch'ên Tschên-sun (beschrieben im *Tschi tschai schu lu kie t'i*); 1 Exemplar, das von einem gewissen Tung um die Mitte des 12. Jahrhunderts eingereicht wurde. Alle diese Exemplare bestanden aus 82 Abschnitten in 17 Kapiteln. Dazu gehört auch das handschriftliche Exemplar, das im *Tschi tschai schu lu kie t'i* erwähnt wird, denselben Umfang hatte und nur infolge einer äußeren Anordnung des Textes in 18 Kapitel mit 79 Abschnitten geteilt war. Wo es sich befand, ist aus dem Kataloge nicht mit Sicherheit zu entnehmen. Ferner waren folgende Exemplare kleineren Umfanges vorhanden: eins in 10 Kapiteln, das einer Familie Wang in T'ai-yuan gehörte, von ihr durch Druck vervielfältigt und im Jahre 1047 von Lou Yü mit einem Vorworte versehen war. Einer der so entstandenen Drucke war vielleicht das ebenfalls 10 Kapitel zählende Exemplar, das unter den zwischen 1190 und 1220 eingegangenen Büchern der Kaiserlichen Sammlungen vom *Kuan ko schu mu* aufgeführt wird. Ein weiteres Exemplar von 40 oder wohl richtiger von 37 Abschnitten befand sich im 11. Jahrhundert in den Händen von Ou-yang Siu und mag ebenfalls ein solcher Druck oder gar dasselbe Exemplar gewesen sein, das später in der Kaiserlichen Bi-

---

[1] in Ki t'ai gedruckten Ausgabe von dem Direktor des Reistransports Yo K'o 岳珂 in Kia ho kün tschai 嘉禾郡齋 ein Neudruck veranstaltet worden sei. Kia-ho lag zur Sung-Zeit in Kien-ning fu 建寧 in Fu-kien, doch ist mir zweifelhaft, ob dieser Name hier gemeint ist. Die Ausgabe wird sonst nirgends erwähnt.

[1] 矩頽歳刻春秋繁露於萍郷凡十卷三十七篇、雖非全書 然亦人閒之所未見、故樂與吾黨共之、後五年官中都、復 從攻媿先生大參樓公得善本凡八十二篇爲十七卷、視隋 唐志崇文總目諸家所紀篇卷皆同、惟三篇亡耳、先生又手 自讎校是正訛舛、今遂爲全書、乃錄本圖祕閣兄重刊於 江右之計臺以惠後學云.

[2] Kap. 3 fol. 6 r°: 古書存於世者希矣、姑以傳疑存之可也.

bliothek katalogisiert wurde, denn die 37 Abschnitte mögen sehr wohl in den
10 Kapiteln angeordnet gewesen sein. In diesem Falle würde aber das ebenfalls
aus 37 Abschnitten bestehende aus dem Besitz eines gewissen Lo Lan-t'ai (oder
Lan-t'ang (?)) stammende Exemplar, das im Jahre 1207 in P'ing-hiang gedruckt
wurde, hiervon wohl getrennt gehalten werden müssen. Hiernach wären wenigstens 7 Original-Exemplare, abgesehen von den Neudrucken und mehreren
aus dem Volke eingereichten Einzelabschnitten[1], im 11. und 12. Jahrhundert
vorhanden gewesen. Dazu kamen dann die sechs Exemplare, die Lou Yo zum
Teil geerbt, zum Teil selbst erworben hatte. Leider erfahren wir über diese
nichts weiter, als daß ein Exemplar gedruckt war und in der Hauptstadt erworben wurde (vielleicht war es eins der in P'ing-hiang gedruckten Exemplare)[2],
daß diese fünf Exemplare stark verstümmelt waren, und daß das sechste Exemplar von einem gewissen P'an King-hien in Kin-hua fu stammte[3]. Lou Yo's
Freude darüber, daß dieses 82 Abschnitte enthielt, läßt darauf schließen, daß
die anderen Exemplare erheblich kürzer waren und keinesfalls mehr als 37 Abschnitte zählten. Auffallen muß es, daß die Einreichung des *Fan lu* um 1160
so viel Aufmerksamkeit erregte, obwohl doch eine ganze Reihe von Exemplaren
bereits vorhanden war. Die Erklärung hierfür kann nur in den Tatsachen
gesucht werden, daß einmal aus den früher dargelegten Ursachen Tung Tschung-
schu's Lehre zur Sung-Zeit ganz in den Hintergrund gedrängt war (s. oben
S. 123ff.), und daß ferner die vorhandenen Exemplare seiner Schriften sich
in einem so kümmerlichen Zustande befanden, daß ein zusammenhängendes

---

[1] Solchen Einzelabschnitt haben wir vielleicht in einem kleinen handschriftlichen Werke
zu sehen, das das *T'ien yi ko schu mu* 天一閣書目, der i. J. 1808 von Yuan Yuan
阮元 herausgegebene Katalog der berühmten Bibliothek der Familie Fan 范 in Ningpo
(s. darüber Bull. Ec. fr. d'Extr. Or. IX, 211), neben dem *T. t. fan lu* 經部 fol. 34 r°
aufführt. Der Titel lautet dort: *Tsch'un-ts'iu fan lu k'iu yü tschi yü tschi kie* 求雨止
雨直解 in 1 Kapitel, d. h. „Rechte Erklärung des Erflehens des Regens und des Aufhörenmachens des Regens im *T. t. fan lu*". Ein Verfasser ist nicht angegeben, auch der
Katalog macht keine weitere Bemerkung dazu. Es kann aber kaum einem Zweifel unterliegen, daß es sich um die Abschnitte 74 und 75 des *T. t. fan lu* handelt. Es wäre interessant, zu wissen, aus welcher Zeit das Buch stammt, und wer der Verfasser der Erklärung ist. Daß die beiden Abschnitte ursprünglich selbständige Abhandlungen waren,
kann als sicher angenommen werden.

[2] Das *T'ien lu lin lang sü pien* Kap. 3 fol. 12 v° meint, daß die vier Exemplare, die sich
in Lou Yo's Familie befanden, handschriftlich waren und alle in der Heimat erworben
wurden. Aus dem Texte von Lou Yo's Nachwort ergibt sich dies nicht.

[3] Wenn der Kais. Katalog Kap. 29 fol. 44 r° bemerkt, daß „zur Sung-Zeit vom *Fan lu*
vier Exemplare vorhanden gewesen seien, die alle mehr oder weniger von einander ab-
wichen", so ist das eine von den Flüchtigkeiten, deren das große Werk leider sehr
viele aufweist.

Verständnis nicht möglich war; die Bruchstücke in den Bibliotheken waren in Folge dessen einfach in Vergessenheit geraten. In dem Vorworte von Lou Yü wird dem auch in deutlichen Worten Ausdruck gegeben. Dieser verstümmelte und zerrissene Zustand der überlieferten Texte zwang allerdings zu dem Schlusse, den Ou-yang Siu daraus zog, daß die Schriften Tung's verstreut und durcheinander geworfen waren, wobei natürlich auch vieles verloren gegangen sein mochte, und daß ein vollständiges und geordnetes Exemplar nicht mehr vorhanden war. An dieser Tatsache änderte auch die Übereinstimmung der Kapitelzahl (17) mit der in den Sui- und T'ang-Annalen überlieferten nichts. Unberechtigt aber war der Schluß, daß die vorhandenen Bruchstücke überhaupt nicht von Tung Tschung-schu herrührten, und daß man es somit nur mit einer Fälschung zu tun habe. Alle Gründe, die man dafür vorbrachte, könnten nach unserem Dafürhalten eher das Gegenteil beweisen: hätte man einen lückenlosen, verhältnismäßig fehlerfreien Text gehabt, dessen Inhalt „seicht und fade" gewesen wäre, so hätte man mit Recht gegen die Echtheit Verdacht schöpfen können. Aber diese durch Verstümmelung und Verlust der alten Bambustäfelchen oder Seidenstücke hervorgerufene Verwirrung des Textes, in dem sich indessen immer noch die eigenartigen und tiefgründigen Gedanken des großen *Tsch'un-ts'iu*-Patriarchen erkennen ließen, wies unzweifelhaft auf das Altertum, mochten auch die Kapitel und Abschnitte in der Zwischenzeit anders eingeteilt, mit anderen Überschriften versehen oder sonstwie im Einzelnen verändert sein. Es ist unverständlich für uns, wenn Tsch'êng Ta-tsch'ang und Andere hieraus und aus der Tatsache, daß einige Zitate in den Bruchstücken des *Fan lu* nicht auffindbar waren, den Schluß zogen, das Ganze sei unecht und wertlos. Daß der Text nicht vollständig war, lag auf der Hand, und die zitierten Sätze waren eben verloren, aber das berührte die Frage der Echtheit nicht. Was galten alle diese Äußerlichkeiten gegenüber dem „erhabenen und umfassenden Inhalt", der, wie das *Tsch'ung wên tsung mu* hervorhebt, „keiner uns nahen Zeitperiode entstammt", und dessen Ausdrucksform nach Lou Yo's Urteil „von späteren Geschlechtern nicht hätte erreicht werden können". In diesem Sinne, wenn auch etwas dunkel, urteilen denn auch die Verfasser des Kaiserlichen Katalogs: „Wenn man jetzt den Text betrachtet, so wird man finden, daß er zwar sicherlich nicht in seiner Gesamtheit von Tung Tschung-schu herrührt, daß er aber zahlreiche Sätze enthält, die von Wichtigkeit sind durch ihre von der Wurzel bis zum Gipfel dringenden Gedankenreihen, wie spätere Geschlechter sich ihnen nicht anvertrauen könnten"[1]. Wir können also die Frage nach der Echtheit des *Fan lu* als erledigt ansehen: die Texte, die

---

[1] Kap. 29 fol. 43 v°: 今觀其文雖未必全出仲舒、然中多根極理要之言、非後人所能依託也. — Wenn übrigens der Katalog angibt, daß auch das *Tsch'ung wên tsung mu* die Echtheit des *Fan lu* „stark in Zweifel gezogen habe", so ist auch das wieder, wie wir gesehen haben, nicht zutreffend.

sich zur Sung-Zeit vorfanden, waren stark verstümmelt und entstellt, aber sie stellten unzweifelhaft das dar, was von Tung's
Schriften erhalten geblieben war. Das ist auch die allgemeine Überzeugung des einheimischen Gelehrtentums geworden und geblieben.

Es handelte sich jetzt nur darum, aus den vorhandenen Bruchstücken einen
brauchbaren und möglichst vollständigen Text herzustellen. Diese Aufgabe
wurde von Lou Yo gelöst, der durch kritische Vergleichung der verschiedenen
Exemplare, vornehmlich unter Zugrundelegung des von P'an King-hien erhaltenen
und eines gedruckten, das vielleicht eines der in P'ing-hiang hergestellten war,
zum ersten Male eine neue durchgearbeitete Ausgabe von 82 Abschnitten (von
denen aber 3 fehlten) in 17 Kapiteln schuf, die dann in Kiang-si gedruckt wurde.
Diese Ausgabe ist für alle neueren in erster Linie maßgebend geworden[1].

Während der auf die Sung-Zeit folgenden Jahrhunderte hat der Text des
Fan lu Veränderungen durch äußere Gewalt nicht mehr erlitten, wohl aber
durch Vernachlässigung und durch die „bessernde" Hand der Bearbeiter. Aus
der ganzen Yuan-Zeit und bis in die zweite Hälfte der Ming-Zeit hinein hören
wir nichts mehr über das Werk. Das bedeutendste unter den wenigen literatur-
geschichtlichen Werken dieser Zeit, das *Yü hai*, das zwar erst 1337 gedruckt
ist, aber schon in den neunziger Jahren des 13. Jahrhunderts handschriftlich
vollendet war, sagt uns nichts irgendwie Neues darüber. Lou Yo's Ausgabe
wurde im 15. Jahrhundert in die Riesensammlung des *Yung-lo ta tien* aufgenommen und ist so vor dem Verlust bewahrt worden. Sie feierte dann unter
Kaiser K'ien-lung ihre Wiederauferstehung aus dem prunkvollen Sarge und
gab die Textgrundlage, vielfach wohl auch den Antrieb für die späteren kritischen Ausgaben. Schon vorher aber, im 16. Jahrhundert, erweckt das *T. t.
fan lu* anscheinend plötzlich, aus einem heute nicht mehr erkennbaren Anlasse

---

[1] Von den Original-Ausgaben der Sung-Zeit dürften heute, wenn überhaupt, nur noch
sehr wenige vorhanden sein. Nachzuweisen vermag ich nur zwei: ein handschriftliches
Exemplar, das sich in der Bibliothek der Familie Fan in Ningpo befand, und ein gedrucktes
in der Kaiserlichen Bibliothek des Tschao jen tien (s. oben S. 147 Anm. 1). Das erstere wird
aufgeführt in dem Kataloge *T'ien yi ko schu mu* 經部 fol. 34 r⁰; da nur ein Vorwort
von Lou Yü erwähnt wird, könnte man glauben, es handle sich um die Ausgabe von
1047, wenn nicht die Zahl der Kapitel auf siebzehn angegeben wäre. Das zweite wird beschrieben im *T'ien lu lin lang sü pien* Kap. 3 fol. 12. Hier ist keine Kapitelzahl angegeben,
dagegen enthält das Exemplar die Nachworte von Lou Yo und Hu Kü, es dürfte sich also
hier um ein Exemplar der Ausgabe von 1211 handeln. Auch die Siegel aller früheren Besitzer sind in der Beschreibung dargestellt. Die Bibliothek der Familie Fan ist zum größeren
Teile während des T'ai-p'ing-Aufstandes verstreut worden, einiges soll noch vorhanden
sein. Vergl. Bull. Ec. fr. d'Extr. Or. IX, 468 Anm. 2. Das Tschao jen tien ist im Palast
von Peking; ob von den Sammlungen dort noch etwas vorhanden ist, erscheint sehr zweifelhaft. — In der Bibliothek Lu Sin-yuan's (s. oben S. 147) befand sich kein Sung-Exemplar.

wieder das Interesse der Gelehrten, und eine ganze Anzahl neuer Ausgaben, alle in 17 Kapiteln mit 82 oder richtiger 79 Abschnitten, entsteht. Die älteste unter diesen Ming-Ausgaben entstammt, soweit nachweisbar, dem Jahre 1516. Sie bildet eine Merkwürdigkeit ersten Ranges in der Geschichte des Buchdrucks insofern, als sie mit beweglichen Kupfertypen gedruckt, also eins der ältesten Werke seiner Art ist[1]. Mehrere Exemplare davon werden namhaft gemacht. Eins wird im *T'ie k'in t'ung kien lou ts'ang schu mu lu* 鐵琴銅劍樓藏書目錄, beschrieben, dem Katalog der Bibliothek der Familie K'ü 瞿 in Tsch'ang-schu hien 常熟 unweit nördlich von Su-tschou[2]. Es heißt dort: „Es ist die von Lou Wên-hien[3] zur Sung-Zeit geschaffene Ausgabe. Das Werk ist zur Ming-Zeit von Herrn Hua von Si schan mit Kupferplatten beweglicher Schriftzeichen gedruckt worden"[4]. Es enthält im Eingang das Vorwort von Lou Yü und am Schluß das Nachwort von Lou Yo, ferner als Zusatz die Bemerkungen des *Tsch'ung wên tsung mu*, des *Tschung-hing kuan ko schu mu*, des *Kün tschai tu schu tschi*, Ou-yang Siu's und Tsch'êng Ta tsch'ang's[5]. „Am Ende der Kapitel", so schließt die Beschreibung, „steht folgender Satz: Im Jahre *ping-tsě* der Periode *Tschêng-tê* (1516) im 3. Sommermonat von Hua Yün-kang mit dem Beinamen

---

[1] Auf diese frühzeitige Anwendung beweglicher Metalltypen im chinesischen Buchdruck im Gegensatz zu dem üblichen Holzblockdruck oder den im 11. Jahrh. erfundenen zerlegbaren Druckplatten (s. darüber St. Julien in Journal Asiatique 1847 S. 511ff. und Mayers in Chinese Recorder VI, 23f.) hat zuerst Mayers in China Review VI, 295 Anm. aufmerksam gemacht. Er teilte dort eine Stelle aus dem *Ko tschi king yuan* 格致鏡原 Kap. 39 fol. 1 v⁰ (Neudruck von 1888) mit, an der folgende Angabe aus dem *Kin t'ai ki wên* 金臺紀聞 von Lu Schên 陸深 zitiert wird: „Kürzlich haben die Leute von P'i-ling bewegliche Schriftzeichen aus Kupfer und Blei hergestellt, damit ist der Druck zwar geschickter und bequemer als mit Platten, aber es werden auch leichter Irrtümer und Versehen dabei begangen" 近日毗陵人用銅鉛爲活字、視板印尤巧便而布置間訛謬尤易. P'i-ling ist ein alter Name für Tsch'ang-tschou, 常州 in Kiang-su, also eben die Gegend (Wu-si hien), aus der die diese Ming-Ausgabe des *Fan lu*, wie wir sogleich sehen werden, ihrer eigenen Angabe nach herstammt. Lu Schên lebte nach Giles, *Biogr. Dict.* Nr. 1427 von 1477 bis 1544, mag also sein *Kin t'ai ki wên* um 1520 geschrieben haben. Seine Angabe stimmt somit genau zu der Entstehungszeit unseres Werkes.

[2] Der Katalog ist um 1858 von K'ü Yung 瞿鏞 handschriftlich verfaßt und 1898 gedruckt worden. Vergl. die Bemerkungen darüber von Pelliot im Bull. Ec. fr. d'Extr. Or. IX, 212 Anm. 2. Auch hinsichtlich dieser Bibliothek sollten vor einigen Jahren Verkaufsverhandlungen mit Japanern schweben (Bull. Ec. fr. d'Extr. Or. IX, 468).

[3] Gemeint ist Lou Yo mit dem kanonischen Namen Wên-hien. Nach *Sung schi* Kap. 395 fol. 3 v⁰ war indessen Lou Yo's kanonischer Name Süan 宣-hien.

[4] Kap. 5 fol. 54 r⁰: 宋樓文獻定本、明錫山華氏以活字銅板印行.

[5] Diese Vorworte, Nachworte usw. sind sämtlich oben mitgeteilt worden.

Kien zu Lan süe t'ang am Si schan mit Kupferplatten beweglicher Schriftzeichen gedruckt"[1]. Den Verlust der drei Abschnitte schon zur Sung-Zeit
hebt auch der Katalog hervor und fügt hinzu, daß „zur Ming-Zeit dann noch
weitere Blätter und Schriftzeichen in Verlust geraten seien" (明 時 又 有 脫
葉 脫 字). Ein weiteres Exemplar dieser mit Kupfertypen gedruckten Ausgabe befand sich in der Bibliothek Lu Sin-yuan's und wird in seinem Kataloge
Pi Sung lou ts'ang schu tschi Kap. 9 fol. 19 r° als *Ming Lan süe t'ang huo tsě
pên* bezeichnet. Ein drittes endlich erwähnt der Katalog *Lü t'ing tschi kien
tschuan pên schu mu* 邵 亭 知 見 傳 本 書 目[2], Kap. 2 fol. 26 r°f., ohne
daß aber daraus zu ersehen ist, in wessen Besitz es sich befindet. Der Katalog

---

[1] A. a. O. fol. 54 v°: 卷 末 有 正 德 丙 子 季 夏 錫 山 蘭 雪 堂 華 堅 允
剛 活 子 銅 板 印 行 一 條. Si schan ist nach dem *Ta Ming yi t'ung tschi* Kap. 10
fol. 3 r° (Ausgabe von 1461) der Ostgipfel des Hui schan 慧 山 7 Li westlich der Stadt
Wu-si 無 錫 in der Präfektur Tsch'ang-tschou fu 常 州, Provinz Kiang-su. Der Name
dürfte hier die Stadt Wu-si oder ihre westliche Umgebung bezeichnen. Lan süe t'ang
wird der Firmenname des Herrn Hua sein. Über ein anderes, i. J. 1515 in Lan süe t'ang
mit beweglichen Kupfertypen gedrucktes Werk s. Bull. Ec. fr. d'Extr. Or. IX, 229f. —
Eine Persönlichkeit mit dem ähnlichen Namen Hua Yün-tsch'êng 華 允 誠, ebenfalls
aus Wu-si wird für das 15. Jahrhundert im *Ta Ts'ing yi t'ung tschi* Kap. 61 fol. 5 v°
(Ausgabe von 1902) erwähnt.

[2] Der Katalog *Lü t'ing tschi kien tschuan pên schu mu*, aus 16 Kapiteln bestehend, ist
erst vor wenigen Jahren erschienen. Er enthält eine von 1909 datierte Vorrede von Tung
K'ang 董 康, einem der Mitarbeiter der neuen Zeitschrift *Kuo sui hüe pao* 國 粹 學 報
in Schanghai (vergl. über ihn Bull. Ec. fr. d'Extr. Or. IX, 464f.), in der folgendes darüber
berichtet wird. Als Anfang der sechziger Jahre Tsêng Kuo-fan die Kiang-Provinzen von
den T'ai-p'ing-Aufrührern säuberte, erhielt Mo You-tschi 莫 友 芝, der Inhaber einer
Buchhandlung (?), den Auftrag, nach den verlorenen Büchern der Bibliotheken Wên tsung
ko 文 宗 閣, Wên hui ko, 文 匯 und Wên lan ko 文 瀾 (drei Bibliotheken in Tschin-
kiang, Yang-tschou und Hang-tschou, denen Abschriften der Werke der *Ssě k'u ts'üan
schu* verliehen waren. Vergl. Bull. Ec. fr. d'Extr. Or. VI, 416) zu forschen. Dabei sah er
auf seinen Reisen in Kiang-su und Tschê-kiang auch die Büchersammlungen von Yü (Sung-
nien) 郁 (松 年, vergl. über ihn Bull. Ec. fr. d'Extr. Or. IX, 465) aus Schanghai und
von Ting 丁 aus Fêng-schun 豐 順 (in Kuang-tung), und aus diesem Anlaß entstand
sein Katalog *Sung Yuan (kiu) pên schu king yen lu* 宋 元 (舊) 本 書 經 眼 錄. Daneben aber machte sein Sohn Mo Schêng-sun 莫 繩 孫 eine aus 16 Kapiteln bestehende
Aufstellung, die den Titel *Lü t'ing tschi kien tschuan pên schu mu* führte. Etwa vierzig
Jahre später reiste der japanische Bücher- und Altertumsfreund Tanaka Keitarō 田 中
慶 太 郎 (vermutlich ein Verwandter des Herrn Tanaka Seizan, 田 中 青 山, der
bei dem Verkauf der Bibliothek von Lu Sin-yuan eine Rolle gespielt hat, oder gar er selbst,
s. Bull. Ec. fr. d'Extr. Or. IX, 467) im Süden und erwarb dabei auch den handschriftlichen
Katalog. Er nahm ihn mit, verbesserte die Fehler darin, vervollständigte ihn und ließ

zählt Werke auf, die sich um die Mitte des vorigen Jahrhunderts in Familien-Bibliotheken der Kiang-Provinzen befanden, von denen aber nicht festzustellen ist, wo sie heute sind. Derselbe Katalog nennt eine weitere Ausgabe des *Fan lu*, die ein gewisser Tschang Kueï-yang 張潙陽 im Jahre 1554 hat drucken lassen. Näheres über diesen Herausgeber und sein Werk ist mir nicht bekannt. Auch in die zu jener Zeit zum ersten Male unternommenen Sammlungen älterer Schriftwerke ist das *Fan lu* eingereiht worden. So enthalten die im Jahre 1582 von Hu Weï-sin 胡維新 zusammengestellten *Liang king yi pien* 兩京遺編[1] eine Ausgabe in acht Kapiteln, also wohl ein Bruchstück, ähnlich dem, wie es einst Lou Yü und Ou-yang Siu vorgelegen hatte. Im *Han Weï ts'ung schu*, das zuerst im Jahre 1592 unter dem Namen von Tsch'êng Lao 程榮 erschien, ebenso in den drei späteren von Ho Yün 何允 u. A. erweiterten Ausgaben davon findet sich der übliche Text in 17 Kapiteln mit dem Vorwort von Lou Yü und einem Nachwort von Wang Mo 王謨, das eine kurze Geschichte des Textes ohne neue Angaben enthält und mit dem Bemerken schließt, daß der Herausgeber, T'ang Tschao-yung 湯朝鏞, „den von Lou (Yo) festgestellten und von P'an (Kinghien) gedruckten Text" zu Grunde gelegt habe. Nach dem, was wir oben gesehen haben, ist es eine kaum zu rechtfertigende Annahme, daß P'an Kinghien den Text gedruckt habe. Ebenfalls die Ausgabe von 17 Kapiteln ist enthalten in der wohl um die gleiche Zeit erschienenen Sammlung *Tschung po king p'ing pi schu* 鍾伯敬評祕書, über die mir Näheres nicht bekannt ist[2]. Weiter hören wir noch von der Ausgabe eines Wang Tao-hun 王道焜, die am Ende der Ming-Zeit, im Jahre 1625 gedruckt ist und mit einem Kommentar versehen war.

---

ihn in Peking drucken; 1908 war der Druck beendet, Anfang 1909 wurde er veröffentlicht. Vergl. auch die Besprechung von Chavannes in T'oung Pao 1910 S. 146ff. Über die Bibliothek von Yü Sung-nien, die den Namen Yi kia t'ang 宜稼堂 führte, hat sich Tung K'ang um die nämliche Zeit in der *Kuo sui hüe pao* durch Wiedergabe eines japanischen Aufsatzes geäußert. Danach wurde die Sammlung i. J. 1862 zerstreut: unter anderen „entlieh" auch Mo You-tschi eine Anzahl Werke daraus, ohne sie zurückzugeben; den Hauptteil aber kaufte Lu Sin-yuan (s. Bull. Ec. fr. d'Extr. Or. IX, 465f.). Hiernach ist es sehr wohl möglich, daß das hier genannte Exemplar des *T. t. fan lu* in der Lan-süe-t'ang-Ausgabe dasselbe ist wie das im *Pi Sung lou ts'ang schu tschi* erwähnte. — Die hier genannte Bibliothek der Familie Ting kann kaum dieselbe sein wie die unten erwähnte, die sich in Hang-tschou, nicht in Fêng-schun befand. Das *Lü t'ing tschi kien tschuan pên schu mu* ist eine trockene Aufzählung von Büchertiteln, gibt aber sämtliche vorhandene Ausgaben der behandelten Werke an, so daß es dadurch eine besondere Bedeutung erhält. Vom *Fan lu* nennt es nicht weniger als 15 Ausgaben, über die nachher noch einiges zu sagen sein wird.

[1] Die Sammlung ist sehr selten geworden und mir nicht zugänglich. Vergl. *Hui k'o schu mu* Heft 3 fol. 23 r°.

[2] Auch das *Hui k'o schu mu* (Heft 3 fol. 22 r°) und das *Schu mu ta wên* (叢書目 fol. 2 v°) kennen weder den Herausgeber, noch das Erscheinungsjahr.

Sie wird beschrieben im *Schan pên schu schi ts'ang schu tschi* 善本書室藏書志, dem Katalog der Bibliothek der Familie Ting 丁 in Hang-tschou[1] (Kap. 3 fol. 26 r°f.). Danach beruhte sie ebenfalls auf Lou Yo's Text, doch fehlten außer den drei erwähnten Abschnitten sowohl ganze Blätter wie einzelne Zeichen. „Es ist aber", so fügen die Verfasser hinzu, das ursprüngliche Werk Tung tsö's". Wang Tao-hun (Beiname Kie-p'ing 階平) stammte aus Hang-tschou und war Unterpräfekt in Fu-kien. Er endete durch Selbstmord beim Sturz der Ming-

---

[1] Das *Schan pên schu schi ts'ang schu tschi* ist von der Familie Ting i. J. 1901 gedruckt worden, war aber handschriftlich schon lange vorher vorhanden gewesen. Ein Vorwort des bekannten Gelehrten Miao Ts'üan-sun 繆荃孫, von 1900 datiert, teilt das Folgende darüber mit. Die berühmtesten Bibliotheken des Reiches zu Beginn dieses Jahrhunderts waren das Hai yuan ko 海源閣 der Familie Yang 楊 (in Schan-tung), das T'ie k'in t'ung kien lou der Famile K'ü (in Tsch'ang sehu (s. oben), das Pi Sung lou der Familie Lu (in Kuei-an 歸安 in Tschö-kiang s. oben) und das Pa ts'ien küan lou 八千卷樓 der Familie Ting (in Hang-tschou). Von den drei ersten gab es veröffentlichte Kataloge, von der letzten nicht. Indessen hatte um die Mitte des 19. Jahrhunderts Ting Tschang 丈 (Beiname Sung-schêng 松生) mit seinem Bruder Tschu-tschou 竹舟 (Beiname, Vorname ist nicht genannt) einen Katalog zusammengestellt, als die Unruhen des T'ai-p'ing-Aufstandes auch Hang-tschou ergriffen. In den Jahren 1850 und 1851 nahmen sie sich der Bibliothek Wên lan ko (s. oben) an und retteten deren Schätze nach Möglichkeit. Nach Eintritt geordneter Zustände sammelten sie Geld und stellten die Bibliothek wieder her. Bei dieser Gelegenheit hatten sie Lücken in ihrer Bibliothek durch Abschriften von Exemplaren des Wên lan ko ausgefüllt. Auch sonst hatten sich die Bestände stark vermehrt, es wurde deshalb das Gebäude *Pa ts'ien küan lou* dafür errichtet und der aus 40 Kapiteln bestehende Katalog vollendet. Er war nach dem Vorbilde von Huang P'ei-lie's 黄丕烈 Katalog zu seiner Bibliothek Schi li kü 士禮居 (in Su-tschou vergl. dazu Bull. Ec. fr. d'Extr. Or. II, 323) angelegt. Als Herausgeber des Katalogs nennt sich Ting Ping 丁丙, ebenfalls mit dem Beinamen Sung-schêng. Das Werk, jetzt in 16 pên vorliegend, ist eins der gründlichsten und vollständigsten seiner Art.

Von den hier genannten Bibliotheken haben einige auch schon wieder den Besitzer gewechselt. Die der Familie Lu ist nach Japan verkauft (s. oben S. 147 Anm. 2), die der Familie Ting hat der General-Gouverneur Tuan Fang für die öffentliche Bibliothek (T'u schu kuan 圖書館) in Nanking erworben, wegen der der Familie K'ü wurde vor einigen Jahren mit japanischen Käufern unterhandelt (s. oben S. 157 Anm. 2), über die der Familie Yang ist nichts Näheres bekannt geworden. Die Bibliothek von Huang P'ei-lie soll nach einer Angabe von Pelliot im Bull. Ec. fr. d'Extr. Or. IX, 465 in den Besitz des vorhin genannten Yü Sung-nien übergegangen sein; Miao T'süan-sun deutet demgegenüber an, daß sie mit der der Familie Ting verschmolzen sei. Auf die Richtigkeit der ersteren Angabe weist die Tatsache, daß manche Werke in Lu Sin-yuan's Bibliothek dem Katalog zufolge aus dem Schi li kü stammen, woher sie nur über Yü Sung-nien gekommen sein können. Dazu gehört auch die Lan-süe-t'ang-Ausgabe des *Fan lu.*

Dynastie. Endlich werden noch zwei sonst weniger bekannte Ausgaben von Tung Kin-kien 董金鑑 in der Einleitung zu seinem kommentierten *Fan lu* (s. unten S. 165) erwähnt: die eine ist herausgegeben von einem gewissen Tschou 周 aus Kueï-yang 潙陽, die andere von Schên Ting-sin 沈鼎新 und Tschu Yang-ho 朱養和 und gedruckt in Hua tschai 花齋. Der sonst nicht bekannte Ortsname Kueï-yang erinnert in auffallender Weise an den eben erwähnten Tschang Kueï-yang[1]. Die Hua-tschai-Ausgabe soll ebenfalls zahlreiche Erklärungen von über 70 Gelehrten mit bekannten Namen enthalten. Danach hätten wir in ihr die erste kommentierte Ausgabe des *Fan lu* zu sehen.

Alle diese Ausgaben der Ming-Zeit stellten keinen wesentlichen Fortschritt über die Texte der Sung-Zeit dar: Entdeckungen neuer Bruchstücke waren nicht gemacht und Verbesserungen konnten nur durch die größere oder geringere Geschicklichkeit der Überarbeiter bewirkt werden. Wenn man den Angaben des Kaiserlichen Katalogs glauben will, müßte man sogar von einer Verschlechterung des Textes gegenüber der Bearbeitung von Lou Yo reden. Die Verfasser behaupten nämlich (Kap. 29 fol. 44 r⁰f.), daß in den Ming-Drucken außer den drei längst verlorenen Abschnitten (s. oben S. 148) noch folgende Lücken vorhanden seien: im Eingang von Abschnitt 55 und 56 fehlten 398 Schriftzeichen, in Abschnitt 75 179 Schriftzeichen, in Abschnitt 48 24 Schriftzeichen, ferner sei in Abschnitt 25 der Text eines Blattes völlig durcheinander geworfen, so daß ein Verständnis unmöglich sei. „Außerdem", so heißt es weiter, „sind die verderbten und lückenhaften Stellen nicht zu zählen. In allen Bibliotheken der Welt war seit drei bis vierhundert Jahren kein vollständiges Exemplar mehr vorhanden. Jetzt ist nun die im *Yung-lo ta tien* aufbewahrte Ausgabe Lou Yo's sorgfältig durchgesehen und bearbeitet worden. Dabei sind 1121 Schriftzeichen hinzugefügt, 121 gestrichen und 1829 geändert. So kam der Geist des Ganzen zu strahlender Entfaltung, und im Augenblick wurde uns ein altes Schriftdenkmal wiedergegeben. Es heißt zwar: ein Buch, das man zu sehen gewohnt ist, ist sicherlich kein seltenes Werk, aber hätte es sich nicht so glücklich getroffen, daß unsere heilige Dynastie die Literatur förderte und dem Altertum nachforschte, so daß bereits verschollene alte Schriften wieder ans Licht gezogen werden und Verborgenes neu erstrahlt, so wären diese siebzehn Kapitel schließlich unter dem nagenden Wurmfraße verkommen. Trägt sich solches nicht in zehntausend Generationen nur einmal zu?"[2]. Nach diesem Ausbruche

---

[1] Im Eingange der Ausgabe von Lu Wên-tsch'ao (s. unten S. 162f.) findet sich eine Bemerkung, nach der bei der Feststellung des Textes auch die „von Tschou ta fu aus Kueï-yang i. J. 1554 besorgte Ausgabe von Schu tschung 蜀中" benutzt worden sei. Ich habe hiernach keinen Zweifel, daß es sich um dieselbe Ausgabe handelt, als deren Herausgeber der Katalog *Lü t'ing tschi kien tschuan pên schu mu* Tschang kueï-yang nennt, kann mir allerdings die Verschiedenheit der Namen nicht erklären.

[2] 其餘譌睨不可勝舉、蓋海內藏書之家不見完本三四

eines widerwärtigen Byzantinismus, wie er leider in der beamteten Wissenschaft der Ts'ing-Dynastie üblich war, und der ihren Darlegungen und Urteilen
oft jeden sachlichen Wert nimmt, wird es einem schwer, die Angaben des Katalogs
über das *Fan lu* ernst zu nehmen, zumal sich Manches dagegen einwenden läßt.
Den Herausgebern der Ming-Ausgaben war der Text Lou Yo's so gut bekannt
wie den Gelehrten der Zeit K'ien-lung, und manche von ihnen weisen sogar
ausdrücklich darauf hin, daß sie diesen Text zu Grunde gelegt haben; wie soll
es also zu erklären sein, daß „in allen Bibliotheken der Welt seit drei bis vierhundert Jahren kein vollständiges Exemplar mehr vorhanden war", und daß
die vorhandenen Exemplare so zahlreiche neue Lücken aufwiesen? Die Verfasser des Katalogs sagen nicht, welche Ausgabe der Ming-Zeit sie im Auge
hatten, und die Tatsache, daß auch Lou Yo's Text sich beträchtliche Zusätze
gefallen lassen mußte, deutet darauf hin, daß, abgesehen von den drei fehlenden
Abschnitten, auch die anderen Lücken schon zur Sung-Zeit vorhanden waren[1].
Es scheint sich also bei den Angaben des Katalogs in erster Linie wieder um
einen der üblichen Dithyramben auf die „heilige Dynastie" zu handeln.

Mag dem nun aber sein wie ihm wolle, jedenfalls bearbeitete der Kaiserliche
Gelehrtenausschuß, der in den Jahren 1773 bis 1783 die große Sammlung *Wu
ying tien tsü tschên pan schu* 武英殿聚珍版書 zusammenstellte, deren
Werke zum größten Teile aus dem *Yung-lo ta tien* entnommen wurden, auch
den im letzteren enthaltenen Text Lou Yo's und schuf so eine neue kritische
Ausgabe des *Fan lu* in 17 Kapiteln, die dann der Sammlung einverleibt wurde.
Sie pflegt in anderen Texten als *kuan pên* 官本 bezeichnet zu werden. Unmittelbar danach aber entstand noch eine andere Ausgabe, die zwar nicht so
überschwenglich gefeiert worden ist wie die der Hofgelehrten, aber die letztere
um ein Beträchtliches überragt und bei weitem die beste ist, die wir besitzen.
Sie verdankt ihr Entstehen dem bekannten Gelehrten und obersten Studienrat
von Hu-nan Lu Wên-tsch'ao 盧文弨 aus Hang-tschou (1717 bis 1795)[2], dem
zwölf Mitarbeiter bei der Durchsicht und Berichtigung des noch immer höchst
mangelhaften Textes zur Seite standen. Die Herausgeber haben im allgemeinen
die Ausgabe des *Tsü tschên pan schu* zu Grunde gelegt, aber die von 1554 (*Tschou*

百年於茲矣、今以永樂大典所存樓鑰本詳爲勘訂、凡補
一千一百二十一字、刪一百二十一字、改定一千八百二
十九字、神明煥然頓還舊笈、雖曰習見之書實則絕無僅
有之本也、倘非辛遇聖朝右文稽古、使已湮舊籍復發幽
光、則此十七卷者竟終沈於靈簡中矣、豈非萬世一遇哉·

[1] Die dem entgegenstehende Bemerkung des *T'ie k'in t'ung kien lou ts'ang schu mu lu*
(s. oben S. 158) sieht fast so aus, als sei sie auf Grund der Angaben des Kaiserlichen Katalogs gemacht.

[2] Vergl. Giles, *Biogr. Dict.* Nr. 1438.

pên) und die in den beiden ersten Sammlungen des *Han Wei ts'ung schu* enthaltenen (*Tsch'êng-Lao pên* 程榮 und *Ho Yün pên* 何允) ständig zum Vergleich herangezogen. Außerdem haben sie eine große Zahl textkritischer Bemerkungen und sachlicher Erklärungen hinzugefügt, die das Verständnis wesentlich erleichtern; namentlich sind immer die Stellen des *Tsch'un-ts'iu* angegeben,
auf die die Darlegungen des *Fan lu* Bezug nehmen. Der so entstandene Text
ist dann von Lu Wên-tsch'ao in seine Sammlung alter Schriftwerke der Han-,
Tsin- und T'ang-Zeit im *Pao king t'ang hui k'o schu* 抱經堂彙刻書, das
auch seine eigenen Werke mit umschließt und in der Zeit K'ien-lung erschien,
mit aufgenommen worden. Über diese Bearbeitung des *T. t. fan lu* ist die gelehrte
Text-Forschung bisher nicht hinausgekommen. Lu Wên-tsch'ao's und seiner
Mitarbeiter vortreffliches Werk ist in zahlreichen Ausgaben neu gedruckt worden
und bildet heute den bestimmenden Text in weit höherem Maße als der im *Tsü
tschên pan schu*. Einen vorzüglichen Neudruck mit großen Typen auf weißem
Papier hat die Druckerei Tschê-kiang schu kü in Hang-tschou im Jahre 1876
geliefert und einen ähnlichen das Huai-nan schu kü. Der Hang-tschou-Druck
bildet einen Teil der Sammlung *Ör schi ör tsě ts'üan schu* 二十二子全書.
Ähnlich wie die Ausgabe von Lan süe t'ang[1] enthält er im Eingang das Vorwort
von Lou Yü, die Bemerkungen des *Tsch'ung wên tsung mu*, des *Nan Sung kuan
ko schu mu* (= *Tschung-hing kuan ko schu mu*), des *Kün tschai tu schu tschi*,
Ou-yang Siu's, des *Tschi tschai schu lu kie t'i* und Huang Tschên's (s. oben S. 127 ff.),
ferner den mehrfach erwähnten Bericht der Verfasser des Kaiserlichen Katalogs
vom Jahre 1773 und daran anschließend einen von 1785 datierten kurzen Bericht
Lu Wên-tsch'ao's, in dem dieser Tung Tschung-schu's Lehren in ihren wichtigsten
Grundgedanken kennzeichnet und rühmt, aber über seine eigene Arbeit an
dem Texte nichts sagt. Am Schlusse endlich stehen die Darlegungen Tsch'êng
Ta-tsch'ang's, sowie die Nachworte von Lou Yo und Hu Kü. Als Redaktor
der Hang-tschou-Ausgabe zeichnet Tung Schên 董慎[2]. Ein Neudruck in
kleinerem Format ist von der ganzen Sammlung der „22 Philosophen", also
auch von dem *Fan lu* in der Druckerei T'u schu tsi tsch'êng kü in Schanghai
unter dem Titel *Tsě schu ör schi ör tschung* 子書二十二種 im Jahre 1897
hergestellt worden[3]. Ein noch kleinerer Neudruck nur des *Fan lu* zusammen mit
Yang Hiung's *Fa yen* ist im Jahre 1893 in der Druckerei Hung wên schu kü 鴻文
書局 erschienen. Um keine andere Ausgabe dürfte es sich bei dem *Fan lu* in
17 Kapiteln handeln, das in der im Jahre 1877 zu Wu-tsch'ang gedruckten Sammlung *Tsch'ung wên schu kü hui k'o schu* 崇文書局彙刻書 enthalten ist.

---

[1] S. oben S. 158.

[2] Diese große Hang-tschou-Ausgabe in einem neuen Abzug von 1901 liegt allen Übersetzungen und Zitaten unserer Arbeit zu Grunde.

[3] Tatsächlich enthält dieser Neudruck 23 Werke, da der taoistische Philosoph Ho-kuan
tsě 鶡冠子 hinzugefügt ist.

Neben der Ausgabe von Lu Wên-tsch'ao sind noch mehrere, zum Teil ausführlicher kommentierte Ausgaben vorhanden. Das *Lü t'ing tschi kien tschuan pên
schu mu* nennt noch eine im Jahre 1751 von einem gewissen Tung 董 gedruckte,
von der aber ebenso wenig bekannt ist wie von einer „in Fu-tschou gedruckten"
und einer „dem Tsch'ung k'o ko 重刻閣 entstammenden", die der nämliche
Katalog ohne irgend eine nähere Angabe aufführt. Eine Ausgabe, die allein noch
einen gleichen Rang wie die des Pao king t'ang beanspruchen könnte, ist die
von Ling Schu 凌曙 aus Yang-tschou, die um 1820 erschien[1]. Ling Schu
hat sich an die Ausgabe des *Tsü tschên pan schu* angelehnt, aber Verbesserungen
im Texte nicht mehr erzielen können, obwohl er ebenfalls noch einmal auf die
Ming-Ausgaben zurückgegangen ist und sogar die Zitate aus dem *Fan lu* in
der Literatur nach der Sui- und T'ang-Dynastie durchgeprüft hat, doch hat er
Wang Tao-hun's und Lu Wên-tsch'ao's Erklärungen um ein Beträchtliches
vermehrt und erweitert, und dieser Umstand gibt seiner Arbeit, die den Titel
Tsch'un-ts'iu fan lu tschu 注 hat, einen großen Wert. Von den älteren Schriftstücken gibt sie indessen nur das Vorwort von Lou Yü, außerdem aber ein Vorwort von Ling Schu selbst vom Jahre 1815 und ein anderes von Hung Wu 洪梧
von 1820. Die Ausgabe wurde in die im Jahre 1873 von Tschung K'ien-kün 鍾謙
鈞 in Kanton veröffentlichte Sammlung *Ku king kie hui han* 古經解彙函
aufgenommen und gedruckt; später aber, als Tsch'ên Li 陳澧 die Weiterfüh-
rung der Sammlung unternahm, entfernte er das Werk wieder und nahm statt
dessen die Ausgabe Lu Wên-tsch'ao's auf. So ist es gekommen, daß in den
älteren Abzügen des *Ku king kie hui han* die Ausgabe von Ling Schu, in den
späteren die von Lu Wên-tsch'ao enthalten ist[2]. Der Schanghai-Neudruck von
1888 enthält die Ausgabe von Ling Schu. Außerdem hat die letztere Aufnahme
im *Huang Ts'ing king kie sü pien* gefunden, wo sie die Kapitel 865 bis 881 bildet;
die drei Vorworte fehlen hier aber. Eine anscheinend gekürzte und völlig neu
angeordnete Ausgabe ist die von Yü Yüe 俞樾 aus Tê-ts'ing hien 德清 in
Tschê-kiang herausgegebene. Sie befindet sich in der um 1869 veröffentlichten
Sammlung seiner zahlreichen Werke, die den Titel *Tsch'un tsai t'ang ts'üan
schu* 春在堂全書 führt, und gehört dort zu der Gruppe *Tschu tsë p'ing yi*
諸子平義; das *Ku Yüe ts'ang schu lou schu mu* 古越藏書樓書目, der
im Jahre 1904 erschienene Katalog der neuen öffentlichen Bibliothek zu Schao-
hing 紹興 (Kap. 3 fol. 4 v⁰) gibt denn auch *Tsch'un ts'iu fan lu p'ing yi* als
Titel an. Das Werk besteht nur aus zwei Kapiteln, davon behandelt das erste
sechzehn Abschnitte, das zweite acht. Die letzteren scheinen methodisch nach
dem Inhalte angeordnet zu sein, so daß man also in dieser Arbeit einen Vor-

---

[1] Das *Lü t'ing* usw. führt neben der Ausgabe von Ling Schu noch eine i. J. 1815 gedruckte
auf. Ich kann mir nicht denken, daß es sich hier wirklich um zwei verschiedene handelt.

[2] Das *Hui k'o schu mu* Heft 1 fol. 18 v⁰ führt denn auch nicht mit Unrecht beide
Ausgaben in der Sammlung auf.

läufer von K'ang You-weï's systematischer Darstellung der Lehren des *Fan lu* (s. oben S. 135f.) zu sehen hätte. Zu den Erklärungen Lu Wên-tsch'ao's und Ling Schu's sind noch neue hinzugekommen, Reihenfolge und Titel der Abschnitte sind völlig umgeändert[1]. Ein großes, alle bisherigen Forschungen zusammenfassendes Werk endlich wollte in neuerer Zeit Tung Kin-kien 董金鑑 aus Schao-hing unternehmen. Unter dem Titel *Tsch'un-ts'iu fan lu tsi tschu* 集註 erschien, mit einer Einleitung des Verfassers von 1906 versehen, ein neuer Text des *Fan lu*, dem alle bisherigen Erklärungen dazu, namentlich die von Lu Wên-tsch'ao und Ling Schu, dann aber auch andere wie die von Yü Yüe, K'ang You-weï u. a. beigefügt waren; ausführliche eigene kritische Untersuchungen sprachlicher wie sachlicher Art, Prüfungen der früheren Kommentare und Heranziehung neuen Materials aus anderen Werken folgen dann nach jedem Satze. Die Einleitung gibt eine knappe, aber klare Übersicht über die Geschichte des Textes. Leider ist das groß angelegte Werk ein Bruchstück geblieben: nur die ersten beiden Kapitel mit den ersten drei Abschnitten sind behandelt. Die Arbeit ist veröffentlicht in der Sammlung *Tung schi ts'ung schu* 董氏叢書, die Tung Kin-kien zusammengestellt hat, und in der seine eigenen und seiner Vorfahren Werke Aufnahme gefunden haben. Nicht unerwähnt mag bleiben, daß ein Teil des *Fan lu*, die Abschnitte 1 bis 17, 24, 28, 29, 33 bis 36 und 70, allerdings ohne jede Erklärung, im *T'u schu tsi tsch'êng* 經籍典 Kap. 184 bis 85 wiedergegeben ist.

Werfen wir nunmehr noch einen Blick auf den Zustand des Textes, wie er heute vor uns liegt. Was zunächst den Titel angeht, so stammt dieser, wie schon erwähnt, als Gesamtname der ganzen Aufsatz-Sammlung, nicht von Tung Tschung-schu, sondern taucht erst zur Sui-Zeit auf. Indessen trug nach den Han-Annalen bereits einer von den ursprünglichen Aufsätzen den Titel *Fan lu*. Diese Bezeichnung ist selbst den an seltsame und rätselhafte Überschriften gewöhnten Chinesen aufgefallen. Schon das *Tschung-hing kuan ko schu mu*[2] sagt darüber: „Den Titel des heutigen aus 10 Kapiteln bestehenden *Fan lu* (vergl. oben S. 146) hat unter den früheren Gelehrten niemand erklärt. Im Abschnitt *Wang hui kie* der verlorenen Bücher von Tschou[3] heißt es: Der Himmelssohn steht mit dem Gesicht nach Süden und hat keine *fan lu* (Schnüre). Dazu bemerkt der Kommentar: *fan lu* ist das von der Staatsmütze Herabhängende.

---

[1] Das Werk ist mir nicht zugänglich, ich folge den Angaben von Tung Kin-kien (s. oben).

[2] Die Bemerkungen sind im *Yü hai* Kap. 40 fol. 10 v⁰ und im Eingang der Ausgabe von Lu Wên-tsch'ao mitgeteilt.

[3] „Die verlorenen Bücher von Tschou", *Yi Tschou schu*, zeitweilig mit Unrecht auch *Ki tschung* 汲塚 *Tschou schu* „die Tschou-Bücher aus dem Grabe von Ki" genannt (vergl. Chavannes, *Mém. hist.* V, 457), sind nur in Bruchstücken erhalten. Sie sind aufgenommen in das *Han Weï ts'ung schu* und das *Huang Ts'ing king kie sü pien* Kap. 1028 bis 1038. Die angeführte Stelle findet sich Kap. 7 fol. 5 v⁰ im *H. W. t. s.*

Die Aufgereihtheit (dieser Schnüre) ist ein Sinnbild für die zusammenhängenden
Ausdrucksformen und die im Vergleichsverhältnis stehenden Begebenheiten im
Tsch'un-ts'iu, daher dürfte Tung Tschung-schu den Titel genommen haben"[1].
Der Kaiserliche Katalog will die Erklärung schließlich auch gelten lassen, meint
aber doch: „Die Absicht bei dieser Titelgebung ist nicht zu erklären"[2]. Es läßt
sich nicht leugnen, daß die Deutung des *Tschung hing kuan ko schu mu* viel An-
sprechendes hat. Die *fan lu*, in älteren Texten auch 蕃露 geschrieben, waren
die sonst *liu* 旒 genannten Schnüre, die von der oberen flachen Platte der alten
Staatsmütze (eine Abbildung s. in Couvreur's Wörterbuch unter 冕)[3] herabhingen; sie waren aus bunter Seide gedreht und trugen aufgereihte Perlen aus
Edelsteinen. Wie *fan lu* zu der Bedeutung von *liu* gekommen ist, ergibt sich
aus einer Stelle des *Ku kin tschu* 古今注 von Ts'ui Pao 崔豹, einem Werke
des 4. Jahrhunderts n. Chr., das uns aber in seiner alten Form nicht erhalten
ist[4]. Es heißt dort: „Niu Hêng fragte, wie es sich mit den Schnüren der Staatsmütze nebst den *fan lu* verhielte. Dieser antwortete: Es sind mit einander ver-
bundene Perlen, die schwer herabhängen wie *fan lu*[5] (d. h. wie zahlreiche Tau-
tropfen). Und Kia Kung-yen 賈公彥, der Kommentator des *Tschou li* aus
dem 8. Jahrhundert, gibt folgende Erklärung des Ausdrucks und seiner Bedeutung in dem Titel: „Tung Tschung-schu von der Früheren Han-Dynastie

---

[1] 今十卷繁露之名先儒未有釋者、案逸周書王會解天
子南面立統無繁露、注云繁露冕之所垂也、有聯貫之象
春秋屬辭比事仲舒立名或取諸此.

[2] 其立名之義不可解.

[3] Eine genaue Beschreibung der Staatsmütze findet sich *Tschou li* Kap. 32 im Anfang.
Danach war sie oben schwarz und innen purpurrot. Die Platte darüber wurde *yen* 延
genannt, der an beiden Seiten der eigentlichen Mütze — *mien* 冕 — befestigte Halteriemen
niu 紐, die ganze Kopfbedeckung hieß eigentlich *pien* 弁. Von der Platte hingen vorn
und hinten je zwölf fünffarbige seidene Schnüre, hier *sao* 繅 oder *you* 斿 genannt (die
Zahl wechselt nach dem Kommentar bei den verschiedenen Anzügen), von denen jede
zwölf fünffarbene Edelsteine trug. Kia Kung-yen fügt hinzu, daß die Platte acht Zoll
breit und sechzehn Zoll lang war. Diese Staatsmütze der Tschou war auch für das Zere-
moniell der Han als Vorbild genommen. (Vergl. auch die Beschreibung bei Biot, *Le
Tcheou-li* II, 235 Anm.)

[4] Das heutige *Ku kin tschu*, das sich im *Han Wei ts'ung schu* und mehreren anderen
Sammelwerken findet, ist eine Fälschung, die frühestens der Sung-Zeit entstammt. Ob
es noch Teile des alten Werkes enthält, ist zweifelhaft. Vergl. Wylie, *Notes* usw. S. 128.
— Ling Schu führt im Eingang seines Kommentars die angeführte Stelle fälschlich auf
das *Po wu tschi* 博物志 zurück.

[5] Kap. 下 fol. 7 v°: 牛享間曰、冕旒以繁露何也、答曰、綴珠垂
下重如繁露也.

verfaßte das *T. t. fan lu*. *Fan* bedeutet ‚viele' und *lu* ‚Anfeuchtung' (Befruchtung). Das soll heißen: das *Tsch'un-ts'iu* stiftet vielen Segen durch Befruchtung mittels seines Sinnes"[1]. Man wird hiernach kaum eine bessere Erklärung des Titels finden können als das *Tschung-hing kuan ko schu mu* gegeben hat. Allerdings Übersetzungen europäischer Sinologen wie „der schöne Tau des Frühlings und Herbstes" bei Faber (*Quellen zu Confuzius* S. 7), „Rich Dew of the Spring and Autumn" bei Forke (*Lun-hêng* I, 465 Anm. 3), oder „Many Dewdrops of the Spring and Autumn" bei Chên Huan-chang (*Econom. Princ.* S. 58) sind zwar wörtlich, aber sinnlos und geben zu ganz falschen Vorstellungen Anlaß. De Groot's Vermutung, der Titel bedeute „Broad Exposition of the *Ch'un-ts'iu*" (*Religious System* IV, 35 Anm. 4), ist zutreffend. Es ist in der Tat „die Exegese des *Tsch'un-ts'iu*", oder, wenn man durchaus übersetzen will, „die Perlenschnüre des *T. t.*"

Aber nicht weniger an den Haaren herbeigezogen und rätselhaft, ja zum Teil völlig unverständlich sind andere Titel einzelner Abschnitte. Läßt man sich den des ersten, *Tsch'u Tschuang wang* 楚莊王, noch gefallen, weil der Abschnitt zufällig mit diesen drei Worten beginnt, so wird man sich vergeblich bemühen, für die Bezeichnungen der folgenden Abschnitte, *Yü pei* 玉杯, *Tschu lin* 竹林, *Yü ying* 玉英, *Tsing hua* 精華 u. a., von denen einige, wie wir sahen, schon in den Han-Annalen genannt werden (s. oben S. 98 und 142), irgend eine brauchbare Erklärung zu finden. Mit dem Inhalt der Abschnitte haben sie nichts zu tun. Allerdings wissen wir nicht, aus welcher Zeit diese Überschriften stammen, und inwieweit Tung Tschung-schu dafür verantwortlich ist. Andere wieder sind zwar weniger blumig, dafür aber verständlicher und dem Inhalte angemessener, wie z. B. *San tai kai tschi* 三代改制, *Jen yi fa* 仁義法, *Schên tsch'a ming hao* 深察名號 u. a.

Und nun der Text selbst. Nach den Schicksalen, die er erlitten hat, können wir keinen wohlgepflegten Zustand erwarten, und in der Tat ist das *T. t. fan lu* heute nur ein großes Trümmerfeld, auf dem hier und da noch umfangreichere zusammenhängende Reste der ehemaligen Gebäude emporragen, das meiste aber ist durcheinander geworfen, teils verschwunden, teils hoffnungslos zerstört. Man merkt, wie viele bessernde Hände tätig gewesen sind, die einzelne Stücke wieder zusammengesucht und aneinandergefügt, Lücken ergänzt und Unmögliches geändert haben, aber vieles bleibt noch unerklärt und unverständlich. Vor allem ist der Zusammenhang oftmals zerrissen, Teile des einen Aufsatzes scheinen in einen anderen geraten zu sein, so daß selbst die einzelnen Aufsätze in sich zuweilen wie ein buntes Allerlei ohne System und ohne Einheitlichkeit der Gedankenführung erscheinen. Hier ist auch die Konjektural-Philologie der Bearbeiter vielfach zu Schanden geworden. Ist nun der Text an sich schon

---

[1] Kap. 22 fol. 32 r⁰, Abschnitt 大司樂: 前漢董仲舒作春秋繁露、繁多露潤、爲春秋作義潤益處多.

wegen der Tiefgründigkeit der Darlegung und wegen der unübersichtlichen,
spitzfindigen und nicht immer gleichmäßigen Schlußfolgerungen aus den Formeln
des *T. t.* sehr schwierig, so wird durch den geschilderten Zustand diese Schwierigkeit noch um ein Bedeutendes erhöht. Ohne die zahlreichen helfenden Hinweise
auf die zu Grunde liegenden Stellen des *T. t.*, die im Laufe der Jahrhunderte
von den emsigen Bearbeitern hinzugefügt worden sind, würde das *Fan lu* in
großen Teilen für den Abendländer ein undurchdringliches Geheimnis bleiben,
und auch jetzt wird er sich nur mit unsäglicher Mühe durch das Gewirr namentlich der ersten dreizehn Abschnitte hindurcharbeiten, die sich ganz an das *T. t.*
anlehnen und in ihrem ersten Teile auch die umfangreichsten Aufsätze enthalten.
Nehmen doch die ersten sechs von den 82 Abschnitten allein vier von den siebzehn Kapiteln ein. Vielleicht haben wir in ihnen die am besten erhaltenen und
am vollständigsten überlieferten Aufsätze zu sehen. Abgesehen von jenen
Hinweisen sind die sachlichen Erklärungen der Kommentatoren für das Verständnis des Inhalts von bescheidenem Werte. Auf die behandelten philosophischen, staatsrechtlichen, religiösen usw. Fragen selbst einzugehen, vermeiden
sie in der Regel, und an den schwierigsten Stellen, wo der abendländische Leser
mit Aufbietung seines ganzen Scharfsinnes den Gedanken zu erfassen strebt
und hilfesuchend nach einem Wink des Kommentars ausschaut, wird er durchweg im Stich gelassen. Vermutlich wußten die einheimischen Weisen auch
keinen Rat und schwiegen deshalb.

Die Anordnung des Inhalts wird natürlich bestimmt durch den Sammel-
charakter des *Fan lu*. Wie bereits früher erwähnt wurde (s. oben S. 107 und 112),
besteht das Werk einerseits aus systematischen Darlegungen der Geheimlehren
des *T. t.*, andererseits aus Denkschriften, Berichten u. ä., die aus besonderen
Anlässen entstanden waren. So lehnen sich die ersten dreizehn Abschnitte, die
zu fünf Kapiteln zusammengefaßt sind, unmittelbar an das *T. t.* an. Es sind
dies offenbar die Reste der Schriften, die in den Han-Annalen mit eigenen Titeln
wie *Wên kü* (verloren), *Yü peï* (heute Abschn. 2), *Fan lu*, *Ts'ing ming* (verloren)
und *Tschu lin* (Abschn. 3) als Gattung gekennzeichnet sind und „mehrere Zehner"
betragen haben sollen. Davon ist der Abschnitt *Tschu lin*, einer der am vollständigsten erhaltenen — er füllt das ganze zweite Kapitel —, unten übersetzt
und erklärt (s. Abschn. 5). Die Abschnitte des fünften Kapitels (7 bis 13) sind
nur Bruchstücke von verschiedener Länge. Die weiteren Abschnitte, die in
ihrer Mehrzahl auch nur Bruchstücke darstellen und zahllose Konjekturen
aufweisen, müssen die Überbleibsel der „123 Abschnitte" der Han-Annalen
sein. Davon enthalten die Abschnitte der Kapitel 6 bis 10 (14 bis 40) Untersuchungen und Betrachtungen staatsphilosophischer und ethischer Art; der
32. Abschnitt bildet das bereits früher wiedergegebene (s. oben S. 95f.) Gespräch
mit dem König von Kiao-si. Die Abschnitte 41 bis 65 in den Kapiteln 11 bis 14
sind hauptsächlich der Schauplatz für die Ausschweifungen von Tung's natur-
philosophischer Mystik, der Lehre vom *yin* und *yang*, von den fünf Elementen

u. ä. Die letzten drei Kapitel mit den Abschnitten 66 bis 82 behandeln vornehmlich religiöse und Kultusfragen, an erster Stelle die „Stadtflur-Opfer"
(s. oben S. 104); der 71. Abschnitt gibt eine von den Unterredungen Tung's
mit dem Minister Tschang T'ang (s. oben S. 97) wieder. Dabei ist, ebenso wie in
dem Abschnitt 32, das Ganze in die Form eines Berichts von dritter Seite gekleidet. Es heißt darin: „Tung Tschung-schu antwortete usw.", so daß also
hier die überarbeitende Hand eines Fremden sich gar nicht zu verbergen bemüht. Der 74. und 75. Abschnitt behandeln die berühmten Regenopfer[1]. Aus
der Tatsache, daß die einzelnen Teile des *Fan lu* zu ganz verschiedenen, weit
auseinander liegenden Zeiten entstanden sind und ganz verschiedenen Zwecken
dienen sollten, erklärt sich auch die Verschiedenheit ihres Stils, ja ihres ganzen
literarischen Charakters: die ersten Abschnitte sind sehr viel lebhafter, wärmer
gehalten als die anderen, die zum Teil das Wesen amtlicher Schriftstücke deutlich verraten. Freilich darf man nie vergessen, daß an der Formung des heutigen
Textes mehr Hände beteiligt gewesen sind als wir feststellen können, und daß
schon deshalb von einer Einheitlichkeit der Form so wenig die Rede sein kann
wie von der des Inhalts.

Eine Übersetzung des gesamten *T. t. fan lu* würde wegen der weitschichtigen
Erklärungen, die für das Verständnis nötig sind, ein Werk von sehr großem
Umfange ergeben, von größerem als durch den Wert erheblicher Teile gerechtfertigt wäre. Die unten gegebene Übersetzung des dritten Abschnitts wird
dies am besten verdeutlichen. Dagegen verdienen einzelne Teile durchaus eine
gründliche Bearbeitung und genaue Übersetzung. Im allgemeinen dürfte dem
europäischen Leser mit einer Übersicht über das gesamte Lehrsystem Tung
Tschung-schu's mehr gedient sein als mit einer ermüdenden Übersetzung.

4.

Das Lehrsystem Tung Tschung-schu's nach dem Tsch^c^un-ts^c^iu fan lu, ergänzt aus seinen sonstigen Schriften und aus dem Kung-yang tschuan[2].

a. Wesen und Bedeutung des *Tsch'un-ts'iu*.

Daß Tung Tschung-schu's gesamtes Lehrsystem sich aufbaut auf der im
Kung-yang tschuan niedergelegten mündlich überlieferten Deutung der Formeln

---

[1] Vergl. oben S. 104f. und unten in Abschn. 4. Über die Veranlassung und Bedeutung
einiger anderer Abschnitte vergl. oben S. 111.

[2] Das *Tsch'un-ts'iu fan lu (T. t. f. l.)* wird zitiert nach der großen Hang-tschou-Ausgabe
(s. oben S. 163). Die römische Zahl bedeutet den Abschnitt, die deutsche das Kapitel-
blatt. D mit römischer Zahl bedeutet die entsprechende Denkschrift Tung Tschung-schu's
(s. oben S. 93ff.), die deutsche Zahl gibt das Blatt in Kap. 56 des *Ts'ien Han schu*.

des *T. t.*, ist nach dem früher Gesagten selbstverständlich. Seine Lehre will nichts anderes sein als eine Darlegung des Inhaltes des *T. t.* nach Kung-yang und der daraus zu ziehenden Folgerungen, beansprucht deshalb aber auch unbedingte Geltung. Denn das *T. t.* „steht durchweg unter der Eingebung des Himmels" 春秋一以奉天 (V, 10 v⁰), es ist „das kanonische Buch" (*king*) schlechthin, und „das kanonische Buch ist die erhabene Grundlage des *tschuan*", d. h. des *Kung-yang tschuan* 經傳大本也 (XIII, 8 v⁰). Konfuzius, „der Heilige", hat seine Formeln zwar meist der Geschichte des Staates Lu entnommen, aber jede davon enthält Werturteile, die weit über den Kreis des Sonderfalles hinausreichen, sie gelten für das gesamte Weltreich und geben das Sittengesetz, die Richtschnur für die Menschheit aller Zeiten. Diese Werturteile sind indessen nicht bloße Erzeugnisse menschlichen Verstandes, sondern sie entströmen zwei Quellen, die in gleichem Maße allem Zweifel entrückt und selbst in sich wieder eins sind: „das *T. t.* hat seine Grundgesetze vom Himmel empfangen und nimmt als Vorbild das Altertum" 春秋之道奉天而法古 (I, 4 v⁰). Die Regierungskunst der alten Herrscher war der unmittelbare Ausfluß der göttlichen Weisheit, „ihre hinterlassenen Grundgesetze sind somit für das Reich Zirkel und Winkelmaß; ohne auf sie zu sehen, kann man, auch wenn man über einen klugen Geist verfügt, das Reich nicht in Ordnung halten" 雖有知心不覽先王不能平天下、然則先王之遺道亦天下之規矩 (ebenda). „Der Standpunkt des *T. t.* gegenüber den Fragen der Zeit ist deshalb: Beifall für das Zurückgreifen auf das Altertum, Mißbilligung für Veränderungen des ewig Giltigen, darin zeigt sich sein Streben, die Herrscher der Vorzeit zum Vorbild zu nehmen" 春秋之於世事也、善復古、譏易常、欲其法先王也 (I, 5 r⁰). Das Altertum und somit Gott selbst geben also den Maßstab, mit dem das Gegenwärtige geprüft und die daraus sich entwickelnde Folge erkannt werden kann, darum „legt das *T. t.* das Vergangene dar, um das Zukünftige zu beleuchten" 春秋道往而明來者也 (V, 11 r⁰). Nun befand sich aber das Reich bei Lebzeiten des Konfuzius in einem Zustande, der von dem Vorbilde des Altertums weit entfernt war: die Zentralherrscher wandelten in den Bahnen des Irrtums und der Pietätlosigkeit, die Lehensfürsten hatten ihre wahre Stellung vergessen, mißachteten den „Himmelssohn" und schalteten in ihren Staaten sittenlos und gewalttätig, die Minister waren treulos, schmiedeten Ränke gegen ihre Fürsten und strebten nach ungesetzlicher Gewalt. Ihnen allen offen den Spiegel vorzuhalten durfte „der Heilige" nicht wagen, weil er damit die Ausübung des Richteramts, das ihm der Himmel übertragen, unmöglich gemacht hätte. „Der Himmel spricht nicht selbst, sondern er beauftragt einen Menschen, seine Gedanken kund zu tun, und der Heilige, der so des Himmels Gedanken kund tut, muß mit tiefem Ernst beachtet werden" 天不言、使人發其意 ... 則聖人所發天意不可不深觀也 (XXXV, 1 v⁰). Konfuzius wählte deshalb in seinem *T. t.* eine Form, die ihn unangreifbar ließ und doch der Gerechtigkeit Genüge tat. „Was seine Gerechtigkeit anlangt, so schmähte er die an der Spitze (des Staates) Stehenden nicht, und was seine Klugheit anlangt, so brachte er seine Person nicht in Gefahr. Das ihm (zeitlich) Fernstehende verschleierte er bei seinem Gerechtigkeitsstandpunkte, das ihm Nahestehende fürchtete er bei seinem Klugheitsstandpunkte. So hat er Klugheit[1] und Gerechtigkeit mit einander vereinigt, und je näher die Zeit liegt, um so vorsichtiger ist er in seinen Reden" 義不訕上、智不危身、故遠者以義諱、近者以智畏、畏與義兼、則世逾近而言逾謹矣. „So erklärt es sich auch, daß das T. t., wenn es sich um auswärtige Dinge (d. h. außerhalb des Staates Lu) handelt, zwar berichtet, aber doch nicht offensichtlich darstellt, und wenn es sich um innere Dinge handelt, zwar verschleiert, aber doch nicht verbirgt" 是故於外道而不顯、於內諱而不隱 (I, 4 r⁰ f.). Mit anderen Worten: da die „Klugheit" gebot, hinsichtlich der lebenden Fürsten und Großen, sowie ihrer näheren Vorgänger in Lu mit dem Urteil über ihre Handlungen zurückzuhalten, so verlangte es die Gerechtigkeit, auch die Sünden der gefahrloseren Vergangenheit und räumlichen Ferne zu verschleiern; die Urteile wurden somit durchweg in harmlose Formeln versteckt, die nur dem Eingeweihten verständlich waren. „So ist das T. t. sehr dunkel und doch klar, auch ohne Kommentar ist es doch deutlich; nur muß man es genau durchforschen" 故(春秋)甚幽而明、無傳而著、不可不察也 (III, 4 v⁰). „Seine Ausdrucksweise verkörpert die feinsten Regungen göttlichen Wesens und ist daher (in ihrer Bedeutung) schwer zu verstehen. Wer dies nicht ergründen kann, für den ist es dunkel und so gut wie nicht vorhanden; wer es aber ergründen kann, für den gibt es nichts, was nicht darin enthalten wäre" 其辭體天之微故難知也、弗能察寂若無、能察之無物不在 (V, 11 r⁰). Aber auch „der Heilige" ist schließlich ein Mensch und fühlt mit den Menschen, darum stehen die Dinge seiner Zeit und der jüngsten Vergangenheit seinem Herzen näher als die, von denen er durch Jahrhunderte getrennt ist. Dementsprechend wird der Kenner des T. t. auch in den Formeln eine Verschiedenheit der Ausdrucksweise bemerken, die bestimmt ist durch den zeitlichen Abstand der Ereignisse. Das T. t. umfaßt die Zeit von 770 bis 481 v. Chr., also eine Spanne von 242 Jahren. Dabei „teilt es sich in zwölf (Fürsten-) Generationen, die wieder drei Abschnitte bilden (die drei Zeitalter s. unten), nämlich den Abschnitt des eigenen Erlebens (des Verfassers), den Abschnitt der unmittelbaren Kunde und den Abschnitt der überlieferten Kunde. Der Abschnitt des eigenen Erlebens umfaßt drei Generationen, der der unmittelbaren Kunde vier Generationen und der der überlieferten Kunde fünf Generationen. (Die Zeiten der Fürsten) Ai, Ting und

---

[1] Der Text liest hier zwar 畏 „Furcht" statt 智 „Klugheit", es ist aber offenbar das letztere gemeint. Vergl. auch oben S. 45.

Tschao (479—541 v. Chr.)[1] bilden den Abschnitt des eigenen Erlebens des Weisen; (die Zeit der Fürsten) Siang, Tsch'êng, Süan und Wên (524—626 v. Chr.) den Abschnitt der unmittelbaren Kunde des Weisen und (die Zeit der Fürsten) Hi, Min, Tschuang, Huan und Yin (627—722 v. Chr.) den Abschnitt der überlieferten Kunde des Weisen. Der Abschnitt des eigenen Erlebens zählt 61 Jahre, der der unmittelbaren Kunde 85 Jahre und der der überlieferten Kunde 96 Jahre. In dem Abschnitte des eigenen Erlebens wird die Ausdrucksweise verdunkelt, in dem Abschnitte der unmittelbaren Kunde zeigt sich der Kummer über das Unglück, in dem Abschnitte der überlieferten Kunde ist das Mitleid herabgestimmt, alles den Empfindungen entsprechend"

春秋分十二世以爲三等、有見有聞有傳聞、有見三世、有聞四世、有傳聞五世、故哀定昭君子之所見也、襄成宣文君子之所聞也、僖閔莊桓隱君子之所傳聞也、所見六十一年、所聞八十五年、所傳聞九十六年、於所見微其辭、於所聞痛其禍、於傳聞殺其恩、與情俱也 (I, 3 v⁰)[2].

Schon hieraus folgt, daß das *T. t.* kein Geschichtswerk ist, sondern ein Lehrbuch in Form eines Gesetzbuches[3]; und zwar besteht dieses Gesetzbuch aus einer Sammlung von Urteilen über Einzelfälle, aus denen die allgemeinen Gesetze herzuleiten sind, die dann wieder die vom Himmel stammende Lehre des Heiligen darstellen. Der letzte Zweck dieser Darstellung, die, wie vorhin gesagt wurde, aus dem Vergangenen das Zukünftige erschließt, ist ein rein sittlicher. „Was dem Heiligen am Herzen liegt, ist, das Unheil in der Welt zu beseitigen. Weil es ihm aber am Herzen liegt, das Unheil in der Welt zu beseitigen, darum legt das *T. t.* besonderes Gewicht darauf bei seinen Aufzeichnungen. Das Unheil der Welt findet sich überall, aber (das *T. t.*) nimmt als Ziel die Erkenntnis dessen, wodurch das Unheil in der Welt herbeigeführt wird"

蓋聖人者貴除天下之患、貴除天下之患故春秋重而書、天下之患徧矣、以爲本於見天下之所以致患 (X, 5 r⁰).

Der Urgrund, auf dem das Unheil in der Welt erwächst, sind natürlich die Herzen der Menschen, die in Leichtfertigkeit und Gewissenlosigkeit die Grenzen zwischen Gut und Böse verwischt haben und schließlich unfähig geworden sind, zwischen beiden zu unterscheiden. Diese Grenzen müssen wieder festgestellt und deutlich gemacht werden, „die Menschen müssen veranlaßt

---

[1] Konfuzius wurde i. J. 551 v. Chr. geboren und starb 479.

[2] Kung-yang's Kommentator Ho Hiu (2. Jahrh. n. Chr.) meint *Yin kung* 1. Jahr, der Abschnitt des eigenen Erlebens enthalte die Ereignisse, die Konfuzius selbst und sein Vater erlebt hätten, der der unmittelbaren Kunde die Ereignisse, die sich zur Zeit seines Großvaters abgespielt hätten (und von diesem erzählt seien), und der der überlieferten Kunde die Ereignisse aus der Zeit seiner Urgroßväter. Vergl. auch oben S. 44 f.

[3] Vergl. oben S. 52 f.

werden, tiefer nachzudenken, zu ihrem sittlichen Bewußtsein zu erwachen und in die Bahn des rechten Wandels zurückzukehren" 使人湛思而自省悟以反道 (II, 12 v⁰). Als Mittel, das sittliche Bewußtsein zu wecken und das Gewissen zu schärfen, diente dem T. t. die Beurteilung bestimmter Handlungen der Fürsten und Großen des Landes, weil diese das Treiben des Volkes überragen und weithin sichtbar sind, während die Fälle hierzu weniger geeignet sind, bei denen es sich um „Leute aus dem gemeinen Volke handelt, um Menschen, die man mit Scheffeln und Körben mißt, deren Persönlichkeiten man nicht zählt[1], um eine bloße Masse ohne Bedeutung" 斗筲之民何足數哉、弗繫人數而已 (II, 13 r⁰). Es ist dies also einer der Gründe, warum das T. t. ausschließlich die Höchsten im Reiche vor seinen Richterstuhl zieht und Leute aus dem Volke nur dann, wenn sie in die Taten jener verwickelt sind. Aus der Fürstengeschichte aber werden mit Bedacht solche Fälle ausgewählt, die ungewöhnlich oder zweifelhaft sind, die in den Grenzgebieten von Gut und Böse liegen oder wegen ihrer verwickelten Art zu beiden gehören und darum schwer zu beurteilen sind. Aber „der Zweck des T. t. ist es ja eben, hinsichtlich dessen, was den Menschen als zweifelhaft erscheint, eine bestimmte Entscheidung zu geben, um so eine allgemeine Klarheit herbeizuführen" 春秋之道視人所惑爲立說以大明之 (II, 12 v⁰). „Mit Rücksicht darauf, daß die Menschen das Rechte nicht erkennen und in Zweifel ziehen, zeigt ihnen das T. t. das Rechte" 春秋以爲人之不知義而疑也、故示之以義 (III, 6 v⁰). „Konfuzius macht dadurch Recht und Unrecht deutlich, scheidet das Wertvolle von dem Gemeinen, kehrt die Wurzeln des rechten Wandels des Herrschers nach oben (so daß man sie prüfen kann), tadelt den vom Himmel berufenen Herrscher, um so die große Ordnung zu fördern, geißelt das Böse und zieht prüfend das Verborgene hervor, ohne etwas Großes oder etwas Kleines freizulassen. Beim Guten übergeht er auch das Geringste nicht in seinem Lobe und beim Bösen das Geringste nicht bei seiner Beseitigung. Mag er das Gute hervorführen, oder das Böse verurteilen, immer dringt er vor bis zum letzten Grunde" 孔子明得失、差貴賤、反王道之本、譏天王以致大平、刺惡譏微、不遺小大、善無細而不舉、惡無細而不去、進善誅惡絶諸本而已矣 (VI, 3 r⁰). Die Entscheidungen werden zwar nicht selten Erstaunen hervorrufen, weil sie dem allgemeinen Urteil zuwiderlaufen, sie werden ungleichmäßig und nicht folgerichtig erscheinen, weil sie anscheinend gleiche Fälle ungleich behandeln, und sie werden namentlich wegen ihrer Härte auf Widerspruch stoßen, weil das Gute manches Falles zu wenig berücksichtigt scheint: aber man muß bedenken: „die Zeiten waren damals (als Konfuzius das T. t. schrieb) voll Wirrnis, die Gerechtigkeit lag darnieder, Widersetzlichkeit gegen

---

[1] Eine ähnliche Ausdrucksweise s. *Lun yü* XIII, 20. Die Stelle ist von Wilhelm in seiner Übersetzung nicht richtig aufgefaßt.

die Vorgesetzten, Pflichtvergessenheit der Minister, aufrührerische Bluttaten und Sturz der Fürsten waren häufig vorkommende Dinge. Wenn nun da klar ausgesprochen würde, daß für ein großes Unrecht (weil es mit gewissen sittlichen Momenten verknüpft ist), eine Schuldigsprechung nicht[1] stattfinden dürfe, wer soll dann eine Schuldigsprechung überhaupt laut werden lassen?" 世亂義 廢、背上不臣簒弒覆君者多而有、明大惡之(不)誅誰言其 誅 (II, 12rº)[2]. Beispiele hierfür sind zahlreich. Fêng Tsch'ou-fu 逢丑父, der Wagenlenker des Herzogs K'ing 頃 von Ts'i, rettet seinem Herrn nach einer verlorenen Schlacht durch eine Tat der Selbstaufopferung das Leben. Konfuzius brandmarkt (nach Kung-yang, *Tsch'êng kung* 2. Jahr) die Gefangennahme und Flucht des Herzogs als würdelos und erwähnt Fêng Tsch'ou-fu's Tat nicht, Kung-yang aber überliefert als Urteilspruch dafür: „er wurde hingerichtet" (d. h. er hätte den Tod verdient, in Wirklichkeit wurde er wegen seiner Hingebung freigelassen)[3], weil er den Namen des Herzogs mit Schande bedeckt habe. Tschao Tun 趙盾, Minister von Tsin, wird von seinem ausschweifenden Fürsten in hinterlistiger Weise wiederholt am Leben bedroht. Sein Halbbruder ermordet schließlich den blutdürstigen Tyrannen, der entflohene Tschao Tun kehrt zurück und läßt seinen Bruder unbestraft. Das Urteil des *T. t.* ist: „Tschao Tun ermordete seinen Fürsten" (d. h. er gilt so viel wie der Mörder. *Süan kung* 2. Jahr). Aber dem harten Urteil folgt später (*Süan kung* 6. Jahr) die Begnadigung: die Schuld ist wegen der besonderen Umstände vergeben[4]. Tschi 止, der Thronerbe von Hü 許, reicht seinem schwer kranken Vater ein Heilmittel, bald nach dessen Genuß stirbt der Vater. Verzweifelt entsagt der Sohn der Thronfolge, vom Jammer übermannt, verweigert er die Nahrungsaufnahme und stirbt vor Ablauf eines Jahres (Ku-liang, *Tschao kung* 19. Jahr). Erbarmungslos aber urteilt zunächst das *T. t.*: „Der Thronerbe Tschi von Hü ermordete seinen Fürsten" (*Tschao kung* 19. Jahr), um dann jedoch noch in dem gleichen

---

[1] Im Text fehlt zwar das „nicht", es ist aber kein Zweifel, daß es irrtümlicherweise ausgefallen ist.

[2] Hawkling L. Yen, *A Survey of Constitutional Development in China* (S. oben S. 139) S. 88f., meint, Konfuzius sei hier in einem Dilemma gewesen. Einerseits hätten sich die Fürsten widerrechtlich die Befugnisse des machtlos gewordenen Kaisers angeeignet, andererseits hätten sie allein auch Schutz gewährt gegen Mord und Empörung, Bedrohung und Vergewaltigung in dem führerlosen Reiche. Er hätte also tadeln müssen, was doch lobenswert war, und loben, was tadelnswert war. In Folge dessen hätte er Schuld und Sühne, Gut und Böse gegen einander aufgerechnet und je nach dem Rest sein Urteil als Lob oder Tadel gestattet. Es sei dies das sogenannte „mutual-cancellation-and-preponderance principle".

[3] Näheres über den Fall s. unten in Abschnitt 5.

[4] Vergl. oben S. 54f.

Jahre die Begnadigung auszusprechen[1]. „Die Pflicht eines Ministers ist es, für den Fürsten die Verbrecher zu bestrafen, ebenso wie es die Pflicht des Sohnes ist, für den Vater die Medizin vorher zu kosten" 臣之宜爲君討 賊也、猶子之宜爲父嘗藥也 (II, 11 v⁰f.); beides ist von Tschao Tun und von Tschi versäumt worden, darum werden beide schuldig gesprochen. „Wenn man aber der Sache von Anfang bis zu Ende nachgeht, so wird man sehen, daß der Wille, einen Mord zu begehen, nicht vorhanden war" 是故訓其終始、 無弒之志 (ebenda), darum wird beiden vergeben, nachdem der Gerechtigkeit Genüge geschehen ist.

Die Mittel, deren sich das *T. t.* bedient, um seine Rechtsurteile kundzugeben, ohne sie unmittelbar auszusprechen, sind mannigfaltig. Es kann dies geschehen durch vortäuschende Behauptungen wie in den eben erwähnten Fällen: „Tschao Tun ermordete seinen Fürsten", obwohl sein Bruder die Tat beging; „Tschi ermordete seinen Fürsten", während in Wirklichkeit der Tod die Folge eines vielleicht ungeeigneten Heilmittels war. Oder: die verurteilte Handlung wird zwar ausgesprochen, ohne sie irgendwie als Verstoß gegen das Gesetz zu kennzeichnen,

---

[1] In seinem *Kung-yang tschi yü* (s. oben S. 108f.), fol. 1 r⁰, mit dem er sich ganz an die „Schule der Rechtstheorien" (s. oben S. 113) anlehnt, hat Tung Tschung-schu diesen Fall folgendermaßen rechtlich verwertet: „A und B (Sohn und Vater) sind mit C in Streit geraten. C nimmt ein Dolchmesser und stößt nach B. A (der Sohn) ergreift eine Stange und geht C zu Leibe, dabei trifft er aus Versehen B (den Vater). Was soll mit A geschehen? Es könnte jemand sagen: er hat seinen Vater ermordet, also muß er hingerichtet, und sein Kopf öffentlich ausgestellt werden. Darauf entgegne ich: Vater und Sohn stellen das innigste menschliche Verhältnis dar; wenn man von einem Kampfe des einen hört, so muß natürlich das Herz mit Entsetzen erfüllt werden. Kommt nun (der Sohn dem Vater) mit einer Stange zu Hilfe, so zieht er den zur Rechenschaft, der den Vater mißhandeln wollte. (?) Die Rechtsentscheidung des *T. t.* ist folgende: Tschi von Hü verabreicht seinem Vater, der krank ist, ein Heilmittel. Der Vater stirbt darauf. Der Weise, entschlossenen Sinnes, verzeiht ihm und straft ihn nicht. So hat auch A wohl gegen das Gesetz verstoßen, aber wenn man sagt: er hat seinen Vater ermordet, so trifft das nicht zu". 甲乙與丙爭言根鬬、丙以佩刀刺乙、甲卽以杖擊丙誤 傷乙、甲當何論、或曰毆父也、當梟首、論曰臣愚以爲父 子至親也、聞其鬬莫不有怵惕之心、扶杖而救之、罪所以 欲訴父也、春秋之義許止父病進藥於其父而卒、君子固 心赦而不誅、甲非律、所謂毆父不當也. An dieser verschwommenen Darstellung, bei der die bestimmenden Punkte der Rechtslage nirgends zur Geltung kommen, zeigt sich die geringe Befähigung des chinesischen Geistes für logische Herleitungen besonders deutlich. Hawkling L. Yen, a. a. O. S. 94f. legt bei dem Falle Tschao Tun nur die Verurteilung durch Konfuzius dar, übersieht aber die darauf folgende „Begnadigung".

aber die einfache Tatsache der Niederschrift genügt dann, um sie zu brandmarken. Z. B. *Tschuang kung* 6. Jahr heißt es: „Die Leute aus Ts'i kamen und brachten Kostbarkeiten von Weï." Diese „Kostbarkeiten" waren als Bestechung von Weï nach Ts'i geschickt worden für gewisse Unterstützungen bei der Thronbesteigung des Fürsten von Weï. Ts'i lehnte die Gaben ab und überwies sie Lu, das sie ungesetzlicherweise annahm. „Das *T. t.* rügt die Annahme solcher Gunstbeweise, um die Strafbarkeit richtig abzumessen" 誅受令恩衞葆 以正囵圐之平也 (VI, 6 r°)[1]. „Es heißt ferner: man belagerte Tsch'êng, und: am Tage *kia-wu* wurden die Truppen hinausgeführt. (*Tschuang kung* 8. Jahr.) Damit soll die Schuld der Vergewaltigung hervorgehoben werden; es ist dies ein Mittel, die verurteilende Auffassung anzudeuten" 言圐成、甲 午祠兵、以別迫脅之罪、誅意之法也 (ebenda). Die Fürstenfamilie von Tsch'êng 成 hatte denselben Sippennamen wie die von Lu, die Beteiligung an der Belagerung (mit Ts'i) war deshalb ein Unrecht. (Vergl. auch unten). Zuweilen muß auch die verurteilte Handlung erst aus den verzeichneten Tatsachen erschlossen werden. „Wenn es z. B. heißt: man erneuerte das Südtor (*Hi kung* 20. Jahr), oder: man schnitzte die Dachsparren (des Ahnentempels — was den Fürsten nicht zukam — *Tschuang kung* 24. Jahr), oder: man färbte die Säulen rot (von dem Ahnentempel — eine unzulässige Farbe — *Tschuang kung* 23. Jahr), oder: man erneuerte das Fasanen-Tor und die beiden Seitentürme (*Ting kung* 2. Jahr), oder: man baute drei Prunk-Terrassen (*Tschuang kung* 31. Jahr), oder: man erneuerte den Marstall (*Tschuang kung* 29. Jahr), so wird dadurch der zügellose Hochmut gerügt, der kein Mitgefühl hat mit dem Volke unten. Und wenn es heißt: Tsang Sun-tsch'ên[2] suchte in Ts'i um Getreide nach, so will Konfuzius damit sagen: ein Fürst soll im Interesse des Landes für drei Jahre Getreide aufgespeichert halten. Wenn schon bei einjähriger Mißernte die Erlaubnis für Getreide-Ankauf nachgesucht werden muß, so sind die Pflichten des Fürsten in Vergessenheit geraten" 作南門、刻桷、丹楹、作雉門及兩觀、築三臺、新延廐、譏驕 溢不恤下也、故臧孫辰請糴于齊、孔子曰君于爲國必有 三年之積、一年不熟乃請糴失君之職也 (VI, 6 r°f.). Auf der anderen Seite ist das *T. t.* auch bei der Billigung oder Entschuldigung gewisser Handlungen nicht weniger vorsichtig in der Kundgebung seines Urteils. Die angewandten Mittel sind meist negativ, indem etwas nicht gesagt wird, was hätte gesagt werden sollen, oder indem etwas, was an sich unrecht ist, gemildert, „verschleiert" (*hui* 諱) wird; seltener werden positive Mittel ver-

---

[1] Der Text ist leider hier ganz verderbt. — Das *Tso tschuan* gibt für die Stelle wieder einen völlig verschiedenen Zusammenhang, selbst den Text des *T. t.* hat Liu Hin hier offenbar geändert, indem er für 寶 das Zeichen 俘 eingeführt hat.

[2] Vergl. über ihn *Lun yü* V, 17; Wilhelm S. 44 Anm. 16.

wendet, d. h. das Lob wird durch gewisse Eigenheiten der Ausdrucksweise angedeutet. So hatte Tschai Tschung 祭仲, Minister des Staates Tschêng 鄭, durch kluges, aber nicht ganz unbedenkliches Nachgeben den Staat aus einer ernsten Gefahr gerettet, indem er den Fürsten veranlaßt hatte, zu Gunsten seines Halbbruders abzudanken. (Näheres s. unten in Abschnitt 5.) Das *T. t.* billigt die Handlung und „rühmt Tschai Tschung als einen Menschen, der die Dinge zu wägen verstand" 春秋以爲知權而賢之 (III, 6 r⁰), und es drückt diese Billigung aus, indem es den Minister nicht mit seinem persönlichen Namen, sondern seinem Ehrennamen (Tschai Tschung) nennt (*Huan kung* 11. Jahr). In etwas weniger unmittelbarer Weise wird die Begnadigung von Tschao Tun und Tschi kundgegeben. „Erfolgt bei der Ermordung eines Fürsten keine Bestrafung des Mörders, so wird die Bestattung des Fürsten nicht verzeichnet, und der Verbrecher (im Texte) nicht wieder erwähnt. Dadurch, daß die Bestattung nicht verzeichnet wird, soll angedeutet werden, daß der (rechte) Minister oder der (rechte) Sohn (denen die Bestrafung obgelegen hätte) nicht vorhanden war. Dadurch aber, daß der Verbrecher nicht wieder erwähnt wird, soll angedeutet werden, daß dieser hätte beseitigt werden sollen" (君殺賊) 若莫之討則君不書葬而賊不復見矣、不書葬以爲無臣子也、賊不復見以其宜滅絕也 (II, 10 v⁰). In diesem Falle jedoch wird der zuerst als Mörder verurteilte Tschao Tun vier Jahre nach der Tat (*Süan kung* 6. Jahr) wieder erwähnt, also als nicht schuldig angesehen. Denn „wenn besonders beschaffene Übeltäter nicht schuldig gesprochen werden sollen, so werden sie wieder erwähnt" 使外賊不可誅故皆復見 (II, 11 v⁰)[1]. Ebenso wird Tschi nach der Schuldigsprechung wieder entsühnt, indem noch im Jahre der Tat (*Tschao kung* 19. Jahr) die Bestattung des „ermordeten" Fürsten verzeichnet wird. Durch „Verschleierung", d. h. negativ wird die Billigung oft kundgegeben. So heißt es *Tschuang kung* 4. Jahr, daß „der Fürst von Ki seinen Staat aufgab". In Wirklichkeit wurde er von Ts'i vernichtet (näheres s. unten in Abschnitt 5); diese an sich ungesetzliche Handlung wird aber entschuldigt, weil es sich dabei um Vollziehung berechtigter Rache handelt, und um die Entschuldigung kundzugeben, wird die Gewalttat Ts'i's verschwiegen: „die Vollziehung der Rache wird für ehrenvoll erklärt" 榮復讎 (III, 2 r⁰). Der Herzog Süan 宣 von Sung hatte nicht seinen Sohn zur Nachfolge berufen, sondern, wegen seiner größeren Fähigkeit, seinen jüngeren Bruder, den Herzog Mu 穆. Nach der Thronbesteigung schickte dieser seine beiden Söhne P'ing 馮 und P'o 勃 aus dem Lande, damit sie von der Nachfolge ausgeschlossen würden. Bei seinem Tode übertrug er die Herrschaft dem ausgeschlossen gewesenen Sohne des Herzogs Süan Namens Yü-yi 與夷. Diese Regelung der Thronfolge durch Süan und Mu entsprach nicht den Vorschriften, die Folge war denn auch eine Reihe von heimlichen Ränken und Gewalttaten in Sung: der in seinen

---

[1] Vergl. oben S. 55.

vermeintlichen Rechten gekränkte Sohn P'ing sann gemeinsam mit dem Minister Hua Tu 華督 auf Umsturz der Verhältnisse in Sung, Yü-yi wurde, anscheinend auf beider Betreiben, ermordet, weitere Unruhen folgten. Diese ungesetzliche, von so schweren Folgen begleitete Thronfolge wird aber vom *T. t.* sehr milde beurteilt, einmal indem sie nicht erwähnt wird, und dann indem die Ermordung Yü-yi's nur dem Minister Hua Tu zugeschrieben wird (*Huan kung* 2. Jahr), während Kung-yang (zu *Yin kung* 3. Jahr) ausdrücklich P'ing als den Mörder bezeichnet. „Der Mord des P'ing (des späteren Herzogs Tschuang) wird nicht verzeichnet, weil etwas, was gebilligt wird, gedeckt werden soll. Die Übergabe (der Herrschaft) ist nämlich (in diesem Falle) etwas, was das *T. t.* billigt.... Obwohl sie nicht genau den Vorschriften entsprach, ist doch eine solche Übergabe etwas, was (wegen der damit bewiesenen Uneigennützigkeit) sittlich hoch steht und nicht verächtlich bei Seite geschoben werden darf. Darum nimmt der Weise zu Gunsten (jenes Vorganges) die Verschleierung vor und vermeidet eine Angabe, daß (die Fürsten von Sung) nicht auf dem richtigen Wege blieben. Er schiebt die später (aus der Thronfolge hervorgegangenen) Unruhen dem Tu von Sung zu, um die edlen Absichten (der Herzöge Süan und Mu) zu bewahren"

不書莊公馮殺避所善也、是故讓者春秋之所善······ 雖不中法皆有讓高不可棄也、故君子爲之諱、不居正之 謂避句、其後也亂移之宋督以存善志 (IV, 4r⁰). Aber nicht bloß zu Gunsten des sittlich Guten, das in Verbindung mit bedenklichen Bestandteilen erscheint, werden „Verschleierungen" vorgenommen, sondern auch in Fällen, wo starker Unmut über begangenes Unrecht angezeigt werden soll, oder wo es sich um Ereignisse handelt, die für den Heimatstaat Lu besonders schimpflich sind und daher aus Scham verdeckt werden sollen. So heißt es *Hi kung* 28. Jahr, daß „der vom Himmel berufene Zentral-Herrscher in Hoyang eine Jagd abhielt", während in Wirklichkeit der Fürst Wên von Tsin den machtlosen Kaiser zu der Fürstenversammlung vorgeladen hatte[1]. (Vergl. aber auch unten). *Tschao kung* 23. Jahr wird verzeichnet: „Der Herzog (von Lu) begab sich nach Tsin; als er zum Huang ho kam, wurde er krank und kehrte um". Tatsächlich wurde dem Herzog, der als Bittender kam, von dem Fürsten von Tsin zu verstehen gegeben, er solle nicht wagen, das Gebiet von Tsin zu betreten, und wegen dieser schimpflichen Behandlung „empfindet der Verfasser des *T. t.* die tiefste Scham". „Wenn nun Jemand niederträchtig ist, ohne Veranlassung dazu zu haben, und von sich aus mit Niederträchtigkeit beginnt, so braucht kein Edler sich zu schämen;

---

[1] Als am 15. August 1900 die Kaiserin-Mutter und der Kaiser vor den in Peking einrückenden fremden Truppen nach Si-an fu flüchteten, erschien unter dem 19. August ein Kaiserliches Edikt, in dem die Flucht dadurch „verschleiert" wurde, daß von einer „Inspektionsreise der Kaiserin-Mutter nach Westen" gesprochen wurde, der sich der Kaiser angeschlossen habe.

sofern er bei einer Prüfung seines Innern keinen Fehl entdeckt, und weshalb sollte er in seinem Herzen sich darob bekümmern? Was aber hier das Scham-empfinden bei dem (Verfasser des) *T. t.* betrifft, so hatte leider der Herzog Tschao Veranlassung gegeben, daß ihm solche Behandlung (von Tsin) zu Teil wurde" 惡無故自來君子不恥內省不疚、何憂於志是已矣、今春秋恥之者昭公有以取之也 (I, 2 v⁰f.). Dieses System der „Verschleierungen" schreckt auch vor gewagten Mitteln nicht zurück. „Wenn das *T. t.* Tatsachen verzeichnet, so entstellt es zuweilen die Wirklichkeit, weil es etwas verdecken will; wenn es Personen verzeichnet, so ändert es oft die Namen, weil es Jemand schirmen will" 春秋之書事時詭其實以有避也、其書人時易其名以有諱也 (IV, 6r⁰). So wird *Tschuang kung* 8. Jahr der Name des Staates Tsch'êng 盛 in 成 umgeändert[1], damit der An-schein erweckt wird, als handele es sich um einen ganz anderen Platz. Die Hauptstadt von Tsch'êng wird von einem Heere von Lu belagert. Die Fürsten-familien beider Staaten haben denselben Sippen-Namen, die feindselige Hand-lung ist also ein schweres Unrecht. Aus Scham hierüber erfolgt die „Ver-schleierung". Wie oben dargelegt wurde (s. S. 176), wird aber neben der „Verschleierung" auch eine Verurteilung angedeutet. „Wenn also Jemand das *T. t.* erörtern will, so muß er in dieses System der Wortentstellungen eindringen und den darin enthaltenen viel gewundenen Gedankengängen nach-gehen, erst dann kann er die Bedeutung erfassen" 說春秋者入則詭辭隨其委曲而後得之 (ebenda)[2]. Es kann kaum etwas Kennzeichnenderes

---

[1] Der Staat Tsch'êng wird öfter im *T. t.* erwähnt und in der Tat bei Kung-yang sonst immer 盛 (*tsch'êng* zu sprechen) geschrieben. Das *Tso tschuan* und das *Ku-liang tschuan* lesen dagegen überall, auch *Tschuang kung* 8. Jahr, 郕.

[2] Natürlich sind diese Gedankengänge ohne die mündlich überlieferten Deutungen un-möglich zu erschließen. Wie allgemein aber die Geltung war, die jene mündliche Über-lieferung in der ältesten Zeit hatte, und mit welcher Selbstverständlichkeit ihre Kenntnis vorausgesetzt wurde (vergl. oben S. 78), dafür findet man in der Literatur immer wieder Beispiele. So heißt es in der von Franz Kuhn herausgegebenen Denkschrift *Tschêng lun* 政論 des *Tsui Schi* 崔寔 von 151 n. Chr. (*Hou Han schu* Kap. 82 fol. 16 r⁰ff.): „Als Konfuzius vor Alters das *Tsch'un-ts'iu* verfaßte, da belobte er Huan von Ts'i, rühmte er Wên von Tsin und bewunderte er die Verdienste von Kuan Tschung" 昔孔子作春秋、襃齊桓懿晉文歎管仲之功. Und als Grund wird angegeben: „Es war in Wahrheit ihr Verständnis für richtiges Abwägen (der Verhältnisse, s. Näheres darüber unten) und ihre Errettung (des Reiches) aus der Not" 誠達權救敝之理也. (S. Franz Kuhn, *Das Dschong Lun des Tsui Schi* in den Abhandlg. d. Königl. Preuß. Akad. d. Wissensch. Phil. Hist. Kl. Jahrg. 1914 Nr. 4 S. 16ff). Der Kommentator der T'ang-Zeit verweist zur Erklärung dessen auf drei Stellen im *Tso tschuan*! Selbst-verständlich findet sich hier ebenso wenig ein Urteil des Konfuzius ausgesprochen wie in den Formeln des *T. t.*, der Hinweis ist also vollkommen sinnlos, er zeigt nur, wie

12*

für die gallertartige Natur des chinesischen Geistes geben als dieses konfuzianische System der „Verschleierung", das bis auf diesen Tag einen wesentlichen Bestandteil der gesamten chinesischen Lebensgestaltung bildet. Nur ein solcher Geist kann dieses System mit dem Wirken eines unbestechlichen Richters vereinigen.

---

in der zweiten Hälfte des 7. Jahrhunderts bereits die Arbeit Liu Hin's gewirkt hatte, und das Verständnis des *T. t.* verdunkelt war. (Vergl. oben S. 76 u. 84). Der Autor der Han-Zeit setzt als allgemein bekannt voraus, daß jene Urteile des Konfuzius in der mündlichen Überlieferung, also in den zu seiner Zeit noch als eigentliche „Kommentare" geltenden *Kung-yang tschuan* und *Ku-liang tschuan* zu finden sind, der Erklärer der T'ang-Zeit sucht — natürlich vergeblich — im *Tso tschuan* danach. (Vergl. auch unten.) Das Ganze wird klar, sobald man Kung-yang zu Rate zieht. Hier heißt es *Hi kung* 4. Jahr: „Der Herzog Huan errettete das Mittelreich (indem er die Staaten Hing, Weï und Ki vor dem Untergange durch die Barbarenstämme des Nordens bewahrte) und wehrte die Barbaren ab; am Ende unterwarf er auch K'ing (= Tsch'u). Damit verrichtete er die Handlungen des Zentralherrschers. — Warum heißt es (im Text des *T. t.*: K'ü Wan 屈完 von Tsch'u kam, um einen Bund zu schließen): er kam? — Es soll Huan die Würde eines Herrn (über Tsch'u) zugesprochen werden" 桓公救中國而攘夷狄、卒怗荊、以此爲王者之事也、其言來何、與桓爲主也. Hier wird also Huan im Text der Formel positiv belobt. Wên von Tsin erhält *Hi kung* 28. Jahr von Kung-yang sein Lob. Das *T. t.* sagt: „Der Herzog ging zur Audienz am Aufenthaltsorte des Zentralherrschers". Dazu Kung-yang: „Warum heißt es nicht: der Herzog begab sich in die Reichshauptstadt? — Der Himmelssohn war dort (auf der Fürstenversammlung von Tsien-t'u) anwesend. — Wenn der Himmelssohn dort anwesend war, warum wird das nicht gesagt? — Weil nicht zugegeben werden soll, daß man den Himmelssohn hatte kommen lassen" 公朝于王所、曷爲不言公如京師、天子在是也、天子在是則曷爲不言天子在是、不與致天子也. Wên von Tsin als Präsidialfürst hatte tatsächlich den Kaiser vorgeladen, und dieser war auch erschienen. Trotz dieses unerhörten Verstoßes gegen das Ritual wird Wên nicht getadelt, also negativ gerühmt, und zwar wegen seiner außerordentlichen Verdienste, oder, wie es bei Tung Tschung-schu, VI, 5 v° heißt: „Es wird von einer Verurteilung abgesehen und (Wên) wird gerühmt, weil er sich an die Spitze der Fürsten stellte, dem Himmelssohne Ehrfurcht darbrachte und so das Haus von Tschou wieder aufrichtete" 不誅善其牧諸侯奉獻天子而復周室. Wegen ihres tatkräftigen Handelns in richtiger Abwägung der Zeitumstände werden also die beiden Fürsten von Konfuzius gerühmt, indem er ihnen die Stellung von Präsidialfürsten als zu Recht bestehend zuerkennt, obwohl eine solche an sich etwas Unzulässiges war. (Vergl. unten.) Für die Bewunderung des Konfuzius gegenüber den Verdiensten Kuan Tschung's, des Ministers des Fürsten Huan von Ts'i, läßt sich eine bestimmte Stelle des *T. t.* nicht namhaft machen, auch Kung-yang äußert sich darüber unmittelbar nicht, obwohl er Kuan Tschung unter *Tschuang kung* 13. Jahr erwähnt. Was der Kommentator des *Tschêng lun* dazu bemerkt, ist wieder bedeutungslos: er deutet lediglich auf die Geschichte hin, wie Kuan Tschung wegen seiner großen Fähigkeiten in

Unter diesen Gesichtspunkten ist auch die Lehre von den Bezeichnungen, *tschêng ming* 正名, zu beurteilen, die bei Tung eine so große Rolle spielt, und die er im *T. t.* überall angewendet sieht[1]. Er steht mit seinen Anschauungen hier ganz im Lager der sophistischen Schule der *ming kia* (s. oben S. 113). „Das im *T. t.* befolgte System der Unterscheidung der Dinge beruht auf der richtigen Anwendung der Bezeichnungen. Indem es die Dinge genau nach ihrem stofflichen Inhalte bezeichnet, bleibt auch das kleinste Teilchen davon nicht unerfaßt. So wird bei der Bezeichnung der herniederrauschenden Steine die Zahl fünf nachgesetzt, bei der der rückwärts fliegenden Habichte die Zahl sechs vorangestellt. So sorgsam war der Heilige auf die Anwendung der richtigen Bezeichnungen bedacht" 春秋辨物之理以正其名、名物如其眞 不失秋毫之末、故名隕石則後其五、言退鶂則先其六、聖 人之謹於正名如此 (XXXV, 3 v⁰f.). *Hi kung* 16. Jahr heißt es: „Es rauschten Steine hernieder in Sung, fünf an der Zahl und sechs Habichte flogen

---

die Dienste des Fürsten Huan übernommen wurde, die im *Tso tschuan* zu *Tschuang kung* 9. Jahr erzählt wird. Als ob Konfuzius sich im *Tso tschuan* geäußert hätte! Bei Tung Tschung-schu werden Kuan Tschung's Verdienste mehrfach berührt. IV, 1 v⁰ heißt es, daß Huan „hervorragende Männer in hohe Stellungen einsetzte" 舉賢人, wobei in erster Linie an Kuan gedacht ist. V, 9 r⁰ wird deutlicher gesagt, daß „Huan von Ts'i sich auf die Fähigkeiten eines hervorragenden Ministers stützte" 齊桓挾賢相之能; daran schließt sich dann eine kurze Schilderung des Aufstieges und des Niederganges des Ansehens von Huan, um mit dem Gesamturteil des Konfuzius im *Lun yü* (III, 22) zu endigen: „Die Fähigkeiten Kuan Tschung's waren doch nur klein!" Konfuzius' Bewunderung geht also nur soweit, wie der Fürst Huan unter Kuan Tschung's Beratung für Ordnung und Sicherheit des Reiches sorgte; als Ts'i dann später seine Pflichten vernachlässigte und neue Gewalttaten gegen die Staaten zuließ, endet auch die Bewunderung des dafür verantwortlichen Ministers. — Das Ganze zeigt den Abstand zwischen den Auffassungen der Han-Zeit und der T'ang-Zeit. Die Ausführungen von Kuhn zu der Stelle des *Tschêng lun* sind hiernach zu berichtigen.

[1] Das *Tsch'un-ts'iu schuo* Kap. 1 fol. 15 v⁰ nennt das *T. t.* geradezu ein „Buch der rechten Bezeichnungen" 春秋正名之書也, und Tschên Huan-tschang, *The Economic Principles of Confucius* S. 115, der diese Lehre von den Bezeichnungen wieder in seiner eigenen willkürlich erweiternden Art darstellt, meint: „Nach Konfuzius hat die Bezeichnung — oder, wie er sagt, the name — zwei Anwendungsarten, eine zum Zwecke der Belohnung und die andere zum Zwecke der Bestrafung. Im Tsch'un-ts'iu übt Konfuzius seine Befugnis, Personen vom Kaiser abwärts bis zu den gewöhnlichen Leuten zu rühmen und zu verurteilen mittels der Anwendung der entsprechenden Bezeichnung (by the use of name) aus. Wenn er einen Namen rühmt, so ist schon ein einziges Wort ehrenvoller als die Stellung des Kaisers; und wenn er einen Namen verurteilt, so ist schon ein einziges Wort strenger als die Todesstrafe." Näheres über die Lehre von den „rechten Bezeichnungen" s. T'oung Pao 1906 S. 315ff.

rückwärts über die Hauptstadt von Sung." Kung-yang und ähnlich Ku-liang erklären, daß „man zuerst das Geräusch des Fallens hörte, dann das Gefallene als Steine erkannte und danach die Zahl fünf feststellen konnte" 聞其磌、 然視之則石、察之則五., und daß man andererseits „zuerst sechs fliegende Körper sah, dann feststellen konnte, daß es Habichte waren, und schließlich erkannte, daß sie rückwärts flogen" 視之則六、察之則鶂、 徐而察之則退飛. Dadurch sei die Stellung der Zahlwörter bedingt worden. Das Ganze wird als übles Vorzeichen vermerkt[1]. Aber die Spitzfindigkeiten bei Anwendung der „rechten Bezeichnungen" werden noch weiter getrieben. Der Herzog Huan von Lu hatte seine Zustimmung zu der Ermordung seines Vorgängers und älteren Halbbruders, des Herzogs Yin, gegeben, um den ihm ohnehin sicheren Thron zu besteigen. Die Tat wird natürlich vom *T. t.* auf das schärfste verurteilt, und zwar durch folgendes Mittel. Während in der Eingangsformel der einzelnen Herzogsjahre immer das Wort 王 „Zentralherrscher" oder Kaiser hinzugefügt wird, um anzudeuten, daß der Herzog die rechtmäßige, vom Zentralherrscher bestimmte Zeitrechnung benutzte, was zugleich seine rechte Stellung als Fürst kennzeichnet, fehlt der Zusatz bei den Jahren des Herzogs Huan mit Ausnahme des 1., des 2., des 10. und des letzten (18.) Jahres. Das bedeutet: „Huan's Gesinnung war so, als ob es für ihn keinen Zentralherrscher (d. h. keine strafende Gerechtigkeit) gäbe, darum wird (bei den Jahren seiner Regierung) nicht das Wort „Zentralherrscher" hinzugefügt" 桓之志無王、故不書王 (IV, 3 r°). Ferner: wenn der Vorgänger ermordet wurde, so wird nach einer bestimmten Regel die Thronbesteigung (卽位) des Nachfolgers nicht verzeichnet (Kung-yang und Ku-liang zu *Tschuang kung* 1. Jahr und *Min kung* 1. Jahr), wodurch angedeutet werden soll, daß es diesem widerstrebt, die Nachfolge anzutreten[2]. Bei dem Herzog Huan wird

---

[1] Statt 磌 „fallen" liest Kung-yang das viel plastischere 霣 „herniederrauschen". Tso erklärt, die Steine seien Sternschnuppen gewesen, und die Habichte hätten nicht gegen den Wind anfliegen können. Das ist möglich. Lègge, *Chin. Cl.* V, 171 hält die Erklärung Kung-yang's für „nonsensical", aber dann kann er das ganze *T. t.* als „nonsensical" abtun.

Daß das *tschêng ming* auch in der neuesten Zeit im chinesischen Denken noch eine starke Stellung innehat, zeigte sich unter anderem in dem großen Thronberichte des Verfassungsausschusses von 1906, der die Umformung der Regierungs-Organisation behandelte und das bekannte grundlegende Edikt vom 6. November 1906 zur Folge hatte. In diesem Berichte wird die Umformung und Neubenennung der Ministerien unter ständiger Berufung auf die Forderungen des *tschêng ming* vorgeschlagen, so daß die Bezeichnungen mit dem Inhalt, d. h. der neuen Tätigkeit der Behörden in Übereinstimmung sind.

[2] Vergl. unten in Abschnitt 5. Tso, dem diese Fürstenmorde anscheinend immer ein peinlicher Gegenstand sind, deutet die Auslassung des üblichen 卽位 durch die herr-

dagegen, obwohl sein Vorgänger ermordet war, die Thronbesteigung dennoch verzeichnet. Denn „seine Gesinnung war ferner so, daß er Fürst zu sein verlangte, darum wird verzeichnet, daß er den Thron bestieg. Indem aber verzeichnet wird, daß er den Thron bestieg, wird gesagt, daß er den (vorhergehenden) Fürsten, seinen älteren Bruder ermordete, und indem das Wort ‚Zentralherrscher' nicht hinzugefügt wird, wird gesagt, daß er dem Himmelssohne zuwider handelte" 其志欲立、故書即位、書即位者言其 弑君兄也、不書王者以言其背天子 (ebenda)[1].

---

schende Verwirrung im Staate oder sonst in einer ausweichenden Art, die selbst Legge, a. a. O. S. 73 für „inadmissible" erklären muß. Der letztere (ebenda) legt sie sich wieder auf europäische, aber gänzlich willkürliche Weise zurecht.

[1] Für die auffallende Tatsache, daß in den beiden ersten Jahren, sowie im 10. und im letzten Jahre des Herzogs Huan das Wort „Zentralherrscher" hinzugefügt wird, haben Tung, Kung-yang und Ku-liang keine Erklärung, dagegen bemerkt *Ho Hiu*, zu *Huan kung* 3. Jahr: „Das Wort ‚Zentralherrscher' wird nicht hinzugefügt, weil angedeutet werden soll, daß der Herzog Huan handelte, als ob es keinen Zentralherrscher gäbe. Wenn beim 2. Jahre das Wort ‚Zentralherrscher' hinzugefügt wird, so ersieht man daraus, daß dieses Jahr der Anfang ist; beim 10. Jahre ist es hinzugefügt, weil hier das Ende der Zahlenreihe ist, beim 18. Jahre, weil dies das Ende der Regierung des Herzogs Huan ist. Es ist also klar, daß wohl durchweg ein Zentralherrscher vorhanden war, daß es aber nur für den Herzog Huan einen solchen nicht gab" 無王者以見桓公無王而行也、二年有王 者見始也、十年有王者數之終也、十八年有王者桓公之終 也、明終始有王、桓公無之爾. Und Sü Yen 徐彥, der Glossist der T'ang-Zeit (s. unten) fügt hinzu: „Wenn es heißt: ‚Im 1. Jahre im Frühling, im ersten Monat des Zentralherrschers', so bedeutet dies, daß zu Anfang, als (Huan) den Thron bestieg, er sich bewußt war, ein Usurpator zu sein, daß er voll Angst war und die Strafe fürchtete, und daß er deshalb nicht wagte, ohne die Vorstellung von einem Zentralherrscher zu sein. Daher vermag das *T. t.* in dem Zeitpunkte des ersten Monats (des 1. Jahres) noch nicht den Anfang (seines verbrecherischen Regierens) zu sehen. Nach einer kurzen Weile aber ändert er sich wieder, indem er boshafter- und eigenmächtigerweise seine Abhängigkeit vom Himmelssohne gering achtet, und nun hat er plötzlich keine Furcht mehr. Darum wird auch beim ersten Monat des 2. Jahres das Wort ‚Zentralherrscher' hinzugefügt, um hier den Anfang (der Regierung) anzudeuten" 元年春王正月、初即位之 時自知己簒戰、懼畏討、未敢無王、是以春秋於正月之際 不得見始、須臾之後還復、爲惡壇易天子之由、俄然無憚、 故至二年正月言王以見始. Man sieht, wie sich die Ausdeutungskünste im Laufe der Zeit allmählich weiter entwickelt haben, und daß man nicht alle Spitzfindigkeiten der späteren Zeit dem ursprünglichen System der mündlichen Überlieferung zur Last legen darf. Vergl. oben S. 56.

Den gesamten Inhalt des *T. t.* an Lohn und Strafe, an Lob und Tadel, an Verurteilungen und Entsühnungen, an Verschleierungen und Andeutungen glaubt Tung in zehn Grundgedanken (*tschi* 指) aussprechen zu können, die bis zum Urgrunde des Werkes vordringen, seine ganze Tiefe anzeigen sollen. Der verschwommene und nicht leicht verständliche Text sagt das Folgende darüber: „Für das Wichtigste des Inhalts (des *T. t.*) lassen sich zehn Grundgedanken aufstellen. Diese zehn Grundgedanken stellen das dar, was den Ereignissen anhaftet, und den Urgrund, dem das segensvolle Wirken des Zentralherrschers entquillt. Folgendes sind die einzelnen Gedanken: 1. Die Ereignisse werden festgestellt, der Entwicklungsvorgang wird betont. 2. Die Entwicklungsvorgänge werden bis zu ihrem Endpunkte gezeigt. 3. Nachdem die Entwicklungsreihe bis zu ihrem Ende verfolgt ist, wird sie eingeordnet. 4. Der Stamm wird als das Stärkere behandelt, der Zweig als das Schwächere, die Wurzel erscheint als das Große, die Spitze als das Kleine. 5. Unsicheres und Zweifelhaftes wird zerlegt, gleiche Klassen werden für sich genommen. 6. Die Bedeutung edler Talente wird dargelegt, besonders entwickelte Fähigkeiten werden hervorgehoben. 7. Durch liebevolles Verhalten zu den Nahestehenden werden die Entfernten zum Kommen veranlaßt. Übereinstimmung mit den Wünschen des Volkes (ist notwendig). 8. Von der Tschou-Regierung wird die verfeinerte Form übernommen, aber die (einfache) Sachlichkeit ihr wieder zugeführt[1]. 9. Holz bringt Feuer hervor, Feuer entspricht dem Sommer, das ist eine Offenbarung des Himmels[2]. 10. Das bei Rügen zu Bestrafende wird eindringlich gemacht, das bei ungewöhnlichen Erscheinungen (in der Natur) Hinzutretende wird geprüft, das ist eine Offenbarung des Himmels" 大略之

---

[1] Der Tschou-Dynastie wird in der chinesischen Überlieferung ein Übermaß der Form nachgesagt. Vergl. *Li ki* (Couvreur) II, 500: „Unter Schun und der Hia-Dynastie war die einfache Sachlichkeit *(tschi* 質), unter der Yin- und Tschou-Dynastie die verfeinerte Form *(wên* 文) am stärksten. Unter Schun und der Hia-Dynastie erdrückte die verfeinerte Form nicht die einfache Sachlichkeit, unter der Yin- und Tschou-Dynastie erdrückte die einfache Sachlichkeit nicht die verfeinerte Form." Vergl. auch *Lun yü* VI, 16.

[2] Holz und Feuer sind zwei von den fünf einander hervorbringenden und zerstörenden Elementen, die in der phantastischen Naturphilosophie der Chinesen eine so große Rolle spielen. Die Elemente werden dann mit Farben, Himmelsrichtungen, Jahreszeiten und sogar Dynastien in Verbindung gebracht. Die Farbe des Feuers ist rot, ebenso die des Sommers, der dem Feuer entspricht. So war das Holz das Wahrzeichen der Tschou-Dynastie und rot ihre Farbe. (Man findet die Lehre dargelegt im *Pai hu t'ung* 白虎通 Kap. 2 fol. 1 r°ff. und *K'ung tsě Kia yü* 孔子家語 Abschn. 24). Aber klarer wird der mystische Satz dadurch nicht. Er ist wohl in Verbindung zu bringen mit dem zehnten Grundgedanken, den der Kommentar Ling Schu's (s. oben S. 164) so deutet, daß bei der Beurteilung der Verirrungen der Regierung immer etwaige Unheil anzeigende Vorgänge in der Natur beachtet werden müssen als Offenbarungen des Himmels.

要有十指、十指者事之所繫也、王化之所由得流也、舉事
變見有重焉一指也、見事變之所至者一指也、因其所以至
者而治之一指也、強幹弱枝大本小末一指也、別嫌疑異
同類一指也、論賢才之義別所長之能一指也、親近來遠
同民所欲一指也、承周文而反之質一指也、本生火火爲
夏天之端一指也、切刺譏之所罰、考變異之所加天之端
一指也 (XII, 6 v⁰f.). An einer anderen Stelle ist dann noch einmal die Rede
von „dem, was man die Gruppen der Sechsheit (六者之科) und die Grundgedanken der Sechsheit (六者之指) nennt, dies sei die Grundlage für den
Sinn des *T. t.*" (XI, 5 v⁰), aber was unter dieser Sechsheit zu verstehen ist,
läßt sich leider den hier besonders kümmerlichen Text-Bruchstücken nicht
mehr entnehmen[1].

---

[1] Vielleicht hängt mit dieser jetzt verlorenen Darstellung eine andere Theorie vom Inhalt und Zweck des *T. t.* zusammen, die erst später nachweisbar wird, aber viel schärfer
und bedeutungsvoller und außerdem viel bekannter ist. Es ist die Lehre von den „drei
k'o 科 und neun *tschi* 指 oder 旨", den drei (Gedanken)-Gruppen und den neun Grundgedanken". Sie ist weder bei Kung-yang, noch auch im Kommentar Ho Hiu's als geformte
Theorie zu finden, sondern erst bei dem Bearbeiter Ho Hiu's, als den man jetzt gewöhnlich *Sü Yen* 徐彥, einen sonst nicht bekannten Gelehrten der T'ang-Zeit, annimmt.
(Diese Annahme war nicht immer eine allgemeine. Die Bücher-Listen der T'ang-
Annalen kennen das Werk noch nicht, es taucht vielmehr erst auf in der Bibliographie *Tsch'ung wên tsung mu* (s. oben S. 145) unter dem Titel *Tsch'un-ts'iu
Kung-yang schu* 疏, aber ohne daß ein Verfasser genannt wird. Ebenso führen die
Bücherlisten der Sung-Annalen das Werk ohne Angabe eines Verfassers auf. Gleichzeitig
aber erscheint im 11. Jahrhundert Sü Yen als Name des Verfassers dieses sehr ausführlichen
Kommentars, so anscheinend in der Ausgabe der kanonischen Schriften, die auf Kaiserlichen Befehl zu Anfang des 11. Jahrhunderts unter der Leitung von Hing Ping 邢昺
hergestellt wurde. Vergl. Legge, *Chin. Cl.* I, *Prolegomena* S. 20. Auch Ma Tuan-lin
— *Wên hien t'ung k'ao* Kap. 182 fol. 6 v⁰ — bemerkt, daß „Sü Yen von Manchen als Verfasser genannt werde", und dieselbe Angabe findet sich im *Kuang-tsch'uan ts'ang schu
tschi* 廣川藏書志 von Tung You 董逌, einem unbekannten Werke des sonst
bekannten Verfassers aus dem 12. Jahrhundert. Der letztere glaubt auch feststellen zu
können — nach dem Kais. Katalog Kap. 26 fol. 6 v⁰ —, daß einerseits in dem Werke
— bei *Süan kung* 12. Jahr — die Kommentare zum *Ör-ya* von Sun Yen 孫炎, und zwar
der volle Text, und von Kuo P'o 郭璞 — beide dem 3. und 4. Jahrhundert angehörend, —
nicht aber der des Hing Ping zitiert würden, daß es also demnach vor der Sung-
Dynastie entstanden sein müsse, daß aber andererseits bei der Stelle, die von der
Bestattung des Kaisers Huan handelt — *Tschuang kung* 3. Jahr —, die Darlegung des
Yang Schi-hün 楊士勛, des Bearbeiters des Kommentars zum *Ku-liang tschuan*, —
7. Jahrh. — entlehnt worden sei, so daß Sü Yen nach den Perioden *Tschêng-yuan* und

b. Metaphysik.

Die naturphilosophische Mystik, die den Kern der gesamten chinesischen
Philosophie bildet, und die nicht bloß die Entstehung und Entwicklung des
Menschen, sondern auch die menschlichen gesellschaftlichen Beziehungen als
Teil des lebendigen Kosmos ansieht, aus dem sie hervorgegangen sind und in den

---

Tsch'ang-k'ing — 785 bis 824 — gelebt haben müsse. Sonstige Eigenheiten des Stiles
verweisen das Werk ebenfalls an das Ende der T'ang-Zeit. Dieser nicht auf unbedingt
sicherem Grunde ruhenden Beweisführung schließen sich die Verfasser des Kais. Katalogs
an. Die Unsicherheit wird erhöht durch die Tatsache, daß Ma Tuan-lin sowohl, wie die
Sung-Annalen dem Werke 30 Kapitel zuschreiben, während es heute nur 28 zählt. Die
Verfasser des Katalogs erklären sich die Verschiedenheit dadurch, daß Sü Yen den Text
des *T. t.* als Ganzes in zwei Kapiteln besonders gehabt habe, und daß dieser dann später
in das *Kung-yang tschuan* verteilt worden sei. Heute ist das Werk unter dem Titel *Tsch'un-
ts'iu Kung-yang tschuan tschu schu* 注疏 d. h. Text des *T. t.* und des *Kung-yang tschuan*
mit Kommentar des Ho Hiu und Bearbeitung des Sü Yen als Einheit in die große Sammlung der dreizehn kanonischen Schriften aufgenommen.)

Sü Yen führt in der Einleitung zu seinem Werke (fol. 1 v⁰) die Lehre bereits auf Ho Hiu
zurück, indem er sie folgendermaßen auseinandersetzt: „In der Auffassung Ho's sind die
drei *k'o* und die neun *tschi* ein und dasselbe. Faßt man (die einzelnen Teile) zusammen, so nennt man (das Ganze) die drei *k'o*. *K'o* bedeutet ‚Gruppe‘. Nimmt man sie
auseinander, so nennt man (das Ganze) die neun *tschi*. *Tschi* bedeutet ‚Gedanke‘. Spricht
man von den drei *k'o*, so sind in den Gruppen die neun Gedanken enthalten. So heißt
es in dem *Wên schi li* von Ho (ein verlorenes Werk, ich nehme an, daß das von Ho Hiu
verfaßte *Kung-yang schi li* 公羊諡例 in 1 Kap. gemeint ist, das in der Bibliographie
der Sui-Annalen, Kap. 32 fol. 23 v⁰, aufgeführt ist): Die drei *k'o* und neun *tschi* bedeuten
das Folgende. Tschou als neu und Sung als alt betrachten (s. unten), wodurch im
T. t. der neue Zentralherrscher zur Geltung gebracht wird, das ist die erste Gruppe
(k'o) mit den Gedanken *(tschi)* eins bis drei. Verschiedenheit der Ausdrucksweise für
Tatsachen des eigenen Erlebens, für solche der unmittelbaren Kunde und für solche
der überlieferten Kunde (die „drei Zeitalter" s. oben S. 171f.), das ist die zweite
Gruppe mit den Gedanken vier bis sechs. Der eigene Staat wird als drinnen angesehen und dem gegenüber das chinesische Gesamtgebiet als draußen, das chinesische
Gesamtgebiet als drinnen und demgegenüber das Barbarenland als draußen (s. unten),
das ist die dritte Gruppe mit den Gedanken sieben bis neun." 何氏之意以爲三科
九旨正是一物、若捴言之謂之三科、科者段也、若析而
言之謂之九旨、旨者意也、言三个科段之內有此九種之
意、故何氏作文諡例云、三科九旨者、新周故宋以春秋
當新王、此一科三旨也、又云、所見異辭所聞異辭所傳聞
異辭、二科六旨也、又內其國而外諸夏、內諸夏而外夷狄、
是三科九旨也. Nach einer weiteren Angabe Sü Yen's (a. a. O.) ist in dem Werke

sie sich wieder einzufügen haben, diese Mystik hat in Tung Tschung-schu einen
ihrer eifrigsten und wirkungsvollsten Vertreter gefunden. Insbesondere hat die
Lehre von den beiden kosmischen Urkräften *yin* und *yang* bei keinem eine
systematischere Durchbildung und Durchführung erfahren als bei ihm. Getreu
seinem Glauben, daß „es nichts gäbe, was nicht im *T. t.* enthalten wäre"
(s. oben S. 171), leitet er auch diese seine metaphysischen Spekulationen unbedenklich aus den Formeln des Konfuzius her, wobei ihm besonders die Begriffe der Eingangsformel: „Anfangsjahr, Frühling, Zentralherrscher, richtunggebender Monat,
Thronbesteigung" (vergl. die Anmerkung auf dieser Seite und unten in Abschn. 5)
zu Diensten sein müssen. „Die Wirkungskraft (*k'i* 氣) von Himmel und Erde
zusammen bildet eine Einheit; getrennt, bildet sie das *yin* und das *yang*, zerteilt,
bildet sie die vier Jahreszeiten, in ihren Teilen für sich genommen, bildet sie
die fünf Elemente" 天地之氣合而爲一、分爲陰陽、判爲四時、
列爲五行 (LVIII, 5 r⁰, in den *H. W. t. s.* LIX). Die beiden Urkräfte,
zunächst gestaltet in Himmel und Erde[1], bringen dann durch ihr Zusammen-

---

Wên schi li aber die Lehre vom Inhalt des *T. t.* noch umfassender dargestellt, und die drei
k'o und neun *tschi* bilden nur einen Teil davon, allerdings den· bei weitem wichtigsten.
Danach enthält das *T. t.* „die fünf Anfänge, die drei Gruppen, die neun Gedanken, die
sieben Klassen, die sechs Helfer und die zwei Kategorien". Erklärt werden diese Ausdrücke wie folgt: „Die zweite Abteilung des *Wên schi li* sagt: die fünf Anfänge sind
yuan nien, tsch'un, wang, tschêng yüe und *kung tsi wei* (d. h. also die Anfangsformeln
der einzelnen Herzogsperioden.) Die sieben Klassen sind: Erdteil, Staat, Sippe, Einzel-
mensch, Name, Schriftzeichen und Hervorgebrachtes (?). Die sechs Helfer sind: dem
Himmelssohn hilft der Kanzler, dem Kanzler hilft der Minister, dem Minister hilft der
Würdenträger, dem Würdenträger hilft der Beamte; dem Fürsten hilft die Hauptstadt,
der Hauptstadt hilft das chinesische Reich. Die zwei Kategorien sind: die menschlichen
Angelegenheiten und die übernatürlichen Erscheinungen von übler Bedeutung" 文證例
下文云、五始者、元年春王正月公即位是也、七等者、州
國氏人名字子是也、六輔者、公輔天于、卿輔公、大夫輔
卿、士輔大夫、京師輔君、諸夏輔京師是也、二類者、人事
與災異是也. Von einer dritten Einteilung, die sich noch in weiteren Spielereien
ergeht und auf einen anderen Kommentar des *T. t.* zurückgeführt wird, kann hier abgesehen werden; weder das *T. t.*, noch Kung-yang hat mit diesen Dingen etwas zu tun. Dagegen heben die drei Gedankengruppen (*k'o*) in der Tat den auch für uns bedeutungsvollsten
Inhalt des *T. t.* heraus, und eine Bemerkung von Ts'ien Ta-hin 錢大昕 (18. Jahrh.)
zu *T. t. fan lu* I, 7 r⁰ sagt nicht mit Unrecht, daß die Gruppen, mag ihre Formung auch
erst von Ho Hiu oder gar von Sü Yen vorgenommen sein, dem Inhalte nach bereits bei
Tung Tschung-schu vorhanden sind und ihm ihre Verdeutlichung verdanken. Wir werden
auf diesen Inhalt nachher noch näher einzugehen haben.

[1] Von einer etwas anderen Anschauung geht Tung aus, wenn er sagt: „Das ewige Wirken

wirken alle Dinge und alle Wesen, also auch den Menschen hervor, dessen körperliches und geistiges Sein durch sie bedingt ist. „Der Himmel ist der Ahnherr aller Dinge, ohne den Himmel können die Dinge nicht entstehen. Das *yin* allein bringt nichts hervor und das *yang* allein auch nicht. Erst wenn das *yin* und das *yang* sich mit Himmel und Erde vermischen, kann etwas entstehen. Daher heißt es: der Sohn des Vaters ist das verehrungswürdige, der Sohn der Mutter das gewöhnliche" 天者萬物之祖、萬物非天不生、獨陰 不生、獨陽不生、陰陽與天地參然後生、故日父之于也可 尊、母之子也可卑 (LXX, 6 r⁰)¹. „Himmel und Erde sind der Ursprung aller Dinge, die ersten Ahnen, von denen alles abstammt" 天地者萬物之 本、先祖之所出也 (XXXIII, 3 v⁰), und: „Zwischen Himmel und Erde entsteht der Mensch, und an Aussehen und Gestalt ist er seinem frühesten Ahnen nachgebildet, darum sind alle Einzelnen verehrungswürdig, weil sie das Abbild sind von der höchsten Wirkungskraft" 況生天地之間、法太祖先人 之容貌、則其至德取象眾名尊貴 (ebenda, 4 v⁰). Diese Lehre von den Urkräften des Alls wird in folgender mystischer Weise mit der Eingangsformel des *T. t.* in Verbindung gebracht. „Nur der Heilige vermochte (in seinem Denken) alle Dinge in eine Einheit zusammenzuschließen, nämlich in den Begriff des Uranfangs (der Urkraft *yuan* 元). Erreicht man am Ende (seines Denkens) nicht die Wurzel, aus der alles hervorgeht, und knüpft man daran nicht an, so kann man die Entwicklung nicht ermessen. Darum hat das *Tsch'un-ts'iu*

---

von Himmel und Erde ist einmal das *yin* und einmal das *yang*. Das *yang* ist die Wirkungskraft (*tê* 德) des Himmels, das *yin* seine Formung" (*hing* 刑) 天地之常一 陰一陽、陽者天之德也、陰者天之刑也 (XLIX, 2 r⁰).

¹ *K'ang You-weï* (*Tung schi hüe* — s. oben S. 135 ff. — Kap. 6 a fol. 9 v⁰) gibt dazu die folgende Erklärung: „Die mündliche Erklärung des Konfuzius stellt die Bedeutung hiervon folgendermaßen fest: Alle Menschen sind vom Himmel hervorgebracht, also sind alle Menschen des Himmels Söhne; der Heilige hat indessen diese Bezeichnung zunächst gesondert und sie dem Zentralherrscher allein vorbehalten. Er ist der Sohn des Himmels, und die gewöhnlichen Menschen sind Söhne der Mutter. In Wirklichkeit ist jeder Mensch ein Sohn des Himmels, Konfuzius fürchtete aber, daß die Menschen, wenn sie im Himmel ihren Vater sähen, ihrem (irdischen) Vater nicht mehr dienen würden. Darum heißt es: ‚der Himmel ist der Ahnherr aller Dinge‘, und: ‚der Vater ist des Sohnes Himmel und der Himmel ist auch des Vaters Himmel‘ (LXX, 6 r⁰), also ist der Himmel der Ahnherr. So wird das (irdische) Verhältnis zwischen Vater und Sohn gewahrt." 孔子口說特創此義、 人人爲天所生、人人皆爲天之子、但聖人姑別其名稱、 獨以王者爲天之子而庶人爲母之子、其實人人皆爲天 之子也、孔子慮人以天爲父、則不事其父、故日天者萬 物之祖也、父者子之天也、天者父之天也、則以天爲祖 矣、所以存父子之倫也.

den Ausdruck ‚erstes' (Jahr) in den Ausdruck ‚uranfängliches' umgeändert. *Yuan* 元 gleicht also dem Ausdruck *yuan* 原 ‚Urquell'. Die Bedeutung davon ist: sich anfügen an Himmel und Erde (d. h. das All) in seiner Entwicklung. Der Mensch trägt also diese Entwicklung bei seinem Lebensvorgange in sich, ohne daß er den Wandlungen der vier Jahreszeiten unterliegt. Die Urkraft ist also die Wurzel aller Dinge, und wo liegt der Uranfang des Menschen? Er liegt noch vor der Entstehung von Himmel und Erde. Darum soll der Mensch, der zwar durch die Wirkungskraft (*k'i*) des Himmels lebt und vom Himmel seine Wirkungskraft empfangen hat, hinsichtlich der Urkraft des Himmels und der Urbestimmung des Himmels dem Wirken beider nicht widerstreben (?). Der Ausdruck ‚im Frühling der richtunggebende Monat' nimmt also das Wirken von Himmel und Erde auf, knüpft an das Wirken des Himmels an und führt es zu Ende" 唯聖人能屬萬物於一而繫之、元也、終不及本所從來而承之不能遂其功、是以春秋變一謂之元、元猶原也、其義以隨天地終始也、故人唯有終始也而生、不必應四時之變、故元者爲萬物之本而人之元在焉安在乎、乃在乎天地之前、故人雖生天氣及奉天氣者、不得與天元本天元命而共違其所爲也 (XIII, 7 v⁰f.)[1]. Das Zusammenwirken (*siao si* 消息) der beiden Urkräfte *yin* und *yang* — und hier berührt sich Tung eng mit den Taoisten — stellt das *tao* dar, den Lebensvorgang im All, das Weltgesetz. Von ihrer richtigen Verschmelzung (*ho t'iao* 和調) hängt die Ausgeglichenheit des Kosmos im ganzen wie in allen seinen Teilen ab: „sind *yin* und *yang* in richtiger Verschmelzung, so gibt es keinen Gegenstand der Schöpfung, der nicht in die Ordnung gefügt wäre" 陰陽和調萬物靡不得其理矣 (XII, 7 v⁰). Das *tao* wirkt zwar in unendlich vielen Gestaltungen, aber an sich, als Weltgesetz ist es ewig und unwandelbar, „der große Ursprung des *tao* entströmt dem Himmel, der Himmel wandelt sich nicht, und das *tao* wandelt sich ebenfalls nicht" 道之大原出于天、天不變道亦不變 (D III, 7 r⁰). „Die Dinge in ihrem Wesen ohne Rücksicht auf ihre Gestaltung sind die Ideen (*yi* 意 „das Ding an sich"); die Gestaltung ohne Rücksicht auf Veränderungen ist die (der Idee innewohnende) Kraft (*tê* 德); was sich selbst genügt und keine Störung erleidet, was sich immer wiederholt und doch nicht abstumpft, das ist das *tao*" 萬物動而不形者意也、形而不易者德也、樂而不亂復而不厭者道也 (LXXXI, 10 v⁰). Störungen des natürlichen Verlaufs, des Weltgesetzes haben ihre Ursache in fehlerhaftem Zusammenwirken des *yin* und *yang*, in einem Überwiegen des einen oder des andern über das ihm zukommende Maß; sie machen sich bemerkbar

---

[1] Der Text dieser etwas dunklen Stelle ist keineswegs sicher, sie paßt auch in den Zusammenhang des XIII. Abschnitts nicht hinein und wird deshalb von den Kommentatoren in den Anfang des IV. Abschnitts verwiesen.

in „Heimsuchungen und Normwidrigkeiten" (*tsai yi* 災異), die sich von
kleinen Auffälligkeiten (z. B. die „rückwärtsfliegenden Habichte", s. oben S. 181f.)
bis zu großen Natur-Katastrophen (Dürre, Überschwemmung, Erdbeben u. a.)
steigern können. Der Weise erkennt diese Zeichen, er forscht nach ihren Ursachen und sucht sie zu beseitigen. Ist dies nicht möglich, so fügt er sich in
das Unabänderliche, er sieht darin „des Himmels Bestimmung" (*t'ien ming* 天命).
„Als man im Westen das Einhorn fing (s. oben S. 47), da rief Konfuzius aus: mein
Geschick vollzieht sich, mein Geschick vollzieht sich! Drei Jahre noch folgte
sein Körper (seiner Bestimmung), dann starb er. Wenn der Heilige, fußend
hierauf, das Vollenden oder Zerstören durch des Himmels Bestimmung betrachtet,
so weiß er, daß es Dinge gibt, bei denen er keine Rettung bringen kann. Es ist
eben Bestimmung" 西狩獲麟曰、吾道窮吾道窮、三年身隨而
卒、階此而觀天命成敗、聖人知之有所不能救、命矣 (IX,
3 r⁰). Für gewöhnlich aber liegen die Ursachen jener Erscheinungen in fehler-
haften Zuständen der Menschheit. „Läßt man (im Reiche) die Lehren der
Tugend verkümmern und wendet statt dessen Strafen an (zur Lenkung des
Volkes), und treffen dann die Strafen nicht die Schuldigen, so entstehen üble
Stimmungen (*ki* 氣 = Wirkungskräfte). Häufen sich aber die üblen Stimmungen bei den Unteren an, so werden Rachegefühle genährt gegen die
Oberen. Sind die Oberen und Unteren nicht im Einklang mit einander, so
geraten das *yin* und das *yang* in Widerstreit, und widernatürliche Zeichen
von übler Vorbedeutung treten hervor. Das ist die Entstehungsursache der
ungewöhnlichen Erscheinungen und Katastrophen" 廢德教而任刑罰、
刑罰不中則生邪氣、邪氣積于下怨惡畜于上、上下不
和則陰陽繆盭而妖孽生矣、此災異所緣而起也 (D I, 5 r⁰).
Hier zeigt sich die enge Verbindung zwischen den wirkenden Kräften des Kosmos
und der sittlichen Welt, die ihre Wurzeln in den taoistischen Vorstellungen hat,
aber dann der ganzen chinesischen Philosophie eigen geblieben ist. Sie folgt schon
der eigentümlichen mystisch-rationalistischen Auffassung von der Entstehung und
dem Wesen der menschlichen Seele, wie sie sich in den Spekulationen am Ende der
vorchristlichen und im Anfange der nachchristlichen Zeit findet, und deren ältester
uns bekannter Darsteller Tung Tschung-schu ist. In seinen Erörterungen über die
„Lehre von den Bezeichnungen" (s. oben S. 181) spricht dieser sich auch über die
beiden grundlegenden Ausdrücke *sing* 性, die „natürliche Anlage", und *ts'ing* 情,
das „Begehren", aus: „Was von Himmel und Erde hervorgebracht wird, heißt
‚natürliche Anlage' und ‚Begehren'. Beide bilden eine Einheit, und sofern das ‚Begehren' noch blind ist (d. h. noch schlummert, noch „triebhaft" ist, noch nicht zum
Willen geworden ist), ist es auch ‚natürliche Anlage'. Wenn man nun sagt: die ‚natürliche Anlage' ist an sich gut, wie soll es dann mit dem ‚Begehren' sein? Darum
hat der Heilige nicht gesagt, daß die ‚natürliche Anlage' gut sei, sondern er hat
die Bezeichnung dafür entsprechend gemacht. Im (menschlichen) Körper be-

finden sich die ‚natürliche Anlage' und das ‚Begehren', ebenso wie der Himmel ein *yin* und ein *yang* hat. Von der stofflichen Art[1] des Menschen sprechen und nicht von seinem ‚Begehren' ist wie vom *yang* des Himmels sprechen und nicht von seinem *yin*" 天地之所生謂之性情、性情相與爲一、瞑情亦性也謂性己善奈其情何、故聖人莫謂性善、累其名也、身之有性情也、若天之有陰陽也、言人之質而無其情猶言天之陽而無其陰也 (XXXV, 5 r°f.). Nach einer Bemerkung Wang Tsch'ung's erklärt Tung in einer besonderen Schrift über „das Begehren und die natürliche Anlage" (vergl. oben S. 111f.): „Das große bewegende Moment des Himmels ist sowohl das *yin* wie das *yang*, und das große bewegende Moment des Menschen ist sowohl das ‚Begehren' wie die ‚natürliche Anlage'. Die ‚natürliche Anlage' entsteht im *yang*, das ‚Begehren' entsteht im *yin*. Die Wirkungskraft des *yin* ist die Niedrigkeit, die Wirkungskraft des *yang* die Menschengüte"[2]. Hier deutet sich schon die Stellung Tung's zu der großen ethischen Grundfrage an, die mehr als ein halbes Jahrtausend hindurch, von den Zeiten des Konfuzius bis zum Ende des 1. Jahrhunderts n. Chr., vielleicht das wichtigste Scheidungsmerkmal für die verschiedenen philosophischen Schulen gewesen ist, die Frage des ursprünglichen Wesens der menschlichen Natur (der „natürlichen Anlage"), also die nämliche Frage, die als „pelagianischer Streit" im 5. Jahrhundert auch die christliche Kirche in Aufregung gebracht hat. Es wird darüber nachher noch mehr zu sagen sein. Wie er diese Frage mit in sein großes System des *yin* und *yang* hineingezogen hat, so wendet er das letztere auf die gesamte Erscheinungswelt an, auf die Vorgänge in der Natur wie auf die vom „Himmel" gegebenen Einrichtungen des menschlichen Gemeinschaftslebens. „Das ewig Bestehende an Himmel und Erde sind das *yin* auf der einen Seite, das *yang* auf der andern. Das *yang* ist die schaffende Kraft (*tê* 德) des Himmels, das *yin* seine zerstörende Kraft (*hing* 刑). Wenn man das Wirken von *yin* und *yang* bis zum Ende des Jahres verfolgt, so wird man gewahr, was der Himmel liebt und vollendet.... (der weitere Text ist unsicher und unklar). Die Norm des Himmels ist, in drei der Jahreszeiten das Leben zu erschaffen und in einer das Sterben zu betrauern. Das Sterben bedeutet hier das Verwelken und Verfallen der Dinge, das Betrauern bedeutet das Sichsorgen und Sichbekümmern der *yin*-Kraft (*k'i* 氣). Der Himmel hat auch fröhliche und zornige Kräfte, traurige und freudige Stim-

---

[1] Der Text liest hier plötzlich 質, erwartet werden muß 性.

[2] *Lun hêng* Kap.3 (Abschn. 本情) fol. 12 v°: 董仲舒 .... 作情性之說曰、天之大經一陰一陽、人之大經一情一性、性生於陽、情生於陰、陰氣鄙陽氣仁. Forke I, 389. (Über das Zitat vergl. oben S. 111f.). Näheres über diese Lehre von der Zweiteiligkeit der menschlichen Seele bei de Groot, *Religious System of China* IV, 1ff. Ebenda S. 35f. sind auch die Darlegungen Tung Tschung-schu's wiedergegeben.

mung (*sin* 心), die denen des Menschen entsprechen. Die Arten stimmen also zusammen, und Himmel und Mensch sind eins. Der Frühling hat die fröhliche Kraft, darum bringt er hervor, der Herbst hat die zornige Kraft, darum vernichtet er, der Sommer hat die freudige Kraft, darum ernährt er, der Winter hat die traurige Kraft, darum verbirgt er. Diese vier haben Himmel und Mensch gemeinsam, sie haben das gleiche Gesetz und richten sich danach. Stimmt (der Mensch) mit dem Himmel überein, so herrscht die große Ordnung, weicht er vom Himmel ab, so herrscht die große Wirrnis" 天地之常一陰一陽、陽 者天之德也、陰者天之刑也、迹陰陽終歲之行以觀天之 所親而任成、天之功猶謂之空空者之實也故清溧之於 歲也若酸鹹之於味也僅有而已矣聖人之治亦從而然 天之少陰用於功太陰用於空人之少陰用於嚴而太陰 用於喪喪亦空空亦喪也 (?)、是故天之道以三時成生、 以一時喪死、死之者謂百物枯落也、喪之者謂陰氣悲 哀也、天亦有喜怒之氣、哀樂之心、與人相副、以類合之 天人一也、春喜氣也故生、秋怒氣也故殺、夏樂氣也故 養、冬哀氣也故藏、四者天人同有之、有其理而一用之、 與天同者大治、與天異者大亂 (XLIX, 2 r⁰f.). „Der Frühling läßt das *yang* heraustreten und das *yin* zurücktreten, der Herbst läßt das *yin* heraustreten und das *yang* zurücktreten, der Sommer stellt das *yang* zur Rechten und das *yin* zur Linken, der Winter das *yin* zur Rechten und das *yang* zur Linken. Tritt das *yin* heraus, so weicht das *yang* zurück; tritt das *yang* heraus, so weicht das *yin* zurück; steht das *yin* zur Rechten, so ist das *yang* zur Linken; steht das *yang* zur Rechten, so ist das *yin* zur Linken. Darum ruht der Frühling im Süden und der Herbst im Norden, beide haben nicht den gleichen Weg; der Sommer verbindet sich mit der Vorderseite und der Winter mit der Rückseite, beide haben nicht den gleichen Zug. Sie wirken gleichzeitig, aber sie verwirren einander nicht, sie bewässern und gleiten dahin, aber sie bleiben doch getrennt, das nennt man des Himmels Plan" 春 出 陽 而 入 陰、秋出陰而入陽、夏右陽而左陰、冬右陰而左陽、陰出 則陽入、陽出則陰入、陰右則陽左、陰左則陽右、是故春 俱南秋俱北而不同道、夏交於前冬交於後而不同理、並 行而不相亂、澆滑而各持分、此之謂天之意 (L, 3 r⁰). „Jedes Ding hat seine Ergänzungsform, mit der es ein Paar bildet. Solche Paare sind: oben und unten, links und rechts, vorn und hinten, außerhalb und innerhalb, gut und böse, stromabwärts und stromaufwärts, fröhlich und zornig, kalt und warm, Tag und Nacht — alles dies sind Paare. Das *yin* ist die Ergänzungsform des *yang*, die Frau ist die des Mannes, der Sohn die des Vaters, der Minister die des Fürsten. Es gibt kein Ding, das keine Ergänzungsform hätte, und alle Paare enthalten ein *yin*-Element und ein *yang*-Element. Das *yang* verbindet sich mit dem *yin*, das *yin* mit dem *yang*, der Mann verbindet sich mit der Frau, die Frau mit dem Manne, der Vater mit dem Sohne, der Sohn mit dem Vater, der Fürst mit dem Minister, der Minister mit dem Fürsten. Fürst und Minister, Vater und Sohn, Mann und Frau, alle leiten die Bedeutung ihrer Begriffe aus dem Grundgesetz des *yin* und *yang* her: der Fürst ist *yang*, der Minister *yin*, der Vater *yang*, der Sohn *yin*, der Mann *yang*, die Frau *yin*. Im Wesen des *yin* liegt es, daß es nicht allein seinen Anfang bewirken und nicht gesondert sein Ende herbeiführen kann, sein Wirken kann nicht losgelöst werden von dem, an das es geknüpft ist. So knüpft der Minister sein Wirken an den Fürsten, der Sohn das seinige an den Vater, die Frau das ihrige an den Mann, das *yin* das seinige an das *yang*, die Erde das ihrige an den Himmel usw."

凡物必有合、合必有上必有下、必有左必有右、必有前必有後、必有表必有裏、有美必有惡、有順必有逆、有喜必有怒、有寒必有暑、有晝必有夜、此皆其合也、陰者陽之合、妻者夫之合、子者父之合、臣者君之合、物莫無合而合各有陰陽、陽兼於陰、陰兼於陽、夫兼於妻、妻兼於夫、父兼於子、子兼於父、君兼於臣、臣兼於君、君臣父子夫婦之義皆取諸陰陽之道、君爲陽臣爲陰、父爲陽子爲陰、夫爲陽妻爲陰、陰道無所獨行其始也、不得專起其終也、不得分功有所兼之義、是故臣兼功於君、子兼功於父、妻兼功於夫、陰兼功於陽、地兼功於天 (LIII, 7 r°f.).

„Der Fürst ist das Verehrungswürdige, er wohnt im Verborgenen und offenbart doch seine Stellung. Er ruht im *yin* und hat sich gegenüber das *yang*. Wie sollten die Menschen, die seine Willensregungen (*ts'ing* 情) wahrnehmen, der Menschheit Herz (d. h. den Fürsten) zu begreifen begehren? Darum liegen bei den Anordnungen dessen, der Fürst unter den Menschen ist, Pläne ohne Ursprung zu Grunde, bei seinem Tun Dinge ohne Schlüssel, damit man nicht danach forsche und danach frage.... Der Minister wohnt im *yang* und bildet das *yin*, der Fürst wohnt im *yin* und bildet das *yang*. Das Wesen des *yin* zeigt die Form und enthüllt die Willensregungen, das Wesen des *yang* hat keinen Schlüssel und macht den Geist (*schên* 神) zum höchsten" 君賞居冥而明其位、處陰而向陽、惡人見其情而欲知人之心、是故爲人君者執無源之慮、行無端之事、以不求奪以不問問⋯⋯故人臣居陽而爲陰、人君居陰而爲陽、陰道尙形而露情、陽道無端而賞神 (XIX, 9 r°f.)[1]. Tung läßt also auch die Yin- und Yang-Schule (s. oben S. 113) vollauf zu ihrem Rechte kommen!

---

[1] K'ang You-weï (*Tung schi hüe* Kap. 6b fol. 23 r°) macht hierzu die Bemerkung: „Dieser Begriff Tung's ist in Übereinstimmung mit Lao tsě, doch wird die Bedeutung vom *yin* und *yang* noch in diesem Maße ausgedehnt. Des Konfuzius Lehre schließt auch Lao

c. Ethik.

Bleiben die metaphysischen Anläufe Tung Tschung-schu's, ebenso wie die aller anderen chinesischen Philosophen, in den dürftigsten Anfängen stecken, so sind die ethischen Entwicklungen bei ihm als einem grundsätzlichen Konfuzianer sehr viel reicher gestaltet. Die Stellung, die er in der vorhin berührten ethischen Grundfrage seiner Zeit, der Frage des ursprünglichen Wesens der „natürlichen Anlage" des Menschen einnimmt, ergibt sich schon aus seiner Lehre vom Wirken des *yin* und des *yang* in der menschlichen Seele. Er steht zwischen den beiden Polen von Mêng tsĕ und Sün K'ing, von denen der erstere behauptet, die natürliche Anlage sei an sich gut, der letztere, sie sei an sich schlecht, und nach den Andeutungen Wang Tsch'ung's scheint er sogar der Widerlegung beider eine besondere Schrift gewidmet zu haben.[1] Die natürliche Anlage, so lehrt er, kann an sich nicht gut, also auch nicht schlecht sein, sondern nur die Keime zum Guten sind darin enthalten. Zur Entwicklung des Guten aus der Anlage (*sing* 性) mit ihrem Begehren oder ihren Regungen (*ts'ing* 情) heraus gehört noch ein drittes, die bildende, belehrende, erziehende Kraft. „Des Himmels Anordnen nennt man die Bestimmung (*ming* 命), die Bestimmung kann ohne den Heiligen nicht ausgeführt werden. Den ursprünglichen Stoff nennt man die natürliche Anlage, die Anlage kann ohne die bildende Belehrung nicht entwickelt werden. Des Menschen Begehren nennt man die Regungen, die Regungen können ohne Lenkung nicht in Schranken gehalten werden" 天令之謂命、命非聖 人不行、質樸之謂性、性非教化不成、人欲之謂情、情非 制度不節 (D III, 6 r⁰f.). Und: „Bestimmung ist, was der Himmel anordnet; Anlage ist, was den Stoff des Lebensvorganges bildet; Regung ist, was des Menschen Begehr ausmacht. Mag es früher Tod oder hohes Alter sein, Herzensgüte oder Gesinnungsrohheit, wie der Ton und das Metall vom Töpfer und Erzgießer, so werden sie alle geformt. Aber die ungemischte Reinheit kann man nicht herstellen, denn was geboren wird, geht aus Ordnung und Chaos

---

tsĕ ein, darum wird diese Bedeutung hier so besonders dargestellt" 董于此義實 同老氏而推陰陽之義、應有此、蓋孔子道無不包老氏、則 專提此義也. Ling Schu aber bemerkt am Anfang des XLIII. Abschnitts über Tung's Lehre vom *yin* und *yang* vielmehr: „Als die Han in ihrer Kraft das Erbe der Ts'in übernommen hatten, von denen die Wissenschaft vernichtet war, und als dann zur Zeit der Kaiser King und Wu Tung Tschung-schu das *T. t.* der Kung-yang-Schule bearbeitete, da erweiterte er zuerst die Lehre vom *yin* und *yang* und machte sie zu einem Leitwege (?) der konfuzianischen Schule. Indem er das *yang* nach oben, das *yin* nach unten setzte, wurden sie zur Idee des Vornehmen und des Geringen und bestimmten die Ordnung für das Ritual".

[1] S. oben S. 111f.

hervor, darum ist es nicht einheitlich" 命者天之令也、性者生之質
也、情者人之欲也、或夭或壽或仁或鄙陶冶而成之、不
能粹美、有治亂之所生、故不齊也 (D I, 5 r⁰). Also der Wille, die
Bestimmung des Himmels ist es, was mittels der Erziehung die Anlage mit ihren
Regungen, ihrem „Begehr", formt, so daß sie gute Handlungen hervorbringt,
denn der Wille des Himmels ist eben das Gute an sich. „Das Gute für gut
und das Böse für böse ansehen, das Ehrenvolle lieben und das Schimpfliche
verabscheuen, das kann der Mensch nicht von sich aus, sondern die Fähigkeit
dazu wird ihm vom Himmel verliehen" 善善惡惡好榮憎辱、非人能
自生此、天施之在人者也 (III, 7 v⁰). „Der Himmel gibt die Be-
stimmung der natürlichen Anlage des Menschen, und indem er diese Bestimmung
gibt, befiehlt er ihm, Herzensgüte und Rechtlichkeit zu üben und sich des
Schimpflichen zu schämen, nicht aber wie die Vögel und Vierfüßler sein Dasein nach dem Grundsatze zu führen: nur leben um jeden Preis, nur nach Gewinn jagen um jeden Preis. Diesen vom Himmel gesetzten (Lebenszweck) legt
das *T. t.* dar und paßt ihm die Norm der Menschheit an" 天之爲人性命
使行仁義而羞可恥、非若鳥獸然苟爲生苟爲利而已、是
故春秋推天施而順人理 (III, 6 v⁰). Schärfer noch kommt das
Wesen der Anlage und das Verhältnis des Himmels dazu in Folgendem zum
Ausdruck: „Der Mensch empfängt seine Bestimmung vom Himmel, er hat eine
Anlage, die das Gute für gut und das Böse für böse ansieht. Man kann diese
Anlage wohl ausbilden, aber nicht ändern, man kann sie zurüsten, aber nicht
beseitigen; ebenso wie man seine Körperformen wohl fett oder mager halten,
aber nicht durch andere ersetzen kann" 人受命於天、有善善惡惡之
性、可養而不可改、可豫而不可去、若形體之可肥臞而
不可得革也 (II, 9 r⁰). Sehr gut weiß Tung seine Auffassungen von jenem
Verhältnis in einer Reihe von Vergleichen deutlich zu machen. Bei seinen
Darlegungen der Lehre von den richtigen Bezeichnungen auf Grund der Ausdrucksweise im *T. t.* erörtert er auch den Ausdruck: die natürliche Anlage ist gut,
und führt dazu folgendes aus: „Wenn man sagt, die Anlage ist an sich sittlich gut,
so bedeutet das fast, daß das Gute ohne Belehrung gleichsam von selbst da ist, der
Ausdruck stimmt also schon nicht zu dem Grundgesetze der Ausübung der Regierung (die in erster Linie Belehrung sein soll, aber dann unnötig wäre). Der Ausdruck
soll das Wesen der Anlage bezeichnen; deren Wesen ist aber das Stoff-sein. So
lange aber dieser Stoff keine Belehrung erfährt, wie kann er da auf einmal sittlich gut sein? Das sittlich Gute ist gleich den Reiskörnern, die Anlage gleich
dem Reisstengel. Der Stengel bringt zwar die Reiskörner hervor, aber deshalb
kann man den Stengel doch nicht Reiskörner nennen. So bringt auch die Anlage zwar das Gute hervor, aber deshalb kann man die Anlage doch nicht gut
nennen. Die Reiskörner und das Gute sind etwas, das der Mensch auf den
Himmel zurückführt, und das dann nach außen hin (sichtbar) vollendet, nicht

aber das Innere der Wirksamkeit des Himmels selbst ist. Die Wirksamkeit des Himmels hat einen bestimmten Grenzpunkt, bis zu dem sie gelangt; was innerhalb dieses Grenzpunktes liegt, heißt Himmel, was außerhalb liegt, heißt Belehrung durch den Zentralherrscher. Die Belehrung durch den Zentralherrscher ist also etwas außerhalb der Anlage Befindliches, und die Anlage soll sich nach ihr richten. Daher sagt man, die Anlage hat den Stoff zum Guten, aber sie kann nicht das Gute selbst sein. Wie könnte man wagen, dieses Wesen der Anlage mit einem anderen[1] Ausdrucke zu bezeichnen? Die Wirksamkeit des Himmels hat ihren Grenzpunkt am Seiden-Cocon, am Hanf und am Reisstengel: aus dem Hanf bildet man das Tuch, aus dem Seidencocon die Seide, aus den Reiskörnern das Eßgericht, und aus der Anlage das sittlich Gute. Alles dies führt der Heilige in seiner Erscheinung auf den Himmel zurück, der Stoff, den das Begehren und die Anlage bilden, kann dies nicht erreichen. Darum kann man (diese bildende Kraft) nicht Anlage nennen"

今謂性已善不
幾於無教而如其自然、又不順於爲政之道矣、且名者
性之實、實者性之質、質無教之時何遽能善、善如米性
如禾、禾雖出米而禾未可謂米也、性雖出善而性未可
謂善也、米與善人之繼天而成於外也、非在天所爲之內
也、天所爲有所至而止、止之內謂之天、止之外謂之王
教、王教在性外而性不得不遂、故曰性有善質而未能
爲善也、豈敢美(?)辭其實然也、天之所爲止於繭麻與禾、
以麻爲布、以繭爲絲、以米爲飯、以性爲善、此皆聖人所
繼天而進也、非情性質樸之能至也 (XXXVI, 7 v°f.). Konfuzius selbst hat sich in der Frage niemals entscheidend geäußert, dafür aber um so deutlicher Mêng tsě, sein Nachfolger. Über beide spricht sich Tung mit auffallendem Freimut aus. „Unter den Worten des Heiligen findet sich der Ausdruck: ‚die Anlage ist gut' nicht, sondern nur der Ausdruck: ‚der gute Mensch'. Wie sollte ich das nicht verstehen? Wenn die Anlage aller Menschen an sich gut sein könnte, dann würde man (sagen können:) ‚der gute Mensch'. Wie sollte man das nicht einsehen? In der Art aber, wie Konfuzius diesen Gedanken bespricht, zeigt sich, daß er das Gute für schwierig hält. Das ist sehr weit gegangen. Mêng tsě dagegen meint, daß die Anlage aller Menschen dies wohl könnte, das ist übertrieben. Man kann nicht die Anlage des Heiligen als die Anlage schlechthin bezeichnen, und ebenso wenig kann man dies mit der Anlage der Menschen geringster Gattung tun. Was man als die Anlage schlechthin bezeichnet, das ist die Anlage des Durchschnittsmenschen. Mit der Anlage des Durchschnittsmenschen verhält es sich wie mit dem Seidencocon oder dem Ei. Erst wenn es zwanzig Tage bebrütet ist, kann es den Vogel ent-

---

[1] Der Text ist unsicher. Die überlieferte Lesart 美 gibt keinen Sinn, eine chinesische Konjektur schlägt 異 vor.

wickeln, und der Cocon muß erst durch Kochen erhitzt werden, ehe er die Seide hervorbringen kann; ebenso kann die Anlage erst, wenn sie mit der Belehrung durchtränkt ist, das Gute hervorbringen. Das Gute ist etwas, was durch die Belehrung entsteht, nicht aber etwas, was der Stoff selbst erreichen kann. Daher kann man nicht einfach sagen: die Anlage ist eben die Anlage. Man muß vielmehr bei dieser Bezeichnung wissen: die Anlage ist nicht etwas, was etwas anderes hervorbringen kann, eine von selbst erzeugende Kraft. Die das Gute erzeugende Kraft ist die Belehrung, nicht aber die Anlage" 按聖人言中本無性善名而有善人、吾不得見之矣、使萬民之性皆己能善善人者、何爲不見也、觀孔子言此之意以爲善難當甚、而孟子以爲萬民性皆能當之過矣、聖人之性不可以名性、斗筲之性又不可以名性、名性者中民之性、中民之性如繭如卵、卵待覆二十日而後能爲雛、繭待繰以涫湯而後能爲絲、性待漸於教訓而後能爲善、善教訓之所然也、非質樸之所能至也、故不謂性性者、旣知名矣無所待而起生而所自有也、善所自有則教訓已非性也 (XXXVI, 8 r°f.). Was aus der Anlage ohne Belehrung wird, zeigt sich in Folgendem: „Wenn Bildung und Lehre nicht ausgeübt werden, ist das Volk des Reiches nicht im richtig geordneten Zustande. Das Volk läuft dem Gewinne nach, wie das Wasser nach unten fließt. Dämmt man es durch Bildung und Lehre nicht ein, so kann man es nicht halten" 凡以教化不立而萬民不正也、夫萬民之從利也如水之走下、不以教化隄防之不能止也 (D I, 7 r°)[1]. Tung berührt sich in seinen Auffassungen mit dem durch Mêng tsě bekannt gewordenen Kao Pu-hai 告不害[2] und dem späteren Yang Hiung 楊雄 (um Christi Geburt), deckt sich aber nicht mit ihnen. Ähnlich wie der letztere nimmt er an, daß in der menschlichen Natur lediglich die Entwicklungsmöglichkeiten zum Guten vorhanden sind, noch nicht das Gute selbst; und ähnlich wie Kao im Einflusse der Umgebung, so sieht er in der Erziehung die unerläßliche Kraft, die jene Möglichkeiten erst verwirklicht und das Gute hervorbringt. Aber er geht über beide hinaus, wenn er dem Menschen die Fähigkeit zuschreibt, zwischen Gut und Böse zu unterscheiden, d. h. den ursprünglichen Besitz des sittlichen Maßstabes. In dieser Fähigkeit sieht er die unmittelbare Bestimmung des „Himmels", gegen die es, wie wir früher sahen (s. oben S. 190), eine Auflehnung nicht gibt, wenn nicht eine Katastrophe hervorgerufen werden soll. Der Mangel an Folgerichtigkeit in dieser Anschauung, die dem Menschen die Erkenntnis des Guten zuerkennt,

---

[1] Vergl. dazu Mêng tsě VI, 1, II,2: „Der Hang zum Guten in der Anlage des Menschen ist wie das Streben des Wassers, nach unten zu fließen".

[2] S. Mêng tsě VI, 1, 1ff.

die Fähigkeit, gut zu handeln, aber erst von der Erziehung abhängig macht, die dabei also implicite annimmt, daß der unerzogene Mensch trotz seiner Erkenntnis nur böse handeln kann, die schließlich keine Erklärung dafür hat, wenn auch erzogene Menschen böse handeln und anscheinend eine gewisse Vorbestimmung auch auf das sittliche Gebiet ausdehnt, — ein solcher Mangel darf bei einem chinesischen Denker nicht allzusehr auffallen; überdies mag auch der mangelhafte Text an manchen Unklarheiten schuld sein.[1]

Die unmittelbare Quelle des sittlich Guten nun sieht Tung, ganz in Übereinstimmung mit Konfuzius und Mêng tsö[2], in der Herzensgüte oder Liebe (*jen* 仁), die oben das eigentliche Wirken, die „Bestimmung" des Himmels selbst im Menschen ist. „Die Menschen... regeln ihre Gesinnungsregungen durch deren Zurückführung auf die Herzensgüte. Das Erhabene der Herzensgüte ruht im Himmel, denn der Himmel ist die Herzensgüte" 諸人 ..... 治其志而歸之於仁、仁之美者在於天、天仁也 (XLIV, 6 v⁰). „Was bedeutet aber Herzensgüte? Herzensgüte heißt Sorge und Liebe für die Menschen, Achtung und Friedfertigkeit ohne Zank, Bewahrung der menschlichen Beziehungen (*lun* 倫) in Zuneigung und Abneigung, das Herz ohne Niedertracht und Haß, die Gedanken ohne heimliche Mißgunst, die Empfindungen ohne Eifersucht und Neid, die Willensrichtung ohne innere Verdüsterung, die Handlungen ohne Hinterlist und Ungerechtigkeit, der Lebenswandel ohne Abwege und Gesetzwidrigkeiten, so daß das Herz die Gedanken zu beruhigen, die Empfindungen zu glätten, die Willensrichtung in Harmonie zu bringen, die Handlungen abzumessen und den Lebenswandel zu veredeln vermag, bis schließlich eine gleichmäßige Veredelung, eine harmonische Ordnung ohne Widerstreit entstehen kann. Einen solchen Zustand nennt man „Herzensgüte" 何謂仁、仁者憯怛愛人、謹翕不爭、好惡敦倫、無傷惡之心、無隱忌之志、無嫉妒之氣、無感愁之欲、無險詖之事、無辟違之行、故其心舒其志、平其氣、和其欲、節其事、易其行道、故能平易和理而無爭也、如此者謂之仁 (XXX, 12 v⁰). Der Bereich der Herzensgüte oder Liebe hat für den sittlich am höchsten Stehenden keine Grenzen, es gibt in ihm keinen Unterschied zwischen den Menschenrassen, ja nicht einmal zwischen Mensch und Tier, eine

---

[1] Eine klare Übersicht über die verschiedenen chinesischen Ansichten vom Wesen der menschlichen Anlage — in der aber Tung Tschung-schu's Lehre noch unbekannt ist — findet sich in der Abhandlung von Griffith John, *The Ethics of the Chinese, with Special Reference to the Doctrines of Human Nature and Sin* im Journal of the North China Branch of the R. A. S. II, 20ff. (1860).

[2] Vergl. z. B. Mêng tsö IV, 1, II, 2. Legge's Übersetzung von 仁 durch „virtue" ist viel zu farblos. Besser ist Wilhelms „Gütigkeit". Vergl. auch unten S. 201f. die Darlegungen zu dem Verhalten des Kriegsministers Tsö-fan von Tsch'u.

Grenzenlosigkeit, die bereits christlich anmutet. „Der Zentralherrscher dehnt seine Liebe aus bis zu den Barbarenstämmen, der Präsidialfürst bis zu den Staaten der Lehensfürsten, der Gesicherte bis zu den Bewohnern des gleichen Staates, der Gefährdete bis zu den ihm zunächst Stehenden, der Untergehende beschränkt sie auf seine eigene Person" 王者愛及四夷、霸者愛及諸侯、安者愛及封內、危者愛及旁側、亡者愛及獨身 (XXIX, 10 r⁰).[1] „Die Grundlage der Liebe reicht unter die Liebe zum Volke hinab, auch von den Vögeln, den Vierfüßlern und den Insekten ist nichts von der Liebe ausgeschlossen, wie könnte man sonst von Herzensgüte sprechen?" 質於愛民以下、至於鳥獸昆蟲莫不愛、不愛奚足謂仁 (XXIX, 9 r⁰).

Neben der Herzensgüte erscheinen ganz, wie bei Mêng tsĕ, als Seitenstücke zunächst die Rechtlichkeit (yi 義) und die Erkenntnis (tschi 智). „Das T. l. stellt das Wesen von Herzensgüte und Rechtlichkeit dar. Das Wesen der Herzensgüte besteht in der Liebe zu Andern (jen 人, in dem Schriftzeichen 仁 enthalten), nicht in der Liebe zu mir selbst (wo 我, in dem Schriftzeichen 義 enthalten). Das Wesen der Rechtlichkeit besteht in der Rechthaltung meiner selbst, nicht in der Rechthaltung Anderer. Wenn ich mich selbst nicht recht halte, so mag ich zwar Andere recht halten, aber man kann nicht zugeben, daß das Rechtlichkeit ist. Wenn Andere keiner Liebe von mir teilhaftig werden, so mag ich mich zwar selbst reichlich lieben, aber man kann nicht zugeben, daß das Herzensgüte ist" 春秋為仁義法、仁之法在愛人不在愛我、義之法在正我不在正人、我不自正雖能正人弗予為義、人不被其愛雖厚自愛不予為仁 (XXIX, 9 r⁰). Die Erkenntnis erscheint als die regelnde Kraft. Ist die Herzensgüte ein Wirken des Gemüts, so ist die Erkenntnis ein solches des Verstandes, während die Rechtlichkeit eine Zwischenstellung einnimmt. „Die Erkenntnis sieht Unheil und Glück von ferne, sie erfaßt Nutzen und Schaden bei Zeiten. Entwickeln sich die Dinge, so weiß sie, daß sie sich wandeln; gedeihen die Unternehmungen, so weiß sie, daß ein Rückschlag kommt. Sie sieht den Anfang und kennt das Ende" 智者見禍福遠、其知利害番、物動而知其化、事興而知其歸、見始而知其終 (XXX, 13 r⁰). „Herzensgüte ohne Erkenntnis ist Liebe ohne Unterscheidungsfähigkeit; Erkenntnis ohne Herzensgüte ist wissen ohne danach zu handeln. Herzensgüte ist demnach Liebe zur ganzen Menschheit, Erkenntnis das Mittel, die Gefahren

---

[1] K'ang You-wei (a. a. O. Kap. 6b fol. 27 v⁰) bemerkt zu dieser Stelle: „Ausdehnung der Liebe auf die Barbarenvölker ist der große Grundsatz im Zeitalter des Weltfriedens. Die späteren Geschlechter, die immer nur von Vertreibung der Barbaren reden, haben dies nicht erkannt". 愛及四夷是太平一統之大道、後世專言攘夷者未知此也.

dabei abzuwenden" 仁而不智則愛而不別也、智而不仁則知而不爲也、故仁者所以愛人類也、智者所以除其害也 (XXX, 12 v⁰).[1]

Den Lehren des Konfuzius entsprechend, finden die ethischen Grundbegriffe ihre versinnbildlichende Form im „Ritual", dem *li* 禮, das die Gesamtheit der Regeln für die richtige Lebensführung, für das rechte Verhalten gegenüber den außermenschlichen Mächten, wie für die Ordnung des ganzen menschlichen Gemeinschaftslebens in allen seinen Beziehungen darstellt. Konfuzius legt diesem Form-System des *li*, ergänzt durch die Musik (*yo* 樂), eine sehr hohe Bedeutung bei, trotzdem glaubt selbst er im Hinblick auf die tyrannische Gewalt, die es offenbar schon zu seiner Zeit im chinesischen Volke ausübte, vor seiner Überschätzung warnen zu sollen.[2] Dasselbe ist der Fall mit Tung. Eine Erörterung des Verhaltens des Herzogs Wên von Lu hinsichtlich des Trauer- und des Heirats-Rituals schließt mit folgenden Sätzen: „Überblickt man alles dies, so wird man hinsichtlich der Riten zu dem Schlusse kommen, daß das, worauf die Riten das Hauptgewicht legen, die (darin zum Ausdruck kommende) Gesinnung ist. Ist die Gesinnung ehrfurchtsvoll, und sind die äußeren Zurüstungen lückenlos, so wird der Edle anerkennen, daß dies richtiges Verständnis der Riten ist. Ist die Gesinnung eine harmonische, und sind die (ritualen) Liedertöne wohllautend gestimmt, so wird der Edle anerkennen, daß dies richtiges Verständnis der Musik ist. Ist die Gesinnung eine bekümmerte, und die Lebensführung danach eingeschränkt,[3] so wird der Edle anerkennen, daß dies richtiges Verständnis der Trauer ist. Daher heißt es (bei Kung-yang zu *Wên kung* 2. Jahr): ‚man nimmt nicht unnötigerweise noch etwas Weiteres auf sich', das bedeutet: das Hauptgewicht auf die Gesinnung legen. Die Gesinnung ist der Inhalt,

---

[1] Hieraus ergibt sich, daß in der Erklärung Mêng tsĕ's 是非之心智也 (II, 1, vi, 5 und VI, 1, vi, 7) *schi* und *feï* keine sittlichen Werte darstellen, wie Grube es in seiner Übersetzung: „das Gefühl für Recht und Unrecht ist Weisheit" tut *(Die Religion der alten Chinesen* S. 60, in Bertholet's *Religionsgeschichtlichem Lesebuch.)* Richtiger bei Legge, *Chin. Cl.* II, 278: „The feeling of approving and disapproving implies the principle of knowledge"; oder „the sense of discrimination is intelligence" bei Teitaro Suzuki, *A Brief History of Early Chinese Philosophy* S. 67. Wilhelm übersetzt denselben Ausdruck einmal mit „Recht und Unrecht" *(Mong Dsi* S. 34) und einmal mit „Billigung und Mißbilligung" (S. 132). Es kann nach Tung's Darlegungen nur heißen: „Das Verständnis für Richtiges und Unrichtiges ist Erkenntnis". Die Wiedergabe des Begriffs *tschi* durch „Weisheit" bei Grube und Wilhelm ist viel zu umfassend. Die Fähigkeit des Menschen, zwischen Gut und Böse zu unterscheiden, ist bei Mêng tsĕ nirgends so klar ausgesprochen wie es nach Grubes und Wilhelms Übersetzung der Fall wäre.

[2] S. *Lun yü* III, 3 u. 8.

[3] D. h. Kleidung, Nahrung und Wohnung sollen während der Trauerzeit wegen des Kummers vernachlässigt werden. Vergl. *Lun yü* XVII, 21.

die äußeren Dinge sind die Form. Die Form soll den Inhalt erkennbar machen; ist der Inhalt nicht in der Form enthalten, wie kann die Form den Inhalt übermitteln? Sind Inhalt und Form beide untadelig, so sind die Riten vollkommen; Form und Inhalt in ihrer Besonderheit dürfen nicht den Namen von Ich und Du tragen.[1] Kann nicht alles untadelig sein, und gibt es eine Einseitigkeit, so ist es besser, daß der Inhalt vorhanden ist und die Form fehlt. Wenn man auch nicht anerkennen wird, daß die Riten wirkungsvoll sind, so wird dieser Fall doch immer noch etwas besser sein.... Ist die Form vorhanden, aber fehlt der Inhalt, so wird man eine solche Anerkennung erst recht nicht aussprechen, und der Fall liegt etwas schlimmer" 緣此以論禮禮之所重者在其志、志敬而節具則君子子之知禮、志和而音雅則君子子之知樂、志哀而居約則君子子之知喪、故曰非虛加之、重志之謂也、志為質物為文、文著於質、質不居文文安施質、質文兩備然後其禮成、文質偏行不得有我爾之名、俱不能備而偏行之竊有質而無文、雖弗子能禮尚少善之……有文無質非直不予乃少惡之 (II, 7 v[0]f.).

Ganz wie Mêng tsě hat also auch Tung Tschung-schu auf diesen vier Grundbegriffen der Herzensgüte (*jen* im weitesten Sinne), der Rechtlichkeit (*yi*), der Erkenntnis (*tschi*) und des „Rituals" (*li*), unter denen die beiden ersten wieder die beiden letzten überragen, sein gesamtes System der angewandten Ethik aufgebaut.[2] Wenn daneben noch die Zuverlässigkeit oder Ehrlichkeit (*sin* 信) und die kindliche Hingebung oder „Pietät" (*hiao* 孝) eine nicht unwichtige Rolle spielen, so erscheinen beide doch nicht als völlig selbständige oder elementare Begriffe, sondern als losgelöste Besonderheiten der umfassenden Mutterbegriffe Rechtlichkeit und Herzensgüte. Die Form, in der das System gegeben wird, besteht weniger aus theoretischen Darlegungen als aus Beispielen des *T. t.* mit ihrer Beurteilung durch Konfuzius, aus der dann weitere Schlüsse gezogen werden.

Der Kriegsminister Tsě-fan von Tsch'u wird bei der Belagerung der Hauptstadt von Sung von solchem Mitleid mit den Qualen der feindlichen Bevölkerung ergriffen, daß er auf eigene Hand, entgegen den Befehlen seines Fürsten, Friedensverhandlungen einleitet (*Süan kung* 15. Jahr).[3] Dieses Verhalten des Ministers wird gepriesen, obwohl es gegen die Vorschriften des *li* verstößt, denn „das System der Ritual-Vorschriften kommt der Herzensgüte nur nahe (d. h. steht ihr nach)" 禮者庶於仁 (III, 4 v[0]), und „hier handelt es sich um die Aus-

---

[1] D. h. Inhalt und Form dürfen nicht getrennte Dinge sein, sondern müssen eine Einheit bilden. — Der Text hier und in den folgenden Sätzen ist sicher wieder verderbt.

[2] Eine klare Darstellung der konfuzianischen Ethik in Mêng tsě's Erweiterung gibt Suzuki, *A Brief History of Early Chinese Philosophy* S. 49—71.

[3] S. unten in Abschnitt 5.

dehnung des Mitleids auf Fernstehende, und deshalb um etwas Großes, um ein Werk der unwillkürlichen Herzensgüte, und deshalb um etwas Schönes" 推恩者遠之而大、爲仁者自然而美 (III, 3 v°). Weil sie dem Grundbegriffe der Liebe und des Mitleids widerstreiten, „erkennt auch das *T. t.* keine gerechten Kriege an und mißbilligt es den Krieg in jedem Falle" 春秋 爲無義戰而盡惡之 (III, 2 r°). Denn „das *T. t.* liebt die Menschen, die Kriege aber töten sie; wie könnte also der Edle sagen, er billige das Töten dessen, was er liebt?" 春秋愛人而戰者殺人、君子奚說善殺 其所愛哉 (III, 2 v°). Und ferner: „das *T. t.* betont die Wichtigkeit des Volkes" und „wie groß ist der Schaden, der durch Kämpfe und Kriege für das Volk entsteht! Prüft man die Meinung (des *T. t.*) und betrachtet man seine Grundgedanken, so findet man, daß es ihm ein Gegenstand der Mißbilligung ist, wenn (der Fürst) nicht auf die (Wirkung der) Tugend sich stützt, sondern auf die (der) Gewalt, wenn er das Volk aufstachelt und in's Elend und Verbrechertum treibt. Was (dem *T. t.*) aber ein Gegenstand des Rühmens ist, das setzen die Fürsten bei Seite, indem sie die Herrschaft nicht durch Herzensgüte und Rechtlichkeit aufrecht erhalten" 春秋之敬賢重民‥‥‥今戰伐之於 民其爲害幾何、攷意而觀指則春秋之所惡者、不任德 而任力驅民而殘賊之、其所好者設而勿用仁義以服之 也 (III, 1 v°f.). Allerdings wird hier ein Unterschied gemacht zwischen dem „maßvoll geführten Kriege" und dem „hinterlistigen Angriffe": „das *T. t.* nennt einen maßvoll geführten Krieg im Vergleich mit einem hinterlistigen Angriff gerecht, im Vergleich mit Kriegslosigkeit aber ungerecht" 比之詐 戰則謂之義、比之不戰則謂之不義 (III, 3 r°), und wenn einerseits „der Krieg während der Trauerzeit etwas besonders Schimpfliches ist, so erscheint anderseits der zur Vollziehung der Rache sogar als ehrenvoll" 恥伐喪而榮復讎 (III, 2 r°). In beiden Fällen spielt das Gebot der kindlichen Hingebung mit hinein. Der Fürst, der in Trauer ist, darf weder einen Krieg unternehmen, noch darf er mit Krieg überzogen werden.[1] Das erste ist ein Verstoß gegen die Pietät, das zweite gegen die Rechtlichkeit. Dagegen ist die Rache für eine dem Vater oder einem entfernteren Vorfahren angetane Unbill ein positives Gebot der Pietät, und selbst der Krieg eines Fürsten wird dadurch gerechtfertigt. Der Herzog Siang von Ts'i vernichtet den Staat Ki, weil zweihundert Jahre früher ein Vorfahr des Herzogs durch die Schuld eines Fürsten von Ki zu Tode gekommen war. Der Nachkomme des letzteren erträgt sein Schicksal mit vorbildlicher Würde: „Er spricht zu seinem jüngeren Bruder: Ich bin der Vorsteher unseres Ahnen-Tempels und muß jetzt sterben. Unterwirf du dich deshalb mit der Landschaft Hi dem Fürsten von Ts'i, bekenne unsere Schuld und bitte darum, unsere fünf Ahnentempel (die für einen Lehens-

---

[1] S. unten in Abschn. 5.

fürsten vorgeschriebene Anzahl) errichten zu dürfen, damit unsere früheren Fürsten zur bestimmten Zeit im Jahre die ihnen zustehenden Opfergaben erhalten" 謂其弟曰、我宗廟之主不可以不死也、汝以嚙往服罪於齊、請以立五廟、使我先君歲時有所依歸 (IV, 6 v°f.). Dann zieht er mit seinem Heere seinem übermächtigen Feinde entgegen und erleidet den Tod, sein Staat wird in Ts'i einverleibt (*Tschuang kung* 3. u. 4. Jahr).[1] Das *T. t.* rühmt beide, den einen, weil „er die Rache vollzog", den andern, weil er Sorge für seine Ahnentempel trug und den ehrenvollen Tod erlitt, so „erfüllten sie die Gesetze der Herzensgüte und der Rechtlichkeit" 其賢之也、見其中仁義也 (IV, 7 r°). Daß der Fürst von Ki rechtzeitig zu sterben verstand, ehrt ihn besonders, denn „wenn der Staat vernichtet ist, dann ist es das Rechte, daß der Fürst stirbt" 國滅君死之正也 (III, 6 v°, nach Kung-yang zu *Siang kung* 6. Jahr), und „wenn der Fürst den Thron verloren hat, dann ist er kein Fürst mehr" 失位弗君也 (III, 7 r°). Schon die Gefangennahme des Fürsten durch seine Feinde genügt, ihn ehrlos und seiner Stellung dauernd unwürdig zu machen, auch wenn er später in sein Land zurückkehrt, wie dies an dem Beispiel des Herzogs K'ing von Ts'i dargetan wird, der, anstatt sich den Tod zu geben, aus der Gefangenschaft entfloh und „damit Schande über seinen Ahnentempel brachte" 為辱宗廟 (III, 7 r°),[1] d. h. die Gesetze der Pietät gröblich verletzte. Auf der anderen Seite „zeigte der Herzog Siang von Ts'i in seiner Handlungsweise (gegen Ki) ein dem Dienste seiner Ahnen bis zum äußersten hingegebenes Empfinden" 以襄公之為於此焉者事祖禰之心盡矣 (Kung-yang zu *Tschuang kung* 4. Jahr), denn „die Rachepflicht bleibt bestehen auch nach hundert Generationen" 復讎乎雖百世可也, allerdings nicht für den gemeinen Mann, sondern nur für die fürstliche Familie (ebenda).

In viel weiter gehendem Maße als der Untertan wird also der Fürst durch die Gesetze der Pietät gebunden, und damit werden zugleich die Funktionen des Staates empfindlich von ihnen beeinflußt. Der Fürst von Tschêng wird gerügt, weil er während der Trauer um seinen Vater den Staat Hü mit Krieg überzog.[1] „Sein Vater war noch kein Jahr tot, als er während der Trauerzeit Soldaten aushob. Weil er die (von seinem Vater) empfangenen Wohltaten so gering achtete und die Empfindungen eines Sohnes von sich warf" 其父卒未踰年卽以喪舉兵也 ···· 薄恩且施失其子心, darum wird er vom *T. t.* getadelt (III, 8 r°). Schon der Vater des Fürsten hatte eine große Schuld auf sich geladen, weil er den Staat Weī überfallen hatte, obwohl sich dieses Land wegen des eben erfolgten Todes seines Fürsten in Trauer befand, und weil er außerdem unter Verletzung eines neu abgeschlossenen Friedensvertrages auch den Staat Hü angegriffen hatte. „Ein Angriff wider einen in Trauer Befindlichen ist ein Mangel an Rechtlichkeit, der Bruch eines Vertrages ein

---

[1] S. unten in Abschn. 5.

Mangel an Ehrlichkeit" 伐喪無義、叛盟無信 (III, 8 r⁰). Auch Heirats-angelegenheiten dürfen während der Trauerzeit nicht erledigt, nicht einmal ge-plant werden. „Die Bestimmungen der früheren Herrscher setzen fest, daß bei einem großen Trauerfalle (d. h. wenn Vater oder Mutter gestorben ist) drei Jahre hindurch nicht an die Tür des Trauernden gepocht werden darf, und daß seinem Empfinden Rechnung getragen werden soll, das nicht auf Er-ledigung von Geschäften gerichtet ist" 先王之制有大喪者三年不呼其門、順其志之不在事也 (III, 8 r⁰ und Kung-yang zu *Süan kung* 1. Jahr). Der Brauch hat allerdings hier schon frühzeitig das Ritual gemildert. „Die Trauer-Bestimmungen schreiben drei Jahre vor; eine drei-jährige Trauer aber währt nur fünfundzwanzig Monate" 喪之法不過三年、三年之喪二十五月 (II, 7 r⁰). Der Herzog Wên von Lu wird aber gerügt, weil er einundvierzig Monate nach dem Tode seines Vaters eine Frau nimmt. Und zwar besteht seine Schuld darin, daß er bereits vorher den Plan zu der Heirat gefaßt und die der Eheschließung vorausgehenden rituellen Handlungen, wie das Senden der Verlobungsgeschenke usw.[1] noch innerhalb der Trauerzeit vorgenommen hatte. Dadurch wird ersichtlich, daß „dem Herzog Wên jede Gesinnung fehlte, wie sie der Kummer um den Entrückten ein-gibt, und er statt dessen seine Gedanken auf Heiratsangelegenheiten richtete" (文公)全無悼遠之志反思念取事 (II, 7 v⁰). Tung erinnert an das Wort des *Hiao king*, daß „vor Alters die weisen Herrscher dem Vater in Pietät und daher dem Himmel in Weisheit dienten"[2], und bemerkt dazu: „man dient dem Himmel und dem Vater in gleichem Geiste (*li*)" 事父孝故事天明、事天與父同禮也 (XXV, 14 r⁰). Aus diesen Auffasungen von den Pflichten der Pietät erklärt sich das harte Urteil des *T. t.* über den Thron-erben von Hü, der versehentlich den Tod seines Vaters durch Darreichung einer falschen Medizin verursachte.[3] Und unmittelbar damit zusammen hängt der Rechtsgrundsatz: „Gegenüber Fürsten und Eltern gibt es keine nur geplante Handlung; wer (gegen sie ein Verbrechen) plant, wird bestraft (wie wenn

---

[1] Diese vorbereitenden Handlungen: *na ts'ai* 納采, *wên ming* 問名, *na ki* 納吉, *na tschêng* 納徵 und *ts'ing k'i* 請期 sind *Li ki* (Couvreur) II, 641f. beschrieben.

[2] *Hiao king* Abschn. 16 Anfang. Bei der großen Unsicherheit, die hinsichtlich des Textes des *Hiao king* seit der Han-Zeit herrscht, ist es nicht ohne Interesse, daß Tung Tschung-schu im 2. Jahrh. v. Chr. einen Text vor sich gehabt hat, in dem wenigstens Teile der-jenigen Abschnitte des uns überlieferten Werkes enthalten gewesen sein müssen, deren Echtheit Tschu Hi nicht mehr gelten lassen wollte. S. Legge, *The Hsiao King* (S. B. E. Bd. III) S. 472 Anm. 1. In dem Zitat bei Tung fehlen allerdings die Worte 昔者明王, die in dem erhaltenen Texte stehen und oben hinzugefügt sind. Der Satz, den ich als eine Bemerkung Tung's aufgefaßt habe, könnte an sich auch noch zu dem Zitat gehören, in dem heutigen Texte des *Hiao king* fehlt er.

[3] S. oben S. 174f.

er das Verbrechen ausgeführt hätte)" 君親無將、將而誅 (VI, 4 v⁰) und Kung-yang zu *Tschuang kung* 32. Jahr). Die Gesetze der Pietät bestimmen eben auch das Verhältnis des Untertanen zu dem Fürsten, denn „Fürst und Volk sollen (in ihrem Verhältnis zueinander) Pietät und Bruderliebe hoch halten und dabei das Ritual und die Rechtlichkeit lieben, sie sollen Herzensgüte und Reinheit pflegen und Reichtum und Gewinn gering achten" 君民者賞孝弟而好禮義、重仁廉而輕財利 (XLI, 2 r⁰). Pflicht des Fürsten ist es, „das Volk zu veranlassen, daß es pietätvoll gegen Vater und Mutter, gehorsam gegen Vorsteher und Älteste sei, daß es seine Gräber versorgt, in seinen Ahnentempeln Gaben darbringt und von Geschlecht zu Geschlecht seinen Vorfahren opfert" 君者將使民以孝於父母、順於長老、守丘墓、承宗廟、世世祀其先 (VI, 8 v⁰). Auf der anderen Seite soll der Untertan, der Minister insbesondere, bescheiden vor dem Fürsten zurücktreten und mit seiner helfenden Tätigkeit im Verborgenen bleiben. „Der loyale Minister läßt seine Mahnungen (an den Fürsten) nicht offenbar werden, sondern bestrebt sich (den Schein zu wahren), als ob alles von dem Fürsten ausginge" 忠臣不顯諫、欲其由君出也 (III, 3 v⁰).[1] „Nach dem *T. t.* ist es schlimm, wenn der Fürst keinen Ruhm hat, aber gut, wenn der Minister keinen hat. Alles Gute soll auf den Fürsten zurückgeführt werden, alles Schlechte aber auf den Minister" 春秋君不名惡、臣不名善、善皆歸於君、惡皆歸於臣 (XLIV, 7 v⁰).[2] Und: „die Leistung soll ausgehen vom Minister, aber der Ruhm dafür dem Fürsten zukommen" 功出於臣、名歸於君也 (XX, 11 v⁰). Einen Ausgleich zwischen Pietät und Pflichten gegen das Volk bedeutet es, wenn der neue Fürst, und sei es der Zentralherrscher selbst, nach dem Tode seines Vaters und Vorgängers zwar sofort die Regierung übernimmt, aber drei Jahre hindurch — so wenigstens verlangte es das Ritual der Tschou — nicht den Fürstentitel führt, sondern sich einfach als „Sohn" bezeichnet. Denn einmal „kann nach den Empfindungen von Volk und Ministern der Staat nicht einen einzigen Tag ohne Fürsten sein", und anderseits „sind die Empfindungen des Fürsten derart, daß er den Thron nicht besteigen mag" 民臣之心不可一日無君 ⋯⋯ 君心之未當立也 (II, 8 v⁰), sondern nur seiner Trauer leben, nur „Sohn" sein will.[3]

Aber nicht bloß die Pietät, sondern das Ritual überhaupt bindet den Fürsten stärker als seine Untertanen. Er steht auf hoher Warte, ist allen sichtbar, und darum wirkt sein Beispiel stark und weit, im Guten wie im Bösen. „Wie der auf dem Throne Sitzende den Wind wehen läßt, so verbreitet er die Ver-

---

[1] S. unten in Abschn. 5.

[2] In der Ausgabe des *Huang Ts'ing king kie* (s. oben S. 164) steht dieser Satz im XLIII. Abschnitt.

[3] S. unten in Abschn. 5.

feinerung der Sitten" 夫處位動風化者徒 (IV, 2 r⁰).[1] Deshalb darf er nie die Würde seiner Stellung vergessen und muß stets den Abstand wahren, der ihn von der Umwelt trennt. T'o 宅, der Fürst von Tsch'ên 陳, erfährt seine Bloßstellung im *T. t.*, weil er allein im Gebiete von Ts'ai 蔡 der Jagd oblag und dabei von der Bevölkerung getötet wurde (*Huan kung* 6. Jahr). „Wenn im Altertum ein Lehensfürst sein Land verließ, so umgab er sich mit einer Truppenabteilung, um gegen unvorhergesehene Dinge gerüstet zu sein. Der Fürst von Tsch'ên[2] aber war zügellos genug, sich persönlich im Volke herumzubewegen.... Das entsprach in keiner Weise dem rechten Verhalten eines Fürsten" 古者諸侯出彊必具左右備一師以備不虞、今蔡侯慫以身出入民閒、甚非人君之行也 (VI, 8 r⁰). Der Herzog Min 閔 von Sung 宋 ließ sich dazu herbei, mit seinem Minister Wan 萬 Brettspiel zu spielen und zwar in Gegenwart seiner Frauen; dabei bekamen beide Streit, und Wan geriet in solche Wut, daß er den Fürsten tötete (*Tschuang kung* 12. Jahr.) „Vor Alters pflegte der Fürst an der Nordseite (d. h. mit dem Gesicht nach Süden) seinen Platz zu haben, während die Würdenträger an der Südseite (d. h. mit dem Gesicht nach Norden) standen, so wurde der Unterschied in der Rangstellung angezeigt, und der Höhere und der Niedere kenntlich. Wenn aber, wie hier, der Fürst dem Minister gegenüber beim Spiel sitzt, und seine Frauen dabei zugegen sind, so findet ein Unterschied zwischen Fürst und Minister nicht mehr statt.... Damit setzt er die Würde des Fürsten herab.... Der Kommentar des *T. t.* (Kung-yang zu *Süan kung* 12. Jahr) sagt: ‚Der Großwürdenträger soll nicht dem Fürsten gleichstehen'. Dadurch wird ein solches Herandrängen ferngehalten" 古者人君立於陰大夫立於陽、所以別位明貴賤、今與臣相對而博置婦人在側、此君臣無別也······春秋傳曰大夫不適君、遠此逼也 (VI, 8 r⁰f.). Allerdings an der Vernunft der Tatsachen soll das Ritual seine Grenze finden. Ein Heer von Sung stand dem von Tsch'u gegenüber, zwischen beiden lag ein Fluß. Als die feindlichen Truppen beim Überschreiten des Flusses waren, bat ein General den Herzog Siang 襄, jetzt die Erlaubnis zum Angriff zu geben. Der Herzog verweigerte sie mit den Worten: „Ich habe gehört, daß der Edle die Menschen nicht in eine schwierige Lage bringt". Als dann die Truppen von Tsch'u alle über den Fluß hinüber, aber noch nicht fertig aufgestellt waren, bat man den Herzog abermals, nun den Angriff zu befehlen. Er lehnte wiederum ab und sagte: „Ich habe gehört, daß der Edle nicht das Trommelsignal gibt, wenn nicht die Aufstellung beendet ist". Der schließlich beginnende Kampf endete, wie vorauszusehen war, mit der

---

[1] Der Ausdruck *fêng* 風 „Wind" ist eine feststehende Bezeichnung geworden für den Einfluß, den die höher Stehenden auf die Unteren ausüben, und angeblich haben daher auch gewisse Lieder des *Schi king* ihren Namen *Kuo fêng* d. h. „Lehren für den Staat". Vergl. Legge, *Prolegomena* zum *Schi king* S. 35 und *Schi king* S. 2.

[2] Die Texte lesen *Ts'ai*, was unmöglich richtig sein kann.

völligen Niederlage des Herzogs von Sung (*Hi kung* 22. Jahr). Kung-yang bemerkt dazu: „Auch im Anblick großer Ereignisse soll man das große Gesetz des *li* nicht vergessen. Wenn aber nur ein (edler) Fürst vorhanden ist und kein (weltkluger) Minister, dann kann selbst Wên wang in seinem Kampfe nicht bestehen" 臨大事而不忘大禮、有君而無臣雖文王之戰亦不過此也. Denn „der Edle nimmt es genau mit dem *li*, aber er ist sorglos in Bezug auf seinen Vorteil" 君子篤於禮薄於利 (VI, 7 r⁰). Die Fürstin von Sung zog es vor, bei einem Feuer im Palaste in den Flammen umzukommen, als gegen die Gesetze des *li* zu verstoßen (*Siang kung* 30. Jahr). „Sie sagte: Was das Verlassen des Gemaches seitens einer Frau zur Nachtzeit anlangt, so darf sie, wenn die Zeremoniendame nicht anwesend ist, nicht hinuntergehen in die Halle" 宋伯姬曰、婦人夜出、傅母不在不下堂 (VI, 6 v⁰).[1] „Das *T. t.* aber preist dies als edel und stellt es als Vorbild für die Welt hin" 春秋賢而舉之以爲天下法 (I, 2 r⁰). Hier wird abendländisches Denken ebenfalls ein Überschreiten der Vernunftgrenze sehen und sich dem Urteil des *T. t.* nicht anschließen können. Anders im Folgenden. „Eine verheiratete Fürstin soll nicht ihr Land verlassen, das ist eine grundsätzliche Bestimmung des *li*. Wenn sie aber als Mutter für ihren Sohn um eine Gattin wirbt, oder zur Bestattung ihres Vater oder ihrer Mutter eilt, so darf sie es, das ist eine (notwendige) Abänderung des *li*" 婦人無出境之事、經禮也、母爲子娶婦、奔喪父母、變禮也 (IV, 3 r⁰).

Ebenso wie das *T. t.* den Krieg grundsätzlich verurteilt, weil er dem Grundgedanken der Herzensgüte zuwider geht, und ihm höchstens in bestimmten, sehr wenigen Fällen eine gewisse Berechtigung zuerkennt, ebenso lehnt es die unter den Lehensfürsten übliche Art des Eid- und Blutbundes (*mêng* 盟) ab, weil sie ein Zeichen des Mißtrauens ist, also gegen das Gesetz der Ehrlichkeit oder Zuverlässigkeit (*sin*) verstößt. „In der Auffassung des Altertums hielt man die Ehrlichkeit hoch; man gab sein Wort, damit war alles getan. Man trieb es nicht so weit, daß man unter Verwendung von Opfertieren einen Bund machte und dann einen Vertrag schloß" 古貴信結言而已、不至用牲盟而後成約 (VI, 6 v⁰ und Kung-yang zu *Huan kung* 3. Jahr).[2] Nur

---

[1] Vergl. oben S. 54.

[2] Vergl. *Li ki* (Couvreur) I, 92: „Die Sicherung der Zuverlässigkeit unter den Lehensfürsten durch einen Vertrag hieß *schi* 誓 „Eid"(-Bund). Wurde ein Opfertier dabei geschlachtet, so hieß sie *mêng* 盟". Den Vorgang selbst beschreibt K'ung Ying-ta 孔穎達 (6. u. 7. Jahrh.) in seinem Kommentar zum *Li ki*, 曲禮 Kap. 5 fol. 29 r⁰, wie folgt: „Zuerst wurde eine viereckige Grube in die Erde gegraben, darüber wurde das Opfertier geschlachtet. Das linke Ohr des Tieres wurde auf eine mit Perlen geschmückte Schüssel gelegt, und das Blut in einer mit Nephrit verzierten Opfer-Schale aufgefangen. Mit dem Blute wurde der Text des Bundes aufgeschrieben, danach das Blut (auf den Mund) gestrichen und der Text verlesen" 先鑿地爲方坎、殺牲於坎上、割牲

in abgeschwächter Form, und wenn ein guter Zweck verfolgt wird, kann ein Bund vielleicht gerechtfertigt werden. „Ein Eidbund ist weniger wünschenswert als Eidbundlosigkeit, aber es gibt doch immerhin etwas, was man als sittlich guten Eidbund bezeichnen kann" 盟不如不盟、然而有所謂善盟 (III, 3 r⁰). So findet die gegenseitige Bindung durch Eid, die der Fürst von Ts'i und der Fürst von Wei in P'u vornahmen (*Huan kung* 3. Jahr), die Billigung des *T. t.*, weil sie, wie Kung-yang sagt, zwar „beiderseitig bei ihrem Leben schwuren", aber keinen Blutbund mit Tieropfer und Blut-Zeremonie schlossen, und so „dem rechten Brauche (des Altertums) schon näher kamen" 相命近正也. Der Bund, der in Schan-yuan geschlossen wurde (*Siang kung* 30. Jahr), und zwar ungesetzlicherweise sogar von den Ministern der Staaten anstatt von den Fürsten, wird trotzdem gebilligt, weil der Bund eine Hilfstätigkeit in Sung nach einem großen Brandunglück dort zum Zweck hatte, denn „wenn die Fürsten zusammenkommen, weil ein guter Zweck sie dazu bestimmt, so wird das Gute auch als solches anerkannt" 諸侯會同賢 為主、賢賢也 (VI, 6 v⁰). „Gepriesen aber und als Vorbild für die Welt hingestellt" wird das Verhalten des Fürsten Huan von Ts'i, der die Zuverlässigkeit bis zur Selbstentäußerung trieb. Er war in Ko mit dem Herzog von Lu zusammengetroffen und wurde dort von dessen Minister mit dem Schwerte in der Hand unter Todesdrohung, während er selbst wehrlos war, gezwungen, einen Blutbund zu schließen, in dem er die Rückgabe gewisser Ländereien an Lu versprach (*Tschuang kung* 13. Jahr). Huan hielt dieses erpreßte Versprechen, obwohl er nicht dazu verpflichtet gewesen wäre. „Wie das Einhalten der rechten Form (*li*) unzweifelhaft ihre Erwiderung findet, so erhält das Geben unzweifelhaft seinen Entgelt, das ist vom Himmel geregelt" 禮無不答、施無不報、 天之數也 (I, 2 r⁰).

Getragen von den Haupttugenden der Herzensgüte und der Rechtlichkeit scheinen auch Tung's volkswirtschaftliche Grundsätze; sie muten in ihrer sozialpolitischen Einsicht fast modern an und atmen bereits den Geist des „sozialen Ausgleichs" von heute. „K'ung tsĕ sagte: ‚man sorgt sich nicht um die Armut, sondern man sorgt sich um den Ausgleich.'[1] Wo große Aufhäufungen

---

左耳盛以朱盤、又取血盛以玉敦、用血爲盟書成、乃歃血而 讀書. Nach Hü Schên, dem Verfasser des *Schuo wên*, den derselbe Kommentator zitiert, und der seinerseits wieder der Angabe des *Han schi* folgt, „verwandten die Kaiser und die Lehensfürsten ein Rind oder ein Schwein, die Würdenträger einen Hund, und die gewöhnlichen Leute einen Hahn" 許慎據韓詩云、天子諸侯以牛豕、大夫 以犬、庶人以雞. Die gleiche Beschreibung bei Legge zu Mêng tsĕ VI, 2, vii, 3.

[1] Die Worte finden sich *Lun yü* XVI, 1, aber in etwas anderer Form: „Ich habe gehört, daß Leiter von Staaten und von Familien sich nicht sorgen um ein Zuwenig (bei der Bevölkerung), sondern um die Ungleichmäßigkeit (不均), daß sie sich nicht sorgen um die Armut, sondern um die Friedlosigkeit. Denn wo Gleichmäßigkeit besteht, da gibt es keine

entstehen, da gibt es auch tiefe Löcher. Der große Reichtum führt zur Überhebung und die große Armut zum Elend. Aus dem Elend aber kommt das
Verbrechen, und aus der Überhebung die Tyrannei, das liegt im Wesen der
Menschen begründet. Der Heilige erkennt, wo die Quelle der Wirrnis im Wesen
des Menschen sich befindet, darum regelt er den Wandel der Menschen und macht
einen Unterschied zwischen Hoch und Niedrig. Er sorgt dafür, daß die Reichen
ihre Vornehmheit zeigen können, aber nicht bis zur Überhebung gelangen, daß
die Armen ihren ausreichenden Lebensunterhalt haben und nicht dem Elend
verfallen. Auf diese Weise wirkt er mäßigend und führt den Ausgleich herbei.
Wenn der Besitz nicht aufgespeichert wird, so besteht Frieden zwischen Hoch
und Niedrig, und die Regierung ist leicht. In der heutigen Zeit aber hat man diese
mäßigende Regelung bei Seite gesetzt, jeder folgt seinen eigenen Begierden,
und diese Begierden kennen kein Ende, die Allgemeinheit gibt sich ihren Leidenschaften hin, und deren Antrieb hat keine Grenze. So kranken die Vornehmen
oben an Unersättlichkeit, und die kleinen Leute unten sind elend und aus-
gehungert; die Reichen hasten nach immer mehr Gewinn und verlieren darüber
den Willen zur Gerechtigkeit, die Armen aber werden täglich mehr zu Ge-
setzesverächtern und können nicht mehr gezügelt werden. Darum ist in dieser
Zeit die Regierung schwer" 孔子曰不患貧而患不均、故有所積
重則有所空虛矣、大富則驕、大貧則憂、憂則爲盜、驕則
爲暴、此衆人之情也、聖者則於衆人之情見亂之所從
生、故其制人道而差上下也、使富者足以示貴而不至
於驕、貧者足以養生而不至於憂、以此爲度而調均之、
是以財不匱而上下相安、故易治也、今世棄其度制而各
從其欲、欲無所竆、而俗得自恣、其勢無極、大人病不足
於上、而小民羸瘠於下、則富者愈貪利而不肯爲義、貧
者日犯禁而不可得止、是世之所以難治也 (XXVII, 1 rⁿ f.).

Armut; wo Eintracht herrscht, da gibt es kein Zuwenig; wo Friede ist, da gibt es keine
Umwälzungen". Der Gedankengang scheint hier nicht einheitlich und läßt Zweifel an der
Richtigkeit des Textes aufkommen. Tung Tschung-schu hat den letzteren jedenfalls
anders gelesen, und nach seiner Auslegung bezieht sich 均 nicht auf die Innehaltung „des
ihm zustehenden Namens und Platzes durch den Einzelnen" wie Legge meint („every
one getting his own proper name and place"), oder auf die „Ordnung", wie Wilhelm, viel
zu allgemein, übersetzt, sondern auf die Ausgleichung des Besitzes. Schließt man sich dieser
Auffassung Tung's an, so muß auch das Wort 寡 „zu wenig", und damit der ganze erste
Satz anders verstanden werden als Legge, Wilhelm und die sonstigen Übersetzer es tun.
Mit dem „Zu wenig" ist danach nicht die Spärlichkeit der Bevölkerung („menschenleer"
bei Wilhelm, „infrequentia subditorum" bei Zottoli) gemeint, sondern eine Unzulänglichkeit des Besitzes bei der Bevölkerung. Mir erscheint diese Auslegung auch nach dem Texte
des *Lun yü* als die sehr viel wahrscheinlichere.

Insgesamt ist die Beobachtung der geschilderten großen Gesetze der Sittlichkeit in erster Linie der Maßstab, durch den die Kulturhöhe eines Staates
und damit seine Stellung im „Weltreiche" bestimmt wird. Das *T. t.* unter-
scheidet scharf zwischen den Angehörigen des „Mittelreichs" oder vielleicht:
„der mittleren Staaten" (中國) und den „Barbaren" (夷狄). Zu den
letzteren werden offenbar alle die Völkerstämme gerechnet, deren Vorfahren
nicht nachweislich zu den Bewohnern der um das Kaiser-Gebiet im Bereich
des Huang ho und des Weï-Flusses unmittelbar herumliegenden alt-chinesischen
Staaten gehörten, also nicht bloß die halb oder gar nicht zivilisierten Stämme
der Jung, Man, Ti usw., sondern auch die Staaten, die sich durch Eroberung
der Wilden-Gebiete mehr oder weniger nach dem Muster der Mittel-Staaten
gebildet hatten und zum Teil an Umfang und Macht die letzteren weit über-
trafen, wie Tsch'u im Süden, Wu im Südosten, Ts'in im Westen, K'i 杞, Kü
莒 und Sü 徐 im Osten, Sien-yü 鮮虞 im Norden u. a. Also zunächst gibt
die Abstammung und Rasse einen gewissen Vorrang, aber nur deshalb, weil sie
eine Überlegenheit der Kultur verbürgt oder wenigstens wahrscheinlich macht.
„In der gewöhnlichen Terminologie des *T. t.* gilt der Grundsatz, daß nicht den
Barbaren-Völkern die größere Gewissenhaftigkeit in der Beobachtung der richtigen Handlungsweise (*li*) zuerkannt wird, sondern dem Mittelreiche" 春秋之
常辭也不于夷狄而于中國為禮 (III, 1 r⁰), d. h. von vornherein
gilt ein Staat des „Mittelreiches" für überlegen und erhält deshalb andere Bezeichnungen als ein „Barbarenstaat", aber nur, so lange er sich dieses Vor-
zuges nicht unwürdig erweist. „Im *T. t.* heißt es: ‚Tsin brach in Sien-yü ein'
(*Tschao kung* 12. Jahr). Warum ist es hier so scharf gegen Tsin und stellt es
mit den Barbaren gleich?[1] Wenn Fürst und Minister des einen Landes
in ein anderes Land eindringen, dessen Fürst den gleichen Familien-Namen
trägt[2], und dabei keine edle Gesinnung zeigen, die geziemende Form (*li*) nicht
erwidern und außerdem dort Furcht und Schrecken verbreiten, ist das dann
nicht die Art von Barbaren?" 春秋日晉伐鮮虞、奚惡乎晉而同
夷狄也……今我君臣同姓適女、女無良心、禮以不荅、
有恐畏我、何其不夷狄也 (I, 2 r⁰f.). Ebenso wird der Fürst von
Tschêng als ein Barbar angesehen, weil ein Heer von Tschêng in Weï ein-
gefallen war, während dieses Land um seinen kürzlich gestorbenen Fürsten
trauerte *(Tsch'êng kung* 3. Jahr. III, 7 v⁰f.), der Fürst also gleichfalls sich der

---

[1] Diese Schärfe soll sich darin zeigen, daß bei Tsin kein Fürstentitel angewendet, sondern
nur der einfache Landesname gebraucht wird, was der Regel nach nur bei Barbarenstaaten
geschieht.

[2] Die Fürstenfamilien von Tsin und Sien-yü führten beide den Stammesnamen Ki 姬.
Das Verhalten von Tsin verstieß also, abgesehen von allem Andern, auch gegen die
Pietät.

Stellung eines Angehörigen des Mittelreiches unwürdig gezeigt hatte.[1] Auf der anderen Seite erfährt der Fürst Tschuang von Tsch'u, also ein „Barbar", eine hohe Ehrung wegen seines großmütigen Verhaltens gegenüber dem Fürsten von Tschêng, dessen Land er erobert hatte, aber ihm, gerührt durch seine Demut, wieder zurückgab. Tsin dagegen, ein „Mittelstaat", greift den hochherzigen Fürsten trotz seiner Großmut an, obwohl er Tschêng bereits geräumt hat, und wird dann vernichtend von Tschuang geschlagen. „Hier hat sich Tsin in ein Barbarenvolk verwandelt und Tsch'u in ein Kulturvolk, darum wechselt die Terminologie entsprechend diesem Sachverhalt" 今晉變而爲夷狄、楚變而爲君子、故移其辭以從其事 (III, 1 r°). „Nicht Tsin wird die größere Gewissenhaftigkeit in der Beobachtung der richtigen Handlungsweise zuerkannt, sondern Tsch'u" 不與晉而與楚子爲禮也 (Kung-yang zu *Süan kung* 12. Jahr)[2]. Man sieht, wie tief die Wurzeln des chinesischen Kulturstolzes in das Altertum hinabreichen, und wie verständlich und berechtigt er war, bevor er, durch Unwissenheit genährt, seine grotesken Formen annahm.

d. Staatslehre.

Die Lehre des Konfuzius vom Staate, so wie sie uns durch Kung-yang und Tung Tschung-schu übermittelt wird, deckt sich ganz mit dem großen Plane, wie er von den Begründern der Tschou-Dynastie festgestellt war und uns aus dem *Tschou li* bekannt ist. Allerdings ist der Name „Staat" auf diesen Plan nur unvollkommen anwendbar, weil unser Staatsbegriff auch die Begrenztheit eines Landgebietes enthält[3], der konfuzianischen Vorstellung aber diese Be-

---

[1] Vergl. oben S. 203 und unten in Abschnitt 5.

[2] Das Nähere über den Sachverhalt und die Terminologie s. unten in Abschnitt 5. Man erinnert sich, welche Bedeutung man in China bis in die neueste Zeit hinein der „Terminologie" beilegte, wie man sich dort weigerte, fremde Fürsten, Staatseinrichtungen und Würdenträger mit denselben Ausdrücken zu bezeichnen wie die eigenen, und wie dieser Umstand oftmals die Veranlassung zu lebhaften Auseinandersetzungen zwischen der chinesischen Regierung und den fremden Vertretungen gewesen ist. — Über diese ganze Kulturfrage vergl. auch oben S. 181 ff.

[3] „Die staatliche Verbandseinheit ruht auf der äußeren Grundlage eines abgegrenzten Teiles der Erdoberfläche. Sie hat ein Gebiet, d. h. einen räumlich abgegrenzten, ausschließlichen Herrschaftsbereich" (Georg Jellinek, *Allgemeine Staatslehre* 2. Aufl. S. 172). Wenn Hawkling L. Yen, *A Survey of Constitutional Development in China* S. 78 aus dem *T. t.* den entsprechenden Satz herleiten will: „A group of persons inhabiting a certain portion of the earth to maintain and improve there being must organize themselves politically, i. e. form a State", so paßt dies nur auf den Lehenstaat, nicht aber auf den Weltstaat des *T. t.*, der den modernen Reform-Chinesen zwar sehr unbequem ist, der sich nun aber einmal mit keinen Mitteln beseitigen läßt, auch nicht dadurch, daß man ihn — wie Yen dies tut — einfach verschweigt.

grenztheit fehlt. Tung Tschung-schu kennt keinen begrenzten Staat mit un-
begrenzter Staatshoheit, sondern nur ein „Weltreich", d. h. die beherrschte
Erde als kosmische Einheit oder *yin* gegenüber dem herrschenden Himmel oder
yang als zweiter kosmischer Einheit; dieses Weltreich heißt deshalb auch *t'ien
hia* d. h. „das unter dem Himmel Liegende". Das „Volk" des „Weltreiches"
muß natürlich die ganze Menschheit sein, denn „die Erde trägt alles, und der
Himmel bedeckt alles". Seine Herrschaft ausüben tut der Himmel mittelbar.
„Der Himmel spricht nicht, sondern läßt durch Menschen seine Gedanken
verkünden", und „dem Fürsten, der den Auftrag (des Himmels) erhalten, sind
des Himmels Gedanken verliehen, darum hat er die Bezeichnung ,Himmels-
sohn', d. h. er soll den Himmel als seinen Vater ansehen und ihm dienen nach
der Pietät, das ist das Gesetz" 天不言使人發其意⋯⋯受命之
君天意之所予也、故號為天子者、宜視天如父、事天以
孝、道也 (XXXV, 1 v⁰). Der „Himmelssohn" ist also der Vertreter des
Himmels und lenkt als Zentralherrscher das Weltreich. Diese Vermittlerstellung
zwischen Himmel und Erde und die Trägerschaft göttlicher Gedanken gibt
dem Herrscher einen Platz hoch über allen anderen Menschen und macht ihn
zum „Heiligen". „Der heilige Herrscher sitzt oben auf dem Thron, der
Himmel bedeckt ihn, die Erde trägt ihn" 聖主在上位、天覆地載
(LII, 6 v⁰). Sein Reich hat keine Grenzen, oder, wie Kung-yang (zu *Hi kung*
24. Jahr) es ausdrückt: „Für den Zentralherrscher gibt es kein Ausland"
王者無外, ebenso wie über ihm nur sein Vater, der Himmel, ist. Wir
haben also in diesem Gebilde der konfuzianischen Theorie die universale
Zäsaropapie reinster Prägung zu sehen, den Weltstaat auf theokratischer
Grundlage[1].

---

[1] Es ist mir unverständlich, wie man behaupten kann, die Bezeichnung der chinesischen
Staatsform als Zäsaropapie sei nicht richtig. (S. China-Archiv 3. Jahrg. S. 152). Diese Bezeichnung soll für solche orientalische Staaten zutreffen, in denen „der Herrscher un-
beschränkter Vertreter der göttlichen Macht, und sein Wille daher gottähnlich unbeschränkt und unbeschränkbar sei". In China dagegen sei „der Kaiser in
eine pietätvolle Unterordnung zu einer vergöttlichten Familienidee gesetzt, von der er
seine Autorität erhält". Ich weiß nicht, woher diese Umschreibung der Zäsaropapie stammt,
sie ist völlig willkürlich und geht an dem Wesen der Sache vorbei. Die gesperrten Worte
sind entlehnt aus Jellinek, *Allgemeine Staatslehre* S. 283, aber Jellinek ist weit entfernt
davon, sie als Kennzeichnung der Zäsaropapie angesehen wissen zu wollen. Er macht
die sehr richtige Bemerkung, daß man bei der Theokratie zwei Grundtypen unterscheiden
muß. „Der Herrscher ist Vertreter der göttlichen Macht, sein Wille daher gottähnlich,
oder er ist beschränkt durch göttliche Macht, die ihren überstaatlichen Willen durch andere
Organe äußert". Es kann nach den oben angeführten Worten Tung Tschung-schu's keinem
Zweifel unterliegen, welchem „Grundtypus" die chinesische Theokratie zuzurechnen ist.
Der dem zweiten Typus eigene „innere Dualismus", d. h. die menschliche Gewalt, der

Wie aber die einzelnen Teile der Menschheit sich nach ihrer gemeinsamen Abstammung zu Sippenverbänden oder Völkern zusammengeschlossen haben,

---

Herrscher, und die „durch andere Organe geäußerte" übermenschliche Gewalt, das Priestertum, ist dem chinesischen Staate von jeher fremd gewesen, ja er ist mit der Idee dieses Staates schlechterdings unvereinbar. Beide Gewalten sind hier in einer Person vereinigt. „Der Kaiser", sagt Plath, *Über die Verfassung und Verwaltung Chinas unter den drei ersten Dynastien* S. 26, „war zugleich Hoherpriester und Lehrer, und seine Aufmerksamkeit sollte auf alles dieses gerichtet sein", d. h. im chinesischen Weltstaate war der „Zäsar" zugleich „Papst", der Staat also eine Zäsaropapie. Wenn Tsch'ên Huan-tschang (*The Economic Principles of Confucius and his School* I, 61) im Gegensatz hierzu behauptet, „die konfuzianische Kirche habe niemals ein Haupt gehabt wie den Papst, und der chinesische Kaiser sei nicht das Haupt der Kirche", so beruht das auf der völligen Verkennung der alten konfuzianischen Lehre, die bei den durchsichtigen Tendenzen, denen sein Werk dient, wohl nur zum Teil unbeabsichtigt ist. Es ist auch unnötig, die gekünstelte Vorstellung von einer „vergöttlichten Familienidee" heranzuziehen, der der Kaiser untergeordnet sein soll. Natürlich steht der „Himmelssohn" im Dienste des übergeordneten göttlichen Willens, aber das gehört eben zum Wesen der Theokratie, und wir finden das Gleiche in allen Theokratien, vom israelitischen Staate bis zur römischen Papstkirche. — Im Übrigen hat der konfuzianische Staat mehr als einen Zug gemeinsam mit dem antiken hellenischen Staate. Ebenso wie der Stadtstaat des alten Griechenland war er von Anfang an — was sich aus seiner Entstehung auch unschwer erklärt — nicht bloß politische, sondern auch Kultus-Gemeinschaft, und ebenso wie jener ursprüngliche Begriff sich in der Vorstellung immer mehr ausweitete, bis er, über Plato und Aristoteles hinweg, in der Lehre der Stoiker zum Weltstaate wurde, der die ganze Menschheit umschloß, mag auch, nur erheblich früher, der Staatsgedanke der Tschou, insbesondere des Tschou kung im 12. Jahrhundert v. Chr. nur der Abschluß einer längeren Entwicklung aus der Kultusgemeinschaft des Sippenverbandes gewesen sein. Ja auch der Staatszweck der aristotelischen Griechen, das εὖ ζῆν, das „wohlgestaltete Leben", erinnert an das durch das *li* geregelte *tao*, den bestimmungsgemäßen Wandel der konfuzianischen Chinesen, der das Ergebnis der Bildung durch den „Heiligen" sein muß. — Es ist auffallend und bedauerlich, daß in den abendländischen Untersuchungen über Wesen und Geschichte des Staatsbegriffes der chinesische Staat niemals in den Kreis der Betrachtung gezogen wird. Die asiatische Staatenwelt scheint leider unseren Juristen und Rechtshistorikern eine terra incognita zu bleiben, und Jellinek, a. a. O. S. 22 meint, daß „eingehende Untersuchung und Berücksichtigung der altorientalischen Staaten unmöglich sei, weil das uns bekannte Material über sie viel zu gering sei, um ein mehr als oberflächliches Urteil gestatten zu können". China wird denn auch mit keinem Worte in Jellineks großem Werke erwähnt, und doch ist gerade die Lehre vom konfuzianischen Universal-Staate so durchsichtig, daß sie ein Schlüssel sein könnte für das Verständnis von Wesen und Art des altorientalischen Staates überhaupt. Das bekannte Material über diese Lehre aber ist umfangreicher als Jellinek annahm.

so sind die von ihnen bewohnten Landgebiete zu „Staaten" geworden, die
gegeneinander abgegrenzt sind. „Die Bestrebungen des Zentralherrschers sind
zwar einheitlich und richten sich auf das Weltreich" 王者欲一乎天下 (Kung-
yang zu *Tsch'êng kung* 15. Jahr), trotzdem liegt es in der natürlichen Entwicklung,
daß es „ein Drinnen und ein Draußen" gibt, d. h. daß nicht alle Völker und ihre
Staaten gleichartig und gleichstehend sein können. Zunächst wird die Verschiedenheit bedingt werden durch das größere oder geringere Maß der Einwirkungsmög-
lichkeit für den Zentralherrscher. Da von ihm als dem Träger der göttlichen
Gedanken, und nur von ihm alle „Belehrung" d. h. das Licht der Kultur ausgeht,
so werden die Staaten am höchsten entwickelt sein, die von diesem Lichte am
längsten und am stärksten getroffen sind, also vor allem die, die ihm räumlich
am nächsten liegen. Der Sitz des Himmelssohnes bildet den „Mittelpunkt"
des Weltreiches, der „Mittelstaat" (中國) ist mithin der unmittelbare Em-
pfänger der göttlichen Einwirkung, es folgen anschließend die Staaten der verwandten Völker und schließlich ringsherum die mehr, weniger oder noch gar
nicht zivilisierten „Barbaren", die der Zentralherrscher allmählich durch Güte
in den Lichtkreis seines segenspendenden Wirkens zu ziehen bemüht sein muß.
„Der Himmelssohn liebt die Nächststehenden, um so die Entfernten zum Kommen
zu veranlassen, denn noch nie geschah es, daß man die Entfernten heranzog,
ohne die Nächststehenden voranzustellen. Darum sieht man den eigenen Staat
als drinnen an und (im Verhältnis dazu) die chinesischen Gesamtgebiete (die
„Mittelstaaten") als draußen, die chinesischen Gesamtgebiete als drinnen und
(im Verhältnis dazu) das Barbarenland als draußen. Denn es heißt (Kung-
yang zu *Tsch'êng kung* 15. Jahr): ‚vom Nächsten geht der Anfang aus'"
(天子) 親近以來遠、未有不先近而致遠者也、故內其國
而外諸夏、內諸夏而外夷狄、言自近者始也 (VI, 4 v⁰).
Wenn also von dem Mittelstaate oder, im Verhältnis zu den „Barbaren"-Staaten „draußen", von den Mittelstaaten „drinnen" eine Überlegenheit beansprucht wird, so kann sich dieser Anspruch, wie wir bereits sahen
(s. oben S. 210), nur auf die größere Kulturhöhe gründen, auf die Tatsache,
daß in diesen Staaten „die Gedanken des Himmels" infolge der Wirksamkeit
seines Vertreters bereits besser verwirklicht worden sind als in den anderen.
In dem Maße aber, wie die letzteren ebenfalls in den Lichtkreis der „Lehre"
gelangen und von ihr durchtränkt werden, schwindet natürlich jener Anspruch,
und die sittliche Vervollkommnung kann sogar soweit gehen, daß dadurch
die Überlegenheit eines „äußeren" Staates über einen „inneren" begründet
wird[1].

---

[1] Die natürlichen ethnischen Verhältnisse im Altertum machen diese chinesische Theorie
durchaus erklärlich. Der chinesische Urstamm (wenn man einen solchen annehmen will)
trug seine Kulturformen allmählich in die halb oder ganz wilden Völkerschaften, auf die
er bei seinem kolonisierenden Vordringen überall stieß, und er hat diese wohl weit weniger

Die einzelnen Staaten sind zwar in sich selbständig, aber ihre Fürsten haben ihre Stellung nicht kraft eigenen oder ihres Volkes Recht, sondern halten sie zu Lehen vom Himmelssohn, und ihre Regierung muß geführt werden nach den großen ethischen Gesetzen und nach den Bestimmungen des *li*, wie sie vom Zentralherrscher gelehrt und erklärt werden. „Der Himmelssohn erhält seine Befehle vom Himmel, die Lehensfürsten erhalten die ihrigen vom Himmelssohn" 天子受命於天、諸侯受命於天子 (LXX, 7 r⁰). Und: „Im Tschuan heißt es: nur der Himmelssohn empfängt seine Befehle vom Himmel, das Weltreich empfängt die seinigen vom Himmelssohn, der einzelne Staat die seinigen von seinem Fürsten. Sind die Befehle an die Fürsten (dem Himmel) entsprechend, so bekommen auch die Völker dem entsprechende Befehle, sind die an die Fürsten (dem Himmel) zuwiderlaufend, so bekommen auch die Völker zuwiderlaufende Befehle[1]. Daher heißt es: ist der eine Mensch gesegnet, so

mit dem Schwerte seiner Herrschaft unterworfen als durch die Überlegenheit seiner Lebenshaltung veranlaßt, sich dem wachsenden Gedanken von dem Weltreich und dem „Himmelsherrscher" (天王) anzufügen. Dieser Gedanke hat ja seine starke werbende Kraft auch später noch durch viele Jahrhunderte in Asien bewiesen und in dem Prunk, der verfeinerten Form und dem mystischen Halbdunkel des chinesischen Kaisertums eine kräftige Stütze erhalten. Daß sich außerhalb des ihnen bekannten Erdkreises noch andere selbständige Kulturquellen befinden sollten, konnten die alten Chinesen bei den geographischen Verhältnissen, die sie umgaben, nicht ahnen. Als ihnen aber zur Han-Zeit (gerade zu Lebzeiten Tung Tschung-schu's) durch die Entdeckungen in Mittelasien die erste genaue Kunde von fremden Kulturwelten kam, hatten ihre kosmischen Vorstellungen mit dem ethisch-politischen Universalismus bereits einen so festen Halt in ihnen gewonnen, daß sie durch neue Kenntnisse nicht mehr erschüttert werden konnten. So hat sich der Glaube an die Weltsendung des „Himmelssohnes" und an die Menschheitsaufgabe der konfuzianischen Kulturgedanken trotz aller widerstrebenden Entwicklungen die ganze lange chinesische Geschichte hindurch erhalten, und die Vorstellung von dem „Mittelstaate" mit einem Zentralherrscher und den „Außen-Staaten" des Weltreichs heftete sich an immer gewaltigere Größenverhältnisse, je größer sich der Umfang der Erdoberfläche allmählich erwies. Dabei schwand aber die Einschränkung durch die ethischen Verpflichtungen der „Mittelstaaten" völlig aus dem Bewußtsein, man nahm diese Verpflichtungen vielmehr als ein- für allemal erfüllt an und begründete darauf einen für alle Zeit und unter allen Umständen giltigen Überlegenheitsanspruch. (Vergl. unten in Abschn. 5). Kein Bekanntwerden neuer Kultursysteme hat dies starre Dogma zu lösen vermocht, bis endlich die neue Zeit mit der Wucht ihrer Ereignisse es in Trümmer schlug. Aber Teile davon leben auch jetzt noch in dem modernisierten Konfuzianismus weiter, ohne indessen selbst in der Theorie die politischen Ansprüche von ehemals zu erheben, Ansprüche wie sie heute nur noch in der Staatsweisheit des englischen Imperialismus zu finden sind. (Vergl. unten S. 217f. Anm.).

[1] Die Worte finden sich mit einigen Abweichungen im *Li ki* (Couvreur) II, 507 (Kap. XXIX, 46), nicht aber im *Kung-yang tschuan.*

können die Myriaden Völker sich darauf stützen, das wird damit gesagt"
傳曰唯天子受命於天、天下受命於天子、一國則受命於
君、君命順則民有順命、君命逆則民有逆命、故曰一人
有慶萬民賴之、此之謂也 (XLI, 1 v⁰). Dieses ethisch-politische System
des Weltreichs bildet einen einheitlichen Körper, der aber auch nur wieder ein
Teil eines noch gewaltigeren Organismus ist, nämlich des gesamten Kosmos, der
die Himmelskörper mit ihren fest bestimmten wechselseitigen Verhältnissen
umschließt, und dessen letzter Lebensquell wiederum im „Himmel" zu suchen
ist[1]. Das Ganze wird, wie früher dargelegt, durch das Zusammenwirken des
yin und des *yang* in Leben und Bewegung erhalten[2]. Dabei erscheint der Herrscher selbst als das *yang* gegenüber dem Minister oder den Untertanen, d. h.
dem Volke[3] als dem *yin*, oder als das Herz des Organismus gegenüber dem Volke
als dem umgebenden Körper. „Das Herz von allem innerhalb der Meere (der
Welt) ruht beim Himmelssohn, die Völker innerhalb ihrer Gebiete hängen ab
von den Lehensfürsten" 海內之心懸於天子、疆內之民統於諸
侯 (XXXIV, 8 r⁰). „Der Fürst ist das Herz des Volkes, das Volk ist der
Körper des Fürsten. Das Herz, das den Körper lieb hat, wird ihn in Ruhe
halten; der Fürst, der das Volk liebt, wird sich ihm anpassen. Darum sollen
Fürst und Volk Pietät und Bruderliebe hochhalten und dabei das Ritual
und die Rechtlichkeit lieben, sie sollen Herzensgüte und Reinheit pflegen und
dabei Reichtum und Gewinn gering achten. Wenn oben der Fürst persönlich
dies zu seiner Pflicht macht, so werden unten die Myriaden Völker sich danach
richten und Gutes vollbringen" 君者民之心也、民者君之體也、
心之所好體必安之、君之所好民必從之、故君民者貴
孝弟而好禮義、重仁廉而輕財利、躬親職此於上而萬民聽
生善於下矣 (XLI, 2 r⁰, vergl. oben S. 212). Wie die Pietät das
Verhalten des Herrschers nach „unten", dem Volke gegenüber bestimmt,
so auch nach „oben", dem Himmel gegenüber. „Für den Himmelssohn drückt
sich das Verhältnis zu Vater und Mutter im Dienste des Himmels aus, das Verhältnis zu Söhnen und Enkeln in der Förderung des Volkes.... Der Ausdruck
Himmelssohn bedeutet Sohn des Himmels. Soll der Herrscher nun zwar die
Bezeichnung Himmelssohn annehmen, nicht aber das rechte Verhalten (*li*)
eines Himmelssohnes? Die Pflicht des Himmelssohnes, dem Himmel zu opfern,
ist nichts anderes als die eines Menschen, seinem Vater zu essen zu geben" 天子

---

[1] Der XXXIV. Abschnitt, der das System dieses kosmischen Organismus im einzelnen
darstellte, ist leider dermaßen verstümmelt (es ist nur ein spärlicher Rest von etwa 800
Schriftzeichen überhaupt erhalten), daß eine zusammenhängende Darstellung nicht mehr
möglich ist.

[2] S. oben S. 187 ff.

[3] Vergl. oben S. 193. In der Tat bedeutet ja *tsch'ên* 臣 sowohl Minister, wie Untertan.

父母事天而子孫畜萬民⋯⋯天子號天之子也、奈何、受
爲天子之號而無天子之禮、天子不可不祭天也、無異
人之不可以不食父 (LXVII, 1 v⁰ f.). Die vom Himmel stammende
und vom „Heiligen" gelehrte Sittlichkeit, die Pietät insbesondere, ist also der
Untergrund, auf dem sich das Gebäude des Weltreiches erhebt, das Band,
das es zusammenhält, die Kraft, die es ordnet und lenkt. Wie dem Himmel
gegenüber Sohn, so ist der Zentralherrscher dem Volke gegenüber Vater. Nicht
mit Gewalt und Härte aber, sondern durch Belehrung und Beispiel, durch
Milde und Herzensgüte soll er seine Herrschaft wirksam machen, denn „der
Zentralherrscher dehnt seine Liebe aus bis zu den Barbarenstämmen" (s. oben
S. 199), und „die Lehre ist die Wurzel der Regierung, das Strafgesetz aber
nur ein Zweig am Baum" (d. h. nur eine Funktion der Regierung) 教政之
本也、獄政之末也 (V, 10 r⁰). Im Übrigen soll der Zentralherrscher die
Lehre und das gute Beispiel sich auswirken lassen, ohne unnötig in den natürlichen Gang der Entwicklung einzugreifen, er soll sich den alten Herrscher
Schun zum Beispiel nehmen, der nur durch seine Persönlichkeit wirkte: „Er
ließ sein Gewand lose fallen, legte die Hände zusammen, handelte nicht, und
das Weltreich war in Ordnung" 垂拱無爲而天下治 (D II, 10 v⁰,
nach *Schu king* V, 3,10)[1]. Ganz taoistisch-mystisch (sofern dem Texte zu trauen)

---

[1] Vergl. auch *Lun yü* XV, 4: „Nicht handeln und dadurch regieren, das tat Schun".
Dieser passivische Begriff des *wu weï* 無爲 ist, ebenso wie der des *tao*, älter als Konfuzius
und spielt bereits bei Lao tsě (s. *Tao-tê king* Abschn. 29) eine wichtige Rolle; dort muß
er allerdings erheblich weiter gefaßt werden, und Konfuzius hat ihn, eigenmächtig wie
es scheint, lediglich auf die Regierungskunst hin verengt. Er bildet einen besonders
interessanten Bestandteil des philosophischen Gemeingutes der Chinesen, aus dem der
„Taoismus" und, offenbar als dessen Gegenwirkung, die Lehre der *Ju kia*, der „Konfuzianer" erwuchs. Man fand die beiden Schriftzeichen in Kaiser K'ang-hi's faksimilierter
Handschrift noch als Wahrspruch über dem Kaiserlichen Thronsessel in der Kiae-t'ai-
Halle 交泰殿 des Palastes zu Peking. Vergl. die Darstellung in dem großen vom
Kaiserlichen Museum in Tōkyō herausgegebenen Prachtwerke 清國北京皇城寫眞
帖 *Schin koku Hok-kyō kwōjō schastschin-tschō* Tafel 75.
Die Reformatoren der K'ang You-weï'schen Schule haben sich mit dieser Theorie vom
Weltreich und dem Zentralherrscher, d. h. dem konfuzianischen Universalismus auf ihre
Weise abgefunden. Zunächst leugnen sie, daß dieser Universalismus im Altertum eine politische
Bedeutung gehabt habe, vielmehr sei er lediglich ethischer Natur gewesen. So heißt es bei
K'ang selbst in einem seiner Aufsätze *(King schi wên sin pien* Kap. 19 fol. 3 v⁰): „Die
heiligen Herrscher waren nicht Herren der Menschen, sondern Herren der Ordnungen
und Gesetze; die Welt fügte sich ihnen, und die Scharen der Völker unterwarfen sich ihnen.
Seit der Zeit der Kampfstaaten bis zur späteren Han-Dynastie, also in einem Zeitraume
von achthundert Jahren, gab es in der Welt keine Gebildeten, die nicht Konfuzius für

ist dann die Beschreibung des nicht erkennbaren, und doch vor Aller Augen liegenden Wirkens des Herrschers, dem gehorcht wird, ohne daß er befiehlt.

---

einen Zentralherrscher erklärt hätten, darüber gab es keine verschiedene Meinung. Seitdem aber Liu Hin mittels des *Tso tschuan* das *Kung-yang tschuan* vernichtet und mittels seiner alten Schrift die überlieferten Aufzeichnungen gefälscht hat (s. oben S. 59ff.), hat man die mündliche Erklärung der heutigen Wissenschaft dahin gebracht, daß man den Herzog von Tschou an die Stelle von Konfuzius und das Wort „überliefern" an die Stelle von „neu verfertigen" (s. *Lun yü* VII, 1: „Ich überliefere nur, aber verfertige nichts Neues") gesetzt hat. So ist Konfuzius für die Nachwelt nur ein hochstehender Mann umfassenden Wissens geworden, nicht aber ein Herr der Lehre, der die Ordnungen wandelte und die Gesetze gab. Die heiligen Herrscher waren nur Lehrer der Gesamtheit, nicht die Fürsten der Gesamtheit" 聖王不爲人主而爲制 法主、天下從之民萌歸之、自戰國至後漢八百年間天 下學者無不以孔子爲王者、靡有異論也、自劉歆以左氏 破公羊以古文僞傳記、攻今學之口說以周公易孔子、 以述易作、於是孔子遂僅爲後世博學高行之人、而非復 爲改制立法之教主、聖王祇爲師統而不爲君統. Mit anderen Worten: Die Zentralherrscher des Altertums (auch die der Tschou-Dynastie?) waren nicht Welt-Kaiser in politischem Sinne, sondern Herrscher im Geist, Abgesandte Gottes, ähnlich den Propheten Israels. Die Menschheit lauschte ihnen und folgte ihren Lehren, aber die politische Herrschaft übten ihre Fürsten und Häuptlinge aus. Zu diesen „Herren der Ordnungen und Gesetze" gehörte auch Konfuzius, und sein Weltreich (*t'ien hia*) war ein „Imperium des Geistes". Erst eine Fälschung der Lehre und der Geschichte hat die „heiligen Herrscher" zu regierenden Fürsten und ihren Universalismus zu einer politischen Weltherrschaft, Konfuzius aber zu einem bürgerlichen Weisen gemacht! Sodann aber haben die Reformatoren geglaubt, aus dem *T. t.* eine Theorie der ethisch-politischen Weltentwicklung herleiten zu können, die sie die Lehre von den drei Zeitaltern (三世) nennen, und die allegorisch in die drei Zeitabschnitte des *T. t.* (s. oben S. 171f) verkleidet sein soll. (Kang You-wei *Tung schi hüo* Kap. 2 fol. 4 r⁰). Sie bildet auch die eine von den drei großen „Gedankengruppen" (*k'o*) des *T. t.* (s. oben S. 185f.). Diese Theorie wird in allen Schriften der Reformatoren zur Grundlage ihrer gesamten Weltanschauung gemacht. Besonders klar ist sie dargestellt in einer Abhandlung von Wang Kio-jen 王覺任 (*King schi wên sin pien* Kap. 18a fol. 63 v⁰ff.), auch Tsch'ên Huan-tschang (*The Economic Principles of Confucius* I, 16ff.) widmet ihr einen besonderen Abschnitt. Die erste der drei großen Stufen heißt „das Zeitalter der Ordnungslosigkeit" (據亂世). Hier „hat nur die militärische Macht zu entscheiden", „die Regierungsgewalt erkennt keine Gesetze an". „There is a sharp distinction between one's own country and all other civilized countries. The small countries are neglected". „Die Stämme Afrikas und der Südsee sind in diesem Zustande". Die nächste Stufe ist „das Zeitalter des aufsteigenden Friedens" (昇平世). Hier „ist die militärische Macht nur Hilfsmittel", „die Regierungsgewalt folgt bestimmten Gesetzen". „Für innen gilt das zivilisierte China, für außen das Barbarenland" (內夏外夷),

„Ein erleuchteter Herrscher schaut hin auf das Dunkle und lauscht auf das Lautlose, wie der Himmel alles deckt und die Erde alles trägt. Die Myriaden

---

„man zerstört die Nationalität Anderer, um die eigene zu heben". „There is a distinction only between all the civilized countries and the barbarians. By the equal right even the small countries can have their representatives". Also das Zeitalter des Nationalismus. Die dritte und letzte Stufe ist „das Zeitalter des allgemeinen Friedens" (太平世). „Die Barbaren kommen herbei und erhalten ihren Rang, fern und nah, groß und klein, alle sind eine Einheit, die Staaten haben eine gemeinsame Hauptstadt des Himmels, die Menschen bilden das gemeinsame Volk des Himmels"; Jeder liebt den Staat der Anderen wie seinen eigenen". „There is no distinction at all. The barbarians become civilized countries and obtain the same title in the diplomatic circle. Whether the nations are remote or near, small or great, the whole world is as one unit, and the character of mankind is on the highest plane". Also vollkommener Universalismus. Man wird im *T. t.* oder bei Kung-yang vergeblich nach dieser Theorie suchen, sie ist vielmehr erst von den Reformatoren hineingelesen worden, indem sie die Formeln des *T. t.*, die von Kung-yang und Tung Tschung-schu auf die Rassen- und Nationalitätenfrage, auf die Stellung des Konfuzius zu den drei Dynastien, auf seine Ansichten und Pläne hinsichtlich des Staates Lu u. a. bezogen worden sind, in ihre von anderwärts herangetragene Theorie einfügten, um dieser einen um so festeren Halt zu geben. Ihren Ursprung hat die Theorie in dem Kapitel *Li yün* 禮運 des *Li ki*, unzweifelhaft einem der interessantesten, aber auch der seltsamsten und verdächtigsten Teile dieses Werkes. Konfuzius schildert hier in einem Gespräche mit seinem Schüler Tsĕ-you 子游, der im *Lun yü* des öfteren erwähnt wird, wie die Zustände im Weltreiche sind, wenn „der Große Weg (大道) gewandelt wird", und „das Weltreich (oder die Erde) gemeinsam ist", im Gegensatz zu den mangelhaften politischen und sozialen Verhältnissen von heute, wo „der Große Weg verdüstert", und „das Weltreich Familiengut ist". Die entscheidende Frage ist, ob das „Wandeln des Großen Weges" hier von der Vergangenheit zu verstehen ist oder von der Zukunft. Die chinesischen Kommentatoren Tschêng Hüan und K'ung Ying-ta verlegen es, der ganzen späteren konfuzianischen Auffassung entsprechend, natürlich in die Vergangenheit, in „die Zeit der fünf Ti", dasselbe tun die Übersetzer Legge und Couvreur. „When the Grand course was pursued, a public and common spirit ruled all under the sky", übersetzt Legge *(S. B. E.* XXVII, 364), und: „Lorsque la grande voie de la vertu était fréquentée, le chef de l'empire ne considérait pas le pouvoir souverain comme un bien appartenant en propre à sa famille", meint Couvreur (*Li ki* I, 497) in Übereinstimmung mit der orthodoxen Auffassung. (Auf diese so verstandene Stelle des *Li yün* beruft sich auch das Abdankungs-Edikt der Ts'ing-Dynastie vom 12. Februar 1912). Dagegen bezieht K'ang You-wei's Schule die Sätze und was ihnen folgt auf einen künftigen Zustand, dem die Entwicklung erst zustrebt. Tsch'ên Huan-tschang (a. a. O. I, 18) übersetzt deshalb (gleich mit einer gewissen Tendenz): „When the Great Principle prevails, the whole world becomes a republic". Eine Ausnahme scheint Hawkling L. Yen zu machen, wenigstens drückt er sich mit sehr vorsichtiger Unbestimmtheit aus, indem er (a. a. O. S. 77) von „drei Stadien poli-

von Staaten im Weltreich wagen nicht, immer und überall nicht in Ruhe ihre Obliegenheiten zu erfüllen. Der aber den Auftrag (des Himmels) erhalten hat,

---

tischer Organisation" spricht, „die Konfuzius anerkannte", und dann fortfährt: „the first was perfect peace ... the second was inferior tranquillity... and the third was chaos where the organization fell into pieces". Konfuzius selbst habe in dem dritten Stadium gelebt, das hiernach den Verfall von etwas Besserem darstellte. Eine Entscheidung in der Frage zu treffen ist nicht leicht: der chinesische Text läßt beide Auslegungen zu, und aus dem Zusammenhange läßt sich manches herbeibringen, das für die eine, und manches, das für die andere spricht. Nicht minder zweifelhaft ist aber die Herkunft des Textes. Daß er in der Tat dem Konfuzius zuzuschreiben wäre, wie die Reformatoren als sicher annehmen, dafür spricht nichts als die Behauptung des Textes selbst, während die gesamte Denkweise des Konfuzius, sein Standpunkt dem Altertum gegenüber, ja seine ganze Persönlichkeit, so wie wir alles dies aus dem *Lun yü* kennen, eine solche Annahme höchst unwahrscheinlich machen. Dazu kommt, daß das *Li yün* in seinen Gedankengängen wie in seiner Ausdrucksweise sehr starke taoistische Anklänge aufweist, die sich jedem kritischen Leser sofort bemerkbar machen. Sowohl den abendländischen, wie den chinesischen Bearbeitern (vergl. Legge a. a. O. S. 24 und Couvreur a. a. O. S. 496 Anm.) sind denn auch starke Zweifel zum mindesten über die Unverfälschtheit des Textes gekommen, und wenn man bedenkt, aus wie verschiedenen, im ganzen nur wenig bekannten Quellen das *Li ki* allmählich entstanden, und wie spät (bis zum 2. Jahrh. n. Chr.) es erst zu seiner jetzigen Gestalt zusammengesetzt ist, so wird man diesen so ganz unkonfuzianisch anmutenden Sätzen mit beträchtlichem Mißtrauen gegenübertreten. Der Grund, auf dem die Reformatoren ihr hochragendes Gebäude von der entwicklungstheoretischen Weisheit des Konfuzius errichten wollen, ist viel zu schwankend, als daß er eine solche Last tragen könnte: selbst wenn man die Sätze von dem „Großen Wege" auf die Zukunft beziehen will, bleibt es sehr unwahrscheinlich, daß Konfuzius sie gesprochen haben soll. Und in jedem Falle liegt ihre Bedeutung durchaus nicht so klar zu Tage wie einerseits die orthodoxen Erklärer und mit ihnen Couvreur, andererseits die Reformatoren, insbesondere Tsch'ên Huan-tschang annehmen; eine Welt-Republik darin finden zu wollen, kann in der Tat nur einem vom amerikanischem Geiste besessenen Politiker beikommen Auch Legge, scheint mir, wird in seiner Übersetzung dem Texte nicht gerecht: das „public and common spirit" atmet englische Anschauungen. Die „Gemeinsamkeit des Weltreiches" kann wohl nur aus jenem soziologischen Anarchismus erklärt werden, wie Lao tsě ihn gelehrt hat, sie bedeutet dann das herrenlose Besitzen der Erde durch die Menschen, die in Genügsamkeit und Eintracht leben und Niemandes Herren und Niemandes Diener sind, einen Zustand, den Lao tsě aber auch eher in der Vergangenheit gesucht als von der Zukunft erwartet zu haben scheint. Der Gedanke einer sozialen Menschheitsentwicklung aus dem Chaos heraus durch einen Übergangszustand des „kleinen Friedens" (小康) in nationalen Staaten hindurch einem künftigen Ziele, der „Großen Eintracht" (大同, von Tsch'ên Huan-tschang wenig passend mit „Great Similarity" übersetzt) im übernationalen Weltbunde entgegen, wäre im 5. Jahrh. v. Chr. eines wirklichen Weisen würdig gewesen, aber leider weiß Konfuzius' Lehre, so

wird seinen Untertanen nicht zu wissen geben, wie dies zu Stande kommt[1]. Wenn die Art zu sein (道) die gleiche ist (bei dem Zentralherrscher und den Lehensfürsten), so ist ein gegenseitiges Übertreffen (in der Kenntnis des Richtigen) nicht möglich, und wenn das Begehren das gleiche ist, so kann ein Anweisen des Einen durch den Andern nicht stattfinden. Das ist die Lehre. Betrachtet man das Ganze von diesem Standpunkt, so ist klar: es ist eine Unmöglichkeit, die Macht des Fürsten zu beseitigen und doch die Befugnisse (der Einzelnen) zu regeln, keinen Unterschied zwischen dem Höheren und Niederen zu machen und doch die Ordnung der Rangstellungen aufrechtzuerhalten"

明王視於冥冥聽於無聲、天覆地載、天下萬國莫敢不悉靖共職、受命者不示臣下以知之至也、故道同則不能相先、情同則不能相使、此其敎也、由此觀之未有去人君之權能制其勢者也、未有貴賤無差能全其位者也

(VI, 10 v⁰f.). Nicht minder taoistisch ist die Schilderung des gesegneten Zustandes, den ein rechter Zentralherrscher verbreitet. „Befindet sich der Zentralherrscher in richtiger Ordnung, so sind die Urdämpfe (das *yin* und das *yang*)

---

wie sie sich uns darbietet, nichts von solchen Entwicklungen nach vorn, sondern sie klagt um das verlorene Ideal der Vergangenheit und strebt, die Menschheit ihm wieder nahe zu bringen. Man mag Konfuzius auf Grund der Lehren des *T. t.*, Kung-yang's und Tung Tschung-schu's eine größere Weitherzigkeit der Anschauungen zuerkennen als die spätere Orthodoxie glauben macht, aber um über den Universalismus eines Tschou kung hinauszusehen, war er viel zu sehr von den Vorstellungen seiner Zeit beherrscht, und von welcher Art dieser Universalismus war, dafür finden wir ebenfalls in den drei Quellen, wie unsere Auszüge gezeigt haben und noch zeigen werden, Anhaltspunkte genug. Dieser Universalismus war durchaus nicht ein lediglich ethischer, sondern er war ausgesprochen politisch, allerdings auf ethisch-theokratischer Grundlage. Übrigens widerlegt Tsch'ên Huan-tschang sich selbst, wenn er sagt: „In the past, China was a universal empire, and in the present, she is only one of the nations of the world" (a. a. O. S. I, 315). Und zwar soll dieser Universalismus bis zum Opium-Kriege gewährt haben! Tsch'ên wird nicht im Ernst behaupten wollen, daß die chinesischen Dynastien keine politischen Vorrechte vor allen Staaten der Welt nach Art der älteren Zentralherrscher beansprucht hätten. Diese Ansprüche waren ja eben eine der wichtigsten Ursachen des gewaltsamen Zusammenstoßes mit dem Abendlande.

[1] Vergl. hierzu Huai-nan tsĕ (Wu-tsch'ang-Ausgabe) Kap. 2 fol. 5 r⁰: „Der Heilige richtet seinen Geist auf die Sammelstelle der geistigen Triebkräfte und macht sich die ersten Anfänge der Dinge zu eigen. So schaut er hin auf das Dunkle und lauscht auf das Lautlose. Im Dunklen gibt es für ihn allein ein Erblicken und im Stillen für ihn allein eine Klarheit"

聖人託其神於靈府而歸於萬物之初、視於冥冥聽於無聲、冥冥之中獨見曉焉、寂漠之中獨有照焉. Über den Ausdruck 靖共 vergl. *Schi king* II 6, III, 4—5.

in Harmonie, Winde und Regen treten rechtzeitig ein, glückbedeutende Gestirne
werden sichtbar, und der gelbe Drache kommt herab. Befindet sich der Herrscher
nicht in richtiger Ordnung, so gehen oben am Himmel Katastrophen vor sich,
und üble Urdämpfe werden bemerkbar. Als die fünf Kaiser und die drei Herrscher[1] das Weltreich regierten, da wagte man nicht, eine Gesinnung des Gegen-
satzes von Fürst und Volk zu hegen. Man erhob die Abgabe des Zehnten,
lehrte durch Liebe und ordnete an in Treue; man ehrte die Ältesten, hegte die
Nächststehenden und zeigte Verehrung den Verehrungswürdigen; man nahm
dem Volke seine Arbeitszeit nicht weg und verlangte nur drei Tage im Jahre
Frondienste. Im Volke lebte jede Familie in behaglichem Wohlstande, es
gab nicht das Unheil des Hasses und des Ehrgeizes, der Verbitterung und des
Zornes, nicht das Leiden der Unterdrückung der Schwachen durch die Starken,
man kannte nicht Menschen, die Verleumdungen und Gewalttätigkeiten verübten
oder von Eifersucht und Mißgunst erfüllt waren. Das Volk übte die Tugend
und pries das Gute; mit lose herabhängendem Haar und sein Essen verzehrend
wandelte es umher[2]; es verlangte nicht nach Reichtümern und Ehren, sondern
schämte sich des Schlechten und erhob sich nicht wider die Ordnung. Der
Vater brauchte nicht über den Sohn, der ältere Bruder nicht über den jüngeren
Tränen zu vergießen. Giftige Insekten stachen nicht, wilde Tiere fielen nicht
(über andere Geschöpfe) her, und blutdürstiges Raubzeug ging nicht auf Beute aus.
Vom Himmel träufelte Nektar hernieder, das purpurne Gras[3] sproßte, krystall-
klare Quellen sprudelten hervor, Wind und Regen hielten ihre Zeit inne, die
segenspendende Ähre[4] gedieh, Phönix und Einhorn wandelten an der Weich-
bildgrenze der Stadt. Die Gefängnisse waren leer, man kennzeichnete die
Kleider (der Gesetzesübertreter als ihre einzige Strafe), und das Volk lehnte

---

[1] Die anderen Ausgaben lesen 三皇 statt 三王. Beides ist schwer zu vereinigen
mit der unten erörterten Lehre von den neun *huang*, den fünf *ti* und den drei *wang* (s. unten
S. 231ff.).

[2] D. h. das Volk hatte Mußestunden, in denen es das Haar nicht zur Arbeit aufwickeln
mußte, und dabei doch vollauf Nahrung zum essen.

[3] Das purpurne Gras wird in der älteren Literatur häufig erwähnt. Nach dem *Ta Tai
li* soll es 15 Tage lang jeden Tag ein Blatt hervorbringen, vom 16. Tage an jeden Tag ein
Blatt verlieren bis zum Ende und dann dieselbe Entwicklung von neuem beginnen. Es
„wächst zur Belohnung der Tugend".

[4] Die segenspendende Ähre wird zuerst im Vorwort zum *Schu king* erwähnt (s. Legge,
Chin. Cl. III, 9f.). T'ang, der Oheim des Kaisers, fand eine Korn-Ähre, die aus verschiedenen
Stengeln bestand, die in eine Ähre zusammengewachsen waren. Er überreichte sie dem
Kaiser, und dieser befahl ihm, sie dem Herzog von Tschou zu geben. Dieser verfaßte
darauf den Abschnitt *Kuei ho* 鬹禾 des *Schu king*. Ferner verfaßte der Herzog von Tschou
nach Empfang der Ähre den Abschnitt *Kia ho* 嘉禾 desselben Werkes. — *Kia ho* heißt
auch der von der republikanischen Regierung Chinas i. J. 1912 neu gestiftete Orden.

sieh nicht auf. Die Barbaren der vier Himmelsrichtungen, deren Reden übersetzt werden mußten, kamen zum Kaiserhofe. Des Volkes Art war einfach
und ungekünstelt, man brachte die Opfer dar für Himmel und Erde und
bedachte die (Geister der) Berge und Flüsse ihrem Range gemäß zu ihrer
Zeit. Das Opfer *fêng* wurde auf dem T'ai schan vollzogen, und das Opfer
schan auf dem Liang-fu[1]. Die Halle *Ming t'ang*[2] wurde errichtet für
die Ahnen-Opfer an die früheren Herrscher, wobei der Ahn dem Himmel zugesellt wurde[3]. Die Lehensfürsten des Reiches kamen alle, ihrem Amte entsprechend, zum Opfer. Als Tribut wurde dargebracht was das Land erzeugte.
Man brachte es zuerst in den Ahnentempel, angetan mit der rechtwinkligen
Kappe[4] und den Staatskleidern, und danach machte man deutlich, wie man die
Dankbarkeit für tugendvolle Gnade (der Ahnen) voranstellte und der Wirkung
der Urkraft teilhaftig wurde" (?) 王正則元氣和順、風雨時、景星見、

---

[1] Über die großen Opfer *fêng* und *schan* s. Chavannes, *Le T'ai Chan* S. 16ff. Vergl.
auch unten S. 260f. Der Liang-fu ist ein kleinerer Berg in der Nähe des T'ai schan.
S. Chavannes a. a. O. S. 168 Anm. 1.

[2] Über die Halle *Ming t'ang* gehen auch die chinesischen Angaben auseinander. Näheres
Li ki Kap. 12 (Legge, *S. B. E.* XXVII, 28ff. und XXVIII, 28ff, Couvreur I, 332 und
725ff.), Chavannes, *Mém. hist.* III, 511, Quistorp, *Männergesellschaft und Altersklassen im alten China* S. 27. Vergl. auch oben S. 103.

[3] Über die „Zugesellung" der Ahnen an den Himmel beim Opfer und ihre Bedeutung
s. Franke, *Kêng tschi t'u, Ackerbau und Seidengewinnung in China* S. 8 und S. 12f. Vergl.
auch Kung-yang zu *Süan kung* 3. Jahr: „Warum muß beim Stadtflur-Opfer (d. h. dem
Himmels-Opfer, s. unten S. 260) auch dem (Hou) Tsi geopfert werden ? — Der Kaiser muß
durch seinen Ahn (beim Opfermahl) Gesellschaft leisten lassen. — Warum muß der Kaiser
durch seinen Ahn Gesellschaft leisten lassen ? — Wenn der von innen nach außen Gehende
keinen geeigneten Gefährten findet, so geht er nicht; und wenn der von außen nach innen
Kommende keinen Hausherrn findet, so bleibt er nicht" d. h. die Gottheit verläßt ihr
Heim nicht, wenn sie nicht weiß, daß sie beim Opfermahl geeignete Gefährten findet, und
sie bleibt nicht, wenn beim Opfermahl kein Hausherr zugegen ist. 郊則曷爲必
祭稷、王者必以其祖配、王者則曷爲必以其祖配、自內
出者無匹不行、自外至者無主不止.

[4] Die rechtwinklige Kappe, *tuan mien* oder auch *hüan* 玄 *tuan* die „dunkle Rechtwinklige" genannt, war die große Staatsmütze unter der Tschou-Dynastie, und auch zur Han-
Zeit wurde eine nach ihrem Muster geformte Kopfbedeckung getragen. Den Kommentaren zufolge war die eigentliche Kappe überdeckt von einer 8 Zoll breiten und 16 Zoll
langen oben dunklen und unten purpurnen steifen Platte *(yen* 延*)*, von der vorn und hinten
je sechs buntfarbige mit Perlen geschmückte Schnüre *(sui yen* 璪延*)* herabhingen. Vergl.
Li ki (Couvreur) I, 677, wo sich auch eine Abbildung der Kappe findet, ebenso wie bei
Zottoli, *Cursus Litteraturae Sinicae* II, Tabula X.

黃龍下、王不正則上變天、賊氣垃見、五帝三王之治天
下不敢有君民之心、什一而稅、教以愛、使以忠、敬長老、
親親而尊尊、不奪民時、使民不過歲三日、民家給人足、
無怨望忿怒之患、強弱之難、無讒賊妒疾之人、民修德
而美好、被髮銜哺而游、不慕富貴、恥惡不犯、父不哭子、
兄不哭弟、毒蟲不螫猛獸不搏、抵蟲不觸、故天為之下
甘露、朱草生、醴泉出、風雨時、嘉禾興、鳳凰麒麟遊於郊、
囹圄空虛、畫衣裳而民不犯、四夷傳譯而朝、民情至朴
而不文、郊天祀地、秩山川以時、至封於泰山、禪於梁父、
立明堂宗祀先帝以祖配天、天下諸侯各以其職來祭、
貢土地所有、先以入宗廟端冕盛服、而後見先德恩之
報奉元之應也 (?) (VI, 1 r⁰ f.)[1]. Ihrer Grundstimmung nach könnte
diese Schilderung auch von Lao tsĕ oder Tschuang tsĕ herrühren, so nahe
kommt sie deren verlorenem Paradiese einer fernen Vergangenheit. Das
Gegenstück dazu ist die darauf folgende Beschreibung des allgemeinen Verfalls
unter den Tyrannen Kie und Tschou, den letzten Kaisern der Hia- und Schang-

---

[1] Es ist nicht ohne Interesse, zu sehen, wie Tung Tschung-schu mit diesem Maßstabe
die nach innen und ganz besonders nach außen fruchtbare und glänzende Regierung des
Kaisers Wu ti, unter dem er wirkte, gemessen hat, welchen Eindruck insbesondere die
damaligen großartigen Entdeckungen und Eroberungen im Westen auf ihn gemacht haben.
In einer seiner Denkschriften an den Thron spricht er sich darüber folgendermaßen aus:
„Nun beherrschen Eure Majestät das Weltreich, innerhalb der Meere gibt es nichts, das
Euch nicht untertan wäre. Euer Blick schweift weit, und Euer Ohr vernimmt alles; die
Erkenntnis Eurer Untergebenen habt Ihr zum höchsten gesteigert und das Gute im Welt-
reich zur Vollendung gebracht. Die größte Tugend erstrahlt und begnadet auch die Länder
außerhalb des (unmittelbaren) Gebiets. So haben Ye-lang (ein Barbaren-Staat in den
Grenzgebieten der heutigen Provinzen Ssĕ-tsch'uan, Yün-nan und Kueï-tschou, der i. J.
130 v. Chr. durch Geschenke zur Unterwerfung bewogen war) und K'ang-kü (Sogdiana
in Turkistan, das kurz vor der Abfassung der Denkschrift durch die Entdeckungen Tschang
K'ien's bekannt geworden war; es ist bezeichnend, daß Tung von den zahlreichen Staaten
Mittelasiens, mit denen China zur Zeit des Kaisers Wu ti in Berührung kam, gerade diesen
erwähnt), wohl zehntausend Li entfernte Gegenden, an Eurer Tugend Gefallen gefunden
und Eurer Gerechtigkeit sich anvertraut. Das ist die Wirkung des allgemeinen Friedens.
Wenn aber dabei Eurer Majestät Verdienste noch nicht dem Volke zuteil geworden sind,
so hat das vielleicht seinen Grund darin, daß des Herrschers Gesinnung ihm noch nicht
zuteil geworden ist" 今陛下并有天下、海內莫不率服、廣覽兼
聽、極犖下之知、盡天下之美、至德昭然施于方外、夜郎
康居殊方萬里說德歸誼、此太平之致也、然而功不加
于百姓者、殆王心未加焉 (D II, 5 r⁰).

Dynastie, die „zwar die Nachkommen von heiligen Herrschern, aber überhebend bis zum Übermaß waren" 桀紂皆聖王之後驕溢妄行. Aufgezeichnet sind die Lehren der Regierungskunst — und damit zieht Tung den taoistischen Weisen ihre Grenze — in den von Konfuzius übermittelten kanonischen Büchern. „Der Edle weiß, daß der Inhaber des Thrones nicht durch Schlechtigkeit sich die Menschen untertan machen kann. Darum hält er die sechs Wissenschaften voneinander getrennt, um sich mit jeder von ihnen zu bilden. Das *Schi king* und das *Schu king* ordnen den Willensdrang, das *Li ki* und das *Yo ki* lassen das Schöne klar hervortreten, das *Yi king* und das *Tsch'un-ts'iu* klären das Wissen auf" 君子知在位者之不能以惡服人也、是故簡六藝以瞻養之、詩書序其志、禮樂純其美、易春秋明其知 (II, 9 v⁰ f.)[1]. Alle kanonischen Bücher aber geben lediglich die Weisheit des Altertums wieder, und daß dessen „hinterlassene Grundgesetze für das Reich Zirkel und Winkelmaß" sind, haben wir bereits früher gesehen (s. oben S. 170). Dieses bedingungslose Recht des Altertums scheint auch an zwingenden Forderungen der Gegenwart kaum eine Schranke zu finden, und es ist schwer, für die Entwicklung nach vorn noch eine Möglichkeit zu entdecken, wenn man die folgenden scharf gezogenen Linien für Neubildungen im Staatswesen betrachtet. „Altertum und Gegenwart durchdringen einander, und die Weisen der Vorzeit haben ihr Vorbild den späteren Geschlechtern hinterlassen. Der Standpunkt des *T. t.* gegenüber den Fragen der Zeit ist deshalb: Beifall für das Zurückgreifen auf das Altertum, Mißbilligung für Veränderungen des ewig Giltigen, darin zeigt sich sein Bestreben, die Herrscher der Vorzeit zum Vorbilde zu nehmen. Nun gibt es aber auf der anderen Seite ein Wort, das besagt: der Herrscher muß die Staatseinrichtungen (zeitgemäß) abändern. Ein schlichter Mann, der diesen Grundsatz vernimmt, könnte ihn zum Anlaß für folgenden Einwand nehmen: Wenn man von Alters her dem Grundgesetze der Herrscher der Vorzeit folgt, wie sollte sich dieses nicht von Geschlecht zu Geschlecht forterben? Verwirrt aber durch solche Kunde, kann man zweifelhaft werden über den richtigen Weg und Irrlehren Glauben schenken; das aber wäre ein großes Unglück. Darauf wäre zu antworten: ... Wenn man sagt, der neue Herrscher (d. h. eine neue Dynastie) muß die Staats-Einrichtungen abändern, so heißt das nicht, daß er das Grundgesetz abändern, die Staatsnorm wandeln soll. Denn wenn der Auftrag vom Himmel an eine neue Familie, an einen anderen Herrscher ergeht, so heißt das nicht, daß dieser nur darum Herrscher ist, weil er die Fortsetzung des früheren Herrschers darstellt. Wenn aber (der neue Herrscher) die früheren Staatseinrichtungen insgesamt einfach beibehält und den alten Organismus nur etwas aufbessert, ohne Änderungen vorzunehmen, so ist dies nichts anderes,

---

[1] Unter den „sechs Wissenschaften" sind also hier die genannten sechs kanonischen Bücher zu verstehen. Vergl. dazu *Li ki* (Couvreur) II, 353f., wo die Bedeutung der letzteren in ähnlicher Weise gekennzeichnet wird.

als daß er nur darum Herrscher ist, weil er die Fortsetzung des früheren Herrschers darstellt. Ein Fürst, der den Auftrag (des Himmels) erhalten hat, ist
die große Offenbarung des Himmels. Wer seinem Vater dient, der bewahrt
(seines Vaters) Gesinnung; wer dem Fürsten dient, der nimmt (des Fürsten)
Willen zur Richtschnur, und mit dem Himmel verhält es sich ebenso. Der
Himmel hat in der großen Offenbarung sein eigenes Ziel; wenn nun (der neue
Herrscher) einfach die Stelle (des früheren) übernimmt, und alles im ganzen
gleich bleibt[1], so bildet er keine Offenbarung, keine Verdeutlichung und läßt
den Willen des Himmels zu nichte werden. Daher muß (der neue Herrscher)
die Residenz verlegen, den Namen (des Reiches) wechseln, den Jahresbeginn
anders legen, die Kleiderfarben ändern, nichts weiteres. So vermeidet er, un-
folgsam gegen den Willen des Himmels zu sein, und so verdeutlicht er dessen
eigene Offenbarung. Was dagegen das große zusammenhaltende Band betrifft,
die sozialen Beziehungen der Menschheit, die Grundnorm, die Regierungsart,
die Religion, die Gewohnheiten und Bräuche, die Bedeutung der Schriftzeichen,
so bleibt dies alles beim alten[2]. Wie sollte man es auch ändern? Für den
(neuen) Herrscher gibt es also wohl die Formfrage einer Abänderung der Staatseinrichtungen, nicht aber die Wesensfrage einer Umwandlung der Staatsnorm"

古今通達、故先賢傳其法於後世也、春秋之於世事也
善復古譏易常、欲其法先王也、然而介以一言曰、王者
必改制、自偁者得此以爲辭曰、古苟可循先王之道何莫
相因世迷、是聞以疑正道而信邪言、甚可患也、荅之曰、
‥‥今所謂新王必改制者、非改其道非變其理、受
命於天、易姓更王非繼前王而王也、若一因前制修故業
而無有所改、是與繼前王而王者無以別、受命之君天
之所大顯也、事父者承意、事君者儀志、事天亦然、今天
大顯己物、襲所代而率與同則不顯不明非天志、故必
徙居處、更稱號、改正朔、易服色者、無他焉、不敢不順天
志而明自顯也、若其大綱人倫道理政治教化習俗文義
盡如故、亦何改哉、故王者有改制之名、無易道之實

---

[1] Einer der Kommentatoren will den zweifelhaften Text dadurch verbessern, daß er
für 物 das Zeichen 勿 einführt, da nachweislich in den alten Texten beide öfters miteinander vertauscht würden (vergl. z. B. Legge's Anmerkung zu *Schu king* V, 19, 16, *Chin.
Cl.* III, 519). Er erklärt dann den Satz folgendermaßen: „Wenn nun des Himmels große
Offenbarung sich nicht zeigt in dem (von dem neuen Herrscher) an Stelle (des früheren)
übernommenen Staate, und alles im ganzen gleich bleibt, dann gibt es keine Offenbarung
usw."

[2] Vergl. *Li ki* (Couvreur) I, 778f., wo ebenfalls unterschieden wird zwischen den Dingen,
für die eine Veränderung möglich war, und denen, die dauernd unveränderlich blieben.

(I, 5 r⁰f.). Was hiernach für eine Neuordnung — von einer Fortentwicklung läßt sich gar nicht reden — offen bleibt, ist ein winziges Gebiet und für das Wesen des Staates, für den Aufbau der Gesellschaft bedeutungslos und soll es auch sein. Die Abänderungsmöglichkeit beschränkt sich auf einige Symbole der Kaiserlichen Macht und gewisse Formen staatlicher Einrichtungen, die bestimmenden Grundlinien des Staatsorganismus, der Geist, der ihn belebt, bleiben unberührt. Der Glaube, daß das Altertum im Besitze der absoluten ethisch-politischen Wahrheit war, über die hinaus eine Entwicklung nicht möglich ist, muß jede wirkliche Weiterbildung des Staates verbauen, denn die Weisheit des Altertums ist unauflöslich mit gewissen politischen Formen verbunden, und diese müssen früher oder später mit den Forderungen einer fortschreitenden Gegenwart in Widerstreit geraten. Man denke nur an den überspannten Begriff der Pietät im Innern und an die Ansprüche des Universalismus nach außen. Der Widerstreit kann nur geschlichtet werden, entweder indem die Forderungen der Gegenwart abgewiesen werden, und der Staatsorganismus ein eigenes abgeschlossenes Dasein führt, oder indem die hindernden politischen Formen abgestoßen werden, damit aber auch mit den Lehrsätzen des Altertums gebrochen wird. Die chinesische Geschichte ist bis zum heutigen Tage eine fortdauernde Erläuterung zu der Unerbittlichkeit dieser Wahl. Bis gegen Ende des 19. Jahrhunderts ist der chinesische Staat, kaum je beirrt, den ersten Weg gegangen, von da ab hat er, halb zwangsweise, den zweiten betreten, aber ohne klares Bewußtsein und in dem Wahne, den Geist des Altertums von den überlebten politischen Formen loslösen, die letzteren abstoßen, den ersteren unverwischt beibehalten zu können. An dieser Unmöglichkeit sind die Theorien der Reformatoren zu Schanden geworden, an ihr krankt das in der Auflösung begriffene chinesische Staatswesen bis zu diesem Tage.

Halten wir uns vor Augen, in wie engem Sinne der Begriff *kai tschi* 改制 „Abänderung der Staatseinrichtungen" bei Tung Tschung-schu und in der Lehre des *T. t.* zu verstehen ist, so können wir nicht zweifelhaft sein, welche Bedeutung wir der dem Konfuzius zugeschriebenen Stellung der Tschou-Dynastie und seinem Staate Lu gegenüber beizumessen haben, d. h. einem Probleme, das vielleicht den bedeutungsvollsten Teil der ganzen *T.-t.*-Lehre ausmacht. In dem Abschnitt „Abänderung der Staatseinrichtungen unter den drei Dynastien" 三代改制 spricht Tung in etwas dunklen Wendungen von der Lehre des *T. t.* über die „Angelegenheiten des neuen Zentralherrschers". „Gehorsam dem Himmel, besorgt das *T. t.* die Angelegenheiten des neuen Zentralherrschers: (es spricht von dem) festgesetzten Jahresbeginn und der schwarzen Farbe der Gesamtherrschaft[1], es gibt Lu (die Würde eines) Zentralherrschers

---

[1] Jeder der Dynastien wird als Abzeichen, ebenso wie eins der fünf „Elemente", so auch eine der fünf Farben beigelegt, nämlich der Hia-D. schwarz, der Schang- oder Yin-D. weiß, der Tschou-D. rot. S. *Li ki* (Couvreur) I, 119. Die Farben werden in Verbindung ge-

und erhebt die schwarze Farbe (zum Abzeichen der Dynastie); es scheidet Hia aus, betrachtet Tschou als nahe stehend und Sung als alt" 春秋應天作 新王之事、時正黑統、王魯尙黑、絀夏親周故宋 (XXIII, 4 v⁰)¹.

bracht mit gewissen Vorgängen des Keimens usw. in der Natur beim Jahresbeginn der betreffenden Dynastie.

¹ Durch diesen Satz, wie durch die ganzen Darlegungen Tung's kommt nun auch Licht in die schon oben (S. 39) erwähnte dunkle Stelle bei Ssĕ-ma Ts'ien *(Schi ki* Kap. 47 fol. 26 v⁰f.), an der sich die Übersetzer, ich selbst eingeschlossen, bisher vergeblich abgemüht haben. S. Legge, Prolegomena zum *T. t.* S. 14, Chavannes, *Mém. hist.* V, 421 und meine eigene frühere Übersetzung in den Mitt. d. Sem. f. orient. Spr. XXI, 36f. Der Text lautet dort: 據魯親周故殷運之三代. Legge hat übersetzt: „He kept close in it to (the annals of) Loo, showed his affection for Chow, and purposely made the three dynasties move before the reader." Chavannes: „Se fondant sur le fait que (les princes de) Lou étaient apparentés aux (rois de la dynastie) Tcheou, il transporta donc dans (leur histoires des récits concernant) les trois dynasties." Endlich ich selbst: „Er stützte sich dabei auf (die Geschichte von) Lu und zeigte seine Neigung zu Tschou, daher legte er die Geschehnisse der drei Dynastien hinein." Es kann keinem Zweifel unterliegen, daß der Satz zu Kung-yang's Lehre vom *T. t.* in Beziehungen steht und nur aus Tung's Darlegungen heraus verstanden werden kann — ein weiteres Kennzeichen für die Bedeutung des *T. t.* und die Auffassung davon zur Han-Zeit. Was zunächst die Worte selbst anlangt, so habe ich früher (a. a. O.), ebenso wie Chavannes, darauf aufmerksam gemacht, daß ein chinesischer Gelehrter des 19. Jahrhunderts, Liu Pao-nan 劉寶楠, oder sein Sohn eine leichte und doch anscheinend sehr gewichtige Konjektur daran vorgenommen hat. Liu Pao-nan, der nach dem *Sü pei tschuan tsi* Kap. 73 fol. 22 v⁰ff. von 1790 bis 1855 lebte, ist der Verfasser eines umfangreichen Kommentars zum *Lun yü*, der den Titel *Lun yü tschêng yi* führt und 24 Kapitel umfaßt. Er ist in der Sammlung *Huang Ts'ing king kie sü pien* (Kap. 1051 bis 1074) enthalten. Jedoch rühren nur die ersten 17 Kapitel ganz von Liu Pao-nan her, die Arbeit ist hier durch den Tod des Verfassers unterbrochen, und der Rest, die Kapitel 18 bis 24, von seinem Sohne Liu Kung-mien 恭冕 vollendet worden, der dann noch ein von 1866 datiertes Nachwort angefügt hat. In dem Kommentare wird auch Veranlassung genommen, jene Stelle des *Schi ki* zu erörtern, aber erst im 20. Kapitel (fol. 6 v⁰f.), so daß nicht zu entscheiden ist, ob die Darlegungen vom Vater oder vom Sohne herrühren. Die Veranlassung ergibt sich bei der Stelle *Lun yü* XVII, 5, wo Kung-schan Fu-jao, der Genosse des Usurpators Yang Huo, die beide in Lu im Anfang des 6. Jahrhunderts v. Chr. eine Zeitlang die Macht an sich gebracht hatten, sich bemüht, Konfuzius in seine Dienste zu ziehen, eine Aufforderung, der der Weise zu folgen nicht abgeneigt ist, denn, wie er (nach der üblichen Auslegung) sagt, „wenn er mich verwendet, könnte ich nicht ein östliches Tschou schaffen?" (如 有用我者吾其爲東周乎). Diese seltsame Bemerkung erhält noch eine deutlichere Form in dem Berichte Ssĕ-ma Ts'ien's über jene Aufforderung des Usurpators. Danach sagte Konfuzius: „Da die beiden Herrscher Wên und Wu (die Gründer der Tschou-

„Im *T. t.* heißt es: ‚Der Graf von K'i kam an den Hof' (*Tschuang kung* 27. Jahr).
Die Nachkommen eines Zentralherrschers haben doch den Titel Herzog (Kung-

---

Dynastie) aus den (kleinen Orten) Fêng und Hao hervorgegangen sind, so könnte doch auch
Pi (d. h. der Platz, den Kung-schan Fu-jao besetzt hielt, und von dem aus er die Aufforderung ergehen ließ) einmal dieselbe Bedeutung erhalten" (s. *Mém. hist.* V, 318). Das
heißt mit anderen Worten: Konfuzius hat sich zeitweilig mit dem Gedanken getragen,
in seinem Heimatstaate Lu eine neue Kaiserliche Dynastie zu gründen, die an die Stelle
des machtlosen und verfallenen „westlichen Tschou" treten sollte! Also auch hier wieder
der nämliche Gedanke, der uns bei Kung-yang wiederholt begegnet, und den wir oben
eingehender zu behandeln haben. Die Chinesen — das mag hier eingeschaltet werden —
haben diese Frage, die natürlich für die Beurteilung des Konfuzius von ungeheurer Wichtigkeit ist und auch für das Problem des *T. t.* ihre große Bedeutung hat, sehr eingehend und
mit ungleichen Ergebnissen erörtert. Liu Pao-nan (oder Liu Kung-mien) selbst weist
den Gedanken an irgend welche unrechtmäßigen Pläne des Weisen weit von sich. Zunächst faßt er die Frage des Konfuzius in anderem Sinne auf: die Partikel 其 im Texte
des *Lun yü* nimmt er als gleichbedeutend mit 豈, so daß zu übersetzen wäre: wie könnte
ich dann ein östliches Tschou schaffen? d. h. ich könnte es nicht (其 與 豈 同、言
不 為 也). Zum sachlichen Verständnis muß man sich vergegenwärtigen, daß Wên wang,
der Ahn der Tschou, in Fêng, südlich des Weï-Flusses, westlich von Si-an fu seinen Sitz
hatte, Wu wang, der Gründer der Dynastie, nicht weit davon, in Hao, etwa dem heutigen
Si-an. Unter seinem Sohne und Nachfolger erfolgte durch Tschou kung die Gründung
der Hauptstadt in Kia-ju 郟 鄏 (Lo-yang) im heutigen Ho-nan fu, aber erst drei
Jahrhunderte später, nachdem zur Zeit des Kaisers You wang die Hunnen die alte
Hauptstadt im Westen zerstört hatten, wurde der Kaiserliche Sitz nach Lo-yang
verlegt, und vom Kaiser P'ing wang (8. Jahrhundert v. Chr.) ab heißt diese neue
Hauptstadt „die Osthauptstadt" oder „das östliche Tschou", im Gegensatz zu dem alten
Hao, das Tsung 宗 Tschou, d. h. „das Tschou der Vorväter" oder „das westliche Tschou"
genannt wurde. Liu meint nun, Konfuzius habe mit seiner Bemerkung sagen wollen,
daß er, nachdem unter You wang und seinen Nachfolgern, also im „östlichen Tschou",
die alten Tugenden der ersten Kaiser, d. h. des „westlichen Tschou", verloren gegangen
seien, er sie in Lu, wenn er Minister würde, wieder in Geltung setzen könnte, mit anderen
Worten: Konfuzius antwortet auf die Aufforderung Kung-schan Fu-jao's: wenn ich in seine
Dienste trete, werde ich sicherlich kein östliches Tschou bei ihm einrichten, sondern ein
neues westliches. Mit dieser Auffassung sucht nun Liu den Satz aus dem *Schi ki* in Übereinstimmung zu bringen, und zwar eben vermittelst einer Konjektur, nämlich indem er
statt des auffallenden 親 周 im Texte des *Schi ki* 新 周 liest und dann dem Satze folgende
Bedeutung gibt: indem er Lu zum Ausgangspunkte nahm, erneuerte er Tschou. Aus
dieser ganzen, übrigens sehr gewundenen Erklärung Liu Pao-nan's geht zunächst soviel
mit Sicherheit hervor, daß ihm die Lehre Kung-yang's ebenso unbekannt und daher jener
Satz des *Schi ki* ebenso unverständlich war wie den europäischen Sinologen. Das Seltsame aber dabei ist, daß sich Liu mit seiner Konjektur auf zwei sehr viel ältere Gewährs-

yang zu *Yin kung* 5. Jahr), warum wird (der Fürst von K'i) hier nur als Graf
bezeichnet? Das *T. t.* scheidet nach oben hin Hia aus und erhält nach unten

---

männer hätte berufen können, von denen der eine sogar der unmittelbaren Schule Kung-
yang's selbst angehört. Ho Hiu (2. Jahrh. n. Chr.) schreibt zu der oben angeführten Stelle
aus *T. t. Tschuang kung* 27. Jahr: 春秋黜杞新周而故宋以春秋當新王
„Das *T. t.* erniedrigt K'i, betrachtet Tschou als neu und Sung als alt, denn im *T. t.* soll
der neue Zentralherrscher zur Geltung gebracht werden" (über die Bedeutung von K'i
und Sung s. unten). Und im *Yo tung schêng yi* 樂動聲儀, einem Werke, über das
mir nichts Näheres bekannt ist, das aber bereits im *Pai hu t'ung* (Kap. 3 fol. 30 r⁰ Ausgabe
der *Han Wei ts'ung schu*) zitiert wird, also spätestens dem 1. Jahrhundert n. Chr. angehört,
heißt es nach Ling Schu's Kommentar zum *Tsch'un-ts'iu fan lu* (s. oben S. 164): 先魯
後殷新周故宋、然宋商俗也. „(Das *T. t.*) stellt Lu voran und Yin zurück,
es betrachtet Tschou als neu und Sung als alt. Sung steht volkstümlich für Schang."
Einleuchtend wie die Lesart 新 an sich ist, macht Lu Wên-tsch'ao (s. oben S. 162 f.) doch
in seiner Ausgabe des *Tsch'un-ts'iu fan lu* (VII, 4 v⁰) darauf aufmerksam, daß kurz vor
den oben wiedergegebenen Sätzen die Worte stehen 親夏故虞絀唐謂之帝
堯. „T'ang (der Begründer der Schang-Dynastie) betrachtete Hia als nahestehend, Yü
(Schun) als alt und erniedrigte T'ang (Yao), indem er ihm die Bezeichnung Ti Yao gab";
ebenso kurz nachher die Worte 親赤統 „(das *T. t.*) betrachtet die rote Farbe der Gesamtherrschaft (der Tschou) als nahestehend". Übrigens ist 新 auch in keinem einzigen
Texte des *T. t. f. l.* belegt. Die Tatsache des Vorhandenseins der beiden Lesarten ist nun
aber höchst lehrreich für das Verständnis des Textes. Da Tung das eine Wort, Ho Hiu
das andere an derselben Stelle gebraucht, so ist eine tiefgehende Verschiedenheit in der
Bedeutung beider ausgeschlossen. 親 muß also hier in einem Sinne gefaßt werden, der
新 nahe kommt, und in der Tat haben beide auch einen Punkt unmittelbarer Berührung.
K'ang-hi's Wörterbuch gibt für 親 auch die Bedeutung 近 „nahe", und daß dies auch
in zeitlicher Beziehung gilt, zeigt die Wendung 身親其事 „living near the time at
which these events happened" (Giles' Wörterbuch unter 身). Außerdem könnte auch
an die Stelle im Anfang des *Ta hio* erinnert werden, wo nach Auffassung der Erklärer
der Ausdruck 親民 als 新民 „Erneuerung des Volkes" zu verstehen ist. Indessen
können wir diese Deutung hier außer Betracht lassen, da das folgende gegensätzliche 故
„alt" für uns bestimmend ist. So bleibt tatsächlich kein großer Unterschied zwischen
den Lesarten 新 und 親 übrig: das erstere heißt „neu", das letztere „zeitlich nahestehend",
und mögen wir nun eine Verwechslung beider annehmen oder nicht, ihr Sinn ist der gleiche.
Des weiteren aber ergibt sich mit Notwendigkeit, daß 故 hier nicht als Partikel aufzufassen ist („donc" bei Chavannes, *Mém. hist.* V, 421; „purposely" bei Legge, *Prole-*
gomena zum *T. t.* S. 14; „daher" bei mir a. a. O.), sondern daß es parallel mit 絀 (= 黜)
und 親 oder 新, sowie mit 先 und 後 steht, also verbal sein muß, und daß es die gewöhnliche Bedeutung „alt" hat. Unglücklicherweise hat nun Tschang Schou-tsie
張守節, der Kommentator des *Schi ki* im 8. Jahrh., der die Stelle ebenfalls bereits
mißverstanden hat, die Verwirrung noch größer gemacht, indem er 殷 durch 中 erklärt

hin Tschou, denn im *T. t.* soll der neue Zentralherrscher zur Geltung gebracht
werden. Was soll das bedeuten: im *T. t.* soll der neue Zentralherrscher zur
Geltung gebracht werden? Das heißt: nach dem Gesetz der Zentralherrschaft
muß der Titel richtig gestellt werden, und die ausgeschiedenen Herrscher (d. h.
die früheren der entthronten Familien) werden *ti* (Kaiser) genannt. Ihre Nachkommen erhalten einen kleinen Staat zum Lehen, damit sie im Stande sind,
die Opfer darzubringen. Nach unten hin aber werden die Nachkommen der
Herrscher der zwei anderen Dynastien erhalten und durch Belehnung mit einem
großen Staate in den Stand gesetzt, der Trauer zu genügen, sowie ihre Riten
und ihre Musik innezuhalten. Sie werden als Gäste bezeichnet und halten
Audienzen ab. Somit ist zu derselben Zeit die Zahl derer, die den Titel *ti* (Kaiser)
haben, fünf, und die Zahl derer, die den Titel *wang* (Zentralherrscher) haben,
drei. So werden die fünf rechten Regeln (?) deutlich gemacht und die drei
Farben-Symbole der Gesamtherrschaft umfaßt[1]. Die Herrscher der Tschou

und es mit dem bei Ssĕ-ma Ts'ien folgenden 運 zusammennimmt, ein bei einem chinesischen Gelehrten kaum begreiflicher Irrtum. Es scheint fast, als habe er die folgende
Erklärung im *Pai hu t'ung* Kap. 1 fol. 11 r⁰ nur flüchtig und unvollständig gelesen.
In der Erörterung über die Bedeutung der von den Zentralherrschern gewählten Bezeichnungen des Reiches heißt es dort: „Hia heißt ‚groß‘, die Anwendung (dieser Bezeichnung)
soll bedeuten, daß an dem großen Weltgesetz festgehalten werden soll. Yin heißt ‚die Mitte
haltend‘, damit soll das Gesetz des Mittehaltens (d. h. des Gleichgewichts) und der Ausgeglichenheit deutlich gemacht werden. Es besagt: bei Hören und Sehen halten wir uns
an das rechte Gesetz und machen das Wesen des Gleichgewichts und der Ausgeglichenheit
kenntlich. Tschou heißt ‚hingelangen‘ und ‚dicht‘, damit soll angedeutet werden, daß
das Weltgesetz und sein Wirken überall und reichlich ist, daß es keinen Ort gibt, wo es nicht
hingelangt“ 夏者大也、用當守持大道、殷者中也、明當爲中和
之道也、聞也見也謂當道著見中和之爲也、周者至也䆳也、
道德周密無所不至也. Die Übersetzung des Satzes bei Ssĕ-ma Ts'ien kann
hiernach nur sein: „Er (d. h. Konfuzius) hielt sich an Lu, betrachtete Tschou als (zeitlich)
nahestehend und Yin als alt, so regelte er die Stellungsfolge der drei Dynastien.“ Über
den Ausdruck 運 vergl. die Überschrift 帝王紹運圖 „Tafel der Reihenfolge
der *ti* und *wang*“ bei Chavannes, *L'instruction d'un futur empereur de Chine* Tafel VII
(in den *Mémoires concernant l'Asie orientale* von 1913). Wie vorhin bemerkt, ist der Satz
nur im Rahmen von Tung Tschung-schu's ganzen Darlegungen richtig zu erfassen, und
das Mißverständnis Tschang Schou-tsie's zeigte, wie weit zur T'ang-Zeit bereits die Kenntnis von Kung-yang's und Tung's Lehren in Vergessenheit geraten war.

[1] Was mit den *wu tuan* gemeint ist, läßt sich auch aus den vorhergehenden Darlegungen
nicht entnehmen; vielleicht sind die Obliegenheiten des ersten Herrschers einer neuen
Dynastie darunter zu verstehen, von denen vorher die Rede ist: Änderung des Reichs-
namens, Festsetzung des Jahresbeginnes, Bestimmung der Kleiderfarbe, Mitteilung an

versetzten deshalb nach oben hin den Schên-nung unter die neun Majestäten (*huang*) und änderten dann die Titel, indem sie Hien-yuan Huang ti nannten. Dem folgend hielten sie den Titel *ti* fest für Ti Tschuan-hü, Ti K'u und Ti Yao, Yü schieden sie aus, gaben ihm die Bezeichnung Schun und nannten ihn Ti Schun[1]. (Im *T. t.*) werden dann die (Nachkommen der) fünf Kaiser (*ti*) als Inhaber von kleinen Staaten verzeichnet. Nach unten aber wurden die Nachkommen von Yü (dem Begründer der Hia-Dynastie) in dem Staate K'i, die Nachkommen von T'ang (dem Begründer der Yin-Dynastie) in dem Staate Sung erhalten[2]. Ihre Staaten hatten 100 Li im Geviert, und ihr Titel war Herzog[3]. So waren sie in den Stand gesetzt, der Trauer zu genügen, sowie ihre Riten und ihre Musik innezuhalten. Sie wurden als zu Gaste seiende frühere Herrscher bezeichnet und hielten Audienzen ab. Indem nun das *T. t.* die Angelegenheiten des neuen Zentralherrschers besorgt, wandelt es die Einrichtungen der Tschou,

Himmel und Erde durch das große Opfer, und Verkündigung an die Lehensfürsten. Die *san t'ung* sind hier, wie sich aus dem ganzen Zusammenhange ergibt, außerdem auch Sü Yen in seinen Erklärungen zu Ho Hiu's Kommentar (*Yin kung* 1. Jahr) ausführt, die richtunggebenden Farben (正色) der drei letzten Dynastien, also schwarz, weiß und rot. Wenn Yen Schi-ku (6. und 7. Jahrh. n. Chr.) zu *Ts'ien Han schu* Kap. 10 fol. 16 r° in der gleichen Wendung wie oben *san t'ung* durch „Himmel, Erde und Mensch" erklärt, so ist das vollkommen sinnlos und gehört zu den Flüchtigkeiten, deren sich auch die gelehrtesten chinesischen Erklärer zuweilen schuldig machen.

[1] Diese Einteilung ist nicht ganz klar. Unter den „neun Majestäten" (*kiu huang*) werden für gewöhnlich die neun „Menschen-Majestäten" (*jen huang*) verstanden, vor denen die dreizehn „Himmels-Majestäten" (*t'ien huang*) und dann die elf „Erd-Majestäten" (*ti huang*) herrschten. Das Ganze gilt dann wohl auch für „das Zeitalter der drei Majestäten". Andere wollen wieder unter den „drei Majestäten" (*san huang*) die Herrscher Fu-hi, Schên-nung und Huang ti verstehen, noch Andere sehen in Fu-hi, Schên-nung, Huang ti, Schao Hao und Tschuan-hü die „fünf Kaiser" (*wu ti*). Tung Tschung-schu macht indessen, angeblich dem Gesetz der Tschou folgend, vor Huang ti einen Abschnitt, indem er die Vorgänger Fu-hi und Schên-nung in das Zeitalter der „neun Majestäten" (wohl gleichbedeutend mit dem der „drei Majestäten") versetzt; Huang ti, Tschuan-hü (Schao Hao fehlt), Ti K'u, Yao und Schun bilden dann die Reihe der „fünf Kaiser", diese Zusammenfassung stimmt in der Tat auch mit der Tabelle im *Schi ki* (*Mém. hist.* III, 2 f.) überein.

[2] Die Belohnung der Nachkommen der Hia-Herrscher mit dem Staate K'i und die der Nachkommen der Yin mit dem Staate Sung (beide im heutigen Ho-nan) wird auch von Ssĕ-ma Ts'ien berichtet. S. *Mém. hist.* I, 170 und 208. Es hat hiernach die gleiche Bedeutung, wenn in den Texten gesagt wird: „Das *T. t.* scheidet Hia aus" oder „es scheidet K'i aus", „es betrachtet Yin (Schang) als alt" oder „es betrachtet Sung als alt".

[3] Ein Staat von 100 Li im Geviert war nach den Bestimmungen des *Tschou li* (Biot I, 204 ff.) ein kleiner, wie er einem Lehensfürsten der untersten Klasse (*nan*) zukam. Der Staat eines Herzogs (*kung*) sollte 500 Li im Geviert haben.

bringt den (neuen) Jahresbeginn und die schwarze Farbe der Gesamtherrschaft zur Geltung und behandelt die Yin und die Tschou als Nachkommen von Zentralherrschern; es scheidet Hia aus, indem es seinen Titel abändert und Yü als Kaiser (*ti*) bezeichnet; seine Nachkommen aber werden als Inhaber von kleinen Staaten verzeichnet. Darum heißt es: (das *T. t.*) scheidet Hia aus und erhält Tschou, denn im *T. t.* soll der neue Zentralherrscher zur Geltung gebracht werden. Es gibt K'i nicht die Würde eines Fürsten (*hou*) und stellt ihn nicht den Nachkommen eines Zentralherrschers gleich, sondern es nennt ihn Freiherr (*tsě*) oder auch Graf (*po*). Und warum? Das Land soll als ein kleiner Staat kenntlich gemacht werden" 春秋曰杞伯來朝、王者之後稱公、杞何以稱伯、春秋上絀夏下存周以春秋當新王、春秋當新王者柰何、曰王者之法必正號、絀王謂之帝、封其後以小國使奉祀之、下存二王之後、以大國使服其服、行其禮樂、稱客而朝、故同時稱帝者五、稱王者三、所以昭五端通三統也、是故周人之王尙推神農爲九皇而改號、軒轅謂之黃帝、因存帝顓頊帝嚳帝堯之帝號、絀虞而號舜曰帝舜、錄五帝以小國、下存禹之後於杞、存湯之後於宋、以方百里爵號公、皆使服其服、行其禮樂、稱先王客而朝、春秋作新王之事變周之制、當正黑統、而殷周爲王者之後、絀夏改號禹謂之帝、錄其後以小國、故曰絀夏存周以春秋當新王、不以杞侯、弗同王者之後也、稱子又稱伯何、見殊之小國也 (XXIII, 6 v⁰ f.). Ferner heißt es an einer anderen Stelle: „Der Grundgedanke des Konfuzius bei Einsetzung eines neuen Zentralherrschers ist, zu zeigen, daß er das Gewicht auf die Willensrichtung legt, um die Harmonie zurückzuführen, ersichtlich zu machen, daß er die Wahrhaftigkeit liebt, um die Falschheit zu zerstören. Es handelt sich um die Fortsetzung der Mißstände der Tschou, daher dieses" 孔子立新王之道、明其貴志以反和、見其好誠以滅僞、其有繼周之弊、故若此也 (II, 8 r⁰).

Aus diesen Sätzen lernen wir das Folgende. Im Altertum soll das Gesetz bestanden haben — Tung Tschung-schu meint, daß es bereits von T'ang, dem Begründer der Schang-Dynastie angewendet sei (s. oben S. 230 Anm.) —, daß bei der Thronbesteigung einer neuen Dynastie nur die zwei letzten vorangegangenen Herrscher-Familien noch als solche anzuerkennen, und ihren Nachkommen gewisse Vorrechte zuzubilligen seien, die sie in den ihnen zugewiesenen Landgebieten („Staaten") ausüben konnten[1]; die weiter voraufgegangenen

---

[1] Dieses Gesetz findet sich auch in Fu Schêng's 伏勝 *Schang schu ta tschuan* 尙書大傳 (2. u. 3. Jahrh. v. Chr.) Kap. 3 fol. 3 v⁰ (im *Ku king kie hui han*, Schanghai-Ausgabe von 1888): „Der Zentralherrscher soll die Nachkommen von zwei Dynastien erhalten, die dann

Familien schieden aus dieser Reihe aus. Die so gebildete Dreiheit war die Gruppe der „drei *wang*" (Zentralherrscher), die den „drei richtunggebenden Farben-Symbolen" (*tschêng sê* oder *san t'ung*) und den „drei richtunggebenden Jahresanfängen" (*san tschêng*) entsprachen. Die Herrscher, die den „drei *wang*" vorausgingen, erhielten andere Bezeichnungen und hießen *ti*; die Zahl dieser betrug fünf, die den „fünf Regeln" (*wu tuan*) entsprach. Jenseits dieser Gruppe der „fünf *ti*" war die der „neun *huang*", Herrscher, die sich als unbestimmte Größen im Dunkel der Sage verloren. Kam nun eine neue Dynastie auf den Thron des Weltreiches, so verschoben sich die Gruppen um ein Glied nach oben. Als T'ang also die Schang- oder Yin-Dynastie gründete, bildete sein Geschlecht mit dem der eben entthronten Hia, (dem „neuen" Geschlecht), und dem diesen voraufgegangenen Schun, (dem „alten" Geschlecht), die Dreiheit, der Schun voraufgehende Yao aber wurde „ausgeschieden" (*tsch'u*) und kam in die Gruppe der fünf *ti*. Entsprechend verfuhr die Tschou-Dynastie. Schun wurde ausgeschieden und kam zu den „fünf *ti*"; da diese Gruppe aber hierdurch sechs Glieder erhielt, so mußte das älteste von ihnen, Schên-nung, in die höhere Gruppe der „neun *huang*" versetzt werden. Die Tschou selbst bildeten mit den Schang und den Hia die „drei *wang*"[1]. Nunmehr trat Konfuzius auf, der zwar „den Auftrag des Himmels"

---

mit ihm selbst eine Dreiheit bilden, so werden die drei Farben-Symbole der Gesamtherrschaft umfaßt und die drei richtunggebenden Jahresanfänge aufgestellt" 王者存二代之後與己爲三、所以通三統立三正. Ähnlich sagt der Kaiser Tsch'êng ti (32 bis 7 v. Chr.) in einem Edikt vom Jahre 8 v. Chr. (*Ts'ien Han schu* Kap. 10 fol. 16 r°): „Ich habe gehört, daß der Zentralherrscher die Nachkommen von zwei Dynastien erhalten muß, so daß die drei Farben-Symbole der Gesamtherrschaft umfaßt werden. So bildete einst Tsch'êng T'ang (der Gründer der Schang-Dynastie), als er den Auftrag des Himmels empfing, die drei Herrschergeschlechter" 蓋聞王者必存二王之後、所以通三統也、昔成湯受命列爲三代. Yen Schi-ku macht dazu die unsinnige Bemerkung, daß unter den drei Herrschergeschlechtern die Hia-, Yin- und Tschou-Dynastie zu verstehen seien, während tatsächlich Schun, Yü (Hia) und T'ang (Schang) gemeint sind.

[1] Liu Fêng-lu 劉逢祿 (s. über ihn oben S. 34f.) hat in einer seiner Schriften, dem *Schu sü schu wên* 書序述聞, worin er das Vorwort des *Schu king* Satz für Satz erörtert, (vergl. oben S. 117 Anm. 4) ebenfalls diese Lehre des *T. t.* nach Tung's Angaben dargestellt. „Ssĕ-ma Ts'ien", so fährt er dann (fol. 3 v°) fort, „hatte von Tung Tschung-schu das *T. t.* erklären hören und gebrauchte deshalb in den Tabellen der Hia- und Yin-Dynastie (s. *Schi ki* Kap. 13 fol. 3 r°ff.) die Bezeichnung *ti* und in denen der Tschou-Dynastie die Bezeichnung *wang*. (Die Han, unter denen Ssĕ-ma Ts'ien lebte, bildeten mit den Ts'in und Tschou die drei *wang*). Tsch'u Schao-sun 褚少孫 (s. über ihn *Mém. hist.* I, CCIff.; er lebte am Ende der vorchristlichen Zeit) und Andere haben diese Redeweise nicht verstanden und versäumt, das Gesetz von der Chronik der Yin auf die Tschou anzu-

aber keinen Thron hatte. Indessen übte er auch ohnedies die Befugnisse des Himmelssohnes aus und „besorgte die Angelegenheiten des neuen Zentralherrschers", indem er eine neue Gruppierung der Dynastien vornahm. Er „gab Lu die Würde eines *wang*" und bildete mit Lu, Tschou und Sung (d. h. Schang) die Dreiheit, Hia aber schied er aus. Damit würde also Konfuzius in der Tat als der Stürzer der Tschou-Dynastie und Schöpfer eines neuen Zentralherrscher-Geschlechts erscheinen, zum mindesten hätte er ein solcher sein wollen. Verschiedene andere Umstände scheinen diese Schlußfolgerung zu bestätigen. Vier Dinge werden aufgeführt, die „die Angelegenheiten des neuen Zentralherrschers" sind, und die Konfuzius im *T. t.* „besorgt" haben soll: die Einsetzung des neuen Herrschers, die Neugruppierung der Dynastien, die Festsetzung des Jahresbeginns und die Bestimmung der Farbe. Wo und wie sind diese umstürzenden Handlungen im *T. t.* verzeichnet? Als grundlegend gilt die Eingangsformel des *T. t.*: 元 年 春 王 正 月. *Yuan nien,* hier das erste Jahr des Herzogs Yin von Lu, kann nur das erste Jahr eines Zentralherrschers sein, Lu würde also der weltbeherrschende Zentralstaat sein. Wang ist nach Kung-yang nicht der regierende Zentralherrscher der Tschou, sondern Wên wang, nach der einen Erklärung der Begründer der Tschou-Dynastie, nach einer anderen aber, und zwar anscheinend sogar nach der des Konfuzius selbst im *Lun yü* (IX, 5) der Verfasser des *T. t.,* der „Herrscher ohne Thron", wie Konfuzius schon zur Han-Zeit genannt wird[1]. Und der „richtunggebende Monat", d. h. der erste und damit der Jahresbeginn würde somit nicht der des regierenden Tschou-Herrschers sein, sondern des Wên wang, der den Jahresbeginn festgesetzt hätte. Tatsächlich folgt ja auch das *T. t.* nicht dem Kalender der Tschou, nach dem das Jahr mit dem 2. Monat des Winters (d. h. dem 11. astronomischen Monde) begann, sondern es macht den ersten Monat des Frühlings zum Jahresanfang, wie es auch unter den Hia der Fall war, während unter den Schang das Jahr mit dem 12. astronomischen Monde begonnen hatte[2].

---

wenden. (Der Sinn dieses Satzes ist nicht klar. Tsch'u Schao-sun lebte selbst zur Han-Zeit, konnte also den Titel der Tschou noch nicht ändern. Dagegen hätte allerdings der Titel *ti* oder *huang ti* den Han-Kaisern nicht beigelegt werden dürfen, wie es in dem überlieferten Texte des *Schi ki* der Fall ist. Ob dies etwa erst durch Tsch'u Schao-sun bewirkt worden ist, wissen wir nicht. Der neue Titel *huang ti,* der durch die Ts'in geschaffen war, ist eben für die ganze Folgezeit der allein herrschende geblieben.) Die späteren Geschlechter haben dann die Bezeichnung *ti* aufgegeben und lässigerweise die Bezeichnung *wang* (für die Tschou) beibehalten, weil ihnen die Lehre des *T. t.* nicht klar war". Wenn also das angebliche Gesetz über die Dynastienfolge zur Han-Zeit überhaupt noch bei dem Gelehrtentume allgemein bekannt war, so war es jedenfalls nicht mehr im Gebrauch und am Ende dieser Dynastie auch vergessen.

[1] S. oben S. 3. Näheres über die Erklärung der Eingangsformel s. unten.

[2] S. hierüber Legge, *Prolegomena* S. 90ff. und Anmerkungen zu *Yin kung* 1. Jahr. Ferner *Mém. hist.* III, 326.

Das *T. t.* beginnt also den Kreislauf der *san tschêng,* der sich unter den drei
Dynastien geschlossen hatte, von neuem, ebenso wie es hinsichtlich der *san
t'ung* wieder zum Ausgangspunkte zurückkehrt und die Farbe der ersten, nunmehr ausgeschiedenen Dynastie, d. h. das Schwarz der Hia wieder aufnimmt[1].
Nicht in Übereinstimmung hiermit zu bringen ist die Bemerkung Ho Hiu's
zu *Yin kung* 3. Jahr, daß das Wort *wang* zuweilen auch beim 2. und beim 3. Monat
(z. B. *Yin kung* 3. und 7. Jahr) hinzugesetzt würde, weil der 2. Monat den Jahresanfang der Yin, der 3. Monat den der Hia bezeichnen solle als „der beiden Dynastien, deren Nachkommen erhalten würden". Abgesehen davon, daß dies
sachlich nicht richtig ist, würde damit bewiesen sein, daß der 1. Monat den
Jahresanfang der Tschou bezeichnen muß, damit aber wäre die ganze Theorie
von dem „neuen Zentralherrscher" wieder hinfällig geworden. Ferner ist auch
von einem „zur Geltung bringen der schwarzen Farbe" weder im *T. t.* noch
bei Kung-yang eine sichtbare Spur zu finden. Diese „Angelegenheit des neuen
Zentralherrschers" scheint also nicht besorgt zu sein. Die Neugruppierung
der Dynastien dagegen soll kenntlich gemacht sein durch die Bezeichnung der

---

[1] Es scheint fast, als habe Ssĕ-ma Ts'ien diesen vom *T. t.* für die neue Dynastie festgesetzten Jahresanfang der Hia im Auge gehabt, wenn er schreibt: „Die Hia machten den
ersten Monat richtunggebend, die Yin den zwölften Monat, und die Tschou den elften Monat.
So waren die Jahresanfänge der drei Dynastien wie ein Kreis, der, wenn er sich schließt,
wieder zu seinem Ausgangspunkte zurückkehrt" (*Schi ki* Kap. 26 fol. 3 v°, *Mém. hist.*
III, 326). Die später auf die Tschou folgende Ts'in-Dynastie begann das Jahr mit dem
zehnten Monat und nahm die schwarze Farbe, die Han behielten beides zunächst bei,
ein Antrag des Kung-sun Tsch'ên 公孫臣 aus Lu, Jahresanfang und Farbe zu ändern,
wurde abgelehnt, und erst i. J. 104, also zu Lebzeiten Ssĕ-ma Ts'ien's, wurde festgestellt,
daß „die Stellungsverhältnisse der Sonne und Sternbilder mit dem richtunggebenden
Moment (正) der Hia übereinstimmten", damit wurde auch der Jahresanfang wieder auf
den ersten Monat (der Hia) verlegt. S. *Mém. hist.* III, 329ff., Havret, *La chronologie
des Han* (T'oung Pao 1897) S. 399. Es ist also zu verstehen, warum in den Darlegungen
Ssĕ-ma Ts'ien's eine verhaltene Klage über die Vernachlässigung der kosmischen Harmonie
und ihre unausbleiblichen Folgen mitklingt. Offen aussprechen durfte er sich nicht, aber
sein obiger Hinweis wird dadurch um so bedeutungsvoller. —

Ob die Verschiebung der Jahresanfänge unter den verschiedenen Dynastien ihre natürliche Ursache darin gehabt hat, daß man versäumt hat, durch rechtzeitige Einschaltung
die Jahreszeiten mit der Ekliptik im Einklang zu halten, wie Legge (a. a. O. S. 91) vermutet, scheint gerade im Hinblick auf das *T. t.* und Ssĕ-ma Ts'ien sehr zweifelhaft. Ebenso
ist es nicht begründet, wenn Legge sich über die Bedeutung von *san tschêng* als „the three
correct beginnings" ereifert, weil die Jahresanfänge mit Ausnahme desjenigen der Hia
„erroneous" seien; abgesehen von allem andern, ist die Übersetzung „correct beginning"
nicht zutreffend, „principe", wie Chavannes, a. a. O. S. 322 Anm. 2 übersetzt, ist zu allgemein, „le point de départ du calendrier" (ebenda) trifft das Richtige.

Fürsten von K'i, der Nachkommen der Hia, als Inhaber eines kleinen Staates. Dadurch verlieren sie die Vorrechte der Nachkommen eines Zentralherrschers, die Hia werden ausgeschieden, dafür tritt die neue Dynastie von Lu in die Gruppe der „drei *wang*" ein. Kung-yang verrät allerdings diese Auslegung der Formel nicht. Anderseits finden sich bei ihm wieder sonstige Andeutungen, die auf eine besondere Stellung von Lu im *T. t.* schließen lassen. Zunächst das bereits erwähnte (s. oben S. 214) Wort zu *Tsch'êng kung* 15. Jahr: „Das *T. t.* sieht den eigenen Staat als drinnen an und demgegenüber die chinesischen Gesamtgebiete als draußen, die chinesischen Gesamtgebiete als drinnen und demgegenüber das Barbarenland als draußen". Ho Hiu nimmt diesen Satz in einem stark zugespitzten Sinne, er sagt: „den eigenen Staat als drinnen ansehen heißt, daß Lu zum Schein als Hauptstadt des Weltreiches gelten soll" 內其國 者假魯以爲京師也. Und ganz ähnlich Tung Tschung-schu: „Gegenüber dem Staate Lu bezeichnet das *T. t.* die chinesischen Gesamtgebiete als draußen" 其於諸夏也引之魯、則謂之外 (III, 2 v⁰). Weiter heißt es bei Tung: „Die Lehensfürsten, die zur Audienz kommen, werden gelobt. So wird z. B. I-fu von Tschu-lou mit dem Beinamen genannt; (die Fürsten von) T'êng und Sie werden als Fürsten der zweiten Rangstufe (*hou*) bezeichnet; bei K'ing wird die Bezeichnung „Mann" angewendet; Ko-lu von Kie wird bei seinem persönlichen Namen genannt. Ferner: wenn (der Fürst von Lu) sich von seinem Lande nach auswärts begibt, so heißt dies *ju*; wenn ein Lehensfürst (nach Lu) kommt, wird dies *tsch'ao* genannt, wenn ein Würdenträger kommt, *p'ing*. Das alles hat die Bedeutung des Auftretens eines Zentralherrschers" 諸侯來朝者得褒、邾婁儀父稱字、滕薛稱 侯、荊得人、介葛盧得名、內出言如、諸侯來曰朝、大夫 來曰聘、王道之意也 (VI, 5 r⁰). Zur Erläuterung hierzu muß folgendes bemerkt werden. I-fu von Tschu-lou (ein kleiner Staat im heutigen Tsou hien in Schan-tung) wird *Yin kung* 1. Jahr erwähnt; der Herzog von Lu schloß einen Bund mit ihm. I-fu war der Beiname des Fürsten, seine Bezeichnung mit diesem Namen soll nach Kung-yang ein Lob dafür sein, daß er den Bund schloß. Die beiden Fürsten von T'êng und Sie (ebenfalls in Schantung gelegen) werden *Yin kung* 11. Jahr als „zur Audienz kommend" verzeichnet. Es waren ihrer Stellung nach bedeutungslose Persönlichkeiten mit einem kleinen Landgebiet[1], und wenn das *T. t.* sie als *hou*, nächst den *kung* („Herzögen") die höchsten Lehensfürsten, bezeichnet, so liegt darin ein Lob für ihr Verhalten. Nach Kung-yang wird dies angedeutet, indem beide zusammengenannt, ihre Staaten also als besonders klein hingestellt werden, so daß

---

[1] Vergl. *Mém. hist.* IV, 186f.: „Was T'êng, Sie und Tschu(-lou) betrifft, so waren es Lehen zur Zeit der Hia, Yin und Tschou; aber sie waren klein und sind nicht wert, besonders erwähnt zu werden".

sich der hohe Titel auf diesem Hintergrunde besonders auffallend ausnimmt. K'ing war gleichbedeutend mit Tsch'u, dem großen „Barbaren"-Stamme der Man. *Tschuang kung* 23. Jahr wird verzeichnet, daß „der Mann von K'ing zur Audienz kam". Diese Audienz in Lu war die erste amtliche Beziehung des Staates Tsch'u mit dem „Mittelreiche"; die Bezeichnung „Mann" — offenbar für einen Würdenträger — statt des bei „Barbaren" üblichen bloßen Landnamens ist nach Kung-yang die Anerkennung für diese erste Annäherung der Barbaren an das Gebiet der Zivilisation. Ko-lu war der Häuptling des kleinen Barbaren-Stammes Kie in Schan-tung. *Hi kung* 29. Jahr wird von ihm verzeichnet, daß „er kam" (*lai* 來; der Ausdruck *tsch'ao* kommt ihm als „Barbaren" noch nicht zu), und nach Ho Hiu soll in der Nennung seines persönlichen Namens ein Lob für sein Verhalten liegen. Wenn der Herzog von Lu sich nach auswärts begibt, d. h. einen der anderen Fürsten aufsucht, so müßte dies *tsch'ao* genannt werden[1], es heißt aber im *T. t.* einfach *ju* „sich hinbegeben", denn, so erklärt Ho Hiu zu *Yin kung* 11. Jahr, „das *T. t.* gibt Lu die Würde eines Zentralherrschers, für einen Zentralherrscher aber gibt es nicht den Begriff des zur Audienz Gehens bei einem Lehensfürsten, daher wird, wenn es sich um ein Sichhinbegeben von drinnen (d. h. von Lu) nach auswärts handelt, *ju* gesagt, und wenn es sich um ein Sichhinbegeben von auswärts nach drinnen (d. h. nach Lu) handelt, *tsch'ao* (bei Fürsten) oder *p'ing* (bei Würdenträgern). So wird das Auswärtige (d. h. die fremden Staaten) abgesondert und das Innere (d. h. der Staat Lu) geehrt".[2] In allen diesen Formeln wird also die Schein-Vorstellung zu Grunde gelegt, daß Lu der Zentralstaat ist, und dem entsprechend werden die Ausdrücke verwendet, die dieser Vorstellung angemessen sind, aber wieder nur in äußerst zurückhaltender, vorsichtiger Weise, und ohne daß der Stellung des Tschou-Kaisers unmittelbar zu nahe getreten wird. Ein paar Barbarenhäuptlinge und zwerghafte Landesherren aus der Umgebung, die an den Hof von Lu kommen, müssen als Herolde dafür dienen, daß, wie Ho Hiu sagt, „das *T. t.* dem Herzog Yin (von Lu) die Auszeichnung beilegt, zuerst (von den Fürsten von Lu) den Auftrag (des Himmels) erhalten zu haben und Zentralherrscher geworden zu sein"[3], und statt des üblichen Ausdrucks für den Besuch

---

[1] Kung-yang zu *Yin kung* 11. Jahr: „Kommt ein Lehensfürst (an den Hof), so heißt dies *tsch'ao*; kommt ein Würdenträger, so heißt es *p'ing*" 諸侯來曰朝、大夫來曰聘. Nach *Li ki* (Couvreur) I, 275 mußten die Lehensfürsten jedes Jahr eine „kleine Gesandtschaft" (*siao p'ing*) und alle drei Jahre eine „große Gesandtschaft" (*ta p'ing*) an den Kaiserlichen Hof senden, alle fünf Jahre mußten sie persönlich zur Audienz erscheinen (*tsch'ao*).

[2] 春秋王魯、王者無朝、諸侯之義、故內適外言如、外適內言朝聘、所以別外尊內也·

[3] Zu Kung-yang, *Yin kung* 11. Jahr: 春秋託隱公以爲始受命王·

bei einem anderen Fürsten wird das farblose *ju* gebraucht, das für einen wirklichen Zentralherrscher auch kaum angemessen scheint. Leider erfahren wir nicht, welche Ausdrücke den Herzögen von Lu gegenüber den Tschou-Kaisern beigelegt werden. Das *T. t.* bezeichnet die letzteren stets als *t'ien wang* „vom Himmel ernannter Zentralherrscher", oder einfach als *wang*, und Kung-yang betont bei Gelegenheit des Ablebens des Kaisers P'ing (*Yin kung* 3. Jahr), daß dem „Himmelssohne" hier eine besondere Ausdrucksweise zukommt. Danach wird also doch auch den Tschou die Würde des Zentralherrschers noch zuerkannt. Und wie ist ferner mit jener Vorstellung die Bedeutung zu vereinigen, die nach Tung's und der Kommentatoren Ansicht das Weglassen des Wortes *wang* bei den Jahren des Herzogs Huan (s. oben S. 182 f.) besitzt?

Mag dem nun aber sein, wie ihm wolle, die Tatsache ist nicht abzuweisen, daß jedenfalls zu Beginn der Han-Zeit, wenn nicht früher, in der Schule Kung-yang's — und sie war damals die maßgebende für die Lehre des Konfuzius — die Auffassung herrschte, daß der Weise von Lu im Hinblick auf den völlig verfallenen Zustand des Tschou-Reiches die Kaiserliche Dynastie als abgesetzt und seine Heimat als den Zentralstaat, als Zentralherrscher aber in geheimnisvoller Weise den Wên wang angesehen habe. In dem letzteren Namen hat dann eine spätere Zeit eine beabsichtigte Zweideutigkeit und eine Verkleidung für Konfuzius selbst erblicken zu sollen geglaubt. Dann wäre also Konfuzius der Schöpfer eines erneuerten Weltreiches mit neuem Mittelpunkte und mit dem Weisesten der Erde als dem vom Himmel erwählten Weltherrscher gewesen, einer der größten Umstürzler der chinesischen Geschichte! In der Theorie! Denn angenommen, daß diese Lehre der älteren und ältesten Konfuzianer richtig war, wird der abendländische Geist nicht an der Frage vorbeikommen, was denn dieser ganze Umsturz bei verschlossenen Türen für einen Zweck und für eine Bedeutung haben sollte. War es nur das kindliche Spiel eines harmlosen Plänemachens, dem zur Tat die Kraft und der Mut fehlte? Es ist schwer, auf die Frage eine befriedigende Antwort zu finden. Faßt man das *T. t.* auf als das, was es sein sollte, als ein Lehrbuch der Staatsethik, in dem die letzten ethisch-politischen Rechtentscheidungen getroffen werden, so kann man in der ganzen Theorie von dem Zentralstaat Lu nur die Entscheidung sehen, daß die Tschou-Familie durch ihre Verderbtheit und Unfähigkeit des Thrones unwürdig geworden sei und ihn an einen neuen und besseren Herrscher abzugeben habe. Mit der Vollstreckung und Vollstreckbarkeit dieses Urteils stand es schließlich nicht anders als mit den sonstigen Entscheidungen im *T. t.* Ob es in den Herzen der Zeitgenossen und unmittelbaren Nachkommen einen besonders tiefen Eindruck gemacht hat, läßt sich heute kaum noch feststellen; wahrscheinlich ist es nicht, denn sein Verkünder rannte damit offene Türen ein: über den Verfall der Kaiserlichen Macht und die Unfähigkeit ihrer Träger waren damals alle, Fürsten wie Völker, einig, und wenn die Zentralgewalt noch nicht an ein neues

Geschlecht überging, so war ein Mangel an Erkenntnis der politischen Not
sicherlich nicht schuld daran. Das Scheinbild eines „Himmelssohnes" blieb
den Tschou erhalten, weil sich Niemand fand, der es an sich nehmen mochte,
bis dann der Mann der Tat erschien und — in neuer Form — zur Wirklichkeit
machte, was Konfuzius theoretisch anzudeuten versucht hatte. Immerhin,
die Lehre von dem „neuen Zentralherrscher" und der besonderen Stellung
von Lu im Weltreiche, die ja auch den Inhalt von zwei der angeblich schon
auf Ho Hiu zurückgehenden drei großen „Gedankengruppen" (k'o) des *T. t.*
(s. oben S. 185 Anm. 1) bildet, wird bei einer Darstellung des Konfuzianismus und
seiner Geschichte nicht mehr übergangen werden dürfen, wenngleich es eine
offene Frage bleiben muß, ob und inwieweit eine solche Lehre wirklich dem
Konfuzius zugeschrieben werden muß. Die Orthodoxie der späteren Zeit weist
den Gedanken natürlich mit Entrüstung von sich[1].

---

[1] Dagegen haben die Reformatoren dieses Urteil des Konfuzius über ein unwürdig ge-
wordenes Herrscherhaus natürlich stark betont und in ihrem Kampfe gegen die Ts'ing-
Dynastie als Rechtfertigungsgrund verwendet. K'ang You-weï bringt für die Stellung
von Lu als Zentralstaat und von Konfuzius als seinem Herrscher noch zwei weitere Argu-
mente bei, ohne aber für den Zweck des Ganzen eine ausreichende Erklärung anzugeben.
Er sagt darüber *Tung schi hüo* Kap. 2 fol. 3 v⁰ folgendes: „Im *Schi king* finden sich drei
Sammlungen von Tempel-Gesängen: die Gesänge von Tschou, von Lu und von Schang.
Das bedeutet, daß Konfuzius allegorisch Tschou als nahestehend und Sung als alt betrachtete,
Lu aber die Würde eines Zentralherrschers beilegte. Anderenfalls, wenn Lu die Würde
eines Zentralherrschers nicht gehabt hätte, wie hätte es dann die Tempelgesänge haben
können? (Die drei Sammlungen der Tempelgesänge finden sich im 4. Teile des *Schi king*.
Diese Tempelgesänge gehörten zu dem nur dem Zentralherrscher vorbehaltenen Opfer-
ritual, und die Tatsache, daß hier solche von Lu aufgeführt werden, hat den chinesischen
Erklärern manche Schwierigkeit verursacht. Nach Form und Inhalt sind aber diese Gesänge von Lu jetzt ganz verschieden von denen von Tschou und Schang, so daß Legge meint,
sie führten den Namen „Tempelgesänge" nicht mit Recht. Näheres hierüber s. *Chin. Cl.* IV,
611.) Aber seitdem der (von Liu Hin) gefälschte Text von Mao (Hêng)'s *Schi king* erschienen,
ist der alte Sinn überflutet worden, und man erkennt ihn nicht mehr. Nur in der Lebensbeschreibung des Konfuzius als eines Fürsten bei dem Groß-Astrologen (Ssĕ-ma Ts'ien; die
Lebensbeschreibung des Konfuzius ist im *Schi ki* unter die Geschichte der fürstlichen Häuser,
schi kia, aufgenommen. S. Chavannes, *Mém. hist.* I, L und V, 436. „On le (Konfuzius)
traite en roi non couronné") ist er enthalten. Im *Kung yang tschuan* legt das *T. t.* Lu
die Würde eines Zentralherrschers bei, und Ho (Hiu) läßt beständig diesen Sinn erkennen.
Für den, der daran zweifelt und ihn nicht erkennt, hat Tung tsĕ ihn ebenfalls völlig klar
gemacht. Das Wirken des *T. t.* liegt eben in dem Sinne der Dinge (oder: in den Rechtsentscheidungen), nicht in dem Stoffe an sich. Daher gilt alles, was angeführt wird, nicht
bloß als mit Bezug auf Lu gesagt, sondern als die drei Dynastien der Hia, Schang und
Tschou betreffend" 詩有三頌周頌魯頌商頌、孔子寓親周故宋

Nimmt man nun aber auch an, daß die Lehre von der Übertragung der Kaiserlichen Würde tatsächlich so im *T. t.* enthalten ist, wie die Erklärer der Han-Zeit behaupten, so wird doch die Frage der „Abänderungen der Staatseinrichtungen", d. h. die Weite des Begriffs einer zulässigen politischen Fortentwicklung dadurch so gut wie gar nicht berührt. Das Vorbild, also das Ziel, ist unverrückbar im Altertum gegeben, der Herrscher oder die Dynastie, die anders gerichtete Wege wandeln, werden des Thrones unwürdig: die Herrschaft muß ihnen genommen und an einen neuen Erwählten des Himmels gegeben werden, der dem rechten Vorbild nachgeht. Nur die äußeren Abzeichen und ihr Träger wechseln, aber die „Staatsnorm" bleibt unwandelbar[1].

Entsprechend der Lehre von den Bezeichnungen (s. oben S. 181 ff.) muß nun auch der Titel des Zentralherrschers ein derartiger sein, daß er dessen Wesen wiederspiegelt, und die politische Philosophie Chinas hat zu diesem Zwecke in die betreffenden Schriftzeichen ein gut Teil hineingeheimnist. Der Kaiserliche Titel während der drei Dynastien war *wang* und *t'ien tsě*, die mythischen Herrscher der Vorzeit nannte man *huang* und *ti*; die Bezeichnung *wang* hatten sich zur Tschou-Zeit fast alle großen Lehensfürsten beigelegt, der Begründer der Ts'in-Dynastie, der erste wahrhafte „Monarch", ließ deshalb den stark entheiligten Titel *wang* fallen, er griff statt dessen zu den ganz alten Namen und bildete durch Vereinigung beider den neuen Titel *huang ti*, der dann, neben dem feierlichen *t'ien tsě*, in Gebrauch geblieben ist bis zum Sturze der Monarchie, während das entthronte *wang* als Bezeichnung für die Kaiserlichen Prinzen und die fremden

王魯之義、不然魯非王者何得有頌哉、自僞毛出而古義
湮於是此義不復知、惟太史公孔子世家有焉、公羊傳
春秋託王於魯、何注頻發此義、人或疑之不知董子亦
大發之、蓋春秋之作在義不在事、故一切皆託不獨魯爲
託、卽夏商周之三統亦皆託也。 Dem Kern der Frage kommt man durch diese Äußerungen leider auch nicht näher.

[1] Es ist eitel Selbsttäuschung, wenn die Reformatoren meinen, daß Konfuzius' Lehre vom Wechsel der Dynastien ein Beweis für seinen Glauben an den Fortschritt der Entwicklung sei. „The fundamental concept (dieses Wechsels) is", sagt Tsch'ên Huan-tschang (*Econ. Princ.* S. 16), „that all human civilization and social life are necessarily changed in order to reform the evil of the past and meet the need of the present." Ihren Gesamt-Ausdruck aber soll diese Entwicklungstheorie in der Lehre von „den drei Zeitaltern" (s. oben S. 218 Anm.) finden, die ihrerseits erst wieder aus einer sehr fragwürdigen Allegorie herausgeschält worden ist und sich auf eine höchst verdächtige Stelle des *Li ki* stützt. Wir haben oben gesehen, wie Tung Tschung-schu die „Veränderungs- (nicht Entwicklungs-) lehre des Konfuzius verstanden wissen will, und die Behauptungen Tsch'ên Huan-tschang's beweisen nur aufs neue die außerordentlich geringe Fähigkeit des chinesischen Geistes, zwischen Form und Inhalt, zwischen Wesentlichem und Unwesentlichem zu unterscheiden.

Fürsten, die als Lehensträger des Weltreiches aufgefaßt wurden, dienen mußte,
bis das Abendland den Bruch mit dem Universalismus und den Titel *huang ti*
wenigstens für den zwischenstaatlichen Verkehr erzwang. Zu Tung Tschung-
schu's Zeit galt also der Titel *huang ti* bereits, und über seine Bedeutung, sowie
über sein Verhältnis zu den älteren Bezeichnungen gibt, in Übereinstimmung
mit den eben besprochenen Theorien, die folgende Darstellung Auskunft. „Insofern als seine Wirkungskraft Himmel und Erde gleichkommt, heißt (der
Herrscher) *huang ti*; insofern als der Himmel ihn schützt und als seinen Sohn
betrachtet, hat er die Bezeichnung ‚Himmelssohn'. Darum wird der heilige
Herrscher[1], so lange er lebt, ‚Himmelssohn' genannt; wenn er durch den Tod
entrückt ist, wird er (d. h. sein entthrontes Geschlecht) unter die ‚drei *wang*'
versetzt; ist (das Geschlecht) ausgeschaltet und (als Dynastie) erloschen, so
kommt es unter die ‚fünf *ti*', und ist es ausgeschaltet bis auf ein kleines Lehens-
gebiet (s. oben S. 231f.), so kommt es unter die ‚neun *huang*'. Insofern aber,
als die höchste Gewalt für das Volk eine Einheit bildet, spricht man von den
‚drei Dynastien'" 德侔天地者稱皇帝、天祐而子之號稱天
子、故聖王生則稱天子、崩遷則存爲三王、紲滅則爲五
帝下、至附庸紲爲九皇下、極其爲民有一謂之三代
(XXIII, 7 v°)[2]. Tung bemüht sich hier offensichtlich, einen vereinheit-
lichenden Ausgleich zu schaffen zwischen der (streng theoretisch allein zulässigen) freien Thronfolge im Altertum und der späteren dynastischen Ge-
bundenheit, indem er ganze Dynasten-Geschlechter als geschlossene Persönlichkeiten faßt. Die Worterklärungen der einzelnen Titel sind nicht sowohl
um der etymologischen Richtigkeit willen gegeben, als vielmehr den Gedanken
zu Liebe, die man damit verband. „Die Erfinder der Schrift in der alten Zeit
zogen drei Striche und verbanden sie in der Mitte (王), dieses Zeichen nannten
sie *wang*. Die drei Striche sind Himmel, Erde und Mensch, der sie in der Mitte
verbindende Strich aber ist das sie zusammenfassende Moment. Das aber,
was Himmel, Erde und Mensch in ihrer Mitte erfaßt, so daß es aufgereiht erscheint
und eine einheitliche Verschmelzung ist, wer könnte das sein, wenn nicht der

---

[1] Heilig ist jeder Zentralherrscher, denn, wie es im *Pai hu t'ung* Kap. 3 fol. 16 r° heißt,
„wäre er nicht heilig, so könnte er nicht den Auftrag des Himmels erhalten" 非聖
不能受命.

[2] K'ang You-wei (*Tung schi hüe* Kap. 6b fol. 25 r°) bemerkt hierzu, ohne Angabe einer
Quelle, daß der Titel *huang ti* von Konfuzius eingeführt sei. Li Ssě, der erste Minister
Schi huang ti's, und ein Schüler Sün K'ing's, habe ihn für seinen Herrn in Gebrauch genommen. In der Anordnung der drei *wang*, fünf *ti* und neun *huang* habe die
Gründung des Tempels *ti wang miao* ihren Grund, die i. J. 1522 unter der Ming-Dynastie
erfolgte. Der Tempel befindet (oder befand?) sich in der Weststadt von Peking, unweit
des Si tschi mên. . ':

wang (Zentralherrscher)?" 古之造文者三畫而連其中謂之王、三畫者天地與人也、而連其中者通其道也、取天地與人之中以爲貫而參通之、非王者孰能當 (XLIV, 6 v⁰)[1]. Über die Etymologie des Lautes *wang* und des Lautes *kün* 君, welch letzteres die allgemeinste Bezeichnung für einen Fürsten im Gegensatz zum Untertanen ist[2], erfahren wir das Folgende. „*Wang* bedeutet: der, zu dem das Volk sich hinwendet (*wang*); *kün* bedeutet: der die Massen (*k'ün*) nicht aus der Hand verliert. Wer also die zahllosen Völker veranlassen kann, sich zu ihm hinzuwenden und die Massen des Weltreiches gewinnt, der hat nicht seinesgleichen im Weltreiche" 王者民之所往、君者不失其羣者也、故能使萬民往之而得天下之羣者、無敵於天下 (VII, 1 r⁰). Völlig phantastisch werden aber die Erklärungen, wenn angenommen wird, daß in dem Worte *wang* fünf Bestandteile enthalten seien, nämlich *huang* 皇 („Fürst", „herrlich", „groß")[3], *fang* 方 („Seite", „Himmelsrichtung"), *k'uang* 匡 („ordnen"), *huang* 黃 („gelb") und *wang* 往 („sich hinbegeben"), die dann alle wieder unter einander in Beziehungen gesetzt werden. *Kün* soll ebenfalls fünf Bestandteile enthalten, nämlich *yuan* 元 („Uranfang"), *yuan* 原 („Urquell"), *k'üan* 權 („Macht"), *wên* 溫 („schlicht-natürlich") und *k'ün* 羣 („Masse") mit entsprechenden Beziehungen (XXXV, 2 v⁰f.). Daß der Fürst während der Trauer um seinen verstorbenen Vater seinen Titel noch nicht führt, sondern sich einfach als „Sohn" bezeichnet, war schon früher erwähnt (s. oben S. 205).

Der Staatszweck und somit auch der Daseinszweck des Fürsten ist das Glück des Volkes. „In der Förderung des Volkes drückt sich das Verhältnis des Himmelssohnes zu Söhnen und Enkeln aus" (s. oben S. 216), d. h. der Sohn des Himmels ist der Vater des Volkes. Ganz in Übereinstimmung mit den demokratischen Grundsätzen Mêng tsě's, dem das Volk das wichtigste, der Fürst das unwichtigste im Staate ist[4], heißt es bei Tung: „Der Himmel bringt nicht das Volk hervor um des Herrschers willen, sondern er setzt den Herrscher ein um des Volkes willen. Ist daher des Herrschers Tugend im Stande, dem Volke Frieden und Zufriedenheit zu erhalten, so bestätigt ihn der Himmel; sind aber seine Laster dazu angetan, das Volk zu schädigen und leiden zu lassen, so nimmt der Himmel ihn weg" 天之生民非爲王也、而天立王以爲民也、故其德足以安樂民者天予之、其惡足以賊害民者天奪之 (XXV, 14 v⁰f.). Also „des Himmels Auftrag währt nicht ewig",

---

[1] Auch diese Erklärung des Zeichens 王 führt K'ang You-wei (a. a. O. Kap. 6b fol. 33 r⁰) ohne Begründung auf Konfuzius zurück.

[2] Der Ausdruck *kün* wurde deshalb auch im 19. Jahrh. von chinesischen Regierungsvertretern mit Vorliebe für die europäischen Souveräne angewendet.

[3] Nach *Pai hu t'ung* Kap. 1 fol 8 r⁰.

[4] Mêng tsě VII, 2, XIV.

wie es im *Schi king* heißt[1], er findet seine Grenze an der Unfähigkeit
des Beauftragten, ihn zu erfüllen.   Beseitigung des zwecklos Gewordenen, sei
es auch durch Gewalt und Mord, ist nur das natürliche Verhängnis.   „Das
Recht des Volkes auf Empörung und Fürstensturz", das man, nicht mit Unrecht, in Mêng tsë's Lehren gesehen hat, verteidigt auch Tung.   „Fürst sein heißt
den Befehl führen, und zwar (positiv) anordnen und (negativ) verbieten.   Wenn
nun die Kie und die Tschou dem Weltreich Befehle geben, diese aber nicht
ausgeführt werden, wenn sie für das Weltreich Verbote erlassen, das Verbotene
aber nicht unterbleibt, wie können sie da das Weltreich sich untertan machen?
Können sie sich aber das Weltreich nicht untertan machen, wie kann man da
sagen, die T'ang und die Wu hätten einen Mord begangen?" 君也者掌
令者也、令行而禁止也、今桀紂令天下而不行、禁天下
而不止、安在其能臣天下也、果不能臣天下何謂湯武弒
(XXV, 15 v⁰)².

Da, wie wir früher sahen (s. oben S. 189f. u. 212), der gesamte staatliche Organismus nur ein Teil des lebendigen Kosmos, der Zentralherrscher aber der wichtigste Träger der Lebensregelung des Alls ist, so wirken Verfehlungen von ihm
durch den Kosmos hindurch: Unregelmäßigkeiten und Normwidrigkeiten in
den Vorgängen der Natur stehen in enger Verbindung mit den Normwidrigkeiten der Regierung.   Diese Lehre, die nur eine Folge der Auffassung von den
beiden kosmischen Urkräften *yin* und *yang* (s. oben S. 187 ff.), und, ebenso wie
die letztere, erst von Tung Tschung-schu systematisch entwickelt worden ist,
wird ebenfalls aus dem *T. t.* hergeleitet, wo ja in der Tat auch entsprechende

---

[1] III, 1, I, 5.

[2] Kie war der letzte Kaiser der Hia-Dynastie, der von T'ang, dem Begründer der Schang-
Dynastie beseitigt wurde; Tschou der letzte Kaiser der Schang-Dynastie, der von Wu,
dem Begründer der Tschou-Dynastie, beseitigt wurde.   Beide Fälle werden hier als Beispiele dafür angegeben, daß die Beseitigung eines unfähigen Herrschers oder einer ver-
kommenen Dynastie kein Unrecht („Mord") ist.   Vergl. Mêng tsë I, 2, VIII: „Darf denn
ein Untertan seinen Fürsten ermorden? — Wer die Herzensgüte schändet, ist ein Verbrecher, und wer die Rechtlichkeit schändet, ein Peiniger.   Einen Peiniger und Verbrecher
nennt man ein gewöhnliches Individuum.   Ich habe wohl gehört, daß das gewöhnliche
Individuum Tschou zur Rechenschaft gezogen worden ist, aber ich habe nicht gehört, daß
hier die Ermordung eines Fürsten vorläge." Und *Yi king* (Legge, S. B. E. XVI, 254):
„Als T'ang und Wu (Kie und Tschou) den Auftrag des Himmels entzogen (*ko ming* 革命),
handelten sie gehorsam dem Willen des Himmels und entsprechend dem Wunsche der
Menschen." Die Reformatoren haben sich bei ihrem Kampfe gegen die Ts'ing-Dynastie
und die Radikalen (*ko ming tang* 革命黨) bei ihrem Sturmlauf gegen die Monarchie
überhaupt oft auf diese Lehren bezogen.   K'ang You-wei (*Tung schi hüo* Kap. 6b fol. 28 r⁰)
betrachtet es als „die große Entscheidung des Konfuzius", daß ein Fürst, der das Volk
nicht zu erhalten und zu schützen vermag oder seinen Thron entehrt hat, kein Fürst mehr ist.

Anschauungen des Konfuzius oftmals durchscheinen. „Der Ursprung aller Heimsuchungen und Normwidrigkeiten liegt durchaus in Verfehlungen der Regierung. Sind diese Verfehlungen noch in ihren ersten Anfängen, so sendet der Himmel Heimsuchungen und Unglücksfälle, um sein Mißfallen kundzutun. Weiß man nach dieser Kundgabe des Mißfallens noch nicht für Besserung zu sorgen, so wird man seltsame Normwidrigkeiten erfahren, damit hierdurch Schrecken eingeflößt werde. Kennt man auch nach diesem Schrecken noch keine Scheu, so steht zu fürchten, daß die schlimmste Strafe eintreten wird. Man sieht hieran, daß des Himmels Wille Güte ist, und daß er nicht den Menschen Schaden zufügen will. Man soll also mit Ehrfurcht die Heimsuchungen und Normwidrigkeiten prüfen, indem man des Himmels Willen darin sieht. Des Himmels Wille besteht darin, daß er gewisse Dinge wünscht und gewisse Dinge nicht wünscht. Mit Bezug auf beides soll der Mensch innerlich sich selbst prüfen und eine Zurechtweisung vornehmen in seinem eigenen Herzen, äußerlich aber die Dinge betrachten und sein Augenmerk auf den Staat richten. Erkenntnis des himmlischen Willens anwenden auf Heimsuchungen und Normwidrigkeiten bedeutet also Sehen empfinden und nicht Haß; dann wird man einsehen, daß der Himmel unsere Fehler gutmachen und uns vor dem Untergange bewahren will, daß er uns deshalb heimsucht" 凡災異之本盡生於國家之失、國家之失乃始萌芽而天出災害以譴告之、譴告之而不知變乃見怪異以驚駭之、驚駭之尚不知畏恐其殃咎乃至、以此見天意之仁而不欲陷人也、謹按災異以見天意、天意有欲也有不欲也、所欲所不欲者人內以自省宜有懲於心、外以觀其事宜有驗於國、故見天意者之於災異也畏之而不惡也、以為天欲振吾過救吾失、故以此報[1]我也 (XXX, 13 v°f.). Fast wörtlich ebenso heißt es in der ersten Denkschrift: „Ich habe im *T. t.* die Geschichte vergangener Zeiten durchforscht und das Verhältnis von Himmel und Menschheit betrachtet, ein die höchste Ehrfurcht lehrendes Tun. Wenn eine Regierung in das Verderben des Abkommens vom richtigen Wege zu geraten droht, dann sendet der Himmel vorher Heimsuchungen und Unglücksfälle, um sein Mißfallen kundzutun. Weiß man danach noch nicht, in sich zu gehn, so sendet er abermals seltsame Normwidrigkeiten, damit hierdurch eine Warnung gegeben und Furcht eingeflößt werde. Weiß man auch dann noch keine Besserung herbeizuführen, dann wird das Verderben zum äußersten kommen. Man sieht hieran, daß des Himmels Herz die Güte ist, daß er den Fürsten liebt und seiner Verirrung Einhalt tun will. Ist es nicht ein Zeitalter, in dem das Rechte völlig zerstört ist, so müht der Himmel sich, es zu erhalten und ihm Frieden und Unversehrtheit zu gewähren. Er will nur (zum Guten) antreiben, sonst nichts"

---

[1] Die Lesart 報 ist zweifelhaft.

臣謹案春秋之中視前世已行之事、以觀天人相與之際、甚可畏也、國家將有失道之敗而天迺先出災害以譴告之、不知自省又出怪異以警懼之、尚不知變而傷敗迺至、以此見天心之仁、愛人君而欲止其亂也、自非大亡道之世者、天盡欲扶持而全安之、事在彊勉而已矣 (D I, 3 r⁰)[1]. Das *T. t.* „verzeichnet denn auch Sonnenfinsternisse, Sternschnuppen-fälle, Seekröten[2], Bergrutsche, Erdbeben, Überschwemmungen durch große Regenfälle im Sommer, großen Hagelschlag im Winter[3], Reiffall ohne Tötung des Grases[4], Regenlosigkeit vom ersten bis zum siebenten Monat, Nisten von Dohlen[5] als Normwidrigkeiten, in denen man die Anzeichen von Aufruhr und Wirrnissen zu sehen hat" 書日蝕星隕有蜮山崩地震夏大雨水冬大雨雹隕霜不殺草自正月不雨至於秋七月有鸛鵒來巢、春秋異之以此見悖亂之徵 (XV, 2 v⁰). Dazu bemerkt dann die dritte Denkschrift noch erklärend im allgemeinen: „Was das *T. t.* rügt, ist das, wofür Heimsuchungen und Unglücksfälle verhängt werden, und was das *T. t.* verabscheut, ist das, wofür seltsame Normwidrigkeiten geschickt werden. Es verzeichnet die Verfehlungen des Staates in Verbindung mit den Umwälzungen durch Heimsuchungen und Normwidrigkeiten, daraus wird ersichtlich, daß im menschlichen Handeln das höchste Gute wie das höchste Böse mit Himmel und Erde zu einer Einheit zusammenfließt, so daß sie in Wechselwirkung einander entsprechen. Auch das nennt man ein Offenbarungs-zeichen des Himmels" 春秋之所譏災害之所加也、春秋之所惡怪異之所施也、書邦家之過兼災異之變、以此見人之所爲其美惡之極乃與天地流通而往來相應、此亦言天之一端也 (D III, 15 v⁰). Also „Sphären-Harmonie" durchdringt das All und damit das Weltreich. Wehe dem Herrscher, der sie durch normwidriges Verhalten stört: die Natur antwortet mit Normwidrigkeiten, und der Frevler am *tao*, dem Weltgesetz, wird schließlich zerschmettert. Hier sieht man den Zusammenhang, der die chinesischen Kaiser so oft veranlaßt hat, die Verant-wortung für Überschwemmung und Dürre, für Hungersnot und Pestilenz oder andere schlimme Natur-Erscheinungen auf sich zu nehmen und öffentlich sitt-liche Besserung zu geloben.[6]

---

[1] Ich habe beide Texte nebeneinander gestellt, um zu zeigen, wie sehr das vielfach über-arbeitete *T. t. fan lu* von dem besser erhaltenen Texte der Denkschriften auch da abweicht, wo vermutlich beide ursprünglich übereinstimmten.

[2] Näheres über dieses sandspeiende Untier s. in den Wörterbüchern unter 蜮 und Legge zu *Tschuang kung* 18. Jahr.

[3] Andere Ausgaben lesen statt „Hagel" „Schnee"; beides kommt im *T. t.* vor.

[4] *Hi kung* 33. Jahr.

[5] S. Legge zu *Tschao kung* 25. Jahr.

[6] Vergl. oben S. 92 und 100.

Das Wesen des Zentralherrschers als eines vom Himmel Erkorenen, dem „des Himmels Gedanken verliehen" sind, schließt, streng logisch genommen, ein Gesetz der „Legitimität", d. h. eine dynastische Erbfolge am Thron aus. In der Tat sagt ja auch die Überlieferung, daß dem ältesten chinesischen Staate dieses Gesetz unbekannt gewesen sei. Von Yao kam die Herrschaft nicht an seinen Sohn, sondern an seinen langjährigen Ratgeber Schun, der einst aus den Kreisen des Volkes wegen seiner guten Eigenschaften auserlesen worden war. Ebenso wurde Schun's Nachfolger nicht sein Sohn, sondern sein Berater und Mitarbeiter Yü, den er selbst „dem Himmel empfohlen" hatte, und dem nach Schun's Tode „das Volk anhing". Von Yü aber kommt das Reich an seinen Sohn und dann bleibt es in der Familie, die erbliche Thronfolge und damit die erste Dynastie nimmt ihren Anfang. Mêng tsě hat sich eifrig, aber erfolglos bemüht, für alle Erbfälle den gleichen Grundsatz als wirksam nachzuweisen, indem er meinte, daß zwei Bedingungen erfüllt werden müßten bei einer Nachfolge am Thron: Höchste Tugend und Empfehlung an den Himmel durch den bisherigen Herrscher, beides aber sei bei Yao und Schun, wie bei Yü und seinen Nachfolgern vorhanden gewesen[1]. Die Geschichte hat sich wenig um diese Theorie gekümmert, statt dessen hat sich im Laufe der Zeit ein sehr deutliches Legitimitätsprinzip — wenn auch nicht so scharf wie in Europa — herausgebildet, und für die Thronfolge im Reiche wie in den Lehenstaaten gelten bestimmte Gesetze, an die der Fürst gebunden ist, und die auch von Konfuzius bereits anerkannt sind. Spuren von Mêng tsě's zwei Bedingungen sind darin auch noch zu erkennen. Streitigkeiten um die Thronfolge, ein natürliches Ergebnis der Haremswirtschaft, haben zu allen Zeiten der chinesischen Geschichte eine verhängnisvolle Rolle gespielt, niemals aber mehr als während der Tschou-Dynastie, und zwar am Kaiserhofe wie in den Fürstenhäusern der Lehenstaaten. Das *T. t.* hat denn auch hier für seine „Entscheidungen" Stoff in Fülle gehabt. Als oberstes Gesetz gilt im *T. t.* der Satz: „In der Reihenfolge der Erben entscheidet das Alter, nicht die Tüchtigkeit, in der Reihenfolge der Söhne die Herkunft, nicht das Alter" 立 適 以 長 不 以 賢、立 子 以 貴 不 以 長 (VI, 4 v⁰ und Kung-yang zu *Yin kung* 1. Jahr), mit anderen Worten: der ältere Bruder geht dem jüngeren vor, auch wenn dieser der Tüchtigere ist, aber der Sohn der Hauptfrau geht dem der Nebenfrau vor, auch wenn dieser der ältere ist. Dabei bestimmt sich, wie Ho Hiu hinzufügt, wenn keine Söhne der Hauptfrau vorhanden sind, die Reihenfolge der übrigen nach dem Range der Mutter unter den Nebenfrauen. Ein Beispiel bildet gleich der erste von den Herzögen im *T. t.*, Yin. Er war der Sohn einer Nebenfrau des verstorbenen Herzogs, und da ein Sohn der Hauptfrau vorhanden war, so war dieser der gesetzliche Thronerbe, obwohl Yin älter und auch tüchtiger war. Trotzdem übernahm Yin die Herrschaft, weil jener, der spätere Herzog

---

[1] S. Mêng tsě V, 1, v—vi.

Huan, noch ein Knabe war und die Minister ihn drängten, den Thron zu besteigen. Yin gab nach, war aber entschlossen, dem Erben, wenn er herangewachsen sein würde, die Herrschaft abzugeben. Das *T. t.* erklärt aber auch dieses Verfahren für unzulässig und deutet dies dadurch an, daß es die Thronbesteigung Yin's nicht, wie sonst üblich, verzeichnet. Daß die Bestimmungen auch für das Kaiserhaus galten, geht aus der Erzählung des *Tso tschuan* zu *Tschao kung* 26. Jahr hervor. Als der Kaiser King 景 im Jahre 520 v. Chr. gestorben war, brachen in der Hauptstadt Streitigkeiten über die Erbfolge aus; der Prinz Tschao 朝, offenbar der Sohn einer Nebenfrau des verstorbenen Herrschers, hatte die Herrschaft an sich gebracht, mußte aber weichen vor den Ansprüchen seines Halbbruders (?), des Kaisers King 敬. Aus der Hauptstadt vertrieben, erließ er eine Kundgebung, in der er sagte: „die Bestimmungen der früheren Herrscher von einst besagen: Hat die Gemahlin des Kaisers keinen Erben geboren, so soll (unter den Söhnen der Nebenfrauen) der älteste ausgewählt werden für die Nachfolge; unter gleichaltrigen soll die Tugend entscheiden, bei gleicher Tugend das Los; der Kaiser soll nicht seine Neigung maßgebend machen bei der Einsetzung des Erben, und die Würdenträger und Minister sollen nicht ihren persönlichen Interessen folgen. Das waren die Ordnungen des Altertums" 昔先王之命曰、王后無適則擇立長、年鈞 以德、德鈞以卜、王不立愛、公卿無私、古之制也· Das deckt sich nicht völlig mit der Bestimmung bei Ho Hiu, hat aber auch das grundlegende Gesetz zur Voraussetzung, daß zunächst die Söhne der Hauptfrau erbfolgeberechtigt sind. Gerade dieses Gesetz aber und seine Verletzung haben die meisten der zahllosen Thronstreitigkeiten in den Fürstenhäusern verursacht. Des weiteren vertritt das *T. t.* noch folgende Grundsätze hinsichtlich der Thronfolge: „Wenn Jemand nicht der richtige Thronfolger ist, und er doch den Thron besteigt, so erklärt das *T. t.*, auch wenn der Betreffende von dem vorhergehenden Fürsten die Berufung erhalten hat, dies für unheilvoll. Der Herzog Mu von Sung ist dafür ein Beispiel[1]. Wenn Jemand nicht der richtige Thronfolger ist, und er auch von dem vorhergehenden Fürsten keine Berufung erhalten hat, trotzdem aber von sich aus den Thron besteigt, so erklärt das *T. t.* auch dies für unheilvoll. Dafür ist Liao, König von Wu, ein Beispiel[2]. Wenn aber trotz allem eine gute Wirkung erreicht

---

[1] Über den Herzog Mu von Sung s. oben S. 177f. — Konfuzius erklärt (nach Kung-yang) das Verfahren des Herzogs Mu für unheilvoll, indem er bei der Verzeichnung seiner Bestattung den Tag angibt, während dies sonst nicht geschieht, wenn die Bestattung — was hier der Fall war — zur vorgeschriebenen Zeit erfolgt.

[2] Der König Schou-meng 壽夢 von Wu hatte vier Söhne: Tschu-fan 諸樊, Yü-tschai 餘祭, Yü-mei 餘眛 und Ki-tscha 季札. Er wollte den Jüngsten von ihnen, Ki-tscha, zu seinem Nachfolger machen, aber dieser lehnte ab. Die Herrschaft kam nunmehr (561 v. Chr.), einer Bestimmung des Vaters gemäß, an Tschu-fan, nach dessen Tode an

werden kann, und (der neue Fürst) das Volk für sich gewinnt, dann erklärt das *T. t.* dies nicht für unheilvoll. Dafür ist Tsin, der Fürst von Weï, ein Beispiel, der zum Fürsten gemacht wurde, und von dem die Bestattung verzeichnet wird[1]. Alle diese hätten nicht Fürsten werden dürfen. Wenn nun bei Mu von Sung, der doch von dem vorhergehenden Fürsten die Berufung erhalten hatte, (die Thronbesteigung) für unheilvoll erklärt wird, bei Süan (= Tsin, das persönlicher Name ist) von Weï aber, der von dem vorhergehenden Fürsten keine Berufung erhalten hatte, eine solche Erklärung nicht erfolgt, so kann man daraus sehen, daß die Tatsache, daß (der Fürst) das Herz des Volkes für sich gewinnt, den allgemeinen Frieden verbürgt" 非 其 位 而 即 之 雖 受 之 先

Yü-tschai, nach dessen Tode an Yü-meï. Als auch er starb, schlug Ki-tscha in Anbetracht der Ungesetzlichkeit der Thronfolge trotz alles Drängens seitens des Volkes abermals den Thron aus und verließ das Land. Danach übernahm Liao, der Sohn einer Nebenfrau Yü-meï's, die Herrschaft, wurde aber einige Jahre später auf Anstiften von Kuang 光, dem Sohne Tschu-fan's, der Anspruch auf den Thron erhob, ermordet. Näheres s. *Mém. hist.* IV, 7, 16f, 19 ff.; Kung-yang zu *Siang kung* 29. Jahr; Kommentar zu Kung-yang, *Tschao kung* 27. Jahr und *Tso tschuan* ebenda. — Konfuzius verzeichnet hier (*Tschao kung* 27. Jahr): „Im Sommer, im 4. Monat ermordete Wu seinen Fürsten Liao." Eine Andeutung des Unheilvollen ist hier nicht zu erkennen, und Kung-yang schweigt zu dem Satze. Dagegen kommt dieser bei der Stelle *Siang kung* 29. Jahr („der Freiherr von Wu sandte Tscha zu uns zur Begrüßung") auf die Vorgänge in Wu zu sprechen und erklärt, daß die Bluttat dort in letzter Linie auf Ki-tscha zurückzuführen sei, der der Bestimmung seines Vaters entgegen den Thron nicht bestiegen habe. Trotzdem rühme ihn das *T. t.* durch Nennung seiner Gesandtschaft und seines persönlichen Namens, weil er auf die Herrschaft zu Gunsten seiner älteren Brüder — dem Gesetze gemäß — verzichtet habe. Indessen würde dies höchstens die auffallende Fassung „Wu ermordete usw.", statt etwa: „Ki-tscha ermordete usw." erklären, aber eine Andeutung des Unrechten oder Unheilvollen fehlt dann erst recht. Tung's Auslegung geht anscheinend auch hier über Kung-yang hinaus.

[1] Der Fürst Huan 宣 von Weï war von seinem jüngeren Bruder Tschou-hü 州吁 ermordet worden (719 v. Chr.), der selbst den Thron besteigen wollte. Dieser war ein gewalttätiger Mensch, und das Volk wollte ihn nicht als Fürsten, es wurde deshalb Tsin, ein anderer Bruder von Huan, auf den Thron erhoben als Fürst Süan. Näheres s. *Mém. hist.* IV, 194f. Diese Thronfolge entsprach den gesetzlichen Bestimmungen eigentlich nicht, zumal sie tatsächlich nur durch einen Minister von Weï veranlaßt war, aber das *T. t.* mißbilligt sie nicht, weil sie im Sinne des Volkes war. Angedeutet wird dies einmal durch die Fassung der Angabe *Yin kung* 4. Jahr: „Die Bewohner von Weï erhoben Tsin auf den Thron", wozu Kung-yang bemerkt, daß zwar der Minister Schi Ts'io 石碏 die Erhebung vornahm, daß dies aber auf Wunsch des Volkes geschah. Dann aber wird beim Tode des Fürsten Süan sowohl sein Todestag (*Huan kung* 12. Jahr), als auch seine Bestattung (*Huan kung* 13. Jahr) verzeichnet, seine Herrschaft also als rechtmäßig anerkannt.

君、春秋危之宋繆公是也、非其位不受之先君而自即
之、春秋危之、吳王僚是也、雖然苟能行善得眾、春秋弗
危、衞侯晉以立書葬是也、俱不宜立、而宋繆受之先君
而危、衞宣弗受先君而不危、以此見得眾心之為大安也

(IV, 1 r⁰f.). Hier zeigt sich wieder die Abneigung des chinesischen Geistes
gegen folgerichtig durchgeführte Gedankensysteme und die Vorliebe für den
Kompromiß. Entweder gilt der Grundsatz der „höchsten Tugend", dann kann
nicht von Legitimität und Alter die Rede sein, oder es gelten die letzteren,
dann dürfen sie nicht wegen der „Wünsche des Volkes", hinter denen sich oft
etwas ganz anderes verbirgt, beiseite gesetzt werden. Der ideale Thronfolger
soll nach Herkunft und Alter an der Spitze der Erbberechtigten stehen, er
soll „vom vorhergehenden Fürsten berufen" und soll den Wünschen des Volkes
genehm sein, d. h., um in der Sprache des Altertums zu reden, er soll — und
hier zeigen sich die Spuren von Mêng tsö's zwei Bedingungen — infolge seiner
„höchsten Tugend" das Herz des Volkes besitzen und durch den bisherigen
Herrscher „dem Himmel empfohlen" sein. In letzter Linie ausschlaggebend
ist aber für Konfuzius die Zuneigung des Volkes, denn dessen Wohl ist ja der
Daseinszweck des Herrschers, und so wird denn, wenn diese Zuneigung vorhanden ist, über sonstige Mängel der Berechtigung milde hinweggesehen.
Davon abgesehen, ist die wichtigste Vorbedingung die „Berufung" durch den
regierenden Fürsten. „Ein Gesetz des *T. t.* ist es, daß, wenn der Fürst (einen
Thronerben) einsetzt, den er von Rechts wegen nicht einsetzen dürfte, dies
nicht verzeichnet wird, daß aber, wenn die Würdenträger eine solche Einsetzung
vornehmen, dies verzeichnet wird. Dadurch, daß dies verzeichnet wird, wird
den Würdenträgern das Recht der Einsetzung (eines Thronerben), der von
Rechts wegen nicht hätte eingesetzt werden dürfen, aberkannt, und dadurch,
daß die Verzeichnung unterbleibt, wird dem Fürsten das Recht solcher Einsetzung zugebilligt[1]. Ein Unrecht bleibt es allerdings, wenn ein Fürst einen
Thronerben einsetzt, den er von Rechts wegen nicht einsetzen dürfte; ist
er aber einmal eingesetzt, so haben die Würdenträger dies hinzunehmen"

春秋之法君立不宜立不書、大夫立則書、書之者弗予
大夫之得立不宜立者也、不書予君之得立之也、君之
立不宜立者非也、既立之大夫奉之是也 (IV, 5 v⁰). Und:
„Wenn unter den Lehensfürsten Väter, Söhne, ältere Brüder oder jüngere Brüder,
die von Rechts wegen den Thron nicht hätten besteigen dürfen, ihn doch bestiegen haben, so betrachtet das *T. t.* ihre Staaten als gleich mit solchen, deren
Fürsten mit Recht den Thron bestiegen haben, denn diese Fälle liegen im
Gebiete des (durch die Umstände) entschuldbaren Handelns" 諸侯父子兄

---

[1] Es ist dies ein Beispiel dafür, daß auch die einfache Verzeichnung einer Tatsache im
T. t. ihre Verurteilung bedeuten kann. S. oben S. 41f. u. 175f.

弟不安立而立者、春秋視其國與安立之君無以異也、此
皆在可以然之域也 (IV, 4 v⁰). Danach hat der Herrscher allen Bestimmungen zum Trotz schließlich doch freie Hand in der Auswahl seines Nachfolgers
innerhalb seiner Familie, er wird sich in jedem Falle auf Konfuzius berufen dürfen.
An diesem Vorrechte, das, wie wir sahen, auf die Anschauungen des hohen Altertums von der „Empfehlung an den Himmel" zurückgeht, haben die chinesischen
Kaiser immer und bis in die neueste Zeit festgehalten, obwohl dieser Mangel
an einem festen Thronfolgegesetz oft genug die Ursache innerer Kämpfe und
schwerer staatlicher Erschütterungen gewesen ist[1]. Welche Stärke aber schon
zu Konfuzius' Zeiten der dem Altertum noch unbekannte Begriff der Legitimität
der fürstlichen Familie erlangt hatte, geht aus der Bestimmung hervor, daß
mangels irgend eines Thronerben die Adoption aus einer männlichen Seitenlinie eintreten muß, in keinem Falle aber die Herrschaft an eine „andere Namenslinie", also auch nicht an die weibliche Seite übertragen werden darf. Das *T. t.*
verurteilt dies in scharfer Form auf seine Weise. „Was die Einverleibung des
Staates Tsêng in den Staat Kü betrifft, so daß beide eine Einheit wurden (oder:
beide das Land eines Fürsten wurden)[2], so zeigt der Text (des *T. t.*) dies mit den
Worten an: ,der Mann von Kü vernichtete Tsêng' (*Siang kung* 6. Jahr). Dieser Fall
lag nicht im Gebiete des entschuldbaren Handelns" 至於鄫取乎莒以之
爲同居、目曰莒人滅鄫、此在不可以然之域也 (IV, 4 v⁰).
Kung-yang hält die Bedeutung der Formel offenbar für so bekannt, daß er nichts
dazu bemerkt; ebensowenig hält Tung noch eine Erklärung für nötig. Dagegen
teilt Ho Hiu zu unserem Verständnis mit, daß „der Mann von Kü" ein Prinz
von Kü aus der Ehe mit einer Tochter des Fürsten von Tsêng gewesen sei.
Der Name der Fürstenfamilie von Kü war Ying 盈, die in Tsêng regierende hieß
Ssë 姒. Die letztere war anscheinend in der männlichen Linie ausgestorben,
und diesen Anlaß benutzte der erwähnte Prinz von Kü, ein sogenannter *wai
sun* 外孫, ein Abkömmling in der Nebenlinie von Tsêng, das Land seiner Mutter

---

[1] Hawkling L. Yen, *A Survey* usw. S. 72 Anm., der das *T. t.* geradezu als „The book
on Public Law" bezeichnet, weist nicht mit Unrecht darauf hin, daß der Teil dieses Gesetzbuches, der nicht durch Wegfall des Lehenssystems gegenstandslos geworden sei, „bis
auf den heutigen Tag" (1911) Giltigkeit habe, so insbesondere die Bestimmungen über die
Erbfolge. Auf S. 78ff, gibt der Verfasser eine gute Zusammenstellung der auch von uns
behandelten staatsrechtlichen Bestimmungen, wie sie aus dem *T. t.* hergeleitet werden.
Das Ganze würde allerdings erheblich gewonnen haben, wenn die betreffenden Stellen
des *T. t.* und des *Kung-yang tschuan* namhaft gemacht und so die Herleitungen gezeigt
worden wären.

[2] Lu Wên-tsch'ao schlägt vor 國君 statt 同居 zu lesen. Der ganze Text hier ist
unsicher, bei Ling Schu fehlt die Stelle ganz.

der eigenen Herrschaft einzuverleiben[1]. Konfuzius brandmarkt dieses Verfahren
als ungesetzlich durch den Ausdruck „vernichtete", d. h. er stellt es auf eine
Stufe mit der Gewalttat einer Eroberung und Wegnahme. Die Anschauung
beruht in den Forderungen des Ahnendienstes, der die Einheitlichkeit des Mannes-
stammes zur Voraussetzung hat; von der letzteren braucht nötigenfalls nur der
Schein durch Adoption aufrecht erhalten zu werden.

Eine höchst auffallende Bestimmung findet sich bei Tung auf Grund einer
Auslegung Kung-yang's, die allem bisher bekannt gewordenen chinesischen
Herkommen zuwiderlaufen würde. Sie verlangt nichts Geringeres als die Ebenbürtigkeit der fürstlichen Gemahlin, ein Begriff, der in der chinesischen, ja
wohl der ganzen orientalischen Geschichte sonst nicht nachweisbar ist. Tung
zählt die schlimmen Eigenschaften und Handlungen des Herzogs Wên 文 von
Lu (626 bis 609 v. Chr.) auf und erwähnt dabei, daß „er in die Familie eines Würdenträgers heiratete und damit seinen Ahnentempel herabsetzte" 取 於 大 夫
以 卑 宗 廟 (II, 9 v⁰). Es bezieht sich dies auf die Formel *Wên kung*
4. Jahr: „Im Sommer wurde die Gemahlin Kiang in Ts'i in Empfang genommen". Dazu bemerkt Kung-yang: „Warum heißt es: die Gemahlin Kiang
wurde in Ts'i in Empfang genommen? — (Die Ausdrucksweise) ist verkürzt.
(Kung-yang) Kao sagt: er heiratete in die Familie eines Würdenträgers, darum
ist (die Ausdrucksweise) verkürzt" 其 謂 之 逆 婦 姜 于 齊 何、略 之 也、
高 子 曰 娶 乎 大 夫 者 略 之 也. Die Verkürzung ist eine zweifache:
einmal fehlt das Subjekt des in Empfang-Nehmens — es war der Herzog
selbst —, und dann ist das höfliche *schi* 氏 hinter dem Namen Kiang, das
einer so hoch gestellten Dame unzweifelhaft zukam, weggelassen. Daß außerdem das Wort *fu* 婦 — verheiratete Frau — statt des an anderen Stellen
für den gleichen Vorgang gebrauchte *nü* 女 — Braut — angewendet ist,
hat seinen Grund darin, daß der Herzog die Dame in Ts'i geheiratet
hatte, sie also schon als Frau mitnahm, während sie bestimmungsgemäß
als Braut hätte nach Lu gebracht und dort geheiratet werden müssen. Ebenso
wie hierin soll auch in der doppelten Verkürzung eine Rüge liegen, und zwar
wegen der nicht standesmäßigen Heirat. Yang Schi-hün 楊 士 勛 (1. Hälfte des
7. Jahrh.), der Bearbeiter von Fan Ning's Kommentar zum *Ku-liang tschuan*,
fragt mit Recht erstaunt, was denn in einer solchen Heirat Unrechtes wäre.
Wenn es dem Himmelssohne erlaubt sei, „nach unten zu heiraten", so müsse
es doch auch den Lehensfürsten gestattet sein. Kung-yang beruft sich bei seiner

---

[1] Das *Tso tschuan* bemerkt statt dessen kurz: „Tsêng hatte sich auf Bestechungen verlassen", was sehr wohl mit Ho Hiu's Angaben vereinbar ist, mag man nun annehmen,
daß Tsêng von Kü diese Bestechungen erhalten oder wie Legge glaubt, Tsêng sie an Lu,
um dessen Schutz zu erkaufen, gegeben hatte. Legge erklärt aber kurzer Hand, es sei
für Ho Hiu's (nicht Kung-yang's, wie er sagt) Ansicht kein Beweis vorhanden. Als ob für
seine eigene ein besserer vorhanden wäre!

Auslegung ungewöhnlicherweise auf seinen Ahnen Kung-yang Kao (s. oben
S. 80), was fast den Eindruck macht, als sei ihm die Deutung zweifelhaft gewesen.
Sollte sie richtig sein, so müßte man außerdem annehmen, daß der Würdenträger den gleichen Familiennamen gehabt habe wie das Fürstenhaus, das ebenfalls 姜 Kiang hieß. Tung hat zwar die seltsame Angabe übernommen und
sogar noch eine krasse Folgerung daran geknüpft, es wird aber stärkerer Beweise bedürfen, wenn man ein Gesetz der erst im Abendlande erfundenen Ebenbürtigkeit der Fürstin für die alte chinesische Geschichte aufstellen will[1]. Unschwer aus den Palastverhältnissen und den gemachten Erfahrungen erklärt
sich dagegen die Bestimmung, daß „der Himmelssohn den Anhang der Kaiserin
nicht zu Ministern machen soll" 天子不臣母后之黨 (VI, 4 v°)[2].
Die Schreckensherrschaft der Kaiserin Lü 呂, der Gemahlin Kao tsu's, und
ihrer Familie lag wenig mehr als zwanzig Jahre vor der Zeit Tung's, und die
Folgezeit hat noch oftmals die Weisheit dieses Rates zu beobachten Gelegenheit
gehabt. „Bruch mit den Angehörigen der Mutter (des Fürsten)", so hören
wir denn auch, „ist keine Pietätlosigkeit" 絕母之屬而不爲不孝慈
義矣夫 (V, 8 r°). Von dem staatsrechtlichen Verhältnis des Zentralherrschers
zu den Lehensfürsten gibt Tung, abgesehen von den schon berührten allgemeinen
Lehrsätzen vom Wesen des Herrschers, eine systematische Darstellung nicht;
in der Tat gehört eine solche auch nicht zu seinen Aufgaben, denn ebenso wie
das T. t. mußte er die Verfassungsbestimmungen des allein für rechtmäßig geltenden und in der Theorie ja auch zur Han-Zeit wieder bestehenden Weltlehens-
reiches als bekannt voraussetzen[3]. Dagegen erfahren wir gelegentlich der Urteile des T. t. über Ordnungswidrigkeiten der Fürsten manche Einzelheiten
über Art und Umfang ihrer gesetzlichen Machtbefugnisse. Die Herrschaft in
den Staaten des Weltreiches erbte zwar, wie wir sahen, in völlig dynastischer
Weise in den regierenden Familien fort — ein Zustand der natürlich auch gegen
das Wesen der chinesischen Lehenstheorie verstieß —, aber die Verfügung über
das Land unterlag wesentlichen Beschränkungen. So „hatten Tschêng und Lu
Landstücke ausgetauscht, und das T. t. verhüllt dies, indem es statt ‚austauschen'
‚leihen' sagt" 鄭魯易地、諱易言假 (VI, 5 r°). Denn, so heißt es bei
Kung-yang (Huan kung 1. Jahr), „so lange es einen Himmelssohn gibt, dürfen

---

[1] Legge (V, 239) bestreitet natürlich von vornherein die Richtigkeit von Kung-yang's
Angabe und sperrt sich, wie immer, gegen jeden tieferen Sinn des Textes, obwohl dies-
mal selbst Tso einen solchen verlangt.

[2] Tung stützt sich hier auf eine Bemerkung Kung-yang's zu Huan kung 2. Jahr („Der
Fürst von K'i kam an den Kaiserlichen Hof"). Der Kaiser wollte eine Prinzessin von K'i
heiraten und gewährte deshalb dem Fürsten des Landes eine Rangerhöhung und sonstige
Zuwendungen, was gerügt wird.

[3] Sie sind in noch immer vorbildlicher Weise zusammengestellt von Plath, Über die
Verfassung und Verwaltung Chinas unter den drei ersten Dynastien S. 49ff.

die Lehensfürsten nicht eigenmächtig über ihr Land verfügen" 有天子存則諸侯不得專地也[1]. Ebenso durfte kein Fürst — es ist bezeichnend, daß dies ausgesprochen werden muß — von sich aus Belehnungen vornehmen, wie dies z. B. der mächtige Fürst Huan von Ts'i in wiederholten Fällen, wenn auch in wohlmeinender Absicht, getan hatte (VI, 4 r⁰)[2]. Gewalttätigkeiten der Fürsten untereinander waren selbstverständlich verboten, denn die Entscheidung von Streitigkeiten lag beim Zentralherrscher, und ihm allein stand es zu, Strafen zu verhängen. „Den Lehensfürsten ist es nicht erlaubt, eigenmächtig Bestrafungen (anderer Fürsten) vorzunehmen" 不予專討也 (I, 1 r⁰ und Kung-yang zu *Süan kung* 11. Jahr). Ist die erbliche Thronfolge der Fürsten nirgend mehr in Zweifel gestellt, so wird dagegen die Vererbung der Würden und Unterlehen in den Familien der Minister ausdrücklich verboten. Kung-yang zu *Tschao kung* 31. Jahr berichtet, daß der Fürst von Tschu-lou 邾婁 (s. Legge *Chin. Cl.* V, 5 und oben S. 237) Namens Yen 顏 ein ausschweifender Mann gewesen war, und daß nach seinem Tode die Herrschaft auf seinen tugendhafteren Bruder Schu-schu 叔術 überging. Dieser aber trat sie freiwillig an Yen's Sohn Hia-fu 夏父 ab. Hia-fu überließ ihm indessen einen Teil des Gebietes mit der Stadt Lan 濫, und dieser Teil erbte sich von Schu-schu fort auf seinen Sohn und dessen Nachkommen. Ein solcher erblicher Übergang ist nicht statthaft, denn „Würdenträger dürfen ihre Würden nicht vererben" 諸侯不得專封 (VI, 4 v⁰ und Kung-yang a. a. O.)[3].

---

[1] Nach Kung-yang, *Huan kung* 1. Jahr, hatten die Lehensfürsten im Vorlande des Kaisergebietes ein Stück Land zugewiesen erhalten, wo sie während ihrer regelmäßigen Audienzen wohnten (noch während der Ts'ing-Dynastie hatten die Tributfürsten — von Korea, der Mongolei, Annam, Birma u. a. — in Peking Grundstücke, auf denen ihre Absteigequartiere waren). Diese Absteigequartiere hießen *tsch'ao su tschi yi* 朝宿之邑. Auch Lu hatte ein solches, während Tschêng (nach Kung-yang, *Yin kung* 8. Jahr), ebenso wie andere Fürsten, in der Nähe des T'ai schan einen „Badeort", *t'ang mu tschi yi* 湯沐之邑, besaß, d. h. einen Ort, wo die Fürsten sich für die Opferzüge der Kaises, bei denen sie bis zum Berge das Geleit geben mußten, herrichteten („badeten"). Tschêng hatte seinen „Badeort" an Lu überlassen (offenbar wegen seiner benachbarten Lage) und erhielt dafür von Lu dessen Absteigequartier. Ein solcher Tausch war unzulässig und wird deshalb im *T. t.* verurteilt. Das Ganze ist bezeichnend für die Mißachtung des Kaisers, zumal das Absteigequartier innerhalb des eigenen Gebietes des letzteren lag. Das *Tso tschuan* hat eine etwas andere Erklärung. Vergl. Legge's hier einmal zutreffende Bemerkungen V, 25 f. und 36.

[2] So wird die Einrichtung neuer Hauptstädte in verwüsteten Staaten durch andere Fürsten, obwohl sie eine Hilfeleistung darstellt, getadelt, weil sie einer Belehnung gleichkommt, und „Lehensfürsten nicht eigenmächtig Belehnungen vornehmen dürfen". (Kung-yang, *Hi kung* 1. Jahr. Andere Fälle *Hi kung* 2. und 14. Jahr.)

[3] Im *Tso tschuan* findet sich hier eine langatmige moralische Betrachtung des *kün tsĕ*, wie sie dort häufig anzutreffen ist (s. oben S. 72); sie sagt zur Sache selbst nichts, es sei denn, daß sie nur bezeugt, welches Gewicht die bloße schriftliche Überlieferung eines Namens oder einer Tatsache haben konnte (s. oben S. 41 f.).

Alle diese Verfassungsbestimmungen waren indessen zur Zeit der Entstehung des *T. t.* längst bedeutungslos geworden. Die wirklichen Zustände während der zweiten Hälfte der Tschou-Zeit waren, wie man weiß, derartige, daß von dem ganzen Universalismus des Zentralherrschers nicht viel mehr übrig war als die Theorie. „Die Lehensfürsten waren damals im Stande, große Umsturzhandlungen vorzunehmen, Usurpationen und Mordtaten gegen die Fürsten fanden kein Ende, die Unteren preßten nach oben, man maßte sich die gleiche Stellung wie die des Himmelssohnes an. Die starken unter den Lehensfürsten machten sich gefürchtet, die kleinen Staaten wurden zersehmettert und vernichtet.... Die *l* Fürsten machten ihre Leidenschaften zum Ausgang ihres Handelns und folgten den Eingebungen ihres Hasses; sie boten Truppen auf und vernichteten sich gegenseitig. Sie zerstörten die Ahnentempel, sowie die Heiligtümer des Gottes des Erdbodens und der Ernte[1] von Anderen; es war unmöglich, die Einheitliehkeit der Ordnung aufrechtzuerhalten. Minister und Söhne trieben die Gewalttätigkeit bis zur Ermordung ihrer Fürsten und Väter, die Bande des Gesetzes lösten sich auf und konnten nicht mehr angewendet werden, alles Ehrfurchtgebietende wurde gestürzt und konnte keine Geltung mehr erlangen" 諸侯得以大亂、簒弒無已、臣下上偪、僭儗天子、諸侯强者行威、小國破滅‥‥‥諸侯本怨隨惡、發兵相破、夷人宗廟社稷、不能統理、臣子强至弒其君父、法度廢而不復用、威武絶而不復行 (VI, 4 r⁰). Statt des einheitlichen Weltstaates mit dem gottgesetzten Zentralherrscher finden wir also eine große Zahl völlig selbständiger, von einander unabhängiger Staaten, von denen jeder so viel gilt, wie er mit seinen Machtmitteln leisten kann. Der „Himmelssohn" stellt lediglich — und das nicht einmal mehr immer — ein kulturelles oder auch religiöses Moment dar, während er als politisches ausgeschaltet ist. Es kam wiederholt vor, daß das Kaisergebiet, wegen seines beschränkten Umfanges nur ein Staat von geringerer Bedeutung, von einzelnen Fürsten mit Krieg überzogen wurde — von dem Staate Tsin erwähnt das *T. t.* drei solche Unternehmungen[2] —, obwohl doch ein Krieg in völkerrechtliehem Sinne hier überhaupt nicht möglich war, ein gewaltsames Unternehmen gegen den Zentralherrscher vielmehr einen Aufruhr und einen Umsturz der sittlichen Weltord-

---

[1] Diese heiligen Stätten bezeichnen oft geradezu das Land und die Herrschaft darüber, sowie die Familie, der es gehört.

[2] *Süan kung* 1. Jahr, *Tsch'êng kung* 1. Jahr und *Tschao kung* 23. Jahr. Konfuzius verschleiert in allen Fällen die Tatsache, weil, wie Kung-yang sagt, „es nicht zugegeben werden kann, daß der Himmelssohn angegriffen wird 不與伐天子. Man kann das Kaisergebiet jener Zeit am besten mit dem römischen Kirchenstaate des Mittelalters vergleichen, den Papst mit dem Zentralherrscher und Stellvertreter Gottes, von dem nach kirchlicher Auffassung die Fürsten ihre Reiche zu Lehen hatten.

nung darstellte. „Der Zentralherrscher hat keinen (ebenbürtigen) Gegner"
王 者 無 敵, heißt es in diesem Sinne bei Kung-yang (*Tsch'êng kung* 1. Jahr).

Aus der Not dieser Zeit geboren, bildet sich eine Einrichtung heraus, die zwar
äußerlich auf das Altertum zurückgeht, jetzt aber, d. h. vom 7. Jahrhundert
v. Chr. ab, einen völlig neuen Inhalt erhält, nämlich das Präsidialfürstentum.
Der Name dieser Würde ist *pa* 霸, eine Bezeichnung, deren Ursprung dunkel
scheint. Sie wird aber unterschiedslos mit dem ähnlich lautenden *po* 伯 (die
alte Aussprache beider war *pak*) gebraucht[1]. Letzteres, ursprünglich „der
Ältere" bedeutend, war noch zu Beginn der Tschou-Zeit, vermutlich aber auch
schon früher, die Bezeichnung eines hohen Würdenträgers, der, eine Vertrauens-
person des Himmelssohnes, die Aufsicht über einen großen Teil des (damals
noch verhältnismäßig kleinen) Reiches und seiner Fürsten ausübte. Noch zu
Beginn der Tschou-Zeit erscheinen die 二 伯, „die beiden *pa*", von denen
der eine den Osten, der andere den Westen des Reiches unter sich hatte. Die
beiden ersten Inhaber der Ämter sind der Herzog von Tschou und der Herzog
von Schao 召[2]. Während des Verfalles der kaiserlichen Macht erhält das
Amt eine ganz andere Bedeutung. Der Beherrscher des jeweils stärksten
Staates, der über den größten Anhang verfügt, wird zum *pa* oder Präsidialfürsten ernannt oder ernennt sich selbst dazu. Der Form nach vollzog wohl
zuweilen der Kaiser noch die Ernennung, aber in Wirklichkeit wurde die Stellung einfach im Kampfe und durch Besiegung des Nächstmächtigen erzwungen.
Der Präsidialfürst übte die politische Tätigkeit aus, die eigentlich dem Zentralherrscher zustand, für die diesem aber die Macht fehlte: er schlichtete Streitigkeiten zwischen den Staaten, schützte die schwächeren vor Unterdrückung
durch die stärkeren, berief die Fürstenversammlungen, auf denen gemeinsame
politische Maßnahmen beraten und gemeinsame Fragen erledigt wurden, und
sorgte so wenigstens notdürftig für Frieden und Ordnung. Nichts kann die

---

[1] Die Aussprache von 霸 wird bei K'ang-hi durch 普 p'(u) + 伯 (p)ak und durch
匹 p'(i) + 陌 (m)ok gegeben, die Aussprachebezeichnung ohne konsonantischen Auslaut
in den Wörterbüchern von Williams und Giles ist also unrichtig. Wie völlig gleichbedeutend beide Zeichen gebraucht werden, ergibt sich, abgesehen von allem Anderen, aus
Tso tschuan zu *Tsch'êng kung* 2. Jahr, wo von 五 伯 之 霸, der „Präsidentschaft der
fünf *pa*" neben 四 王 之 王, der „Herrscherwürde der vier Zentralherrscher" die Rede
ist. Auch die Bedeutung von 霸 ist ursprünglich nicht, wie die Wörterbücher angeben,
„gewalttätig", „tyrannisch" (vergl. auch Hirth, *The Ancient History of China* S. 206),
sondern eine bestimmte Phase des Mondes; K'ang-hi kennt die Bedeutung „gewalttätig"
überhaupt nicht, sie ist offenbar erst aus der Erklärung Mêng tsě's (s. oben) hergeleitet
worden. Vermutlich ist das Zeichen nur eine andere Schreibart von 伯, das in der Tschou-
Zeit auch den dritten Adelsgrad bezeichnete, und von dem man den Titel des Präsidialfürsten unterschieden sehen wollte.

[2] S. Legge's Anmerkung zu *Schi king* I, 2, 1. *Chin. Cl.* IV, 20f.

Stellung eines solchen Präsidialfürsten im Reiche besser kennzeichnen, als daß er mehrfach sogar den „Sohn des Himmels" selbst zu den Fürstenversammlungen vorlud (s. oben S. 178). Von den fünf Präsidialfürsten, die die Geschichte kennt, war Huan von Ts'i (685 bis 643 v. Chr.) der erste, und dieser verdankte seine Erhebung in erster Linie der Geschicklichkeit seines berühmten Ministers Kuan Tschung 管 仲, der ihm den Anhang der Fürsten verschafft hatte[1]. Um seiner Stellung als *pa* die geschichtliche Rechtfertigung zu geben, berief er sich auf den Herzog von Schao, der seinem Ahnherrn T'ai kung 太公 den Auftrag gegeben habe, „die Fürsten der fünf Rangstufen" zu beaufsichtigen, damit „er das Haus der Tschou stütze"[2]. Nach Huan von Ts'i kam die Präsidialwürde immer durch siegreiche Kämpfe an den jeweiligen Nachfolger. Durch feierliche, aber schwerlich freiwillige Verleihung des Kaisers erhielt im Jahre 632 der Fürst Wên von Tsin die Würde eines *pa*[3]. In der Überlieferung leben die Präsidialfürsten als Träger einer bloßen Gewaltpolitik und als Herrscher zweifelhaften Rechts. Diese Auffassung ist vor allem durch Mêng tsö hervorgerufen, der stets in diesem Sinne von ihnen spricht und rundheraus erklärt (II, 1, III, 1): „Wer sich der Gewalt bedient und Güte vortäuscht, der ist ein Präsidialfürst; er muß einen großen Staat besitzen. Wer sich der Tugend bedient und Güte übt, der ist ein Zentralherrscher; ein Zentralherrscher hängt nicht ab von der Größe (seines Staates)." Tung beurteilt sie auf Grund von Kung-yang's Überlieferungen weit milder. „Huan von Ts'i und Wên von Tsin nahmen zwar eigenmächtige Belehnungen vor (s. oben S. 254) und ließen den Himmelssohn zu sich kommen, aber sie waren immer die leitenden Persönlichkeiten, wenn es galt, Unruhen zu bestrafen, gestürzte (Fürstenhäuser) fortbestehen zu lassen, untergehende (Staaten) zu erhalten, kriegerisch anzugreifen und friedlich sich zu verständigen. Es heißt: ,der Herzog Huan rettete das Mittelreich und trieb die Barbaren zurück, am Ende unterwarf er auch Tsch'u, das waren im höchsten Maße die Aufgaben eines mit der Würde des Zentralherrschers Ausgestatteten'. (Kung-yang zu *Hi kung* 4. Jahr). Und wenn Wên von Tsin wiederholt den Himmelssohn vorlud, so wird (im *T. t.*) doch von einer Verurteilung abgesehen, und er gerühmt, weil er sich an die Spitze der Fürsten stellte, dem Himmelssohn Ehrfurcht darbrachte und das Haus von Tschou wieder aufrichtete. Das *T. t.* billigt ihnen daher die Würde von Präsidialfürsten zu" 齊桓晉文檀封致天子、誅亂繼絶存亡侵伐會同常爲本主、曰桓公救中國攘夷狄、卒服楚、至爲王者事、晉文再致天子、皆止不誅、善其牧諸侯奉獻天子而復周室春秋子之爲伯 (VI, 5 v°). Und an einer anderen Stelle, nachdem geschildert ist, wie der Herzog

---

[1] *Mém. hist.* IV, 50.

[2] *Mém. hist.* IV, 40 u. 53.

[3] Ebenda IV, 302f.

Huan von Ts'i mit fester Hand Gewalttaten verhinderte und auch dem Ansturm
der Barbarenstämme zu wehren wußte, heißt es ähnlich: „Bei einer derartigen Gewissenhaftigkeit wie hätte er (Huan) da nicht die Stellung eines
Präsidialfürsten einnehmen sollen? Daher wird ihm wegen seiner Sorge um
das Weltreich die Würde zugebilligt" 用 心 如 此 豈 不 霸 哉、故 以 憂
天 下 與 之 (VIII, 3 r⁰). Eine Anerkennung der Rechtmäßigkeit oder zum
mindesten Notwendigkeit eines Präsidialfürsten liegt auch in der Art, wie
Kung-yang zu *Tschuang kung* 4. Jahr den gewaltsamen Racheakt des Herzogs
Siang von Ts'i gegen den Fürsten von Ki entschuldigt (s. oben S. 202 f.).
„Er (Siang) handelte so", heißt es, „weil es oben keinen Himmelssohn gab
und unten keinen Präsidialfürsten" 上 無 天 子 下 無 方 伯, d. h. keine
Stelle, die im Stande gewesen wäre, ihm zu seinem Rechte zu verhelfen und
Ki zu bestrafen[1]. Tung hält es für ein Erfordernis kluger Politik für einen
schwächeren Staat, rechtzeitig Anschluß an einen stärkeren zu suchen, der
nötigenfalls Schutz gegen eine feindselige Gestaltung der Lage gewähren kann,
und, wenn sich die Machtverhältnisse verschieben, auch die Freundschaft zu
wechseln. Er legt dies an einer Reihe von Beispielen und Gegenbeispielen
unter den Staaten dar und schließt: „Hieraus kann man ersehen, wie (Fürsten)
bei ihren Handlungen solchen (Schutzfreunden) folgten, deren Kräfte nicht
genügten, um sich darauf stützen zu können, und wie bei der Frage, wem
sie sich anschließen sollen, große Vorsicht geboten ist. Auch das hat große
Bedeutung für Bestand oder Untergang, Ruhm oder Demütigung (der
Staaten)" 由 此 觀 之 所 行 從 不 足 恃、所 事 者 不 可 不 愼、此
亦 存 亡 榮 辱 之 要 也 (IX, 4 r⁰). Die Bedeutung und Stellung der
Präsidialfürsten erscheint also hier, und zwar auch in der Auffassung des
Konfuzius selbst, in einem wesentlich anderen Lichte als bei Mêng tsë.
In der Tat ist der *pa* der Tschou-Zeit die Verkörperung der politischen Wirklichkeit, der Zentralherrscher aber die einer ethischen Theorie. Der erstere
vertritt den Machtgedanken und ist das Ergebnis des natürlichen Lebens-
dranges, des Kämpfens und Verfalles der Staaten, der letztere ist das Mittelstück
eines religiös-politischen Systems, das die Welt aus abstrakten Begriffen aufbaut, aber nicht mit der wirklichen Natur des Menschen rechnet. Der Präsidialfürst ist das Geschöpf des geschichtlichen Gestern, Heute und Morgen, einer
Zeit, wo Leben Kampf bedeutet, der Zentralherrscher weist auf eine endlos

---

[1] Hawkling L. Yen, *A Survey* usw. S. 88f. meint, der Verfasser des *T. t.* habe sich in der
Frage in einem Dilemma befunden: auf der einen Seite das Bestreben, die Rechte des Zentralherrschers zu verteidigen, auf der anderen die Tatsache, daß diese Rechte durch eigene
Schuld längst verloren waren. Konfuzius habe unter diesen Umständen sein „mutual-
cancellation-and-preponderance-principle" (s. oben) angewandt, indem er die guten und
die schlechten Taten der Präsidialfürsten gegen einander aufgerechnet und nach dem Ergebnis sein Urteil über sie gefällt habe.

ferne Zukunft, in der die Menschlichkeit sich in Göttlichkeit gewandelt haben wird. China hat auch nie einen Zentralherrscher besessen und mußte sich künstlich ein Bild davon aus den Sagen des Altertums formen[1].

Über die wirklichen staatlichen Einrichtungen zu sprechen, hat Tung keine Veranlassung. Eine Theorie von der Beamtenverfassung des Zentralstaates, die sich bei ihm findet, zeigt ganz die kosmische Mystik seiner Lehre vom Weltstaate im allgemeinen. Sie beruht auf der heiligen Dreizahl und Neunzahl. „Die Beamtenverfassung des Zentralherrschers zählt 3 *kung* (Staatsräte), 9 *k'ing* (Minister), 27 *ta fu* (Würdenträger) und 81 *yuan schi* (Staatssekretäre), zusammen 120 eingesetzte Beamte." „Der Himmelssohn bedient sich des Rates der 3 *kung*, die 3 *kung* bedienen sich des Rates der 9 *k'ing*, von den 9 *k'ing* bedient sich jeder des Rates von 3 *ta fu*, von den *ta fu* bedient sich jeder des Rates von 3 *schi*"

王者制官三公九卿二十七大夫八十一元士、凡百二十 人而列臣備矣……天子自参以三公、三公自参以九卿、 九卿自参以三大夫、三大夫自参以三士 (XXIV, 10v°f.). Die Beamten und ihre Anzahl werden dann in Verbindung gebracht mit gewissen Phasen der Jahreszeiten, den Elementen der Himmelskunde u. a. Das Ganze bestätigt uns den kosmisch-universalistischen Charakter des Staates in der Theorie des Chinesentums.

e. Religiöses.

Wir haben den chinesischen Staat kennen gelernt als einen Weltstaat auf theokratischer Grundlage, und bei der Stellung des Zentralherrschers als des Vermittlers zwischen Himmel und Erde, zwischen Gott und der Menschheit, als des Trägers der göttlichen Gedanken und als des Heiligen über dem Menschenvolke kann man diesen Staat auch als Weltkirchenstaat ansehen, vergleichbar der katholischen Kirche, so wie sie sich selbst ideal als Erbin des römischen Weltreiches auffaßt. Ebenso wie hier der Papst als Stellvertreter Gottes die Religion verkündet und nach dem Worte der „Schrift" erklärt, so muß auch

---

[1] Tsch'ên Huan-tschang, *Econom. Princ.* S. 531 meint: „Universalism is the true sense of the Chinese word „king' (Zentralherrscher) and imperialism is that of „chieftain' (Präsidialfürst)," und er erklärt: „universalism, which means to conquer the world by virtue" und: „imperialism, which means to conquer the world by force". Das ist eine wunderliche Verkennung des Begriffes Universalismus, dessen Träger in der Geschichte wahrlich nicht immer mit tugendreinem Herzen gewirkt haben. Man begreift aber hiernach, welche Anziehungskraft die wässrigen amerikanischen Phrasen von Völkerbund, Gerechtigkeit, Freiheit usw. der Menschheit auf das neue und revolutionäre Chinesentum ausüben mußten, nur daß das letztere ehrlich an seine altererbte Theorie glaubt, die Amerikaner aber die ihrige als ein Mittel verwenden, um den habgierigsten und rohesten Materialismus zu umhüllen.

folgerichtig die Lehre, die der „Himmmelssohn" als die „große Offenbarung des
Himmels" übermittelt, und die in den kanonischen Büchern aufgezeichnet ist[1],
die eigentliche Religion des Staates sein.   In der Tat übt denn auch der Zentralherrscher diesen Büchern entsprechend die Obliegenheiten des höchsten Priester-
tums aus, wie die Lehensfürsten und Würdenträger als Unterpriester bestimmte
Kulthandlungen zu vollziehen haben.   Dabei kommt selbstverständlich der
Dienst des Himmels als des Vaters an der ersten Stelle, dem sich dann der der
Erde als der Mutter anschließt.   Er findet seinen Ausdruck in den großen Opfern,
die zunächst im ersten Monat des Jahres dem hohen Elternpaare darzubringen,
und die natürlich, wie jedes Ahnenopfer, dem ältesten Sohne vorbehalten sind.
(Vergl. oben S. 216).   Sie haben die Bezeichnung *kiao* 郊, d. h. „Stadtflur"-
oder „Weichbild" (-Opfer), weil sie im Weichbilde außerhalb der Hauptstadt
vollzogen werden, und zwar das des Himmels im südlichen, auf der Seite des
yang, das der Erde im nördlichen, auf der Seite des *yin*.   Außerdem wurde dem
Himmel in mehrjährigen Zwischenräumen ein Opfer auf dem Berge T'ai schan
in Schan-tung dargebracht, das den Namen *fêng* 封 hatte, und gleichzeitig der
Erde ein solches auf dem Hügel Liang-fu dicht dabei, das *schan* 禪 genannt wurde[2].

---

[1] Nicht mit Unrecht von seinem Standpunkte aus sagt Tsch'ên Huan-tschang, a. a. O.
S. 23, daß Legge's Wiedergabe des Wortes *king* 經 durch „Klassiker" unrichtig sei und
sehr viele falsche Auffassungen vom Wesen der konfuzianischen Schriften verursacht
habe.   „It must be contended that these writings are regarded as divinely inspired, because
Confucius himself is considered to have been divinely sent and appointed".   Er nennt deshalb auch die kanonischen Schriften „the Confucian Bible" oder „the Holy Bible". —
Seine richtige Bedeutung erhält in diesem Zusammenhange erst der ehemalige symbolisch
aufzufassende Brauch, daß der Kaiser selbst an einem bestimmten Tage im Pi-yung kung
einen Abschnitt der kanonischen Schriften erklärte.

[2] Tung Tschung-schu führt die Opfer *fêng* und *schan* mit auf unter den segensreichen
Kennzeichen der Regierung der alten Herrscher (s. oben S. 223).   In der Tat führt ja auch
die chinesische Überlieferung die Einrichtung der beiden Opfer auf das hohe Altertum zurück.
Chavannes, der die Frage eingehend untersucht hat, kommt aber zu der Überzeugung, daß
dieses hohe Alter höchst fragwürdig sei, da kein einziger der alten Texte die Opfer erwähne.
Zum ersten Male nachweisbar ist nach ihm die Vollziehung der Opfer für das Jahr 110 v. Chr.
unter dem Kaiser Wu ti der Han-Dynastie, der offenbar ein besonderes Interesse gehabt
habe, sich hier als den Erneuerer eines sehr alten Brauches hinzustellen.   (*Mém. hist.* III,
414 Anm. 1 und *Le T'ai Chan* S. 16ff.)   Es kann als sicher angenommen werden, daß Tung
dieses Opfer von 110 noch erlebt hat (vergl. oben S. 99), es ist sogar wahrscheinlich, daß
der Gedanke mit in erster Linie auf ihn zurückzuführen ist (vergl. oben S. 104).   Übrigens
werden Opfer des Kaisers oder eines Fürsten (in seinem Auftrage?) auf oder an dem T'ai
schan sowohl von Kung-yang wie von Tso zu *Yin kung* 8. Jahr, also für 715 v. Chr., als ein
bereits in Verfall geratener Brauch bezeugt (vergl. oben S. 254 Anm. 1), allerdings die Namen
fêng und *schan* kommen dabei nicht vor.   Es kann somit nicht bezweifelt werden, daß

Auch diese Opfer waren ein Vorrecht des Zentralherrschers. „Das *T. t.* stellt folgendes Gesetz auf: der Himmelssohn opfert Himmel und Erde, die Lehensfürsten opfern den Göttern des Erdbodens und der Feldfrüchte; den Bergen und Flüssen, soweit sie nicht innerhalb ihres Lehensgebietes sind, opfern sie nicht" 春秋立義、天子祭天地、諸侯祭社稷、諸山川不在封內不祭 (VI, 4 v⁰). Die Opfer an Himmel und Erde gehen allen anderen Kultushandlungen vor, und während sie selbst das Wesen des Ahnendienstes an sich tragen, übertreffen sie doch auch die Ahnopfer an Wichtigkeit.   „Von Alters her ist keine Kultushandlung des Himmelssohnes so bedeutungsschwer wie die *Kiao*-Opfer. Die *Kiao*-Opfer sollen im ersten Monat am ersten Tage mit dem zyklischen Zeichen *sin* stattfinden.   Was die Scharen der Geister der Ahnen anlangt, so gehört ihr Dienst durchaus zu den ersten Aufgaben des Ritus, aber während der dreijährigen Trauer wird ihnen nicht geopfert; dagegen wird man nicht wagen, während der Zeit die *Kiao*-Opfer einzustellen, denn die *Kiao*-Opfer sind wichtiger als der (Dienst im) Ahnentempel, der Himmel ist verehrungswürdiger als die Menschen" 古者天子之禮莫重於郊、郊常以正月上辛者、所以先百神而最居前禮、三年喪不祭其先、而不敢廢郊、郊重於宗廟、天尊於人也 (LXXI, 8 v⁰). Ihr Sinn geht aus dem Verhältnis des Himmelssohnes zum Himmel unmittelbar hervor: „Eines Menschen Sohn sein und seinem Vater nicht dienen, das kann in der ganzen Welt nicht gelten.   Des Himmels Sohn sein und dem Himmel nicht dienen, ist es damit anders?   Darum muß der Himmelssohn am Anfang jedes Jahres zuerst die *Kiao*-Opfer vollziehen, um dem Himmel seine Gaben darzubringen, erst dann kann er wagen, die Erde zu bedenken, das heißt die rechte Pflicht des Sohnes erfüllen.   Und jedesmal, wenn er einen Kriegszug unternehmen will, muß er zuerst die *Kiao*-Opfer vollziehen, um dem Himmel davon Anzeige zu machen, erst dann kann er wagen, den kriegerischen Angriff zu unternehmen, das heißt den rechten Weg des Sohnes gehen" 爲人子而不事父者、天下莫能以爲可、今爲天之子而不事天、何以異是、是故天子每至歲首必先郊祭以享天、乃敢爲地、行子禮也、每將興師必先郊祭以告天、乃敢征伐、行子道也 (LXIX, 4 r⁰f., bei Ling schu LXVII.)[1].   Den *Kiao*-Opfern zunächst standen im Altertum die

---

ein Opferkultus seit uralter Zeit mit dem T'ai schan verknüpft war, aber welcher Art und welches Inhaltes er war, wissen wir nicht, denn Tung Tschung-schu's wie Ssĕ-ma Ts'ien's Angaben entbehren hier der tatsächlichen Grundlagen.

[1] Auf die Wichtigkeit der Opfer des Kaisers für den Himmel und auf ihre Bedeutung als Sohnespflicht gegenüber dem Vater kommt Tung immer wieder zurück, und die Abschnitte LXVI bis LXXI sind fast ausschließlich diesen Gedanken gewidmet.   Man kann sich des Eindrucks nicht erwehren, daß hier eine bestimmte Absicht vorliegt.   Die ersten Han-Kaiser mußten darauf Bedacht nehmen, die Kaiserliche Stellung

Opfer an die Ahnen in Verbindung mit den vier Jahreszeiten. „Im Altertum gab es das Vieropfer des Jahres. Das Vieropfer wurde den Ahnen und Eltern dargebracht, weil die vier Jahreszeiten alles hervorbringen und reifen lassen. Das Opfer im Frühling (1. Monat) heißt *ssĕ*, das im Sommer (4. Monat) *yo*, das im Herbst (7. Monat) *tsch'ang*, das im Winter (10. Monat) *tschêng*. Das soll andeuten, daß nicht die Jahreszeiten verpaßt werden dürfen, damit den Ahnen ihre Opfer dargebracht werden. Wird die Zeit versäumt, und nicht geopfert, so wird der rechte Weg der Sohnespflicht verloren" 古者歲四祭、四祭者因四時之所生孰而祭其先祖父母也、故春日祠、夏日礿、秋日嘗、冬日蒸、此言不失其時以奉祭先祖也、過時不祭則失爲人子之道也 (LXVIII, 3 v⁰)[1]. Während das Vieropfer, das die Verbindung zwischen den Geistern der Abgeschiedenen und den reifenden Kräften der Natur deutlich wiederspiegelt, und das deshalb im Ahnentempel stattfand, vom Himmelssohn wie von den Fürsten vollzogen wurde, war das Opfer an Himmel und Erde, wie bemerkt, dem ersteren allein vorbehalten[2]. Ihm entspricht bei den Fürsten das Opfer an die Götter des Erd-

---

unbeschadet ihrer „ketzerischen" Politik hinsichtlich des Lehenswesens (s. oben S. 100) möglichst in den von den *ju kia* gehüteten Anschauungen des konfuzianischen Altertums zu verankern. Dazu aber gehörte, dem System der Gründer des Tschou-Staates entsprechend, ein enges Verhältnis zwischen dem Zentralherrscher und dem Himmel, wie es gerade in dem Kaiserlichen Himmels-Kultus zum Ausdruck kommt. Niemand hat diesen letzteren stärker betont als Tung Tschung-schu, ja er hat ihn sogar offenbar, über den Ritus der Tschou hinausgehend, noch um ein Beträchtliches erweitert; wie denn auch die Neuordnung der *fêng-* und *schan*-Opfer dem gleichen Zwecke dienen sollte. Wir haben unzweifelhaft in Tung einen der Hauptbegründer des späteren Himmelskultus zu sehen.

[1] Nach dem *Li ki* (Couvreur) I, 289 und II, 343 hieß zur Zeit der Hia- und Yin-Dynastie das Frühlingsopfer *yo* und das Sommeropfer *ti* 禘, erst Tschou kung habe die obige Benennung eingeführt. In Abschn. II fol. 7 r⁰ ist auch von einem Ahnenopfer *hia* 祫 im Herbst die Rede. Der Ausdruck besagt, daß das Opfer allen Ahnen gemeinsam gebracht wurde. Die Sommer-, Herbst- und Winter-Opfer waren alle *hia*, nur im Frühling wurde jedem Ahnen einzeln geopfert. *(Li ki I, 290)*. Es liegt sehr nahe, an der so verschieden erklärten Stelle im *Schu king* (II, 1, III,6), wo berichtet wird, daß Schun den *leo tsung* 六宗, den „sechs Verehrungswürdigen" (?) opferte, an die beiden später *Kiao* genannten und die vier Jahreszeiten-Opfer zu denken, um so mehr, als *tsung* auch „Ahnen" bedeutet, und alle sechs Opfer, wie man bei Tung sieht, auf das engste mit dem Kaiserlichen Ahnendienst verbunden sind; auch der erste Erklärer des *Schu king*, Fu Schêng, hat den Ausdruck bereits in dieser Weise gedeutet. (Vergl. Grube, *Religion und Kultus der Chinesen* S. 26f.).

[2] Nach einer alten Überlieferung soll der Kaiser Tsch'êng (1115 bis 1077 v. Chr.) dem Ahnherrn der Fürsten von Lu, Tschou kung, den Auftrag gegeben haben, an seiner Stelle die *Kiao*-Opfer zu vollziehen. Die Fürsten von Lu leiteten daraus ein Recht auf diesen Kultus her. Kung-yang zu *Hi kung* 31. Jahr bestreitet aber dieses Recht.

bodens und der Feldfrüchte, ein zweites Paar, das über dem begrenzten Lehensgebiete ebenso waltet wie der Vater Himmel und die Mutter Erde über dem Weltreiche. Heiligtümer der Götter des Erdbodens und der Feldfrüchte nebst Ahnentempel sind geradezu die figürliche Darstellung des fürstlichen Staates. Man steht hier an den tiefsten Quellen des religiösen Empfindens der Chinesen und blickt in die natürlichen Lebensbedingungen ihrer gesamten Kultur: wie das Gedeihen der Feldfrüchte, von dem allein die Daseinsmöglichkeit der Menschen abhängt, durch die atmosphärischen Einflüsse des Himmels und die unterirdischen des Erdbodens bedingt ist, diese Einflüsse aber wieder gelenkt werden von den Geistern der Ahnen, vor allem der höchsten Ahnen, des Himmels und der Erde, so sind Ackerbau und Ahnendienst im Kultus zu einer organischen Einheit verschmolzen und bilden den Unterbau der eigentlichen Religion[1]. Der Staat, der dann auf ihm erwachsen ist, wird, wie wir gesehen haben, vollkommen von dieser Religion durchdrungen und empfängt von ihr sein gesamtes Wesen. Mag er immerhin zu seinem größten Teile das künstliche Gebilde der genialen Schöpfer des Tschou-Reiches sein, er ist dem chinesischen Empfindungsleben so vollkommen angemessen, daß er sich in der Idee durch Jahrtausende hindurch hat erhalten können, so oft er auch von der harten Wirklichkeit zerschlagen worden ist.

An diese einfache und einheitliche religiöse Vorstellung haben sich nun aber eine Reihe völlig anderer Elemente angesetzt, die ebenfalls sehr alt, vielleicht älter noch als der Himmelsdienst sind, aber doch die Geschlossenheit der eigentlichen Staatsreligion durchbrechen. Dieses Zusammenwachsen verschiedener Teile hat seinen Grund einmal darin, daß der Kultus von Himmel und Erde, Erdboden und Feldfrüchten in Verbindung mit dem Ahnendienst zum Teil künstlich gebildet war, und dann darin, daß das religiöse Gut der Chinesen unzweifelhaft aus verschiedenen Kulturkreisen stammt, die schon in sehr früher Zeit zu einer gemeinsamen Vorstellungswelt beigesteuert haben. So werden

---

[1] Scheinbar nicht ganz im Einklange mit der obigen Darstellung von der Bedeutung des Kultus von Himmel und Erde auf der einen Seite und von den Göttern des Erdbodens und der Feldfrüchte auf der andern steht es, wenn auch der Kaiser noch dem letzteren Paare besonders, und zwar in zweifacher Form opfert, nämlich einem Paare für das ganze Volk (vielleicht ursprünglich nur für sein unmittelbares Herrschaftsgebiet, den Zentralstaat), und einem für sich und seine Familie. Das beweist aber nur, daß ursprünglich jeder einzelne Landmann (und auch der Kaiser war nur ein solcher) seinem Gotte des Erdbodens und der Feldfrüchte opferte, daß dieser Kultus wuchs mit der Größe der Landgebiete einzelner Familien, und daß er sich schließlich den neu entstehenden Formen des Staates einfügte. Auch der Lehensfürst hatte außer dem Gott des Erdbodens für seinen Staat noch einen solchen für seine Familie. Näheres über den Gegenstand bei Chavannes, *Le dieu du sol dans la Chine antique*, ein Anhang zu dem Werke *Le T'ai Chan*, und bei Franke, *Kêng tschi t'u* S. 5ff.

mit dem Himmel eine große Zahl anderer Gottheiten verbunden, die im Volks-
empfinden wohl längst eine Stätte hatten, die sich ihm aber sämtlich unter-
ordnen müssen. „Der Himmel ist der große Fürst der zahllosen Götter. Wenn
der Himmelsdienst nicht lückenlos ist, dann gewähren auch die zahllosen Götter
keinen Gewinn" 天者百神之大君也、事天不備雖百神猶
無益也 (LXVII, 2 r⁰). Und Kung-yang (*Hi kung* 31. Jahr) erklärt:
„Der Himmelssohn opfert dem Himmel, die Fürsten opfern dem Erdboden.
Hinsichtlich der Götter des Weltenraumes (wörtl. der vier Himmelsrichtungen),
die der Himmelssohn (bei seinem Opfer) im Auge hat, gibt es keinen, der (sein
Opfer) nicht einschlösse. Den Bergen und Flüssen, soweit sie nicht innerhalb
ihrer Lehensgebiete sind, opfern die Fürsten nicht" 天子祭天、諸侯祭
土、天子有方望之事無所不通、諸侯山川有不在其封
內者、則不祭也. Unter den Göttern des Weltenraumes sind nach
Ho Hiu folgende sechsunddreißig Gottheiten zu verstehen: die 4 Götter
der vier Himmelsrichtungen, Sonne, Mond, die 5 Planeten Venus, Jupiter,
Merkur, Mars und Saturn, die 12 Sternbilder des Tierkreises, die 2 Götter
des Windes und des Regens, die 5 heiligen Berge, die 4 großen Ströme
und 2 Götter der kleinen Berge und Flüsse[1]. Hier kommen also unverkennbare
Elemente eines alten Naturdienstes (schon im ältesten Teile des *Schu king* werden
Schun die Opfer an die Berge und Flüsse zugeschrieben) zum Ahnendienste
hinzu, doch werden sie von Tung dem großen Staatskultus als Nebenglieder
eingefügt, wobei wieder ein Unterschied gemacht wird zwischen den Bergen
und Strömen des Gesamtreiches, deren Opfer dem Zentralherrscher vorbehalten
bleiben, und denen der Einzelstaaten, die von den Fürsten bedacht werden.
Künstlich — die Einführung wird dem Tschou kung zugeschrieben —, aber
organisch zum Ganzen passend erscheint eine weitere Verbindung zwischen
Ahnendienst und Himmelskult, die Tung nur einmal flüchtig erwähnt, als er
die gesegneten Zustände unter einem rechten Herrscher schildert (s. oben S. 223).
„Der Ahn wurde (beim Opfer) dem Himmel zugesellt", d. h., wie man bei Kung-yang
sieht (s. oben a. a. O. Anm. 3), der höchste menschliche Ahnherr des Herrschers
war als Gastgeber gedacht, der den allerhöchsten, den göttlichen Vater des
Himmelssohnes, bewirtete und ihm Gesellschaft leistete[2]. Enger konnten die

---

[1] Die fünf heiligen Berge sind: der Sung schan 嵩山 in der Mitte (in Ho-nan fu)
der T'ai schan im Osten, der Hêng schan 衡山 im Süden (in Hêng-tschou fu, Hu-nan),
der Hua schan 華山 im Westen (in T'ung-tschou fu, Schen-si) und der Hêng schan 恒
山 im Norden (in Ta-t'ung fu, Schan-si). Das *Schuo yuan* 說苑 — Ausgabe in den *Han
Weï t. s.* — von Liu Hiang Kap. 18 fol. 4 r⁰ nennt dafür einen Tsch'ang schan 常山).
Über das Alter dieser Zusammenstellung s. Chavannes, Le T'ai Chan S. 3 Anm. Die vier
großen Ströme sind: Huang ho, Yang tsё, Huai und Tsi (in Schan-tung).

[2] Ganz ohne Zusammenhang finden sich die Sätze Kung-yang's zum Teil im Abschn. VI
fol. 9 r⁰, wohin sie durch einen Zufall geraten sein mögen.

Beziehungen zwischen der Kaiserlichen Ahnenreihe und dem am höchsten Ende stehenden Gotte des Himmels nicht gedacht und deutlicher konnten sie von den Begründern der Kaiserlichen Macht nicht versinnbildlicht werden[1].

Die Gestalten der bunten, den verschiedensten Vorstellungskreisen angehörenden Volksreligion, die ebenfalls dem hohen Altertume entstammen mögen, aber von dem Staatskultus meist zur Seite geschoben oder ganz zerdrückt worden sind, finden in dem Lehrsystem Tung's natürlich keinen Raum. Konfuzius hat sich wenig um sie bemüht, und für seine Schule war ihre Bedeutung daher entsprechend. Sie gehören wohl mit zu den „zahllosen Göttern", die „keinen Gewinn bringen, wenn der Himmelsdienst nicht lückenlos ist". Manche von ihnen haben allerdings doch den Zutritt zu dem Staatskultus zu finden und sich darin zu behaupten gewußt, so sehr sie auch dort die Einheitlichkeit des Systems stören mochten.

Dagegen wird der Gott des Erdbodens, ursprünglich auch nur ein stark vergrößerter Volksgott, der aber zur Tschou- und auch zur Han-Zeit ein Hauptstück des Staatskultus bildet, bis dann mit dem Verschwinden der Lehensfürsten seine Bedeutung zusammenschrumpft, bei Tung sehr eingehend behandelt; es kann sogar kaum einem Zweifel unterliegen, daß sein Kultus von ihm noch besonders entwickelt worden ist. Der ursprüngliche Tätigkeitsbereich des Gottes des Erdbodens war das Ackerland, die Fruchtbarkeit des Feldes ruhte in seiner Hand, daneben wirkten die Geister der Ahnen auf die nährenden Kräfte. Es ist eine notwendige Folge hieraus, daß bei Ungunst der Witterung, vor allem bei Mangel an Feuchtigkeit oder bei Überfluß daran, die Hilfe des Gottes des Erdbodens für den Schutz der Saaten erfleht wird. Verursacht werden solche Störungen der atmosphärischen Ordnung, wie wir früher sahen (vergl. oben S. 189f.), durch ein fehlerhaftes Zusammenwirken des *yin* und des *yang*, und daran mögen wieder die Verfehlungen des Fürsten die Schuld tragen (vergl. oben S.245f.). Ein feierliches Opfer an den Gott des Erdbodens soll die Beseitigung der Störung erzielen. Das *T. t.* verzeichnet mehrere solcher „großen Regen-Opfer", *ta yü* 大雩, (z. B. *Huan kung* 5. Jahr, *Hi kung* 11. Jahr u. a.) als Kennzeichen der

---

[1] Dieser Gedanke des „Zugesellens" hat sich in dem Himmelskultus bis in die neueste Zeit erhalten. Auf der großen Altarterrasse des Himmelstempels in Peking befanden sich an den nordöstlichen und nordwestlichen Teilen die Kaiserlichen Ahnentafeln, und vor ihnen wurde vom Kaiser ebenso geopfert wie vor der Tafel des höchsten Himmelsherrn *(schang ti)*: die Ahnen waren dem letzteren „zugesellt". Bei den in den letzten Jahren zu Tage getretenen Bestrebungen in China, den Konfuzianismus zu einer organischen Religion im abendländischen Sinne umzuformen, war der i. J. 1913 bei der Regierung gestellte Antrag ein wichtiger Schritt, Konfuzius dem Himmel, d. h. Gott „zuzugesellen", um ihm so eine gleiche Stellung zu geben, wie sie Jesus im christlichen Dogma einnimmt. S. meine Abhandlung *Das religiöse Problem in China* im „Archiv für Religionswissenschaft" Bd. XVII S. 191f.

schlimmen Zeiten, und Tung knüpft daran die folgende Lehre. „(Kung-yang
— *Huan kung* 5. Jahr — sagt:) Was soll *ta yü* bedeuten? Es ist ein Opfer bei
einer Dürre. — Hier könnte Jemand folgenden Einwand erheben: Bei einer
großen Dürre bringt man ein Opfer dar und bittet um Regen; bei einer großen
Überschwemmung aber schlägt man die Pauken und mißhandelt den Gott
des Erdbodens[1]. Beides ist aber doch die Wirkung von Himmel und Erde, der
Einfluß des *yin* und des *yang*. Dabei verlegt man sich einmal auf Bitten, und
das andere Mal wird man zornig, wie ist das zu erklären? Darauf ist zu erwidern:
Bei einer großen Dürre vernichtet das *yang* das *yin*. Wenn aber das *yang* das
yin vernichtet, so unterdrückt das Vornehmere das Geringere, das entspricht
nur der Gerechtigkeit. Trotzdem findet hier eine Übertreibung (des vornehmeren
yang) statt, doch tut man nichts anderes, als daß man (um Milderung) bittet,
man darf aber nicht[2] wagen, mehr zu tun. Bei einer großen Überschwemmung
dagegen vernichtet das *yin* das *yang*. Wenn aber das *yin* das *yang* vernichtet,
so überwindet das Geringere das Vornehmere. Bei einer Sonnenfinsternis ist
es ebenso[3]. In diesen beiden Fällen lehnt sich das Niedere gegen das Höhere auf,
verletzt das Gemeine das Edle; es findet ein Widerstreben gegen die Gesetze
der Harmonie statt. Darum schlägt man die Pauken, mißhandelt (den Gott) und
überwältigt ihn mit roter Seide, weil hier nicht der Gerechtigkeit entsprochen wird.
Das ist auch ein Fall, wo das *T. t.* vor gewaltsamer Unterdrückung nicht zurückschreckt. Indem es die Stellung von Himmel und Erde abändert (wenn die Ordnung
gestört ist) und das Verhältnis von *yin* und *yang* richtigstellt, vollendet es den
rechten Lauf (der Dinge) und läßt seine Gefahren nicht außer Betracht. Das
ist der Höhepunkt seiner Gerechtigkeit. Das Überwältigen und Einschüchtern
des Gottes des Erdbodens ist keine Unehrerbietigkeit gegen das Überirdische“

大雩者何、旱祭也、難者曰、大旱雩祭而請雨、大水鳴鼓
而攻社、天地之所爲、陰陽之所起也、或請焉或怒焉者
何、曰大旱者陽滅陰也、陽滅陰者尊厭卑也、固其義也、
雖大甚拜請之而已、(無) 敢有加也、大水者陰滅陽也、
陰滅陽者卑勝尊也、日食亦然、皆下犯上以賤傷貴者逆
節也、故鳴鼓而攻之、朱絲而脅之、爲其不義也、此亦春
秋之不畏强禦也、故變天地之位、正陰陽之序、直行其

---

[1] Z. B. *Tschuang kung* 25. Jahr: „Im Herbst war eine große Überschwemmung. Man
schlug die Pauken und brachte Tieropfer dar am (Heiligtum des) Gott(es) des Erdbodens
und am Tore“. (S. unten.)

[2] Die Hang-tschou-Ausgabe läßt 無 vor 敢 aus, der alte Text der *Han Weï ts'ung schu*
hat dagegen das hier nicht zu entbehrende Zeichen.

[3] Z. B. *Wên kung* 15. Jahr: „Im 6. Monat, am Tage *sin-tsch'ou*, dem ersten des Monats,
war eine Sonnenfinsternis. Man schlug die Pauken und brachte Tieropfer dar am (Heiligtum des) Gott(es) des Erdbodens“.

道而不忘其難、義之至也、是故脅嚴社而不爲不敬靈

(V, 7 v⁰f.). Kung-yang zu *Tschuang kung* 25. Jahr gibt noch folgende Erklärung
zu der Behandlung des Gottes: „Was das Umschlingen des Gottes des Erdbodens
mit roter Seide betrifft, so sagen die Einen, es geschähe, um ihn zu überwältigen,
die Anderen, man fürchte, daß die Leute in der Dunkelheit (bei der Sonnenfinsternis) sich gegen ihn vergehen könnten, und darum umschlinge man ihn"

以朱絲營社、或曰脅之或曰爲闇恐人犯之故營之. Ho
Hiu meint, wohl mit Recht, die zweite Erklärung sei unrichtig, und Kung-
yang habe sie nur der Unparteilichkeit wegen mit aufgeführt. Auch anderweitig
wird die erste Erklärung allein angegeben: bei dem Kampfe zwischen *yin* und
yang wollte man dem unterliegenden *yang* zu Hilfe kommen und fesselte deshalb
den Gott, um ihn unschädlich zu machen. Ebenso sollte das Schlagen der Pauken
das Zeichen des Angriffs gegen ihn sein[1]. Das Tieropfer, das danach dem Gotte
dargebracht wurde, sollte nach Ho Hiu zu seiner Besänftigung nach der Miß-
handlung dienen. Die Verbindung zwischen Sonnenfinsternis und Gott des
Erdbodens stellt Ho Hiu auf eine eigene Art her, die aber ganz im Sinne Tung's
sein dürfte. Er sagt a. a. O.: „Der Gott des Erdbodens ist der Herr der Erde,
der Mond ihre Lebenskraft. Wenn der Mond, oben am Himmel hangend, gegen
die Sonne sich auflehnt, so greift man ihn mit Paukenschlägen an und überwältigt

---

[1] So z. B. in Liu Hiang's *Schuo yuan* Kap. 18 fol. 5 v⁰f.: „Bei einer großen Dürre
bringt man das Opfer *yü* dar und bittet um Regen. Bei einer Überschwemmung schlägt
man die Pauken und vergewaltigt den Gott des Erdbodens." Es folgt dann die gleiche
Darlegung über die Stellung des *yin* zum *yang* und die Bedeutung eines Kampfes
zwischen ihnen, wenn das Geringere sich wieder das Vornehmere erhebt, worauf es zum
Schluß heißt: „Darum schlägt man die Pauken und schüchtert (den Gott) ein; man um-
windet ihn mit roter Seide und vergewaltigt ihn. Hieraus kann man ersehen, wie das
T. t. die Rangordnung im Weltreiche richtig stellt und den Verirrungen des *yin* und des
yang nachgeht; indem es bei der Bestrafung der Auflehnung auch die Gefahren nicht vermeidet, sieht man, daß das *T. t.* auch vor gewaltsamer Unterdrückung nicht zurückschreckt."

大旱則雩祭而請雨、大水則鳴鼓而劫社⋯⋯故鳴鼓而
懼之、朱絲縈而劫之、由此觀之春秋乃正天下之位、徵
陰陽之失直、責逆者不避其難、是亦春秋之不畏强禦也.

(Der ganze Text Liu Hiang's lehnt sich nicht bloß eng an Tung Tschung-schu an, sondern
er ist ihm offenbar wörtlich entnommen worden. Vergl. über das Verhältnis von Liu Hiang
zu Tung auch Chavannes, *Le T'ai Chan* S. 497 Anm. 1. Dann würde man hier eine Probe
davon haben, wie der Text des *T. t. fan lu* ursprünglich ausgesehen hat und wie er verstümmelt worden ist). Ein weiterer Beleg für die Bedeutung der Vergewaltigung des
Gottes des Erdbodens aus dem *Pai hu t'ung* (1. Jahrh. n. Chr.) findet sich bei Chavannes,
der die Stelle aus Kung-yang ausführlich erörtert a. a. O. S. 480ff. (Das dort angegebene
21. Jahr *Tschuang kung* beruht auf einem Druckfehler).

den Sitz seiner Kraft (d. h. den Gott des Erdbodens)" 社者土地之主
也、月者土地之精也、上繫于天而犯日故鳴鼓而攻之
脅其本也.

Wenngleich Kung-yang bereits — obwohl mit einigen Zweifeln — diesen
Ritus der Fesselung des Gottes des Erdbodens bezeugt, so kann es doch keinem
Zweifel unterliegen, daß erst Tung Tschung-schu dem vielleicht alten, aber nur
lokalen Brauche im Staatskultus einen Platz verschafft hat. Ja noch mehr als das.
Der ganze hier geschilderte Kultus am Heiligtum des Gottes bei Dürre, Überschwemmung und Sonnenfinsternissen ist erst von Tung in Anlehnung an die inhaltlich
wenig bekannten und wenig erkennbaren, vielleicht aber ganz anderen Zwecken
dienenden Formeln des *T. t.* über die Opfer neu geschaffen und dank seiner ein-
flußreichen Stellung am Kaiserhofe eingeführt worden. Das ergibt sich einmal aus
der Tatsache, daß Tung der mit allen Einzelheiten ausgeführten Beschreibung
des Kultus zwei besondere Abschnitte seines Werkes, den 74. (*K'iu yü* 求雨
„das Erflehen des Regens") und den 75. (*Tschi yü* 止雨 „das Aufhörenmachen
des Regens") gewidmet hat, in denen von seiner eigenen Tätigkeit bei Veran-
staltung der Opfer in bestimmten unter übermäßigem Regen leidenden Be-
zirken die Rede ist[1]. Außerdem aber wird uns seine Urheberschaft von anderer
Seite ausdrücklich bezeugt. In den Bruchstücken des *Han kiu yi* 漢舊儀 von
Weï Hung 衛宏 (1. Jahrhundert n. Chr.) Kap. 2 fol. 7 r°f. findet sich darüber
in arg entstelltem Texte folgende Angabe: „In der Periode *Yuan-fêng* des
Kaisers Wu ti (110 bis 105 v. Chr.) brachte man am Ende des 7. Monats Dankopfer dar (?). Im Herbst, Winter und Sommer fand keine Regenbitte statt.
Im ersten Jahre *Wu-yi* (?) beantragte die Schule der *ju kia* (Konfuzianer),
das System der Regenbitte des Tung Tschung-schu anzuwenden. So erhielten
die Beamten unter den Staatsräten die Weisung, um Regen zu bitten... (?)..
Südlich der Stadt beteten die tanzenden Weiber und Knaben (s. unten) zum
Gott des Himmels und zu den fünf Herrschern (?). Im fünften Jahre erhielten
alle Beamten die Weisung, den Regen aufhören zu machen, indem sie den Gott
des Erdbodens mit einer roten Schnur umwanden und mit Paukenschlägen angriffen. Im 6. Monat des zweiten Jahres des Kaisers Tsch'êng ti (31 v. Chr.) erhielten alle Beamten den Befehl, den Regen aufhören zu machen, indem sie den
Gott des Erdbodens mit roter Schnur umwanden und mit Paukenschlägen angriffen. Seitdem waren Nässe und Trockenheit oftmals nicht der Ordnung
entsprechend" 武帝元封日至七月畢賽之、秋冬夏不求雨、五
儀元年儒術奏施行董仲舒請雨事、始令丞相以下求雨雩
曝、城南舞女童禱天神五帝、五年始令諸官止雨朱繩
縈社擊鼓攻之、成帝二年六月始命諸官止雨朱繩反縈

---

[1] Vergl. dazu oben S. 104f. u. 154 Anm. 1.

社擊鼓攻之、是後水旱常不和[1]. Aus dem gänzlich verderbten Texte

[1] Das *Han kiu yi* ist enthalten in der Sammlung *P'ing tsing kuan ts'ung schu* 平津 館叢書, 甲集. Das Work bestand ursprünglich aus vier Kapiteln, von denen Teile im *Yung-lo ta tien* erhalten waren. Sie sind dann durch anderwärts aufgefundene Zitate ergänzt worden und hier in zwei Kapiteln veröffentlicht. Unsere Textstelle ist gänzlich verderbt und zum Teil unverständlich. Der erste Satz ist offenbar lückenhaft. Der Ausdruck *wu yi* ist sinnlos, was auch eine Glosse dazu bemerkt. Wenn nicht der Name einer Regierungsperiode ausgefallen ist, läge es nahe, statt dessen Wu ti 武帝 zu lesen, dann würde man das Jahr 140 v. Chr. für den Antrag der *ju kia* erhalten, was zu den Tatsachen sehr wohl passen würde. Der Schluß des Satzes ist wieder unverständlich. Auch die „fünf Herrscher" sind verdächtig. Ling Sehu, der den Satz in seinem Kommentar zu dem 75. Abschnitte ohne Angabe einer Quelle zitiert, schreibt statt dessen 武帝五年, „im 5. Jahre des Kaisers Wu ti", d. h. i. J. 136 v. Chr., was auch angängig ist. Dazu kommt, daß sich im 75. Abschnitte selbst (fol. 7 r°f.) die folgende Angabe findet: „Im 21. Jahre, im 8. Monat, dessen erster Tag *kia-schên* war, am Tage *ping-wu* teilte der Ratgeber von Kiang-tu, Tung Tschung-schu, dem Gouverneur des hauptstädtischen Bezirks (nach einer Glosse von Ling Sehu war dies Kung-sun Hung) und den Polizeibehörden dort mit, daß die Regenfälle zu lange währten und dem Korne Schaden täten, daß man daher eilen müsse, den Regen aufhören zu machen. Der Ritus des Aufhörenmachens des Regens bezweckt, das *yin* zu nichte zu machen und das *yang* zur Geltung zu bringen usw". Es folgt dann eine eingehende Anweisung über den Ritus. 二十一年八月甲 申朔丙午、江都相仲舒告內史中尉陰雨太久、恐傷五 穀、趣止雨、止雨之禮廢陰起陽. Mit dem 21. Jahre könnte selbstverständlich nur das 21. Jahr des Kaisers Wu ti, also das Jahr 120 v. Chr. gemeint sein. Dem widersprechen aber die Tatsachen, daß Tung, seiner Lebensbeschreibung zufolge, gleich nach der Thronbesteigung Wu ti's (140 v. Chr.) zum Ratgeber von Kiang-tu ernannt wurde und i. J. 120 diese Stellung längst nicht mehr bekleidete (s. oben S. 95 u. 99), und daß ferner in diesem Jahre der 1. Tag des 8. Monats nicht die Zeichen *kia-schên* hatte, sondern *kuei-hai*. Einen ersten Tag des 8. Monats mit den Zeichen *kia-schên* gab es unter Wu ti nur i. J. 103 v. Chr., dem 38. seiner Regierung, das aber hier nicht in Frage kommen kann. Im Jahre 120 fing überhaupt kein Monat mit den Zeichen *kia-schên* an. Die Zahl 21 in unserem Texte muß also falsch sein; jedenfalls war in dem hier erwähnten Jahre, mag es gewesen sein, welches es wolle, der Kultus offenbar bereits vom Kaiser genehmigt. Die Angabe für das Jahr 131 v. Chr. besagt nichts weiter, als daß hier der Ritus des Aufhörenmachens angewendet wurde, das 始 braucht nicht notwendig „zum ersten Male" zu bedeuten. So viel scheint mithin sicher zu sein, daß der Regenkultus zu Anfang der Regierung Wu ti's genehmigt und bald danach auch angewendet wurde. Die' Bemerkungen Chavannes' *Le T'ai Chan* S. 494 Anm., der den Text des *Han kiu yi* anscheinend nicht vollständig gelesen hat, dürften hiernach berichtigt werden müssen. Dagegen hat Chavannes unzweifelhaft recht, wenn er meint, der Ritus der Fesselung des Gottes des Erdbodens gehe in das hohe Altertum zurück, sei aber nur bei Sonnenfinsternissen angewendet

geht jedenfalls soviel mit Sicherheit hervor, daß dieser Regen-Kultus als Kultus
Tung Tschung-schu's bekannt war und unter dem Kaiser Wu ti zuerst geübt
wurde, daß er auch unter der Späteren Han-Dynastie noch im Gebrauch war,
aber wegen seiner Wirkungslosigkeit sich keines besonderen Namens erfreute.
Tung hat offenbar mit Hilfe eines alten Kernes eine neue Kultusform geschaffen,
und er hat dieser auch einen neuen Inhalt dadurch gegeben, daß er sie eng mit
seiner Lehre vom *yin* und *yang* verknüpfte, die ihm besonders ihre Ausweitung
zu verdanken hat (s. oben S. 187 ff.).

Was die Kultushandlungen selbst betrifft, so gehören sie zu denen, an denen auch
die Bevölkerung nach den Weisungen der Behörden teilnehmen darf. Die Formen
der Regenbitte unterscheiden sich etwas von einander je nach der Jahreszeit, in
der sie stattfindet. Ist es der Frühling, so haben die Beamten der betroffenen
Gebiete an einem Tage, dessen zyklische Zeichen dem Element Wasser entsprechen, an den Heiligtümern der Götter des Erdbodens und der Feldfrüchte
sowie der Berge und Flüsse zu beten; die Bevölkerung opfert den Göttern der
inneren Türen[1]. Es darf während der Zeit kein Holz gefällt werden. Beschwörerinnen (*pao wu* 暴 巫) setzen sich, um Mitleid flehend, der Sonne aus[2]; außer-

---

gewesen; erst unter dem Einflusse von Tung Tschung-schu's Schriften sei er auch bei übermäßigem Regenfalle zur Verwendung gekommen. Indessen könne er sich nur kurze Zeit
gehalten haben, da die Bestimmungen der späteren Dynastien nichts mehr davon kennen.

[1] Die Opfer an die Götter der inneren Türen der Wohnung, an den Gott des Kochherdes,
an den Gott des „mittleren Höhlenmundes" (offenbar ein der ältesten Zeit entstammender
Ausdruck, der in den Erd- oder Höhlenwohnungen die Ausmündung eines in der Mitte
befindlichen Wasserabflusses bedeutet zu haben scheint; er hat sich in der späteren Zeit
nur als Name des Gottes erhalten), an den Gott der äußeren oder Haupt-Tür der Wohnung und an den Gott des Brunnens sind die als *wu ssě* 五 祀 bekannten „fünf Opfer",
die sicherlich auch zu den ältesten Bestandteilen der religiösen Anschauungen der Chinesen
zählen. Diese fünf Gottheiten sind also mit dem Gott des Erdbodens auf das engste verbunden und mögen ursprünglich eine Einheit mit ihm gebildet haben, dann sind die genannten
fünf Orte vielleicht nur als verschiedene Sitze des Gottes zu denken, an denen er seine Wirksamkeit fühlbar machte, und die das gesamte häusliche Leben des seßhaften Ackerbauers
versinnbildlichten: seinen Ein- und Ausgang, seine Wohnung, sein Essen und Trinken.
Was die einzelnen Gottheiten wieder mit den einzelnen Jahreszeiten verbindet, ist weniger
leicht zu erkennen, doch schreibt auch das *Li ki*, Kapitel *Yüe ling* in den verschiedenen
Jahreszeiten für jeden Fall Opfer an die nämlichen Gottheiten vor, nur daß hier an Stelle des
Brunnens der zum Hause führende Weg erscheint *(Li ki*, Couvreur I, 405). Vergl. über
die *wu ssě* auch Chavannes a. a. O. S. 438 und 491 f. — Tung hat also bei seinem Ritual
die vorhandenen alten Bräuche sorgsam berücksichtigt.

[2] Vergl. *Li ki* (Couvreur) I, 261: Bei anhaltender Dürre wurde ein hinfälliger, dürrer
Mensch (*wang* 尪) der Sonne ausgesetzt (*pao*), oder statt dessen Beschwörerinnen (*wu*),
die den Regen erflehen sollten. *Tschou li* (Biot) II, 104: Die *nü wu* 女 巫 rufen bei einer
Dürre den Regen herbei, indem sie Tänze ausführen.

halb des Osttores der Stadt wird ein acht[1] Fuß im Geviert messender, von allen vier Seiten durch Treppen zugänglicher Altar erriehtet, bei dem acht azurblaue Seidenbanner aufgestellt werden. Man opfert acht lebende Fische, weißen und dunklen Wein und getrocknete Fleischstücke. Beschwörungen werden vorgenommen und Gebete gesprochen. Ein solches Gebet lautet: „Allmachtvoller Himmel, der du die fünf Kornarten hervorbringst, um die Menschen zu ernähren, nun leiden die fünf Kornarten unter der Dürre, und wir fürchten, daß sie nicht Frucht bringen werden. Darum bringen wir in Ehrfurcht weißen Wein und getrocknete Fleischstücke dar; wieder und wieder bitten wir dich um Regen, möchte der Regen in großem Strome segenspendend herniederkommen" 昊天生 五穀、以養人、今五穀病旱、恐不成實、敬進清酒脯脯、再 拜請雨、雨幸大澍 (LXXIV, 3 v⁰)[2]. Danach wird ein achtzig Fuß langer azurblauer Drache aus „klarem Lehm" (kie t'u 潔土) aufgestellt und von sieben kleineren Drachen von je 40 Fuß umgeben, die in einem Abstande von acht Fuß voneinander stehen; acht Knaben in azurblauen Gewändern umtanzen sie. Weiter wird an dem Heiligtum des Gottes des Erdbodens[3] ein acht Fuß im Geviert messendes und einen Fuß tiefes Loch gegraben und mit dem Wassergraben außerhalb des Ortes in Verbindung gebracht, dahinein werden fünf Frösche gesetzt, die den

---

[1] Nach dem Li ki (Couvreur) I, 346, 359, 373 und 404 entspricht dem 3. Monat des Frühlings die Zahl 8, dem 2. Monat des Sommers die Zahl 7, dem 1. Monat des Herbstes die Zahl 9 und dem 3. Monat des Winters die Zahl 6.

[2] Kia Kung-yen 賈公彥, der Kommentator des Tschou li aus dem 7. Jahrhundert, führt bei der Besprechung der nü wu, der Beschwörerinnen, Kap. 26 fol. 20 v⁰, eine jetzt nicht mehr bekannte Stelle von Tung Tschung-schu an, in der es heißt: „Yü ist eine Methode, Regen zu erflehen. Bittgesänge dabei sind die Lieder Tschou nan von der Abteilung Kuo fêng (Schi king I, 1) und die Lieder Lu ming von der Abteilung Siao ya (Schi king II, 1), sowie die Abteilungen Yen li, Hiang yin tsiu und Ta schê (Li ki Kap. 42 und 44 und J li Kap. 7)" 董仲舒曰雩求雨之術、吁嗟之歌國風周南小 雅鹿鳴燕禮鄉飲酒大射. Und Ling Schu bemerkt in seinem Kommentar zu Abschn. 5 (Kap. 3 fol. 4 r⁰), daß nach dem T. t. Han han tsè 春秋漢含孳 beim Regenopfer folgender Gebetstext vom Kaiser gesprochen sei: „In den zehntausend Staaten herrscht große Dürre, auf dem Lande wächst das Korn nicht. Ich, der Kleine, habe den Tod verdient, warum aber soll das Volk deshalb getadelt werden? Ich wage nicht, das Volk damit zu quälen, daß es den Willen (des Himmels) erfleht; ich möchte ihm Linderung schaffen, indem ich mit meiner Person dem Schlimmen Einhalt tue" 春秋漢含 孳雩祭禱辭曰、萬國今大旱、野無生稼、寡人當死、百姓 何諐、不敢煩民請命、願撫百姓以身塞無狀.

[3] Das Heiligtum des Gottes des Erdbodens bestand immer aus einem offenen Altar aus Erde, einem Baum und dem steinernen Symbol, das unten viereckig war und nach oben sich verjüngte, so daß es eine glockenähnliche Form hatte. S. Chavannes a. a. O. S. 450ff.

Regen herbeirufen sollen. Auch hier werden Wein und Fleischstücke geopfert und Gebete gesprochen, zugleich wird ein Brandopfer, bestehend aus einem Hahn und einem Eber, dargebracht. Dazu kommen noch weitere Brandopfer am Süd- und Nordtore des Ortes. Ist Regenfall eingetreten, so bringt man ein Dankopfer von einem Spanferkel, Wein, gesalzener Hirse und Papiersilber. Bei einem Regenopfer im Sommer, Herbst oder Winter ist das Ritual in den Grundzügen gleich, nur in Einzelheiten verschieden. Im Sommer opfert die Bevölkerung dem Gott des Kochherdes, im dritten Sommermonat (der Mitte des Jahres) dem Gott „des mittleren Höhlenmundes", im Herbst dem Gott der äußeren Tür, im Winter dem Gott des Brunnens[1]; an die Stelle der Zahl acht im Frühling tritt im Sommer überall die Zahl sieben, im dritten Sommermonat die Zahl fünf, im Herbst die Zahl neun, im Winter die Zahl sechs[2]; der Altar wird im Sommer außerhalb des Südtores errichtet, im Herbst außerhalb des West-tores, im Winter außerhalb des Nordtores; die Banner, Gewänder und Drachen sind im Sommer rot, im dritten Sommermonat gelb, im Herbst weiß, im Winter schwarz. Das Ritual bei der Bitte um Aufhören des übermäßigen Regens ist folgendes. An einem Tage, dessen zyklische Zeichen dem Element Erde ent-sprechen, haben die Beamten der betreffenden Gebiete die Wasserläufe zu ver-stopfen, die Wege zu versperren und die Brunnen zu verdecken. Die Frauen dürfen nicht auf den Markt gehen[3]. Die Altäre des Gottes des Erdbodens werden überall gefegt[4]. Es werden, in Kleidern, die der Jahreszeit entsprechen, ein Spanferkel, Hirse mit Salz, Wein und Papiersilber als Opfer dargebracht. Dann wird die Pauke geschlagen und folgendes Gebet gesprochen: „O Himmel, der du die fünf Kornarten hervorbringst, um die Menschen zu ernähren, nun ergießt sich der Regen in übermäßiger Fülle, und den fünf Kornarten sagt dies nicht zu. Darum bringen wir in Ehrfurcht fette Opfertiere und weißen Wein dar, um die Kraft des Gottes des Erdbodens zu bitten, den Regen aufhören zu lassen

---

[1] S. oben S. 270 Anm. 1.

[2] S. oben S. 271 Anm. 1.

[3] Die Frauen sind Vertreterinnen des *yin* und müssen deshalb zurückgehalten werden, ebenso wie sich während der Tage des Regenopfers im dritten Sommermonat die Männer als Vertreter des *yang* nicht auf dem Markte sehen lassen dürfen.

[4] Im Ritual des Späteren Han (*Hou Han schu* Kap. 15 fol. 1 r°) ist von einem Abfegen der Altäre des Gottes die Rede, wenn Dürre herrscht, was auch weit eher verständlich ist, als wenn der Regen zu reichlich ist. Die Hang-tschou-Ausgabe liest 壋 statt 掃, was außer „fegen" auch einen Damm bezeichnen kann. Dann könnte man an ein Um-dämmen des Gottes denken, ähnlich wie er ja, wenn man ihn seines Einflusses berauben will, in ein Bauwerk eingeschlossen wird (s. Chavannes a. a. O. S. 459ff.). Indessen lesen die alten Texte alle 掃 „fegen". Der Zweck dieser Säuberung könnte dann aber nicht sein, wie Chavannes (a. a. O. S. 495) vermutet, alles zu entfernen, was die Wirkungskraft des Gottes beeinträchtigen könnte, denn hier soll sie ja gerade als *yin*-Kraft behindert werden.

und die Not des Volkes hinwegzunehmen. Laß nicht zu, daß das *yin* das *yang* vernichte, denn die Vernichtung des *yang* durch das *yin* steht nicht im Einklang mit dem Himmel. Des Himmels ewiger Wille ist darauf gerichtet, den Menschen Gutes zu tun, die Menschen aber begehren, daß dem Regen Einhalt getan werde. Solches wagen wir dem Gotte des Erdbodens zu sagen" 嗟天生 五穀以養人、今淫雨太多、五穀不和、敬進肥牲清酒、以 請社靈、幸爲止雨、除民所苦、無使陰滅陽、陰滅陽不順於 天、天之常意在於利人、人願止雨、敢告于社 (LXXV, 7 r°)[1]. Hierauf folgen wieder Paukenschläge, und der Gott wird zehnmal mit roter Seide umwunden[2].

Dieser ganze von Tung neu zusammengestellte Kultus des Regen- und Überschwemmungsopfers hat zum Ruhme seines Begründers in der Literatur unzweifelhaft beigetragen, aber tatsächlich halten können hat er sich nur kurze Zeit. Der in die Praxis umgesetzten kosmischen Philosophie ist die Wirkung versagt geblieben[3].

---

[1] Chavannes a. a. O. S. 493 Anm. 1 meint, dieses Gebet in seiner Demut sei mit der Gewalttat einer Fesselung des Gottes nicht zu vereinigen; auch dieser Umstand spräche dafür, daß der Brauch ursprünglich nur bei Sonnenfinsternissen geübt worden sei. Dieser Grund scheint mir unzulänglich. Ich glaube nicht, daß man in der „Vergewaltigung" des Gottes etwas anderes zu sehen hat als eine stürmische Bitte, dem *yin* Fesseln anzulegen.

[2] Eine genaue Übersetzung der beiden religionswissenschaftlich interessanten Abschnitte LXXIV und LXXV behalte ich mir für eine andere Stelle vor, sie würde hier zu viel Raum beansprucht haben.

Von dem Kultus bei einer Sonnenfinsternis gibt der erhaltene Text des *T. t. fan lu* keine Beschreibung. Dagegen hat *Tschêng Hüan*, der erste Kommentator des *Tschou li* (2. Jahrh. n. Chr.), uns in seinen Erklärungen der Obliegenheiten des obersten Vorbeters, *ta tschu* 大祝, Kap. 25 fol. 14 r° den Text des von Tung Tschung-schu festgesetzten „Gebetes zur Befreiung der Sonne" überliefert. Er lautet: „Strahle, strahle in gewaltigem Lichte, zerstöre, vernichte das Lichtlose. Wie dürfte das *yin* das *yang* bedrängen? wie dürfte das Geringe das Vornehme bedrängen?" 董仲舒救日食祝曰、炤炤大 明、㵻滅無光、奈何以陰侵陽以卑侵尊.

[3] Eine wenig günstige Kritik hat Tung's Ritual des Regenopfers von Wang Tsch'ung, der ihn sonst außerordentlich hoch schätzt, in seinem *Lun hêng* erfahren. Er kommt zu wiederholten Malen auf das Regenopfer des *T. t.* zu sprechen, das Tung neu eingerichtet habe, und besonders die Drachen aus Ton sind es, die seine Bedenken herausfordern. Wenn schon die Drachen zu den Wolken und somit auch zum Regen in Beziehungen stehen mögen, so meint er — und der Glaube hieran war bekanntlich ein sehr alter —, so ist doch ein Drache aus Lehm kein wirklicher Drache, sondern eben „ein Haufen Erde", und ein solcher kann keinen Regen anziehen. Der Regen kommt aus den Wolken, und Regen

Aber auch in seiner politischen und erhabeneren Stellung erscheint der Gott des Erdbodens bei Tung. Oben war bereits bemerkt, daß sein Heiligtum zusammen mit dem Ahnentempel geradezu die figürliche Darstellung des fürstlichen Staates sei (s. S. 263). Das *T. t.* verzeichnet unter *Ai kung* 4. Jahr: „Im 6. Monat am Tage *sin-tsch'ou* geschah das Unheil, daß der Gott des Erdbodens von P'u ab-brannte" 六月辛丑蒲社災 (nach dem Texte Kung-yang's), und Tung bemerkt, daß „das *T. t.* dies als eine Warnung ausspricht" 春秋以為戒曰蒲社災 (VI, 2 v⁰). Kung-yang erklärt: „Was bedeutet das: der Gott des Erdbodens von P'u? — Es war der Gott eines untergegangenen Staates. — Der Gott des Erdbodens bedeutet doch das zu Lehen gegebene Land, wie kann man sagen: er brannte ab? — Der Gott des Erdbodens von einem untergegange-nen Staate wurde verhüllt, und zwar wurde er oben verdeckt und unten mit

---

und Sonnenschein haben beide ihre Zeit, wie sollen aber Regen und Wolken im Stande sein, sich an Opfern zu erfreuen? Der Angriff auf den Gott des Erdbodens ist ihm völlig unverständlich. Den Gott mit einer Seidenschnur fesseln wollen ist dasselbe wie wenn man einen feuerspeienden Berg mit ein paar Tropfen Wassers aus einer Pfütze löschen will. Wenn aber die schlechte Regierung an einer Dürre oder Überschwemmung schuld ist, so soll man sie bessern, aber was soll dann das Regenopfer und der Drache? „Leute von tieferer Einsicht glauben an solche Lehren nicht." (S. Forke, *Lun-Hêng* I, 206, 356f., 465f., II, 330f, 343 u. a.). Man sieht, Wang Tsch'ung geht dem Regenopfer mit sehr nüch-ternen Argumenten zu Leibe. Weitere Bemerkungen über das Ritual beim Regenopfer, insbesondere über die Drachen aus Erde s. bei De Visser, *The Dragon in China and Japan* S. 114ff. De Visser weist auf die Übereinstimmung des Rituals mit taoistischen Bräuchen hin. Im „Anthropos", Bd. XII—XIII S. 144ff. findet sich ein Aufsatz von dem Missionar P. A. Volpert in Schan-tung über *Chinesische Volksgebräuche beim Tsch'i jü, Regen-bitten.* Der Verfasser beschreibt darin die Volksbräuche, die er im Sommer 1907 bei einer großen Dürre in mehreren Gegenden Schan-tungs beobachtet hat. Unter den mannigfachen, zum Teil an taoistische Vorstellungen erinnernden Kulthandlungen, bei denen namentlich das Sprengen mit Weidenzweigen eine besondere Rolle spielt, wird auch Tung's Ritual deutlich sichtbar. In Ssĕ-schui hien 泗水 ließ nämlich der höchste Ortsbeamte das Südtor schließen (um das *yang* auszusperren), „vor dem Tore auf offenem Wege ein Loch graben, mit Wasser füllen und mit Weidenzweigen be-decken. Dann brachte er sieben Frösche und ebenso viele Eidechsen in das Wasser-loch." Zugleich veranlaßte er die Frauen (das *yin*-Element) im Tempel um Regen zu bitten, die Männer (das *yang*-Element) hatten sich vermutlich zurückzuhalten. Daß sich das Verfahren des Beamten auf ein Wortspiel gegründet habe, wie Volpert meint, ist sehr unwahrscheinlich, vielmehr wird es die Erinnerung an das alte Han-Ritual ge-wesen sein, die sich hier wieder geltend machte, zumal Volpert angibt, der Mann habe „im Rufe eines halbverrückten Bücherwurmes" (vermutlich bei den Missionaren) ge-standen. — Wie übrigens der Ausdruck *tsch'i jü* (so!) zu der Bedeutung „Regenbitten" kommen soll, ist nicht klar.

Reisig umgeben. — Warum wird verzeichnet, daß der Gott von P'u ab-brannte? — Es wird als unheilvolles Zeichen vermerkt" 蒲社者何、亡國之社也、社者封也、其言災何、亡國之社蓋揜之、揜其上而柴其下、蒲社災何以書、記災也. Zur Erklärung dieser „Warnung" muß man sich folgendes vergegenwärtigen. Um den Gott des Erdbodens seiner Wirksamkeit zu berauben, war es nur erforderlich, ihn von der Verbindung mit der offenen Luft, d. h. den atmosphärischen Kräften abzusperren. Diese Ab-tötung pflegte man bei dem Gotte eines vernichteten oder unterworfenen Staates anzuwenden, wenn der Sieger es nicht vorzog, das Heiligtum ganz zu zerstören. P'u war nach Ho Hiu ein in früheren Zeiten vernichteter Staat, dessen Gebiet in Lu eingeschlossen war; Sü Yen fügt hinzu, daß der Kaiser es vernichtet und das Heiligtum seines Gottes des Erdbodens dem Fürsten zur Warnung gegeben hatte. Deutlicher ist die Erklärung Fan Ning's zu Ku-liang's Text. Der letztere liest, ebenso wie der Tso's statt P'u Po 亳. Es war dies der Name der alten Hauptstadt der Yin-Dynastie in Ho-nan. Nach der Vernichtung des Yin-Reiches durch Wu wang von der Tschou-Dynastie ließ dieser bei den Lehensfürsten ein Heiligtum des Gottes des Erdbodens der beseitigten Dynastie in unwirksamer Form außerhalb ihres Ahnentempels aufstellen, damit es ihnen zur Warnung diene, d. h. damit sie sich stets er-innern sollten, welches das Schicksal eines schlecht regierten Staates sei. Ob man nun den verdeckten Gott in Lu als Gott von P'u oder von Yin auf-faßt, ist für die Sache bedeutungslos. Der Brand des Heiligtums war nach dem *T. t.* ein unheilkündendes Zeichen, das, wie Ho Hiu meint, deutlich machte, wie die Lehren und Warnungen des Himmelssohnes zerstört und beseitigt waren.[1] Tung nennt denn auch diesen Brand zusammen mit Sonnenfinsternissen, Stern-schnuppen, Überschwemmungen u. a. als Wetterzeichen des kommenden Un-heils, als Warnungen des Himmels für das zusammenbrechende Reich der Tschou.

---

[1] Chavannes, a. a. O. S. 459ff. hat sich auch mit dieser Frage der Abtötung des Gottes eines vernichteten Staates eingehend beschäftigt und festgestellt, daß vermutlich der Altar abgebrochen und jedem Fürsten ein Stück davon übergeben wurde, der dann damit einen neuen Altar zur Warnung machte, indem er ihn oben durch ein Dach vom Himmel und unten durch Reisig *(tsch'ai* 柴, von Chavannes durch „une palissade" wiedergegeben), von der Erde absperrte. Ch. vergleicht den Brauch mit der sehr alten Sitte, daß der Zen-tralherrscher den Lehensfürsten eine Erdscholle vom Altar seines Gottes des Erdbodens übergab zu dem Zwecke, davon eigene Heiligtümer ihrer Götter zu machen. Diese Ver-leihung war das eigentliche Sinnbild der Belehnung (a. a. O. S. 452ff.).

5.
Der dritte Abschnitt des Tsch'un-ts'iu fan lu.

Vorbemerkung.

Der hier übersetzte und erklärte Abschnitt des *Tsch'un-ts'iu fan lu* ist um deswillen ausgewählt worden, weil er ein gutes Beispiel für die Darstellungsart Tung Tschung-schu's bildet, und weil er mehrere Fragen der konfuzianischen Staats-Ethik berührt, die von besonderer Wichtigkeit sind, wie die Vergeltungspflicht, die Rassenfrage u. a., ohne daß er allzusehr mit geschichtlichem Stoffe überlastet ist, wie es die meisten übrigen in Betracht kommenden Abschnitte zu sein pflegen. Aus der Zahl und Länge der trotzdem nötig gewordenen Erklärungen mag man ersehen, welchen Umfang eine entsprechende Bearbeitung aller 82 Abschnitte annehmen würde.

Der chinesische Text nach der Hang-tschou-Ausgabe findet sich auf Tafel IV—XI.

Der Bambuswald.[1]

In der gewöhnlichen Terminologie des *Tsch'un-ts'iu* gilt der Grundsatz. daß nicht den Barbaren-Völkern die größere Gewissenhaftigkeit in der Beobachtung der richtigen Handlungsweise zuerkannt wird, sondern dem Mittelreich. Aber bei dem Kampfe von Pi[2] wird diese Regel plötzlich durchbrochen. Warum ge-

---

[1] Wegen der Überschrift vergl. oben S. 167.

[2] *Süan kung* 12. Jahr: „Im Sommer, im 6. Monat, am Tage *yi-mao* stellte sich Sün Lin-fu von Tsin an die Spitze eines Heeres und kämpfte gegen den Freiherrn von Tsch'u bei Pi. Das Heer von Tsin wurde vernichtend geschlagen."

Dazu Kung-yang: „(Es besteht der Grundsatz:) Ein Würdenträger soll nicht gegen einen Fürsten kämpfen. Hier aber wird (der Würdenträger) ausdrücklich beim Namen (Sün Lin-fu) genannt als kämpfend gegen den Freiherrn von Tsch'u — wie kommt das? (NB. der Grundsatz: Ein Würdenträger soll nicht gegen einen Fürsten kämpfen, wird von Kung-yang bei *Hi kung* 28. Jahr aufgestellt. Dort kämpft der Minister von Tsch'u, Tsě-yü, genannt Tě-tsch'ên 子玉得臣, gegen den Fürsten von Tsin nebst Bundesgenossen. Dabei wird der Minister von Tsch'u nur als *Tsch'u jen* „der Mann von Tsch'u" bezeichnet, und sein Name verschwiegen. Als Erklärung wird angegeben, daß dadurch eine Rüge ausgesprochen werden soll, weil ein Würdenträger nicht gegen einen Fürsten kämpfen soll. Tsin hat also die Vorschriften verletzt.) — Hier wird nicht Tsin (d. h. einem Staate des Mittelreiches) die größere Gewissenhaftigkeit in der Beobachtung der richtigen Handlungsweise zuerkannt, sondern Tsch'u (d. h. einem Barbarenstaate). — Warum wird hier nicht Tsin die größere Gewissenhaftigkeit in der Beobachtung der richtigen Handlungsweise zuerkannt, sondern Tsch'u? — Der König Tschuang (von Tsch'u, im *T. t.* als Freiherr. *tsě* 子,

schieht das? Darauf ist zu erwidern: Das *Tsch'un-ts'iu* hat keine immer feststehende Terminologie, es paßt sich vielmehr dem veränderten (Sachverhalt)

---

bezeichnet) hatte Tschêng angegriffen. Bei dem Huang-Tore hatte er die Oberhand im
Kampfe gewonnen und zog nun in die Hauptstraße ein. Der Graf von Tschêng, den Ober-
körper entblößt, in der linken Hand eine Fahne aus Riedgras, in der rechten das Glocken-
messer haltend (NB. Beides sind Gegenstände, die beim Opfer im Ahnentempel gebraucht
werden. Sie sollen die völlige Hingabe des Besiegten bis zur Überlassung des Ahnentempels an den Sieger andeuten. Auf den Vorgang deutet auch Ssě-ma Ts'ien bei seiner
Schilderung des Endes der Ts'in-Herrschaft. *Mém. hist.* II, 244), ging dem König Tschuang
entgegen und sprach zu ihm: Ich hatte keinen guten Minister, der sich nach Eurer Seite
hin neigte. So habe ich das Unheil des Himmels herabbeschworen und den Zorn Eurer
Majestät hervorgerufen, und Schande ist über mein Land gekommen. Wenn Ihr diesem
verlorenen Menschen Gnade erweisen wollt, so gewährt ihm ein kahles Stück Land und
laßt ihn mit ein paar Greisen dort in Ruhe leben. Ich bitte nur, Eurer Majestät Befehlen
nachkommen zu dürfen. Der König Tschuang erwiderte: Wenn Ihr sagt, daß schlechte
Minister die gegenseitigen Beziehungen (zwischen unseren Staaten) geleitet haben, so bin
ich dadurch in die Lage gebracht worden, die Ehre Eures Anblicks zu genießen und diese
Eure Demut zu sehen. Damit winkte der König Tschuang eigenhändig mit der Fahne
nach links und rechts, daß das Heer sich zurückziehe. In einer Entfernung von 7 Li machte
es Halt. Der General Tsě-tschung machte Einwendungen und sagte: das südliche Ying
(die Hauptstadt von Tsch'u) ist von Tschêng mehrere tausend Li entfernt; von unseren
hohen Offizieren sind bereits mehrere tot, die umgekommenen Gefolgsleute und Diener
zählen nach mehreren Hunderten. Wenn nun Eure Majestät jetzt, wo Ihr Tschêng überwunden habt, das Land nicht behält, so werdet Ihr, fürchte ich, die Kraft des Volkes und
der Minister verlieren. Der König Tschuang erwiederte: Vor Alters begab man sich nicht
nach auswärts, wenn nicht die Becher zerbrochen und die Pelze von den Motten zerfressen
waren (d. h. nur aus Not), darum nimmt der Edle es ernst mit der richtigen Handlungsweise und leicht mit dem Vorteil. Ich wollte die Menschen (dieses Landes) gewinnen, aber
nicht ihr Land. Wenn sie mir nun ihre Geneigtheit anzeigen, ich ihnen aber nicht ver-
zeihe, so ist das unbedacht. Bin ich aber unbedacht in meinen Gedanken, wann soll da
die Not des Volkes bis zu meiner Person gelangen? Inzwischen war das Heer von Tsin,
das Tschêng erretten sollte, angelangt, und forderte zum Kampfe auf. Der König Tschuang
nahm die Aufforderung an. Der General Tsě-tschung erhob Einwendungen und sagte:
Tsin ist ein großer Staat, die Truppen Eurer Majestät aber sind erschöpft und matt. Ich
bitte Euch, den Kampf nicht anzunehmen. Der König Tschuang erwiderte: Wenn ich
die Schwachen vergewaltige und den Starken ausweiche, so würde ich keine Ehre mehr
haben vor der Welt. Er befahl ihm, das Heer zurück zum Kampfe zu führen und den
wilden Horden von Tsin entgegenzutreten. Der König Tschuang ließ das Pauken-Signal
geben, und das Heer von Tsin erlitt eine gewaltige Niederlage. Die in die Boote gefallenen
Finger der Soldaten von Tsin konnte man mit beiden Händen sammeln (d. h. die Soldaten
wollten mit Booten über den Fluß flüchten. Dabei hackten die zuerst in die Boote ge-

an und wechselt dem entsprechend. Hier hat sich Tsin in ein Barbarenvolk verwandelt, und Tsch'u in ein Kulturvolk, darum wechselt die Terminologie

---

stiegenen den nachfolgenden Soldaten, die sich an die Boote von außen anklammerten, die Finger ab, um die Boote schwimmend zu halten). Das jammerte den König Tschuang und er sprach: Wenn wir zwei Fürsten nicht in Freundschaft leben, welche Schuld haben die Völker dabei? So befahl er, das Heer zurückzuführen und von den Horden von Tsin abzulassen" 大夫不敵君、此其稱名氏以敵楚子何、不與晉而與楚子爲禮也、曷爲不與晉而與楚子爲禮也、莊王伐鄭勝乎皇門放乎路衢、鄭伯肉袒左執茅旌右執鸞刀以逆莊王曰、寡人無良邊垂之臣以干天禍、是以使君王沛焉、辱到敝邑、君如矜此喪人錫之不毛之地使帥一二耋老而綏焉、請唯君王之命、莊王曰君之不令臣交易爲言、是以使寡人得見君之玉面而微至乎此、莊王親自手旌左右撝軍退舍七里、將軍子重諫曰、南郢之與鄭相去數千里、諸大夫死者數人、廝役扈養死者數百人、今君勝鄭而不有、無乃失民臣之力乎、莊王曰、古者杆不穿皮不蠹則不出於四方、是以君子篤於禮而薄于利、要其人而不要其土、告從不赦不詳、吾以不詳道民災及吾身何日之有、既則晉師之救鄭者至曰請戰、莊王許諾、將軍子重諫曰、晉大國也、王師淹病矣、君請勿許也、莊王曰、弱者吾威之、彊者吾辟之、是以使寡人無以立乎天下、令之還師而逆晉寇、莊王鼓之晉師大敗、晉衆之走者舟中之指可掬矣、莊王曰、嘻吾兩君不相好百姓何罪、令之還師而佚晉寇.

Während Kung-yang nur das erzählt, was notwendig ist, um das edle Verhalten des Fürsten von Tsch'u deutlich zu machen, gibt das *Tso tschuan* auch noch eine sehr ausführliche Schilderung der Schlacht, was zur Erklärung des *T. t.* nichts beiträgt. Nicht leicht zu erraten ist aber im übrigen der Gedankengang Kung-yang's. Er läßt sich nur durch einen Vergleich mit der erwähnten Stelle *Hi kung* 28. Jahr erschließen. Im allgemeinen soll ein Fürst nicht gegen einen Würdenträger (und umgekehrt) kämpfen. Der Fürst von Tsch'u hätte also den Kampf eigentlich nicht annehmen dürfen, ebenso wie der Fürst von Tsin nicht den gegen den General Tsĕ-yü von Tsch'u. Konfuzius entschuldigt den Fürsten von Tsch'u und stellt ihn, den Barbaren, über den Chinesen von Tsin wegen seiner „richtigen Handlungsweise" Tschêng gegenüber. Er nennt deshalb den Namen des Heerführers von Tsin, spricht also keine Rüge aus durch das wegwerfende „der Mann", wie er es in dem Falle *Hi kung* 28. Jahr tut, wo dem Chinesen-Fürsten von Tsin kein besonders edles Verhalten entschuldigend zur Seite steht. Mit einem Worte: die Rasse darf die „Rechtsentscheidung" nicht beeinflussen. Diese Lehre von der Gleichwertigkeit der Rassen, sofern ihre Kulturhöhe die gleiche ist, wie sie von Kung-yang hier und an anderen

entsprechend diesem Sachverhalt. In der Freigabe Tschêng's durch den Fürsten Tschuang (von Tsch'u) liegt etwas Edelmütiges, das man hochachten muß. Die Leute von Tsin verstanden diese edle Handlung nicht und strebten Tsch'u anzugreifen. Die Rettung war bereits vollzogen, und dennoch reizten sie zum Kampfe auf. Das ist eine Gesinnung, die das Gute nicht schützt, und eine Auffassung, die die Rettung eines Volkes gering achtet. Darum setzt (Konfuzius) sie herab und erkennt nicht dem (kulturell) höher Stehenden die größere Gewissenhaftigkeit in der Beobachtung der richtigen Handlungsweise zu.

Mu von Ts'in verlachte Kien-schu und erlitt (im Kampfe) eine schwere Niederlage.[1] Wên von Tschêng achtete die Gesamtheit gering und brachte sein Heer

---

Stellen des *T. t.* (s. auch unten) dem Konfuzius zugeschrieben wird, ist von den Reformatoren als ein gewichtiger Beweis für das Unrichtige der egozentrischen Anschauung der Chinesen auf ethischem und politischem Gebiete herangezogen worden. Sü K'in 徐 勤, ein Schüler K'ang You-weï's, hat i. J. 1897 in einem besonderen Werke mit dem Titel *Tsch'un-ts'iu Tschung kuo yi ti pien* 春秋中國夷狄辨 die Stellen aus dem *T. t.*, dem *Kung-yang tschuan* und *Ku-liang tschuan* zusammengestellt, aus denen er die Auffassungen des Konfuzius, die weit liberaler seien als die des späteren Literatentums, herleiten zu können glaubt. Vergl. *Die wichtigsten chinesischen Reformschriften des 19. Jahrhunderts* (Bull. Acad. Imp. des Sciences St. Pétersbourg Bd. XVII Nr. 3) Nr. 7 und *Ostasiatische Neubildungen* S. 16f. Die oben übersetzte Stelle ist von Sü Kap. 1 fol. 2 r⁰f. und 5 r⁰f., sowie Kap. 2 fol. 3 r⁰f. bearbeitet.

[1] *Hi kung* 33. Jahr: „Im Sommer, im 4. Monat, am Tage *sin-ssĕ* schlug der Manr von Tsin gemeinsam mit den Kiang Jung Ts'in bei Hiao (od. Hao)."

Dazu Kung-yang: „Warum heißt es nur: Ts'in ? — Es soll als Barbar hingestellt werden. — Warum soll es als Barbar hingestellt werden ? — Der Graf von Ts'in wollte Tschêng angreifen. Po-li und Kien-schu (seine Minister) erhoben Einwände und sagten: Auf tausend Li Entfernung Jemand angreifen, das ist noch nie ohne Verderben abgegangen. Der Graf von Ts'in wurde zornig und sagte: In Euren Jahren mag man freilich stumpfsinnig dasitzen wie ein Baumstumpf und die Hände falten. Was versteht Ihr davon ? Als das Heer auszog, geleiteten Po-li und Kien-schu ihre Söhne (sie waren Generale in dem Heere), warnten sie und sagten: Zu Grunde gehen werdet ihr sicherlich in dem Engpaß von Hiao. Das ist der Ort, wo König Wên schneller als Wind und Regen enteilt (d. h. um rasch an diesem gefährlichen Orte vorbeizukommen. Warum gerade der König Wên genannt wird, ist nicht ersichtlich). Wir aber werden dann Leichen sein. Die Söhne verneigten sich, und das Heer zog ab. Po-li und Kien-schu aber, die ihren Söhnen nachsahen, brachen in Tränen aus. Der Graf von Ts'in wurde zornig und sagte: Was weint ihr über mein Heer ? Sie erwiderten: Wir würden es nicht wagen, über das Heer Eurer Hoheit zu weinen, aber wir weinen um unsere Söhne. Der Kaufmann Hien Kao aus Tschêng begegnete dem Heere bei Hiao. Er gab vor, daß der Graf von Tschêng ihm befohlen habe, die Soldaten mit Speise zu versehen. Nun meinten die Einen: Wir wollen vorrücken, die Andern meinten: wir wollen umkehren (weil der Fürst von Tschêng hiernach schon Kenntnis haben mußte von dem Überfall). So fing der Mann von Tsin gemeinsam mit den Kiang Jung sie ab und griff sie bei Hiao an; kein Roß und kein Wagen entging der Vernichtung. — Warum heißt es aber: gemeinsam mit *(ki* 及) den Kiang Jung? — Die Kiang Jung werden herabgesetzt. — Wenn es aber heißt: der Mann, so ist das auch herabsetzend; warum das? — Bei der Herabsetzung der Kiang Jung soll auch Sien Tschên (der Minister von Tsin, der den Bund mit den Kiang Jung machte und den Herzog Siang von Tsin zu dem Überfall des Heeres von Ts'in bei Hiao überredete) mit getroffen werden; oder man kann auch sagen: (Konfuzius) zeigt dadurch sein Wohlwollen gegen den Herzog Siang. — Wenn er aber sein Wohlwollen gegen den Herzog Siang zeigen will, warum bezeichnet er ihn dann als den Mann? — Er tadelt ihn. — Warum tadelt er ihn? — Ein Fürst, der mit den Begräbnisfeierlichkeiten beschäftigt ist und dabei die Schrecken eines Kriegszuges übernimmt, darf die Bestattung nicht unternehmen. (NB. Der Vater des Herzogs Siang, Wên 文, war gestorben, aber noch nicht bestattet. Nach der Rückkehr von dem Kriegszuge nahm der Herzog die Beerdigung vor.) — Bei einem Vernichtungskampfe wird aber sonst kein Tag genannt; warum ist hier der Tag erwähnt? — Um seinem Unwillen vollen Ausdruck zu geben (?)" 其謂之秦何、夷狄之也、易爲夷狄之、秦伯將襲鄭、百里子與蹇叔子諫曰、千里而襲人未有不亡者也、秦伯怒曰、若爾之年者宰上之木拱矣、爾曷知、師出百里子與蹇叔子送其子而戒之曰、爾即死必於殽之嶔巖、是文王之所辟風雨者也、吾將尸爾焉、子揖師而行、百里子與蹇叔子從其子而哭之、秦伯怒曰、爾曷爲哭吾師、對曰、臣非敢哭君師哭臣之子也、弦高者鄭商也、遇之殽矯、以鄭伯之命而犒師焉、或曰往矣或曰反矣、然而晉人與姜戎要之殽而擊之、匹馬隻輪無反者、其言及姜戎何、姜戎微也、稱人亦微者也何言乎、姜戎之微先軫也、或曰、襄公親之、襄公親之則其稱人何、貶、曷爲貶、君在乎殯而用師危不得葬也、詐戰不日、此何以日、盡也.

Die Geschichte von Po-li und Kien-schu und von dem verunglückten Überfall des Fürsten Mu von Ts'in wird auch von Ssĕ-ma Ts'ien (Chavannes, *Mém. hist.* II, 37 ff. und IV, 308 f.) erzählt. *Tso tschuan* hat einen sehr ausführlichen Bericht auch über die späteren Ereignisse nach der Schlacht bei Hiao, aber die Geschichte der beiden Väter Po-li und Kien-schu ist bezeichnenderweise weggelassen.

Die Auslegung gibt wieder verschiedene Rätsel auf. Die Verurteilung des Fürsten von Ts'in sieht Kung-yang in der kahlen Bezeichnung „Ts'in", Ku-liang dagegen, der ebenso wie Tso 秦師 „das Heer von Ts'in" liest, in dem Ausdruck 敗 *po* statt des zu erwartenden 戰 *tschan*, einer von den Fällen, wo selbst die beiden Kommentare sich über die Geheimnisse des Textes nicht klar sind. (Vergl. Legge's Bemerkungen *Chin. Cl.* V, 114.) Auch hinsichtlich der Bedeutung des Ausdrucks „der Mann" besteht Unsicherheit. Kung-yang meint, man kann ihn auf den Minister Sien Tschên beziehen,

ins Elend[1]. In dem Maße ehrt das *Tsch'un-ts'iu* das sittlich Gute und betont es die Wichtigkeit des Volkes, und aus diesem Grunde verzeichnet es jedes einzelne Mal den Kampf oder Angriff oder Überfall oder Krieg, und wenn dies hunderte von Malen vorkommt. So verleiht es seinem Kummer über die Schrecken dieser Dinge besonderes Gewicht. Nun mag Jemand fragen: Wie kommt es dann aber, daß (das *T. t.*) zwar alle Kämpfe sehr sorgfältig verzeichnet, über seine Abneigung gegen diese Kämpfe aber kein Wort sagt? Darauf ist zu erwidern: Wie bei den Audienzen der Lehensfürsten am Kaiserhofe[2] der Große den Kleinen überragte, so überragt in der Frage der Kämpfe (im *T. t.*) das Spätere (in der Darstellung) das Vorhergehende[3]. Wenn (das *T. t.*) keine Abneigung (gegen den Krieg) hätte, warum würde es denn immer den, der (ihn) angefangen hat, nach unten verweisen? Das ist eben der Ausdruck seiner Abneigung gegen alle Kämpfe. Ferner: Das *Tsch'un-ts'iu* vertritt den Grundsatz, daß in Jahren der Not keine Ausbesserungen von alten Anlagen vorgenommen werden sollen[4].

---

dann ist er tadelnd, weil er den Bund mit den Barbaren schloß, oder auf den Fürsten von Tsin, dann ist er eher entschuldigend, weil die Verletzung des Trauer-Rituals an sich eine ganz andere Rüge verdient hätte, unter den obwaltenden Verhältnissen aber, die eine Bestrafung des brutalen Fürsten von Ts'in verlangten, milder beurteilt werden konnte. Unverständlich ist aber, warum der Ausdruck *ki* 及 eine Herabsetzung andeuten, ebenso warum die Nennung des Tages hier den Unwillen kundgeben soll, während bei der eben behandelten Stelle *Süan kung* 12. Jahr, wo auch der Tag genannt ist, eine solche Regel nicht erwähnt wird.

[1] *Min kung* 2. Jahr: „Tschêng ließ sein Heer verkommen."

Dazu Kung-yang: „Was soll das heißen: Tschêng ließ sein Heer verkommen? — Er haßte dessen Feldherrn. Der Graf von Tschêng haßte Kao K'o (seinen Heerführer), er sandte ihn deshalb (mit dem Heere) fort, um sich seiner zu entledigen, gab ihm aber keinen Sold. Das war die Art, wie er sein Heer verkommen ließ" 鄭棄其師者何、惡其將也、鄭伯惡高克、使之將逐而不納、棄師之道也.

Also um persönlichen Rachedurstes willen werden hier von dem Fürsten zahlreiche Volksgenossen nutzlos geopfert. Das *Tso tschuan* hat einen sehr umfangreichen Bericht über den Kriegszug gegen die Grenzstämme in Schan-si und verschiedenes andere, was den Text des *T. t.* in keiner Weise berührt.

[2] *Hui* 會 heißen nach *Tschou li* Kap. 18 fol. 8 r° (Sammlung der dreizehn kanonischen Schriften von Yuan Yuan, Schanghai-Ausgabe von 1887) — Biot, *Le Tcheou-li* I, 424 — die Audienzen der einzelnen Lehensfürsten in den verschiedenen Jahreszeiten, *t'ung* 同 die gemeinsamen Audienzen aller Lehensfürsten. Vergl. auch *Li ki* (Couvreur) II, 19.

[3] Die Bearbeiter der K'ien-lung-Ausgabe bemerken zu dieser seltsamen Angabe, daß sie nicht wüßten, worauf Tung Tschung-schu sich dabei stütze, da im *T. t.* bei Verzeichnung der Kämpfe keineswegs immer das Spätere maßgebend sei.

[4] *Tschuang kung* 29. Jahr: „Im Frühling erneuerte man die Ställe (des Fürsten)."

Dazu Kung-yang: „Was soll das heißen: man erneuerte die Ställe? — Man besserte

Die Absicht hierbei ist, zu zeigen, daß man dem Volke nicht Entbehrungen auferlegen soll. Wenn nun schon (vom *T. t.*) mißbilligt wird, daß dem Volke Entbehrungen auferlegt werden, um wie viel mehr muß dies geschehen, wenn dem Volke Leid zugefügt wird! Wenn aber schon Klage geführt wird darüber, daß dem Volke Leid zugefügt wird, um wie viel mehr muß dies geschehen, wenn das Volk abgeschlachtet wird (im Kriege)! Darum liegt in der Bemerkung, daß in einem Jahre der Not alte Anlagen ausgebessert werden, eine Rüge, und in der Bemerkung, daß die Stadt hergerichtet wurde, wird etwas verschleiert[1]. Ist der Schaden, der dem Volke zugefügt wird, nur klein, so ist auch die Mißbilligung klein; ist der Schaden groß, so ist auch die Mißbilligung groß. Wie groß ist aber der Schaden, der durch Kämpfe und Kriege für das Volk entsteht! Prüft man die Meinung (des *T. t.*) und betrachtet man seine Grundgedanken, so findet man, daß es ihm ein Gegenstand der Mißbilligung ist, wenn (der Fürst) nicht auf die (Wirkung der) Tugend sich stützt, sondern auf die (der) Gewalt, wenn er das Volk aufstachelt und in Elend und Verbrechertum treibt. Was (dem *T. t.*) ein Gegenstand des Rühmens ist, setzen (die Fürsten) bei Seite, indem

---

altes aus. — Die Ausbesserung von altem wird doch sonst nicht verzeichnet, warum geschieht dies hier? — Es ist eine Rüge. — Wieso ist es eine Rüge? — In Jahren der Not soll man keine Ausbesserungen vornehmen" 新延廄者何、脩舊也、脩舊不書、此何以書、譏、何譏爾、凶年不脩.

Daß es sich hier um ein Jahr der Not handelte, geht aus der Aufzeichnung im Winter des vorhergehenden Jahres hervor, daß „großer Mangel an Korn herrschte". Unter solchen Umständen hätte man die Kräfte des mit dem Hunger kämpfenden Volkes nicht zu unnötigen Arbeiten verwenden sollen.

Daß hier die Aufzeichnung des *T. t.* einen tieferen Sinn haben muß, hat auch das *Tso tschuan* nicht übersehen können, aber es hilft sich mit der lahmen, wieder bezeichnenden Erklärung, die Ausbesserung „sei nicht in der richtigen Jahreszeit vorgenommen worden."

[1] *Tschuang kung* 28. Jahr: „Im Winter wurde (die Stadt) Weï mit Pallisaden umgeben." Darauf folgt: „Es herrschte großer Mangel an Korn."

Dazu Kung-yang: „Im Winter konnte man doch erkennen, daß Mangel an Korn war. Warum heißt es dann zuerst: die Stadt Weï wurde mit Pallisaden umgeben, und dann: es war Mangel an Korn? — Es soll verschleiert werden, daß in einem Jahre der Not eine Stadt hergerichtet wurde" 冬既見無麥禾矣、曷爲先言築微而後言無麥禾、譏以凶年造邑也.

Wäre der Kornmangel zuerst erwähnt, was das Natürlichere gewesen wäre, und dann die Fronarbeit von Weï, so würde allerdings der Gegensatz schärfer gewesen sein. Warum aber die Verschleierung? Etwa dem Heimatstaate Lu zu Liebe? Tso weiß nichts anderes anzugeben, als daß ein Unterschied in der Bedeutung von *tu* 都 und *yi* 邑, sowie von *tschu* 築 und *tsch'êng* 城 besteht, womit hier gar nichts geholfen ist. — Tso liest statt des Namens Weï 微 bei Kung-yang und Ku-liang Meï 郿, was den chinesischen Kritikern Veranlassung zu so weit gehenden Schlußfolgerungen gegeben hat (s. oben S. 30).

sie die Herrschaft nicht durch Herzensgüte und Rechtlichkeit aufrecht erhalten[1]. Das *Schi-king* sagt: „(Der Himmelssohn) möge seine friedliche Tugend entfalten, daß sie alle Länder durchdringe"[2]. Das ist es, was das *Tsch'un-ts'iu* preist. Daß die Tugend nicht im Stande ist, die Nachbarn aneinander zu schließen, und die Kultur nicht im Stande ist, die fern Wohnenden zum Kommen zu veranlassen[3], sondern daß in roher Art[4] mit Kampf und Krieg alles erreicht werden soll, das ist es, worüber das *Tsch'un-ts'iu* in hohem Maße bekümmert ist. Denn das entspricht niemals der Gerechtigkeit. Hier mag sich ein Bedenken folgender Art erheben: Unter den Kämpfen und Kriegen, die das *Tsch'un-ts'iu* verzeichnet, gibt es Fälle, die Mißbilligung, und solche, die Zustimmung verdienen. Zu mißbilligen ist danach der hinterlistige Angriff, aber zu billigen der maßvoll geführte Kampf[5], schimpflich ist der Krieg während der Trauerzeit[6], aber ehrenvoll die

---

[1] Der Text ist hier sicher verderbt, die Übersetzung also zweifelhaft. Der Text im *Han Wei ts'ung schu* liest statt 所好者 nochmals 所惡者, was gar keinen Sinn gibt.

[2] *Schi king* III, 3, VIII, 4. Vergl. auch *Li ki* (Couvreur) II, 399.

[3] Vergl. *Lun yü* XVI, 1, XI.

[4] *Ling Schu* (s. oben S. 164) macht bei dem Ausdrucke 斷斷 die Bemerkung, daß sich dafür auch die Lesart 斷斷 „streitend", „scheltend" finde. Vergl. dazu die Angaben von Chavannes, *Mém. hist.* IV, 131 Anm. 5, deren Richtigkeit hierdurch zweifelhaft wird.

[5] Als Beispiel für ein *tscha ki* 詐擊, den „hinterlistigen Angriff", weist Ling Schu auf *Yin kung* 6. Jahr, wo Ho Hiu, der Kommentator Kung-yang's, den Kampf zwischen Lu und Tschêng, der vom *T. t.* wegen der schimpflichen Gefangennahme des Herzogs Yin verschleiert wird, als einen solchen aufzufassen scheint. Kung-yang's Erklärung der Formel des *T. t.* weicht hier wesentlich ab von der des *Tso tschuan*, das aus dem Ausdruck 輸平 des *T. t.* das gerade Gegenteil herausliest. Ein *p'ien tschan* 偏戰, einen „maßvoll geführten Kampf", sieht Kung-yang in dem Kriege zwischen Lu und Kü, der *Hi kung* 1. Jahr verzeichnet ist: „Im Winter, im 10. Monat, am Tage *jen-wu* stellte sich des Herzogs Sohn You an die Spitze eines Heeres und besiegte das Heer von Kü bei Li. Er nahm Nü von Kü gefangen." *K'ing-fu* 慶父, Bruder des Herzogs Tschuang von Lu, war wegen seiner verschiedenen Schandtaten nach Kü entflohen. Die Leute von Kü verlangten von Lu Geschenke für seine Auslieferung, aber Lu verweigerte sie, und so kam es zum Kampfe zwischen beiden. Ki You 季友, der Bruder K'ing-fu's, nahm den Anführer des feindlichen Heeres gefangen und so „erledigte er die Sache durch einen maßvoll geführten Krieg", indem er damit weiteres Blutvergießen vermied.

[6] Ein Beispiel für den schimpflichen Krieg während der Trauerzeit findet sich *Siang kung* 2. Jahr: „Im Winter hatte Tschung-sun Mie (ein Würdenträger von Lu) eine Zusammenkunft mit Sün Ying von Tsin und Anderen in Ts'i. Dann machten sie Hu-lao zu einer festen Stadt (城)".

Dazu Kung-yang: „Was war Hu-lao? — Eine unbefestigte Stadt von Tschêng. — Warum wird gesagt, daß es zu einer befestigten Stadt gemacht wurde? — Es war erobert worden. — Wenn es erobert war, warum wird dann nicht gesagt, daß es erobert wurde? — Es soll

Vollziehung der Rache[1]. Wie steht es damit?[2] Nach dem *Tsch'un-ts'iu* gibt

im Interesse des Mittelreiches verschleiert werden. — Warum soll es im Interesse des Mittelreiches verschleiert werden? — Der Krieg während der Trauerzeit soll verschleiert werden"

虎牢者何、鄭之邑也、其言城之何、取之也、取之則曷爲
不言取之、爲中國諱也、曷爲爲中國諱、諱伐喪也.

Nach *Siang kung* 1. Jahr war der Kaiser gestorben, und im Jahre darauf wird die Bestattung verzeichnet. Es herrschte also Landestrauer, der Krieg war deshalb unstatthaft um diese Zeit. Konfuzius schämt sich dessen für Lu und verschleiert die Tatsache „im Interesse des Mittelreiches". Wer ist hier als Mittelreich gedacht? *Yi* 邑 muß nach *Tso tschuan* zu *Tschuang kung* 28. Jahr eine schwach oder gar nicht befestigte, *tsch'êng* 城 eine voll befestigte Stadt gewesen sein.

[1] Diese Lehre von der Rache wird von Kung-yang ausführlich behandelt in seiner Erklärung zu *Tschuang kung* 4. Jahr: „Der Fürst von Ki gab seinen Staat ganz auf."

Dazu Kung-yang: „Was soll das heißen: er gab seinen Staat ganz auf? — Er war vernichtet. — Wer hatte ihn vernichtet? — Ts'i hatte ihn vernichtet. — Warum wird nicht gesagt, daß Ts'i ihn vernichtet hatte? — Es soll zu Gunsten des Herzogs Siang (von Ts'i) verschleiert werden. — Das *Tsch'un-ts'iu* verschleiert aber doch nur zu Gunsten des sittlich Guten, welches sittlich Gute wird denn dem Herzog Siang zugeschrieben? — Er vollzog die Rache! — Wieso vollzog er die Rache? — Ein entfernter Ahn von ihm, der Herzog Ai, war von (dem Kaiser der) Tschou lebendig gekocht worden, nachdem der Fürst von Ki ihn angeschwärzt hatte. (NB. Es war dies der Kaiser Yi — von 894 bis 877 v. Chr. Die Geschichte wird auch von Ssë-ma Ts'ien berichtet. S. *Mém. hist.* IV, 41. Der Herzog Siang regierte von 697 bis 686, der Vorgang lag also 200 Jahre zurück.) Der Herzog Siang aber zeigte in dieser Handlungsweise ein dem Dienste seiner Ahnen bis zum äußersten hingegebenes Empfinden. — Wieso bis zum äußersten? — Als er die Rache an Ki vollziehen wollte, befragte er das Orakel, und dieses erklärte: die Hälfte deines Heeres wird zu Grunde gehen. (Er erwiderte darauf:) Und wenn ich selbst dabei umkommen soll, so ist das keineswegs ein ungünstiger Spruch. — Wieviel Generationen war der entfernte Ahn von ihm getrennt? — Neun Generationen. — Auch nach neun Generationen kann man noch die Rache vollziehen? — Selbst nach hundert Generationen kann man es noch. — Ist das auch in einer nichtfürstlichen Familie zulässig? — Nein. — Warum ist es denn in der regierenden Familie zulässig? — Fürsten und Staat bilden einen einheitlichen Körper. Die Schmach eines früheren Fürsten ist auch die des gegenwärtigen, und die des gegenwärtigen Fürsten ist auch die des früheren. Wieso bilden Fürst und Staat einen einheitlichen Körper? — Der Fürst des Staates sieht den Staat als seinen Körper an, und zwar durch alle Generationen der Lehensträgerschaft hindurch, darum bilden Fürst und Staat einen einheitlichen Körper. — Aber das gegenwärtige Ki hatte doch keine Schuld, war da (die Handlungsweise) nicht eine Tat des Zornes? — Nein. Hätte es im Altertum einen erleuchteten Himmelssohn gegeben, dann wäre Ki sicher zur Strafe beseitigt worden, und es hätte keinen (Fürsten von) Ki mehr gegeben. Da aber der Fürst von Ki nicht bestraft war, und Ki noch bis zur Gegenwart bestand, so war es ebenso, wie wenn es keinen erleuchteten Himmelssohn

gab. Wenn im Altertum die Lehensfürsten eine Versammlung abhielten oder einander Ge-
sandtschaften zuschickten, so mußte die Ausdrucksweise bei ihren Reden die früheren
Fürsten erwähnen, um den Zusammenhang darzutun. Ts'i und Ki aber hatten keinen Gefallen aneinander, daher konnten sie nicht gleichzeitig im Reiche bestehen. Wollte also
(Ts'i) den Fürsten von Ki beseitigen, so mußte er Ki überhaupt beseitigen. — Wäre nun
ein erleuchteter Himmelssohn vorhanden gewesen, hätte dann der Herzog Siang auch
so handeln dürfen? — Nein. — Wenn er dies also nicht gedurft hätte, warum handelte
dann der Herzog Siang so? — Er handelte so, weil es oben keinen Himmelssohn gab, und
unten keinen Präsidialfürsten; darum konnte er (früherer) Gunst und (früherem) Übel
nachgehen" 大去者何、滅也、孰滅之、齊滅之、曷爲不言齊
滅之、爲襄公諱也、春秋爲賢者諱、何賢乎襄公、復讎也、
何讎爾、遠祖也哀公亨乎周紀侯譖之、以襄公之爲於此
焉者、事祖禰之心盡矣、盡者何、襄公將復讎乎紀卜之
曰、師喪分焉、寡人死之不爲不吉也、遠祖者幾世乎、九
世矣、九世猶可以復讎乎、雖百世可也、家亦可乎、曰不
可、國何以可、國君一體也、先君之恥猶今君之恥也、今
君之恥猶先君之恥也、國君何以爲一體、國君以國爲
體諸侯世、故國君爲一體也、今紀無罪此非怒與、曰非
也、古者有明天子則紀侯必誅必無紀者、紀侯之不誅
至今有紀者猶無明天子也、古者諸侯必有會聚之事相
朝聘之道、號辭必稱先君以相接、然則齊紀無說焉不可
以並立乎天下、故將去紀侯者不得不去紀也、有明天
子則襄公得爲若行乎、曰不得也、不得則襄公曷爲爲
之、上無天子下無方伯緣恩疾者可也. (Die Stelle aus Kung-yang
ist auch bei Legge, *Chin. Cl.* V, *Prolegomena* S. 59f. übersetzt.)

Auch *Tschuang kung* 9. Jahr gibt Kung-yang die Vollziehung der Rache als entschuldi-
gendes Moment an. Es heißt dort: „Im achten Monat, am Tage *kêng-schên*, wurde mit
dem Heere von Ts'i bei Kan-schi gekämpft. Unser Heer erlitt eine vernichtende Niederlage."

Dazu Kung-yang: „Mit Bezug auf das Inland (d. h. Lu) wird doch nicht von Niederlagen gesprochen, hier geschieht dies aber. Warum das? — Es war die Niederlage bei
einem Angriff. — Wieso die Niederlage bei einem Angriff? — Es war Vollziehung der
Rache" 內不言敗此其言敗何、伐敗也、曷爲伐敗、復讎也.
(Hierzu bemerkt Ho Hiu: „Bei Vollziehung der Rache ist auch eine tödliche Niederlage
noch ehrenvoll, darum wird diese hier aufgezeichnet" 復讎以死敗爲榮故錄
之.) Der geschichtliche Hergang war folgender: Der Herzog Huan von Lu war bei einem
Besuche in Ts'i zur Zeit des dortigen Fürsten Siang, vermutlich auf dessen Anstiften, ermordet worden. Mehrere Jahre später fiel Siang selbst durch Mörderhände. Einer seiner
jüngeren Brüder Namens Kiu 糾 war vor der Schreckensherrschaft seines Bruders nach
Lu geflohen, weil seine Mutter eine Prinzessin von dort war. Nach dem Tode Siang's

es doch überhaupt keinen gerechten Krieg und es mißbilligt ihn in jedem Falle[1].

_____

wollte der Herzog von Lu den Kiu in Ts'i als Fürsten einsetzen und griff deshalb, sowie
um Rache wegen der Ermordung des Herzogs Huan zu nehmen, Ts'i militärisch an, wurde
aber dabei besiegt. Vergl. *Huan kung* 18. Jahr, *Tschuang kung* 5. Jahr u. *Mém. hist.* IV, 46.

Diese Rachepflicht in der Staatsmoral und ihre Begründung ist ein eigenartiger Bestandteil der konfuzianischen Ethik, der sonst so stark nicht hervortritt. Wir haben nur
das bekannte vorsichtige Wort aus *Lun yü* XIV, 36, daß „Unrecht mit Gerechtigkeit und Güte
mit Güte vergolten werden soll", sowie das deutlichere aus *Li ki* I, 5, 10 (Couvreur I, 56), daß
„man mit dem Feinde seines Vaters nicht unter einem Himmel leben soll", und daß ähnlich
die Stellung zu dem Feinde des Bruders und des Freundes sein muß. Hierauf haben sich die
Reformatoren der südchinesischen Schulen nicht zum wenigsten gestützt, um ihren Kampf
gegen die Mandschus zu rechtfertigen: auch hier war eine alte Rache zu vollziehen, denn
die Vorfahren der Mandschus hatten denen der Chinesen ihr Land genommen. — Ku-
liang sagt nichts von einem solchen Beweggrund der Rache bei dem Angriff des Herzogs
Siang gegen Ki, Tso natürlich gleichfalls nichts, und *Legge* führt, seinem Standpunkte
entsprechend (s. oben S. 11), die Auslegung Kung-yang's als ein besonders krasses Beispiel für „die Marotten der chinesischen Kritiker" an (s. *Chin. Cl.* V, 77). Ssĕ-ma Ts'ien,
der die Vernichtung von Ki durch Ts'i nur sehr kurz berührt (*Mém. hist.* IV, 44), erwähnt
auch nichts von einem Rachakt, dafür benutzt er aber an einer anderen Stelle eine von
Konfuzius hier getroffene „Rechtsentscheidung" als ein Beweismittel bei der Beurteilung
einer anderen geschichtlichen Frage. · Im Gegensatz zu anderen Kritikern erklärt er es
für ungerecht, die Schuld an dem Untergange des großen Reiches der Ts'in seinem letzten
Herrscher Tsĕ-ying zuzuschreiben; die Katastrophe sei vielmehr schon durch die Taten
Schi Huang-ti's und seines Nachfolgers verursacht worden, und Tsĕ-ying habe sie nicht mehr
aufhalten können. „So erwähnt auch das *Tsch'un-ts'iu* nicht den Namen des jüngeren
Bruders des Fürsten von Ki bei den Ereignissen von Hui." Es bezieht sich dies auf die
Angabe *Tschuang kung* 3. Jahr: „Im Herbst stellte sich der jüngere Bruder (des Fürsten)
von Ki mit der Stadt Hi unter (die Oberherrschaft von) Ts'i." Damit begann die Auflösung des Staates Ki durch Ts'i, trotzdem wird aber der jüngere Bruder nach der Auslegung Kung-yang's von Konfuzius gelobt, weil er sah, daß das Schicksal seines Heimatstaates doch unabwendbar war, und er sich bemühte, wenigstens einen Ort für die Ahnentempel
zu retten. Dieses Lob aber findet seinen Ausdruck dadurch, daß trotz des — genau genommen — Unrechtmäßigen der Handlungsweise der Name des jüngeren Bruders nicht
genannt wird. Ssĕ-ma Ts'ien aber wendet dieses Urteil des Konfuzius, für dessen Formel
im *T. t.* — und das ist nicht ohne Wichtigkeit! — er das Verständnis ohne weiteres vor-
aussetzt, als entscheidend auch auf den ähnlich liegenden Fall des Tsĕ-ying an. Man sieht,
welche Bedeutung die ungeschriebene Lehre des *T. t.* bis zum Eintreten der Wirkung von
Liu Hin's Tätigkeit hatte. (Vergl. oben S. 76f.)

[2] Im Text des *Han Wei ts'ung schu* fehlt 以.

[1] Vergl. *Mêng tsĕ* VII, 2, 11,1: „Das *Tsch'un-ts'iu* kennt überhaupt keinen gerechten
Krieg, wenn auch der eine besser sein mag als der andere."

Darauf ist zu erwidern: Wenn das *Tsch'un-ts'iu* über einen außergewöhnlichen Unglücksfall berichtet, dann sagt es (z. B. bei Hungersnot): „es gab keinen Halm mit Kornfrucht"[1], obwohl doch auf den Feldern einzelne Halme standen. Nun sind die Kämpfe, Angriffe, Überfälle und Kriege, die in der Ausdehnung des ganzen Weltreiches und in einem Zeitraume von 300 Jahren sich ereigneten, nicht zu zählen, aber zur Vollziehung der Rache wurden nur zwei geführt[2]. Was ist also hierbei für ein Unterschied mit der Angabe, daß es kein Korn gab, obwohl doch einzelne Halme vorhanden waren? (Die zwei Kriege) genügen nicht, um zu bestreiten, daß es (nach dem *T. t.*) keine gerechten Kriege gibt. Wenn (das *T. t.*) nicht sagen darf: es gibt keine gerechten Kriege[3], dann darf es auch nicht sagen: es gab kein Korn. Darf es aber sagen: es gab kein Korn, dann darf es auch sagen: es gibt keine gerechten Kriege. Wenn das *Tsch'un-ts'iu* bei den maßvoll geführten Kriegen[4] das Maßvolle billigt, aber den Krieg nicht billigt, so kann man hieran das Weitere ermessen. Das *Tsch'un-ts'iu* vertritt die Menschenliebe; Kriegführende aber töten die Menschen, wie könnte also der Edle sagen, die Billigung des Tötens sei das, was er liebe. Das Verhältnis des *Tsch'un-ts'iu* zu dem maßvoll geführten Kriege ist ebenso wie das zum chinesischen Reiche: gegenüber dem Staate Lu bezeichnet es (die chinesischen Gesamtgebiete) als draußen, gegenüber den Barbaren-Ländern als drinnen[5].

---

[1] *Tschuang kung* 7. Jahr.

[2] S. oben. Dies waren also gerechte Kriege.

[3] Im Text des *H. W. t. s.* fehlt 戰.

[4] Der Text des *H. W. t. s.* liest 義 statt 戰.

[5] *Tsch'êng kung* 15. Jahr: „Im Winter, im 11. Monat traf Schu-sun K'iao-ju zusammen mit Schi Sie von Tsin, Kao Wu-kiu von Ts'i, Hua Yuan von Sung, Sun Lin-fu von Wei, dem Prinzen von Tschêng, Ts'iu, und einem Manne von Tschu. Sie trafen zusammen mit Wu in Tschung-li."

Dazu Kung-yang: „Warum wird bei dem Zusammentreffen Wu getrennt aufgeführt? — Wu wird als draußen befindlich angesehen. — Warum wird es als draußen befindlich angesehen? — Das *Tsch'un-ts'iu* sieht den eigenen Staat als drinnen an, die chinesischen Gesamtgebiete dem gegenüber als draußen; die chinesischen Gesamtgebiete als drinnen, das Barbarenland dem gegenüber als draußen. — Die Bestrebungen des Zentralherrschers sind aber doch einheitlich und richten sich auf das Weltreich, warum werden da die Ausdrücke drinnen und draußen gebraucht? — Die Ausdrucksweise geht aus von dem am nächsten Stehenden als dem Anfang" 離曷爲殊會吳、外吳也、曷爲外也、春秋內其國而外諸夏、內諸夏而外夷狄、王者欲一乎天下曷爲以外內之辭言之、言自近者始也.

Wu galt zu jener Zeit noch als Barbarenland, und Tso macht hier die Bemerkung, daß mit jener Zusammenkunft der amtliche Verkehr mit Wu seinen Anfang nahm.

Diese interessante Stelle, die eine von den drei wichtigsten „Gedankengruppen" *(k'o)* des *T. t.* enthält (s. oben S. 185 ff.), ist ebenfalls von den Reformatoren als Beweis

Ebenso nennt es (einen maßvoll geführten Krieg) im Vergleich mit einem hinter-

für ihre Behauptung angeführt worden, daß Konfuzius zwar die sittliche, aber nicht die politische Einheit des Menschengeschlechts gelehrt habe, daß also die späteren chinesischen Weltherrschafts-Ansprüche auf irrigen Auffassungen der konfuzianischen Lehre beruhten. Sü K'in (s. oben S. 279 Anm.) sagt darüber Kap. 3 fol. 9 v⁰ das Folgende: „Wenn die Bestrebungen des Zentralherrschers einheitlich sind und sich auf das Weltreich richten, dann gibt es ursprünglich keinen Unterschied zwischen drinnen und draußen. Aber die Kultur kann sich nicht sogleich überallhin verbreiten, es muß dabei eine Reihenfolge des Früheren und Späteren in der Entwicklung geben. Dieses Gebundensein an die Zeit ist nicht zu beseitigen. Die Literaten der späteren Zeit haben diese Bedeutung nicht verstanden. An den Sätzen der Schule wurde in Ehrfurcht festgehalten, so schufen sie sich selbst Speer und Schild (um alle anderen Meinungen und Einflüsse abzuwehren). Der Gedanke des *Tsch'un-ts'iu*, daß der Welt die Einheitlichkeit innewohnt, atmet den Geist des Wortes: Wo Bildung herrscht, gibt es keine Rassen (*Lun yü* XV, 38). Daß man den zweitausendjährigen Kampf zwischen Chinesentum und Barbarentum in der Welt nicht verstanden hat, hat in Wirklichkeit hier seine Ursache. Hätten wir nicht bei Kung-yang diese mündlich überlieferte große Lehre, so wäre vermutlich die Weisung des Heiligen über die große Einheit verloren gegangen" 王者欲一乎天下則本無內外之殊矣、但治化不能驟遍、不得不畧分先後次弟、此限於時之無可如何者也、後世儒者不知此義、徒言尊攘自生矛盾、遂使春秋一乎天下之旨有教無類之心、不明於天下二千年華夷之爭實由于此、若非公羊口傳大義則聖人大同之治或幾乎息矣. Und Kap. 3 fol. 27 r⁰f.: „Gegenüber Lu bezeichnet (das *T. t.*) das chinesische Reich als draußen, gegenüber den Barbaren-Ländern als drinnen. Der Unterschied zwischen drinnen und draußen hängt also ab von dem, was ihm gegenüber steht. Wenn die Barbaren-Länder in ihrem Verhältnis zur ganzen Welt mit ihren Erdkörpern, ihren Himmeln und ihren Gestirnen gedacht werden, dann müssen sie ihrerseits als drinnen befindlich bezeichnet werden, und die Welt mit ihren Erdkörpern, ihren Himmeln und ihren Gestirnen muß als draußen gelten. Kann es da eine bestimmte Bezeichnung geben für die Abgrenzung von drinnen und draußen? Das ist es, was Tschuang tsě's Wort bedeutet: So groß auch (das All) sein möge, betrachte es, und du wirst finden, daß alle Dinge eine Einheit bilden" 引之魯則謂之外、引之夷狄則謂之內、內外之分祇就所引言之耳、若將夷狄而引之於諸地諸天諸星之世界則夷狄亦當謂之內而諸地諸天諸星當謂之外矣、內外之限寧有定名哉、此莊子所謂自其大者視之則萬物皆一也. Auch K'ang You-wei hat in seiner Systematik Tung Tschung-schu's (s. oben S. 135f.) der Frage einen besonderen Abschnitt gewidmet (Kap. 6b fol. 44 r⁰ff.), und zwar ganz in Anlehnung an Sün K'in. Für die abendländische Logik wird sich allerdings der politische Universalismus des Konfuzius durch diese Darlegungen der Reformatoren nicht hinwegdeuten lassen.

listigen Angriff gerecht, im Vergleich mit Kriegslosigkeit aber ungerecht. So ist ihm auch ein Eidbund weniger wünschenswert als Eidbundlosigkeit, aber es gibt doch immerhin etwas, was man als sittlich guten Eidbund bezeichnen kann[1]. Ein (maßvoller) Krieg ist ihm weniger wünschenswert als Kriegslosigkeit, aber es gibt immerhin etwas, was man als sittlich guten Krieg bezeichnen kann. So findet sich in der ungerechten Handlungsweise ein Moment der Gerechtigkeit und in der gerechten Handlungsweise ein Moment der Ungerechtigkeit. Mit Worten läßt sich dies nicht erschöpfen, es kommt auf die Gesamt-Tendenz an. Wer nicht mit reinem Herzen und durchdringendem Verstande an die Frage herantritt, wie soll der sie verstehen können? „Im *Schi-king* heißt es: ‚Die Blüten des Pflaumenbaumes schwanken hin und her; wie sollte ich dein nicht gedenken, doch, ach, dein Heim ist fern‘. Der Meister sprach: das ist kein Gedenken, wie sollte es ein Fernsein geben?"[2] Hiernach wird der, der (die Darstellung) betrachtet und die Tendenz erkennt, nicht am Wortlaut hängen bleiben; wenn er aber nicht am Wortlaut hängen bleibt, dann wird er auch „die Wahrheit erreichen können".[3] Der Kriegsminister Tsĕ-fan vereitelte als Abgesandter seines Fürsten dessen Auftrag, indem er dem Feinde die Sachlage mitteilte,

---

[1] *Huan kung* 3. Jahr: „Im Sommer leisteten der Fürst von Ts'i und der Fürst von Weï in P'u einen gegenseitigen Schwur."

Dazu Kung-yang: „Was heißt das: sie leisteten einen gegenseitigen Schwur? — Sie schwuren beiderseitig bei ihrem Leben. (D. h. sie schlossen keinen eigentlichen Blutbund mit Tieropfer und Blut-Zeremonie). — Warum wird gesagt, daß sie beiderseitig bei ihrem Leben schwuren? — Damit kamen sie dem rechten Brauche schon näher. — Wieso kamen sie damit dem rechten Brauche näher? — Die Alten schlossen überhaupt keine Eidbünde, sondern sie gaben ihr Wort und damit schieden sie" 背命者何、相命也、何言乎相命、近正也、此其爲近正奈何、古者不盟、結言而退.

[2] Das ganze Zitat einschließlich der Verse des *Schi king* ist aus *Lun yü* IX, 30 entnommen. Die Verse finden sich in dem uns erhaltenen *Schi king* nicht. Sie gehören vielleicht zu den Liedern, die Konfuzius, weil sie ihm anstößig erschienen, nicht in seine Textsammlung aufgenommen hat. In diesem Zusammenhange hier sind sie unverständlich, und die ausführlichen Erörterungen der Kommentatoren machen sie um nichts klarer. Offenbar haben sie zu einem anspruchslosen kleinen Liebesliede gehört und sind dann, wie vieles andere dieser Art, von Konfuzius oder von den Literaten in allegorisch-ethischer Weise umgedeutet worden. Insofern mag Wilhelm sie in seiner Übersetzung des *Lun yü* mit Recht mit dem Ausspruche des Meisters VII, 29 in Verbindung bringen. Aber ihre ursprüngliche Bedeutung ist sehr viel einfacher gewesen. Näheres über diese Umdeutungen der Liebeslieder des *Schi king* s. T'oung Pao XIII, 517ff.

[3] *Lun yü* IX, 29.

seiner Bitte nachgab und Sung den Frieden verschaffte[1]. Aber (so kann Jemand einwenden) das heißt doch im Innern sich der Regierung bemächtigen und nach außen mit seinem Namen prunken[2]; und wer sich der Regierung bemächtigt, der setzt den Fürsten zurück, wer mit seinem Namen prunkt, der ist kein (rechter) Minister mehr. Und dennoch hebt das *Tsch'un-ts'iu* die Bedeutung (dieser Handlungsweise) lobend hervor. Wie kommt das? Darauf ist zu erwidern: Es handelt sich hier um sorgenvolles Mitleid, das nicht zulassen will, daß die Bevölkerung eines ganzen Staates an Hunger zu Grunde geht, indem sie sich gegenseitig aufißt; es handelt sich um die Ausdehnung des Mitleids auf Fernstehende und deshalb um etwas Großes, um ein Werk der unwillkürlichen Herzensgüte und deshalb um etwas Schönes Tsĕ-fan läßt seinem eigenen Herzen freien Lauf, er hat Mitleid mit dem Volke von Sung, ohne dabei

---

[1] *Süan kung* 15. Jahr: „Im Sommer, im fünften Monat, schloß ein Mann von Sung mit einem Manne von Tsch'u Frieden."

Dazu Kung-yang: „Auswärtige Friedensschlüsse werden doch sonst nicht verzeichnet, warum geschieht dies hier? — Die Bedeutung dieses eigenmächtig abgeschlossenen Friedens soll hervorgehoben werden. — Warum soll die Bedeutung dieses eigenmächtig abgeschlossenen Friedens hervorgehoben werden?" 外平不書、此何以書、大其平乎已也、何大其平乎已. Hier folgt dann eine lange Erzählung folgenden Inhalts: Der König Tschuang von Tsch'u belagerte die Hauptstadt von Sung. Sein Heer geriet almählich in große Not und hatte schließlich nur noch für sieben Tage Nahrungsmittel. Dler König entsandte seinen Kriegsminister Tsĕ-fan 子反, um etwas über die Lage in der Stadt in Erfahrung zu bringen. Dieser erstieg einen Erdhügel, von wo er in die Stadt hineinsehen konnte. Hua Yuan 華元 von Sung war um diese Zeit gleichfalls auf den Hügel gestiegen, und beide Würdenträger begannen eine Unterhaltung. Hua Yuan erzählte, daß die Not in der Stadt so groß geworden sei, daß man die Kinder verzehre und ihre Knochen als Feuermaterial verwende. Tsĕ-fan war erschüttert hierüber und berichtete nun, daß auch das Heer von Tsch'u nur noch für sieben Tage Nahrungsmittel habe. Sie trennten sich, und Tsĕ-fan erstattete dem Könige Bericht über das, was er gehört hatte. Der König geriet zunächst in Zorn über den Verrat Tsĕ-fan's, aber als dieser erwiderte: wenn Sung einen aufrichtigen Minister hat, sollte dann Tsch'u keinen haben? beruhigte er sich, und nachdem Tsĕ-fan gebeten hatte, seinerseits in die Heimat zurückkehren zu dürfen, entschloß sich auch der König, mit seinem Heere abzuziehen. (Ebenso wird die Geschichte von Ssĕ-ma Ts'ien — *Mém. hist.* IV, 243 —, etwas anders von Tso erzählt.) Kung-yang fährt dann fort: „Darum hebt der Weise die Bedeutung dieses eigenmächtig abgeschlossenen Friedens hervor. — Die Abschließenden waren aber doch Würdenträger, warum werden sie als Männer bezeichnet? — Es wird eine Rüge ausgesprochen. — Warum wird eine Rüge ausgesprochen? — Die Friedenschließung lag hier in den Händen unterer Organe" (nicht in denen des Fürsten) 故君子大其平乎已也、此皆大夫也其稱人何、貶、曷爲貶、平者在下也.

[2] D. h. Der Minister regiert statt des Fürsten.

an das Widerspruchsvolle zu denken, darum wird er gepriesen. Nun könnte Jemand folgende Bedenken erheben: ein Gesetz des *Tsch'un-ts'iu* sagt, daß die Minister sich nicht um die Fürsten kümmern sollen[1], und daß die Regierung nicht in den Händen der Würdenträger sein darf. Nun war doch Tsĕ-fan Minister von Tsch'u und dabei sorgte er sich um das Volk von Sung. Das heißt doch: sieh um die Fürsten kümmern. Ferner erstattete er seinem Fürsten keinen Bericht, sondern verschaffte dessen Feinden den Frieden. Das heißt doch: die Regierung liegt in den Händen der Würdenträger[2]. Bei dem Vertrage von K'ü-liang ruhte das Vertrauen bei den Würdenträgern, und das *Tsch'un-ts'iu* tadelt dies, weil es den Fürsten ihr Ansehen rauben heißt[3]. Wenn aber das

---

[1] *Siang kung* 30. Jahr: „Männer von Tsin, Ts'i, Sung, Wei, Tschêng, Ts'ao, Kü, Tschu, T'êng, Sie, Ki und Siao Tschu hatten eine Zusammenkunft in Schan-yuan wegen des Unglücks in Sung." (Es handelte sich um eine große Feuersbrunst im Palaste.)

Dazu Kung-yang: „Es handelte sich hier doch um eine bedeutungsvolle Angelegenheit, warum wird sie verkleinert? — Es waren Minister daran beteiligt. — Wenn Minister daran beteiligt waren, warum werden sie dann nur als Männer bezeichnet? — Es soll eine Rüge ausgesprochen werden. — Warum soll eine Rüge ausgesprochen werden? — Minister sollen sich nicht um die Fürsten kümmern." 此大事也、曷爲使微者、卿也、卿則其稱人何、貶、曷爲貶、卿不得憂諸侯也.

Diese Stelle gibt selbst dem *Tso tschuan* Veranlassung, nach einer tieferen Erklärung zu suchen. Es meint: „Es wurde Sung keine Unterstützung gebracht (was der Zweck der Zusammenkunft war), darum werden die Namen der Männer nicht verzeichnet." Und „der Edle", d. h. Liu Hin (s. oben S. 72) bemerkt dazu: „Auf Zuverlässigkeit muß Bedacht genommen werden. Die Minister von der Zusammenkunft von Schan-yuan werden nicht verzeichnet, weil sie sich als unzuverlässig erwiesen." Und ferner: „Der Würdenträger von Lu wird nicht verzeichnet, weil eine Verschleierung (wovon?) vorliegt." 既而無歸於宋故不書其人、君子曰、信其不可不慎乎、澶淵之會卿不書不信也 ┄┄ 不書魯大夫諱之也. Hier scheint also Liu Hin die Lehre des *T. t.* für unverfänglich gehalten zu haben.

[2] Im Text des *H. W. t. s.* fehlt 政.

[3] *Siang kung* 16. Jahr: „Im dritten Monat hatte der Herzog eine Zusammenkunft mit dem Fürsten von Tsin, dem Herzog von Sung, dem Fürsten von Wei, dem Grafen von Tschêng, dem Grafen von Ts'ao, dem Freiherrn von Kü, dem Freiherrn von Tschu-lü, dem Grafen von Sie, dem Grafen von Ki und dem Freiherrn von Siao Tschu-lü in K'ü-liang. Am Tage *mao-yin* schlossen ihre Würdenträger einen Bund."

Dazu Kung-yang: „Wenn die Fürsten doch anwesend waren, warum heißt es dann, daß die Würdenträger einen Bund schlossen? — Das Vertrauen ruhte bei den Würdenträgern. — Warum wird es dann gesagt? — Wenn das Vertrauen bei den Würdenträgern ruhte, so ist das ein Tadel für die Würdenträger überall im Reiche. — Warum wird dieser Tadel über die Würdenträger überall im Reiche ausgesprochen? — Die Fürsten erscheinen

Friedenschließen bei einem Würdenträger liegt, so heißt dies doch ebenfalls, dem Fürsten sein Ansehen rauben, und doch rühmt es das *Tsch'un-ts'iu*. Das ist es, was widerspruchsvoll erscheint[1]. Ferner: ein Gedanke des *Tsch'un-ts'iu* ist es, daß nur ein schlechter Minister mit dem Glanz des Namens prunkt[2]. Der loyale Minister läßt seine Mahnungen (an den Fürsten) nicht offenbar werden, sondern bestrebt sich (den Schein zu wahren), als ob alles von dem Fürsten ausginge. Im *Schu king* heißt es: „Wenn du gute Pläne und Gedanken hast, so gehe hin zu deinem Fürsten und sage sie ihm im Palaste. Und wenn du dann später draußen sie ausführst, so sage: dieser Plan, dieser Gedanke entspringt nur der Tüchtigkeit meines Fürsten"[3]. Das ist das Vorbild eines rechten Ministers. Die guten Würdenträger des Altertums dienten ihren Fürsten alle in dieser Weise. Tsĕ-fan aber, der sich doch in der Nähe seines Fürsten befand, erstattete diesem keine Meldung, er konnte den Fürsten Tschuang sehen, aber er sagte ihm nichts. Wenn ihm auch kein anderer Ausweg blieb, um beide Staaten aus ihrer Not zu befreien, so nahm er doch leider damit den Glanz des Namens seines Fürsten weg. Wie sich das erklärt ist mir zweifelhaft. Darauf ist folgendes zu erwidern: Nach einem Grundgesetz des *Tsch'un-ts'iu* gibt es (Normen, die) unverrückbar (sind), und (solche, die) Abweichungen (zulassen). (Solche, die) Abweichungen (zulassen) finden Anwendung auf abweichende (Fälle); (solche, die) unverrückbar (sind), finden Anwendung auf unverrückbare (Dinge). Jede Norm bleibt[4] bei ihrer Kategorie, sie dürfen sich nicht einander behindern.

---

nur noch wie schmückende Anhängsel" 諸侯皆在是其言大夫盟何、信在大夫也、何言乎、信在大夫徧刺天下之大夫也、易爲徧刺天下之大夫、君若贅旒然・

Während Kung-yang und ebenso Ku-liang in dieser Formel, zweifellos mit Recht, eine Rüge der wachsenden Anmaßung der allmächtigen Minister sehen, eine Auffassung, der selbst Hu An-kuo und Tschu Hi folgen (s. Legge, *Chin. Cl.* V, 472), erzählt Tso eine wenig überzeugende Geschichte, wie die Minister von den Fürsten aufgefordert werden, den Bund zu schließen. Es ist sehr bezeichnend, daß das von Liu Hin „redigierte" *Tso tschuan* die andere Auslegung verschweigt: sie war für Wang Mang und damit für seinen Gefolgsmann Liu Hin (s. oben S. 59f.) natürlich höchst unbequem und deshalb unbrauchbar. Legge erklärt sie trotz alledem für die bessere!

[1] Der Text des *H. W. t. s.* liest statt 開 hier 閒, die Ausgabe von Tung Kin-kien (s. oben S. 165) und die von Ling Schu haben hier, sowie vier Zeilen vorher 閒.

[2] Der Text ist unsicher. Ling Schu und Tung Kin-kien lesen 臣有惡君名美, was gar keinen Sinn gibt. Die von Tung und in der Hang-tschou-Ausgabe vorgeschlagene Konjektur 惡臣擅君名美 „schlechte Minister prunken mit dem Glanz des Namens von Fürsten" hat manches für sich. Vergl. die ähnliche Stelle im 44. Abschnitt fol. 7 v⁰: 君不名惡、臣不名善, die hier auch eingesetzt werden könnte.

[3] *Schu king* V, 21,VI. Der Wortlaut weicht heute etwas ab.

[4] Das *H. W. t. s.* liest 正 statt 止.

Alles, was du da sagst, sind in der ganzen Welt ewig sich gleichbleibende (d. h. allgemein gültige) sittliche Begriffe[1]. Die Handlungsweise des Tsĕ-fan enthält aber ein abweichendes Moment, einen sittlichen Begriff, der eine Sonderstellung einnimmt[2]. Wenn das körperliche Auge etwas Erschreckendes wahrnimmt, so verliert der Körper sein gewöhnliches Aussehen[3], und wenn die Empfindung einen erschreckenden Eindruck erhält, so schwindet in dem Falle das Gedächtnis (für alles andere); das liegt in der menschlichen Natur. Wer aber das Wesen des Erschrecktseins erfaßt hat, der wird das edle Moment darin herausfinden und den Begriff nicht im Verlust (des Normalen) erschöpfen. Wie es denn auch im *Schi king* heißt: „Wenn man die Kohlrabi und Erd-Melonen einsammelt, so wirft man sie nicht fort wegen ihrer untersten Teile"[4]. Das sagt genau dasselbe. Tsĕ-fan geht hin, um Sung zu beobachten, und als er nun hört, wie die Menschen sich gegenseitig verspeisen, da erfaßt ihn ein großer Schrecken, und ein solches Mitleid überkommt ihn, daß alle anderen Gedanken vergehen. So wird sein Herz von Schauder erfüllt, Entsetzen malt sich in seinem Blick, und er vergeht sich gegen die herkömmliche Vorschrift der Ordnung. Das System der Ordnungs-Vorschriften steht der Herzensgüte nach, und Form und Inhalt sollen ein einheitliches Ganzes bilden[5]. Wenn nun die Menschen dahin gebracht sind, daß sie einander verspeisen, so ist das doch ein großer Mangel an Liebe, und wie kann man dann noch das System der Vorschriften zur Geltung bringen? Wenn man hier den Inhalt retten will, wie kann man da noch Wert auf die Form legen?[6] Darum heißt es: „In Betätigung der Liebe soll man niemand nachstehen";[7] das sagt genau dasselbe. In der Redeweise des *Tsch'un-ts'iu* kann

---

[1] Ebenda 意 statt 義.

[2] Tung Kin-kien und Ling Schu lesen 術 statt 獨. Tung macht darauf aufmerksam, daß für 術 in der alten Zeit auch 述 geschrieben wurde und für dieses auch 矞 yü. Das letztere aber steht im *Schi king* öfters für 聿 als Partikel. 術修之義 könnte deshalb für 矞 od. 聿修之義 stehen und die Bedeutung haben: ein selbst hergestellter (自修) sittlicher Begriff, im Gegensatz zu dem 雷同之義, dem allgemein üblichen Begriffe. Am Sinn wird also hierdurch nichts geändert.

[3] D. h. er wird für einen Augenblick starr.

[4] *Schi king* I, 3, x, 1. D. h. wenn auch der unterste Teil der Wurzel einmal schlecht ist, so wirft man doch nicht die ganze Pflanze fort.

[5] Der Text des *H. W. t. s.* liest 體一也 statt ‖ 者 ‖.

[6] Ling Schu verweist hier auf Sün tsĕ, der lehrt, daß „des Menschen Herrscher ein von Liebe erfülltes Herz sein soll. Hat der Mensch erkannt, daß er dessen Diener ist, dann wird er die Vorschriften der Ordnung bis zum äußersten erfüllen. Darum setzt der Zentralherrscher die Liebe an die erste Stelle und danach die Ordnung. So ist es vom Himmel gegeben".

[7] *Lun yü* XV, 35 („soll man selbst dem Lehrer nicht nachstehen"). Es ist klar, daß Tung den Ausdruck 仁 als „Nächstenliebe" oder „Barmherzigkeit" verstanden wissen will, nicht einfach als „Tugend", wie Legge, auch nicht als „Sittlichkeit", wie Wilhelm übersetzt.

bei dem, was als gemein bezeichnet wird, noch innerhalb des Gemeinen etwas als besonders gemein hingestellt werden. Gibt es aber innerhalb des Gemeinen etwas, das noch besonders gemein ist, so gibt es auch innerhalb des Hochbewerteten etwas, das noch besonders hoch bewertet wird. Nun ist der Gehorsam gewiß etwas, das vom *Tsch'un-ts'iu* hoch bewertet wird. Trotzdem aber, wenn Jemand erfährt, daß die Menschen einander verspeisen, und mit Schaudern hört, wie sie einander als Heizmaterial verwenden, und wenn er dann, indem er auf Rettung bedacht ist, den Gehorsam vergißt, so ist dies dennoch die Handlungsweise eines Edlen, der ebenfalls den Gehorsam hoch bewertet[1]. Die das *Tsch'un-ts'iu* erörtern, dürfen also nicht nach Maßgabe von fest bestimmten, unverrückbaren sittlichen Begriffen Zweifel erheben an der Erhabenheit in der Anpassung seines Urteils (an die Wirklichkeit). Erst dann kann man seine Tendenz ungefähr verstehen[2]. —

Das *Tsch'un-ts'iu* verzeichnet Glücks- und Unglücksfälle im Weltreiche und erkennt ihre letzten Ursachen. Es ist sehr dunkel und dennoch klar; auch ohne Kommentar ist es doch deutlich; nur muß man es genau durchforschen. Aber auch die Größe des T'ai schau kann man nicht erkennen, wenn man ihn nicht betrachtet, um wie viel mehr trifft dies auf so winzige und feine Dinge zu[3]! Wenn also das *Tsch'un-ts'iu* an vergangene Dinge herantritt, so erschöpft es ihr Wesen völlig und durchschaut ihre treibenden Ursachen. Edle Männer, die ihre Wünsche erfüllt sehen, und Menschen, die im Jubel leben, sollten es besonders beachten. Der Herzog K'ing von Ts'i war in gerader Linie ein Enkel des Herzogs Huan von Ts'i. Sein Staat war machtvoll und groß, das Land blühend und wohlhabend. Dazu besaß er noch die Würde eines Präsidialfürsten[4], und sein

---

[1] K'ang You-weï (*Tsch'un-ts'iu Tung schi hüe* Kap. 6b fol. 3 v°) macht zu dieser Stelle folgende Bemerkung: „Ritual, Form und Gehorsam bilden also für die Liebe nur das Gewand. Daher hat auch Konfuzius die Liebe zur Wurzel (von allem) gemacht. Die späteren Geschlechter aber kannten allmählich nur noch das Ritual und die Form und vergaßen die Liebe und den Inhalt, d. h. sie gingen den Zweigen nach und vergaßen die Wurzel, sie kauften das Kästchen und gaben die Perle zurück, mit einem Worte: sie verloren die eigentliche Meinung des Konfuzius" 禮文讓皆以仁爲體、故孔子本仁、後世漸知禮文而忘仁質、是逐末而忘本、買櫝而還珠、失孔子之意矣. (Das Wort von dem Kästchen und der Perle spielt an auf eine Erzählung bei Han Feï tse: Ein Mann aus Tsch'u besaß eine schöne Perle und legte sie in ein kunstvoll gearbeitetes Kästchen. Eines Tages kam ein Mann aus Tschêng und kaufte beides, gab aber dann die Perle zurück, weil sie nutzlos sei, und behielt nur das Kästchen. Pétillon, *Allusions littéraires* S. 195).

[2] Ling Schu hat hier statt 之大則義 die Konjektur 之大義則 angenommen, was ich nicht für eine Verbesserung halten kann.

[3] Ling Schu liest 渺 „ungeheuer, grenzenlos" statt 眇 „fein".

[4] *H. W. t. s.* u. Tung Kin-kien lesen 主 statt 王.

Anschen erhob sich über das der (anderen) Lehensfürsten. Aus diesen Gründen war er schwer zu veranlassen, die Zusammenkünfte der Fürsten zu beschicken, aber leicht dazu gebracht, anmaßend und üppig aufzutreten. Neun Jahre lang nach seiner Thronbesteigung hatte er sich noch nicht ein einziges Mal bereit finden lassen, an einer Zusammenkunft der Fürsten teilzunehmen. Er hegte einen Groll gegen (die Staaten) Lu und Weï und schloß sich deshalb den übrigen Fürsten bei Ts'ing-k'iu und Tuan-tao nicht an[1]. Im Frühling darauf griff er Lu an und drang in dessen nördliche Grenzgebiete ein; als er von dort zurückkehrte, griff er Weï an und besiegte es bei Sin-tschu[2]. Zu jener Zeit stand er auf dem Gipfel seiner Macht, sein Ansehen war groß und reichte weit. Eine Einladung, die ihm von anderen Staaten gesandt wurde, mißachtete er, und Gesandte, die zu ihm geschickt wurden, behandelte er unhöflich. Tsin und Lu gerieten darüber in Zorn; sie sammelten im Innern ihre Heere und schlossen auswärts einen Bund mit Weï und Ts'ao. Die vier Staaten halfen einander und brachten (den Herzog K'ing) bei An in große Bedrängnis. Herzog K'ing von Ts'i wurde gefangen genommen, und Fêng Tsch'ou-fu hingerichtet[3]. Wenn

---

[1] *Süan kung* 12. Jahr: „Vertreter von Tsin, Sung, Weï und Ts'ao schlossen einen Bund in Ts'ing-k'iu". Der Zweck des Bundes war nach *Tso tschuan*, „den notleidenden (Staaten) Erbarmen zu zeigen und die unzuverlässigen zur Rechenschaft zu ziehen". Die Verschweigung der Namen der Vertreter glaubt hier sogar Liu Hin sein *Tso tschuan* besonders deuten lassen zu müssen, nämlich als einen Hinweis, daß „sie ihre Worte nicht wahr machten". 是卿不書、不實其言. Die Zusammenkunft von Tuan tao, die *Süan kung* 17. Jahr verzeichnet ist, sollte dem gleichen Zwecke dienen. Zur Teilnahme an ihr war der Herzog K'ing von Ts'i sogar durch eine Gesandtschaft von Tsin und Lu besonders aufgefordert worden. Die Gesandten wurden aber von K'ing so schmachvoll behandelt, daß es deswegen zum Kriege zwischen Ts'i und Tsin mit seinen Verbündeten kam. Die Vorgänge beim Empfange der Gesandtschaft werden sowohl vom *Tso tschuan* (*Süan kung* 17. Jahr), als auch von Kung-yang (*Tsch'êng kung* 2. Jahr) und von Ssĕ-ma Ts'ien (*Mém. hist.* IV, 319f.) erzählt. Vergl. auch unseren Text unten. Das *T. t.* erwähnt nichts von dieser Gesandtschaft, und zwar, wie Tung Tschung-schu im 4. Abschnitt und der Kommentator Kung-yang's (a. a. O.) bemerken, aus Scham, weil ein Gesandter von Lu dabei beteiligt war. —

Im Text des *H. W. t. s.* fehlt das 不 vor 從, was unmöglich richtig sein kann.

Ling Schu allein liest den Namen 清邱 statt ｜丘 der übrigen Ausgaben und des *T. t.* selbst.

[2] *Tsch'êng kung* 2. Jahr.

[3] *Tsch'êng kung* 2. Jahr. Fêng Tsch'ou-fu war der Wagenlenker des Herzogs K'ing in der Schlacht bei An. Auf der Flucht tauschte er mit seinem Herrn den Platz und die Kleidung. Als sie von den Feinden gefangen genommen wurden, ließ Fêng den Herzog Wasser zum Trinken holen, dabei konnte dieser entfliehen. Fêng wurde nun als der Wagenlenker erkannt und, wie Kung-yang sagt, von dem General von Tsin (dem ehemaligen be-

man (in diese Dinge) bis auf den Grund eindringt, so erkennt man, daß das
Verhalten des Herzogs K'ing seiner Person eine große Demütigung und seinem
Staate beinahe den Untergang brachte, so daß er zum Gespött des ganzen Weltreiches wurde. Diese Entwicklung begann mit der Einschüchterung von Lu
und der Besiegung von Weï. Er griff Lu gewaltsam an, dieses wagte nicht,
den Angriff zu erwidern, und so überfiel er Weï und brachte ihm eine schwere
Niederlage bei. Weil er vom Hochmut erfaßt wurde[1] und keinen Staat als
seines gleichen anerkennen wollte, führte er das Unheil herbei. Darum hieß es

---

leidigten Gesandten) hingerichtet. Tso und Ssĕ-ma Ts'ien (*Mém. hist.* IV, 66) berichten
abweichend hiervon, daß Fêng Tsch'ou-fu wegen seiner Treue zu seinem Fürsten freigelassen wurde.

Das *T. t.* erwähnt diese mutige Tat des Fêng Tsch'ou-fu nicht, und Tung Tschung-schu,
wie aus seinen folgenden Darlegungen hervorgeht, mißbilligt sie, ebenso anscheinend
Kung-yang. Unter diesen Umständen liegt die Annahme nahe, daß Kung-yang die
Hinrichtung nur vortäuscht, um seine und Konfuzius' Mißbilligung anzudeuten. In
der Annahme wird man bestärkt durch eine spätere Stelle bei Tung (V, 11r°),
wo es heißt, daß (aus bestimmten Erwägungen) „Fêng Tsch'ou-fu hingerichtet
werden mußte" oder „hätte hingerichtet werden sollen" 故逢丑父當斯, die
Ausdrucksweise ist doppeldeutig). Die Mißbilligung des Konfuzius wird von den Kommentatoren in folgender Kung-yang zugeschriebener Gedankenverbindung gesehen. Im
T. t. heißt es *Tsch'êng kung* 2. Jahr: „Im Herbst, im 7. Monat, sandte der Fürst von Ts'i
den Kuo Tso zu dem Heere (der verbündeten Feinde) usw." Dazu sagt Kung-yang: „Ein
Fürst schickt doch keine Gesandten zu Würdenträgern (eines anderen Staates), hier schickt
er aber einen Gesandten zu Würdenträgern (NB. Bei dem Heere waren die Fürsten nicht
anwesend), wie verhält sich das? — Er war aus der Gefangenschaft entflohen. — Wieso
war er aus der Gefangenschaft entflohen? —" 君不使乎大夫、此其行使乎
大夫何、佚獲也、其佚獲奈何 (Folgt die Erzählung von der Rettung des
Herzogs durch Fêng Tsch'ou-fu und der angeblichen Hinrichtung des letzteren.) Die
Kommentare erklären hierbei: Es ist eine Regel, daß ein Fürst nur an einen Fürsten einen
Gesandten schicken kann, nicht an dessen Minister, weil der Grundsatz von der Gleichmäßigkeit der Würden dies verlangt. Der Herzog K'ing von Ts'i verstößt hiergegen, und
das *T. t.* führt diesen Verstoß ausdrücklich auf, um anzudeuten, daß er seine Würde bereits
bei seiner Gefangennahme und Flucht vergessen hatte und daher auch hier wieder würdelos
handelte. Hätte Konfuzius die Tat des Fêng Tsch'ou-fu gebilligt, so würde er dem Untertanen die Ehre und dem Fürsten die Schande gegeben haben, was auch nicht angängig gewesen wäre. Also wird Fêng's Tat, wie die ganze Gefangennahme übergangen, aber die
Mißbilligung doch nicht ganz unterdrückt. — Ein unbefangenerer Geist wird diese Spitzfindigkeiten der Kommentare kaum für nötig halten: man kann die ablehnende Auffassung
des *T. t.* bei Bewertung der bestechenden Tat in der einfachen Tatsache sehen, daß sie von
ihm nicht erwähnt wird. Vergl. auch unten.

[1] Das *H. W. t. s.* liest 其 statt 得.

vorhin. die ihre Wünsche erfüllt sehen und im Jubel leben, sollten sich dies besonders zur Warnung dienen lassen. Dafür ist dies ein Beispiel. Der Herzog K'ing war seit jener Zeit voller Sorgfalt, er hörte keine Musik mehr, trank keinen Wein und aß kein Fleisch. Im Innern liebte er das Volk, fragte nach seinen Sorgen und bewies bei Todesfällen seine Teilnahme; nach außen aber war er höflich gegen die Fürsten und schloß sich ihren Zusammenkünften und Vereinbarungen an; in ihm selbst, seiner Familie und seinem Staate herrschte Frieden bis an seines Lebens Ende[1]. So erwächst die Wurzel des Glückes aus dem Kummer, und das Unheil entsteht aus der Freude. Wahrlich die Ursachen der Dinge sind eng verbunden mit dem Menschen selbst; läßt sich das hieran nicht ersehen?

Fêng Tsch'ou-fu erlitt den Tod, um seinem Fürsten das Leben zu retten, warum wird ihm (vom *Tsch'un-ts'iu*) nicht das Verdienst zugesprochen, daß er die Dinge zu wägen verstand? (Fêng) Tsch'ou-fu täuschte Tsin, und Tschai Tschung gab Sung nach (oder: betrog Sung)[2]. Beide beugten die gerade Linie

---

[1] Das *T. t.* verzeichnet den Erfolg dieser Wandlung des Herzogs K'ing unter *Tsch'êng kung* 8. Jahr: „Im Frühling sandte der Fürst von Tsin den Han Tsch'uan (nach Lu) zu Besprechungen wegen der Rückgabe des Gebietes von Wên-yang an Ts'i". In Wirklichkeit ließ der Fürst von Tsin nach den Angaben Kung-yang's wie des *Tso tschuan* Lu den gemessenen Befehl zugehen, die dem Herzog von Ts'i in den Kämpfen sechs Jahre vorher gemeinsam mit Tsin abgenommenen Ländereien wieder zurückzugeben. Und Konfuzius lobt diesen Entschluß von Tsin durch seine verschleiernde Ausdrucksweise, obwohl die Rückgabe von Lu als eine ungerechte Härte und als Verrat des Bundesgenossen empfunden wurde. Kung-yang berichtet über die Beweggründe von Tsin folgendes: „Nachdem das Heer von Ts'i in der Schlacht bei An die große Niederlage erlitten hatte, ging der Fürst von Ts'i in sich. Er bewies bei Todesfällen seine Teilnahme und kümmerte sich um die Sorgen (seines Volkes). Sieben Jahre lang trank er keinen Wein und aß kein Fleisch. Als der Fürst von Tsin das hörte, rief er aus: Wie ist das möglich! Was kann einen Fürsten dahin bringen, daß er sieben Jahre keinen Wein trinkt und kein Fleisch ißt! Ich schlage vor, (an Ts'i) alles Land, das man ihm genommen hat, zurückzugeben" 鞍之戰 齊師大敗齊侯歸、弔死視疾、七年不飲酒不食肉、晉侯 聞之日、嘻奈何使人之君七年不飲酒不食肉、請皆反 其所取侵地.

[2] Tschai Tschung war Minister im Staate Tschêng bei dem Fürsten Tschuang. Als dieser starb, bestieg sein Sohn Hu 忽 den Thron. Tschuang hinterließ aber noch einen anderen, jüngeren Sohn Namens Tu 突 von einer anderen Frau, die aus dem Staate Sung stammte. Als Tschai Tschung auf einer Reise nach Sung kam, wurde er dort festgenommen. Man erklärte ihm, wenn Hu nicht den Thron an seinen Halbbruder Tu abträte, würde er selbst sterben müssen und der Staat Tschêng vernichtet werden. Tschai Tschung gab nach und setzte Tu als Fürsten ein, Hu verließ die Hauptstadt. Vier Jahre später bot sich

(der Sittlichkeit), um ihre Fürsten zu retten. Aber (Fêng) Tsch'ou-fu's Tat[1] war zwar schwieriger als die Tschai Tschung's, trotzdem erfährt Tschai Tschung Lob (im *Tsch'un-ts'iu*), während Tsch'ou-fu gewissermaßen getadelt wird. Wie geht das zu? Darauf ist zu erwidern: Recht und Unrecht sind in diesem Falle schwer zu scheiden. Man könnte hier in der Tat vermuten, daß beide Fälle einander sehr ähnlich seien, und doch ist ihr inneres Wesen verschieden. Man muß sich dies nur recht klar machen. Dem Throne entsagen und vor dem jüngeren Bruder zurücktreten ist etwas, was der Edle sehr hoch stellt; als Gefangener entfliehen und sich verbergen dagegen etwas, was der Edle sehr gering schätzt. Tschai Tschung nun brachte seinen Fürsten, um ihm das Leben zu retten, zu einer Tat, die von den Menschen sehr hoch gestellt wird, darum rühmt ihn das *Tsch'un-ts'iu* als einen Mann, der die Dinge zu wägen verstand. Tsch'ou-fu dagegen brachte seinen Fürsten, um ihm das Leben zu retten, zu einer Tat, die von den Menschen sehr gering geschätzt wird, darum übergeht ihn das *Tsch'un-ts'iu* als einen Mann, der die Dinge nicht zu wägen verstand. Beide beugten also die gerade Linie (der Sittlichkeit), um ihre Fürsten zu retten, darin sind die Fälle einander ähnlich. Aber der eine verhalf seinem Fürsten zur Ehre und der andere zur Schande, darum ist ihr inneres Wesen verschieden. Es handelt sich um das eigentliche Tun des Menschen: das vorher Gebeugte nachher wieder gerade richten, das nennt man die Dinge richtig wägen. Wenn hier auch kein Erfolg beschieden ist, so preist das *Tsch'un-ts'iu* es dennoch. Herzog Yin von Lu[2] und Tschai Tschung von Tschêng sind hierfür Beispiele. Das

---

aber die Gelegenheit für Hu, auf den Thron zurückzukehren, und Tu verließ die Hauptstadt. Auf die Ereignisse beziehen sich die Angaben des *T. t.* unter *Huan kung* 11. und 15. Jahr. Sowohl Kung-yang und *Tso tschuan* wie Ssĕ-ma Ts'ien (*Mém. hist.* IV, 457f.) berichten über den Hergang gleichmäßig. Kung-yang deutet an, daß Tschai Tschung seinen Entschluß gefaßt habe mit dem Vorsatze, Hu bei der ersten Möglichkeit doch wieder dem Throne zuzuführen. Er habe durch sein Verhalten den Staat Tschêng gerettet und deshalb das Lob des Konfuzius erworben. Kung-yang sagt: „Warum nennt (das *T. t.*) nicht den persönlichen Namen (des Tschai Tschung, letzterer war ein Ehrenname nach einem Platze, den Tschai Tschung verwaltet hatte)? — Es rühmt ihn. — Warum rühmt es Tschai Tschung? — Weil er die Dinge zu wägen verstand." 何以不名、賢也、何賢乎祭仲、以爲知權也. Die ganze Stelle aus Kung-yang ist übersetzt von Legge, *Chin. Cl.* V, *Proleg.* S. 56f.

Die Hang-tschou-Ausgabe schlägt vor, statt des allein belegten 許 „gab nach" 詐 „täuschte" zu lesen, was im Hinblick auf das vorhergehende 欺 sehr viel für sich hat.

[1] Im *H. W. t. s.* fehlt 爲 vor 難.

[2] Die näheren Umstände von Yin's Thronbesteigung werden von allen Kommentaren des *T. t.* unter *Yin kung* 1. Jahr erzählt. Die Darstellung Kung-yang's und Ku-liang's ist übersetzt von Legge, a. a. O. S. 54ff., s. auch Chavannes, *Mém. hist.* IV, 107f. Herzog Yin stammte von einer Nebenfrau des verstorbenen Herzogs und übernahm die Herrschaft nur, weil

vorher Gerade aber nachher beugen, das nennt man den falschen Weg. Wenn hierbei auch ein Erfolg erzielt wird, so liebt das *Tsch'un-ts'iu* es dennoch nicht. Herzog K'ing[1] von Ts'i und Fêng Tsch'ou-fu sind hierfür Beispiele. Wer große Schande auf sein Haupt häuft, um sein Leben zu retten, in dessen Herzen kommt die Freude darüber nicht auf. Edle Menschen tun deshalb solches nicht, die Masse aber ist zweifelhaft (wie sie solches Tun beurteilen soll). Mit Rücksicht darauf, daß die Menschen das Rechte nicht erkennen und in Zweifel sind, zeigt ihnen das *Tsch'un-ts'iu* das Rechte, indem es sagt: Wenn der Staat vernichtet ist, dann ist es das Rechte, daß der Fürst stirbt[2]. Daß dies das Rechte ist, hat seinen Grund darin, daß der Himmel es ist, der die Bestimmung der natürlichen Anlage des Menschen gibt; indem er aber diese Bestimmung gibt, befiehlt er ihm, Herzensgüte und Rechtlichkeit zu üben und sich des Schimpflichen zu schämen, nicht aber wie die Tiere sein Dasein nach dem Grundsatze zu führen: nur leben um jeden Preis, nur nach Vorteilen jagen um jeden Preis. Diesen vom Himmel gesetzten (Lebenszweck) legt das *Tsch'un-ts'iu* dar, und paßt ihm die Norm der Menschheit an[3]. Die größte Ehre kann nicht leben mit der tiefen Scham der größten Schande, daher wird die Gefangennahme (des Fürsten im *Tsch'un-ts'iu*) unterdrückt[4]. Die größte Schande kann nicht auf die hohe Würde

---

er erwachsen, der von der Hauptfrau stammende Sohn und Thronerbe aber ein Kind war. Die Minister verlangten von Yin die Thronbesteigung, und er gab nach, weil er fürchtete, daß die Minister sich dem Kinde nicht fügen würden. Yin führte also die Regierung elf Jahre hindurch nur an Stelle des eigentlichen Erben, des späteren Herzogs Huan. Gerade zu der Zeit, als dann Yin erklärte, daß er die Regierung an Huan abtreten wolle, wurde er infolge der Verläumdungen eines Ministers mit Wissen Huan's ermordet.

[1] Der Text kann unmöglich richtig sein, das Beispiel des Herzogs K'ing von Ts'i ist nach den vorherigen Darlegungen hier ganz unpassend. Lu Wên-tsch'ao (s. oben S. 162 f.) will deshalb für 頃 K'ing 景 King (Name eines Nachfolgers von K'ing, von 547 bis 490 v. Chr.) lesen, was aber auch keine große Verbesserung ist.

[2] *Siang kung* 6. Jahr: „Im zwölften Monat vernichtete der Fürst von Ts'i (den Staat) Lai." Dazu Kung-yang: „Warum wird nicht gesagt, daß der Fürst von Lai durch die Flucht entkam? — Wenn der Staat vernichtet ist, dann ist es das Rechte, daß der Fürst stirbt." 曷爲不言萊君出奔、國滅君死之正也. (Die Flucht wird durch die Nichterwähnung als schimpflich gebrandmarkt.) Hier wird von Tung sogar der Wortlaut Kung-yang's mit dem *T. t.* gleichgestellt.

[3] Der Text ist wieder unsicher. Für 人 liest das *H. W. t. s.* 天, K'ang You-wei (Kap. 6b fol. 27 v°) hat 地 für 施, aber ohne eine Bemerkung darüber zu machen.

[4] Z. B. *Yin kung* 6. Jahr: „Im Frühling kam ein Mann aus Tschêng, um einen Ausgleich herbeizuführen." Dazu Kung-yang: „Was bedeutet das, einen Ausgleich herbeiführen? — Es ist etwa so viel wie den Erfolg umschieben. — Warum wird von der Umschiebung eines Erfolges gesprochen? — Es sollte der Erfolg zu einer Niederlage gemacht werden. Das heißt: unter unseren (Lu's) Erfolgen und Niederlagen war unser Kampf mit Tschêng

der größten Ehre gelegt werden[1]. Wenn also der Fürst den Thron verloren hat, dann ist er kein Fürst mehr. Wenn aber das *T. t.* schon bei einem Fürsten, der in seinen Staat zurückgekehrt ist und den Thron wieder[2] einnimmt, Ausdrücke gebraucht, wie wenn es sich nicht um einen Fürsten handelt, um wie viel schlimmer ist es dann, wenn die Wegschleppung (eines Fürsten) als Gefangenen mit all ihren Roheiten stattgefunden hat! Hier wird (vom *Tsch'un-ts'iu*) in den Rechts-entscheidungen bestimmt: (ein solcher Fürst) ist kein Fürst mehr. Wie kann also bei Fêng Tsch'ou-fu von einem Wägen der Dinge die Rede sein? Er täuschte die drei Heer-Körper[3] und lud so eine schwere Schuld auf sich gegenüber Tsin; er verhalf dem Herzog K'ing zur Flucht und brachte damit Schande über den Ahnentempel in Ts'i. Darum rühmt ihn das *Tsch'un-ts'iu* nicht, obwohl er die Not auf sich nahm. Nach der großen Grund-Tendenz (des *Tsch'un-ts'iu*) hätte Tsch'ou-fu zum Herzog K'ing sprechen müssen: du hast durch deine Überhebung und Anmaßung den Zorn der Fürsten erregt und so einen schweren Bruch des Gesetzes verschuldet; wenn du nun jetzt, wo dir der große Schimpf widerfahren ist, dennoch nicht zu sterben vermagst, so ist dies schamlos, und deine Schuld wird noch schwerer[4]. Ich bitte dich, laß uns zusammen sterben, damit wir über den Ahnentempel nicht Schande bringen und dem Gott des Erdbodens und der Ernte keinen Schimpf antun. Auf diese Weise werden wir, wenn auch unser Leib zu Grunde geht, doch einen unbefleckten Namen behalten. In einem Augenblicke wie diesem ist sterben rühmlicher als leben, und der Edle schätzt ein Leben in Schande geringer als einen Tod mit Ehren[5]. So zu sprechen

---

kein Erfolg gewesen. — Warum war unser Kampf mit Tschêng kein Erfolg gewesen? — In der Schlacht bei Hu-jang war der Herzog Yin gefangen genommen. — Warum wird dann diese Schlacht nicht erwähnt? — Die Gefangennahme soll verschleiert werden."

輸平者何、輸平猶墮成也、何言乎墮成、敗其成也、曰吾成敗矣吾與鄭人未有成也、吾與鄭人則曷爲未有成、狐壤之戰隱公獲焉、然則何以不言戰、諱獲也. Der Kampf mit Tschêng hatte stattgefunden, ehe Yin den Thron bestieg. Yin, damals noch Prinz, hatte aus der Gefangenschaft entfliehen können. Ling Schu gibt versehentlich statt *Yin kung* 6. Jahr *Huan kung* 6. Jahr, und Tung Kin-kien schreibt den Fehler unbesehen nach!

[1] 亦 fehlt im Text des *H. W. t. s.*, ebenso bei Ling Schu.

[2] 復 fehlt im *H.W. t. s.*

[3] Nach den Bestimmungen der Tschou hatte ein großer Staat, wie Tsin einer war, drei Heere, ein mittlerer zwei, ein kleiner eins (Biot, *Le Tcheou Li* II, 164 Anm. 2).

[4] Statt 復 lesen die anderen Ausgaben 獲; danach wäre zu übersetzen: „durch die Ge-fangenschaft wird diese Schuld noch schwerer."

[5] Ein Zitat aus *Ta Tai Li* Kap. 54 fol. 2r⁰. Von dem *Ta Tai Li*, das im *Han Wei ts'ung schu* enthalten ist, finden sich zwei Texte mit Kommentaren in der Sammlung *Huang Ts'ing king kie*, der eine mit dem Titel *Ta Tai Li ki pu tschu* 大戴禮記補注, von K'ung Kuang-sên 孔廣森 (18. Jahrh.) herausgegeben, in Kap. 698—710, der andere

wäre richtig gewesen. Beurteilt man die Sache nach dem Gesetz, so muß man sagen: (Fêng) Tsch'ou-fu bei seiner Täuschung fehlte im richtigen Abwägen der Dinge, hinsichtlich der Treue fehlte er in (der Erkenntnis des) Rechten. Wer dem nicht zustimmt, der prüfe noch einmal das *Tsch'un-ts'iu*. In der Wortfolge des *Tsch'un-ts'iu* wird das Wort *wang* zwischen die Worte *tsch'un* und *tschêng* gesetzt[1]. Heißt das nicht: wenn er nach oben hin das vom Himmel

---

mit dem Titel *Ta Tai Li tschu pu* 大戴禮注補, von Wang Tschao 汪照 bearbeitet, in Kap. 821—33 des *H. T. k. k. sü pien.*

[1] *Yin kung* 1. Jahr: 元年春王正月 „Es war im Anfangs-Jahre (des Herzogs Yin), im Frühling, in dem vom Zentralherrscher richtunggebend gemachten (d. h. dem ersten) Monate." So lautet der so viel erörterte Beginn des *T. t.* Dazu Kung-yang: „Was soll *yuan nien* bedeuten? — Es ist das Anfangsjahr des Fürsten. — Was soll *tsch'un* bedeuten? — Es ist der Anfang des Jahres. — Wer ist mit *wang* (Zentralherrscher) gemeint? — Wên wang ist damit gemeint. — Warum wird *wang* zuerst gesetzt und danach *tschêng yüe*? — Der Zentralherrscher *(wang)* macht den Monat richtunggebend" (*tschêng*, d. h. er bestimmt den Anfang des ersten Monats, den Jahresanfang und damit das ganze Jahr, den Kalender. Legge's Übersetzung a. a. O. S. 55: „to show that it was the king's first month" scheint mir nicht das Richtige zu treffen.) 元年者何、君之始年也、春者何、歲之始也、王者孰謂、謂文王也、曷爲先言王而後言正月、王正月. Ho Hiu verweist demgegenüber auf den bald darauf folgenden Satz in dem gleichen Jahre: 秋七月天王使... „Im Herbst, im siebenten Monat sandte der vom Himmel berufene Zentralherrscher usw." Hier steht *yüe* vor *wang*, weil hier der Monat eine einfache Zeitbestimmung gibt, also keine sakrale Bedeutung hat wie in der Anfangsformel. (Wir würden den Grund in einem einfachen grammatischen Gesetze suchen.) Die Frage, warum 春 vor 王 steht, hat Kung-yang nicht aufgeworfen, dagegen wird sie von den Kommentatoren auf ihre Weise beantwortet. Ho Hiu sagt: „Hat der Zentralherrscher nicht vom Himmel die Weisung empfangen, das Zeichen seiner Herrschaft zu verkünden, dann gibt es kein Gesetz, darum wird zuerst *tsch'un* gesagt und dann *wang*" 王者不承天以制號令則無法、故先言春而後言王. Und ähnlich später das *Tsch'un ts'iu schuo* 春秋說 von Hui Schi-k'i 惠士奇 (17. und 18. Jahrh. im *Huang Ts'ing king kie* Kap. 228—42; vergl. auch Legge, *Prolegomena* S. 141): „Wenn der Zentralherrscher nicht von oben her des Himmels Kunde empfangen hat, damit er seiner Regierungszeit den Namen gibt, dann ist das Geheimnis seines Daseinsgesetzes ohne Quelle, darum wird zuerst *tsch'un* gesetzt und dann *wang*." 王不上奉天文以立號則道術無原、故先陳春後言王.

Schwierigkeiten macht ferner die Frage, wer mit *wang* hier gemeint ist. Legge glaubt — was ja auch bei seinem Standpunkt sehr naheliegend ist —, es könne nur der zur Zeit des Herzogs Yin regierende Tschou-Kaiser P'ing darunter verstanden werden. Kung-yang erklärt dagegen ausdrücklich, daß Wên wang damit gemeint sei, und Ho Hiu begründet dies damit, daß „Wên wang zuerst von der Familie Tschou den Auftrag des Himmels er-

Verliehene erhalten hat und nach unten hin für die Menschheit richtunggebend ist, erst dann kann er als Kaiser gelten? Das Gute lieben und das Böse hassen,

halten habe" 文王周始受命之王也, also ebenso wie *yuan nien* das Anfangs-jahr des Fürsten, *tsch'un* der Anfang des Jahres, so *wang* der Anfang der Dynastie sei und die Reihe unmittelbar an den Himmel knüpfe. Ist diese Erklärung Kung-yang's und Ho Hiu's schon auffallend, so wird das Ganze noch seltsamer durch den Ausdruck *yuan nien* und seine Bedeutung. Kung-yang erklärt ihn als „Anfangsjahr des Fürsten" *(kün)*, und Ho Hiu meint, der Ausdruck *kün* könne sowohl vom Kaiser, wie von einem Lehensfürsten gebraucht werden, dagegen wende den Begriff *yuan* nur der Zentralherrscher auf den Beginn seiner Regierung an, das *T. t.* „lege also offenbar Lu die Würde des neuen Zentral-herrschers bei, der den Auftrag (des Himmels) empfangen habe" 春秋託新王受命於魯. Hiernach wäre also in dieser ständigen Eingangsformel der Herzogsjahre die folgende Reihe zu setzen: Anfang der Fürstenjahre, Anfang des Kalenderjahres, An-fang der Dynastie und des göttlichen Auftrages. (Über die Ausnahme bei Herzog Huan und ihre Bedeutung s. oben S. 183 Anm. 1). Als Träger des göttlichen Auftrages aber und als Erbe des Begründers der Tschou-Dynastie wären die Herzöge von Lu eingeschoben. Da-mit stoßen wir wiederum auf die schon mehrfach erörterte Theorie von Konfuzius' Stellung den entarteten Tschou-Kaisern gegenüber, d. h. der Stellung eines Umstürzlers, die der Weise aber niemals ausspricht, sondern immer nur in verhüllenden Zweideutigkeiten erraten läßt (vgl. oben S. 227 ff.). Eine noch weiter gehende Deutung gibt K'ang You-wei der Erklä-rung Kung-yang's trotz seines im übrigen mit Ho Hiu übereinstimmenden Standpunktes. Er weist auf das Wort des Konfuzius, das dieser nach *Lun yü* IX, 5 bei seiner Festnahme in K'uang sprach, und erklärt *(Tung schi hüe* Kap. 5 fol. 3 r° f.): „Im *Lun yü* (sagt Konfuzius): ‚Seitdem Wên wang nicht mehr ist, ruht da nicht das *wên* (die Lehre) in mir ?' Konfuzius ist also der Zentralherrscher *(wang)* aus eigener Machtvollkommenheit. Wenn demnach unter Ausschaltung aller Zeit von Wên wang gesprochen wird (wie Kung-yang dies tut), so ist dies Konfuzius. Wenn man der Frage auf den Grund geht, so (sieht man, daß) die Menschen wohl wissen, daß Konfuzius der ungekrönte Herrscher ist, nicht aber, daß er der Wên wang, der Herrscher der Lehre ist. Mag es sich nun aber um die Lehre als Form oder als Inhalt handeln, Konfuzius vereinigt beides. (Zentral-)Herrscher nennt man den, dem sich das Weltreich unterwirft. (Es deutet dies auf die bekannte chinesische Etymologie 王 *wang* von 往 *wang* = sich zur Unterwerfung hinbegeben; vgl. oben S. 243). Sollte denn da ein Heiliger, dem sich die Welt unterwirft, nicht auch ein (Zentral-)Herrscher sein? So wird doch auch Buddha der Herrscher des Gesetzes *(dharmarāja)* genannt" 論語文王既沒文不在茲、孔子已自任之王、慾期謂文王者孔子也、最得其本人祇知孔子爲素王、不知孔子爲文王也、或文或質孔子兼之、王者天下歸往之謂、聖人天下所歸往非王而何、猶佛稱爲法王云爾. Eine solche Deutung, man mag über sie denken, wie man will, hat jedenfalls auch den frühesten Erklärern Kung-yang's ferngelegen, und im *T. t. fan lu* läßt sie sich nirgends begründen. Wang Tsch'ung, der eine besondere Hochachtung vor Tung Tschung-schu hat, weiß eben-

dem Ehrenvollen nachtrachten und das Schimpfliche verabscheuen, das kann der Mensch nicht von sich aus, sondern die Fähigkeit dazu wird ihm vom Himmel verliehen. Wenn also der Edle auf Grund der Tatsache, daß jene Fähigkeit dem Menschen vom Himmel verliehen ist, entscheidet[1], dann war Tsch'ou-fu nicht treu. Die Tatsache, daß jene Fähigkeit dem Menschen vom Himmel verliehen ist, hält den Menschen an, daß er Scham empfinden soll über das Schimpfliche; empfindet er aber Scham über das Schimpfliche[2], so kann er nicht leben in großer Schande, und keine Schande ist größer als die, wenn einem Herrscher der Thron[3] genommen, und er gefesselt als Gefangener abgeführt wird. Tsêng tsě sagt: „Wenn du die Schande meiden kannst, so meide sie. Ist sie aber nicht zu meiden, dann sieht der Edle den Tod wie eine Heimkehr an"[4]. Das läßt sich auch vom Herzog K'ing sagen.

Das *Tsch'un-ts'iu* sagt: Tschêng überfiel Hü. Warum wird hier Tschêng die Schuld zugeschrieben, und dieser Staat wie ein Barbaren-Land angesehen? Darauf ist zu erwidern: Der Fürst von Weï, Su, war gestorben, da brach ein Heer von Tschêng in Weï ein; das war ein Überfall in der Trauer. Ferner: Tschêng hatte mit den anderen Lehensfürsten in Schu einen Vertrag geschlossen, und infolge

---

falls nichts von einer solchen Auslegung der Stelle des *Lun yü*. Er sagt (*Lun hêng* Kap. 13 fol. 13 v⁰): „Konfuzius sprach: ‚Wên wang ist tot, aber ist seine Lehre nicht mehr hier?' — Die Lehre des Wên wang war also bei Konfuzius, und die Lehre des Konfuzius bei Tung Tschung-schu. Da nun Tung Tschung-schu tot ist, könnte da nicht die Lehre bei Männern wie Tschou Tsch'ang-schêng sein?" (Forke, *Lun-hêng* II, 302 übersetzt *wên* durch „Schriften". Ich glaube nicht, daß dies möglich ist, da doch von Schriften des Wên wang auch zu Konfuzius' Zeiten keine Rede sein konnte.) Auch die Auffassung, daß Lu die Würde des neuen Zentralherrschers beigelegt werde, ist, wie bereits früher (S. 239) dargelegt, mit sonstigen Angaben des *T. t.* schwer zu vereinigen, in denen von dem zur Zeit regierenden Herrscher der Tschou als von dem *t'ien wang,* dem „vom Himmel ernannten Zentralherrscher" gesprochen wird (z. B. *Yin kung* 3. Jahr, *Huan kung* 2. Jahr u. a.). Selbst Tsch'ên Huan-tschang hält sich denn auch von beiden Erklärungen fern und beschränkt sich auf die schwer zu beweisenden Behauptungen, daß der Stammbaum des Konfuzius auf T'ang, den Begründer der Schang-Dynastie, zurückging, und daß „Lu der Mittelpunkt der chinesischen Zivilisation geworden war" (*Economic Principles* usw. I, 6).

[1] Ich nehme 聽 in dem Sinne wie es *Lun yü* XII, 13 gebraucht ist = „entscheiden."

[2] Die drei wiederholten Zeichen 有 廉 恥 sind von Lu Wên-tsch'ao hinzugefügt worden, in allen anderen Ausgaben fehlen sie. Der Sinn wird dadurch nicht geändert.

[3] Wörtlich: „der mit dem Gesicht nach Süden gerichtete Sitz". Der Herrscher saß auf dem Throne so, daß er nach Süden blickte.

[4] *Ta Tai Li* Kap. 54 fol. 2 r⁰. In den beiden vorhin erwähnten Texten fehlt das Zeichen 若 hinter 辱. Tsêng tsě ist Tsêng Ts'an 曾參, einer der hervorragenderen Schüler des Konfuzius. Vergl. die Anmerkung von Legge zu *Lun yü* I, 4.

dieses Vertrages kehrten die Fürsten nach Hause zurück. Da griff (Tschêng) Hü an[1], das war ein Bruch des Vertrages. Ein Angriff wider einen in Trauer Befindlichen ist ein Mangel an Rechtlichkeit, der Bruch eines Vertrages ein Mangel an Ehrlichkeit. Es liegen also hier eine Ungerechtigkeit und eine Unehrlichkeit vor, darum schreibt (das *Tsch'un-ts'iu*) Tschêng eine große Schuld zu[2]. Nun mag der Frager

---

[1] *H. W. t. s.* liest 鄭伐.

[2] *Tsch'êng kung* 3. Jahr: „Tschêng überfiel Hü." Die Rüge einer Schuld liegt in der Weglassung jeder Bezeichnung des Fürsten bei Tschêng, nur Barbaren-Staaten sollen im *T. t.* so behandelt werden. Hü lag innerhalb (ehemals?) barbarischer Ländergebiete. Kung-yang gibt — was häufiger vorkommt — keinerlei Erklärung zu dem Satze. Dagegen bemerkt Ho Hiu: „Der Herzog Siang von Tschêng war mit Tsch'u (Barbaren-Staat) eines Sinnes. Mehrfach waren sie über Staaten des chinesischen Reiches hergefallen, und seitdem war kein Ende von chinesischen Bündnisschließungen; wiederholt wurden die Waffen erhoben, und Barbaren bildeten gemeinsam mit Leuten von Tschou eine Partei. Darum wird (Tschêng) wie ein Barbarenland angesehen" (obwohl es von jeher chinesisches Land war) 鄭襄公與楚同心、數侵伐諸夏、自此之後中國盟會無已、兵革數起、夷狄比周爲黨、故夷狄之. Tung Tschung-schu gibt noch zwei besondere Gründe für die Rüge Tschêng's an: Verstoß gegen die Bestimmungen der Trauer und Vertragsbruch. *Tsch'êng kung* 2. Jahr wird der Tod des Fürsten Su von Weï verzeichnet und noch im gleichen Jahre der Einfall „eines Heeres von Tsch'u und eines Heeres von Tschêng" in Weï. Ebenfalls in diesem Jahre wird der Vertrag des Fürsten von Schu verzeichnet, dem auch Tschêng beigetreten war. Im Gegensatz zu den friedensichernden Abmachungen (Völkerbund!) überfiel es im folgenden Jahre Hü.

K'ang You-weï (*Tung schi hüe* Kap. 4 fol. 8 r°) sieht in der Tatsache, daß Kung-yang keine Deutung der Formel: „Tschêng überfiel Hü" gibt, Tung Tschung-schu und Ho Hiu dagegen die gleiche Auslegung haben, einen von vielen textlichen Ausweisen dafür, daß die mündlich überlieferte Auslegung des *T. t.*, die allein erst dem Werke seine Bedeutung gibt, selbst von Kung-yang, der noch in der Zeit der „Kampfstaaten", also vor der Han-Dynastie gelebt und daher den Ereignissen und den kritisierten Fürstengeschlechtern zeitlich noch zu nahe gestanden habe, aus Furcht vor den Folgen nicht vollständig niedergeschrieben sei, sondern daß erst Tung Tschung-schu die volle Wahrheit habe enthüllen können. K'ang hat diese Gedanken in der Einleitung zu dem Kap. 4 dargelegt (vgl. oben S. 115).

Sü K'in (s. oben S. 279 Anm.) Kap. 1 fol. 5 v° führt die Formel und Tung's Auslegung unter den Belegstellen dafür auf, daß für Konfuzius bei Beurteilung der Völker nur der ethische, nicht der rassengeschichtliche Maßstab gegolten habe. „Das Gesetz des *T. t.* legt das höchste Gewicht auf Ehrlichkeit und Rechtlichkeit. Tschêng unternahm einen Überfall in der Trauerzeit und brach einen Vertrag, das war ein grober Verstoß gegen Ehrlichkeit und Rechtlichkeit. Darum wird es als ein Barbarenland angesehen." 春秋之義最重信義、鄭伐喪背盟無信義之甚、故夷狄之.

sagen: Der Fürst war gestorben, und sein Sohn wird, ehe das (erste Trauer-) Jahr abgelaufen war, in der Terminologie mit „Graf", und nicht mit „Sohn" bezeichnet[1]. Wo liegt hier die Schuld? Darauf ist zu erwidern: Die Be-

---

[1] *Tsch'êng kung* 4. Jahr: „Der Graf von Tschêng überfiel Hü." Um die Bedeutung des Satzes zu verstehen, muß man sich die Trauervorschriften vergegenwärtigen. Das Jahr, in dem ein regierender Fürst starb, wurde ihm noch zugezählt. Der Nachfolger übernahm zwar sogleich die Regierung, bestieg aber den Thron (即位) erst mit Beginn des nächsten Jahres. Während der Trauerzeit nannte sich der neue Fürst nur *tsě* 子 „Sohn" (des Vorgängers), nicht mit einem fürstlichen Titel *kung, hou* usw. Den Sinn dieser Bestimmung erklärt Tung im 2. Abschnitt fol. 8 v° folgendermaßen: „Ein Gesetz des *Tsch'un-ts'iu* bestimmt, daß die Untertanen sich dem Fürsten fügen sollen, der Fürst aber sich dem Himmel fügen soll. Es heißt, daß nach den Empfindungen der Beamten und des Volkes (der Staat) nicht einen einzigen Tag ohne Fürsten sein kann. Kann aber (der Staat) nicht einen einzigen Tag ohne Fürsten sein, und wird trotzdem (vom Fürsten) drei Jahre hindurch (in Wirklichkeit währte die Trauerzeit nur 25 Monate, wie kurz vorher, fol. 8 r° erwähnt wird, in späterer Zeit waren es 27 Monate; vergl. auch Couvreur, *Li ki* I, 750) die Bezeichnung „Sohn" gebraucht, so bedeutet dies, daß die Emp-findungen der Fürsten derart sind, daß er den Thron noch nicht besteigen mag. Heißt das nicht: die Untertanen fügen sich dem Fürsten? Anderseits mag ein pietätvoller Sohn drei Jahre hindurch nicht (die Erbfolge) antreten. Mag er aber drei Jahre hindurch (die Erbfolge) nicht antreten und besteigt er trotzdem nach Ablauf des Sterbejahres den Thron, so gibt er den Bestimmungen des Himmels in vollem Umfange nach. Heißt das nicht: der Fürst fügt sich dem Himmel?" 春秋之法以人隨君以君隨天、日緣民臣之心不可一日無君、一日不可無君而猶三年稱子者爲君心之未當立也、此非以人隨君邪、孝子之心三年不當、三年不當而踰年即位者與天數俱終始也、此非以君隨天邪. Also einerseits haben die Untertanen ihr Verlangen nach einem neuen Fürsten zu zügeln und auf die Empfindungen des letzteren Rücksicht zu nehmen, anderseits muß der Fürst seine Abneigung gegen die Thronbesteigung unterdrücken und sich der Bestimmung des Himmels fügen. Entsprechend der Eigenmächtigkeit seiner Darstellung, gibt Hawkling L. Yen (s. oben S. 139f.), *Constit. Develop.* S. 84 an, daß der neue Fürst sich bis zum Ablauf des Sterbejahres „Nachfolger" nannte und im folgenden Jahre den Titel annahm, selbst wenn die Bestattung noch nicht erfolgt war. Hier wird nun im Gegensatz dazu der neue Fürst von Tschêng (Tao 586 bis 85 v. Chr.) mit seinem fürstlichen Titel „Graf" bezeichnet, obwohl noch nicht das Sterbejahr seines Vaters Siang vorüber war, dessen Tod das *T. t.* in dem gleichen Jahre ausdrücklich verzeichnet. Damit soll der Überfall von Hü während der Trauerzeit als pietätlose Handlung gebrandmarkt werden. — Kung-yang bemerkt wieder nichts zu dem Satze, aber Ho Hiu erklärt ihn ebenso wie Tung. K'ang You-wei (Kap. fol. 8 r°f.) nimmt auch hier wieder Verschweigung der mündlichen Über-lieferung durch Kung-yang an.

stimmungen der früheren Herrscher setzen fest, daß bei einem großen Trauerfalle[1] drei Jahre hindurch nicht an die Tür des Trauernden gepocht werden
darf[2], und daß seinem Empfinden Rechnung getragen werden soll, das nicht
auf Erledigung von Geschäften gerichtet ist. Das *Schu-king* sagt: „Kao Tsung
war drei Jahre in der Trauer-Hütte und redete nicht"[3]. Das ist die Bedeutung
des Innehaltens der Trauer. Selbst wenn man nun aber auch jetzt nicht mehr
so verfahren könnte, wie war es denn (in Wirklichkeit)? Der Vater (des Fürsten
von Tschêng) war noch kein Jahr tot, als (der letztere) während der Trauerzeit
Soldaten aushob. Weil er die (von seinem Vater empfangenen) Wohltaten so
gering achtete und die Empfindungen eines Sohnes von sich warf[4], darum gibt
ihm das *Tsch'un-ts'iu* nicht mehr die Bezeichnung „Sohn", sondern nennt ihn
„Graf von Tschêng", um ihn herabzusetzen. Der frühere Fürst (von Tschêng),
der Herzog Siang, hatte ein Land überfallen, während dies in Trauer war, und
er war außerdem vertragsbrüchig geworden. Damit hatte er eine Schuld auf
sich geladen, und die Fürsten hegten einen unablässigen Zorn und einen unab-
sehbaren Haß gegen ihn. Der also, der sein Erbe antrat, hätte Gutes tun müssen,
um (diese Schuld) zu sühnen. Statt dessen aber vermehrte er sie ohne Grund,
und während er hätte die Trauer innehalten sollen, überfiel er andere. Hatte
der Vater andere überfallen, die in Trauer waren, so überfiel der Sohn andere,
während er in Trauer war. Hatte der Vater Ungerechtigkeiten gegen andere
verübt, so zeigte der Sohn sich uneingedenk empfangener Wohltaten gegenüber
seiner Familie. Indem sie wider das Mittelreich frevelten, hatte früher der Vater
altes Unheil zu dulden, und er selbst (der Sohn) schuf später noch größeres
Unheil. Die Fürsten ergrimmten und entbrannten in Haß. Sie erhoben sich[5]

---

[1] D. h. wenn Vater oder Mutter gestorben ist.

[2] *Süan kung* 1. Jahr: „Tsin schickte seinen Minister Sü Kia-fu nach Wei." Kung-yang
erklärt die darin liegende Rüge des Fürsten von Tsin mit dem Satze: „Im Altertum, wenn
ein Minister einen großen Trauerfall hatte, pochte der Fürst drei Jahre hindurch nicht an
seine Tür" (um ihn zu Amtshandlungen aufzufordern.) 古者臣有大喪則君
三年不呼其門.

[3] Die Texte lesen 詩, doch hat schon Lu Wên-tsch'ao das richtige 書 dafür eingesetzt.
Ling Schu weist in einer Glosse auf das Unrichtige der Lesart hin, ebenso K'ang You-wei
Kap. 8 fol. 4 v°. Der Satz findet sich *Schu king* V, 15, 5 und wird *Lun yü* XIV, 43, sowie
Li ki (Couvreur) II, 705 mit dem Bemerken zitiert, daß diese Sitte des Nichtredens im
Altertum allgemein gewesen sei. Über die Trauerhütte, *liang an* 諒闇 genannt, auch
亮陰 oder 梁闇 geschrieben und ebenso ausgesprochen, findet sich Näheres bei De
Groot, *Religious System of China* II, 480ff. Die Angabe in Giles' Wörterbuch unter
諒: „period of mourning" ist unrichtig, richtig bei Williams unter 陰. — Kao Tsung
ist der Tempelname des Kaiser Wu-ting 武丁 von der Schang-Dynastie (1324 bis 1266
v. Chr.).

[4] 施 steht hier für 弛 in der Bedeutung von 廢 „beseitigen, von sich werfen".

[5] Ling Schu liest 卒 statt 率.

und rückten gemeinsam an in der Absicht, (Tschêng) anzugreifen. Tschêng wurde von Furcht ergriffen, (der Fürst) begab sich nach Tsch'u, und es kam der Vertrag von Tsch'ung-lao zu Stande[1]. Tsch'u aber und das Mittelreich griffen es nun von beiden Seiten an[2]. So kam Tschêng in die größte Not[3] und in die höchste Gefahr, es war von Bedrängnissen völlig umringt. Wenn ich dieser Entwicklung auf den Grund gehe, so finde ich, daß ihr das Moment der Gerechtigkeit fehlte, und daß das Verderben die Folge des Leichtsinns war. Konfuzius sagt: „Einen Staat mit tausend Streitwagen zu regieren erfordert ernste Sorgfalt bei den Geschäften und Zuverlässigkeit."[4] Die große Bedeutung, die hierin liegt, muß man erkennen, dann wird man auch ernste Sorgfalt und Vorsicht üben. Der Graf von Tschêng besaß nicht die Empfindung für die Wohltaten, die er als Sohn empfangen[5], auch überlegte er nicht reiflich[6], ob er kriegerische Maßnahmen ergreifen sollte oder nicht, darum war das grenzenlose Unglück, das er erlitt, von ihm selbst herbeigeführt. Deswegen erhält er (im *Tsch'un-ts'iu*) bei Lebzeiten nicht die Bezeichnung „Sohn", wodurch ihm die Gerechtigkeit abgesprochen wird; und nach seinem Tode wird die Bestattung nicht verzeichnet[7],

---

[1] *Tsch'êng kung* 5. Jahr. *H. W. t. s.* und nach ihm Ling schu haben 蠱, statt des von allen Kommentaren des *T. t.* gleichmäßig gegebenen 蟲.

[2] *Tsch'êng kung* 6. Jahr: „Der Prinz Ying-ts'i von Tsch'u stellte sich an die Spitze eines Heeres und überfiel Tschêng." Und: „Luan Schu von Tsin stellte sich an die Spitze eines Heeres und fiel in Tschêng ein." Tsch'u gilt als „Barbarenland", Tsin als zum „Mittelreich" gehörend. Statt 侵 „fiel ein" lesen Ku-liang und Tso 救 „rettete", was offenbar das Richtige ist. Das durch Tsch'u geschädigte Tschêng hatte sich mit Tsin, einem alten Gegner von Tsch'u, verbündet, und als Tsch'u wieder über Tschêng herfiel, kam ihm i. J. 585 v. Chr. das Heer von Tsin unter Luan Schu zu Hilfe, worauf sich Tsch'u zurückzog. (Tschepe, *Histoire du Royaume de Tch'ou* S. 113. Var. Sinol. Nr. 22.) Nach Ho Hiu's Angaben hatte der Vertrag von Tsch'ung-lao den Zweck gehabt, Tsch'u zu überwältigen, und von Tschêng, das sich früher zu Tsch'u gehalten hatte (vergl. oben S. 304 Anm. 2), sagt das *Tso tschuan (Tsch'êng kung* 5. Jahr) kurz, daß „es sich unterwarf," sei es, den chinesischen Vertragstaaten, oder, wie Legge meint, dem Staate Tsin. Kung-yang wie Kuliang gehen schweigend über die Frage hinweg.
Für 俠 liest das *H. W. t. s.* 挾.

[3] 罷 ist hier *p'i* = „Not" zu lesen.

[4] *Lun yü* I, 5. Ein Staat mit tausend Streitwagen war ein Staat erster Größe im Reiche.

[5] Im *H. W. t. s.* fehlt das Zeichen 既.

[6] Lu Wên-tsch'ao liest 孰 statt 熟. Das erstere ist hier gleichbedeutend mit dem letzteren.

[7] Ho Hiu hat eine andere Erklärung für dieses Nichtverzeichnen der Bestattung als Tung. *Tsch'êng kung* 6. Jahr wird nur gesagt: „Am Tage *jen-schen* starb Pi, der Graf von Tschêng" (d. i. der Herzog Tao). Die Bestattung wird nachher nicht, wie sonst üblich, verzeichnet. Ho Hiu aber bemerkt dazu: „Dadurch, daß die Bestattung nicht verzeichnet

damit seine Schuld offenbart werde[1]. Daher sage ich: ein Staat, der dies (Schicksal von Tschêng) vor Augen hat und in seinem Wandel sich nicht auf Gerechtigkeit stützt[2], in seinem Tun nicht die Zeitumstände bedenkt, dem wird es ebenso ergehen.[3].

---

wird, soll zu Gunsten des Mittelreiches verschleiert werden, daß (die Fürsten) in dem Vertrage von Tsch'ung-lao (s. oben) sich verpflichteten, Tsch'u zu überwältigen, daß dann aber (im Gegenteil) Tsch'u über Tschêng während seiner Trauerzeit herfiel, und die Fürsten dem letzteren nicht helfen konnten, ja daß Tsin sogar ebenfalls einen Angriff (auf Tschêng) unternahm. Dadurch, daß die Bestattung weggelassen wird, wird der Schein erweckt, als habe kein Überfall während der Trauerzeit stattgefunden." 不書葬者、為中國諱蟲牢之盟約備彊楚、楚伐鄭喪不能救、晉又侵之、故去葬使若非伐喪. Kung-yang und Ku-liang enthalten sich wieder jeder Bemerkung.

[1] *H. W. t. s.* hat vor 見 ein 不, was in diesem Zusammenhange kaum angängig ist.

[2] Für 行 liest das *H. W. t. s.* 得. 放 hat nach K'ung An-kuo die Bedeutung von 依 „sich stützen", wie *Lun yü* IV, 12.

[3] Der Text am Schluß kann kaum richtig sein, wie auch Lu und Ling vermuten, ohne aber eine Verbesserung zu wagen.

Nachtrag.

Während des Druckes dieser Arbeit ist das Werk von Hans Haas, *Das Spruchgut K'ung-tszĕs und Lao-tszĕs in gedanklicher Zusammenordnung* (Leipzig 1920) erschienen. In der Einleitung (S. 27ff.) erörtert der Verfasser auch die Tsch'un-ts'iu-Frage, und zwar, wie er hervorhebt, besonders eingehend, einmal wegen der Wichtigkeit des Werkes und dann in der Hoffnung, „das Bild K'ungs von einem Flecken reinigen zu können", nämlich von dem Vorwurf der Unwahrhaftigkeit, den Legge gegen ihn erhoben hat (s. oben S. 11). Haas schließt sich der Hypothese Grubes an (s. oben S. 7f.) und meint mit diesem, daß Konfuzius der Verfasser des *Tso tschuan* und das *T. t.* nur eine Chronik von Lu sei, mit der der Weise nichts Weiteres zu tun habe. Legges Vorwurf sei durchaus richtig, „aber", so heißt es dann weiter, „er sagt damit nichts anderes als was ausdrücklich schon auch ein alter konfuzianischer Autor, Kung-yang Kao, ein im 5. Jahrhundert v. Chr. lebender Schüler eines Jüngers des Konfuzius, in einem von ihm zum Ch'un-ts'iu verfaßten Kommentare konstatiert hat. Dieser Kung-yang Kao aber hätte das doch wohl nie und nimmer getan, wenn er damit der Ehre des verehrten Meisters zu nahe getreten wäre. Seine am Ch'un-ts'iu gemachten Ausstellungen können unmöglich als gegen diesen gerichtet gemeint gewesen sein. Er muß also noch gewußt haben, daß das Annalenwerk von Lu, das dem Tso-chuan zugrunde liegt, nicht das Werk des Meisters sei, dem man es in der Folge irrtümlich mit zugeschrieben."

Es ist einigermaßen entmutigend, zwei Jahre nach Veröffentlichung meiner Arbeit über das *Tsch'un-ts'iu* in den „Mitteilungen des Seminars für orientalische Sprachen" in einem wissenschaftlichen Buche, das die Tsch'un-ts'iu-Frage eingehend erörtert und selbständig darüber urteilen will, derartige Angaben sehen zu müssen. Die Annahme läge nahe, daß Haas meine Arbeit nicht bekannt geworden sei — ein bedauerliches, aber immerhin erklärliches Versehen —, das ist aber tatsächlich nicht der Fall, denn auf S. 29 Anm. 1 erwähnt er sie ausdrücklich zusammen mit Schindlers Buch *Das Priestertum im alten China*. Freilich weiß er nichts anderes darüber zu sagen als das Folgende: „Ersterer (das bin ich!) will in dem Tso-chuan ein vom Ch'un-ts'iu ganz unabhängiges, selbständiges Werk eines nachkonfuzianischen Autors sehen, während ihm das Ch'un-ts'iu wirklich auf den Meister zurückgeht; letzterer

(Schindler) schlägt sich in der Hauptsache auf die Seite Grubes." Es ist
selbstverständlich ausgeschlossen, daß Haas meine Arbeit gelesen hat; vermutlich hat er sie nicht einmal vor Augen gehabt, vielmehr hat er sich
offenbar auf das verlassen, was Schindler auf S. 56 seines Werkes darüber
gesagt. Unglücklicherweise hat dieser sie nun aber, wie oben (S. 58 Anm. 1)
gezeigt wurde, auch nicht gelesen, sondern er hat sie nach Kenntnisnahme
summarisch verurteilt, weil sie seine abgeschlossene Untersuchung des Tsch'un-
ts'iu-Problems und die Grubesche Hypothese über den Haufen warf. Die
letztere, von ihrem Urheber noch zaghaft und „mit allem Vorbehalt" (*Gesch.
d. chines. Litt.* S. 76) ausgesprochen, ist bei Schindler und Haas schon zu einer
ausgemachten Tatsache geworden, und selbst ein Gelehrter wie Rosthorn
(s. oben S. 86 Anm.) hat sich ihrem Zauber nicht zu entziehen vermocht —
eine neue Bestätigung der alten Erfahrung, daß es sehr viel leichter ist, einen
Irrtum in die Welt zu setzen als ihn wieder zu beseitigen. Und doch würde
gerade Grube, dem damals der geschichtliche Sachverhalt nicht vor Augen
lag, heute, wo dieser Sachverhalt aufgeklärt ist, der erste sein, der seine
völlig unmöglich gewordene Hypothese wieder fallen ließe. Wer sich berufen
glaubt, die von mir festgestellten geschichtlichen Tatsachen (nicht Hypothesen!)
zu widerlegen oder die daraus hergeleiteten Schlußfolgerungen zu entkräften
der mag es tun, wenn er es kann, aber beides einfach bewußt bei Seite zu
schieben, das geht wider den Geist ernster Wissenschaftlichkeit.

Index.

董仲舒廣川人也以治春秋孝景時爲博士下帷講誦

弟子傳以久次相受業或莫見其面蓋三年董仲舒不

觀於舍園其精如此進退容止非禮不行學士皆師尊

之今上卽位爲江都相〔集解 易王 王武帝兄〕以春秋災異之

變推陰陽所以錯行故求雨閉諸陽縱諸陰其止雨反

是行之一國未嘗不得所欲中廢爲中大夫居舍著災

異之記是時遼東高廟災主父偃疾之取其書奏之天

子召諸生示其書有刺譏董仲舒弟子呂步舒〔索隱 漢書以爲遼東高廟災記草而未奏主父偃〕

竊而奏之〔集解 徐廣曰舒〕〔一作荼 荼亦音舒〕不知其師書以爲下愚於是下董仲舒

吏當死詔赦之於是董仲舒竟不敢復言災異董仲舒

爲人廉直是時方外攘四夷公孫弘治春秋不如董仲

舒而弘希世用事位至公卿董仲舒以弘爲從諛弘疾

之乃言上曰獨董仲舒可使相膠西王膠西王素聞董

仲舒有行亦善待之董仲舒恐久獲罪疾免居家至卒

終不治產業以修學著書爲事故漢興至于五世之間

唯董仲舒名爲明於春秋其傳公羊氏也

Schi ki Kap. 121 fol. 10 r⁰ bis 11 r⁰.

前漢書卷五十六

漢書卷五十六

董仲舒傳第二十六

漢　護軍班固撰

唐　正議大夫行祕書少監琅邪縣開國子顏師古注

董仲舒，廣川人也。少治《春秋》，孝景時為博士。下帷講誦，弟子傳以久次相授業，或莫見其面，蓋三年不觀於舍園，其精如此。進退容止，非禮不行，學士皆師尊之。

武帝即位，舉賢良文學之士前後百數，而仲舒以賢良對策焉。

制曰：……

仲舒為江都相，事易王。易王，帝兄，素驕，好勇。仲舒以禮誼匡正，王敬重焉。問仲舒曰：粵王勾踐與大夫泄庸、種、蠡謀伐吳，遂滅之。孔子稱殷有三仁，寡人亦以為粵有三仁。桓公決疑於管仲，寡人決疑於君。仲舒對曰：臣愚不足以奉大對。聞昔者魯君問柳下惠：吾欲伐齊，何如？柳下惠曰：不可。歸而有憂色，曰：吾聞伐國不問仁人，此言何為至於我哉！徒見問耳，且猶羞之，況設詐以伐吳乎？由此言之，粵本無一仁。夫仁人者，正其誼不謀其利，明其道不計其功，是以仲尼之門，五尺之童羞稱五伯，為其先詐力而後仁誼也。苟為詐而已，故不足稱於大君子之門也。五伯比於他諸侯為賢，其比三王，猶武夫之與美玉也。

仲舒為人廉直。是時方外攘四夷，公孫弘治春秋不如仲舒，而弘希世用事，位至公卿。仲舒以弘為從諛。弘嫉之。膠西王，天子兄也，尤縱恣，數害吏二千石。弘乃言於上曰：獨董仲舒可使相膠西王。膠西王聞仲舒大儒，善待之。仲舒恐久獲罪，疾免居家。

至卒，終不治產業，以脩學著書為事。仲舒所著，皆明經術之意，及上疏條教，凡百二十三篇。而說春秋事得失，聞舉、玉杯、蕃露、清明、竹林之屬，復數十篇，十餘萬言，皆傳於後世。掇其切當世施朝廷者著於篇。

董仲舒，廣川人也。少治春秋，孝景時為博士。下帷講誦，弟子傳以久次相授業，或莫見其面。蓋三年不窺園，其精如此。進退容止，非禮不行，學士皆師尊之。

武帝即位，舉賢良文學之士前後百數，而仲舒以賢良對策焉。

仲舒在家，朝廷如有大議，使使者及廷尉張湯就其家而問之，其對皆有明法。自武帝初立，魏其、武安侯為相而隆儒矣。及仲舒對冊，推明孔氏，抑黜百家，立學校之官，州郡舉茂材孝廉，皆自仲舒發之。

春秋之常辭也，不予夷狄而予中國為禮。至邲之戰，偏然反之，何也？曰：春秋無通辭，從變而移。今晉變而為夷狄，楚變而為君子，故移其辭以從其事，不可不察也。

夫莊王之舍鄭，春秋之所甚貴也，讓善之體，謙讓之心，欲以從其事，慈愛之義也，故善其所以救民之菑，而稱莊王賢於晉文，晉變而為夷狄，是惡其戰。

解之合於此，而以此為夷狄，楚何以稱之為君子。

譏造之，況凶年之事，謹其善所重，重民之菑。

凶年之事，謹其善所重，重民之菑。

民當見者後飲後食。

俊見者，後飲後食，戰者，重民之菑。

年修民尚奢者，當修之。

奢者當修之。

譬諸民之害者，大修之。

是其辭也，小事也。

年修民尚奢者當修之，小事也，其惡則惡之，善則善之。

春秋之所甚疾已，惡者不任德而任力，驅民而殘賊之，其文德不足以來遠，而斷斷、謥詷、煩擾之辭，非義也。惡詐擊而善偏戰，恥伐喪而榮復讎。凡春秋之記災異也，以此見天下之所患，而欲已之意也。

親近而遠，孔子設而勿用，疾而同德，任仁義以來遠，其文此詩云「柔遠能邇，以定我王」者也。夫德不足以親近，而文不足以來遠，而斷斷、謥詷、煩擾之辭，非義也。雖敗有何以春秋為無義戰。

今天下之大，三百年之久，戰攻侵伐不可勝數，而復讎者有二焉。

齊襄公復九世之讎，大之，其義何以異於今天下之戰攻侵伐無義戰也。

春秋愛人，而戰者殺人，君子奚說善偏戰而君子之不善也。曰：春秋之於偏戰也，猶其於諸夏之內其國而外諸夏，內諸夏而外夷狄也。引之魯則謂之外，引之夷狄則謂之內。

大哉！春秋宋、宋春秋，子民使之，春秋是內子民，春秋大內，而五曰司馬觀之，喜而不慍，非精之義，如此其

故且羔春秋，亦明是謀明之憂，諸侯不憂諸侯之患，年十馬子見其指示，爾必慍，然則之非

衕君恩之信盟諸之相大之專政，而為其者，指是有所謂之，精之義，然則

君臣不顯講君信卿之，也諸侯必私推之為，由相君外使，君不任而子見其指示，義然則之

于内顯講臣尊而任侯也羹諸侯之恩，者曰為外使君緩，子知之中，善則謂之

爾乃襄臣前而大夫復慍其政欲諸之者為君，緩君政君，任而子能知有所謂比之

之順善惡有春秋大而大朝而不政無計君乃政君仁思之，君所辭其

順也悲損大之朝而不興，為之歡之政，諱君然則可之，無謂

于外此美大之為大，是政而為歡政，然則名賞可遠之，謂不

外曰書美典也此其要其是子反大政，者思而辭名，樂而遂

日此當本也，為歡政而是子反，大之首者，諱名樂遠，其道由所

書爾此泥臣則諱政是子反楚也，諱臣難，名而未然，道有反

爾此作惡之上即君尊君楚之，自然餓則忍不及於所

此謀有之卑君諱君大而然餓則及有所諱誹

謀此有君作無乎，也大而值餓一所，道於誹不

此獸名名問計，在夫也，值而值，臣名不善

惟謀君君在在乎夫而值國臣

我謀碧名明計也，夫也，值也

碧獻之

德此為人臣之法也古之良大夫其事君皆若是今子
反去君為不得已也崇其等君名美何此所誅也曰春秋之
難為道固有常有變辯用於常各止其科非相妨一
也今諸子之變獨修之說皆天下之常語同之議也子反之行有
所忠人之情也通於變驚之情者取其一美不盡其失詩人
云宋封宋非無以下禮此之謂也今子反往視未聞人
相食大驚而哀之不忍之至於此也嘗鍰有云未字意下是以

心駭目動而違常體禮者庶於亡文質而成體者也今
使人相食大失其仁安著其體方救其質豪伽其文故
曰當仁不讓此之謂也春秋之辭有所謂賤者有賤乎
賤者夫有賤乎賤者則亦有貴乎貴者矣今讓者春秋之
之所貴於讓者也故諭春秋者無以平定之常義疑變
故道之大則義幾可論矣則本或作本幾可論矣殆故甚幽而況微抄

齊頃內惡方伐年斷其丑外俱時往復雙十會之與比地而善接其子符乎者故秦

達人禍與繋以齊俱郜宣與

丑切之盟酒善國怒也會與此大而普接
文殺可近木食衛為內時往雙同之而勢人子故秦
其可不終為頃不國方伐二故雖地利可往秋
身不於生肉食公敗伐斷年維使人而而禮
以其變其身內之天丑年伐使使亦不端
生青而俊戒笑下其外經衛會同可往
以其疾成姐之其外眾志得衛督而文成
生於九也娃辱醜而北郜而督督而之志
起年而疾舊二俱志郜與盟明志親而親
暑明見而效俱北顧皆而之而易其
善見年自無而郤廣諸志盟易使其事端
何昏聞是端從伐北侯而主使主端
以昏也後深傅衛郤聘餘而公公而
為呼複國衞之上十公親其
物旬丧國以冊四國相而頻
也諸侯傳成興國相新督餘其
外人恐邑伐之相斯諸年十
懼也也故伐所以兵年諸其
知之馬戰不收伐桀侯侯攻
所以敗以大使桀年諸其
所以敬不戰以田其二諸侯攻
丑所由敢日督聲大田使年侯其
文然國安聾大辱侯其督之國
殺其當從者辱身誇國之
習當是會不有出幾諸侯道君

祭仲枉而正以存其父猶見非桓之十一年

許之故其君然而見非何也曰是非

許宋之君相似而不同理者不可不

之以存其君復矣麼逃逝者君子之所甚賤

其君俱枉正以存君相似也其使君榮之與

榮而丑父之所為也前枉而後義者謂之中權而

執丑父之所別者君子之所知權而

鄭祭之所為雜難而嫌別者君子之所甚賤祭仲

祭仲此其嫌君子於此其嫌其君榮雖不能

許宋仲祭仲此其嫌此其嫌其君辱不能

疑宋仲祭仲疑宋仲其君子於祭仲雖不同不能

使立然許宋疑見

祭仲俱賢而相似之人之所世貴復甚貴以生其君故春秋以為知權而

桓而丑父似而不同理者不可甚賤祭仲措其君辱以生其君情無義

非君子之所甚貴也成二而幼二而後有枉者謂之邪者謂之中權而簡之可也前正公逢

人理以至尊為不可以生於至尊而樂而疑也故賢人不為也而眾人疑焉春秋以為人之不知義

天之為人性命也天之為人性命使行仁義而羞可恥也

之為人性命也苟為利而已足故春秋推天施而絕之

苟然則苟為生苟為利而已足故春秋推天施而絕之

Der dritte Abschnitt des *Tsch'un-ts'iu fan lu* 6.

春秋鑑無鑑，不宜言也。謂以善言豈加辱太甚於人者。今辱而生，不如死以榮。

鄰切若，大夫以惡惡者，天施之。討桑苟發，使人以天施好樂而施之。惡善可遊，聚好樂而廉恥施之，而於迎莫甚於廉恥。辱人者非正，文而生，故而已，去位其廉，辱人者也，辭而生，故子反。

朗矣及位者，恥能然而王正，文之君子。狄之則自能辯，此以王禮中權，不以其群。之去位，人住此以王禮中權，不辱不忌，附其宗廟。也者不可，逞而君道中權，不如其宗廟辭失。

牟不丑而君，復廉忠死辱，有假有假，至於臣，故。年丑子覩，為後天廉，有假至於臣，非春大夫。也子君子，伐天施廉，非春秋無施，王為正。

三曰備遂，臣伐傷廉，子反之所為，難於社稷。

（竹林第三）

鄭師侵之，是伐䘏也。鄭與諸侯盟于蜀而歸，諸侯叛盟，無信無義，故大惡之。其罪何？先王之制，三年之喪，君不呼其門，不伐喪。鄭伯髡頑，君喪居喪，伐人父之國。

喪其子，未踰年即位稱子，未踰年也。稱伯、子，順其志之不狂。書云：高宗諒闇，三年不言。今縱不能如是，宗廟之事，其父卒，未踰年即以喪服，叛盟，得稱子，得罪諸侯。

怒之未解，無於人大惡。於子大惡其所為，繼其業者，務善以覆之，今又重義。伐人父之國，犯三年之喪，居喪失恩，於親諸侯。果怒乃去之，伐鄭。

其端知其為。失之大也。誠而慎之。今鄭伯以惡於前，事無所見，其辭何？如此國國。

有句踐，孰謂，又不稱子，行身不端。秘惡不死，不得書罪。本無罪。亦以生，不有國國。